**Reader's Digest
Auswahlbücher**

Reader's Digest Auswahlbücher

Verlag DAS BESTE
Stuttgart · Zürich · Wien

Inhalt

Die Hunde des Krieges

Eine Kurzfassung des Buches von

Frederick Forsyth

Ins Deutsche übertragen von Otto Bayer
Illustrationen von David Blossom

Deutsche Buchausgabe: „Die Hunde des Krieges"
(The Dogs of War)
R. Piper & Co. Verlag München, Zürich
© 1974 by Danesbrook Productions Ltd.

*Was würden Sie tun, wenn Sie 100 Tage Zeit hätten,
ein Land zu stehlen?*

*Sir James Manson, Generaldirektor und Aufsichts-
ratsvorsitzender einer riesigen Bergbaugesellschaft,
glaubt jedenfalls, daß er es schaffen könnte – aber nicht
allein. Er braucht einen Mann wie Cat Shannon, den
weißen Söldner, der gerade aus dem Biafrakrieg
zurückgekehrt ist.*

*Und Shannon versucht nun im Kampf gegen Ter-
mine, gegen Wirtschaftsgesetze und Zollbestimmungen
und gegen mörderische Konkurrenz aus dem eigenen
Lager, einen blutigen Staatsstreich zu organisieren.*

*Wenn Shannon sich schließlich mit Sir James
Mansons Privatarmee in Richtung Westafrika ein-
schiffen kann, hat der Leser nicht nur erfahren, wie es
in der Welt der Waffenschieber und der allzu dienst-
eifrigen Bankiers und Anwälte zugeht – sondern
auch, welche Möglichkeiten ein mächtiger, skrupelloser
Industrieller heute noch hat, um einen ungeheuerlichen
Plan durchzuführen.*

*Das überraschende Ende des Romans wirft dann
noch ein neues Licht auf das gefährliche Leben der
Berufssöldner.*

TEIL EINS

DER KRISTALLBERG

ERSTES KAPITEL

ÜBER dem Buschflugplatz schienen in dieser Nacht keine Sterne, kein Mond; die westafrikanische Dunkelheit umhüllte die vereinzelten Grüppchen wie warmer, feuchter Samt. Die Wolkendecke lag dicht über den Wipfeln der Irokobäume, und die wartenden Männer konnten nur beten, daß sie dablieb und ihnen weiterhin Deckung vor den Bombern gab.

Am Ende der Landebahn wendete die alte DC 4, bei deren Anflug die Landeleuchten gerade für fünfzehn Sekunden aufgeleuchtet hatten, und rollte hustend und blind auf die mit Palmblättern bedeckten Hütten zu.

In einem Landrover zwischen zwei der Hütten saßen fünf Weiße und beobachteten mit stummer Aufmerksamkeit die unerwartete Landung. Alle dachten dasselbe. Wenn sie dieses auseinanderfallende Gebiet nicht verließen, bevor die Regierungstruppen auch noch die letzten Quadratkilometer überrannten, kamen sie hier überhaupt nicht mehr lebend heraus. Sie waren die letzten von den Söldnern, die sich an die Verliererseite verdingt hatten.

Zwanzig Schritte vor einer Constellation, die schon auf dem Vorfeld wartete, brachte der Pilot der DC 4 seine Maschine zum Stehen und kletterte heraus. Ein Afrikaner lief über den betonierten Platz auf ihn zu. Nach einem geflüsterten Wortwechsel näherten die beiden sich einer Gruppe am Rande des Palmenwaldes. Die Gruppe öffnete sich, bis der Pilot dem Mann in der Mitte von Angesicht zu Angesicht gegenüberstand. Trotz der Dunkelheit, die nur von ein paar brennenden Zigaretten etwas erhellt wurde, erkannte der Pilot in ihm den Mann, zu dem er gewollt hatte.

„Ich bin Hauptmann Van Cleef", sagte der Pilot auf englisch mit südafrikanischem Akzent.

Der Afrikaner nickte, und sein Bart raschelte dabei auf der Tarnjacke. „Eine gefährliche Nacht zum Fliegen, Hauptmann", meinte er trocken, „und ein bißchen spät für weiteren Nachschub. Oder sind Sie vielleicht wegen der Kinder gekommen?"

Er sprach mit tiefer Stimme und langsam, und sein Akzent klang mehr nach britischer Schulbildung – die er tatsächlich hatte – als nach einem Afrikaner. „Ich bin hier, um Sie zu holen, Sir. Das heißt, wenn Sie mitkommen wollen."

„Verstehe. Hat Ihre Regierung Sie dazu beauftragt?"

„Nein", sagte Van Cleef. „Das war meine Idee."

Der bärtige Kopf nickte langsam. „Ich danke Ihnen sehr. Muß ein unangenehmer Flug gewesen sein. Aber ich bin schon selbst motorisiert. Die Constellation wird mich hoffentlich ins Exil bringen."

Van Cleef war erleichtert. Er hatte keine Ahnung, auf was er sich da eingelassen hätte, wenn er mit dem General nach Libreville zurückgekommen wäre. „Dann warte ich, bis Sie weg sind", sagte er. Er hätte dem General am liebsten die Hand gereicht, wußte aber nicht recht, ob er sollte. So machte er nur kehrt und ging wieder zu seinem Flugzeug.

Unter den Afrikanern herrschte Schweigen, als er fort war. Schließlich fragte einer: „Warum tut ein Südafrikaner das, General?"

Der General lächelte kurz. „Ich glaube, das werden wir nie verstehen." Beim Sprechen zündete er sich eine Zigarette an, und die Glut erhellte die Konturen eines Gesichts, das inzwischen die halbe Welt kannte.

Auch an der Schwelle zum Exil, das, wie er wußte, einsam und demütigend sein würde, hatte der General noch das Kommando. Über zweieinhalb Jahre hinweg hatte er, manchmal kraft seiner Persönlichkeit allein, sein Millionenvolk zusammengehalten – belagert, umzingelt, verhungernd, doch weiterkämpfend. Seine Feinde hatten seine Führerqualitäten bestritten, aber von denen, die dabeigewesen waren, zweifelten wenige. Noch in der Niederlage hatten die Bewohner des letzten Dorfes, das sein Wagen auf der Fahrt zum Flugplatz passierte, sich an der Lehmstraße aufgestellt, um ihn laut ihrer Treue zu versichern. Dieser Mann, den die Regierung bis Sonnenaufgang tot wissen wollte, verließ jetzt sein Land, weil sein Volk um so schlimmere Rache fürchtete, wenn er blieb.

Ihm zur Seite, klein neben seiner hoch aufragenden Gestalt, stand

Dr. Okoye, sein Vertrauter. Der Professor hatte sich entschieden, zu bleiben und sich im Busch zu verstecken, bis die erste Vergeltungswelle vorüber war. Beide Männer hatten vereinbart, sechs Monate zu warten, bis sie miteinander Kontakt aufzunehmen versuchten.

Die weißen Söldner im Landrover sahen den Piloten zu seiner Maschine zurückkehren. „Das muß der Südafrikaner sein", sagte ihr Anführer, der neben dem Fahrer saß, einem jungen Schwarzen mit den Rangabzeichen eines Leutnants. Er wandte sich an einen der vier Männer, die hinten saßen. „Janni, geh ihn mal fragen, ob er noch Platz für uns hat." Ein großer, grobknochiger Mann im Tarnanzug stieg aus und rückte sein Käppi zurecht.

„Und streng dich an, klar?" rief der Anführer. „Wenn wir nämlich in dieser Kiste nicht wegkommen, sind wir bald Hackfleisch."

Janni schlenderte auf die DC 4 zu. Hauptmann Van Cleef hatte keinen Laut hinter sich gehört. *„Naand, meneer."*

Van Cleef fuhr herum, als er auf afrikaans angesprochen wurde. Er musterte den Riesen mit dem Totenkopfzeichen auf der linken Schulter und fragte argwöhnisch: *„Naand. Jy Afrikaans?"*

Der Mann nickte. „Jan Dupree", sagte er, indem er die Hand ausstreckte. *„Waar gaan-jy nou?"*

„Nach Libreville. Sobald die mit Laden fertig sind. Und Sie?"

Janni grinste. „Meine Kameraden und ich sitzen ein bißchen in der Klemme. Wenn die Regierungstruppen uns in die Finger kriegen, geht's uns schlecht. Können Sie uns raushelfen?"

„Wieviel seid ihr?" fragte Van Cleef.

„Insgesamt fünf."

Als Söldnerkollege zögerte Van Cleef nicht. „Steigt ein. Aber beeilt euch. Sowie die Constellation draußen ist, fliegen wir auch."

Dupree nickte dankend und trottete zum Landrover zurück. „Alles klar", meldete er, „aber wir müssen einsteigen."

„Gut. Werft die Waffen hinten rein." Der Anführer wandte sich an den schwarzen Offizier am Lenkrad. „Wir müssen jetzt gehen, Patrick. Sieh zu, daß du den Landrover los wirst. Vergrab die Waffen, und merk dir die Stelle. Dann geh in den Busch. Nicht weiterkämpfen, verstanden?" Der junge Leutnant nickte ernst. „Ich fürchte, es ist aus, Patrick", sagte der Söldner freundlich.

„Vielleicht", antwortete der Leutnant und deutete mit dem Kopf zu der Constellation, vor der sich soeben der General und seine Gruppe verabschiedeten. „Aber solange er lebt, werden wir nicht

vergessen. Er flieht nur aus Sicherheitsgründen, und er bleibt unser Führer. Wir werden nichts mehr drüber reden, aber auch nichts vergessen."

Als der afrikanische Leutnant den Landrover wendete, riefen die weißen Söldner auf Wiedersehen, dann liefen sie zu der DC 4.

Ihr Anführer wollte gerade folgen, als zwei Nonnen mit flatterndem Schleier aus dem Busch gerannt kamen. „Major!" Der Söldner drehte sich um und erkannte in der einen die Oberschwester des Krankenhauses, bei dessen Evakuierung er vor ein paar Monaten geholfen hatte.

„Schwester Mary Joseph! Was machen Sie hier?"

Sie hielt ihn am Ärmel fest und redete ernst auf ihn ein.

Er nickte. „Ich werd's versuchen. Mehr kann ich nicht tun."

Er ging zu dem südafrikanischen Piloten hinüber und sprach mit ihm. Dann kam er zu den wartenden Nonnen zurück. „Er hat ja gesagt, aber Sie müssen sich beeilen, Schwester."

„Gott segne Sie", sagte Schwester Mary Joseph und erteilte ihrer Begleiterin ein paar eilige Anweisungen. Die lief zum Flugzeug und kletterte zur hinteren Passagiertür hinauf. Schwester Mary Joseph hastete zurück in den Wald. Bald tauchten Männer auf, einer hinter dem anderen und jeder mit einem Bündel auf dem Arm, das er der jungen Nonne in die DC 4 hinaufreichte. Der Kopilot kam ihr mürrisch zu Hilfe. „Gott segne Sie", flüsterte die junge Schwester. Eines der Bündel hinterließ einen Klecks Durchfall auf seinem Ärmel. „Scheiße", knurrte der Kopilot und arbeitete weiter.

Der alleingelassene Söldnerführer ging auf die Constellation zu, wo der General einsteigen wollte. „Da kommt Major Shannon", rief jemand, und der General drehte sich um. „Nanu, Shannon, wollen Sie etwa mitkommen?"

Shannon salutierte. Der General erwiderte den Gruß. „Nein danke, Sir. Wir werden schon mitgenommen. Ich wollte mich nur verabschieden."

„Ja, es ist vorbei, fürchte ich. Jedenfalls für ein paar Jahre. Ich kann schwerlich glauben, daß mein Volk für immer in der Knechtschaft leben soll. Haben Sie übrigens Ihren vereinbarten Sold bekommen?"

„Jawohl, Sir, danke. Wir haben alles bekommen."

„Gut. Dann auf Wiedersehen. Und haben Sie Dank für alles, was Sie tun konnten." Der Afrikaner streckte die Hand aus, und Shannon nahm sie.

„Wir haben miteinander gesprochen, Sir, die Jungs und ich", sagte Shannon. „Wenn . . ., falls Sie uns noch einmal brauchen können, wir kommen alle."

„Die Nacht steckt voller Überraschungen", meinte der General bedächtig. „Die Hälfte meiner wichtigsten Ratgeber und alles, was Geld hat, läuft zum Feind über und versucht sich lieb Kind zu machen. Danke für Ihr Angebot, Mr. Shannon. Was werdet ihr Söldner jetzt eigentlich machen?"

„Uns nach neuer Arbeit umschauen."

„Einem neuen Krieg, Major Shannon?"

„Einem neuen Krieg, Sir."

Der General lachte leise. „Mord rufen und des Krieges Hund entfesseln", murmelte er.

„Wie bitte?"

„Shakespeare, Mr. Shannon. Aber wir müssen jetzt fort. Der Pilot wartet. Nochmals, auf Wiedersehen und viel Glück."

Shannon kletterte in die DC 4, und Van Cleef ließ die Motoren an. Kaum war die Constellation in den Wolken verschwunden, setzte die DC 4 sich in Bewegung. In der ersten Stunde nach dem Start ließ Van Cleef die Kabine dunkel und huschte von Wolkenbank zu Wolkenbank, um nicht von einer herumstreunenden Mig im Mondschein erwischt zu werden. Erst weit draußen über dem Golf ließ er Licht machen.

Hinter ihm erhellten die Lampen ein schauriges Bild. Der Boden des Flugzeugs war mit durchnäßten Decken ausgelegt, deren Inhalt jetzt in zappelnden Reihen beidseits der Ladefläche lag, vierzig kleine Kinder, abgemagert, verschrumpelt, unförmig vom Hunger. Dazwischen machten sich die Nonnen zu schaffen. Die Söldner betrachteten ihre Mitreisenden. Sie hatten das alles schon gesehen. Im Kongo, Jemen, Katanga, Sudan. Immer dasselbe, immer die verhungernden Kinder. Und nirgends konnte man etwas dagegen tun.

Die Innenbeleuchtung gestattete den Männern zum erstenmal seit Sonnenuntergang, einander deutlich zu sehen. Ihre Uniformen waren verklebt von Schweiß und roter Erde, und ihre Gesichter waren von Müdigkeit gezeichnet.

Der Anführer lehnte an der Wand des Laderaumes. Carlo Alfred Thomas Shannon, dreiunddreißig, mit kurzgeschorenem, struppigem blonden Haar. „Cat" Shannon stammte aus der Grafschaft Tyrone in Nordirland, aber er war in England zur Schule gegangen und hatte den unverwechselbaren irischen Akzent abgelegt. Er hatte bei der

königlichen Marineinfanterie gedient, bevor er sich als Söldner Mike Hoares Fünftem Kommando in Stanleyville anschloß. Er hatte Mike Hoare nach Hause gehen sehen und war zu Robert Denard gegangen. Zwei Jahre später beteiligte er sich an der Meuterei von Stanleyville und machte mit „Black Jack" Schramme den langen Marsch auf Bukavu. Nach der Rückführung durch das Rote Kreuz meldete er sich gleich wieder für den nächsten afrikanischen Krieg, den soeben beendeten, in dem er sein eigenes Bataillon geführt hatte. Aber zum Siegen war es zu spät gewesen.

Beim Brummen der DC 4 dachte er über die vergangenen anderthalb Jahre nach. An die Zukunft zu denken war schwieriger, denn er hatte keine Ahnung, wo er die nächste Arbeit hernehmen sollte.

Links von ihm saß der vermutlich beste Granatwerferschütze nördlich des Sambesi. Jan Dupree, achtundzwanzig Jahre alt, kam aus Paarl am Kap der Guten Hoffnung. Sein spitzes, von einer Hakennase beherrschtes Gesicht wirkte noch magerer als sonst.

Neben Jan hatte sich Marc Vlaminck ausgestreckt, „Klein-Marc", wie man ihn seiner hünenhaften Gestalt wegen nannte. Einsneunzig groß in Socken – wenn er welche anhatte – und gut zwei Zentner schwer war dieser Flame, der in seiner Heimatstadt Ostende die Polizei das Fürchten gelehrt hatte. Es hieß, man könne eine Bar, in der Klein-Marc sich vergnügt hatte, an der Zahl der Handwerker erkennen, die man zur Ausbesserung der Schäden benötigte. Marc verstand sich wie nur einer auf den Umgang mit der Panzerfaust, mit der er so unbekümmert hantierte wie ein kleiner Junge mit dem Pusterohr.

Drüben auf der anderen Seite saß Jean-Baptiste Langarotti, der Korse – klein, hager, olivenhäutig. Mit achtzehn hatte Frankreich ihn in den algerischen Krieg geschickt. Mit zweiundzwanzig kämpfte er auf der anderen Seite, und nachdem der Putsch von 1961 fehlgeschlagen war, ging er drei Jahre in den Untergrund. Schließlich wurde er gefaßt und verbrachte vier Jahre in französischen Gefängnissen. Er war ein schlechter Gefangener, das können zwei Wärter bis an ihr Lebensende mit ihren Narben bezeugen. Als er 1968 herauskam, kannte er auf der Welt nur eine Angst – die Angst vor kleinen, geschlossenen Räumen.

Er war nach Afrika geflogen, in einen neuen Krieg gezogen und zu Shannons Bataillon gestoßen. Er hatte auch systematisch mit dem Messer zu üben begonnen, mit dem er als Junge umzugehen gelernt hatte. Um das linke Handgelenk trug er, von zwei Knöpfen gehalten,

einen breiten ledernen Streichriemen. Sooft er nichts zu tun hatte, nahm er diesen Riemen ab, wendete ihn und wickelte ihn sich um die Faust. Auf dem ganzen Flug bis Libreville strich die fünfzehn Zentimeter lange Klinge auf dem Riemen hin und her.

Neben Langarotti saß der Älteste in der Gruppe, ein Deutscher. Kurt Semmler war vierzig Jahre alt, und er war es, der das Totenkopfabzeichen für Shannons Einheit entworfen hatte. Semmler war es auch gewesen, der einmal einen acht Kilometer langen Frontabschnitt von Regierungstruppen freigehalten hatte, indem er die vorderste Linie mit Pfählen markierte, jeweils verziert mit dem Kopf eines der am Tag zuvor gefallenen Gegner. Einen Monat lang war dieser Abschnitt der ruhigste an der ganzen Front gewesen.

Mit siebzehn war der ehemalige Hitlerjunge Kurt von zu Hause ausgerückt und zur französischen Fremdenlegion gegangen. Acht Jahre später wurde er in dem als Eliteeinheit bekannten 1er Régiment Etranger Parachutiste zum Hauptfeldwebel befördert und diente in Indochina und Algerien unter einem der wenigen Männer, die er je verehrt hatte, dem legendären Major Le Bras. Nach der algerischen Unabhängigkeit schloß er sich einem ehemaligen Kameraden an, der auf dem Mittelmeer Schmuggel betrieb. Semmler wurde ein ausgezeichneter Navigator und verdiente sich ein Vermögen, verlor es aber wieder, als sein Partner ihn aufs Kreuz legte. Daraufhin schiffte er sich zu einem neuen afrikanischen Krieg ein, von dem er in den Zeitungen gelesen hatte, und Shannon nahm ihn.

Es waren noch zwei Stunden bis zum Morgengrauen, als die DC 4 über dem Flughafen zu kreisen begann. Aus dem Wimmern der Kinder war jetzt ein anderer Laut herauszuhören. Es war Shannon, der ein Lied pfiff. Seine Kameraden wußten, daß er immer pfiff, wenn er ein Unternehmen in Angriff nahm oder beendet hatte. Und immer war es die Melodie von „Spanish Harlem".

Als die DC 4 am Ende der Landebahn ausrollte, kam ein Jeep mit zwei französischen Offizieren, die Van Cleef ein Zeichen gaben, ihnen zu folgen und die Maschine in der Nähe von ein paar Hütten am anderen Ende des Flughafens abzustellen. Sekunden später schaute ein Offizierskäppi herein, unter dessen Schirm sich eine Nase angewidert kräuselte, als ihr der Geruch entgegenschlug. Der französische Offizier gab den Söldnern zu verstehen, daß sie mit ihm gehen sollten. Kaum waren sie von der Treppe herunter, als die DC 4 auch schon weiter zum Flughafengebäude rollte, wo ein paar Rotkreuzschwestern warteten, um die Kinder in Empfang zu nehmen.

Eine Stunde saßen die Söldner auf unbequemen Stühlen in einer der Hütten und warteten. Schließlich ging die Tür auf, und ein höherer Offizier mit sonnengebräuntem, hartem Gesicht, gelbbrauner Tropenuniform und goldgerändertem Käppi trat ein. Shannon sah mit einem Blick die scharfen, schnellen Augen und die Ordensschnallen, dann sah er Semmler aufspringen und Haltung annehmen. Mehr brauchte er nicht, um zu wissen, daß ihr Besucher der große Le Bras persönlich war, der die Garde Républicaine von Gabun befehligte.

Le Bras gab jedem die Hand, lächelte, redete kurz mit Semmler und wandte sich dann an alle. „Ich lasse Sie gut unterbringen. Sicher würden Sie auch ein Bad und etwas zu essen begrüßen. Und Zivilkleidung. Aber Sie werden in Ihrer Unterkunft bleiben müssen, bis wir Sie nach Paris weiterbefördern können. Es wimmelt von Zeitungsleuten in der Stadt, und jeder Kontakt mit ihnen muß vermieden werden."

Eine Stunde später hatten die Söldner es sich im obersten Stock des Gamba-Hotels gemütlich gemacht. Vier Wochen blieben sie da, bis das Interesse der Presse an ihnen nachgelassen hatte. Dann kam eines Abends ein Hauptmann aus Major Le Bras' Stab.

„Messieurs, ich habe Neuigkeiten für Sie. Sie fliegen heute nacht nach Paris. Mit der Air Afrique um dreiundzwanzig Uhr dreißig."

Die fünf Männer, die sich inzwischen bereits zu Tode gelangweilt hatten, jubelten.

Am nächsten Morgen kurz vor zehn traten sie auf dem Flughafen Le Bourget in die Februarkälte. Jetzt hieß es Abschied nehmen. Dupree wollte nach Kapstadt, Semmler nach München, Vlaminck wieder nach Ostende und Langarotti nach Marseille.

Sie versprachen, miteinander in Verbindung zu bleiben, und sahen Shannon an. Er war ihr Anführer. Es war an ihm, neue Arbeit zu finden, einen neuen Vertrag, einen neuen Krieg. „Ich bleibe eine Weile in Paris", sagte er. „Hier kommt man eher an einen neuen Job als in London."

Sie tauschten ihre Adressen aus – postlagernd oder an Bars, die für ihre Kunden Post entgegennahmen – und gingen ihrer Wege.

Als Shannon aus dem Flughafengebäude trat, hörte er seinen Namen rufen. Die Stimme klang nicht gerade freundlich. Er drehte sich um und kniff die Augen zusammen, als er sah, wer es war.

„Roux", sagte er.

„Du bist also wieder da, Shannon", knurrte der Franzose.

„Ja, ich bin wieder da."

„Ein guter Rat", zischte Roux. „Bleib ja nicht hier. Das hier ist meine Stadt. Wenn hier Verträge geschlossen werden, dann von mir. Und ich suche mir aus, wer dabei mitmacht."

Statt zu antworten, ging Shannon zum nächsten Taxi und warf seine Reisetasche auf den Rücksitz. Roux folgte ihm, die Zornesröte im Gesicht. „Hör mal, Shannon, ich warne dich –"

Der Ire drehte sich nach ihm um. „Nein, du hörst mir mal zu. Ich bleibe in Paris, Roux. Solange ich will. Du hast mich schon im Kongo nicht beeindruckt und hier erst recht nicht. Hau ab."

ZWEITES KAPITEL

AN DIESEM Februarnachmittag saß Sir James Manson, Aufsichtsratsvorsitzender und Generaldirektor der Bergwerksgesellschaft Manson Consolidated, in seinem feudalen Chefzimmer im zehnten Stock bequem in einem Ledersessel und starrte den Bericht auf seinem Schreibtisch an. Er war unterschrieben von Dr. Gordon Chalmers, dem Chef der ManCon-Forschungsabteilung. Es war der Analysebericht der Gesteinsproben, die Jack Mulrooney drei Wochen zuvor aus der afrikanischen Republik Zangaro mitgebracht hatte.

Dr. Chalmers machte nicht viel Worte. Mulrooney war auf einen Berg gestoßen, rund fünfhundertfünfzig Meter hoch und am Fuß knapp tausend Meter im Durchmesser. Er hieß Kristallberg und stand etwas abgesetzt von einer Gebirgskette gleichen Namens. Mulrooney hatte anderthalb Tonnen grauen, mit Quarzschnüren durchsetzten Felsgesteins und Geröll aus den Gewässern rund um den Berg mitgebracht. Die etwa zentimeterdicken Quarzschnüre enthielten geringe Mengen Zinn. Interessant aber war das Gestein selbst. Wiederholte und abgewandelte Analysen hatten ergeben, daß im Gestein sowie im Geröll beträchtliche Mengen Platin enthalten waren. Das bisher ergiebigste Platinvorkommen der Welt waren die Rustenberg-Minen in Südafrika, wo die Konzentration 0,25 Unzen pro Gesteinstonne betrug. Bei Mulrooneys Proben betrug die durchschnittliche Konzentration 0,81.

Sir James war bekannt, daß die Unze Platin auf dem Weltmarkt mit 130 Dollar gehandelt wurde. Er wußte auch, daß die steigende Nachfrage nach dem Metall den Preis auf 150 Dollar, vielleicht sogar auf 200 Dollar treiben mußte. Er rechnete ein wenig herum: Der

Berg dürfte etwa 200 Millionen Kubikmeter Gestein enthalten. Bei zweieinhalb Tonnen pro Kubikmeter wog er fünfhundert Millionen Tonnen. Selbst wenn eine Gesteinstonne nur eine halbe Unze hergab, waren das zweihundertfünfzig Millionen Unzen. Wenn das Bekanntwerden dieser neuen Quelle den Weltmarktpreis auf neunzig Dollar pro Unze drückte, und selbst wenn wegen der Unzugänglichkeit des Fundortes die Kosten für Abbau und Gewinnung sich auf fünfzig Dollar pro Unze beliefen, waren das immer noch... Sir James Manson lehnte sich zurück und stieß einen leisen Pfiff aus. „Großer Gott. Ein Zehnmilliardendollarberg!"

DER Platinpreis wird durch zwei Faktoren bestimmt: die Unentbehrlichkeit des Metalls für bestimmte industrielle Prozesse und seine Seltenheit. Die gesamte Weltproduktion liegt, ohne Berücksichtigung der heimlich angelegten Vorräte, bei etwas über anderthalb Millionen Unzen pro Jahr. Und die stammen hauptsächlich aus drei Quellen: Südafrika, Kanada und der Sowjetunion. Rußland ist in dieser Gruppe der Spielverderber. Die Platinproduzenten möchten den Preis gern einigermaßen stabil halten, um langfristig investieren zu können, ohne dabei fürchten zu müssen, daß ihnen der Markt unter den Füßen wegsackt, sollte das Metall plötzlich in großen Mengen angeboten werden. So halten die Sowjets, indem sie unbekannte Mengen horten, die sie jederzeit auf den Markt werfen können, die Branche in Atem.

James Manson hatte zwar mit Platin nichts zu tun, als Chalmers' Bericht ihm auf den Tisch flatterte, aber er kannte die Weltmarktlage. Er kannte auch den Grund, warum amerikanische Firmen sich ins südafrikanische Platin einkauften. Mitte der Siebziger würde Amerika nämlich viel mehr Platin brauchen, als Kanada liefern konnte. Die Aussichten waren gering, daß vor 1980 ein Abgasreiniger für Kraftfahrzeuge, der ohne Edelmetalle auskam, auf den Markt gelangen würde. Um so höher war die Wahrscheinlichkeit, daß bald jedes amerikanische Auto reines Platin brauchen würde, alle zusammen vielleicht zusätzliche 1,5 Millionen Unzen pro Jahr – was eine Verdoppelung der gegenwärtigen Weltproduktion bedeutete. Die Amerikaner würden das nirgends herzuholen wissen, und James Manson glaubte die Lösung zu haben.

Die Sache hatte nur einen Haken. Sir James mußte vollkommen sicherstellen, daß er und sonst niemand das Abbaurecht für diesen Kristallberg bekam. Die Frage war nur, wie?

Der normale Weg wäre gewesen, daß man dem Präsidenten der Republik den Untersuchungsbericht gezeigt und ein Geschäft vorgeschlagen hätte, wonach ManCon die Abbaurechte, die Regierung eine Gewinnbeteiligung und der Präsident regelmäßig eine fette Überweisung auf sein Schweizer Konto bekommen würde.

Wenn aber bekannt wurde, was der Kristallberg enthielt, würden vor allem drei Interessenten die Hand darauf legen wollen, um das Platin selbst zu gewinnen oder seinen Abbau für immer zu verhindern. Das waren die Südafrikaner, die Kanadier und vor allem die Russen. Denn eine neue, derart ergiebige Quelle würde den sowjetischen Anteil bedeutungslos machen.

Manson hatte den Namen Zangaro schon gehört, aber er wußte nichts darüber. Dem mußte er abhelfen. Er drückte auf den Knopf der Sprechanlage. „Miß Cooke, kommen Sie doch bitte mal zu mir."

Miß Cooke, gepflegt, tüchtig und streng, kam, wie geheißen.

„Miß Cooke, ich bin eben darauf gestoßen, daß wir neulich eine kleine Untersuchung durchgeführt haben – in Zangaro."

„Ja, Sir James, das stimmt."

„Ah, Sie wissen Bescheid. Gut. Dann stellen Sie doch bitte mal für mich fest, wer uns dafür die Genehmigung der einheimischen Regierung besorgt hat."

„Das war Mr. Bryant, Sir James. Richard Bryant von der Abteilung Überseerechte." Miß Cooke vergaß nie etwas, was sie einmal gehört hatte.

„Ich nehme an, er hat darüber einen Bericht vorgelegt?"

„Sicher, das ist ja Vorschrift."

„Würden Sie mir den bitte hereinbringen, Miß Cooke?"

In Richard Bryants sechs Monate altem Bericht stand, daß er nach Clarence, der Hauptstadt Zangaros, geflogen war und dort mit dem Minister für Bodenschätze gesprochen hatte. Nach langem Feilschen um das persönliche Honorar des Ministers hatte man sich geeinigt, daß ein Vertreter von ManCon in den Kristallbergen nach Mineralen suchen durfte. Das war alles.

Das einzige, was auf den Charakter des Landes schließen ließ, war der Hinweis auf das „persönliche Honorar" für einen korrupten Minister.

Manson las den Bericht zu Ende, dann schaltete er wieder die Sprechanlage ein. „Miß Cooke, sagen Sie bitte Mr. Bryant, er soll mal zu mir heraufkommen." Er drückte einen anderen Knopf. „Kommen Sie bitte mal rauf, Martin?"

Martin Thorpe brauchte zwei Minuten von seinem ein Stockwerk tiefer liegenden Büro bis oben. Er sah gar nicht aus wie ein Finanzgenie, der Günstling eines der skrupellosesten Raffer in einem traditionell skrupellosen Gewerbe. Er wirkte mehr wie der Kapitän einer Rugbymannschaft an einer der besten Schulen – charmant, jungenhaft und adrett. Thorpe war aber auf keine gute Schule gegangen, und von Sport hatte er wenig Ahnung und noch weniger Interesse daran; aber die stündlichen Börsenbewegungen sämtlicher ManCon-Töchter hatte er den ganzen Tag im Kopf. Er war neunundzwanzig, hatte ehrgeizige Pläne und die Absicht, sie zu verwirklichen. Seine Treue zu Manson war eine Frage seines hohen Gehalts und des Umstandes, daß er hier an der richtigen Stelle zu sitzen glaubte, um „die Nase an das große Ding zu kriegen", wie er es nannte.

Als er eintrat, hatte Sir James den Chalmers-Bericht schon in einer Schublade verschwinden lassen und nur noch Bryants Bericht auf dem Tisch liegen. „Martin, ich habe eine Aufgabe für Sie, die schnell und diskret erledigt werden muß. Es kann die halbe Nacht dauern."

„Jawohl, Sir James. Bei mir liegt nichts an, was nicht durch einen Anruf zu erledigen wäre."

„Gut. Passen Sie auf. Ich bin eben auf diesen Bericht hier gestoßen. Bryant von den Überseerechten ist vor einem halben Jahr in ein Land namens Zangaro geschickt worden. Er hat uns die Genehmigung beschafft, in einem Gebiet, das Kristallberge heißt, nach eventuellen Mineralvorkommen zu suchen. Ich möchte jetzt wissen, ob darüber je im Vorstand gesprochen worden ist. Sehen Sie die Protokolle durch. Und für den Fall, daß die Sache unter ‚Verschiedenes' flüchtig erwähnt wurde, prüfen Sie die Unterlagen aller Vorstandssitzungen der letzten zwölf Monate. Ich will wissen, wer Bryants Reise genehmigt und wer den Prospektor, einen gewissen Mulrooney, hingeschickt hat. Außerdem möchte ich wissen, was die Personalabteilung über Mulrooney hat. Klar?"

„Jawohl, Sir James. Aber Miß Cooke könnte das –"

„Könnte sie. Aber ich möchte, daß Sie es tun. Wenn Sie sich Vorstandsprotokolle und Personalakten ansehen, wird man glauben, es hätte mit Finanzen zu tun. Dann fällt es nicht auf."

Martin Thorpe ging langsam ein Licht auf. „Sie meinen ..."

„Keine Fragen", sagte Manson barsch. „An die Arbeit."

Martin Thorpe grinste im Hinausgehen. So ein raffinierter Hund, dachte er.

„Mr. Bryant ist da, Sir James", meldete Miß Cooke.

Sir James ging seinem Angestellten von der Zimmermitte aus lächelnd entgegen. „Ah, Bryant, treten Sie näher. Setzen Sie sich." Bryant, der nicht wußte, worum es ging, ließ sich erleichtert über den Ton, den sein Chef anschlug, in einen Wildledersessel sinken. „Möchten Sie etwas trinken, Bryant? Die Sonne ist doch schon fast untergegangen."

„Danke, Sir. Einen – äh – Scotch, bitte."

„Sehr gut. Das ist auch mein Lieblingsgift."

Bryant erinnerte sich an ein Betriebsfest, auf dem Sir James den ganzen Abend nur Scotch getrunken hatte. Es zahlt sich aus, sich so etwas zu merken, dachte Bryant, während sein Chef die Bar öffnete und von seinem höchstpersönlichen Glenlivet einschenkte. „Wasser? Oder einen Spritzer Soda, Bryant?"

„Ist das ein reiner Malzwhisky, Sir James? Dann bitte pur."

Sie hoben die Gläser und ließen sich den alten schottischen Whisky schmecken.

„Ich habe eben einen Stoß alter Berichte durchgesehen", sagte Manson, „und bin dabei auf einen gestoßen, den Sie gemacht haben. Über – wie heißt es noch – Zangaro?"

„O ja, Sir, Zangaro. Das war vor einem halben Jahr."

„Und Sie haben sich mit diesem Minister herumgeärgert."

Bryant lächelte, wenn er daran zurückdachte. „Aber ich habe die Genehmigung bekommen."

„Klar, das haben Sie!" Sir James lächelte. „Früher habe ich's auch so gemacht. Wie ich euch Jungs beneide, wenn ihr losziehen könnt, und ran an den Speck, wie in der guten alten Zeit. Erzählen Sie mal. Ungemütliches Land, dieses Zangaro?"

Manson lehnte den Kopf in den Schatten zurück, und Bryant fühlte sich viel zu wohl, um die innere Anspannung seines Chefs zu bemerken. „Das kann man wohl sagen, Sir James. Das Land ist ein Trümmerhaufen, mit dem es seit der Unabhängigkeit vor fünf Jahren ständig bergab geht." Etwas, das er den Chef einmal hatte sagen hören, fiel ihm wieder ein. „In den meisten dieser neuen Republiken kommen Leute an die Macht, die nicht einmal fähig wären, die Aufsicht auf einem städtischen Müllplatz zu führen."

Sir James entging es natürlich auch nicht, wenn man ihm nachplapperte. „Und wer schmeißt nun da unten den Laden?"

„Der Präsident. Oder besser Diktator. Jean Kimba heißt der Mann. Wie es heißt, hat er die Wähler mit Terror und Zauberei eingeschüchtert und so die ersten und einzigen Wahlen gewonnen. Die

meisten wußten jedenfalls nicht, was eine Wahl überhaupt ist. Jetzt brauchen sie's nicht mehr zu wissen."

„Ein harter Brocken, dieser Kimba?" fragte Sir James.

„Weniger hart, Sir, als glattweg verrückt. Ein Größenwahnsinniger, wie er im Buche steht. Umgeben von politischen Jasagern. Wer bei ihm in Ungnade fällt, wandert in die alten Kolonialgefängnisse. Man erzählt sich, daß Kimba persönlich die Folterungen leitet. Da ist noch niemand lebend herausgekommen."

„In was für einer Welt leben wir, Bryant! Und in der UN-Vollversammlung haben die das gleiche Stimmrecht wie wir. Von wem läßt Kimba sich bei seinen Regierungsgeschäften beraten?"

„Von keinem seiner eigenen Leute. Er behauptet, von göttlichen Stimmen geleitet zu werden. Das Volk glaubt, er habe ein mächtiges Juju. Er hält alle in Angst und Schrecken."

„Und die ausländischen Botschaften?"

„Bis auf die Russen, Sir, haben die vor diesem Irren genausoviel Angst wie sein eigenes Volk. Die Russen haben eine riesengroße Botschaft. Zangaro verkauft den größten Teil seiner Produkte an russische Frachtschiffe, und der Erlös wandert meistenteils in Kimbas Taschen. Die Frachter sind natürlich elektronische Spionageschiffe oder U-Boot-Versorgungsschiffe."

„Die Russen haben also eine starke Stellung da unten."

„Ja, das haben sie, Sir James", antwortete Bryant und nahm noch einen Glenlivet. „Kimba hört auf sie, wenn es um Außenpolitik geht. Ein Geschäftsmann im Hotel hat mir erzählt, der russische Botschafter oder ein Berater sei fast jeden Tag im Palast anzutreffen."

Manson hatte alles gehört, was er wissen mußte. Als Bryant ausgetrunken hatte, geleitete er ihn ebenso zuvorkommend hinaus, wie er ihn empfangen hatte. Zwanzig nach fünf rief er Miß Cooke herein. „Wir beschäftigen einen Ingenieur namens Jack Mulrooney", sagte er. „Ich möchte ihn morgen früh um zehn sprechen. Und um zwölf soll Dr. Gordon Chalmers zu mir kommen. Halten Sie mir die Zeit frei, ihn zum Essen auszuführen. Bestellen Sie einen Tisch im Wilton. Das wär's, danke. Meinen Wagen bitte in zehn Minuten zum Haupteingang." Als Miß Cooke draußen war, drückte Manson noch auf einen anderen Knopf und flüsterte: „Kommen Sie mal auf einen Sprung zu mir rauf, Simon."

Simon Endean stammte aus untadeligen Verhältnissen. Er war wohlerzogen und gescheit, aber seine Moral war die eines Straßenräubers. Er brauchte einen Manson, dem er dienen konnte. Sein Ehr-

geiz war etwas bescheidener als Thorpes, wenn auch nicht viel. Vorerst genügte es ihm, in Mansons Schatten zu leben. Davon konnte er sich eine Sechszimmerwohnung, einen teuren Sportwagen und die Mädchen leisten. „Sir James?"

„Simon, ich gehe morgen mit einem gewissen Gordon Chalmers essen. Er leitet unser Labor in Watford. Ich will sämtliche Informationen über ihn. Natürlich alles, was in der Personalakte steht, aber auch, was Sie sonst noch finden können. Familienleben, eventuelle Schwächen – vor allem, ob er Geldprobleme hat. Rufen Sie mich bis spätestens Viertel vor zwölf an."

Sir James trat nie einem Menschen gegenüber, gleich ob Freund oder Feind, ohne über ihn Bescheid zu wissen. Er hatte schon mehr als einen Gegner in die Knie gezwungen, nur weil er besser vorbereitet war. Endean nickte und ging.

Als sein Rolls-Royce das ManCon-Haus hinter sich ließ, lehnte Sir James sich zurück und zündete sich für den Abend die erste Zigarre an. Der Chauffeur reichte ihm den *Evening Standard,* und sie waren gerade am Charing-Cross-Bahnhof angekommen, als ihm eine Meldung ins Auge fiel. Noch während er auf den Absatz schaute, keimte schon eine Idee in seinem Kopf. Er war ein Pirat des zwanzigsten Jahrhunderts und stolz darauf. Die Meldung betraf einen afrikanischen Staat. Nicht Zangaro, aber ebenso unbekannt. Die Schlagzeile lautete: Neuer Staatsstreich in Afrika.

DRITTES KAPITEL

MARTIN THORPE wartete schon im Vorzimmer, als Manson um fünf nach neun eintraf. „Nun, was haben Sie gefunden?" fragte Sir James, während er seinen Mantel aufhängte. Thorpe schlug ein Notizbuch auf und las vor.

„Vor einem Jahr war eine Forschungsgruppe von uns in dem Land nördlich Zangaros. Sie arbeitete mit einem Luftaufklärungsteam zusammen, das wir von einer französischen Firma gemietet hatten. Eines Tages war der Wind stärker als vorhergesagt. Der Pilot flog den für die Aufklärung vorgesehenen Gebietsstreifen mehrmals ab, aber erst, als der Film entwickelt wurde, stellte sich heraus, daß er jedesmal, wenn er mit Rückenwind flog, etwa sechzig Kilometer weit nach Zangaro hineingeraten war."

„Wer hat's zuerst gemerkt? Die Franzosen?" fragte Manson.

„Nein, Sir. Die haben nur den Film entwickelt. Dann hat so ein schlaues Köpfchen aus unserer Gruppe sich die Bilder einmal näher angesehen und eine Hügellandschaft ausgemacht, die eine unterschiedliche Vegetationsart und -dichte aufwies."

„Weiter", knurrte Sir James.

„Dieser Schlaumeier hat also die Filme an die Photogeologie weitergegeben, und auf einer Vergrößerung ergab sich, daß die Vegetationsunterschiede einen Bereich betrafen, der einen etwa fünfhundertfünfzig Meter hohen Berg umfaßte. Das Gebiet wurde als die Kristallberge identifiziert, und der betreffende Berg war vermutlich der eigentliche Kristallberg. Willoughby, von der Abteilung Überseerechte, hat Bryant hingeschickt."

„Davon hat er mir aber nichts gesagt", meinte Manson, der inzwischen hinter seinem Schreibtisch saß.

„Er hat eine Notiz geschickt, Sir James. Sie waren zu der Zeit in Kanada. Als Bryant aus Zangaro die Genehmigung hatte, war die Abteilung Bodenuntersuchung gleich bereit, einen Prospektor aus Ghana abzuziehen, der sich die Gegend einmal ansehen sollte. Das war Jack Mulrooney. Er ist vor drei Wochen mit Gesteinsproben zurückgekommen, die jetzt im Labor in Watford liegen."

„Und hat nun der Vorstand von alldem erfahren?"

„Nein, Sir." Thorpe war sich seiner Sache sicher. „Ich habe mir sämtliche Vorstandsprotokolle der letzten zwölf Monate angesehen. Bis zum Vorstand ist die Sache nie gekommen."

Mansons Befriedigung war offensichtlich. „Wie gescheit ist dieser Mulrooney?"

Statt einer Antwort brachte Thorpe eine Personalakte zum Vorschein. Manson blätterte sie durch. „Erfahrung hat er jedenfalls", brummte er. „Ein alter Afrikakenner. Solche Leute sind manchmal sehr intelligent."

Er entließ Martin Thorpe und murmelte vor sich hin: „Na, dann wollen wir mal sehen, wie intelligent Mr. Mulrooney ist."

Als der Prospektor hereingeführt wurde, begrüßte Manson ihn herzlich. Er bat Miß Cooke, Kaffee zu bringen. Mulrooneys Vorliebe für Kaffee stand in der Personalakte.

Jack Mulrooney wirkte in der Penthouse-Suite eines Londoner Bürohauses fehl am Platz. Er schien nicht zu wissen, wohin mit seinen Händen. Es war auch das erste Mal, daß er dem Mann gegenübertrat, den er den „Alten" nannte.

„Das ist es ja, Mann", hörte Miß Cooke Sir James sagen, als sie

den Kaffee brachte. „Sie haben fünfundzwanzig Jahre hart erworbener Erfahrung, wie man das Zeug aus der Erde holt." Jack Mulrooney strahlte.

Als Miß Cooke wieder draußen war, wies Sir James auf die Porzellantassen. „Sehen Sie sich doch nur diese stinkfeinen Dinger an. Früher war ich's gewohnt, aus 'ner anständigen Henkeltasse zu trinken. Jetzt setzt man mir solchen Nippes vor. Wenn ich an früher denke, im Witwatersrand..."

Mulrooney blieb eine Stunde. Als er ging, fand er, daß der Alte ein Pfundskerl war.

Und Sir James Manson war von Mulrooney ebenfalls sehr angetan – ein guter Mann, der Steinchen von Bergen klopfen konnte und keine Fragen stellte.

„Daß es da unten Zinn gibt, Sir James, dafür lege ich meine Hand ins Feuer", hatte Mulrooney gesagt. „Die Frage ist nur, ob man es wirtschaftlich abbauen kann."

Sir James hatte ihm auf die Schulter geklopft. „Darüber machen Sie sich keine Gedanken. Das wissen wir, sobald der Bericht aus Watford da ist. Aber was haben Sie jetzt vor?"

„Ich weiß nicht, Sir. Ich habe noch drei Tage Urlaub –"

„Sie lieben die Wildnis, wie ich höre", sagte Sir James wohlwollend.

„O ja. Da draußen ist man auf sich selbst angewiesen."

„Das stimmt." Manson lächelte. „Fast könnte ich Sie beneiden. Mal sehen, ob sich da nichts machen läßt."

Manson wußte, was zu machen war. Er wies die Buchhaltung an, Mulrooney eine Prämie von tausend Pfund zu zahlen. Dann rief er bei der Bodenuntersuchung an. „Wo wird in nächster Zeit ein Prospektor gebraucht?" Eine Bodenuntersuchung in einem abgelegenen Teil Kenias war vorgesehen, Arbeit für ein Jahr. „Schicken Sie Mulrooney", sagte Sir James.

Er sah auf die Uhr. Schon elf. Er nahm sich den Bericht über Dr. Chalmers vor, den Endean ihm heraufgegeben hatte. Bergbauschule in London mit einer Eins, Examen in Geologie, später in Chemie. Promotion mit fünfundzwanzig. Seit vier Jahren Chef der ManCon-Forschungsabteilung in Watford.

Um elf Uhr fünfunddreißig läutete Mansons Privattelephon. Es war Endean. Er sprach zwei Minuten vom Bahnhof Watford aus. Manson grunzte anerkennend. „Kommen Sie zurück. Ich brauche eine komplette Übersicht über die Republik Zangaro." Dann zählte er auf:

„Geschichte, Geographie, Wirtschaft, Ernährungslage, Bodenschätze, Politik, Entwicklungsstand. Und drei Dinge sind vor allem wichtig. Erstens möchte ich wissen, inwieweit der Präsident unter dem Einfluß Rußlands, Chinas oder örtlicher kommunistischer Gruppen steht. Zweitens darf niemand von diesen Erkundigungen erfahren, der auch nur im entferntesten mit dem Land etwas zu tun hat; Sie dürfen also nicht selbst hinfahren. Drittens haben Sie unter gar keinen Umständen zu verraten, daß Sie von ManCon sind. Benutzen Sie einen anderen Namen. Kapiert? Melden Sie sich in zwanzig Tagen wieder."

Danach rief Manson Thorpe an. Wenige Minuten später war Thorpe mit dem Papier da, das sein Chef haben wollte. Es war die Kopie eines Briefes.

DR. GORDON CHALMERS stieg aus dem Taxi und zahlte. Während er die letzten Schritte zum ManCon-Haus hinüberging, fiel sein Blick auf ein Plakat des *Evening Standard* am Zeitungskiosk. THALI-DOMID-ELTERN DRÄNGEN AUF LÖSUNG. Er kaufte die Zeitung. Die Meldung besagte, daß die erneuten Marathonverhandlungen zwischen den Eltern der über vierhundert thalidomidgeschädigten Kinder in Großbritannien und der Firma, die das Mittel auf den Markt gebracht hatte, wieder festgefahren waren.

Gordon Chalmers' Gedanken wanderten zu dem Haus zurück, aus dem er heute morgen zur Arbeit aufgebrochen war; zu seiner Frau Peggy, eben dreißig, obwohl sie aussah wie vierzig; und zu Margaret – Margaret ohne Beine und mit nur einem Arm, die jetzt neun war und ein Paar Beine brauchte –, dazu ein entsprechend gebautes Haus, dessen Hypothek ihn ein Vermögen kostete. Nachdem er nun schon seit fast zehn Jahren mit ansah, wie mittellose Eltern einem Wirtschaftsriesen die Stirn zu bieten versuchten, hegte Gordon Chalmers erbitterte Gedanken gegenüber Großkapitalisten. Zehn Minuten später saß er einem der größten von ihnen gegenüber.

Manson kam direkt zur Sache. „Sie können sich wahrscheinlich denken, weshalb ich Sie sprechen möchte, Dr. Chalmers."

„Ich kann es mir denken, Sir James. Es geht um den Bericht über den Kristallberg."

„Stimmt. Gut, daß Sie ihn in einem versiegelten Umschlag an mich persönlich gerichtet haben. Völlig richtig."

Chalmers hob die Schultern. Nachdem er wußte, was die Gesteinsproben enthielten, war das selbstverständlich.

„Gestatten Sie mir zwei Fragen, auf die ich gern detaillierte Ant-

worten hätte", sagte Sir James. „Sind Sie sich, was das Ergebnis angeht, vollkommen sicher?"

„Vollkommen. Erstens gibt es mehrere Verfahren, Platin nachzuweisen, und die Gesteinsproben haben alle Tests bestanden. Zweitens habe ich nicht nur jedes bekannte Verfahren auf jede einzelne Probe angewandt, sondern das Ganze gleich zweimal."

Sir James nickte bewundernd. „Wie viele Leute aus Ihrem Labor kennen außer Ihnen das Analyseergebnis?"

„Niemand", sagte Chalmers mit Bestimmtheit. „Als die Proben kamen, wurden sie wie üblich verpackt und eingelagert. In Mulrooneys Bericht war von vermutlichem Zinngehalt die Rede. Da es sich um eine unbedeutende Untersuchung handelte, habe ich einen Assistenten damit betraut. Der vermutete Zinn oder gar nichts und hat die entsprechenden Analysen gemacht. Als die Ergebnisse negativ ausfielen, bin ich dann noch im Labor geblieben, um weitere Untersuchungen vorzunehmen. Um Mitternacht wußte ich, daß in den Geröllproben Platin war.

Dem Assistenten habe ich anderntags eine neue Arbeit gegeben und allein weitergemacht. Wir hatten sechshundert Beutel Geröll und fünfzehnhundert Pfund sonstiges Gestein von allen Stellen am Berg. Die Platinvorkommen sind über die ganze Formation verteilt."

Sir James sah den Wissenschaftler mit gutgespielter Ehrfurcht an. „Das ist ja unglaublich. Ich weiß, ihr Wissenschaftler behaltet gern einen kühlen Kopf, aber das muß doch sogar Sie aus der Ruhe gebracht haben. Das könnte die Platinversorgung der ganzen Welt verändern. Wissen Sie, wie oft so etwas bei einem seltenen Metall vorkommt? Alle hundert Jahre."

Seine Entdeckung hatte Chalmers allerdings aus der Ruhe gebracht, aber er zuckte jetzt nur mit den Schultern. „Nun ja, für ManCon wird das sicher ein gutes Geschäft."

„Nicht unbedingt", sagte Manson.

Das überraschte Chalmers. „Nein?" fragte der Chemiker. „Aber das ist doch ein Vermögen!"

„Ein Vermögen im Boden, das ja", antwortete Sir James. „Aber die Frage ist, wer es dort herausholt. Sehen Sie ..., lassen Sie sich das mal erklären, mein lieber Doktor ..." Er erklärte eine halbe Stunde lang. „Wir laufen Gefahr, daß den Russen das Zeug auf dem Tablett serviert wird, wenn wir die Sache bekanntgeben."

„Ich kann an den Tatsachen nichts ändern, Sir James", sagte Dr. Chalmers.

Manson riß entsetzt die Augenbrauen hoch. „Du meine Güte, Doktor! Natürlich nicht." Er sah auf die Uhr. „Kurz vor eins", rief er. „Kommen Sie, wir gehen eine Kleinigkeit essen."

Zwei Flaschen Côte du Rhône ermunterten Chalmers, über seine Arbeit zu sprechen, seine Familie, seine Ansichten.

Als die Rede auf die Familie kam, brachte Sir James mit angemessenem Mitgefühl im Blick ein vor kurzem gesendetes Fernsehinterview mit Chalmers in Erinnerung. „Verzeihen Sie", sagte er. „Ich wußte das gar nicht – das mit Ihrer kleinen Tochter, meine ich. So eine Tragödie!"

Nach und nach erzählte Chalmers seinem Chef von Margaret. „Das verstehen Sie nicht", sagte er einmal.

„Ich kann es versuchen", erwiderte Sir James ruhig. „Wissen Sie, ich habe auch eine Tochter. Sie ist allerdings älter." Er nahm ein zusammengefaltetes Blatt Papier aus seiner Brusttasche. „Ich weiß nicht, wie ich sagen soll", meinte er mit einer gewissen Verlegenheit, „aber – nun, ich weiß, wieviel Zeit und Mühen Sie für die Firma aufwenden. Darum habe ich heute morgen meiner Bank diese Anweisung gegeben."

Er reichte Chalmers die Kopie eines Briefes an den Direktor der Coutts Bank mit der Anweisung, an jedem Monatsersten fünfzehn Zehnpfundnoten per Einschreiben an Dr. Gordon Chalmers' Privatadresse zu schicken.

„Danke", sagte Chalmers leise.

Sir James legte ihm die Hand auf den Arm. „Schon gut, schließen wir dieses Thema ab. Trinken wir einen Cognac."

Im Taxi bot Manson an, Chalmers am Bahnhof abzusetzen. „Ich muß noch in die Firma und mich mit dieser Zangaro-Geschichte und Ihrem Bericht beschäftigen", sagte er.

„Was werden Sie denn nun machen?" fragte Chalmers.

„Ich weiß es wirklich nicht. Eine Schande, wenn das alles in fremde Hände ginge, und das ist leider unausweichlich, wenn Ihr Bericht nach Zangaro gelangt. Irgend etwas muß ich denen aber schicken." Es entstand eine lange Pause, während das Taxi auf den Bahnhofsplatz einbog.

„Kann ich etwas dazu tun?" fragte der Wissenschaftler.

„Sie können", sagte Sir James vorsichtig. „Schmeißen Sie Mulrooneys Gesteinsproben weg. Vernichten Sie Ihre Aufzeichnungen. Schreiben Sie Ihren Bericht von vorn bis hinten noch einmal ab – mit einem Unterschied: Die Analyse hat ergeben, daß die Proben

unbedeutende Mengen minderwertigen Zinns enthalten. Verbrennen Sie das Original. Und kein Sterbenswörtchen darüber."

Als das Taxi anhielt, sagte Sir James leise: „Ich gebe Ihnen mein feierliches Versprechen, daß ManCon sich, wenn die politische Lage sich einmal ändern sollte, unter Einhaltung des üblichen Weges um die Abbaurechte bewerben wird."

Chalmers stieg aus dem Taxi und drehte sich zu seinem Arbeitgeber um. „Ich weiß nicht, ob ich das tun kann, Sir. Ich muß es mir überlegen."

Manson nickte. „Natürlich. Es ist ja auch viel verlangt. Wissen Sie was? Sprechen Sie doch mal mit Ihrer Frau darüber."

SIR JAMES speiste an diesem Freitagabend mit einem Beamten des Außenministeriums in seinem Club. Adrian Goole war während des nigerianischen Bürgerkrieges Verbindungsmann des Außenministeriums zum Westafrika-Komitee gewesen, in dem Manson eine entscheidende Stellung hatte. Das Komitee hatte das Außenministerium dahingehend beraten, daß ein schneller Sieg der Zentralregierung bei britischer Unterstützung möglich und außerdem für den britischen Handel in Nigeria wichtig sei. Aber der Krieg hatte dann doch dreißig verheerende Monate gedauert, und ManCon, ebenso wie Shell, BP und andere, hatte gewaltige Verluste erlitten.

Manson verachtete Adrian Goole, den er für einen pedantischen Esel hielt. Genau darum hatte er ihn zum Essen eingeladen. Darum und weil der Mann in der Abteilung Wirtschaftsaufklärung des Außenministeriums saß.

Nun saß Goole ihm am Tisch gegenüber und hörte ernst und aufmerksam zu, wie Manson ihm einen Teil der Wahrheit über den Kristallberg erzählte. Manson beschränkte sich dabei auf das Zinn. Das Zinnvorkommen sei natürlich durchaus abbauwürdig, aber ihn schrecke, offen gestanden, die Abhängigkeit des zangarischen Präsidenten von sowjetischen Beratern. Es könne gefährlich werden, Kimbas Macht noch durch Reichtum zu vergrößern. Goole schluckte das alles. „Sie haben recht", sagte er. „Eine echte Zwickmühle. Sie müssen die Analyse nach Zangaro schicken. Und wenn man sie da den Russen zeigt, sieht deren Wirtschaftsexperte mit einem Blick, daß sich der Abbau lohnt." Goole dachte nach. „Was wäre denn, wenn Sie in dem Bericht die Zahlen über den Zinngehalt pro Gesteinstonne halbierten?"

„Nun ja, dann wäre der Abbau unwirtschaftlich."

„Und könnten die Proben nicht aus einem anderen Gebiet stammen? Wenn Ihr Mann sie ein bis zwei Kilometer vom wirklichen Fundort entfernt gesammelt hätte, könnte der Zinngehalt doch um fünfzig Prozent niedriger liegen?"

„Sehr wahrscheinlich. Aber er hat sie nun einmal direkt am Berg und nirgendwo sonst gefunden."

„Unter Aufsicht?" fragte Goole.

„Nein, allein."

„Und sichtbare Spuren von seiner Arbeit hat er nicht hinterlassen?"

„Nur ein paar abgehauene Steine. Außerdem geht da niemand hin." Manson machte eine kleine Pause. „Wissen Sie, Goole, Sie sind ein sträflich raffinierter Bursche. Ober, noch einen Cognac."

Sie verabschiedeten sich scherzend auf der Treppe des Clubs. „Noch etwas", sagte der Beamte. „Zu niemandem ein Wort darüber. Im Ministerium muß ich es zu den Geheimakten geben, aber sonst bleibt es zwischen Ihnen und uns."

„Selbstverständlich", sagte Manson.

„Ich bin sehr froh, daß Sie sich imstande gesehen haben, mir das alles zu erzählen. Sollte sich auf der politischen Bühne Zangaros etwas ändern, werden Sie es als erster erfahren."

Sir James winkte seinem Chauffeur. „Als erster erfahren", äffte er, während er es sich in seinem Rolls-Royce bequem machte. „Und ob ich das als erster erfahre, mein Junge."

EINE Stunde später lag Gordon Chalmers müde und wütend neben seiner Frau. „Ich kann's nicht", sagte er. „Ich kann doch nicht einfach einen Analysebericht fälschen, nur damit Manson und Konsorten noch mehr Geld raffen können."

„Aber was soll's denn?" flehte Peggy Chalmers. „Ob er nun die Konzession bekommt oder die Russen. Ob der Preis steigt oder fällt. Wir brauchen das Geld, Gordon. Bitte, Lieber!"

„Na gut", sagte Gordon Chalmers endlich. „Gut, ich tu's."

Sie kuschelte ihren Kopf an seine Brust. „Danke. Und zerbrich dir nicht den Kopf. In einem Monat hast du es vergessen."

Zehn Minuten später schlief sie, erschöpft vom allabendlichen Kampf, Margaret zu waschen und ins Bett zu bringen, und auch von dem ungewohnten Streit mit ihrem Mann. Gordon Chalmers starrte weiter in die Dunkelheit. „Die gewinnen immer", sagte er leise. „Die Schweinehunde gewinnen immer."

Am Tag darauf, einem Samstag, schrieb er einen neuen Analyse-

bericht für die Republik Zangaro. Dann verbrannte er seine Aufzeichnungen und schaffte die Gesteinsproben auf den Müll.

Am Montag erhielt Sir James Manson den Bericht und schickte ihn weiter an die Abteilung Überseerechte. Bryant bekam den Auftrag, am nächsten Tag nach Clarence, der Hauptstadt Zangaros, zu fliegen und ihn dem Minister für Bodenschätze zu überbringen. In einem Begleitbrief würde die Firma ihr Bedauern ausdrücken.

Am Dienstag flog auch Jack Mulrooney nach Afrika. Er war glücklich, London hinter sich zu haben. Vor ihm lag Kenia, der Busch, vielleicht die Chance, einen Löwen zu erlegen.

Nur zwei Mann wußten, was der Kristallberg wirklich barg. Der eine hatte sein Wort gegeben, für immer zu schweigen, der andere plante seinen nächsten Schachzug.

VIERTES KAPITEL

Simon Endean trat mit einer dicken Akte über Zangaro in Sir James Mansons Zimmer. „Hat niemand erfahren, wer Sie sind, und was Sie tun?" fragte Manson und zündete sich eine Zigarre an.

„Niemand, Sir James. Ich habe unter einem Pseudonym gearbeitet. Niemand hat mich gefragt. Ich habe erzählt, ich schriebe an einer Dissertation über das nachkoloniale Afrika."

„Gut. Erzählen Sie mir das Wesentliche."

Endean breitete eine großmaßstäbliche Landkarte von einem Abschnitt der westafrikanischen Küste aus. „Wie Sie sehen, grenzt Zangaro im Norden und Osten hier an diesen Staat, im Süden an den anderen hier. Die Westgrenze bildet das Meer. Das Land hat die Form eines Rechtecks, dessen eine Schmalseite aus einhundertzehn Kilometern Küste besteht, während die langen Seiten hundertsechzig Kilometer weit ins Landesinnere verlaufen. Die Hauptstadt Clarence mit dem Hafen liegt hier an der Seeseite dieser stumpfen Halbinsel, etwa in der Mitte der Küste. Hinter der Hauptstadt beginnt eine Küstenebene, das einzige landwirtschaftlich genutzte Gebiet. Dahinter fließt in Nordsüdrichtung der Zangaro, der das Land teilt. Auf der einen Seite liegt die Ebene, auf der anderen beginnen die Berge."

Manson sah sich die Karte genau an. „Straßen?"

Endean kam in Fahrt. „Eine Straße verläuft hier die Mittelachse der Halbinsel entlang und dann noch zehn Kilometer weit genau in Ostrichtung landeinwärts. Dann haben wir hier die Kreuzung mit der

anderen Hauptstraße, die links bis zur nördlichen Grenze führt, rechts in einem unbefestigten Weg endet, der dann ausläuft."

„Aber es führt doch sicher eine Straße in die Berge?"

„Die ist so klein, daß sie hier gar nicht eingezeichnet ist. Von der Straße, die nach Norden führt, geht sie rechts zu einer windschiefen Holzbrücke über den Fluß ab."

„Ist das der einzige Weg, um von der einen Landeshälfte in die andere zu kommen?" fragte Manson verwundert.

„Der einzige für Fahrzeuge. Die Eingeborenen benutzen Kanus."

„Wer sind die Eingeborenen? Was für Stämme gibt es dort?"

„Zwei", sagte Endean. „Auf der Ostseite des Flusses beginnt das Land der Vindu. Sie leben praktisch noch in der Steinzeit und bleiben größtenteils im Busch. Die Ebene mit der Halbinsel gehört den Caja. Vindu und Caja hassen einander. Die Caja standen auf der Seite der Kolonialmacht, aber sie sind eine faule Bande. Präsident Kimba ist ein Vindu, der die Wahl mit Schlägertrupps aus seinem Stamm gewonnen hat."

„Wie viele Einwohner?"

„Eigentlich nicht zu zählen, aber offiziell sind es dreißigtausend Caja und hundertneunzigtausend Vindu."

„Wie sieht die Wirtschaft aus?"

„Katastrophal", antwortete Endean. „Bankrott. Wertloses Papiergeld. So gut wie kein Export, und für den Import verkauft ihnen keiner was. Es gibt ein Krankenhaus unter Leitung der UNO, und früher bekam das Land Medikamente, Schädlingsbekämpfungsmittel und dergleichen von der UNO, den Sowjets und der Kolonialmacht geschenkt, aber nachdem die Regierung das Zeug immer wieder woandershin verschachert und den Erlös eingestrichen hat, haben sogar diese drei aufgegeben."

„Eine echte Bananenrepublik also", meinte Sir James.

„In jeder Beziehung. Die Regierung korrupt und brutal. Das Volk krank und unterernährt. Holz und Fisch sind vorhanden, und unter der Kolonialregierung gab es Kaffee, Kakao, Baumwolle und Bananen. Da die Abnahme garantiert war, gab das genügend Devisen für die notwendigen Importe. Jetzt arbeitet keiner mehr. Es wird gerade noch der Eigenbedarf angebaut."

„Wer hat in der Kolonialzeit die Plantagen bewirtschaftet?"

„Ach ja, die Kolonialmacht hatte dafür schwarze Arbeitskräfte von woanders ins Land geholt. Die haben sich in Zangaro angesiedelt und sind heute noch da. Die Familien mitgerechnet, müssen es an die

fünfzigtausend sein. Aber man hat sie nie eingebürgert, so daß sie
bei der einzigen Wahl zur Unabhängigkeit nicht mitwählen durften.
Was noch an Arbeit getan wird, besorgen sie."

„Wo leben sie?" fragte Manson.

„Ungefähr fünfzehntausend leben noch in ihren Hütten auf den
Plantagen, obwohl es da kaum noch etwas zu tun gibt, seit die
Maschinen alle verrottet sind. Aber die meisten wohnen in Behelfs-
siedlungen an der Straße vor der Hauptstadt. Sie kratzen sich ihren
Lebensunterhalt zusammen, so gut es geht."

„Wie viele Europäer leben da noch?"

„Etwa vierzig Diplomaten und eine Handvoll UNO-Techniker.
Kimba ist ein fanatischer Weißenhasser. Vor ungefähr sechs Wochen
ist es in Clarence zu einem Krawall gekommen, bei dem ein UNO-
Mann halb totgeschlagen wurde."

„Hat das Land Freunde, ich meine, politisch?"

Endean schüttelte den Kopf. „Sogar der Organisation für Afrikanische Einheit ist es ein Ärgernis. Niemand will etwas investieren,
nicht weil kein Potential vorhanden wäre, sondern weil nichts vor
der Beschlagnahme durch irgendeinen Angehörigen der Kimba-Partei
sicher ist. Die Russen haben die größte Botschaft und ein wenig Einfluß auf die Außenpolitik, von der Kimba nur soviel versteht, wie ein
paar in Moskau ausgebildete zangarische Berater ihm mitteilen."

„Und wer hat dieses Paradies auf Erden nun geschaffen?"

Sir James Manson sah sich vor einer Photographie eines Afrikaners
mittleren Alters, in Seidenzylinder und schwarzem Gehrock. Das
Gesicht unter der glänzenden schwarzen Kopfbedeckung war lang
und hager. Aber die Augen fielen auf. Sie hatten die glasige Starre,
wie man sie im Blick von Fanatikern findet.

„Ein Irrsinniger. Befreier vom Joch des weißen Mannes, von Gei-
stern erleuchtet, Betrüger, Polizeichef und Folterknecht: Seine Exzellenz, Präsident Jean Kimba", sagte Endean.

Sir James betrachtete das Gesicht des Mannes, der ahnungslos auf
einem Berg von Platin saß, zehn Milliarden Dollar wert. Er fragte
sich, ob die Welt sein Dahinscheiden überhaupt zur Kenntnis nehmen
würde.

AM NÄCHSTEN Tag wurde Endeans Gegenwart erneut im zehnten
Stock gewünscht. „Über eines muß ich noch mehr wissen, Simon",
sagte Sir James ohne Einleitung. „Sie sprachen von einem Krawall
in Clarence. Worum ging es da?"

„Vom Präsidenten weiß man, daß er eine krankhafte Angst vor Attentaten hat. Manchmal erfindet er selbst Gerüchte über Anschläge auf sein Leben, wenn er jemanden verhaften oder hinrichten möchte. Diesmal war es der Kommandeur der Streitkräfte, Oberst Bobi. Wie es heißt, ging der Zank um Kimbas Anteil an einem von Bobis Geschäften. Von einer Sendung Arzneimittel, die für das UNO-Krankenhaus eingetroffen war, hatte die Armee die Hälfte gestohlen, und Bobi hatte die Medikamente auf dem Schwarzmarkt verkauft. Als der Leiter des Krankenhauses dann bei Kimba protestierte und dabei den wahren Wert der vermißten Sendung nannte, hat Kimba festgestellt, daß es erheblich mehr war, als Bobi mit ihm geteilt hatte. Da hat er einen Tobsuchtsanfall bekommen und seine private Mörderbande auf Bobi gehetzt. Statt seiner haben die aber den unglücklichen UNO-Mann in die Finger bekommen."

„Was ist aus Bobi geworden?" fragte Manson.

„Der war schon über die Grenze geflüchtet."

„Was ist das für einer?"

„Ein Gorilla in Menschengestalt. Kein Hirn, aber eine gewisse animalische Schläue."

„Aber westlich erzogen? Kein Kommunist?" bohrte Manson.

„Nein, Sir. Kein Kommunist. Politisch überhaupt nichts."

„Bestechlich? Für Geld zu gewinnen?"

„Bestimmt. Er muß jetzt ziemlich bescheiden leben."

„Finden Sie ihn, egal wo."

Endean nickte. „Soll ich ihn aufsuchen?"

„Noch nicht", sagte Manson. „Vorerst möchte ich einen vollständigen Lagebericht über die militärische Sicherheit in der Hauptstadt und in der Umgebung des Präsidentenpalastes. Zahlenmäßige Stärke, Lage der Garnison, ihre Kampferfahrung, die Stärke ihrer bei einem Angriff zu erwartenden Gegenwehr . . ."

Endean sah seinen Chef verwundert an. Bei einem Angriff? Was führte der Mann im Schilde?

„Diese Informationen kann ich nicht selbst beschaffen, Sir James. Dazu muß einer was von militärischen Dingen verstehen. Und von afrikanischen Soldaten."

Manson stand am Fenster und schaute über die City, das finanzielle Herz Londons. „Ich weiß", sagte er leise. „Dazu brauchte man einen Soldaten."

„Aber Sir James, Sie werden kaum einen Armeeangehörigen für einen Auftrag dieser Art bekommen. Für kein Geld der Welt."

„Es gibt eine Art Soldaten, die so etwas tun", sagte Manson. „Söldner. Ich will ja gut dafür bezahlen. Suchen Sie mir einen Söldner mit Initiative und Grips. Den besten in Europa."

CAT SHANNON lag auf seinem Bett in dem kleinen Hotel auf dem Montmartre. Er langweilte sich. In den Wochen seit seiner Rückkehr aus Afrika hatte er das meiste von seinem Geld ausgegeben, war in Europa herumgereist und hatte versucht, einen neuen Job aufzutreiben.

Das Angebot war spärlich. Ein paar Scheichs am Persischen Golf hatten angeblich die Nase voll von ihren britischen Militärberatern und suchten Söldner, die für sie kämpften oder die Palastwache übernahmen. Shannon traute den Arabern nicht. Und da es keine anständigen Kriege zu geben schien, blieb nur noch die Möglichkeit, sich als Leibwächter bei einem europäischen Waffenschieber zu verdingen, und ein solches Angebot hatte er von einem Mann in Paris bekommen.

Cat Shannon hatte das Angebot nicht direkt abgelehnt, aber er war auch nicht eben scharf darauf. Der Mann hatte Schwierigkeiten, weil er die IRA hereingelegt und den Briten verraten hatte, wo die von ihm selbst an die Iren verkauften Waffen an Land gehen sollten. Und da Shannon obendrein nordirischer Protestant war, würde niemand ihm glauben, daß er nur seine Arbeit getan habe.

So lag er nun da und starrte an die Decke, mit den Gedanken in der wilden Moorlandschaft mit den verkrüppelten Bäumen entlang der Grenze zwischen Tyrone und Donegal. Für ihn war das immer noch Heimat, obgleich er kaum da gewesen war, seit man ihn mit acht Jahren weit fort in die Schule geschickt hatte. Vor elf Jahren waren seine Eltern bei einem Autounfall ums Leben gekommen. Er war zum Begräbnis nach Hause gefahren; dann hatte er das Haus verkauft.

Zweiundzwanzig war er damals gewesen und Sergeant bei der Marineinfanterie. Danach hatte er in einem Londoner Handelshaus mit Afrikaverbindungen seine erste zivile Stelle angetreten. Er hatte sich im feinen Netz von Firmenstrukturen, Handel und Kreditwesen und der Gründung von Holdinggesellschaften auskennen gelernt und erfahren, wie wertvoll ein diskretes Schweizer Bankkonto ist. Nach einem Jahr in London hatte man ihn zum Vizedirektor der Filiale in Uganda gemacht, und von da war er wortlos fortgegangen und in den Kongo gefahren. Seit sechs Jahren führte er nun das Leben eines Söldners, bestenfalls als Mietsoldat, schlimmstenfalls als Berufsmör-

der betrachtet. Das Dumme war nur, daß es kein Zurück mehr gab, nachdem er so lange als Söldner gelebt hatte. Gewiß hätte er Arbeit bekommen. Die Frage war nur, ob er es ertragen hätte, wieder in einem Büro zu hocken, zwischen Hauptbuch und Vorortzug, dann aus dem Fenster zu sehen und zurückzudenken an den Busch, die wogenden Palmen, die Flüsse, den Geruch von Schweiß und Schießpulver, die wilde, grausame Freude, nach dem Angriff noch am Leben zu sein – das eben war das Unmögliche.

Und so lag er auf dem Bett, rauchte und überlegte, woher wohl der nächste Job kommen könnte.

Simon Endean wußte, daß London der Ort war, wo man alles erfahren konnte, was der Menschheit an Wissen zur Verfügung stand, auch Namen und Adresse eines erstklassigen Söldners. Die Frage war, wo mit dem Suchen beginnen?

Nachdem er darüber eine Stunde lang kaffeetrinkend in seinem Büro nachgedacht hatte, fuhr er mit einem Taxi in die Fleet Street. Über einen Freund bei einer der größten Londoner Tageszeitungen kam er praktisch an jeden Zeitungsausschnitt der letzten zehn Jahre heran, der sich mit Söldnern befaßte. Er las sie alle, wobei er seine besondere Aufmerksamkeit dem Autor widmete. Im Augenblick suchte er noch nicht den Namen eines Söldners. Was er suchte, war ein Journalist, der sich auskannte. Nach zwei Stunden hatte er einen gefunden. Ein Anruf bei seinem Freund, und er hatte auch die Adresse. Es war im Norden Londons.

Am folgenden Morgen kurz nach acht drückte Simon Endean auf den Klingelknopf neben dem Namen des Journalisten, und wenig später ertönte ein fragendes „Ja?" aus dem ins Holz eingearbeiteten metallenen Gitter der Sprechanlage.

„Guten Morgen", antwortete Endean. „Mein Name ist Harris. Walter Harris. Könnte ich Sie wohl einen Augenblick sprechen?"

Oben kam er geradewegs zur Sache. „Ich vertrete ein Unternehmenskonsortium mit Geschäftsinteressen in einem westafrikanischen Staat." Der Journalist nickte argwöhnisch und trank einen Schluck aus seinem Kaffeebecher. „Wir haben Informationen über einen eventuellen, kommunistisch gesteuerten Putsch in dieser Republik. Können Sie mir folgen?"

„Ja. Weiter."

„Um Erfolg zu haben, müßten die Verschwörer unbedingt zuerst den Präsidenten ermorden. Das macht die Frage der Palastbewachung

überaus wichtig. Nach Auskunft des Außenministeriums kommt es nicht in Frage, daß ein britischer Armeeoffizier sich um diese Angelegenheit kümmert."

„Und?" Der Journalist trank seinen Becher leer und zündete sich eine Zigarette an.

„Deshalb denkt der Präsident eventuell an die Einstellung eines Söldners, der ihn in Fragen seiner Sicherheit berät. Was er sucht, ist ein Mann, der seinen Palast gründlich unter die Lupe nimmt und alle undichten Stellen verstopft."

Der Journalist hatte erhebliche Zweifel an der Wahrheit von Harris' Geschichte. Wenn es tatsächlich um die Verbesserung der Sicherheitsmaßnahmen im Palast ging, hatte die britische Regierung bestimmt nichts dagegen, einen Experten als Berater zu schicken. Außerdem gab es eine Firma namens Watchguard International, die auf solche Fälle spezialisiert war. Darauf machte er seinen Besucher aufmerksam.

„Mir scheint", sagte Endean, „ich muß offener sprechen."

„Das könnte nicht schaden", meinte der Journalist.

„Sehen Sie, die Sache ist nämlich so: Die Regierung wäre wahrscheinlich durchaus bereit, einen Experten ausschließlich zu Beratungszwecken zu schicken, aber falls eine weitere Ausbildung der Palastwache notwendig wäre, könnte ein von der Regierung entsandter britischer Staatsangehöriger nichts machen. Und wenn ein Mann von Watchguard der Palastwache angehörte und es käme trotzdem zu einem Putschversuch, könnten Sie sich ja denken, was das übrige Afrika davon halten würde. Die setzten Watchguard doch mit dem Außenministerium gleich."

„Und was wünschen Sie nun von mir?" fragte der Journalist.

„Den Namen eines guten Söldners. Ein Mann mit Verstand und Initiative, der für sein Geld gute Arbeit leistet."

„Ich lebe vom Schreiben", sagte der Journalist.

Endean zog langsam zwanzig Zehnpfundnoten aus der Tasche und legte sie auf den Tisch. „Dann schreiben Sie für mich", sagte er. „Namen und Werdegang. Oder meinetwegen sprechen Sie."

„Ich schreibe." Der Journalist nahm ein paar Aktenordner und schrieb zwanzig Minuten auf der Maschine. Dann reichte er Endean drei Blatt Papier. „Das sind die besten, die heute herumlaufen. Die ältere Generation aus dem Kongo von vor sechs Jahren und ein paar neue, die in Nigeria groß herausgekommen sind."

Endean nahm die Blätter und las sie aufmerksam.

ROBERT DENARD: Franzose. Polizeiausbildung. An der Loslösung Katangas vom übrigen Kongo 1961/62 beteiligt. Verließ das Land nach Scheitern der Loslösung und Ausweisung Tschombes. Kommandierte französische Söldneraktion im Jemen. 1964 in den Kongo zurückgekehrt. Kommandeur des 6. Kommandos. 1967 Teilnahme an zweiter Stanleyville-Revolte (Söldneraufstand). Schwer verwundet. Lebt in Paris.

JACQUES SCHRAMME. Belgier. Spitzname „Black Jacques". Bildete 1961 eigene katangesische Einheit. Bei Loslösungsversuch wichtige Figur. Begann 1967 den Stanleyville-Aufstand, dem sich Denard mit seiner Einheit anschloß. Übernahm nach Denards Verwundung gemeinsames Kommando und führte den Marsch auf Bukavu an.

MIKE HOARE: ursprünglich Südafrikaner, jetzt Brite. Berater bei Katanga-Loslösung. Enger Freund Tschombes. Bildete 1965 englischsprechendes 5. Kommando. Hat sich Dezember 1965 zur Ruhe gesetzt.

CHARLES ROUX: Franzose. Kämpfte 1964 unter Hoare. Überwarf sich mit Hoare, ging zu Denard. Teilnahme an erster Stanleyville-Erhebung 1966, in der seine Einheit fast aufgerieben wurde. Aus dem Kongo geschmuggelt. 1967 zurückgekehrt, hat er sich Schramme angeschlossen. Bei Bukavu verwundet. Lebt in Paris, beansprucht Führung unter französischen Söldnern.

CARLO SHANNON: Brite. Diente im 5. Kommando unter Hoare. Mit Schramme bei Belagerung Bukavus. April 1968 repatriiert. Kommandierte eigene Einheit im nigerianischen Bürgerkrieg. Hält sich vermutlich in Paris auf.

Es standen noch mehr auf der Liste – Belgier, Deutsche, Südafrikaner, Franzosen –, einige, wie Shannon zum Beispiel, gerade aus Nigeria zurück. Endean hatte fertig gelesen und sah auf. „Diese Männer wären alle für so eine Aufgabe zu haben?" fragte er.

Der Journalist schüttelte den Kopf. „Das glaube ich nicht. Ich habe alle aufgeschrieben, die mitmachen *könnten*."

„Sagen Sie mir, welchen Sie nehmen würden", sagte Endean.

„Cat Shannon", antwortete der Journalist ohne Zögern. „Er denkt unkonventionell und ist ein ziemlicher Draufgänger."

„Wo steckt er?" fragte Endean.

Der Journalist nannte ein Hotel und eine Bar in Paris, wo Endean sich erkundigen konnte.

„Und wenn ich diesen Shannon nicht kriege, wen würden Sie dann nehmen?"

Der Journalist dachte eine Weile nach. „Der einzige, der sonst noch mit ziemlicher Sicherheit zu haben ist und über die genügende Erfahrung verfügt, wäre Roux."

CAT SHANNON ging nachdenklich durch eine Nebenstraße auf sein hoch oben auf dem Montmartre gelegenes Hotel zu. Es war kurz nach fünf an einem Spätnachmittag Mitte März, und ein kalter Wind wehte. Das Wetter entsprach Shannons Stimmung. Er dachte an Dr. Dunois, der ihn vorhin gründlich untersucht hatte. Dunois, ein ehemaliger Fallschirmjäger und Militärarzt, hatte einige Himalaja- und Andenexpeditionen als Mannschaftsarzt mitgemacht und sich später für ein paar schwierige Aufgaben in Afrika gemeldet. Wenn einem Söldner etwas fehlte, suchte er ihn gewöhnlich in seiner Pariser Praxis auf.

Shannon trat ins Hotel und ging zum Empfang, um seinen Schlüssel zu holen. Der alte Portier sagte: „Ah, Monsieur! Sie sind aus London angerufen worden. Ich soll Ihnen diese Nachricht übergeben."

Die Nachricht in der krakeligen Schrift des Alten lautete kurz: „Vorsicht Harris" und trug den Namen eines englischen Journalisten, den Shannon kannte. Der alte Mann zeigte auf den kleinen Raum hinter der Empfangshalle. „Und da wartet jemand auf Sie, Monsieur."

Der Besucher erhob sich, als Shannon näher kam. „Mr. Shannon?"

„Ja."

„Mein Name ist Harris, Walter Harris. Ich habe auf Sie gewartet. Können wir uns hier unterhalten?"

„Ja. Der Alte hört uns nicht. Nehmen Sie Platz."

„Man hat Sie mir empfohlen. Ich vertrete eine Gruppe Londoner Geschäftsleute. Wir hätten eine Aufgabe. Sie erfordert einen Mann, der über gewisse Kenntnisse auf militärischem Gebiet verfügt und in ein fremdes Land reisen kann, ohne Verdacht zu erregen. Der Betreffende müßte eine militärische Situation analysieren und darüber den Mund halten können."

„Ich bin kein Auftragsmörder", sagte Shannon knapp.

„Das erwarten wir auch nicht von Ihnen", sagte der Mann, der sich Harris nannte.

„Gut. Um was für eine Aufgabe handelt es sich? Und wie hoch ist das Honorar?"

„Zunächst müßten Sie zur Einweisung nach London kommen." Endean nahm einen Packen Geldscheine aus der Tasche. „Wir zahlen Ihnen einhundertzwanzig Pfund für Flug und Übernachtung", sagte er. „Wenn Sie den Auftrag ablehnen, bekommen Sie weitere hundert Pfund dafür, daß Sie sich zu uns bemüht haben. Wenn Sie annehmen, sehen wir weiter."

Shannon nickte. „In Ordnung. Wann?"

„Morgen. Kommen Sie im Laufe des Tages, und steigen Sie im Post House Hotel auf dem Haverstock Hill ab. Übermorgen früh um neun Uhr rufe ich Sie an und verabrede mich mit Ihnen für den Vormittag. Klar?"

Shannon nahm das Geld. „Buchen Sie das Hotelzimmer auf den Namen Keith Brown", sagte er.

Endean verließ das Hotel und ging auf der Suche nach einem Taxi den Montmartre hinunter.

Er hatte keinen Grund gesehen, Shannon zu sagen, daß er vorher schon mit einem anderen Söldner gesprochen hatte, einem gewissen Charles Roux. Und daß er den Franzosen nicht für den richtigen Mann hielt.

VIERUNDZWANZIG Stunden später saß Shannon in seinem Zimmer im Post House Hotel. Er war mit dem ersten Flugzeug angekommen und hatte dabei den falschen Paß auf den Namen Keith Brown benutzt, den er sich schon vor langer Zeit zugelegt hatte.

Gleich nach seiner Ankunft in London hatte er den Journalisten angerufen und sich über Harris' Besuch ausführlich berichten lassen. Dann hatte er ein Detektivbüro aufgesucht, zwanzig Pfund angezahlt und einen Anruf mit Instruktionen angekündigt.

Harris rief andern Morgens Schlag neun Uhr an. „An der Sloane Avenue finden Sie ein Appartementhaus, genannt Chelsea Cloisters. Ich habe Appartement dreihundertsiebzehn gemietet. Seien Sie bitte Punkt elf Uhr in der Halle."

Shannon notierte sich die Adresse und telephonierte mit dem Detektivbüro. „Schicken Sie um zehn Uhr fünfzehn einen Mann in die Vorhalle eines Appartementhauses namens Chelsea Cloisters in der Sloane Avenue. Der Mann soll motorisiert sein."

„Er kommt mit dem Motorrad", sagte der Agenturchef.

Als Shannon den Detektiv am vereinbarten Ort traf, entpuppte sich der als ein langhaariger junger Bursche von nicht einmal zwanzig Jahren. Shannon betrachtete ihn skeptisch. „Verstehen Sie auch Ihr Geschäft?" fragte er. Der Junge nickte und schien voller Begeisterung zu sein.

Shannon drückte ihm eine mitgebrachte Zeitung in die Hand. „Setzen Sie sich da drüben hin, und lesen Sie", sagte er. „Gegen elf kommt ein Mann hierher, mit dem zusammen ich in den Fahrstuhl steige. Er dürfte nach etwa einer Stunde wieder herauskommen. Bis dahin müssen Sie drüben auf der andern Straßenseite fahrbereit auf Ihrem

Motorrad sitzen und so tun, als ob Sie eine kleine Panne beheben müßten. Verstanden?"

„Ja, verstanden."

„Der Mann wird den eigenen Wagen oder ein Taxi benutzen. Fahren Sie ihm nach."

Der Junge grinste und nahm hinter seiner Zeitung Platz.

Vierzig Minuten später kam der Mann, der sich Harris nannte. Shannon sah ihn aus einem Taxi steigen und hoffte, daß der Junge es auch gemerkt hatte.

In Appartement dreihundertsiebzehn öffnete Harris seine Aktentasche und holte eine Karte heraus, die er Shannon reichte. Nach drei Minuten hatte Shannon sich alles eingeprägt, was die Karte ihm sagen konnte. Dann folgte die Einweisung, eine wohldosierte Mischung aus Dichtung und Wahrheit. Der Mann, den er vertrete, mache Geschäfte mit Zangaro, behauptete Harris. Diese hätten unter Präsident Kimba gelitten. Dann beschrieb er wahrheitsgemäß die Zustände im Lande.

Die Pointe kam am Schluß.

„Eine Gruppe von Offizieren ist an einige örtliche Geschäftsleute herangetreten. Die Offiziere spielen mit dem Gedanken, Kimba durch einen Staatsstreich zu stürzen, und einer dieser Geschäftsleute hat uns das eigentliche Problem unterbreitet. Es besteht darin, daß diese Offiziere trotz ihres Rangs so gut wie gar nicht militärisch ausgebildet sind und nicht wissen, wie sie den Mann stürzen sollen. Wir würden diesen Kimba, ehrlich gesagt, nicht ungern stürzen sehen. Sein Volk auch. Wir brauchen also einen vollständigen Bericht über Kimbas militärische Stärke."

Wenn die Offiziere an Ort und Stelle das nicht beurteilen können, dachte Shannon ungläubig, sind sie erst recht nicht zu einem Putsch fähig. Er sagte aber nur: „Ich müßte als Tourist einreisen, und davon gibt es da bestimmt nicht viele. Könnte ich nicht einen Ihrer Geschäftsfreunde als Beauftragter der Firma besuchen?"

„Geht nicht", sagte Harris. „Wenn etwas schiefginge, wäre der Teufel los. Aber Sie tun es doch?"

„Wenn das Geld stimmt, ja."

„Sehr schön. Morgen früh ist ein Rückflugticket von London zur Hauptstadt des Nachbarstaates in Ihrem Hotel", sagte Harris. „Sie müssen in Paris zwischenlanden und sich ein Visum beschaffen, dann mit der Air Afrique weiterfliegen und eine Anschlußmaschine nach Clarence nehmen. Bei Ihrem Ticket befinden sich fünfhundert Pfund

in französischer Währung zur Deckung Ihrer Spesen sowie fünfhundert Pfund für Sie.“

„Tausend für mich“, sagte Shannon.

„Dollar?“

„Pfund“, sagte Shannon. „Das sind zweieinhalbtausend Dollar oder zwei Monatsgehälter bei einem normalen Vertrag.“

„Sie sind aber nur zehn Tage dort“, protestierte Harris.

„Zehn Tage höchstes Risiko. Man darf bei dieser Arbeit nicht erwischt werden, sonst ist man mausetot, und das sehr schmerzhaft.“

„Na schön. Fünfhundert voraus, fünfhundert bei Rückkehr.“

Zehn Minuten später war Harris gegangen.

Nachmittags um drei rief Shannon das Detektivbüro an.

„Ach ja, Mr. Brown“, sagte die Stimme am Telephon. „Unser Mann ist ihm in die City nachgefahren, wo er das ManCon-Haus betreten hat. Das ist die Zentrale der Manson Consolidated Mining.“

„Wissen Sie, ob er da beschäftigt ist?“ fragte Shannon.

„Es sieht so aus“, sagte der Agenturchef. „Unser Mann hat beobachtet, wie der Portier dem Beobachteten die Tür aufhielt und salutierte. Das hat er für einen Schwarm Sekretärinnen und jüngere Angestellte, die zum Mittagessen herauskamen, nicht getan.“

Der Junge hatte gute Arbeit geleistet, wie Shannon zugeben mußte. Er gab weitere Anweisungen und schickte der Agentur noch einmal fünfzig Pfund. Am nächsten Morgen eröffnete er ein Bankkonto und zahlte fünfhundert Pfund darauf ein. Dann flog er nach Paris.

WÄHREND Shannon unterwegs nach Westafrika war, saß Dr. Gordon Chalmers mit einem anderen Wissenschaftler, einem früheren Studienkollegen, beim Abendessen. Vor fünfzehn Jahren, als beide noch für ihre Examen büffelten, waren sie zusammen mit Tausenden anderer engagierter junger Leute für die atomare Abrüstung marschiert. In ihrer Entrüstung über die Zustände in der Welt hatten sie sich auch mit der kommunistischen Jugendbewegung abgegeben. Chalmers war dem entwachsen, hatte geheiratet und sich unter den besoldeten Mittelstand gemischt.

Die Sorgen, die ihn in den letzten beiden Wochen heimgesucht hatten, waren schuld daran, daß Chalmers bei diesem Abendessen mehr als das übliche Glas Wein trank. Und beim Brandy hatte er dann das Gefühl, seinen Kummer jemandem anvertrauen zu müssen, der im Gegensatz zu seiner Frau selbst Wissenschaftler war und ihn verstehen würde. Der Freund war sehr mitfühlend, und als er von

dem verkrüppelten Töchterchen hörte, flossen seine sanften braunen Augen über vor Mitleid. „Mach dir keine Gewissensbisse, Gordon. Jeder hätte das getan." Chalmers hatte seinen Freund zwar gefragt, wie es ihm im Laufe der Jahre denn ergangen sei, der war jedoch etwas ausweichend gewesen. Chalmers hatte ihn nicht weiter gedrängt. Aber selbst dann hätte sein Freund ihm höchstwahrscheinlich nicht gesagt, daß er eingetragenes Mitglied der kommunistischen Partei war.

FÜNFTES KAPITEL

Die Convair 440, die aus der Nachbarrepublik von Zangaro kam, legte sich über Clarence scharf in die Kurve. Shannon sah hinunter auf die Hauptstadt Zangaros, die die Spitze der Halbinsel einnahm, auf drei Seiten umgeben von den palmengesäumten Ufern des Golfs. An ihrem Ansatz war die Halbinsel etwa fünf Kilometer breit, an ihrer Spitze, wo die Stadt lag, noch gut anderthalb Kilometer. Die übrige Küste des Landes bestand aus Mangrovensümpfen. An der Spitze der Halbinsel bildeten zwei lange, bogenförmig ins Meer hinauslaufende Sandbänke einen kleinen Hafen. Außerhalb dieser Bucht sah Shannon das Meer vom Wind gekräuselt, innerhalb war es ruhig und glatt.

Am Boden war die Hitze unerträglich. Um das kleine Flughafengebäude herum lungerte etwa ein Dutzend Soldaten mit Gewehren. Shannon behielt sie ein wenig im Auge, während er ein schrecklich langes Formular ausfüllte. Am Zoll begann der Ärger. Ein Zivilist befahl barsch, in ein Nebenzimmer zu gehen. Als Shannon gehorchte, kamen vier Soldaten lässig hinter ihm hereinstolziert. Shannon fühlte sich an etwas erinnert. Vor langer Zeit im Kongo, kurz bevor die schlimmsten Massaker jenes Krieges ausbrachen, hatte er die gleiche bedrohliche Unbekümmertheit beobachtet, das gleiche Gefühl der Macht ohne Verantwortung, das plötzlich in rasende Gewalt umschlagen kann.

Der Zollbeamte in Zivil warf den Inhalt von Shannons Reisetasche auf den wackligen Tisch. Er nahm den Elektrorasierer in die Hand und probierte den Schalter, und da das Gerät voll aufgeladen war, schnurrte es wütend los. Ohne eine Miene zu verziehen, legte der Beamte es in seinen Schreibtisch und befahl Shannon durch ein Zei-

chen, den Inhalt seiner Taschen auf den Tisch zu legen. Bei den Reiseschecks grunzte er nur und gab sie zurück. Das Kleingeld steckte er in die Tasche. Auf dem Tisch lagen zwei afrikanische Fünftausendfrancscheine und ein paar Hunderter. Er strich die Fünftausender ein. Einer der Soldaten schnappte sich den Rest. Der Zöllner hob sein Hemd und klopfte auf den Griff eines kurzen Neunmillimeter-Brownings, den er im Hosenbund stecken hatte. „Polizei", sagte er.

Shannon juckte es in den Fingern, dem Kerl eins in die Visage zu hauen, aber er zeigte nur auf seine übrige Habe auf dem Tisch. Der Mann nickte, und Shannon machte sich wieder ans Einpacken. Es dauerte eine Ewigkeit, bis der Zöllner zur Tür deutete und Shannon gehen konnte. Der Schweiß lief ihm den Rücken hinunter.

Verkehrsmittel gab es keine draußen auf dem kleinen Platz. Shannon hörte hinter sich eine leise irisch-amerikanische Stimme. „Kann ich Sie irgendwohin in die Stadt mitnehmen, mein Sohn?"

Die Einladung kam von einem katholischen Priester, der gekommen war, um die einzige andere Weiße, eine junge Amerikanerin, vom Flugzeug abzuholen.

Als sie zu dritt in dem Volkswagen-Käfer losfuhren, sah der Priester verständnisvoll zu Shannon herüber. „Ausgeplündert?"

„Aber ganz", sagte Shannon.

„Man muß hier sehr vorsichtig sein. Haben Sie ein Hotel?"

Als Shannon antwortete, er habe noch keins, fuhr der Priester ihn zum Hotel Indépendance. „Der Geschäftsführer heißt Gomez. Er ist einigermaßen nett."

Wenn irgendwo in einer afrikanischen Stadt ein neues Gesicht auftaucht, kommen gewöhnlich von den anderen Europäern Einladungen zu einem Begrüßungstrunk, aber der Priester machte dazu keine Anstalten. Shannon erkannte, daß die Stimmung in Zangaro auch die Weißen angesteckt hatte. Mehr darüber sollte er noch am selben Abend in der Hotelbar von Jules Gomez erfahren.

Gomez hatte das Hotel fünf Jahre vor der Unabhängigkeit gekauft. Hinterher war ihm kurz und bündig erklärt worden, das Hotel werde verstaatlicht und er in Landeswährung ausbezahlt. Das wurde er nie – das Geld war sowieso nur wertloses Papier –, aber da er hoffte, die Dinge würden sich eines Tages zum Besseren wenden, spielte er weiter den Geschäftsführer.

Als die Bar schloß, lud Shannon ihn auf ein Gläschen in sein Zimmer ein. Die Soldaten hatten ihm eine Flasche Whisky gelassen, die in seiner Tasche gewesen war, und nachdem Gomez die Hälfte davon

getrunken hatte, begann Shannon vorsichtig nach Informationen zu bohren. Gomez bestätigte ihm mit furchtsam gedämpfter Stimme, daß Kimba in seinem Palast wohne und ihn kaum je verlasse.

Bis Gomez schließlich in sein Zimmer zurückwankte, hatte Shannon ihm weitere Mosaiksteinchen entlockt. Die drei Organisationen, die unter der Bezeichnung Zivilpolizei, Gendarmerie und Zoll liefen, schwor Gomez, wären zwar alle bewaffnet, hätten aber keine Munition. Da sie Caja seien, vertraue man ihnen keine an. Die Waffen seien nur zur Schau da. Die Macht in der Stadt liege ausschließlich in den Händen von Kimbas Vindus. Die gefürchtete Geheimpolizei trage Zivil und sei mit automatischen Pistolen ausgerüstet. Die Soldaten der Streitkräfte hätten nur altmodische Karabiner, wie Shannon sie am Flugplatz gesehen habe. Die Leibwache des Präsidenten sei mit modernen Sturmgewehren ausgerüstet, Kimba unbedingt ergeben und wohne auf dem Palastgelände.

Am nächsten Morgen ging Shannon auf Kundschaft. Kaum war er draußen, sah er einen kleinen Jungen an seiner Seite hüpfen. Später erfuhr er den Grund. Gomez stellte allen seinen Gästen diesen Service. Falls der Tourist verhaftet und verschleppt wurde, sollte der Junge mit dieser Nachricht zurückeilen, damit Gomez die schweizerische oder westdeutsche Botschaft verständigen und jemand sich um die Freilassung des Touristen bemühen konnte, bevor er halb totgeschlagen war.

Shannon hatte von Gomez einen kleinen Stadtplan erhalten. Zuerst begab er sich in die Außenbezirke von Clarence. Er ging Kilometer um Kilometer, immer den Jungen auf den Fersen. Dann fand er in der Stadt die Bank, das Postamt, ein halbes Dutzend Ministerien, den Hafen, das UNO-Krankenhaus, alle bewacht von je einem halben Dutzend schäbig gekleideter Soldaten, die mit ihren Mauser-Karabinern 7,92 herumlungerten. Er schätzte ihre Gesamtzahl auf etwa hundert, ihre Kampfkraft auf Null. Am interessantesten aber fand er den Zustand ihrer Munitionstaschen. Sie waren platt, keine Magazine darin. Jede Mauser hatte natürlich ihr eingestecktes Magazin, aber die fassen nur fünf Patronen.

Am Nachmittag inspizierte Shannon den Hafen. Die beiden Sandzungen, die diesen natürlichen Hafen bildeten, waren an der Küste etwa sechs Meter hoch, an den Spitzen noch etwa zwei. Von der einen Spitze aus war der Palast nicht zu sehen, da ein Lagerhaus ihn verdeckte, aber von der andern her sah man deutlich sein oberes Stockwerk. Vom Lagerhaus nach Süden erstreckte sich ein Stück

Strand, auf dem Fischerboote lagen. Ein guter Landeplatz, dachte Shannon.

Hinter dem Lagerhaus führten zahlreiche Fußpfade und eine Straße auf den Palast zu. Shannon wählte die Straße. Als er die Steigung erklommen hatte, blickte er über einen etwa zweihundert Meter breiten freien Platz hinweg auf die Fassade eines Gebäudes, das früher die Villa eines Kolonialgouverneurs gewesen sein mußte. Er ging noch hundert Meter weiter und stieß auf eine Seitenstraße, die an der Küste entlanglief. Auf der Kreuzung standen vier Soldaten. Sie waren besser gekleidet als die anderen und trugen Sturmgewehre vom Typ Kalaschnikow AK 47. Sie beobachteten ihn, während er die Richtung zu seinem Hotel einschlug. Die Palastwache. Offenbar wurde niemand näher als bis zur Kreuzung an den Palast herangelassen.

Im Weitergehen merkte er sich Einzelheiten des Palastes. Das dreißig Meter breite Hauptgebäude, dessen Fenster im Erdgeschoß zugemauert waren, hatte in seiner unteren Hälfte als auffälligstes Merkmal eine Durchfahrt mit einem hohen, breiten, eisenbeschlagenen Holztor. Das darüberliegende Stockwerk hatte sieben Fenster, das oberste unter dem ziegelgedeckten Dach zehn, die viel kleiner waren. Er sah, daß von beiden Seiten des Gebäudes je eine zweieinhalb Meter hohe, mit Flaschenscherben gespickte Mauer nach hinten landeinwärts verlief, am Ende durch eine dritte Mauer verbunden, die den ganzen Komplex abschloß. Interessanterweise gab es zu diesem Hof keinen anderen Eingang als vorne durch den Torbogen.

Shannon grinste den Jungen an, der nichts verstand. „Weißt du, Kleiner, dieser Trottel glaubt, er hätte sich mit einer hohen Mauer und nur einem Zugang geschützt. Dabei hat er sich nur in einer großen steinernen Falle selbst gefangen."

Am Abend lud Gomez Shannon zu sich ein. Da Shannon seine Rolle als Tourist weiterspielte, bekam er seine Informationen nur bröckchenweise. So erfuhr er, daß Kimba den Staatsschatz und das Munitionslager persönlich in Gewahrsam hatte. Auch der staatliche Rundfunksender befand sich im Palast. Neben den hundert Soldaten, die sich über die ganze Stadt verteilten, lagen weitere hundert außerhalb der Stadt. Das war schon die halbe Armee. Die andere Hälfte lag in einer Art Kaserne, die vierhundert Meter vom Palast entfernt war und aus einer Reihe von Wellblechhütten bestand. Die vierhundert und die etwa sechzig Mann Palastwache bildeten Kimbas einzige Verteidigungsstreitmacht.

Am dritten Abend hatte Shannon seine erste Begegnung mit einem

Soldaten. Er hatte es geschafft, sich den Palast von hinten und von den Seiten aus der Nähe anzusehen. Als er es auch vorn versuchte, wurde er von zwei Palastwachen abgefangen und seiner Wege geschickt. Er hatte festgestellt, daß ein paar von ihnen immer an der Straßenkreuzung saßen, wo er sie am Tag zuvor schon gesehen hatte. Und er hatte festgestellt, daß sie von ihrem Standort aus den Hafen nicht einsehen konnten.

Auf dem Rückweg zum Hotel Indépendance kam er an ein paar Bars vorbei. Gleich danach hielt ihn ein Soldat an. Der offenbar betrunkene Kerl kam auf Shannon zugetorkelt, riß sein Gewehr hoch und grunzte etwas, das Shannon als eine Forderung nach Geld verstand. Aber noch ehe er nach seinem Geld greifen konnte, fauchte der Mann ihn an und stieß mit dem Gewehrlauf nach ihm. Von da an ging alles schnell und leise. Ein scharfer Schmerz schoß Shannon durch Arm und Schulter, als er unter seinem Handkantenschlag das Genick des Soldaten brechen hörte. Der Zangare plumpste hin wie ein Sack, sein Gewehr polterte zu Boden.

Shannon blickte rasch die Straße auf und ab, aber niemand kam. Er wälzte die Leiche in den Graben und untersuchte das Gewehr. Er betätigte den Ladehebel und holte die Patronen heraus; nach der dritten kam keine mehr. Und in der Patronenkammer hatte auch keine gesteckt. Er nahm den Verschluß heraus und hielt das Gewehr gegens Mondlicht, um durch den Lauf zu sehen. Dreck und Rost von mehreren Monaten starrten ihn an. Er tat die Patronen wieder an ihren Platz, warf das Gewehr auf die Leiche und ging zum Hotel.

„Das wird ja immer besser", murmelte er beim Zubettgehen vor sich hin. Er glaubte nicht, daß die Polizei den Fall untersuchen würde. Man würde annehmen, der Betrunkene sei in den Graben gestürzt und habe sich das Genick gebrochen.

Trotzdem schützte er am Tag darauf Kopfweh vor und blieb im Hotel, wo er sich mit Gomez unterhielt. Am andern Morgen flog er mit der Convair wieder in den Nachbarstaat im Norden. Während er das Land zurückbleiben sah, schoß ihm plötzlich etwas wie ein Blitz durch den Kopf, was Gomez gesagt hatte. In Zangaro gab es keinen Bergbau und hatte nie einen gegeben.

Vierzig Stunden später war er wieder in London.

BOTSCHAFTER Leonid Dobrovolsky fühlte sich immer etwas unbehaglich, wenn er zu seiner wöchentlichen Unterredung bei Präsident Kimba war. Wie andere, die den Diktator kannten, zweifelte er kaum

daran, daß der Mann verrückt war. Anders als andere hatte er aber Anweisung aus Moskau, sich nach Kräften um ein annehmbares Verhältnis zu dem unberechenbaren Afrikaner zu bemühen. Präsident Kimba wirkte völlig unbeweglich hinter seinem Schreibtisch aus Mahagoni. Dobrovolsky wußte, daß die Unterredung auf zweierlei Art beginnen konnte. Entweder sprach der Herrscher über Zangaro wie ein einsichtiger Mensch, oder er brüllte los wie ein Besessener.

Kimba nickte langsam. „Bitte sprechen Sie", sagte er.

Dobrovolsky entfuhr ein Seufzer der Erleichterung. Aber er brachte schlechte Nachricht. Das konnte die Sache ändern. „Herr Präsident, ich bin von meiner Regierung unterrichtet worden, daß sie Informationen erhalten hat, wonach ein Bodenuntersuchungsbericht, den eine britische Firma kürzlich nach Zangaro geschickt hat, falsch sein könnte. Ich beziehe mich auf die Untersuchung, die vor einigen Wochen von einer Londoner Firma namens Manson Consolidated vorgenommen wurde."

Der Botschafter erläuterte dann den Bericht, den ein Mr. Bryant dem Minister für Bodenschätze übergeben habe. „Kurz gesagt, Exzellenz, ich soll Sie davon in Kenntnis setzen, daß nach Auffassung meiner Regierung dieser Bericht nicht wahrheitsgemäß wiedergibt, was im Kristallberg gefunden wurde."

„Inwiefern ist dieser Bericht falsch?" flüsterte Kimba.

„Es scheint, Exzellenz, daß die Mineralproben mehr enthielten, als die Briten Ihnen mitzuteilen bereit waren."

„Man betrügt mich", flüsterte Kimba.

„Sicher sein, Exzellenz", unterbrach ihn Dobrovolsky, „kann man natürlich erst, wenn eine andere Forschergruppe sich das betreffende Gebiet vornimmt. Ich habe Anweisung, Eure Exzellenz um die Genehmigung zu bitten, daß eine Gruppe vom Bergbauinstitut Swerdlowsk nach Zangaro kommt."

Kimba überdachte den Vorschlag. Endlich nickte er. „Genehmigt." Dobrovolsky machte eine Verbeugung. Von der Seite warf ihm Volkov, offiziell zweiter Botschaftssekretär, außerdem aber auch KGB-Agent, einen Blick zu. „Das zweite, was uns beschäftigt, ist Ihre persönliche Sicherheit", sagte Dobrovolsky.

Jetzt endlich reagierte der Diktator. Er riß den Kopf hoch und warf argwöhnische Blicke durchs Zimmer. „Meine Sicherheit?"

„Um die künftige Sicherheit Ihrer unschätzbaren Person zu garantieren, sowie im Hinblick auch auf den jüngsten Verrat eines Ihrer Offiziere, schlagen wir mit allem Respekt vor, daß ein Angehöriger

meiner Botschaft mit Eurer Exzellenz' Genehmigung in den Palast zieht und die Leibwache Eurer Exzellenz bei ihrer Arbeit unterstützt."

Die Erinnerung an Bobis „Verrat" riß Kimba vollends aus seiner Trance. Er redete immer schneller, und seine Stimme wurde immer lauter, während er die beiden Russen anfunkelte. Er sprach Vindu, aber die Russen verstanden das Wesentliche: ständig gegenwärtige Gefahr des Verrats, Geisterwarnungen vor Anschlägen, und er wisse ganz genau, wer die Ungetreuen seien.

Als sie in die Sonne hinaustraten, stand beiden Männern der Schweiß auf der Stirn.

„Ich schicke meinen Mann gleich morgen", sagte Volkov leise.

„Und ich lasse die Bergingenieure kommen", sagte Dobrovolsky. „Hoffen wir, daß an dem britischen Bericht wirklich etwas faul ist."

SHANNON stieg im Lowndes Hotel ab, wie er es vor seinem Abflug aus London mit Harris abgesprochen hatte. Nach dem zehnten Tag sollte Harris jeden Morgen um neun dieses Hotel anrufen und nach einem Mr. Keith Brown fragen. Shannon traf mittags ein. Nach dem Essen rief er das Detektivbüro an. Er bat den Chef, seine Ermittlungsergebnisse am Telephon vorzulesen. Der Mann räusperte sich. „Am Morgen nach der Beauftragung durch den Klienten wartete unser Mitarbeiter vor der Tiefgarage des ManCon-Hauses. Er erkannte den Beobachteten deutlich, als dieser einen Sportwagen parkte. Der Wagen ist in South Kensington auf den Namen Simon Endean registriert. Endean ist persönlicher Assistent des Aufsichtsratsvorsitzenden und Generaldirektors von Manson Consolidated, Sir James Manson."

„Danke", sagte Shannon und legte auf.

SIMON ENDEAN war während Shannons Abwesenheit fleißig gewesen. An diesem Nachmittag teilte er Sir James das Ergebnis seiner Bemühungen mit.

„Ich habe diesen Bobi gefunden", sagte er zu seinem Chef.

„Wo steckt er?" fragte Manson.

„In Dahome", sagte Endean. „In einem gemieteten Haus in Cotonou. Er lebt zurückgezogen, wahrscheinlich weil ihn das am besten davor schützt, von der Regierung Dahomes wieder zu Kimba zurückgeschickt zu werden."

„Und Shannon, der Söldner?" fragte Manson.

„Müßte jeden Tag zurück sein. Heute früh um neun war er's noch nicht."

„Versuchen Sie es jetzt", sagte Manson.

Endean erfuhr, daß Mr. Brown tatsächlich angekommen sei, das Hotel aber verlassen habe.

„Hinterlassen Sie eine Nachricht für ihn", knurrte Manson Endean an. „Daß Sie heute abend um sieben noch mal anrufen. Ich will seinen Bericht so schnell wie möglich haben."

Um sieben war Shannon in seinem Zimmer, um den Anruf entgegenzunehmen. Den Abend über ordnete er seine Notizen, und am Morgen schrieb er seinen Bericht. Der begann mit einer nüchternen Schilderung seiner Reise und einer durch Skizzen erläuterten Beschreibung der Hauptstadt. Es folgte eine ebenso detaillierte Schilderung der militärischen Situation mitsamt der Feststellung, daß er nichts von einer Luftwaffe oder Marine gesehen habe. Nur von seinem Spaziergang zwischen den Hütten der eingewanderten Arbeiter, die sich in ihrer von weither mitgebrachten Muttersprache unterhalten hatten, erwähnte er nichts. Er schloß seinen Bericht mit einer Zusammenfassung:

Das Problem, Kimba zu stürzen, wird durch den Mann selbst erleichtert. Wenn er die Herrschaft über die Küstenebene verliert, in der das Gros der Landesprodukte erzeugt wird, verliert er das Land. Seine Leute können dieses Gebiet angesichts des Hasses der Caja-Bevölkerung nicht halten. Und innerhalb der Hauptstadt hat er keine Macht mehr, wenn er den Palast verliert. Das heißt, seine Zentralisierungspolitik hat die Zahl der möglichen Angriffsziele auf eins reduziert – den Palastkomplex. Die Mittel, ihn einzunehmen, sind durch die Hofmauer und das einzige Tor ebenfalls auf eins reduziert. Er muß gestürmt werden.

Palast und Gelände können nach vorherigem Granatwerferbeschuß mit geringen Verlusten an Menschenleben eingenommen werden. Gegen Granatwerferfeuer bietet die Einfassungsmauer nicht nur keinen Schutz, sie wird zur Todesfalle für alle, die sich innerhalb befinden. Das Tor kann mit einer Panzerfaust gesprengt werden. Ich habe weder solche Waffen gesehen noch jemanden, der damit umgehen könnte.

Schlußfolgerung: Wer in dieser Republik die Macht übernehmen will, muß Kimba und seine Leibwache innerhalb des Palastkomplexes vernichten. Dazu brauchte er fachmännische Unterstützung auf einem technischen Stand, den es in diesem Lande nicht gibt. Folglich müßte solche Unterstützung mit allen notwendigen technischen Hilfsmitteln von außerhalb des Landes kommen. Unter diesen Voraussetzungen wäre Kimba in einem Feuerkampf von weniger als einer Stunde Dauer zu stürzen.

„WEISS Shannon, daß in Zangaro niemand daran denkt, diesen Kimba zu stürzen?" fragte Sir James am nächsten Tag Endean.

„Ich habe ihm erzählt, es gäbe eine Partei, die den Umsturz plant, innerhalb der Streitkräfte, und die von mir vertretenen Geschäftsleute wünschten eine militärische Beurteilung ihrer Erfolgsaussichten. Aber er ist ja nicht dumm und muß gesehen haben, daß niemand da ist, der dazu fähig wäre."

„Dieser Shannon gefällt mir irgendwie", sagte Manson. „Jedenfalls hat er Nerven. Die Frage ist, ob er das ganze Unternehmen selbständig durchführen könnte."

„Mir hat er gesagt, die Kampfkraft der zangarischen Armee sei so gering, daß die Helfer von außen das Ganze sowieso allein machen und dem neuen Mann die Macht übergeben müßten, wenn alles vorbei sei."

„So? Hat er das gesagt?" überlegte Manson. „Dann ahnt er wohl schon, daß er aus einem anderen Grunde da unten war, als wir ihm gesagt haben."

Endean sagte: „Darf ich Sie etwas fragen, Sir James? Wozu brauchen Sie eine militärische Beurteilung, wie Kimba gestürzt und getötet werden könnte?"

Manson schaute eine Zeitlang aus dem Fenster. Endlich sagte er: „Rufen Sie Martin Thorpe herauf."

Manson wußte, warum er Endean und Thorpe auf Posten gesetzt hatte, für die sie eigentlich zu jung waren. Er hatte in beiden eine Skrupellosigkeit erkannt, die der seinen ähnlich war. Aber konnte er sich ihnen mit diesem großen Coup anvertrauen? Als Thorpe kam, wußte er, wie er sich ihrer Loyalität versichern würde. Mit dem Rücken zum Fenster sagte er: „Ich möchte, daß Sie sich folgendes sehr genau überlegen: Wie weit würden Sie für je fünf Millionen Pfund auf einem Schweizer Bankkonto gehen?"

Endean riß die Augen auf. „Sehr, sehr weit", sagte er leise.

Thorpe wußte, daß er genau deswegen zu Manson gekommen war. Das war das große Ding. Er nickte zustimmend. Manson erklärte eine Stunde lang ununterbrochen. Den Schluß bildete der Chalmers-Bericht über die Gesteinsproben vom Kristallberg.

Er wies auf den russischen Einfluß sowie auf die Vertreibung Bobis hin, den man zurückholen und als plausible Alternative an die Macht bringen könnte. „Wenn das Ganze klappen soll, müssen zwei parallel laufende, streng geheime Operationen eingeleitet werden", sagte Manson schließlich. „Erstens startet Shannon unter Simons Führung

ein Unternehmen mit dem Ziel, den Präsidentenpalast zu zerstören und Bobi als neuen Präsidenten einzusetzen. Zweitens kauft Martin einen Firmenmantel, ohne bekanntwerden zu lassen, wer ihn an sich gebracht hat und warum."

Endean legte die Stirn in Falten. „Wozu das zweite?"

„Sagen Sie's ihm, Martin", sagte Manson.

„Ein Firmenmantel ist eine Firma, Simon, die meist alt ist und ein geringes Anlagevermögen hat. Ihre Aktien sind billig – sagen wir einen Shilling pro Stück. Nehmen wir nun an, die Firma wird über eine Schweizer Bank heimlich aufgekauft. Die eine Million Aktien haben einen Wert von je einem Shilling. Nun besitzt Sir James, ohne Wissen der anderen Aktionäre oder der Börse, über eine Schweizer Bank sechshunderttausend dieser Aktien. Dann verkauft Präsident Bobi dieser Firma, der Firma X, für zehn Jahre die exklusiven Schürfrechte in Zangaro. Eine Forschungsgruppe der Firma X zieht aus und entdeckt den Kristallberg. Was passiert mit den Aktien der Firma X, wenn diese Nachricht an die Öffentlichkeit kommt?"

„Sie schießen in die Höhe", sagte Endean.

„Wenn man ein bißchen nachhilft, steigen sie von einem Shilling leicht auf hundert Pfund das Stück. Sechshunderttausend Aktien zu einem Shilling ergeben einen Einkaufspreis von dreißigtausend Pfund. Nun verkaufe sechshunderttausend Aktien für je hundert Pfund – das dürfte das mindeste sein, was man kriegt –, und man hat hübsche sechzig Millionen Pfund auf einer Schweizer Bank. Richtig, Sir James?"

„Stimmt genau. Und anstatt die Aktien in kleinen Paketen zu verkaufen, könnte ja auch eine große Firma ein Angebot für das ganze Paket von sechshunderttausend Aktien machen."

Thorpe nickte. „Wessen Angebot würden Sie akzeptieren?"

„Mein eigenes", sagte Manson. „Das Angebot von ManCon wäre das einzige annehmbare. Die Konzession bliebe somit fest in britischer Hand, und für ManCon wäre es eine hübsche Vermögensanlage."

„Sie wollen *sich selbst* sechzig Millionen Pfund zahlen?" fragte Endean.

„Nein", sagte Thorpe ruhig. „Die Aktionäre von ManCon zahlen an Sir James sechzig Millionen Pfund und wissen nichts davon."

Sir James Manson bot beiden ein Glas Whisky an. „Sind Sie dabei, meine Herren?" fragte er.

Die beiden jungen Männer nickten. „Dann, auf den Kristallberg."

Sie tranken. „Kommen Sie morgen früh Punkt neun zu mir", sagte Manson, als sie aufbrachen. Thorpe drehte sich an der Tür noch einmal um. „Wissen Sie, Sir James, die Sache wird ekelhaft gefährlich. Wenn davon nur ein Wort..."

Sir James stand wieder mit dem Rücken am Fenster.

„Eine Bank zu überfallen", sagte er, „ist nur ungezogen. Ein ganzes Land zu rauben, finde ich, hat einen gewissen Stil."

SECHSTES KAPITEL

„SIE wollen also sagen, es hat in der Armee nie eine Partei gegeben, die mit dem Gedanken an einen Sturz Präsident Kimbas spielte?" Cat Shannon und Simon Endean saßen in Shannons Hotelzimmer.

Endean nickte. „Dieser Punkt hat sich geändert. Aber was soll's? Sie sagen doch selbst, die Helfer von außen müssen sowieso den ganzen Kram allein machen."

„Es ist ein gewaltiger Unterschied", sagte Shannon. „Den Palast einzunehmen ist eine Sache; ihn zu halten eine andere. Wer soll die Macht übernehmen?"

„Wir haben schon einen Mann im Auge", sagte Endean vorsichtig. „Er lebt im Exil. In Dahome."

„Er müßte aber spätestens am Mittag des auf den nächtlichen Angriff folgenden Tages im Palast sein und über Rundfunk bekanntgeben, daß er einen Staatsstreich erfolgreich durchgeführt und die Regierung des Landes übernommen hat."

„Das läßt sich machen."

„Noch etwas. Ab Sonnenaufgang müssen Truppen zu sehen sein, die dem neuen Regime ergeben sind. Sonst sitzen wir in der Falle – eine Gruppe weißer Söldner, die sich im Palast verschanzt hat und sich aus politischen Gründen nicht zeigen darf, außerdem im Falle eines Gegenangriffs von jedem Rückzug abgeschnitten ist. Hat Ihr Exilmann solche Truppen?"

„Das müssen Sie schon unsere Sorge sein lassen", sagte Endean steif. „Erfreulicherweise hat Kimba selbst schon vor langer Zeit jeden aus dem Wege geräumt, der das Zeug zu einem Rivalen gehabt hätte. Es gibt also überhaupt niemanden, der einen Gegenangriff führen könnte."

„Schon. Aber die Leute glauben, er habe ein Juju, einen mächtigen Schutz gegen den Tod, den ihm die Geister geben. Keiner wird Ihren

neuen Mann unterstützen, bevor er nicht weiß, daß Kimba tot ist. Erst wenn Sie Kimbas Leiche vorzeigen können, ist der Mann, der ihn getötet hat, der neue Führer, weil er das stärkere Juju besitzt. Das heißt, wir müssen hundertprozentig sicher sein, daß Kimba im Palast ist, wenn wir zuschlagen. Einen Tag läßt er nie aus. Das ist der Unabhängigkeitstag, und der ist in dreieinhalb Monaten."

„Könnte ein solches Projekt in dieser Zeit durchgezogen werden?" fragte Endean.

„Mit etwas Glück. Wollen Sie einen Plan von mir ausgearbeitet haben, von Anfang bis Ende, mit Kostenberechnungen und Zeitplan?"

„Ja. Die Kosten sind sehr wichtig für – äh – meine Partner."

„Der Plan kostet fünfhundert Pfund", sagte Shannon.

„Fünfhundert sind ein bißchen happig", meinte Endean kühl.

„Unfug. Ich bin Experte im Kriegführen. Ich weiß, wo ich die besten Leute bekomme, die besten Waffen und wie ich sie hinschaffe. Dieses Wissen allein würde Sie zweimal fünfhundert Pfund kosten, wenn Sie es sich selbst beschaffen wollten – was Sie aber nicht könnten, weil Sie die Verbindungen nicht haben."

Endean stand auf. „Na schön. Das Geld ist heute nachmittag hier. Ich komme mir Ihren fertigen Plan morgen um drei abholen."

Nicht zum erstenmal dankte Shannon seinen Sternen für den redseligen Gomez. Gomez hatte die Geschichte mit dem ins Exil gegangenen Bobi erwähnt. Er hatte auch gemeint, daß Bobi ohne Kimba nichts sei, gehaßt von den Caja und außerstande, die Vindu unter Kontrolle zu halten. Damit blieb es Shannon überlassen, eine Truppe mit schwarzen Gesichtern aufzustellen, die am Morgen danach die Macht übernehmen würde.

Er breitete seine Karten und Skizzen von Zangaro aus. Nach klassischen militärischen Regeln würden Streitkräfte an der Küste landen, landeinwärts marschieren und die Verbindungsstraße nach Clarence besetzen. Somit wäre die Halbinsel mitsamt der Hauptstadt von jeglicher Verstärkung abgeschnitten gewesen. Aber es wäre auch das Überraschungsmoment verloren gewesen.

Shannon kannte Afrika, und er dachte unkonventionell. Darin lag sein Talent. Er gründete seinen Plan auf drei Tatsachen, die ihn die Erfahrung in afrikanischen Kriegen gelehrt hatte. Erstens, daß der afrikanische Soldat bei Dunkelheit aus Angst vor dem versteckten Feind nahezu hilflos war. Zweitens, daß überrumpelte Afrikaner sich langsamer von ihrem Schrecken erholten als europäische Soldaten –

was den Überraschungseffekt noch steigerte. Drittens, daß Kampf-
lärm afrikanische Soldaten so in Panik versetzen konnte, daß sie
kopflos die Flucht ergriffen, ohne sich über die tatsächliche Stärke des
Gegners im klaren zu sein.

Während er arbeitete, pfiff Shannon eine klagende kleine Melodie
vor sich hin. Jeder, der ihn kannte, hätte gewußt, daß es „Spanish
Harlem" war.

Martin Thorpe war noch spätabends auf. Er wußte, daß er ein
mühseliges Wochenende vor sich hatte. Zweieinhalb Tage lang würde
er viertausendfünfhundert Karteikarten mit den wesentlichen Angaben über all die Firmen studieren müssen, die im Londoner Companies House registriert waren.

Es gibt in London zwei Stellen, wo man sich Informationen über
britische Unternehmen holen kann: die Agenturen Moodies und
Exchange Telegraph, kurz „Extel" genannt. ManCon nahm die
Dienste von Extel in Anspruch, und deren Kartei hatte Thorpe auch
in seinem Büro. Aber um einen Firmenmantel ausfindig zu machen,
besorgte er sich lieber die Kartei von Moodies und ließ sie sich nach
Hause schicken. Aus Sicherheitsgründen bestellte er sie über ein Anwaltsbüro, damit sein Name aus dem Spiel blieb. Und er mietete
einen Lieferwagen, um die drei Aktenschränke mit der Kartei am
Freitag nachmittag abzuholen.

Während er in seinem vornehmen Haus in Hampstead im Bett
lag, brütete Thorpe, genau wie Shannon, seinen Kampfplan aus, und
dabei spielte er mit Aktionären und Stimmrechtsanteilen, wie Shannon mit Panzerfäusten und Granatwerfern spielte. Thorpe war dem
Söldner nie begegnet. Aber er hätte ihn verstanden.

Freitag nachmittag um drei übergab Shannon Endean seinen vier-
zehnseitigen Plan. Er war drauf und dran gewesen, „Sir James Manson persönlich" auf das Deckblatt zu schreiben, ließ es aber doch
bleiben. Er witterte einen guten Vertrag und sprach deshalb auch
Endean weiterhin als Harris an.

Teils war es Neugier, teils aber auch das Gefühl, diese Informationen eines Tages vielleicht brauchen zu können, jedenfalls drängte es
Shannon, mehr über Sir James Manson zu erfahren – und warum
er einen Söldner anheuerte, der in Zangaro für ihn Krieg führen
sollte. Im *Wer ist Wer* erfuhr er über diesen aus dem Nichts gekom-
menen Finanzhai alles Wesentliche. Es war auch von einer Tochter

die Rede, die jetzt ungefähr zwanzig sein mußte. Er rief das Detektivbüro an, das er auch auf Endean angesetzt hatte.

„Ich brauche Informationen über eine junge Dame, die wahrscheinlich hin und wieder in den Klatschspalten der Londoner Presse auftaucht. Ich möchte wissen – und zwar schnell –, was sie tut, und wo
sie wohnt. Es handelt sich um Julie Manson, die Tochter von Sir
James Manson." Um fünf hatte Shannon alles, was er haben wollte,
und rief den Journalisten an, der ihn an Harris empfohlen hatte.

„Tag", sagte er kurz angebunden. „Hier ist Cat Shannon."

„Cat!" kam die überraschte Antwort. „Wo hast du gesteckt?"

„Da und dort", sagte Shannon. „Ich wollte mich nur dafür bedanken, daß du mich diesem Harris empfohlen hast."

„Keine Ursache. Hatte er Arbeit für dich?"

Shannon war vorsichtig. „Für ein paar Tage. Ist schon erledigt.
Aber ich bin bei Kasse. Wie wär's mit einem Essen?"

„Warum nicht?" antwortete der Journalist.

„Sag mal", meinte Shannon, „gehst du eigentlich immer noch mit
diesem Mädchen – die war doch Mannequin, oder?"

„Ja. Immer noch dieselbe. Warum?"

„Paß mal auf, ich möchte ein Mädchen kennenlernen, das auch
Mannequin ist. Eine gewisse Julie Manson. Könntest du deine Kleine
mal fragen, ob sie die kennt?"

„Klar. Ich rufe Carrie gleich an und frage sie."

Shannon hatte Glück. Die beiden Mädchen wurden von derselben
Agentur betreut. Man verabredete einen Abend zu viert.

Sie aßen in einem kleinen Restaurant, und das Essen war ganz
nach Shannons Geschmack: eine Riesenportion Roastbeef, dazu viel
Beaujolais. Ihm gefiel der Abend, und ihm gefiel Julie. Sie war unterhaltsam und hübsch, mit dunkelbraunem Haar, das ihr bis zur Taille
fiel. Auch sie schien von ihm angetan zu sein.

Carrie war herausgerutscht, daß Shannon Söldner war. Aber während des Essens konnte er das Thema meiden. Als sie das Restaurant
verließen, bat der Journalist ihn, Julie nach Hause zu bringen. „Ich
glaube, du hast Chancen", flüsterte er.

Vor ihrer Wohnung bat Julie ihn auf eine Tasse Kaffee zu sich
herauf. Erst als sie saßen und die entsetzliche Brühe schlürften, die
sie gebraut hatte, kam Julie auf die Art seines Lebensunterhalts zu
sprechen. „Haben Sie schon Menschen getötet?"

„Ja."

„Wie viele?"

„Weiß ich nicht. Ich habe noch nie gezählt."

Sie schien es richtig zu genießen. „Ich habe noch nie jemanden gekannt, der schon Menschen getötet hat."

„Das wissen Sie doch gar nicht", entgegnete Shannon. „Jeder, der im Krieg war, hat wahrscheinlich Menschen getötet."

„Haben Sie viele Narben?" Noch eine der üblichen Fragen.

Shannon nickte. „Ein paar." Er hatte jede Menge.

„Zeigen Sie mal", sagte sie.

Er grinste. „Nur wenn Sie mir Ihre zeigen."

„Ich habe keine", sagte Julie entrüstet.

„Das will ich sehen", sagte Shannon lakonisch, wobei er sich abwandte, um seine Kaffeetasse auf das Tischchen hinter dem Sofa zu stellen. Als er sich wieder umdrehte, blieb ihm fast die Luft weg. Julie hatte keine Sekunde gebraucht, um ihr Kleid zu öffnen und herunterfallen zu lassen, so daß es wie eine Pfütze ihre Füße umgab. Drunter trug sie nur noch ein dünnes goldenes Kettchen um die Taille.

„Bitte sehr", sagte sie leise, „nirgends ein Fleckchen."

Shannon schluckte. „Und ich dachte, du wärst Papis liebes kleines Mädchen", sagte er.

Sie kicherte. „Das denken alle, besonders Daddy", meinte sie. „Und jetzt bist du dran."

UM DIESELBE Zeit saß Sir James Manson in der Bibliothek seiner Villa in Gloucestershire, auf dem Schoß Shannons Plan und neben sich einen Brandy mit Soda. Er begann zu lesen.

Zweck des Unternehmens: Erstürmung und Einnahme des Präsidentenpalastes in Clarence, der Hauptstadt Zangaros, und Beseitigung des Präsidenten und seiner im Palast befindlichen Leibgarde. Ferner Inbesitznahme der Waffen- und Munitionsvorräte, des Staatsschatzes und der Rundfunkstation, alle im Innern des Palastkomplexes.

Durchführung: Der Angriff muß unbedingt direkt vom Meer aus erfolgen. Eine Landung auf dem Flugplatz ist undurchführbar, da die erforderlichen Waffen und Leute nicht auf dem Luftwege transportiert werden können, ohne Verdacht zu erregen. Ebensowenig bietet ein Landangriff Vorteile. Mannschaften und Gerät müßten durch den Nachbarstaat eingeschleust werden, der über ein funktionierendes Sicherheitssystem verfügt. Die Gefahr vorzeitiger Entdeckung und Festnahme wäre hoch.

Die einzige realistische Möglichkeit dürfte daher ein Angriff mit leichten Booten sein, die von einem auf See liegenden größeren Schiff aus operieren.

Voraussetzungen für den Angriff: Die Angriffstruppe sollte aus mindestens zwölf Mann bestehen, mit Granatwerfern, Panzerfäusten sowie den dazugehörigen Geschossen ausgerüstet und mit Maschinenpistolen für den Nahkampf bewaffnet sein. Die Angreifer sollten zwischen zwei und drei Uhr nachts von See her kommen, wenn in Clarence noch alles schläft, aber lange genug vor Morgengrauen, damit bei Sonnenaufgang kein weißer Söldner zu sehen ist.

Auf weiteren sechs Seiten war erklärt, wie Shannon die Leute anwerben wollte; welche Waffen und Munition er brauchte; was für

Boote, Uniformen, Lebensmittel und Versorgungsgüter; wieviel alles zusammen kosten würde und wie er den Palast stürmen wollte.

Über das Schiff zum Transport schrieb er:

Am schwierigsten wird außer dem Waffenkauf der Erwerb des Schiffes sein. Chartern ist deshalb nicht ratsam, weil Kapitän und Mannschaft sich als unzuverlässig erweisen könnten. Ich rate zum Ankauf eines kleinen Frachters, dessen Besatzung von ihren Auftraggebern bezahlt wird und fest an sie gebunden ist.

Er betonte die Notwendigkeit strengster Geheimhaltung.

Ich empfehle, daß Mr. Harris die einzige Verbindung zwischen den Auftraggebern und mir bleibt. Er müßte die benötigten Gelder an mich auszahlen und ich mit ihm abrechnen. Auch die vier von mir benötigten Gehilfen werden erst auf See über die Art des Unternehmens aufgeklärt. Die Ausrüstung wird von verschiedenen Personen in verschiedenen Ländern gekauft. Den ganzen Plan kennen nur ich, Mr. Harris und die Auftraggeber.

Manson nahm die Kostenberechnungen zur Hand. Angefangen von Shannons Reise nach Zangaro, für die er bereits bezahlt worden war, bis zum endgültigen Schlag schätzte der Söldner die Gesamtkosten für das Unternehmen auf hunderttausend Pfund. Dann nahm Manson sich das Blatt mit dem vorläufigen Zeitplan vor.

Vorbereitung: Anwerbung von Personal, Einrichtung eines Bankkontos, Gründung einer Firma im Ausland zur Tarnung der Einkäufe — *20 Tage*

Beschaffung: Ankauf sämtlicher Posten — *40 Tage*

Bereitstellung: Einschiffung der Ausrüstung und Mannschaften — *20 Tage*

Anmarsch: Seetransport des ganzen Unternehmens nach Clarence — *20 Tage*

Angriffstag wäre der zangarische Unabhängigkeitstag, der bei Beginn des Unternehmens am kommenden Mittwoch mit dem hundertsten Tag dieses Zeitplans zusammenfällt.

Sir James Manson las den Plan zweimal, dann schloß er ihn in seinen Wandsafe und ging zu Bett.

CAT SHANNON streichelte verspielt über den Körper des Mädchens, das halb auf ihm lag. Es war, wie er in der letzten Stunde festgestellt hatte, ein zarter, aber sehr erotischer Körper. „Komisch", meinte er nachdenklich, „da liegen wir nun so beieinander, und ich weiß überhaupt nichts von dir."

Sie fragte: „Zum Beispiel?"

„Zum Beispiel, wo du zu Hause bist, von dieser Bude hier mal abgesehen."

„In Gloucestershire", brummelte sie.

„Was treibt dein alter Herr?" Keine Antwort. Er packte voll in ihr Haar und zog ihr Gesicht zu sich herum.

„Au, das tut weh! Er ist der Chef von irgendeiner Firma, die was mit Bergbau zu tun hat. Das ist sein Gebiet, und das hier ist meins. Paß mal auf –"

Shannon lachte. „Warte! Erzähl mir was von deinem alten Herrn."

„Von Daddy? Der ist doch nur ein langweiliger oller Geschäftsmann in der City."

SIR JAMES MANSON genoß seinen Morgenkaffee an diesem Samstag auf der Terrasse seines Landhauses, als ein Anruf von Adrian Goole kam, der ihn aus seiner Wochenendruhe riß.

„Dieser Prospektionsbericht von Ihnen, Sir James", begann der Mann vom Außenministerium. „Sie erinnern sich –"

„Ja, der wurde abgeschickt. Die Zahlen sind so geändert worden, wie Sie es vorgeschlagen haben. Ich habe nichts mehr davon gehört."

„Aber wir", sagte Goole. „Nicht direkt beunruhigend, aber doch komisch. Ich habe gestern Gerüchte gehört, wonach die Sowjets sich die Genehmigung beschafft hätten, eine eigene Forschergruppe ins Land zu schicken. Natürlich..."

Sir James Manson starrte das Telephon an, während Goole weiterschwatzte.

„Ich meine nur, Sir James, wenn die ins selbe Gebiet gehen, fallen ihre Befunde vielleicht etwas anders aus. Zum Glück handelt es sich ja nur um unbedeutende Mengen Zinn. Trotzdem fand ich, Sie sollten Bescheid wissen. Hallo? Sind Sie noch dran?"

Manson riß sich mit aller Macht aus seinen Überlegungen. „Ja, natürlich. Entschuldigen Sie, mein Bester. Ich habe nur nachgedacht. Furchtbar nett von Ihnen, daß Sie mich anrufen. Ich glaube nicht, daß die ins selbe Gebiet gehen. Trotzdem schadet's nicht, Bescheid zu wissen."

Während er langsam zur Terrasse zurückging, rasten die Gedanken in seinem Kopf. Zufall? Möglich. Wenn die Russen aber geradewegs zum Kristallberg gingen, dann war's kein Zufall. Ob Chalmers geredet hatte? Der Mann, den er mit Geld so sicher zum Schweigen gebracht zu haben glaubte?

Er knirschte mit den Zähnen. Halb spielte er schon mit dem Gedanken, diesen Dr. Chalmers Endean zu überlassen. Aber ändern würde das auch nichts.

Er setzte sich und dachte angestrengt nach. Sie würden weitermachen wie geplant, aber es war jetzt ein neues Element hinzugekommen: begrenzte Zeit. Nach seiner Schätzung blieben ihnen drei Monate. Wenn die Russen herausbekamen, was in diesem Kristallberg steckte, würde im Handumdrehen ein Schwarm „technischer Berater" dasein, zur Hälfte vom KGB. Shannons kürzester Zeitplan umfaßte hundert Tage. Sie hatten vielleicht keine hundert Tage mehr.

Er ging wieder zum Telephon und rief Endean an.

Am Montag morgen telephonierte Endean mit Shannon und verabredete sich mit ihm für zwei Uhr nachmittags in einer Wohnung in St. John's Wood. Er hatte diese Wohnung auf Sir James Mansons Anweisung für einen Monat gemietet. Grund: Der Telephonanschluß ging nicht über eine Handvermittlung.

Shannon war pünktlich da und traf den Mann, den er Harris nannte, bereits an. Das Telephon war mit einem Tischlautsprecher verbunden, was eine Konferenz zwischen den Leuten im Zimmer und der Person am anderen Ende der Leitung gestattete.

„Der Chef unseres Konsortiums hat Ihren Plan gelesen", sagte Endean zu Shannon. „Er möchte kurz mit Ihnen sprechen." Das Telephon klingelte, und Shannon hörte erstmals Mansons Stimme.

„Ich bin mit Ihrer Lagebeurteilung und Ihren Schlüssen einverstanden, Mr. Shannon. Wenn Sie dieses Projekt angeboten bekämen, würden Sie es durchführen?"

„Ja, Sir", sagte Shannon.

„Ich sehe, daß Sie sich selbst mit zehntausend Pfund im Budget bewertet haben. Was kaufe ich für dieses Geld?"

„Sie kaufen meine Kenntnisse, meine Verbindungen zum Waffenhandel, zu Schmugglern und Söldnern. Sie kaufen mein Schweigen für den Fall, daß etwas schiefgeht. Sie kaufen meine Dienste für drei Monate verdammt harter Arbeit unter der ständigen Gefahr, erwischt und eingelocht zu werden. Und schließlich bezahlen Sie für mein Risiko, bei dem Angriff umzukommen."

„Dagegen ist nichts zu sagen. Nun zur Finanzierung. Die Summe von hunderttausend Pfund geht auf ein Konto in der Schweiz, das Mr. Harris diese Woche eröffnen wird. Er wird Ihnen die nötigen Summen bei Bedarf auszahlen. Bei der Ausgabe des Geldes hat er entweder dabeizusein oder Quittungen zu bekommen."

„Das wird nicht immer gehen, Sir. Im Waffenhandel arbeitet man nicht mit Quittungen, schon gar nicht auf dem Schwarzmarkt. Ich schlage vor, wir benutzen Reiseschecks und Banküberweisungen. Aus Gründen meiner eigenen Sicherheit kann ich Mr. Harris nicht dauernd bei mir haben. Ich kenne ihn nicht. Sie haben Ihre Sicherheitsvorkehrungen getroffen, ich muß meine treffen. Und die bestehen darin, daß ich allein und ohne Aufsicht reise und arbeite."

„Sie sind ein vorsichtiger Mann, Mr. Shannon."

„Muß ich auch. Ich lebe noch."

Zur Antwort ertönte ein grimmiges Lachen. „Stimmt auch wieder, Mr. Shannon. Sie haben den Auftrag. Sie haben hundert Tage Zeit, ein Land zu stehlen. Einhundert Tage."

TEIL ZWEI

DIE HUNDERT TAGE

SIEBTES KAPITEL

Nachdem Manson aufgelegt hatte, starrten Endean und Shannon
einander an. Shannon faßte sich als erster. „Also", sagte er, „ich
fliege morgen nach Belgien und eröffne ein Bankkonto. Am Abend
bin ich wieder hier und nenne Ihnen die Bank. Dann brauche ich eine
Überweisung von zehntausend Pfund. Hauptsächlich für Soldzahlungen."

„Wo kann ich Sie erreichen?" fragte Endean.

„Das ist mein nächster Punkt", sagte Shannon. „Ich brauche ein
Hauptquartier, wo ich Briefe und Anrufe entgegennehmen kann. Wie
wär's mit dieser Wohnung?"

„Sie ist für einen Monat gemietet und im voraus bezahlt."

„Dann übernehme ich sie und zahle weiter. Da Sie mir sicher nicht
Ihre Telephonnummer und Adresse angeben wollen, sollten Sie sich
in London ein Postfach zulegen und zweimal täglich nach Telegram-
men sehen. Wenn ich Sie brauche, telegraphiere ich Ihnen die Telephonnummer, unter der ich zu erreichen bin, und eine Uhrzeit. Verstanden?"

„Ja. Bis morgen habe ich das Geld. Sonst noch etwas?"

„Nur noch, daß ich während der ganzen Aktion den Namen Keith
Brown benutzen werde. Alles, was mit Keith unterschrieben ist,
kommt von mir. Wenn Sie mich in einem Hotel anrufen, fragen
Sie nach Keith Brown. Antworte ich: ‚Hier Mr. Brown', so hängen
Sie schnellstens ein. Es bedeutet, daß es Stunk gibt."

Endean ging. Shannon buchte für den nächsten Morgen einen Flug
nach Brüssel. Dann gab er vier gleichlautende Telegramme auf – eins
nach Paarl am Kap der Guten Hoffnung, eins nach Ostende, eins
nach Marseille und eins nach München: DRINGEND ANRUFE LONDON

507-0041 MITTERNACHT NÄCHSTE DREI TAGE. SHANNON. Dann fuhr er mit dem Taxi zum Lowndes Hotel und ließ sich die Rechnung geben. Er hinterließ keine Nachsendeadresse.

WÄHREND es in London an diesem Abend früh dunkelte, herrschte in der Kapprovinz ein heller, warmer, sonniger Sommerabend. Janni Dupree war den ganzen Tag zum Baden gewesen und befand sich auf dem Heimweg. Wenn ein Vertrag ausgelaufen war, kehrte Janni immer wieder gern nach Paarl zurück, aber jedesmal wurde es ihm sehr bald langweilig. Er wünschte, es ginge wieder in einen Krieg.

MARC VLAMINCK lehnte an der Bar und kippte noch einen schäumenden Humpen Bier hinunter. Vor den Fenstern des Lokals, das seine Freundin Anna im Amüsierviertel von Ostende für ihn führte, wurde es bereits dunkel. Marc langweilte sich schon wieder.

Den ersten Monat über war es ja ganz nett gewesen, wieder daheim zu sein, heiße Bäder zu nehmen und mit Freunden zu schwatzen. Aber Untätigkeit war ermüdend. Er hörte das Poltern von oben, wo Anna die Wohnung putzte.

Gerade als er sich von seinem Barhocker gleiten ließ und die Treppe hinaufstampfte, wurde die Tür geöffnet und ein Telegramm hereingeworfen.

ES WAR ein klarer Frühlingsabend, und das Wasser im alten Hafen von Marseille war wie Glas. Hier im sogenannten Le Panier, dem brodelnden Schmelztiegel der Menschheit, wo höchstens ein Polizist illegal ist, saß Jean-Baptiste Langarotti in einer kleinen Bar. Seufzend sah er auf die Uhr und leerte sein Glas. Es war wieder einmal Zeit, zum Nachtpostamt zu gehen und nachzusehen, ob Shannon etwas von einem neuen Vertrag hören ließ.

Der Korse langweilte sich nicht so sehr wie der Südafrikaner oder der Belgier. Jahre im Gefängnis hatten Jean-Baptiste gelehrt, lange Zeiten der Untätigkeit zu überleben. Er hatte auch so etwas wie ein Angebot erhalten. Charles Roux hatte sich von Paris aus mit ihm in Verbindung gesetzt und vorgeschlagen, der Korse solle exklusiv bei ihm unter Vertrag gehen. Aber Langarotti hatte sich erkundigt und herausgefunden, daß an Roux' Gerede kaum etwas dran war. Roux hatte seit 1967 kein eigenes Unternehmen mehr durchgezogen.

In München war es kalt, und Kurt Semmler fror in seinem Ledermantel auf dem Weg zur Post. Er ging da jeden Abend hin. Wie die meisten alten Soldaten verabscheute er das Zivilleben, wollte von Politik nichts wissen und sehnte sich wieder nach Drill und Aktion. Er hatte zuviel getrunken, zuviel geraucht, ein bißchen gehurt und war jetzt gründlich verstimmt.

Auf dem Postamt lag wieder nichts für ihn.

Um Mitternacht rief Marc Vlaminck aus Ostende an. Shannon sagte ihm, er solle um zehn Uhr früh mit einem Wagen am Brüsseler Flugplatz sein.

Belgien bietet dem, der ein geheimes, aber legales Bankkonto unterhalten möchte, viele Vorteile, mehr noch als die Schweiz. Es erlaubt die Ein- und Ausfuhr unbegrenzter Geldmengen ohne staatliche Eingriffe. Und die belgischen Bankiers sind ebenso verschwiegen wie die Schweizer.

Shannon ließ sich von Klein-Marc zur Kredietbank von Brügge fahren. Der große Belgier zügelte seine Neugier. Unterwegs erwähnte Shannon nur kurz, daß er Arbeit habe und vier Gehilfen brauchen könne. Ob Vlaminck interessiert sei?

Vlaminck war interessiert. Shannon erklärte, es handele sich nicht nur um einen Kampfauftrag, sondern um eine Sache, die von Anfang an organisiert werden müsse. Mehr könne er nicht sagen. „Aber ich überfalle keine Banken", sagte Marc.

„Ich auch nicht. Zuerst gilt es, ein paar Waffen auf ein Schiff zu bringen. Das müssen wir selber machen. Dann geht's nach Afrika zu einer hübschen kleinen Ballerei."

Marc grinste. „Ein richtiger langer Krieg oder nur ein kleines Stoßtruppunternehmen?"

„Ein Angriff", sagte Shannon. „Aber bedenke, wenn es klappt, könnte ein hübscher langer Vertrag dabei herausspringen. Und eine fette Erfolgsprämie."

„Ich bin dabei", sagte Marc, als sie nach Brügge einfuhren.

Bei der Kredietbank wandte Shannon sich an den Abteilungsleiter für Devisenkonten und zeigte seinen Paß auf den Namen Keith Brown vor. Vierzig Minuten später hatte er mit hundert Pfund ein Konto eröffnet, das Eintreffen weiterer zehntausend Pfund in den nächsten Tagen angekündigt und die Anweisung erteilt, davon fünftausend sofort an seine Londoner Bank zu überweisen. Er hinterlegte zwei Unterschriftsproben auf den Namen Keith Brown und verab-

redete einen Kode, mit dem er sich am Telephon identifizieren konnte, indem er die zwölf Ziffern seiner Kontonummer rückwärts aufsagte, danach das Datum des Vortages. So konnte er fernmündlich Anweisungen geben, ohne nach Brügge kommen zu müssen.

Um halb eins war er fertig und ging wieder hinaus zu Vlaminck. Sie aßen zu Mittag, dann fuhr Marc ihn wieder nach Brüssel zum Flugplatz. Bevor sie sich verabschiedeten, gab Shannon Marc fünfzig Pfund in bar und bestellte ihn für den nächsten Abend um sechs in die Londoner Wohnung.

Auch Simon Endean hatte einen arbeitsreichen Tag hinter sich. Er war mit der ersten Maschine nach Zürich geflogen und zur selben Zeit auf dem Flughafen Kloten angekommen, als Shannon in Brüssel landete. Eine Stunde später hatte er ein Konto bei der Zürcher Handelsbank eröffnet. Er teilte der Bank mit, daß noch im Laufe der Woche hunderttausend Pfund überwiesen würden. Die Bank solle dann zehntausend Pfund auf sein Konto in Belgien überweisen.

Kurz vor sechs war Endean wieder in London.

Am selben Dienstagnachmittag kam Martin Thorpe völlig erschöpft in sein Büro. Er hatte drei Tage damit zugebracht, die viertausendfünfhundert Blatt starke Moodies-Kartei durchzusehen, um eine Firma ausfindig zu machen, die schon vor langer Zeit gegründet, jetzt aber heruntergekommen war und weniger als zweihunderttausend Pfund wert war. Er hatte zwei Dutzend passende gefunden, aber er brauchte mehr Informationen. Am späten Nachmittag war er im Londoner Companies House.

Er schickte dem Archivar eine Liste mit den ersten acht Firmen hinauf und zahlte die Gebühr, für die er das Recht erwarb, die gesamten Firmenunterlagen einzusehen. Während er auf die Akten wartete, warf er einen Blick auf die Börsenkurse und stellte fest, daß keine der in Frage kommenden Gesellschaften über drei Shilling pro Stück lag.

Als im Companies House Feierabend gemacht wurde, war Thorpes Suche beendet. Morgen früh würde er dem Chef über die ausgewählte Firma berichten. Auf dem Papier stand sie großartig da – so gut, daß einfach irgendwo eine faule Stelle sein mußte.

NACHTS um Viertel vor zwölf läutete bei Shannon das Telephon. Es war Semmler. Shannon teilte ihm mit, daß er Arbeit habe und Semmler am nächsten Abend um sechs in London sein solle. Er bekomme die Unkosten ersetzt. Zehn Minuten später meldete sich Lan-

garotti aus Marseille. Auch er versprach, um sechs in London zu sein und sich in Shannons Wohnung zu melden.

Janni Dupree meldete sich als letzter. Sein Anruf kam um halb eins. Er würde am Donnerstag abend eintreffen.

Nach dem letzten Anruf las Shannon noch eine Stunde in dem Buch *Handfeuerwaffen der Welt*. Dann legte er sich schlafen. Es war das Ende des ersten Tages.

SIR JAMES MANSON saß am Mittwoch morgen in der ersten Klasse der Trident 3 nach Zürich und nahm ein herzhaftes Frühstück zu sich. Kurz vor zwölf geleitete man ihn im Bankhaus Zwingli in Dr. Martin Steinhofers Büro. Die Bank war schon zweimal für Manson tätig gewesen, wenn er einen Strohmann brauchte, um Aktien zu erwerben, die gleich auf ihren dreifachen Wert gestiegen wären, wenn er sie unter seinem eigenen Namen gekauft hätte. Man brachte Kaffee und Zigarren, dann trug Sir James sein Anliegen vor.

„Ich werde demnächst versuchen, die Mehrheitsbeteiligung an einer kleinen britischen Aktiengesellschaft zu erwerben. Anfangs ist wenig Kapital im Spiel. Aber ich habe Grund zu der Annahme, daß später Nachrichten die Börse erreichen werden, die auf den Aktienkurs der Firma einen interessanten Einfluß haben dürften."

Er brauchte dem Schweizer Bankier nicht die Londoner Börsengesetze zu erläutern. Nach britischem Gesellschaftsrecht muß der Käufer von zehn oder mehr Prozent der Aktien eines Unternehmens sich binnen vierzehn Tagen dem Direktorium zu erkennen geben. Wer diese Vorschrift umgehen und sich heimlich die Stimmenmehrheit beschaffen will, kann unter anderem Strohmänner benutzen. Aber jeder Börsenmakler, der etwas auf sich hält, hat es bald heraus, wenn der wirkliche Käufer eines großen Aktienpakets nur einer ist, der sich hinter Strohmännern versteckt, und wird den Gesetzen entsprechend handeln.

Eine Schweizer Bank ist aber nicht an britische Gesetze gebunden und wird sich rundheraus weigern, auf Fragen darüber Auskunft zu geben, wer hinter den Namen steckt, die sie als ihre Kunden ausgibt. Beiden Männern in Dr. Steinhofers Büro waren diese Feinheiten bekannt, als Sir James weitersprach. „Um die notwendigen Aktienkäufe tätigen zu können, habe ich mich mit sechs Partnern zusammengetan, die alle bereit sind, beim Bankhaus Zwingli kleinere Konten zu eröffnen und Sie zu bitten, die Käufe freundlicherweise in ihrem Namen vorzunehmen."

„Das ist kein Problem", sagte Dr. Steinhofer vorsichtig. „Werden die Herren herkommen, um ihre Konten zu eröffnen?"

„Sie dürften wohl zu beschäftigt sein, um selbst zu kommen. Ich habe meinen Assistenten für Finanzfragen, Mr. Martin Thorpe, mit der Wahrnehmung meiner Angelegenheiten beauftragt. Vielleicht möchten die anderen sechs Partner sich diesem Verfahren anschließen. Sie haben doch dagegen nichts einzuwenden?"

„Natürlich nicht", murmelte Dr. Steinhofer.

„Dann wäre hier die Vollmacht, von mir unterschrieben und notariell beglaubigt. Mr. Thorpe wird binnen zehn Tagen nach Zürich kommen und die Sache zum Abschluß bringen."

Dr. Steinhofer nickte wieder. „Ich sehe keine Schwierigkeiten, Sir James."

Manson drückte seine Zigarre aus. „Dann darf ich mich jetzt von Ihnen verabschieden, Dr. Steinhofer." Sie gaben sich die Hand, und Sir James wurde zum Ausgang geleitet.

Hilfsunterstaatssekretär Sergej Golon war an diesem Morgen gar nicht bei Laune. Seine chronischen Magenbeschwerden geruhten ihm wieder einen elenden Tag zu bereiten, und seine Sekretärin war krank zu Hause geblieben.

Vor den Fenstern seines Dienstzimmers in der Westafrika-Abteilung des Außenministeriums lagen Moskaus Straßen unter schmutziggrauem Schneematsch im trüben Morgenlicht. Golon nahm die Akte zur Hand, die der Unterstaatssekretär seiner Aufmerksamkeit empfohlen hatte: „Bitte Beurteilung und Einleitung notwendiger Maßnahmen." Golon blätterte mürrisch darin herum. Die Akte begann mit einer Notiz des Nachrichtendienstes, und Botschafter Dobrovolsky drängte in seinem letzten Telegramm auf sofortiges Handeln.

„Als ob wir keine anderen Sorgen hätten", schnaubte Golon. Er sah nicht ein, was daran wichtig war, ob es in Zangaro Zinn gab oder nicht. Die Sowjetunion hatte genug Zinn.

Trotzdem waren von oben Maßnahmen befohlen worden, und als guter Beamter ergriff er sie. Er diktierte einer aus dem Schreibsaal ausgeliehenen Stenotypistin einen Brief an den Direktor des Bergbauinstituts in Swerdlowsk und befahl ihm, eine Gruppe von Geologen und Ingenieuren zusammenzustellen, um ein vermutetes Zinnvorkommen in Westafrika zu untersuchen.

AM MITTWOCH nach dem Lunch rief Cat Shannon den Journalisten an. „Ich dachte schon, du wärst nicht mehr hier", sagte sein Freund. „Carrie sagt, Julie habe nach dir gefragt. Sie kann nur noch von dir reden. Sie hat auch im Lowndes angerufen, aber da hat man ihr gesagt, du wärst mit unbekanntem Ziel abgereist."

Shannon versprach, sie anzurufen. Er gab seinem Freund die Telephonnummer seiner Wohnung, aber keine Adresse. Nach dieser Einleitung bat er ihn um die Informationen, die er brauchte.

„Das könnte ich wohl machen", meinte der Freund zweifelnd. „Aber ich müßte erst anrufen und fragen, ob es ihm recht ist."

„Tu das. Sag ihm, daß ich es bin, daß ich ihn sprechen möchte und bereit bin, für ein paar Stunden mit ihm extra zu ihm hinunterzufliegen. Sag ihm auch, ich würde ihn nicht belästigen, wenn es in meinen Augen nicht sehr wichtig wäre."

Der Journalist erklärte sich bereit, den Anruf zu besorgen und zurückzurufen, falls der Mann bereit sei, Shannon zu empfangen.

ALS erster traf Marc Vlaminck in London ein und rief Shannon kurz nach fünf Uhr nachmittags an. Cat warf einen Blick auf die Liste mit den drei Hotels in seiner Nachbarschaft und nannte ihm eins davon. Zehn Minuten nach Vlaminck meldete sich Kurt Semmler. Er schrieb sich das Hotel auf, das Shannon ihm durchgab, und nahm ein Taxi. Der letzte war Langarotti. Auch er fuhr mit dem Taxi zum Hotel. Um sieben rief Shannon sie alle drei an und bat sie in seine Wohnung.

Bis zum Augenblick der Begrüßung hatte keiner von ihnen gewußt, daß auch die anderen eingeladen waren. Ihr breites Grinsen war daher teils Freude über das Wiedersehen mit alten Freunden, teils die Gewißheit, daß Shannon Geld haben mußte, wenn er sie alle nach London kommen ließ. Als er ihnen sagte, daß Dupree aus Südafrika kommen werde, wußten sie, daß er nicht spaßte.

„Der Auftrag, den ich bekommen habe", sagte Shannon, „muß von Grund auf organisiert werden. Es handelt sich um einen Überfall auf eine Stadt an der afrikanischen Westküste. Wir brauchen nur ein einziges Gebäude zu stürmen, alle Bewohner umzulegen und uns wieder zurückzuziehen."

Vlaminck grinste. Semmler brummte: „Klasse!" Langarotti zog sein Messer über den schwarzen Lederriemen um seine linke Faust.

Shannon breitete eine Karte auf dem Fußboden aus und erläuterte den Angriffsplan, den er seinem Auftraggeber vorgeschlagen hatte.

Alle drei waren seiner Meinung. Nicht einer fragte nach dem Angriffs-
ziel. Sie wußten, daß Shannon es ihnen doch nicht sagen würde. Das
war kein Mißtrauen, sondern nur eine Sicherheitsmaßnahme. „Das
wär's also", sagte er. „Ihr bekommt ab morgen drei Monate lang je
zwölfhundertfünfzig Dollar. Dazu die Spesen. Von den Vorberei-
tungsarbeiten sind zwei illegal – ein Grenzübertritt von Belgien nach
Frankreich und mehrere Kisten auf ein Schiff irgendwo in Südeuropa
verladen. In beiden Fällen sind wir alle beteiligt. Also, was sagt ihr?"

Langarotti schärfte sein Messer. „Geht es gegen französische
Interessen?"

„Nein. Mein Wort darauf." Sie gaben sich alle vier die Hand, und
die Sache war abgemacht.

„Gut", sagte Shannon. „Kurt, du siehst dich nach einem Schiff um.
Ich brauche einen kleinen, unauffälligen Frachter mit sauberer Vergangenheit und ordentlichen Papieren. Er muß nicht schnell sein, aber
zuverlässig. Der Preis soll nicht über fünfundzwanzigtausend Pfund
liegen. Und er soll in sechzig Tagen ablegen, vollgetankt und versorgt
für eine Reise bis Kapstadt. Alles klar?" Semmler nickte und ging in
Gedanken schon seine Verbindungen zur Mittelmeerschiffahrt durch.

„Jean-Baptiste, du fliegst wieder nach Marseille und besorgst drei
große, halbstarre Schlauchboote, solche, wie man sie aus den Sturm-
booten der Marineinfanterie für den Wassersport entwickelt hat. Die
Farbe soll schwarz sein. Kauf sie bei verschiedenen Händlern, und
leg sie bei einem angesehenen Agenten zum Export nach Marokko
auf Lager. Außerdem drei batteriegestartete Außenbordmotoren mit
etwa sechzig PS. Sie müssen Unterwasserauspuff haben, damit sie
leise sind. Eröffne ein Konto, und schreib mir die Nummer und den
Namen der Bank. Ich überweise dann das Geld. Kapiert?"

Langarotti nickte und schärfte sein Messer weiter.

„Marc, du hast mal gesagt, daß du einen Mann in Belgien kennst,
der 1945 ein deutsches Waffenlager mit fabrikneuen Schmeisser-
Maschinenpistolen geknackt hat. Wenn er noch welche hat, möchte
ich hundert Stück davon, alle in tadellosem Zustand. Schreib mir an
diese Adresse hier, wenn du ihn gefunden hast und für mich ein
Treffen mit ihm vereinbaren kannst. Klar?" Um halb zehn waren sie
mit allem durch, und Shannon führte sie zum Abendessen ins Paprika.
Alle waren bester Laune und freuten sich darauf, unter Cat Shannon
wieder in den Krieg zu ziehen.

Auf der anderen Seite des Kanals dachte noch jemand intensiv an Carlo Alfred Thomas Shannon. Er ging in seiner Wohnung auf und ab und grübelte über eine Information nach, die er soeben aus Marseille erhalten hatte.

Wenn der Journalist, der Charles Roux als den nächstgeeigneten Söldner an Endean weiterempfohlen hatte, mehr über den Charakter des Franzosen gewußt hätte, wäre seine Beschreibung weniger schmeichelhaft ausgefallen. Der Journalist wußte auch nichts von dem verzehrenden Haß, den Roux für den ersten Mann seiner Wahl hegte.

Nachdem Endean gegangen war, hatte Roux vierzehn Tage lang darauf gewartet, daß der Mann namens Harris sich wieder meldete. Als nichts geschah, nahm er an, das Projekt sei entweder fallengelassen oder jemand anderem übertragen worden. Er stellte Erkundigungen an und erfuhr, daß Shannon in Paris gewesen war. Das wurmte ihn. Er hatte geglaubt, Shannon habe nach ihrer Begegnung in Le Bourget das Land endgültig verlassen. Daraufhin hatte er Henri Alain, einen seiner Gefolgsleute, damit beauftragt, den Gehaßten aufzuspüren. Alain war mit der Nachricht zurückgekommen, Shannon habe in einem Hotel auf dem Montmartre gewohnt und sei eines Morgens, nachdem er Besuch aus London gehabt habe, mit unbekanntem Ziel abgereist. Roux hatte keinen Zweifel, wer der Besucher gewesen war. Mr. Harris hatte also in Paris zwei Söldner aufgesucht. Und er, Roux, war der Verschmähte.

Er ließ Alain vier Tage lang das Hotel beobachten, aber Shannon kam nicht wieder. Da fiel ihm ein, daß die Zeitungen in Verbindung mit dem letzten Krieg in Westafrika Shannon und Langarotti zusammen genannt hatten. Daraufhin hatte er Alain nach Marseille geschickt. Und soeben hatte Alain gemeldet, Langarotti habe sich von Marseille auf den Weg nach London gemacht.

Nachdem Alain fort war, ließ Roux sich das Ganze durch den Kopf gehen. Zweifellos rekrutierte Shannon Leute für den Harris-Auftrag – einen Auftrag, der nach Roux' Meinung ihm selbst zugestanden hätte. Wenn er nicht bald irgendeine Arbeit auftrieb, würde ihm die französische Söldnerzunft wahrscheinlich aus den Händen gleiten. Sollte Shannon aber verschwinden – und zwar für immer –, würde Mr. Harris sich wohl wieder an Roux wenden müssen.

Ohne länger zu zögern, führte er ein Ortsgespräch.

Roux' nächster Besucher war Raymond Thomard, ein Mörder von Beruf und Neigung. Auch er war im Kongo gewesen und hatte für Roux den Henker gespielt. Da er Roux irrigerweise für einen großen

Fisch hielt, war er ihm so treu ergeben, wie man es von einem bezahlten Subjekt noch erwarten kann.

„Ich habe Arbeit für dich", sagte Roux. „Fünftausend Dollar."

Thomard grinste. „Wie heißt der Trottel, den ich erledigen soll?"

„Cat Shannon."

Thomards Gesicht wurde lang. Roux fuhr fort, ehe er antworten konnte. „Ich weiß, daß er gut ist. Aber du bist besser. Kennt er dich?"

Thomard schüttelte den Kopf. „Wir sind uns nie begegnet", sagte er. Roux klopfte ihm auf die Schulter. „Dann hast du ja nichts zu fürchten. Bleib in Verbindung. Ich sage dir dann, wo du ihn findest."

IN LONDON ging das Dinner dem Ende zu, und Klein-Marc brachte den Kongo-Toast aus:

> *„Vive la mort, vive la guerre,*
> *Vive le sacré mercenaire."*

Cat Shannon, der einen klaren Kopf behalten hatte, während die andern sich betranken, dachte an das Blutbad, das es geben würde, wenn er diese Meute auf Kimbas Palast losließ. Schweigend trank er auf die Hunde des Krieges.

ACHTES KAPITEL

AM DONNERSTAG morgen, kurz nach neun, stellte Martin Thorpe sich mit seinen Befunden bei Sir James Manson ein.

„Sie liegen bei Bormac zweifellos richtig, Martin", sagte Manson, nachdem er die Dokumente studiert hatte. „Aber wieso ist der Hauptaktionär nicht schon längst ausgekauft worden?"

Die Bormac Trading Company war zu dem Zweck gegründet worden, unter Einsatz chinesischer Arbeitskräfte riesige Kautschukplantagen auf Borneo auszubeuten. Ihr Gründer, Ian Macallister, war ein skrupelloser Schotte gewesen, der 1904 zusammen mit einer Gruppe Londoner Geschäftsleute die Bormac mit der Ausgabe von einer halben Million Aktien ins Leben gerufen hatte. Der Schotte erhielt damals hundertfünfzigtausend Aktien, einen Sitz im Vorstand und die Leitung der Kautschukplantagen. Zehn Jahre später waren die Aktien dank lukrativer Kriegsgeschäfte auf über zwei Pfund gestiegen. Nach

dem Ersten Weltkrieg trat eine Flaute ein; dann trieb der Auto-
fimmel der zwanziger Jahre den Bedarf an Gummireifen in die Höhe.
Es wurden junge Aktien im Verhältnis eins zu eins ausgegeben, was
die Gesamtzahl auf eine Million und Sir Ians Paket auf dreihunderttausend erhöhte.

Die Flaute der dreißiger Jahre ließ den Kurs wieder sinken. 1937
wollte er sich gerade wieder erholen, als einer der chinesischen Kulis
Amok lief und Sir Ian im Schlaf mit seinem großen, scharfen Parang
sehr unfein behandelte. Der stellvertretende Direktor trat die Nachfolge an, aber ihm fehlte der Schwung seines toten Herrn, und die
Produktion sank. Das Unternehmen wurstelte weiter, und nach dem
Zweiten Weltkrieg und dem Erwachen des indonesischen Nationalis-
mus waren die Investitionen auf Borneo verloren. Zum Zeitpunkt,
als Martin Thorpe sich die Bücher vornahm, standen die Aktien auf
einem Shilling pro Stück.

Der Bormac-Vorstand setzte sich aus fünf Direktoren zusammen,
die gemeinsam nicht mehr als achtzehn Prozent der einen Million
Aktien kontrollierten. Von dem Rest verteilten sich zweiundfünfzig
Prozent auf sechseinhalbtausend Kleinaktionäre. Was Thorpe und
Manson jedoch interessierte, war das Einzelpaket von dreihunderttausend Aktien im Besitz der verwitweten Lady Macallister. Es war
ein Rätsel, warum ihr nicht schon längst jemand das ganze Paket ab-
gekauft und den Mantel dieser einst blühenden Firma übernommen
hatte. Sie war ideal dafür geeignet, die Naturschätze jedes beliebigen
Landes außerhalb des britischen Königreichs auszubeuten. „Sie muß
mindestens fünfundachtzig sein", sagte Thorpe. „Lebt in einer tristen
Wohnung in Kensington, bewacht von einer Gesellschafterin."

„Jemand muß sie doch schon angesprochen haben", überlegte Sir
James. „Martin, erkundigen Sie sich mal. Sie muß irgendwo einen
schwachen Punkt haben, der sie zum Verkauf bewegen könnte. Kriegen Sie den mal raus." Dann entnahm Manson seiner Schreibtisch-
schublade sechs Antragsvordrucke für Nummernkonten beim Bankhaus Zwingli in Zürich und erklärte kurz und deutlich, was damit
geschehen sollte.

ENDEAN rief Shannon kurz nach zwei Uhr an und erhielt einen
detaillierten Bericht über den Stand seiner Vorbereitungen.

Shannon sagte ihm, was er als nächstes brauchte. „Überweisen Sie
bis Montag mittag telegraphisch fünftausend Pfund von Ihrer Schweizer Bank zugunsten von Keith Brown an die Banque de Crédit in

Luxemburg und weitere fünftausend an die Hamburgische Landes-bank." Er erklärte, er brauche das Geld hauptsächlich zum Nach-weis seiner Zahlungsfähigkeit vor Eintritt in irgendwelche Kaufver-handlungen. Hinterher werde er einen Großteil davon nach Brügge zurücküberweisen. Endean versprach, Zürich sofort die nötigen An-weisungen zu geben.

JANNI DUPREE traf am Donnerstag aus Kapstadt ein, und es gab eine zweite Wiedersehensfeier. Als er Shannons Bedingungen hörte, verzog sein Gesicht sich zu einem Grinsen. „Du kannst auf mich zählen, Cat."

„Prima. Bleib du in London, und kauf die Bekleidung, die wir brauchen. Ich gebe dir eine komplette Aufstellung."

Dupree nickte. „In Ordnung. Was wird das kosten?"

„An die tausend Pfund. Besorge die Sachen in verschiedenen Ge-schäften, bezahl sie bar, und nimm sie mit. Gib niemandem einen richtigen Namen oder eine Adresse an. Bring das Zeug in ein Lager-haus, laß es exportfertig verpacken, und setz dich mit vier verschie-denen Speditionen in Verbindung. Bezahle sie, und laß sie ihre Sen-dungen an eine Spedition in Marseille zu Händen von Monsieur Jean-Baptiste Langarotti schicken."

„Zu welcher Spedition in Marseille?" fragte Dupree.

„Das wissen wir noch nicht", sagte Shannon. Er wandte sich an den Korsen. „Jean, sobald du weißt, welchen Agenten du für den Export der Boote und Motoren nehmen willst, schick uns Namen und Adresse, einmal hier an mich, einmal an Jan Dupree, postlagernd Postamt Trafalgar Square. Nun zum Geld."

Shannon nahm von seinem Schreibtisch vier an die Kredietbank Brügge gerichtete Briefe. Die Söldner nannten ihm ihre jeweiligen Bankverbindungen, und Shannon füllte die offengelassenen Stellen aus. Die Anweisung an die Kredietbank lautete, jedem der genannten Herren nach Erhalt des Briefes eintausendzweihundertfünfzig Dollar auf das angeführte Konto zu überweisen, dasselbe am 5. Mai und 5. Juni. Schließlich gab er allen das Geld für Hotel- und Reisekosten und sagte ihnen, sie sollten ihn am nächsten Morgen um elf **vor** seiner Londoner Bank treffen.

Als die Söldner gegangen waren, setzte Shannon sich hin und schrieb einen langen Brief an einen Mann in Afrika, nachdem er sich zuvor durch einen Anruf bei dem Journalisten vergewissert hatte, daß alles in Ordnung sei. An diesem Abend aß Shannon allein.

AM FREITAG morgen überreichte Martin Thorpe in Zürich Herrn Dr. Steinhofer vom Bankhaus Zwingli sechs Anträge für Nummernkonten. Sie lauteten auf die Herren Adams, Ball, Carter, Davies, Edwards und Frost. Zu jedem Antrag gehörten zwei Briefe. Im ersten wurde Mr. Martin Thorpe die Vollmacht zur Verwaltung der Konten erteilt.

Der zweite war von Sir James Manson unterschrieben und bat Dr. Steinhofer um Überweisung von je fünfzigtausend Pfund auf die Konten seiner Geschäftspartner.

Dr. Steinhofer nahm die Formulare ohne Kommentar entgegen. Wenn ein reicher Engländer die lästigen Gesetze seines Landes zu umgehen wünschte, war das seine Sache.

„Die Firma, auf die wir unser Augenmerk gerichtet haben", sagte Thorpe zu Steinhofer, „ist die Bormac Trading Company. Wir werden Lady Macallister zu überreden versuchen, ihre dreißig Prozent Bormac-Anteile zu verkaufen", fuhr er fort. „Wie Sie wissen, ist es einem Einzelkäufer nicht möglich, mehr als zehn Prozent von einer Firma zu kaufen, ohne seine Identität offenzulegen. Deshalb werden die Herren Adams, Ball, Carter und Davies je siebeneinhalb Prozent erwerben. Wir würden Sie bitten, das im Namen dieser Herren zu erledigen." Der Bankier nickte. Das war so üblich. „Ich werde versuchen, die alte Dame zu bewegen, die Verkaufsurkunden zu unterschreiben, ohne daß der Name des Käufers darauf erscheint", sagte Thorpe.

„Ich verstehe vollkommen", sagte Dr. Steinhofer höflich. „Sobald Sie mit der Dame gesprochen haben, werden wir uns überlegen, wie das am besten arrangiert werden kann. Sagen Sie Sir James, er brauche sich keine Sorgen zu machen."

Abends war Thorpe wieder in London und konnte ins Wochenende gehen.

SHANNON kam aus der Bank, in der Hand vier braune Umschläge, die Geld und Instruktionen enthielten. Die vier Söldner, die auf dem Bürgersteig gewartet hatten, nahmen die Umschläge entgegen und gingen getrennt ihrer Wege.

In seiner Wohnung angekommen, schrieb Shannon einen Rechenschaftsbericht für Endean und warf ihn abends in den Briefkasten. Da er übers Wochenende nichts zu tun hatte, rief er Julie Manson an und lud sie zum Abendessen ein. Sie saß keck hinterm Steuer ihres roten MGB, als sie ihn abholen kam.

„Komm, wir gehen zum Essen in eines meiner Lokale", schlug sie vor. „Da kann ich dich gleich ein paar Freunden vorstellen."

Shannon schüttelte den Kopf. „Daraus wird nichts. Ich habe keine Lust, einen ganzen Abend lang dämliche Fragen über getötete Menschen zu hören."

Sie schmollte. „Ach bitte, Cat. Ich sage auch keinem, was du bist."

Shannon ließ sich erweichen. „Unter einer Bedingung. Ich heiße Keith Brown. Ansonsten sagst du nichts über mich oder meine Tätigkeit. Verstanden?"

Sie kicherte. „Herrlich! Los, kommen Sie, Mr. Keith Brown."

Sie gingen ins Tramp, wo Julie vom Geschäftsführer mit einem Kuß begrüßt wurde. Shannon gab er die Hand.

Als sie am Tisch saßen, musterte Shannon die Gäste ringsum. Lange Haare, saloppe Kleidung. Schaugeschäft oder verwandte Berufe, schätzte er. Es waren aber auch ein paar junge Geschäftsleute da, die gern „dazugehören" wollten, und unter diesen entdeckte er ein bekanntes Gesicht. Nach dem Hummercocktail entschuldigte er sich und ging in die Empfangshalle hinaus, als ob er zur Toilette wollte. Sekunden später fühlte er eine Hand auf seiner Schulter, und als er sich umdrehte, sah er Simon Endean ins Gesicht. „Sind Sie verrückt geworden?" zischte Endean.

Shannon sah ihn mit gespielter Überraschung an, die Unschuld persönlich.

„Nein, ich glaube nicht. Wieso?" fragte er.

Endeans Gesicht war weiß vor Wut. Er wußte, wie sehr Manson an seinem „unschuldigen" kleinen Töchterchen hing. Aber wenn er dem Mann jetzt einen Anpfiff verpaßte, weil er mit einem Mädchen namens Manson ausging, gab er Mansons und seine eigene Identität preis. „Was machen Sie hier?" fragte er lahm.

„Ich esse zu Abend", sagte Shannon mit verständnisloser Miene. „Hören Sie, Harris, wenn ich ausgehe und esse, ist das gefälligst meine Angelegenheit."

„Wer ist das Mädchen?" fragte Endean.

Shannon hob die Schultern. „Julie heißt sie. Ich hab sie in einer Bar kennengelernt."

„Abgeschleppt?" fragte Endean voller Entsetzen.

„So ähnlich könnte man es ausdrücken. Warum?"

„Ach, nichts. Aber nehmen Sie sich vor Mädchen in acht, vor Mädchen im allgemeinen. Vielleicht wäre es besser, wenn Sie überhaupt eine Zeitlang die Finger davon lassen würden."

„Keine Bange, Harris. Ich plaudere nichts aus. Im Bett nicht und auch sonst nicht. Außerdem heiße ich Keith Brown."

Endean verzog sich, bevor Julie ihn noch entdeckte.

Auf dem Weg zu seiner Wohnung hatten Shannon und Julie ihren ersten Krach. Er hatte ihr gesagt, sie solle ihrem Vater nichts davon erzählen, daß sie mit einem Söldner gehe, nicht einmal seinen Namen erwähnen. „Er würde dich sonst irgendwohin fortschicken."

Darauf hatte sie schnippisch reagiert und gemeint, sie werde schon mit ihrem Vater fertig. Außerdem könne Shannon sie dann ja retten kommen. „Jedenfalls lasse ich mir nicht sagen, was ich zu tun habe", sagte sie, als sie seine Wohnung betraten.

„O doch, und zwar von mir", knurrte er. „Du wirst gefälligst über mich die Klappe halten, wenn du bei deinem Vater bist."

„Ich tue gefälligst, was ich will", widersprach sie trotzig. Da packte Shannon sie einfach, setzte sich auf einen Stuhl und legte sie übers Knie. Als er sie endlich losließ, rannte sie schluchzend ins Schlafzimmer.

Shannon machte Kaffee und trank ihn schweigend am Fenster. Im Schlafzimmer war es dunkel, als er hinüberging. In der entfernten Ecke des Betts sah man ein kleines geducktes Etwas, aber zu hören war nichts. Er setzte sich auf die Bettkante.

„Du bist ein Ekel", flüsterte sie.

Er streichelte ihr über den Nacken. „Und du bist ein ungezogenes kleines Mädchen."

„Bin ich nicht!" Pause. „Doch, bin ich." Er liebkoste sie weiter. „Cat", sagte sie, „hast du wirklich geglaubt, Daddy würde mich von dir fortschicken, wenn ich ihm was erzähle?"

„Ja, ich glaub's immer noch."

„Sag mir mal eins –"

„Bitte, was?"

„Warum führst du so ein Leben? Warum reist du als Söldner herum und zettelst Kriege gegen Menschen an?"

„Ich zettle die Kriege nicht an. Die Welt, in der wir leben, tut das – unter Führung von Leuten, die sich Gott weiß wie moralisch geben und meist nichts als egoistische Schweinehunde sind. Ich kämpfe nur in diesen Kriegen, und zwar weil dieses Leben mir Spaß macht. Es ist nicht nur das Geld. Die meisten von uns kämpfen aus ein und demselben Grund: weil wir so ein Leben mögen, das harte Leben, den Kampf."

„Aber warum muß es denn Kriege geben?"

„Weil es auf dieser Welt nur zwei Sorten von Menschen gibt:
Jäger und Gejagte. Und die Jäger gewinnen immer die Oberhand,
weil sie gewillt sind, sich nach oben zu kämpfen und jeden zu besei-
tigen, der ihnen im Weg ist. Die Jäger werden die Herrscher. Und
wer herrscht, ist nie zufrieden. Er muß immer weiter nach der Währung jagen, die er gerade anbetet.

In der kommunistischen Welt heißt diese Währung Macht. Macht
und immer mehr Macht. In der kapitalistischen Welt heißt die Währung Geld und immer mehr Geld. Und das ist letzten Endes dasselbe. Wenn man einen Krieg braucht, um es sich zu beschaffen,
bekommt man eben seinen Krieg."

„Aber manche Menschen kämpfen doch aus Idealismus."

„Gewiß. Das stimmt. Und in neunundneunzig von hundert Fällen
hat man sie angeschmiert. Die GIs in Vietnam, glaubst du etwa, die
sterben für das Leben, für Freiheit und Glück? Sie sterben für den
Börsenindex. Und die britischen Soldaten in Kenia und Zypern?
Die sind gefallen, weil ihr Oberst vom Kriegsminister hingeschickt
worden war, und den hatte das Kabinett dazu beauftragt, damit die
Wirtschaft unter britischer Kontrolle blieb. Das Ganze ist ein Riesen-
schwindel, Julie. Der Unterschied bei mir ist nur, daß mir niemand
befiehlt, wann ich zu kämpfen habe. Oder auf welcher Seite. Aus
diesem Grunde werden wir Söldner ja auch von den Politikern, von
der Gesellschaft so gehaßt. Sie können uns nichts befehlen."

„Du bist ja ein Rebell, Cat", flüsterte sie.

„Aber ja. Schon immer. Das heißt, nicht immer. Erst seit ich in
der Marineinfanterie war und auf Zypern sechs Kameraden begraben
mußte. Da habe ich angefangen, an der Klugheit und Integrität
unserer Oberen zu zweifeln."

„Aber du könntest doch in einem dieser sinnlosen Kriege umkommen."

„Ja. Und ich könnte in einem sinnlosen Büro bis zu meiner sinnlosen Pensionierung ein sinnloses Gehalt verdienen. Da lebe ich lieber auf meine Art. Und sterbe auf meine Art, mit einer Kugel in der
Brust und einer Waffe in der Hand. Und jetzt schlaf schön, Kleines.
Es wird schon hell."

AM DARAUFFOLGENDEN Montag wies Shannon sich bei der Banque
de Crédit in Luxemburg als Keith Brown aus und erkundigte sich
nach den auf seinen Namen überwiesenen fünftausend Pfund.
Die Gutschrift war gerade eingetroffen. Er hob tausend Pfund in

Luxemburger Francs ab und ließ den Rest auf Keith Browns Konto in Brügge überweisen.

Er hatte noch Zeit, schnell etwas zu Mittag zu essen, bevor er das Anwaltsbüro Lang & Stein aufsuchte. Er war mit Herrn Emil Stein verabredet, einem der Partner dieser angesehenen Firma.

„Im Laufe der nächsten Monate", sagte er zu dem grauhaarigen Luxemburger, „möchte eine Gruppe britischer Gesellschafter sich geschäftlich im Mittelmeerraum engagieren. Zu diesem Zweck möchten wir eine Holdinggesellschaft in Luxemburg gründen."

Herr Stein bekam solche Anliegen täglich zu hören. „Das dürfte nicht schwierig sein, Mr. Brown. Sie wissen natürlich, daß allen gesetzlichen Vorschriften des Großherzogtums Luxemburg Genüge getan werden muß. Es müssen mindestens sieben Gesellschafter sein, und gewöhnlich werden die Anteile und die Namen ihrer Besitzer registriert. Aber es gibt die Möglichkeit, Inhaberaktien auszugeben, bei denen der Name des Mehrheitsaktionärs nicht registriert zu werden braucht. Der Nachteil ist, daß Inhaberaktien genau das sind, was ihr Name besagt. Der Besitzer der Aktienmehrheit kontrolliert die Gesellschaft, ohne im mindesten nachweisen zu müssen, wie er sie erworben hat. Können Sie mir folgen, Mr. Brown?"

Shannon konnte folgen. Man gründete eine Firma mit dem Namen Tyrone Holdings AG, und Shannon zahlte eine Einlage von fünfhundert Pfund in bar. In einer Woche sollte eine Generalversammlung die Gründung rechtskräftig machen. Semmler konnte dann das Schiff unter dem Deckmantel einer unüberprüfbaren Firma kaufen.

Am nächsten Morgen flog Shannon nach Hamburg. Diesmal ging es ihm um Waffen.

DER Handel mit tödlichen Waffen ist nach dem mit Rauschgift der lukrativste der Welt. Alle größeren Mächte lassen ihre Vertreter über den Erdball reisen, um irgendwelchen Potentaten einzureden, sie besäßen nicht genug Waffen oder müßten ihr Arsenal modernisieren. Wofür die Waffen benutzt werden, interessiert die Verkäufer nicht. Aber Profitwünsche und politische Stabilität schließen einander oftmals aus, und aus diesem Grunde arbeiten die Staaten bis zu einem gewissen Grade im Waffenhandel Hand in Hand, und die an sie gerichteten Käuferwünsche unterliegen meist einer strengen Prüfung.

Ein lizenzierter Waffenhändler, der meist Staatsbürger seines Wohnlandes ist, verkauft Waffen erst nach Rücksprache mit seiner Regierung, um sicherzustellen, daß der Verkauf in Ordnung ist. Das

ist die oberste Ebene des privatwirtschaftlichen Waffenhandels. Etwas tiefer in diesem Teich schwimmen die zweifelhafteren Fische – lizenzierte Händler, die keine eigenen Lager halten, aber eine Konzession haben, um Geschäfte zu vermitteln. Und ganz unten im Schlamm tummeln sich die Schwarzhändler. Sie haben keine Lizenz und leben davon, daß sie heimlichen Käufern zu Diensten sind.

Das wichtigste Dokument im Waffenhandel ist das sogenannte Endverbraucherzertifikat. Darin wird bestätigt, daß der Kauf durch den Endverbraucher oder in seinem Namen erfolgt. In der westlichen Welt handelt es sich dabei durchweg um eine souveräne Regierung. Aber das Entscheidende an diesen Endverbraucherzertifikaten ist, daß manche Länder sie genauestens auf ihre Echtheit überprüfen, während andere da weniger neugierig sind.

Zwei Länder hatten sich den Ruf erworben, wenig danach zu fragen, woher das ihnen vorgelegte Endverbraucherzertifikat wirklich stammte. Das erste war Spanien, das in seiner CETME-Fabrik ein breites Sortiment an Waffen produziert, das zweite ein Neuling in der Waffenherstellung, nämlich Jugoslawien. Man baute da einen guten leichten Granatwerfer und auch eine brauchbare Panzerfaust. Weil es sich hier um neue Erzeugnisse handelte, rechnete Shannon damit, daß Belgrad sich zum Verkauf einer geringen Menge – nämlich von zwei Sechzig-Millimeter-Granatwerfern mit dreihundert Granaten sowie zwei Panzerfäusten mit vierzig Raketen – überreden lassen würde, da ein solcher Kunde die Waffen vielleicht erst ausprobieren wollte, bevor er eine größere Bestellung aufgab.

Shannon wußte, daß man dem Waffenpaket, das er brauchte, seinen Verwendungszweck förmlich ansah: eine einmalige Ausrüstung für einen einmaligen Auftrag wie etwa die Erstürmung eines einzelnen Gebäudes in kurzer Zeit. Er war schließlich zu der Überzeugung gekommen, daß es weniger auffallen würde, wenn er das Paket noch kleiner aufteilte und jeweils bei einem Händler nur einen Posten kaufte.

Von einem der Leute, die er aufsuchen würde, brauchte er vierhunderttausend Schuß Neunmillimetermunition für Pistolen und Maschinenpistolen. Sie konnten ohne weiteres für die Polizei irgendeines kleinen Landes bestimmt sein und würden keinen Verdacht erregen, schon weil keine dazugehörigen Waffen mitbestellt wurden. Die Sendung konnte ganz einfach zur Ergänzung des Vorrats bestimmt sein. Um an diese Munition heranzukommen, brauchte er einen lizenzierten Zwischenhändler, der so eine kleine Bestellung zwi-

schen ein paar größeren verstecken konnte. Dieser Händler mußte trotz seiner Lizenz bereit sein, ein krummes Geschäft mit einem falschen Endverbraucherzertifikat zu machen, das er einer waffenexportierenden, aber wenig neugierigen Regierung vorlegen konnte.

Shannon war nach Hamburg geflogen, um seine Bestellungen dort aufzugeben, und zwar zunächst bei einem gewissen Johann Schlinker, der eine Konzession für CETME in Madrid hatte, sich aber, wie man wußte, auch nicht zu schade war, ein falsches Endverbraucherzertifikat vorzulegen. Als zweiten wollte er einen Bekannten aufsuchen, einen gewissen Alan Baker, der zwar keine Lizenz, dafür aber gute Beziehungen zu den Jugoslawen hatte.

Zuallererst ging Shannon zur Landesbank. Seine fünftausend Pfund waren da. Er hob die ganze Summe in Form eines auf ihn ausgestellten Bankschecks ab. Johann Schlinker, den Shannon in seinem bescheidenen Büro antraf, war rundlich und leutselig. „Was führt Sie zu mir, Mr. Brown?" fragte er.

„Sie sind mir empfohlen worden, Herr Schlinker, und zwar als jemand, der im Geschäft mit militärischen Artikeln den Ruf der Zuverlässigkeit genießt."

Schlinker lächelte und nickte. „Und von wem, wenn ich fragen darf?" Shannon nannte ihm einen Mann in Paris, der für eine gewisse französische Dienststelle mit afrikanischen Angelegenheiten befaßt war. Shannon hatte dem Mann gesagt, daß er unter dem Namen Keith Brown auftreten würde.

Schlinker zog die Brauen hoch. „Bitte, entschuldigen Sie mich einen Augenblick", sagte er. Als er wiederkam, hatte er ein strahlendes Lächeln aufgesetzt. „Ich mußte schnell einen Freund in Paris anrufen. Bitte, fahren Sie fort."

„Ich brauche einen Posten Neunmillimetermunition", sagte Shannon ohne Umschweife. „Für bestimmte Leute in Afrika, denen ich als technischer Berater diene. Versand per Seefracht."

„Wie groß wäre der Posten?" fragte der Deutsche.

„Vierhunderttausend Schuß."

„Das ist nicht eben viel", meinte Schlinker nur.

„Eine kleine Investition jetzt könnte später mehr nach sich ziehen."

„Haben Sie ein Endverbraucherzertifikat?" fragte Schlinker.

„Leider nein. Ich hatte gehofft, das ließe sich arrangieren."

„Gewiß, das geht. Ich kann Ihnen Neunmillimeterpatronen für fünfundsechzig Dollar das Tausend anbieten. Zuzüglich zehn Prozent für das Zertifikat und zehn Prozent frei an Bord."

Frei an Bord bedeutete, daß die Sendung komplett mit Exportgenehmigung und Zollabfertigung auf einem zum Auslaufen freigege-
benen Schiff übergeben wurde. Shannon rechnete rasch durch: „Sechsundzwanzigtausend Dollar für die Munition, plus fünftausendzweihundert. Nicht billig. Wie soll die Zahlung erfolgen?"

„Fünftausendzweihundert sofort. Sobald ich das Zertifikat habe,
ist der volle Preis fällig. Außerdem brauche ich den Namen des Schiffes, um die Exportgenehmigung beantragen zu können. Es muß ein
Schiff sein, das im Liniendienst steht, oder zumindest einer registrier-
ten Schiffahrtsgesellschaft gehören."

Shannon nickte. „Wie lange dauert es von der Bezahlung bis zur
Verschiffung?"

„Madrid arbeitet langsam. Aber höchstens vierzig Tage."

Shannon erhob sich. Er ging und kam nach einer Stunde mit dem
Geld wieder. Während Schlinker den Betrag quittierte, blätterte
Shannon in der Broschüre einer Firma, die nichtmilitärische Feuer-
werkskörper wie Leuchtkugeln und -raketen herstellte. „Arbeiten Sie
mit dieser Firma, Herr Schlinker?" fragte er.

Schlinker lächelte breit. „Sie gehört mir", sagte er. „Unter diesem
Namen bin ich in der Öffentlichkeit bekannt."

Eine gute Tarnung, dachte Shannon. Da konnte man sich gut ein
Lager voller Kisten mit der Aufschrift VORSICHT! EXPLOSIV halten.
Er schrieb schnell eine Bestellung aus. „Können Sie diese Sachen
liefern?" fragte er.

Schlinker warf einen Blick darauf. Es handelte sich um zwei Leuchtraketenabschußrohre, zehn Magnesium-Leuchtraketen an Fallschir-
men, zwei durchdringend laute Nebelhörner, vier Nachtgläser, drei
tragbare Funkgeräte und fünf Armbandkompasse.

„Gewiß", sagte er. „Das habe ich alles vorrätig. Und da gibt's
auch keine Schwierigkeiten beim Export."

„Gut", sagte Shannon. „Wieviel würde alles zusammen kosten,
wenn Sie es unter Zollverschluß an eine Exportspedition in Marseille
liefern?"

„Viertausendachthundert Dollar", sagte Schlinker.

„Ich melde mich in zwölf Tagen wieder bei Ihnen", sagte Shannon.
„Dann schicke ich Ihnen einen Bankscheck über diese Summe und die
Adresse der Spedition in Marseille. Binnen dreißig Tagen bekommen
Sie die sechsundzwanzigtausend Dollar für die Munition und den
Namen des Schiffes."

Abends traf sich Shannon mit Baker zum Essen. Baker war ein

drahtiger Bursche, ein ehemaliger britischer Pionier, der sich nach dem Krieg in Deutschland niedergelassen hatte. Er kannte Shannon unter seinem richtigen Namen.

„Ja, das läßt sich machen", sagte er, als er hörte, was Shannon brauchte. „Ich habe im Moment nur ein kleines Problem."

„Und das wäre?"

„Endverbraucherzertifikate. Bisher hatte ich einen ostafrikanischen Diplomaten in Bonn, der für Geld alles unterschrieb, aber den haben sie nach Hause geschickt. Ich habe noch nichts Neues gefunden." Da er keine Lizenz besaß, konnte Baker sich kein legales Zertifikat beschaffen wie Schlinker.

„Nehmen die Jugoslawen es sehr genau damit? Wenn ich ein afrikanisches Zertifikat bekäme, würde das reichen?"

„Sicher. Solange das Dokument in Ordnung ist. Weiter prüfen die nicht nach. Der Preis würde sich für einen Sechzig-Millimeter-Granatwerfer auf elfhundert Dollar belaufen. Also zweitausendzweihundert für beide. Die Granaten kosten vierundzwanzig Dollar das Stück."

„Gut", sagte Shannon. „Ich nehme dreihundert."

„Das sind dann siebentausendzweihundert für die Granaten. Zwei Panzerfäuste kosten zweitausend. Mit vierzig Raketen für je zweiundvierzig Dollar fünfzig macht das ... Moment –"

„Siebzehnhundert Dollar", sagte Shannon. „Dreizehntausendeinhundert alles zusammen."

„Plus zehn Prozent frei an Bord Ihres Schiffes. Sehen wir es, wie's ist, Cat. Die Bestellung ist klein, trotzdem habe ich Unkosten. Sagen wir vierzehneinhalb, ja?"

„Sagen wir vierzehnvier", sagte Shannon. „Ich besorge das Zertifikat und schicke es Ihnen mit fünfzig Prozent Anzahlung. Weitere fünfundzwanzig Prozent, wenn ich das Zeug in Jugoslawien reisefertig verpackt sehe. Den Rest bei Ablegen des Schiffes. Wie lange brauchen Sie?"

„Sowie ich Ihren Endverbraucher habe, noch etwa fünfunddreißig Tage." Vor dem Restaurant gaben sie sich die Hand. „Keine Sorge, Cat", sagte Baker. „Sie können mir trauen."

„Ich kann mich beherrschen", brummte Shannon im Weggehen. Am nächsten Morgen – dem neunten Tag – flog er zurück nach London.

NEUNTES KAPITEL

MARTIN THORPE erschien am Mittwochmorgen in Sir James Mansons Zimmer, und der hieß ihn Platz nehmen.

Thorpe sagte: „Ich habe mich mit Lady Macallister befaßt. Sie ist sechsundachtzig, sehr empfindlich und eine derart eingefleischte Schottin, daß sie alle ihre Angelegenheiten von einem Anwalt da oben in Dundee erledigen läßt. Sie scheint in ihrem Leben einen schwachen Punkt zu haben, aber das ist nicht Geld. Sie ist von Haus aus wohlhabend. Ihr Vater war ein Gutsherr mit noch mehr Land als Bargeld. Nachdem der alte Herr gestorben war, hat sie den ganzen Bettel geerbt, und die Fisch- und Jagdrechte haben ihr ein kleines Vermögen gebracht. Zwei Leute haben schon versucht, ihr die Bormac-Anteile abzukaufen. Vermutlich haben sie ihr Geld geboten. Aber das interessiert sie nicht."

„Was interessiert sie dann, zum Teufel?" fragte Sir James.

„Sie hat einmal versucht, ihrem Mann ein Denkmal errichten zu lassen, aber das hat die Stadt London abgelehnt. Da hat sie in ihrer Heimatstadt eines errichten lassen. Ich glaube, das ist ihre Schwäche – das Andenken des alten Sklaventreibers, mit dem sie verheiratet war." Thorpe setzte ihm dann seine Idee auseinander, und Manson hörte nachdenklich zu.

Shannon war kurz nach zwölf wieder in seiner Londoner Wohnung. Dort lag ein Telegramm von Langarotti aus Marseille, in dem er ihm die Adresse des Hotels mitteilte, wo er als Monsieur Lavallon abgestiegen war. Shannon ließ sich ein Ferngespräch nach Marseille vermitteln, aber Monsieur Lavallon war nicht im Hotel. Er hinterließ, Monsieur Lavallon solle Mr. Brown in London anrufen. Dann tippte er einen Brief an den Korsen und fragte ihn nach einem Mann in Paris, von dem Langarotti einmal erwähnt hatte, er könne über eine der afrikanischen Botschaften Endverbraucherzertifikate besorgen. Als nächstes telegraphierte er Walter Harris, daß er ihn am andern Morgen um elf sprechen möchte. Den ganzen Nachmittag schrieb er dann an seinem Rechenschaftsbericht über seine Reisen nach Luxemburg und Hamburg. Er war gerade fertig, als Janni Dupree an die Tür klopfte.

Janni berichtete, daß ein Großteil der Bekleidung bis Freitag bereitliegen würde. Nächste Woche wolle er mit den Schlafsäcken, Tor-

nistern, Fußbekleidung und dergleichen anfangen. Shannon versprach, ihm den Namen der Schiffsagentur in Marseille zu besorgen, an die er die Sachen schicken könne. Dann gab er Janni das an Langarotti, hauptpostlagernd Marseille, adressierte Schreiben und bat ihn, den Brief sofort per Expreß aufzugeben.

Er war sehr hungrig, als Langarotti um acht Uhr anrief. In vorsichtigen Formulierungen fragte ihn Shannon, wie weit er sei.

„Ich habe drei Bootsbauer um Prospekte angeschrieben. Wenn ich weiß, was ich haben will, kann ich es bei hiesigen Händlern bestellen", sagte Langarotti.

„Gute Idee", sagte Shannon. „Nun paß auf. Ich brauche den Namen einer guten Schiffsagentur in Marseille. Demnächst werden hier ein paar Kisten auf die Reise gehen und eine von Hamburg."

„Ich würde lieber eine Agentur in Toulon nehmen", sagte Langarotti. Shannon konnte sich den Grund denken. Die Polizei von Marseille hatte ein scharfes Auge auf den Hafen, und der neue Chef der Zollbehörde galt als Schmugglerschreck. Man wollte den Heroinhandel stoppen, aber wenn ein Schiff nach Rauschgift durchsucht wurde, konnten ebensogut Waffen zutage kommen.

„Du hast recht", sagte Shannon. „Telegraphiere mir den Namen, sobald du ihn hast. Beantworte auch gleich den Brief, den du demnächst bekommst."

AM NÄCHSTEN Morgen rief Shannon bei der BEA an und buchte einen Wochenendflug über Paris zu einem bestimmten Ort in Afrika.

Punkt elf kam Endean zu ihm. „Sie haben ja schon eine ganze Menge geschafft", sagte er, als er Shannons Bericht las.

„Ja. Ich will bis zum zwanzigsten Tag alle Bestellungen aufgegeben haben, dann bleiben vierzig Tage zu ihrer Erledigung. Zwanzig Tage müssen wir ansetzen, um alles einzusammeln und auf das Schiff zu bringen. Am achtzigsten Tag muß die Reise losgehen. Übrigens brauche ich bald wieder Geld." Nach ein paar anfänglichen Einwänden war Endean bereit, weitere zwanzigtausend Pfund auf Shannons Konto in Belgien zu überweisen. Dann ging er.

DER Salon in der Wohnung über dem Cottesmore-Park war unglaublich düster. Rings an den Wänden hingen Ahnenbilder. Größer als alle prangte in einem gewaltigen Rahmen über dem nie benutzten Kamin ein Mann im Kilt. Sir Ian Macallister, Ritter des britischen Empire.

Martin Thorpe zwang seinen Blick zurück zu Lady Macallister, die zusammengesunken in einem Sessel kauerte. „Es waren schon andere Leute da, Mr. Thorpe. Aber ich wüßte nicht, warum ich die Firma meines Mannes verkaufen sollte. Sie war ganz allein sein Werk. Ich verkaufe sie nicht –"

„Aber Lady Macallister –"

„Sehen Sie, die Firma ist das Vermächtnis meines teuren Gatten an mich."

„Lady Macallister –" begann er wieder.

„Sie müssen direkt in den Hörapparat sprechen", sagte Lady Macallisters Gesellschafterin. „Sie ist so taub wie ein Stück Holz." Thorpe nickte dankbar und sah die Gesellschafterin zum erstenmal richtig an. Sie war Ende Sechzig und wirkte wie jemand, der einst bessere Zeiten erlebt hat und sich in Abhängigkeit begeben mußte.

Thorpe beugte sich dicht an den Hörapparat heran. „Lady Macallister, die Leute, die ich vertrete, wollen nichts an der Firma ändern. Sie wollen sie nur wieder reich und berühmt machen wie damals, als Ihr Gatte sie noch selbst geführt hat."

Ein Funken glomm in ihren Augen auf. „Wie mein Mann…"

„Ja, Lady Macallister", brüllte Thorpe. „Wir wollen sein Lebenswerk wiedererschaffen und die Macallister-Besitzungen zu einem Denkmal für ihn machen."

„Man hat meinem Ian nie ein Denkmal errichtet."

„Wenn die Firma reich wäre, könnte sie auf einem Denkmal bestehen", schrie Thorpe. „Dann könnte sie eine Sir-Ian-Macallister-Stiftung gründen."

„Das würde ja soviel Geld kosten", jammerte Lady Macallister. „Ach, ich weiß nicht. Wenn doch nur Mr. Dalgleish hier wäre. Er unterschreibt alles für mich. Mrs. Barton, ich möchte jetzt in mein Zimmer gehen."

„Es wird auch Zeit", sagte die Gesellschafterin barsch.

Mrs. Barton half der alten Dame auf die Beine und führte sie aus dem Zimmer. Nach ein paar Minuten kam sie allein zurück.

Thorpe war aufgestanden und hatte ein zerknirschtes Lächeln aufgesetzt. „Ich hab's wohl nicht geschafft. Trotzdem sind Lady Macallisters Aktien, wie Sie wissen, wertlos, solange die Firma nicht wieder aufgemöbelt wird. Tut mir leid, daß ich Ihnen solche Ungelegenheiten gemacht habe."

„Ich bin Ungelegenheiten gewohnt", sagte Mrs. Barton, aber ihre Miene wurde weicher. „Wie wär's mit einem Täßchen Tee?"

Thorpes Instinkt befahl ihm anzunehmen. Während sie dann in der Küche bei einer Kanne Tee saßen, erzählte Mrs. Barton ihm alles über Lady Macallister. „Sie kann Ihre ganzen schönen Argumente nicht einsehen, Mr. Thorpe, nicht einmal Ihr Angebot, diesem alten Scheusal ein Denkmal zu errichten."

Thorpe war überrascht. Offenbar hatte die schroffe Mrs. Barton ihre eigenen Vorstellungen. „Sie hört auf Sie", sagte er.

„Möchten Sie noch ein Täßchen?" Und während Mrs. Barton eingoß, meinte sie ruhig: „O ja, sie hört auf mich. Sie weiß, daß sie nie eine neue Gesellschafterin bekäme, wenn ich fortginge."

„Ein besonderes Leben kann das ja auch nicht für Sie sein."

„Ist es auch nicht", sagte sie, „aber ich komme schon zurecht. Das ist der Preis, den man zahlt."

„Fürs Witwendasein?" fragte Thorpe freundlich.

„Ja." Auf dem Sims stand das Bild eines jungen Mannes in der Uniform eines Piloten der königlich-britischen Luftwaffe. „Ihr Sohn?" erkundigte sich Thorpe.

„Ja. 1943 über Frankreich abgeschossen."

„Er kann also nicht für Sie sorgen, wenn die alte Dame einmal tot ist?"

„Nein. Aber ich komme schon zurecht. Sie wird mir sicher etwas in ihrem Testament hinterlassen. Ich kümmere mich schon seit sechzehn Jahren um sie."

Als Thorpe sich eine Stunde später verabschiedete, ging er zur nächsten Telephonzelle. Ein Versicherungsvertreter im West End war gern breit, ihn am Freitag morgen um zehn zu sprechen.

AM FREITAG ließ Sir James Manson gleich nach dem Lunch Endean zu sich kommen. Er hatte Shannons Bericht gelesen und war angenehm überrascht, mit welchem Tempo der Söldner arbeitete. Was ihn noch mehr freute, war der Anruf, den er soeben von Thorpe erhalten hatte. „Sie sagen, Shannon sei nächste Woche unterwegs, Simon? Das ist gut. Ich habe etwas für Sie zu tun. Nehmen Sie einen unserer vorgedruckten Arbeitsverträge. Überkleben Sie den Namen ManCon mit einem weißen Papierstreifen, und setzen Sie statt dessen Bormac ein. Lassen Sie ihn dann photokopieren, und füllen Sie ihn auf Antoine Bobi aus, für ein Jahr bei einem Monatsgehalt von fünfhundert Pfund, zahlbar in dahomeischen Francs, damit er sich nicht damit aus dem Staub macht."

„Bobi?" fragte Endean. „Sie meinen Oberst Bobi?"

„Genau den. Ich möchte verhindern, daß sich der zukünftige Präsident Zangaros irgendwohin absetzt. Am Montag fliegen Sie nach Dahome und machen ihm klar, daß Bormac ihn gern als Berater in ihre Dienste nehmen möchte. Sagen Sie ihm, seine Aufgaben würden ihm erst später mitgeteilt; zunächst sei die einzige Einstellungsbedingung, daß er bleibt, wo er ist, bis Sie ihn wieder aufsuchen."

AM SELBEN Nachmittag verließ Thorpe um vier Uhr die Wohnung in Kensington. Er hatte die vier benötigten Aktienübertragungen, unterschrieben von Lady Macallister und bezeugt von Mrs. Barton. Außerdem hatte er einen Brief bei sich, in dem Mr. Dalgleish in Dundee angewiesen wurde, Mr. Thorpe gegen Vorlage seines Schecks die Aktien zu übergeben.

Der Name des Käufers war in den Übertragungsurkunden nicht genannt, aber das hatte Lady Macallister nicht gemerkt. Zu sehr beherrschte sie der Gedanke, Mrs. Barton könne einpacken und sie verlassen. Noch vor Abend würde die Treuhandgesellschaft des Bankhauses Zwingli, die für die Herren Adams, Ball, Carter und Davies arbeitete, in die dafür vorgesehenen Rubriken eingesetzt werden. Die dreihunderttausend Aktien hatten Sir James Manson je zwei Shilling gekostet, zusammen dreißigtausend Pfund. Weitere dreißigtausend Pfund hatte er für eine Leibrente aufgewendet, die einer gewissen Gesellschafterin einen sorgenfreien Lebensabend garantierte.

BENOIT LAMBERT, im Freundeskreis und bei der Pariser Polizei auch Benny genannt, war ein kleiner Ganove, der sich in der Rolle eines Söldners und Waffenschiebers gefiel. Ersteres war er mit Sicherheit nicht, aber mit seinen vielfältigen Verbindungen hatte er schon da und dort einen kleinen Posten Waffen geliefert, meist Handfeuerwaffen für die Unterwelt. Er hatte auch einen afrikanischen Diplomaten kennengelernt, der für eine entsprechende Summe bereit war, ein gültiges Endverbraucherzertifikat auszustellen. Vor anderthalb Jahren hatte er das einmal in einer Bar gegenüber einem gewissen Langarotti erwähnt.

Dies teilte der Korse jetzt Shannon telegraphisch mit, dann rief er Benny an, um fürs Wochenende ein Treffen zu vereinbaren. Es überraschte den Waffenschieber, daß er Besuch von Cat Shannon bekommen sollte. Er hatte von Shannon gehört. Er hatte auch gehört, daß Charles Roux für Informationen über den Aufenthalt des irischen Söldners zahlen würde.

„Ja, das Zertifikat kann ich besorgen", sagte Benny Lambert zu Shannon. Dann nannte er eine schamlose Summe.

„*Merde*", sagte Shannon. „Ich zahle tausend Pfund."

Lambert rechnete nach. „In Ordnung", sagte er.

„Ein Wort davon, und ich schlitze Ihnen den Bauch auf", sagte Shannon. „Oder noch besser, ich schicke dafür den Korsen."

„Kein Wort, ehrlich. Ich besorge Ihnen das Papier in vier Tagen."

Nachdem Shannon fort war, ließ Lambert sich alles durch den Kopf gehen. Er beschloß, das Zertifikat zu besorgen, sein Honorar zu kassieren und Roux erst später zu informieren.

Am nächsten Abend flog Shannon nach Afrika.

Es WAR eine lange Fahrt landeinwärts. In dem erbärmlich klappernden Taxi war es heiß. Shannon störte das nicht. Es war schön, wieder in Afrika zu sein, selbst nach einem sechsstündigen Flug ohne Schlaf. Wie vertraut war der Anblick der Dorffrauen auf dem Weg zum Markt, mit Kalebassen oder Getreidebündeln auf dem Kopf, oder der Männer, die im Schatten der mit Palmblättern gedeckten Dächer saßen und schwatzten. Er roch die Palmen, den Holzrauch, den braunen, abgestandenen Fluß.

Kurz vor Mittag erreichte er die Villa. Die Wachen am Tor durchsuchten ihn gründlich. Drinnen erkannte er einen der persönlichen Adjutanten des Mannes, den er zu sprechen gekommen war. Der Adjutant führte Shannon in einen leeren Raum.

Shannon stand am Fenster und blickte hinaus, als er eine Tür knarren hörte. Er drehte sich um. Der General hatte sich seit ihrer Trennung auf dem dunklen Urwaldflugplatz kaum verändert. Derselbe üppige Bart und derselbe tiefe Baß.

„Nanu, Major Shannon, so bald schon? Haben Sie's nicht mehr ausgehalten?"

Shannon grinste. Dieses Hänseln war ihm vertraut. „Ich brauche etwas, Sir. Und ich habe eine Idee, über die wir vielleicht sprechen sollten."

„Es gibt wohl nicht viel, was ein verarmter Emigrant Ihnen zu bieten hätte", sagte der General. „Aber Ihre Ideen höre ich mir immer gern an."

Shannon sagte: „Doch, Sie haben etwas, was ich brauchen könnte. Sie haben noch die Loyalität Ihres Volkes. Und ich brauche Leute."

Sie unterhielten sich den ganzen Nachmittag und entwickelten ihren Plan. Es wurde dunkel, und Shannon malte Skizzen. Erst um

drei Uhr morgens wurde der Wagen gerufen, der Shannon zum Flugplatz bringen sollte. „Ich werde von mir hören lassen, Sir", sagte Shannon beim Abschied.

„Und ich muß sofort meine Boten ausschicken", antwortete der General. „Aber in sechzig Tagen werden die Leute dasein."

Shannon war todmüde. Die Strapazen der ständigen Herumreiserei machten sich bemerkbar. Am Dienstag abend traf er um sechs in Le Bourget ein und stieg in einem Hotel im Herzen des achten Pariser Arrondissements ab. Sein Quartier auf dem Montmartre, wo er unter dem Namen Shannon bekannt war, hatte er aufgegeben. Aber er hatte keine Bedenken, zum Abendessen in sein Lieblingsrestaurant zu gehen. Er telephonierte mit Madame Michèle und bestellte ein Filet Mignon. Dann meldete er zwei Ferngespräche an, davon eines mit Monsieur Lavallon in Marseille.

„Ich habe die Schiffsagentur in Toulon", sagte Langarotti. „Agence Maritime Duphot. Die Firma hat einen eigenen Zollspeicher. Schick die Waren als Eigentum von J. B. Langarotti."

„Prima", sagte Shannon und legte auf.

Dann war Janni am Apparat. Er sagte, er habe die vier Frachtbehälter fertig. „Gut gemacht", sagte Shannon und gab Namen und Adresse des Agenten in Toulon durch.

Dann führte er noch ein Gespräch; diesmal mit Ostende.

„Ich bin in Paris", sagte Shannon, als er Marc Vlamincks Stimme hörte. „Dieser Mann mit den Warenproben, die ich mir ansehen möchte . . ."

„Ja. Er ist bereit, sich mit dir zu treffen und über die Bedingungen zu verhandeln."

„Sag ihm, er kann mich am Freitag zum Frühstück im Holiday Inn am Brüsseler Flugplatz treffen."

„Soll ich auch mitkommen?" fragte der Belgier.

„Natürlich", sagte Shannon. „Hast du den Lieferwagen schon gekauft, den du besorgen solltest?"

„Ja, warum?"

„Hat dieser Herr ihn schon gesehen?"

Es gab eine Pause, denn Vlaminck dachte nach. „Nein."

„Dann komm nicht damit nach Brüssel. Miete dir einen Wagen, und hol den Mann unterwegs ab. Verstanden?"

„Ja", sagte Vlaminck verdutzt. „Wie du meinst."

Während Shannon in Paris bei seinem langersehnten Abendessen saß, befand sich Simon Endean auf dem Nachtflug nach Dahome.

Shannon wäre nicht überrascht gewesen, wenn er das gewußt hätte, denn er ahnte schon, daß der Exilzangare Bobi eine Rolle in Mansons Stück spielen mußte. Aber wenn Endean von Shannons heimlichem Besuch bei dem General in derselben Ecke Afrikas gewußt hätte, wäre ihm trotz der Schlaftablette, die er genommen hatte, die Nachtruhe in der UTA DC 8 gründlich verdorben gewesen.

Am nächsten Morgen läutete Shannon um zehn Uhr nach dem Frühstück, und als er vom Duschen wiederkam, standen Kaffee und Hörnchen auf dem Tisch. Er ließ sich ein Gespräch mit Benny Lambert vermitteln und fragte ihn, ob die Papiere bereit seien.

Bennys Stimme klang gepreßt. „Ja. Wann wollen Sie sie haben?"

„Heute nachmittag", sagte Shannon.

„Gut, kommen Sie um vier zu mir", sagte Lambert.

„Nein, wir treffen uns hier", sagte Shannon und nannte ihm den Namen des Hotels. Diesen kleinen Gauner traf man besser irgendwo in der Öffentlichkeit. Zu seiner Überraschung war Lambert einverstanden.

Als nächstes rief er Herrn Stein von der Firma Lang & Stein in Luxemburg an. „Was die Gründungsversammlung für meine Holdinggesellschaft, die Tyrone Holdings, angeht..." Sie legten die Sitzung auf den folgenden Nachmittag drei Uhr in Steins Büro fest.

Zehntausend Kilometer entfernt saß Simon Endean mit Oberst Bobi in seinem kleinen gemieteten Haus im Wohnviertel von Cotonou. Bobi war ein plumper Riese mit brutalem Gesicht. Aber Endean war es gleichgültig, ob Bobi das Land Zangaro in die Katastrophe regieren würde. Er brauchte nur jemanden, der die Schürfrechte am Kristallberg für ein Butterbrot und eine saftige Bestechungssumme an die Bormac Trading Company verschacherte.

Der Oberst nahm den Posten eines Westafrika-Beraters für Bormac mit Freuden an. Er tat, als studiere er den Vertragstext, doch als er an die Seite kam, die Endean verkehrt herum eingelegt hatte, verzog er keine Miene. Er war Analphabet.

Endean erklärte ihm die Vertragsbedingungen langsam in einem Mischmasch aus einfachem Französisch und Pidgin-Englisch. Bobi nickte feierlich und kritzelte etwas auf das Dokument, was als Unterschrift durchgehen konnte. Erst später würde man ihm sagen, daß die Bormac ihn als Gegenleistung für die Schürfrechte in Zangaro an die Macht bringen wollte.

Im Morgengrauen flog Endean wieder nach Norden.

Das Treffen mit Benny Lambert fand in der Hotelhalle statt. Lambert übergab Shannon einen Umschlag, dem dieser zwei Schreiben entnahm, beide mit dem Briefkopf der Botschaft von Togo. Eines der Blätter war bis auf die Unterschrift und das Botschaftssiegel leer. Das zweite war ein Brief, auf dem der Unterzeichner bestätigte, daß er von seiner Regierung ermächtigt sei, Herrn... zu beauftragen, sich zwecks Ankaufs militärischer Waffen gemäß beigefügter Liste an die Regierung von... zu wenden.

Shannon gab Lambert die tausend Pfund und ging. Alan Baker würde in die eine Lücke seinen Namen, in die andere das Wort „Jugoslawien" einsetzen.

Wie die meisten schwachen Menschen war Lambert unentschlossen. Drei Tage war er drauf und dran gewesen, Charles Roux zu sagen, daß Shannon in der Stadt sei und ein Endverbraucherzertifikat haben wolle. Er fürchtete sich vor Roux und glaubte ihn informieren zu müssen. Er fürchtete sich aber auch vor Shannon. Er beschloß, noch bis zum Morgen zu warten.

Als er Roux endlich den Tip gab, war es zu spät. Roux rief morgens um neun das Hotel an und fragte nach Mr. Shannon. Der Portier antwortete wahrheitsgemäß, bei ihnen wohne kein Mr. Shannon. Minuten später war Roux' Vasall, Henri Alain, im Hotel. Er stellte fest, daß ein Mann, auf den Cat Shannons Beschreibung genau paßte, unter dem Namen Keith Brown dort übernachtet hatte und am Morgen nach Luxemburg abgereist war. Alain erhielt auch eine Beschreibung des Franzosen, mit dem Mr. Brown in der Halle gesprochen hatte. Das alles berichtete er mittags Roux.

Roux, Henri Alain und Raymond Thomard hielten Kriegsrat. Roux traf die letzte Entscheidung. „Henri, du beobachtest das Hotel. Mach dich ans Personal heran. Wenn Shannon dort wieder auftaucht, will ich Bescheid wissen. Verstanden?"

Alain nickte. Roux wandte sich an Thomard. „Wenn er wiederkommt, Raymond, nimmst du dir das Schwein vor. Bis dahin sorg dafür, daß Lambert die nächsten sechs Monate nicht laufen kann."

Die Gründung der Firma Tyrone Holdings war eine Sache von fünf Minuten. Shannon wurde in Herrn Steins Büro gebeten, wo Herr Lang und ein Juniorpartner schon Platz genommen hatten. An einer Wand aufgereiht, saßen die Sekretärinnen der drei Partner. Nachdem also die erforderlichen sieben Gesellschafter zugegen waren, übergab Shannon Herrn Stein den Gegenwert von fünfhundert

Pfund, und es wurden tausend Aktien ausgegeben. Jeder außer Shannon erhielt eine und quittierte dafür, um sie dann Herrn Stein zu übergeben, der sich bereit erklärte, sie im Tresor der Firma aufzubewahren. Shannon erhielt neunhundertvierundneunzig Aktien in Form einer Pauschalurkunde und quittierte. Der Gesellschaftervertrag wurde ebenfalls ordnungsgemäß unterschrieben und in Abschriften dem Registergericht des Großherzogtums Luxemburg zugestellt. Die Tyrone Holdings AG war rechtskräftig gegründet.

Kurz vor acht stieg Shannon im Holiday Inn am Brüsseler Flughafen ab.

Der Mann, der am folgenden Morgen in Marc Vlamincks Begleitung an Shannons Tür klopfte, wurde ihm als Monsieur Boucher vorgestellt. Shannon fand, daß die beiden ein seltsames Gespann abgaben. Marc ragte wie ein Turm neben seinem Begleiter auf, der fast so breit wie hoch war und eine große Aktenmappe bei sich hatte.

Shannon schenkte Kaffee ein und kam gleich zum Geschäft. „Monsieur Boucher, ich vertrete eine Gruppe, die Interesse an hundert Maschinenpistolen hätte. Wie mir Monsieur Vlaminck gesagt hat, wären Sie eventuell in der Lage, mir einige Neun-Millimeter-Schmeisser zu besorgen, Kriegsproduktion, aber noch nie benutzt. Ich höre auch, daß von einer Exportgenehmigung keine Rede sein kann. Meine Partner würden das akzeptieren."

Boucher nickte. „Ich könnte die gewünschte Zahl beschaffen", meinte er vorsichtig. „Aber ausschließlich gegen bar."

Monsieur Boucher hatte in jüngeren Jahren als Koch in der SS-Kaserne von Namur gearbeitet. Als die Deutschen 1944 auf dem Rückzug waren, blieb ein Lastwagen mit fabrikneuen Schmeisser-MPis an der Straße von Namur liegen. Da zum Reparieren keine Zeit war, wurde die Ladung in einen nahen Bunker geschafft und dessen Eingang gesprengt. Boucher hatte das alles beobachtet. Später kam er wieder, räumte den Schutt beiseite und holte sich die tausend Waffen. Seitdem lagen sie in seinem Landhaus unter dem Garagenboden. Er hatte bisher die Hälfte davon verkauft.

„Wenn die Waffen in funktionstüchtigem Zustand sind", sagte Shannon, „werden wir alle vertretbaren Bedingungen akzeptieren. Wir erwarten völlige Diskretion."

„Alle sind fabrikneu, Monsieur. Sie sind noch vom Hersteller eingefettet und in Ölpapier verpackt, die Siegel unverletzt. Es sind wahrscheinlich heute noch die besten Maschinenpistolen, die je gebaut wurden." Damit nahm Monsieur Boucher die Aktenmappe auf den

Schoß, drehte am Zahlenschloß und ließ die Verschlüsse aufschnappen. Shannon nahm die Schmeisser heraus. Ein wunderschönes Stück. Er ließ die Hände über das glatte, bläulich-schwarze Metall gleiten, faßte das Griffstück an und fühlte, wie leicht die Waffe war. Er betätigte ein paarmal den Verschluß und sah durch den Lauf. Er hatte keinen Kratzer.

„Die anderen", schnaufte Boucher, „sind genau gleich. Nagelneu."

Shannon legte die Waffe hin. „Wie steht's mit Magazinen?"

„Ich kann fünf zu jeder Waffe liefern", sagte Boucher.

„Fünf?" fragte Shannon mit gespieltem Erstaunen. „Ich brauche mehr als fünf. Mindestens zehn."

Das Feilschen hatte begonnen. Zwei Stunden später einigte man sich auf hundert Schmeisser, das Stück zu hundert Dollar. Die Übergabe wurde für den kommenden Mittwochabend vereinbart. Shannon bot Boucher an, ihn nach Hause zu fahren, aber der Dicke rief lieber ein Taxi. Er wollte sich nicht unbedingt darauf verlassen, daß der Fremde ihn nicht irgendwohin verschleppte und so lange bearbeitete, bis er wußte, wo der verborgene Schatz lag. Vertrauen ist im Schwarzhandel mit Waffen eine Schwäche.

Shannon sagte zu Vlaminck: „Verstehst du jetzt, wie ich das mit dem Wagen gemeint habe, den du kaufen solltest?"

„Nein", sagte der andere.

„Wir brauchen ihn für die Übernahme. Ich finde nur, daß Boucher die echten Kennzeichen nicht zu sehen braucht. Besorg für Mittwoch abend zwei andere, ja? Sollte Boucher jemanden informieren wollen, suchen sie den falschen Wagen."

„In Ordnung, Cat, ich werde alles bereit haben", sagte Marc.

Shannon hatte zwei Briefe geschrieben, einen an Schlinker mit Namen und Adresse der Schiffsagentur in Toulon sowie dem Geld für die bestellten Waren. Der zweite war an Alan Baker adressiert und enthielt das Endverbraucherzertifikat und die fällige Rate für die vor einer Woche getätigten Käufe. Er warf die Briefe ein, und Marc fuhr ihn nach Ostende, wo Shannon die Abendfähre nach Dover nahm.

Am folgenden Abend um die Essenszeit legte Shannon Endean seinen dritten Bericht vor. „Sie werden wieder Geld überweisen müssen, wenn es weitergehen soll", schloß er. „Wir kommen jetzt an die größeren Ausgaben – Waffen und Schiff."

„Wieviel brauchen Sie sofort?" fragte Endean.

„Zweitausend Pfund für Soldzahlungen, viertausend Pfund für

Boote und Motoren, viertausend für Maschinenpistolen und über zehntausend für die Neun-Millimeter-Munition."

Endean musterte ihn kühl. „Von dem vielen Geld sollte aber auch wirklich was gekauft werden", knurrte er.

Shannon starrte zurück. „Drohen Sie mir nicht, Harris. Das haben schon viele versucht; es kostet ein Vermögen an Blumen."

Sein Dinner nahm er an diesem Samstagabend allein zu sich. Julie Manson war, wie er erfahren hatte, schon bei ihren Eltern in Gloucestershire.

Es war am Sonntag vormittag, als Julie beschloß, ihren Freund in seiner Wohnung anzurufen. Der Frühlingsregen draußen vor den Fenstern spülte ihre Hoffnungen fort, heute den hübschen neuen Wallach auszureiten, den ihr Vater ihr geschenkt hatte. Da ihre Mutter sich in Hörweite des Telephons in der Diele aufhielt, beschloß sie, den Apparat im Arbeitszimmer ihres Vaters zu benutzen. Sie hatte eben den Hörer abgenommen, als sie auf dem Schreibtisch einen Hefter liegen sah. Sie schlug ihn gedankenlos auf und warf einen Blick auf die erste Seite. Ein Name darauf ließ sie erstarren, während das Freizeichen ihr ins Ohr tutete. Der Name war Shannon.

Ihr Blick huschte die Seite hinunter. Zahlen, Kosten, ein zweites Mal der Name Shannon, zwei Hinweise auf einen Mann namens Clarence. Als sie die Türklinke hörte, erschrak sie.

Schnell klappte sie den Hefter zu und begann in das taube Telephon zu plappern. Ihr Vater blieb an der Tür stehen.

„Fein, Christine, das wäre wunderbar. Wir sehen uns dann am Montag. Tschüßchen", zwitscherte sie.

Die Miene ihres Vaters hatte sich bei Julies Anblick aufgehellt. „Was treibst du denn hier?" fragte er gespielt ernst.

„Ich habe nur eine Freundin angerufen, Daddy", antwortete sie mit Kleinmädchenstimme. „Mammi war in der Diele beschäftigt, da bin ich hierher gegangen."

„Hm! Aber schließlich hast du selbst einen Apparat im Zimmer. Benutz gefälligst den für Privatgespräche."

„Schon gut, Daddylein. Kannst du mir helfen, Tamerlan zu satteln, damit ich ausreiten kann, wenn es zu regnen aufhört?"

Er lächelte. „Wenn du noch ein paar Minuten Zeit hast, komme ich."

Julie fand, Mata Hari hätte es nicht besser machen können.

ZEHNTES KAPITEL

DER dreiundzwanzigste Tag – Mittwoch, der 28. April – begann für Shannon mit einem Flug nach Brüssel und einem Besuch bei der Kredietbank in Brügge. Er und Vlaminck hatten dann noch vier Stunden bis zu ihrem geplanten Treff mit Boucher totzuschlagen. Kurz vor Einbruch der Dunkelheit brachen sie auf.

Es gibt eine einsame Strecke an der Straße von Brügge nach Gent, wo die alte Überlandstraße von der neuen E 5 umgangen wird. Etwa in der Mitte dieses alten Straßenstücks fanden die beiden Söldner das verblaßte Hinweisschild auf einen verlassenen Bauernhof, der hinter einer Baumgruppe versteckt lag. Shannon fuhr den Lieferwagen daran vorbei und stellte ihn ab, während Marc sich überzeugte, daß der Hof tatsächlich verlassen war. „Das Haus ist vorn und hinten zugeschlossen", sagte er. „Nichts festzustellen, ob jemand da war. Ich habe auch in den Scheunen und Ställen nachgesehen. Niemand da."

Shannon sah auf die Uhr. „Geh zurück, und beobachte aus der Deckung. Ich halte von hier den Vordereingang im Auge."

Als Marc fort war, befestigte Shannon zwei falsche Kennzeichen über den echten Nummernschildern des Wagens. Wenn sie weit genug weg waren, würden sie die wieder abmontieren. Im Laderaum befanden sich sechs Sack Kartoffeln, die Shannon von Vlaminck hatte mitbringen lassen. Zufrieden bezog Shannon wieder Posten.

Der Wagen, auf den er wartete, kam fünf vor acht. Als das Fahrzeug zum Bauernhof einbog, konnte Shannon neben dem Fahrer einen plumpen Umriß ausmachen, der nur Monsieur Boucher sein konnte. Der Wagen kam den Weg entlang und verschwand hinter den Bäumen.

Shannon gab Boucher drei Minuten, dann folgte er. Er parkte seinen eigenen Wagen mit der Schnauze drei Meter hinter dem Heck des anderen und stieg aus. Das Standlicht ließ er brennen.

„Monsieur Boucher?" rief er und hielt sich dabei im Schatten.

„Monsieur Brown", hörte er Boucher schnaufen, und kurz darauf erschien der Dicke im Blickfeld, begleitet von einem großen, kräftigen, aber langsam wirkenden Burschen.

„Haben Sie das Geld?" fragte Boucher und kam näher.

„Im Wagen. Haben Sie die MPis?"

Bouchers fette Hand wies auf seinen Transporter. „Hinten drin."

„Dann schlage ich vor, wir legen beide unsere Waren zwischen den Fahrzeuge auf den Boden", sagte Shannon. Boucher sagte etwas auf flämisch zu seinem Gehilfen, der daraufhin ans Heck des Wagens trat. Shannon spannte alle Muskeln. Wenn es irgendwelche Überraschungen gab, dann jetzt, sobald die Türen aufgingen. Aber es gab keine. Im matten Licht der Scheinwerfer seines Wagens sah er zehn flache Kisten und einen offenen Karton.

Shannon pfiff, und Klein-Marc tauchte hinter der Scheune auf.

„Dann zur Übergabe", sagte Shannon. Er holte einen dicken Umschlag aus dem Fahrerhaus. „Zehn Packen. Jeder mit fünfzig Zwanzigdollarnoten."

Er blieb dicht neben Boucher stehen, während der Dicke die Geldbündel prüfte und mit einer für solch plumpe Finger erstaunlichen Schnelligkeit nachzählte. Dann prüfte Boucher noch, ob die Scheine echt waren. „Alles in Ordnung", sagte er schließlich, und sein Gehilfe trat von der Wagentür zurück.

Shannon nickte Marc zu, der hinging und die erste Kiste herunterhob. Er stemmte den Deckel ab und zählte die zehn MPis. Eine nahm er heraus und prüfte ihre Funktion. Er brauchte zwanzig Minuten für alle zehn Kisten. Zuletzt schaute er in den offenen Karton. Er enthielt fünfhundert Magazine. Er nahm eines heraus und probierte, ob es in die Schmeisser-MPis paßte.

„Alles in Ordnung", sagte dann auch er.

„Würden Sie Ihren Freund bitten, beim Aufladen zu helfen?" wandte Shannon sich an Boucher. Fünf Minuten später waren die Kartoffeln von Marcs Wagen abgeladen und die zehn flachen Kisten und der Karton auf die Ladefläche geschoben, und Marc hob die untere Heckklappe hoch.

Dann nahm er ein Messer, schlitzte den ersten Sack auf und leerte die Kartoffeln in den beladenen Wagen. Lachend kam der zweite Belgier ihm zu Hilfe, und bald war die eigentliche Fracht spurlos zugedeckt. Falls jemand nachschaute, würde er nichts als ein Meer loser Kartoffeln sehen. „Wenn es Ihnen nichts ausmacht, fahren wir zuerst", sagte Shannon zu Boucher.

Erst nachdem Marc den Wagen gewendet hatte, wich er von Bouchers Seite und sprang auf. Nach etwa der Hälfte des Feldweges kam ein Schlagloch, wo Marc langsam fahren mußte. Shannon raunte ihm etwas zu, sprang vom Wagen und versteckte sich im Gebüsch.

Zwei Minuten später kam Bouchers Wagen. Auch er wurde langsamer und blieb fast stehen, um durch das Schlagloch zu kommen.

Als er vorbeifuhr, huschte Shannon aus dem Gebüsch und stieß sein Messer in den rechten Hinterreifen. Er hörte die Luft herauszischen; und schon war er wieder im Gebüsch. Klein-Marc traf er auf der Landstraße wieder, wo der Belgier soeben die falschen Nummernschilder abmontiert hatte. Shannon hatte nichts gegen Boucher. Er wollte nur einen Vorsprung haben.

Um halb elf waren beide wieder in Ostende; der Wagen mit den Frühkartoffeln wanderte in die Garage. Dann prosteten sie sich in Marcs Bar mit schäumenden Bierkrügen zu.

Am Morgen kam Marc ins Hotel, um Shannon abzuholen. Beim Frühstück erklärte ihm Shannon, sie müßten die Maschinenpistolen über die Grenze von Belgien nach Frankreich schmuggeln und in einem südfranzösischen Hafen auf ein Schiff laden. Eine halbe Stunde erklärte er Vlaminck, was er mit den Waffen tun solle.

„Gut", sagte der Belgier. „Ich kann morgens in der Garage daran arbeiten, bevor die Bar aufmacht. Wann bringen wir die Waffen nach Süden?"

„Um den fünfzehnten Mai herum", sagte Shannon. „Wir benutzen die Champagnerroute."

Am frühen Abend war Shannon wieder in London.

Am Freitag kam mit der Morgenpost ein Stapel Prospekte von Langarotti. Drei europäische Firmen bauten Schlauchboote, wie er sie haben wollte. Ein italienisches Fabrikat schien für Shannons Zwecke das geeignetste zu sein. Von dem fünfeinhalb Meter langen Modell waren zwei Stück sofort lieferbar – eines in einem Marseiller Geschäft, eines in Cannes. Eine französische Firma verkaufte ein vier Meter achtzig langes Boot, von denen eines in Nizza vorrätig war.

Shannon schrieb an Langarotti, er solle diese drei Boote kaufen und drei Außenbordmotoren dazu, aber bei verschiedenen Händlern. Er teilte dem Korsen mit, daß er ihm viertausendfünfhundert Pfund auf sein Konto überweisen werde. Davon solle er die Boote bezahlen und von dem Rest einen gebrauchten, aber noch fahrbaren Lieferwagen kaufen, damit er die Boote und Motoren persönlich abholen und zum Zollspeicher der Schiffsagentur in Toulon bringen könne, wo sie auf den Export warten sollten. Die ganze Sendung müsse bis zum fünfzehnten Mai verladebereit sein. Am Morgen dieses Tages solle Langarotti sich mit Shannon in Paris treffen. Den Lieferwagen solle er mitbringen.

Cat Shannon warf diesen Brief zusammen mit einem zweiten an die Kredietbank von Brügge in den Briefkasten und legte sich schla-

fen. Er fühlte sich ausgepumpt und müde, obwohl alles nach Plan lief, bis auf das Schiff. Semmler war noch auf der Suche.

Das Telephon klingelte, und Shannon wälzte sich vom Bett, um den Hörer abzunehmen.

Es war Julie. Er wünschte, es wäre Semmler gewesen.

„Bist du dieses Wochenende in der Stadt?" fragte sie.

„Ja. Müßte ich wohl."

„Fein", sagte das Mädchen. „Dann sind wir fleißig, ja?"

Es mußte die Müdigkeit sein. Jedenfalls war er schwer von Begriff. „Wieso fleißig?" fragte er. Da begann sie ihm die Einzelheiten auszumalen, bis er sie unterbrach und meinte, sie solle kommen und zeigen, was sie könne.

In der Aufregung, ihren Geliebten wiederzusehen, hätte Julie beinahe die Neuigkeiten vergessen, die sie für ihn hatte. Erst gegen Mitternacht fiel es ihr wieder ein. „Übrigens, ich habe neulich deinen Namen gelesen. In einem Ordner auf Daddys Schreibtisch."

Falls es ihre Absicht gewesen war, ihn zu überraschen, war es ihr gelungen. Shannon fuhr hoch und packte sie hart an beiden Armen. Sein bohrender Blick machte ihr angst. „Du tust mir weh", sagte sie, den Tränen nah.

„Was für ein Ordner auf dem Schreibtisch deines Vaters?"

„Ein Ordner eben", schniefte sie. „Ich wollte dir nur helfen."

Seine Miene wurde wieder weicher. „Erzähl", sagte er. „Aber alles."

Als sie fertig war, schlang sie ihm die Arme um den Hals. „Ich liebe dich, Mr. Cat. Ich hab's nur deswegen getan. War das falsch?"

Shannon dachte einen Moment nach. Sie wußte bereits zuviel, und es gab nur zwei Möglichkeiten, sich ihr Schweigen zu sichern. „Du liebst mich? Würdest du denn wollen, daß mir etwas Schlimmes zustößt, nur weil du irgend etwas sagst oder tust?"

Sie sah ihm tief und fest in die Augen. Das war ja wie in ihren Schulmädchenträumen. „Nie. Ich würde niemals etwas sagen. Egal, was man mit mir macht!"

Shannon mußte blinzeln. „Dir tut schon keiner was. Sag du nur deinem Vater nichts davon, daß du mich kennst und in seinen Papieren geschnüffelt hast. Sieh mal, er bezahlt mich dafür, daß ich ihm Informationen über ein Bergbauvorhaben in Afrika beschaffe. Wenn er merkt, daß wir uns kennen, schmeißt er mich raus. Dann müßte ich mir andere Arbeit suchen. Meilenweit weg von hier."

Das reichte. „Ich sage bestimmt nichts", versprach sie.

„Noch ein paar Fragen", sagte Shannon. „Du hast das Blatt mit den Rohstoffpreisen gesehen. Wie hieß die Überschrift?"

„Wie heißt noch dieses Zeug, das man bei teuren Füllfederhaltern verwendet ... Platin? Könnte es das sein?"

„Platin –" Shannon machte ein nachdenkliches Gesicht. „Und was stand außen auf dem Hefter? Weißt du das noch?"

„O ja, das weiß ich noch", meinte sie fröhlich. „Es klang wie eine Märchenüberschrift. ,Der Kristallberg.'"

Shannon seufzte. „Mach uns mal einen Kaffee, sei so lieb."

Er saß mit dem Rücken ans Kopfende des Bettes gelehnt. „Du raffinierter Hund", flüsterte er. „Aber so billig wird das nicht, Sir James. So billig nicht." Dann lachte er in die Dunkelheit.

AM SAMSTAG schlenderte Benny Lambert nach Hause, nachdem er den Abend in seinem Stammlokal verbracht hatte. Er hatte von dem Geld, das er von Shannon bekommen hatte, Runde um Runde für seine Kumpane bezahlt. Er bemerkte den Wagen nicht, der ihm langsam folgte. Er schöpfte auch noch keinen Verdacht, als der Wagen gegenüber einem freien Grundstück neben ihm anhielt. Bevor ihm Bedenken kamen, war aus dem Wagen eine hünenhafte Gestalt gestiegen.

Seine Proteste verstummten, als der Mann ihm die Faust in die Magengrube stieß. Benny Lambert sackte zu Boden. Der Hüne zog eine armlange Eisenstange aus dem Gürtel. Die Stange krachte mit einem dumpfen Laut auf Lamberts Kniescheibe, die sofort zersplitterte. Lambert stieß einen schrillen Schrei aus, wie eine aufgespießte Ratte, dann fiel er in Ohnmacht. Von der zweiten Kniescheibe, die man ihm zerschlug, spürte er nichts mehr.

Zwanzig Minuten später rief Thomard seinen Auftraggeber an.

Roux hörte zu, dann sagte er: „Gut. Jetzt paß auf. Alain hat mich gerade verständigt, daß Shannons Hotel für den fünfzehnten ein Zimmer für Mr. Keith Brown reserviert hat. An diesem Tag beziehst du von mittags an in der Nähe des Hotels Posten. Kapiert? Du wartest, bis Shannon allein rauskommt", fuhr Roux fort. „Dann nimmst du ihn dir vor. Für fünftausend Dollar."

ALS Sonntag morgen das Telephon klingelte, lag Shannon noch ausgestreckt im Bett, während Julie Frühstück machte.

„Carlo?" Es war Semmlers Stimme. „Ich bin in Genua. Ich habe ein Schiff. Es taugt was, aber es interessiert sich noch jemand dafür.

Kann sein, daß wir den überbieten müssen. Kannst du mal herkommen und es dir ansehen?"

„Ich komme morgen. In welchem Hotel wohnst du?"

Shannon grinste, als er auflegte. Julie kam mit dem Kaffee herein. Wenn Kurt recht hatte, konnte er den Schiffskauf im Laufe der nächsten zwölf Tage perfekt machen.

ELFTES KAPITEL

DER Hafen von Genua lag im Schein der Nachmittagssonne, als Kurt Semmler mit Cat Shannon an den Kaimauern entlang zum Liegeplatz der *Toscana* ging. Das Schiff war verrostet, alt und vernachlässigt und hatte somit genau die Eigenschaft, die Shannon suchte – es war unauffällig. Die ganze Küstenschiffahrt ist die Domäne Tausender solcher kleiner Frachter.

An Bord begaben sie sich zu den Mannschaftsquartieren hinunter, wo sie von einem muskulösen Mittvierziger mit eckigem Gesicht begrüßt wurden. „Carl Waldenberg, Steuermann", stellte Semmler ihn vor. Waldenberg nickte eifrig und gab ihm die Hand. „Sie sind gekommen, um sich unsere alte *Toscana* anzusehen?" fragte er in akzentgefärbtem, aber gutem Englisch. Ohne auf die Rückkehr des italienischen Kapitäns zu warten, führte der Steuermann sie über die *Toscana*.

Shannon interessierte dreierlei: ob das Schiff Platz für zwölf Mann neben der Besatzung hatte, ob man ein paar Kisten in den Bilgen verstecken konnte und ob die Motoren zuverlässig waren. Der deutsche Seemann beantwortete höflich Shannons Fragen, dann bot er seinen Gästen Bier an, das sie unter einem Sonnensegel hinter der Brücke tranken. Jetzt begannen die eigentlichen Verhandlungen. Die beiden Deutschen rasselten in ihrer Muttersprache los, bis Waldenberg zuletzt einen scharfen Blick auf Shannon warf. „Möglich", sagte er dann auf englisch.

Semmler erklärte: „Waldenberg möchte wissen, warum ein Mann wie du, der offenbar nichts von der Seefahrt versteht, einen Frachter kaufen möchte."

Shannon nickte. „Eine berechtigte Frage. Ich möchte dich kurz allein sprechen, Kurt."

Die beiden gingen nach achtern und lehnten sich an die Reling. „Was hältst du von dem Burschen?" flüsterte Shannon.

„Er ist gut", sagte Semmler. „Der Kapitän, der zugleich Schiffseigner ist, möchte sich zur Ruhe setzen. Waldenberg hat sein Kapitänspatent und möchte gern selbst Kapitän werden. Er kennt das Schiff in- und auswendig, und er kennt das Meer. Ich glaub, wenn das Geld stimmt, würde er auch eine riskante Fracht übernehmen."

„Als erstes müssen wir das Schiff kaufen. Er kann sich dann immer noch entscheiden, ob er bleiben will oder nicht. Wenn er geht, finden wir schon einen anderen Kapitän."

„O nein. Wir müssen ihm auf jeden Fall so viel sagen, daß er von Anfang an ungefähr weiß, worum es geht. Wenn er dann kneift, ist es aus mit der Geheimhaltung."

„Wenn er weiß, was gespielt wird, und dann kneift, gibt's nur einen Weg", sagte Shannon und zeigte dabei ins Wasser.

„Aber es ist noch etwas, Cat. Der Kapitän vertraut ihm. Wenn er auf unserer Seite ist, kann er den Kapitän überreden, uns die *Toscana* zu überlassen."

Das ließ Shannon gelten. Er beschloß, sich Waldenberg wenn möglich zum Verbündeten zu machen. Dann gingen sie unter das Sonnensegel zurück.

„Ich will Ihnen reinen Wein einschenken, Mister", sagte er zu dem Deutschen. „Wenn ich die *Toscana* kaufe, will ich keine Erdnüsse damit transportieren. Ich brauche einen guten Skipper, und Kurt sagt, Sie wären gut. Wenn ich das Schiff kriege, biete ich Ihnen den Posten des Kapitäns an. Ihr Gehalt wäre doppelt so hoch wie Ihr jetziges und für sechs Monate garantiert. Dazu kommt eine Prämie von fünftausend Dollar für die erste Fracht."

Waldenberg grinste. „Mister, Sie haben Ihren Kapitän."

„Schön", sagte Shannon. „Aber zuerst das Schiff."

„Kein Problem", sagte Waldenberg. „Wir haben ein Angebot über fünfundzwanzigtausend Pfund. Wieviel wollen Sie denn anlegen?"

„Ich biete sechsundzwanzigtausend. Wird der Eigner das akzeptieren?"

„Mit mir als Kapitän gibt er Ihnen das Schiff dafür."

„Wann kann ich ihn sprechen?" fragte Shannon. „Morgen früh?"

„Gut. Morgen früh um zehn, hier an Bord."

Sie gaben sich die Hand, und die beiden Söldner gingen.

VLAMINCK war in der von ihm gemieteten Garage am Werk, während der Lieferwagen verschlossen draußen in der Gasse stand. An einer Garagenwand standen fünf große, grüne Ölfässer. Daß sie ein-

mal Schmieröl enthalten hatten war deutlich ihrer Aufschrift zu entnehmen. Von dem ersten Faß in der Reihe hatte Marc schon eine Scheibe aus dem Boden geschnitten, und das Faß stand, mit der Öffnung nach oben, auf dem Kopf.

Marc hatte zwei Kisten mit Maschinenpistolen vom Wagen geholt, und bald würden die zwanzig Waffen in ihrem neuen Versteck verschwinden können. Jede von ihnen war mit den fünf dazugehörigen Magazinen dick in Klebeband eingewickelt. Dann hatte Marc sie in einen kräftigen Kunststoffsack gesteckt, diesen luftleer gesaugt, mit Schnur fest zugebunden und in einem zweiten Sack verschnürt. Nach seinem Dafürhalten mußten die Waffen so trocken bleiben. Jetzt band er die zwanzig Pakete mit einem starken Gurt zu einem Bündel zusammen, das er in die Tonne schob.

Seine nächste Arbeit bestand darin, die Tonne wieder zu verschließen. Er brauchte eine halbe Stunde, um das neue Blech einzupassen und festzulöten. Nachdem die Lötnaht abgekühlt war, übersprühte er die Stelle mit der Originalfarbe der Fässer. Dann drehte er, als das Grün getrocknet war, das Faß wieder um, schraubte den Verschluß ab und ließ es voll Schmieröl laufen.

Die dicke, smaragdgrüne Flüssigkeit füllte die Lufträume zwischen der Faßwand und den Maschinenpistolen. Als das Faß randvoll war, leuchtete Marc mit einer kleinen Stablampe die Oberfläche der glänzenden, grünen Flüssigkeit ab. Von dem, was auf dem Grunde des Fasses lag, war nichts zu sehen. Zufrieden stellte Marc fest, daß er die Fässer bis zum fünfzehnten Mai fertig haben würde.

DR. IWANOW war außer sich, und das nicht zum erstenmal.

„Diese Bürokratie!" schnauzte er seine Frau über den Frühstückstisch an. „Die schiere, unfähige, unberechenbare Bürokratie in diesem Lande ist unglaublich!"

„Du hast sicher recht", meinte seine Frau beschwichtigend.

„Wenn die Kapitalisten wüßten, wie lange man in diesem Land braucht, um ein paar Schrauben und Muttern zu kriegen, sie würden sich totlachen."

Es war Wochen her, seit der Direktor ihm eröffnet hatte, er werde eine Forschungsexpedition nach Westafrika führen und die Vorbereitungen selbst treffen müssen. Das bedeutete, ein Projekt liegenlassen, das ihn ungeheuer interessierte, aber er hatte es getan. Seine Mannschaft stand bereit, die Ausrüstung bis hin zur letzten Wasserreinigungstablette war reisefertig verpackt. Iwanow hatte geglaubt, mit

etwas Glück die Sache bald hinter sich zu bringen und mit den Proben wieder zurück zu sein, bevor der kurze sibirische Sommer vorüber war. Der Brief in seiner Hand belehrte ihn eines Besseren. Er war vom Direktor persönlich und enthielt die Mitteilung, daß das Außenministerium angesichts der vertraulichen Natur dieser Forschungsexpedition entschieden habe, der Trupp solle besser mit einem sowjetischen Frachter reisen, der an die afrikanische Westküste und dann in den Fernen Osten fahre. Nach getaner Arbeit sollten sie Botschafter Dobrovolsky verständigen, und ein heimwärtsgehender Frachter werde sie dann an Bord nehmen.

„Den ganzen Sommer!" schrie Iwanow. „Den ganzen herrlichen Sommer werde ich verpassen. Und da unten ist gerade Regenzeit!"

CAT SHANNON und Kurt Semmler trafen Kapitän Alessandro Spinetti, einen verschrumpelten Alten, am nächsten Morgen auf dem Schiff. Waldenberg dolmetschte, und Spinetti erklärte sich mit dem Geschäft so einverstanden, wie Shannon es dem Steuermann am Abend zuvor erklärt hatte. Die übrige Mannschaft, ein Maschinist und ein Matrose, sollten noch ein halbes Jahr bleiben oder mit einer Abfindung von Bord gehen können. Shannon hatte insgeheim schon beschlossen, den Matrosen zum Abmustern zu bewegen; er wollte aber mit allen Mitteln versuchen, den Maschinisten, einen mürrischen Sibirier, zu halten, von dem Waldenberg gesagt hatte, er verstehe aus den Motoren das Letzte herauszuholen.

Aus steuerlichen Gründen hatte der Kapitän schon vor langer Zeit eine kleine Privatfirma gegründet, die Spinetti-Marittimo-Schiffahrtsgesellschaft. Von den hundert Anteilen der Firma gehörten ihm neunundneunzig. Der hundertste gehörte einem gewissen Signore Ponti, seinem Anwalt. Der Verkauf der *Toscana,* die das einzige Firmenvermögen darstellte, war deshalb an den Verkauf des Unternehmens geknüpft, was Shannon nur recht war. Schon weniger paßte es ihm, daß es tagelanger Besprechungen mit Ponti bedurfte. Es war nach Shannons Hunderttagekalender der einunddreißigste Tag, als Ponti endlich den Vertrag aufsetzte.

Inzwischen gab Shannon von seinem Hotel aus eine Reihe von Briefen auf. Er teilte Johann Schlinker mit, das Schiff, das die Munition in Spanien an Bord nehmen werde, heiße *Toscana* und gehöre der Spinetti Marittimo in Genua. Er brauche jetzt den Namen des Hafens, an den die Munition geliefert werde, damit der Kapitän die Frachtliste entsprechend aufsetzen könne. Ein ähnlicher Brief ging an

Alan Baker, damit er den jugoslawischen Behörden die nötigen Angaben für die Ausfuhrgenehmigung machen konnte.

Als nächstes schrieb er an Herrn Stein und bat ihn, für den 14. Mai eine Vorstandssitzung der Tyrone Holdings zu arrangieren. Tagesordnungspunkt: Ankauf der Spinetti-Marittimo-Schiffahrtsgesellschaft für sechsundzwanzigtausend Pfund und die Ausgabe weiterer sechsundzwanzigtausend Inhaberaktien an Mr. Keith Brown.

Dann jagte er noch schnell ein paar Zeilen an Vlaminck los, daß die Abholung der Waren aus Ostende sich bis zum 20. Mai verzögere; desgleichen teilte er Langarotti mit, daß sie ihr Treffen in Paris auf den 19. Mai verschieben müßten; dann schrieb er noch an Dupree, er solle nach Marseille fliegen.

Zuletzt schrieb er an Simon Endean, er solle bis zum 13. des Monats sechsundzwanzigtausend Pfund auf sein Konto überweisen.

JANNI DUPREE war mit dem Leben zufrieden. Vier umfangreiche Sendungen mit Bekleidung und Ausrüstung waren auf dem Weg nach Toulon, und er hatte von Shannon einen Brief mit der Aufforderung erhalten, nach Marseille zu fliegen, in einem bestimmten Hotel abzusteigen und zu warten, bis man mit ihm Verbindung aufnehmen würde. Es war so schön, daß sich wieder mal was tat.

Am Abend des 13. Mai fuhr Langarotti mit seinem Lieferwagen nach Toulon. Auch er war mit dem Leben zufrieden. Er hatte die letzten beiden Außenbordmotoren im Wagen, beide mit Unterwasserauspuff. Im Lagerhaus gab er sie ab. Dort lagen bereits drei schwarze Schlauchboote und der dritte Motor; außerdem vier große Kisten von Dupree.

Schade, daß eine zufällige Begegnung mit einem alten Bekannten aus der Unterwelt ihn gezwungen hatte, schnell aus seinem Hotel zu verschwinden. Er hätte Shannon seine neue Adresse mitgeteilt, wenn er gewußt hätte, wo Cat sich gerade aufhielt. Aber übermorgen, am 15. Mai, würden sie sich ohnehin in Paris treffen.

NACH der Sitzung am 14. Mai in Luxemburg war die Tyrone Holdings rechtmäßige Eigentümerin der Spinetti Marittimo. Ponti schickte die hundert Anteilsurkunden per Einschreiben an das Büro der Tyrone Holdings. Der italienische Anwalt nahm auch ein Paket von Shannon entgegen und schloß es in seinem Tresor ein. Ponti wußte nicht, daß in dem Paket die sechsundzwanzigtausendneunhundertvierundneunzig Inhaberaktien der Tyrone Holdings waren.

DASS Jean-Baptiste Langarotti noch am Leben war, verdankte er, zumindest teilweise, seiner Fähigkeit, Gefahr zu wittern. Am fünfzehnten saß er zur vereinbarten Stunde in der Halle von Shannons Hotel in Paris. Nach zwei Stunden erkundigte er sich am Empfang und erfuhr, ein Mr. Brown aus London wohne nicht im Hotel. Da er annahm, Shannon habe sich verspätet, beschloß der Korse, am nächsten Tag wiederzukommen. Am sechzehnten war immer noch kein Shannon da, aber dafür etwas anderes. Zweimal sah sich jemand vom Hotelpersonal in der Halle um, jedesmal derselbe, und verschwand wieder. Nach zwei Stunden verließ der Korse dann das Hotel.

Als er die Straße hinunterging, sah er einen Mann in einem Toreingang stehen, der ein merkwürdiges Interesse an einem Schaufenster zeigte. In dem Schaufenster lagen nur Miederwaren.

Langarotti nutzte die nächsten vierundzwanzig Stunden dazu, sich ein wenig in den Pariser Bars umzuhören, wo sich Söldner zu treffen pflegten. Jeden Morgen ging er ins Hotel, und am neunzehnten schließlich war Shannon da. Er erzählte Langarotti beim Kaffee in der Halle, daß er ein Schiff gekauft habe.

„Keine Schwierigkeiten?" fragte Langarotti. Shannon schüttelte den Kopf.

„Aber hier in Paris gibt's welche." Der kleine Korse hatte die Hände untätig im Schoß liegen. Er konnte ja hier in aller Öffentlichkeit sein Messer nicht wetzen. Shannon stellte seine Kaffeetasse hin. Wenn Langarotti von Schwierigkeiten sprach, mußte es schon stinken.

„Welcher Art?" fragte er leise.

„Man hat ein Kopfgeld auf dich ausgesetzt. Ziemlich hoch. Fünftausend Dollar."

Die beiden Männer saßen schweigend da, während Shannon sich die Neuigkeit durch den Kopf gehen ließ.

„Weißt du, wer es ausgesetzt hat?" fragte er endlich.

„Nein. Es heißt, ein Killer, der sich auf dich ansetzen läßt, muß sehr gut oder sehr dumm sein. Aber jemand hat den Auftrag angenommen."

Shannon fluchte leise. War von ihrem Unternehmen etwas durchgesickert? Konnte Manson selbst der Auftraggeber sein, wegen Julie? Soweit er sich erinnerte, hatte er weder der Mafia noch dem KGB, noch sonst jemandem etwas getan. Es mußte jemand sein, der ihn privat haßte. Aber wer denn nur um Gottes willen?

„Ist denen bekannt, daß ich in Paris bin?"

„Ich glaube, ja. Und auch in diesem Hotel. Ich war vor vier Tagen schon hier."

„Hast du meinen Brief nicht bekommen, daß wir unser Treffen auf heute verschieben mußten?"

„Nein. Vor einer Woche habe ich aus meinem Hotel in Marseille ausziehen müssen."

„So? Weiter."

„Als ich das zweite Mal herkam, wurde das Hotel überwacht. Das wird es auch jetzt noch. Ich habe nach Keith Brown gefragt. Das Leck dürfte also irgendwo im Hotel sein. Jemand kennt den Namen Keith Brown."

Shannon dachte rasch nach. Er würde sich mit dem Mann, der das Kopfgeld ausgesetzt hatte, gern einmal unterhalten. Und der einzige, der ihm diesen Namen nennen konnte, war der, der den Auftrag angenommen hatte. Er teilte diese Überlegung dem Korsen mit. Der

nickte ernst. „So ist es, *mon ami.* Wir müssen dem Killer eine Falle stellen."

Im Laufe des Tages parkte Langarotti seinen Wagen an einer vorherbestimmten Stelle. Nachmittags fragte Shannon den Portier, ob ein bestimmtes Restaurant, das Langarotti ihm beschrieben hatte, zu Fuß zu erreichen sei.

„Gewiß, Monsieur. In fünfzehn bis zwanzig Minuten."

Shannon dankte und benutzte das Telephon am Empfang, um für zehn Uhr abends einen Tisch auf den Namen Brown zu bestellen.

Punkt zwanzig vor zehn verließ er das Ho-

tel und schlug die Richtung zu dem Restaurant ein. Er wählte nicht den direkten Weg, sondern machte einen Umweg, der ihn durch ein paar kleine, nur schwach beleuchtete Gäßchen führte. Er bummelte und trödelte so lange herum, bis der Zeitpunkt seiner Tischreservierung längst vorbei war. Manchmal glaubte er in der Stille das leise Tappen weicher Schuhe hinter sich zu hören. Wer das auch war, Langarotti war es nicht. Der Korse konnte sich bewegen, ohne auch nur den Staub aufzuwirbeln.

Es war elf Uhr durch, als er in die bestimmte schmale Straße kam. Sie war völlig unbeleuchtet und am Ende von einem parkenden Lieferwagen blockiert, durch den sie zur Sackgasse wurde. Shannon ging auf das weit geöffnete Heck des Wagens zu, und als er es erreicht hatte, drehte er sich um. Es war eine Erleichterung, der Gefahr ins Auge zu sehen. Als er vorhin die Gasse entlanggegangen war, hatte er einen Schauer im Rücken gespürt. Wenn Langarottis und seine Menschenkenntnis ihn getäuscht hätte, könnte er jetzt mausetot sein. Aber sie hatte ihn nicht getrogen. Solange Shannon sich an menschenleere Straßen gehalten hatte, war der Mann auf Abstand geblieben und hatte auf eine Gelegenheit gehofft, wie sie sich ihm jetzt bot.

Shannon blieb stehen und sah dem großen Schatten entgegen, der plötzlich den trüben Lichtschimmer vom Eingang der Gasse her verdunkelte. Shannon wartete und hoffte, daß er kein Geräusch machen würde. Der Schatten kam leise auf ihn zu. Shannon erkannte jetzt den rechten Arm, der mit etwas in Shannons Richtung deutete. Der Mann blieb stehen und hob die Pistole. Er zielte. Dann sank der Arm langsam wieder herunter. Es sah fast aus, als habe der Mann es sich anders überlegt. Den Blick starr auf Shannon gerichtet, ließ er sich langsam auf alle viere nieder. Seine fünfundvierziger Pistole fiel klappernd aufs Pflaster. Ein leises Tropfen war zu hören, dann gaben die Arme des Mannes nach, und er sackte vornüber in die Pfütze aus seinem eigenen Blut.

Shannon zischte, und Langarotti kam angelaufen. „Ich hab schon gedacht, du wartest zu lange", knurrte Shannon.

„*Non*. Nie. Seit du aus dem Hotel heraus bist, hätte er nicht ein einziges Mal abdrücken können."

Die Ladefläche des Wagens war schon vorsorglich mit einer Zeltplane und einer Plastikhülle ausgelegt. Weiter vorn lagen Schnüre und Ziegelsteine. Die beiden Männer wuchteten die Leiche hinauf, Langarotti nahm sein Messer wieder an sich, und Shannon schloß die Tür. „Kennst du ihn?" fragte Shannon, als der Wagen anfuhr.

„Ja. Raymond Thomard. Ein Berufskiller, aber nicht gut genug für große Sachen. Er arbeitet für Charles Roux."

Shannon stieß einen leisen, wütenden Fluch aus. Endean hatte also auch mit Roux gesprochen. Man mußte Roux einen Denkzettel verpassen, und zwar so, daß er für immer die Finger von der Zangaro-Geschichte lassen würde. Er sagte hastig etwas zu Langarotti. Der Korse nickte. „Das gefällt mir. Damit dürfte er genug haben."

CHARLES ROUX war am nächsten Morgen müde. Seit Thomard ihn angerufen und ihm gesagt hatte, Shannon sei auf dem Weg zum Restaurant, hatte er auf Nachricht gewartet. Bis Mitternacht war nichts gekommen. Auch nicht bis Sonnenaufgang. Am Vormittag, als Shannon und Langarotti gerade die belgische Grenze passierten, ging Roux zum Briefkasten.

Der Briefkasten war gut dreißig Zentimeter hoch, über zwanzig breit und tief und hing mit denen der anderen Hausbewohner an der Wand. Roux steckte den Schlüssel ins Loch und öffnete; dann stand er etwa zehn Sekunden reglos da. Sein rötliches Gesicht wurde grau wie Kalk, sein Magen drehte sich um. Aus dem Kasten starrte ihm mit einem Ausdruck schläfriger Traurigkeit, die Augen halb geschlossen und den Mund fest zusammengepreßt, Raymond Thomards Kopf entgegen.

Roux schloß den Briefkasten, ging in seine Wohnung zurück und suchte die Schnapsflasche. Er brauchte recht viel.

Alan Baker trat rundum zufrieden aus dem staatlichen jugoslawischen Waffenamt in Belgrad. Nachdem er Shannons Anzahlung in Höhe von siebentausendzweihundert Dollar und das togolesische Endverbraucherzertifikat erhalten hatte, war er hier zu einem lizenzierten Waffenhändler gegangen, den er schon kannte. Der Mann hatte sein Argument akzeptiert, daß der kleine Auftrag einen größeren nach sich ziehen könne. Aus dem staatlichen Waffenlager hatten sie dann zwei Granatwerfer, zwei Panzerfäuste und die Munition dafür geholt. Die Kisten würden eine Exportgenehmigung erhalten und von einem Armeelastwagen zum Zollspeicher im Hafen von Ploče nordwestlich von Dubrovnik gebracht werden. Niemand hatte das Zertifikat von Togo angezweifelt. Baker winkte ein Gewinn von viertausend Dollar.

Die *Toscana* sollte die Sendung irgendwann nach dem zehnten Juni in Ploče an Bord nehmen. Leichten Herzens flog Baker nach Hamburg.

Johann Schlinker war an diesem Morgen, dem 20. Mai, mit einem Endverbraucherzertifikat, das er für tausend Pfund von einem korrupten Diplomaten der irakischen Botschaft in London gekauft hatte, in Madrid. Die spanischen Formalitäten waren komplizierter, als Baker sie in Belgrad zu bewältigen hatte. Es waren zwei Genehmigungen erforderlich, eine zum Kauf der Munition, die andere zum Export. Der Kaufantrag war von den drei zuständigen Behörden in Madrid, nämlich dem Finanz-, Außen- und Verteidigungsministerium, gründlich durchleuchtet worden. Es hatte achtzehn Tage gedauert, bis der Antrag genehmigt war. Dann wurden die Kisten mit der Munition von der CETME-Fabrik abgeholt und in ein Armeelager außerhalb Madrids gebracht.

Schlinker war nach Madrid gekommen, um den Exportantrag persönlich zu stellen. Bei seiner Ankunft war er im Besitz aller notwendigen Angaben über die *Toscana* gewesen und hatte das siebenseitige Antragsformular ausgefüllt. Er rechnete nicht mit Schwierigkeiten. Die *Toscana* war ein „sauberes" Schiff. Sie würde vom sechzehnten bis zwanzigsten Juni in Valencia liegen, die Ladung an Bord nehmen und sie laut Exportantrag nach Latakia in Syrien bringen, von wo die Iraker sie auf dem Landweg nach Bagdad weiterbefördern sollten. Mehr als zwei Wochen dürfte die Exportgenehmigung nicht auf sich warten lassen, und dann würde ein Transportbefehl erteilt werden, wonach die Kisten aus dem Armeelager zum Hafen von Valencia überführt und dabei von einem Offizier und zehn Mann eskortiert werden sollten. Schlinker flog mit der Überzeugung nach Hamburg zurück, daß die Kisten pünktlich zur Ankunft der *Toscana* in Valencia sein würden.

IN DER kleinen südbelgischen Stadt Dinant wurden Shannon und Langarotti kurz nach Einbruch der Dunkelheit von Marc Vlaminck aus dem Schlaf gerissen. Alle drei lagen ausgestreckt auf der Pritsche des französischen Lieferwagens. „Zeit zum Aufbruch", sagte der Belgier.

„Hast du nicht gesagt, kurz vor Sonnenaufgang?" brummte Shannon.

„Dann müssen wir über die Grenze", sagte Marc. „Aber die Wagen sollten wir schon mal aus der Stadt schaffen, bevor sie zu sehr auffallen. Wir können die Nacht über irgendwo an der Straße parken."

Es ist nicht weiter schwierig, eine illegale Fracht in der einen oder anderen Richtung über die belgisch-französische Grenze zu bringen.

Die Grenze ist lang und wird von einer Unzahl kleiner Sträßchen und Waldwege gekreuzt, die keinesfalls alle bewacht sind. Beide Regierungen bemühen sich aber, so etwas wie eine Kontrolle auszuüben, und setzen bewegliche Zollstreifen ein, die sich irgendeine Straße herausgreifen und dort eine Grenzkontrolle einrichten. Wenn so eine Streife von der einen oder anderen Seite einen Tag an einem der unbemannten Grenzübergänge sitzt, wird jedes durchfahrende Fahrzeug kontrolliert. Aber die Leute, die französischen Champagner schmuggeln, sehen nicht ein, wieso dieses fröhlich machende Getränk die Aufwartung der ganz und gar humorlosen belgischen Zollbehörde erhalten soll. Sie haben darum ein System entwickelt, wie man mit Sicherheit einen unbewachten Grenzübergang findet.

Marc Vlaminck als Barbesitzer kannte sich da aus. Man nennt es die Champagnerroute, und man braucht dazu zwei Fahrzeuge. Kurz vor Morgengrauen breitete Marc seine Straßenkarten aus und weihte Shannon und Langarotti in das Verfahren ein. Sie beide sollten mit ihrem leeren Wagen an der von Marc bezeichneten Stelle die Grenze passieren. Marc dagegen würde mit seiner Ladung ein bis zwei Kilometer vor der Grenze genau zwanzig Minuten warten. Wenn auf belgischer oder französischer Seite eine Grenzstreife am Werk war, würde Langarotti halten und den Wagen durchsuchen lassen und dann, da sie ja nichts bei sich hatten, in südlicher Richtung bis zur Hauptstraße weiterfahren. Dort würden sie umkehren und über einen der regulären Grenzübergänge nach Belgien zurückkehren. Dann konnten sie unmöglich in zwanzig Minuten zurück sein. Der Fahrer des beladenen Fahrzeugs – in diesem Falle Marc – ist gewarnt und kehrt nach Dinant zurück, um es an einem anderen Tag noch einmal zu versuchen.

„Die Grenze ist da vorn", zeigte Marc. „Wenn ihr nach zwanzig Minuten nicht zurück seid, treffen wir uns in Dinant im Café."

Langarotti nickte und ließ die Kupplung kommen. Nach anderthalb Kilometern sah Shannon weiter vorn eine kleine Bude. Sie war leer. Auch auf der französischen Seite war niemand. Die Söldner waren seit fünf Minuten unterwegs. Vorsichtshalber fuhren sie noch um ein paar Biegungen, aber nichts war zu sehen.

„Dreh um", befahl Shannon. „*Allez!*" Zeit war jetzt kostbar.

Langarotti schoß davon. Als Marcs Waffentransporter in Sicht kam, blendete Langarotti kurz auf. Eine Sekunde später raste Marc in Richtung Frankreich. In vier Minuten konnte er durch die Gefahrenzone sein. Sollte in diesen entscheidenden Minuten doch noch eine Zoll-

streife aufkreuzen, blieb nur zu hoffen, daß die Ölfässer einer gründlichen Überprüfung standhielten.

Niemand war da, auch bei dieser zweiten Fahrt nicht. Langarotti folgte Marc über Seitenwege, bis sie schließlich auf eine brauchbare Straße kamen, an der ein Wegweiser geradeaus nach Reims zeigte. Die Männer ließen einen Jubelruf ertönen.

Das Umladen besorgten sie auf dem Parkplatz eines Fernfahrerrasthauses südlich Soissons. Sie stellten die Wagen mit geöffneten Ladeklappen Heck an Heck. Der große Belgier wuchtete die fünf schweren Ölfässer in den französischen Wagen hinüber. Langarotti brauchte wohl jetzt nicht mehr mit Schwierigkeiten zu rechnen. Der Wagen war sein rechtmäßiges Eigentum. Um die Ladung würde sich niemand kümmern.

Marcs alten, langsamen Wagen fuhren sie kurz darauf in eine Kiesgrube und ließen ihn liegen, nachdem sie die Kennzeichen abmontiert und in einen Fluß geworfen hatten. Dann fuhren die drei Söldner zusammen weiter. Kurz hinter Paris setzten sie Shannon ab, weil er zum Flughafen Orly wollte. „Die *Toscana* müßte spätestens am ersten Juni einlaufen", sagte Shannon beim Abschied. „Bis dahin bin ich wieder bei euch. Viel Glück."

Als die Sonne unterging, war er wieder in seiner Wohnung in St. John's Wood. Von seinen hundert Tagen waren sechsundvierzig verbraucht.

Als Endean zwei Tage später vor der Tür stand, brauchte Shannon eine geschlagene Stunde, um ihm zu erklären, was seit ihrem letzten Zusammentreffen alles geschehen war.

„Ich muß in den nächsten fünf Tagen wieder nach Frankreich, um die erste Verladung auf der *Toscana* zu beaufsichtigen", sagte Shannon. „Alles daran ist legal, bis auf den Inhalt der Ölfässer. Sie müssen als Schiffsbedarf an Bord gehen. Die Menge ist etwas übertrieben, aber das dürfte kein Problem sein."

„Und wenn der Zoll in Toulon die Fässer kontrolliert?"

„Dann sind wir aufgeflogen", meinte Shannon nur. „Das Schiff wird beschlagnahmt, der Exporteur verhaftet. Das Unternehmen ist im Eimer."

„Ganz schön teuer", sagte Endean. „Sie hätten die Waffen völlig legal in Spanien kaufen können."

„Schon", räumte Shannon ein, „aber wenn ich Waffen und Munition zusammen eingekauft hätte, wäre das Ganze als Sonderaus-

rüstung für eine einzige Kompanie erschienen. Madrid hätte das vielleicht abgelehnt. Ich hätte auch die Waffen in Spanien und die Munition auf dem Schwarzmarkt kaufen können. Aber Munition zu schmuggeln ist riskanter. Ein Risiko bleibt. Und schließlich sind es meine Leute und ich, die den Kopf hinhalten, nicht Sie."

„Das gefällt mir trotzdem nicht", knurrte Endean.

„Was ist denn los?" höhnte Shannon. „Keine Nerven mehr?"

„Quatsch."

„Dann immer mit der Ruhe. Für Sie steht nichts weiter als ein bißchen Geld auf dem Spiel."

Endean war drauf und dran, Shannon zu sagen, wieviel für ihn und seinen Auftraggeber auf dem Spiel stand, aber er besann sich eines Besseren. Sie sprachen noch eine Stunde über Geld. Shannon erklärte, warum er jetzt den Rest des vereinbarten Budgets brauche. „Außerdem", sagte er, „möchte ich bis zum Wochenende die zweite Hälfte meines Honorars auf meinem Schweizer Konto haben und den Rest nach Brügge überwiesen bekommen."

„Wieso jetzt?" fragte Endean.

„Weil ab der nächsten Woche das Risiko besteht, daß wir geschnappt werden, und danach komme ich nicht mehr nach London. Während das Schiff nach Brindisi fährt, arrangiere ich die Verladung der jugoslawischen Waffen. Dann noch die spanische Munition in Valencia, und ab geht's zum Ziel unserer Reise. Falls ich dem Zeitplan voraus sein sollte, vertreiben wir uns die Zeit auf See. Wenn das Schiff die Waffen nämlich einmal an Bord hat, möchte ich, daß es sich sowenig wie möglich in Häfen aufhält."

Endean schluckte das Argument. Es klang vernünftig. Am nächsten Tag rief er an, um zu sagen, daß beide Überweisungen veranlaßt seien. Shannon buchte für den sechsundzwanzigsten Mai einen Flug nach Brüssel.

Diese und die nächste Nacht verbrachte er mit Julie, dann packte er seine Koffer, schickte den Wohnungsschlüssel per Post an den Vermieter und machte sich auf den Weg. Julie brachte ihn zum Flugplatz. „Wann kommst du wieder?" fragte sie, als sie beide vor dem Eingang zur Abflughalle standen.

„Ich komme nicht wieder", sagte er und gab ihr einen Kuß.

„Du kommst wieder. Du mußt!"

„Nein", sagte er ruhig. „Such dir einen andern, Julie."

Sie begann zu schluchzen. „Ich will keinen andern. Ich liebe dich. Du hast eine andere Frau, das muß es sein –"

„Es gibt keine andere Frau", sagte er und strich ihr übers Haar. Shannon wußte, daß er nie mehr eine andere Frau im Arm halten würde. Nur noch ein Gewehr mit der kühlen, tröstenden Zärtlichkeit bläulichen Stahls des Nachts an seiner Brust.

Während die Düsenmaschine in Richtung Brüssel flog, beschwerte sich ein Passagier bei der Stewardeß, weil jemand dauernd so eine eintönige Melodie vor sich hin pfiff.

Cat Shannon brauchte zwei Stunden, um in Brügge sein Konto aufzulösen. Er nahm die Hälfte des Geldes in Form zweier bestätigter Bankschecks, die andere Hälfte in Reiseschecks.

Am nächsten Morgen flog er nach Marseille und fuhr mit einem Taxi zu dem Hotel vor der Stadt, wo früher Langarotti unter dem Namen Lavallon abgestiegen war. Jetzt wartete dort Janni Dupree. Sie fuhren zusammen nach Toulon. Es war das Ende des zweiundfünfzigsten Tages, und der französische Seehafen schimmerte im Sonnenlicht.

TREFFPUNKT war der Platz vor der Schiffsagentur, und Shannon und Dupree begegneten pünktlich um neun Uhr früh Vlaminck und Langarotti. Die *Toscana* mit Semmler an Bord mußte inzwischen auf dem Weg sein. Langarotti rief die Hafenmeisterei an und vergewisserte sich, daß die *Toscana* für den kommenden Morgen erwartet werde und ihr Liegeplatz reserviert sei.

Da es an diesem Tag für die Söldner nichts weiter zu tun gab, schlugen sie die Zeit mit Schwimmen und Sonnenbaden tot. Nur Shannon konnte sich nicht entspannen. Wenn irgendein Beamter auf die Idee kam, einen tieferen Blick in die Ölfässer zu tun, würde jemand dafür in der großen, abschreckenden Gefängnisfestung Les Baumettes, an der Shannon zwischen Marseille und Toulon vorbeigekommen war, Monate oder Jahre abbrummen müssen. Das Warten war immer das schlimmste.

Pünktlich und still glitt die *Toscana* an ihren Liegeplatz. Shannon, der fünfzig Meter entfernt auf einem Poller saß, sah Semmler und Waldenberg auf dem Deck herumgehen. Von dem Maschinisten war nichts zu sehen, aber zwei andere Figuren waren an Deck, die das Schiff festmachten und die Taue aufrollten. Sicher die beiden Neuen, die Waldenberg angeheuert hatte.

Ein Renault fuhr an die Gangway heran, und ein rundlicher Franzose stieg aus. Er war von der Agence Maritime Duphot. Bald kam Waldenberg zu ihm, und die beiden gingen gemeinsam zum Zoll-

speicher. Nach einer Stunde kamen sie wieder heraus, und der Mann von der Spedition fuhr davon.

Shannon wartete noch dreißig Minuten, dann schlenderte er über den Landungssteg und ging an Bord der *Toscana*. Semmler winkte ihn in die Kajüte. „Bisher ist alles glatt gegangen", sagte er. „Ich habe die Motoren generalüberholen lassen und eine unnötig große Menge Decken und Schaumgummimatratzen gekauft. Niemand hat Fragen gestellt. Der Kapitän vermutet, daß wir Einwanderer nach England schmuggeln wollen."

„Wie steht's mit Schmieröl?"

„Waldenberg wollte in Genua welches bestellen, aber ich hab's verhindert und gesagt, wir bekämen das hier in Toulon."

„Gut", sagte Shannon. „Paß auf, daß er keins bestellt. Sag ihm, du hast das alles besorgt. Wenn dann der Wagen der Ölfirma kommt, wird er ihn schon erwarten. Am Steuer sitzt Langarotti. Paß auf, daß niemand mit diesen Fässern herumschmeißt, sonst stehen wir hier bis zu den Hüften in MPis."

„Wann kommen die Leute an Bord?"

„Heute nach Einbruch der Dunkelheit. Nur Marc und Janni. Jean-Baptiste hat noch etwas zu tun. Wann könnt ihr ablegen?"

„Jederzeit. Heute abend. Wo geht's denn übrigens hin?"

„Nach Brindisi. Kennst du das?"

„Klar. Was laden wir da auf?"

„Nichts. Ich bin dann in Deutschland. Warte auf mein Telegramm; darin teile ich dir euer nächstes Ziel und die Ankunftszeit mit. Laß dann von einem Agenten in dem betreffenden jugoslawischen Hafen einen Liegeplatz reservieren."

Semmler sagte: „Du weißt, daß wir Waldenberg sagen müssen, was wir in Jugoslawien laden. Die Schlauchboote und Motoren, die Funkgeräte und die Bekleidung akzeptiert er noch als ganz normal, aber Waffen sind doch etwas anderes."

„Ich weiß", sagte Shannon. „Es wird ein bißchen Geld kosten. Aber du, Marc, Janni und ich sind alle an Bord. Er wird schon mitmachen. Und dann können wir ihm auch sagen, was in den Ölfässern ist. Wie sind die beiden neuen Besatzungsmitglieder?"

„Italiener. Harte Burschen, aber gut. Ich glaube, sie werden beide wegen irgend etwas von der Polizei gesucht. Sie waren so froh, an Bord zu kommen."

Am Nachmittag kam der Agent mit zwei Lastwagen, die längsseits der *Toscana* hielten. Ein französischer Zöllner tauchte mit einer

Liste in der Hand aus dem Zollhäuschen auf und hakte nacheinander die Kisten ab, die an Bord gehievt wurden. Er sah nicht einmal hinein. Die Spedition war ihm gut bekannt. Als er seinen Stempel auf die Frachtliste setzte, erklärte Semmler dem Agenten, Waldenberg brauche noch Schmieröl. „Fünf Fässer", sagte er.

„Das ist aber viel", meinte der Agent.

Semmler lachte. „Diese alte Badewanne frißt das Zeug."

„Wann brauchen Sie es?" fragte der Agent.

„Wäre heute nachmittag fünf Uhr recht?" fragte Semmler.

„Sagen wir sechs", meinte der Agent und verabschiedete sich.

Um fünf ging Semmler zu einem Telephon im Hafen, rief die Agentur an und nahm die Bestellung zurück. Der Kapitän, sagte er, habe doch noch genug im Vorratsraum gefunden.

Um sechs kam ein Lastwagen den Kai entlang und hielt neben der *Toscana*. Am Steuer saß Jean-Baptiste Langarotti in leuchtendgrüner Uniform mit dem Namen einer Ölgesellschaft darauf. Er öffnete die Ladeklappe und ließ fünf große Fässer eine Planke hinunterrollen. Der Zollbeamte schaute aus seinem Häuschen.

Waldenberg fing seinen Blick und winkte. Er zeigte auf die Fässer und zurück zum Schiff. „In Ordnung?" rief er.

Der Beamte nickte und zog sich zurück. Waldenberg ließ die beiden Matrosen das Ladegeschirr unter die Fässer schieben und eins nach dem andern an Bord hieven. Alle fünf verschwanden im Laderaum der *Toscana*, und bald war die Luke wieder zu.

Langarotti war längst wieder mit seinem Wagen verschwunden. Shannon hatte den Ladevorgang aus einiger Entfernung mit angehaltenem Atem beobachtet. Als alles vorüber war, kam Semmler grinsend zu ihm. „Ich hab's dir ja gesagt. Kein Problem."

Shannon grinste erleichtert. „Mach jetzt, daß du zurückkommst, und bewach mir diese Ladung wie eine Glucke!"

Kurz nach Mitternacht gingen Janni Dupree und Marc Vlaminck in aller Stille an Bord. Um fünf glitt die *Toscana* unter den Blicken Shannons und Langarottis, die am Kai standen, wieder aufs Meer hinaus. Langarotti brachte Shannon zum Flugplatz, damit er die Vormittagsmaschine nach Hamburg erreichte. Beim Frühstück hatte Shannon dem Korsen seine letzten Instruktionen und das Geld für ihre Durchführung gegeben. „Am liebsten würde ich ja mit dir fliegen", meinte Jean-Baptiste.

„Ich weiß", sagte Shannon. „Aber ich brauche jemanden, auf den ich mich verlassen kann. Und du hast noch den Vorteil, daß du Fran-

zose bist. Janni mit seinem südafrikanischen Paß würde ja gar nicht ins Land gelassen. Marc brauche ich, um die Mannschaft einzuschüchtern, falls sie Ärger macht, und Semmler muß sich um Waldenberg kümmern. Es hängt jetzt also alles davon ab, daß du die Sache richtig machst, Jean-Baptiste. Alles kann in die Binsen gehen, wenn wir da unten ankommen und keine Verstärkung haben. Wir sehen uns in einem Monat."

ZWÖLFTES KAPITEL

„Sie können die Granatwerfer und Panzerfäuste jederzeit nach dem zehnten Juli abholen", sagte Alan Baker. „In einem kleinen Hafen namens Ploče, etwa in der Mitte zwischen Split und Dubrovnik."

„Wie klein ist der Hafen?" fragte Shannon.

„Ein halbes Dutzend Piers und zwei große Lagerhäuser. Sehr abgeschieden. Die ganze Zollkontrolle besteht wahrscheinlich nur aus einem Mann. Wenn er sein Präsent bekommt, ist es wahrscheinlich nur eine Sache von Stunden, bis alles an Bord ist."

„Schön. Also Ploče. Am elften Juni. Gibt's auf Ihrer Seite irgendwelche Probleme?"

Baker wurde ein bißchen verlegen. „Eines schon", meinte er. „Der Preis. Ich weiß, ich habe Ihnen einen Festpreis von vierzehntausendvierhundert Dollar genannt, aber nun habe ich einen jugoslawischen Partner nehmen müssen. Dem Namen nach zumindest. Es ist der Schwager des zuständigen Beamten im Handelsministerium. Die riechen eine Provision."

„Und?" fragte Shannon.

„Er will natürlich ein Honorar dafür haben, daß er den Papierkram in Belgrad durchs Amt schleust. Ich habe angenommen, es ist Ihnen etwas wert, wenn die Sachen rechtzeitig und ohne bürokratische Verzögerungen bereitliegen."

„Wieviel kostet das zusätzlich?"

„Tausend Pfund Sterling. In Dollars und bar. Kein Scheck."

Shannon ließ sich das durch den Kopf gehen. Vielleicht stimmte es, vielleicht auch nicht. Wenn es stimmte, würde Baker das aus eigener Tasche bezahlen müssen, falls er ablehnte. Das würde seine Gewinnspanne so schmälern, daß es ihm ab sofort egal sein konnte, ob das Geschäft klappte oder nicht.

„Also gut", sagte er. „Wer ist dieser Partner?"

„Ein Kerl namens Ziljak. Er ist jetzt unterwegs und bringt die Sendung nach Ploče in den Zollspeicher. Wenn dann das Schiff einläuft, schafft er sie durch den Zoll und an Bord."

„Na schön. Ich werde ihn in Dollars bezahlen. Aber Sie bekommen Ihr Geld in Schecks."

„Ist mir recht", sagte Baker. „Wann wollen Sie hinfahren?"

„Übermorgen", sagte Shannon. „Wir fliegen nach Dubrovnik und legen uns eine Woche in die Sonne. Ich kann ein bißchen Ruhe brauchen. Sie können mich dort auch am achten oder neunten treffen, aber keinen Tag später. Am zehnten fahren wir nach Ploče. In dieser Nacht lasse ich dann die *Toscana* einlaufen."

„Ich komme in einer Woche nach", sagte Baker.

„Wenn Sie nicht kommen", sagte Shannon, „hole ich Sie mir."

JOHANN SCHLINKER war ebenso zuversichtlich wie Baker, daß er sein Geschäft über die Bühne bringen würde. „Der Hafen ist wahrscheinlich Valencia, aber das steht noch nicht fest", sagte er zu Shannon. „Wie ich aus Madrid erfahre, muß die Sendung zwischen dem sechzehnten und zwanzigsten Juni verladen werden."

„Der zwanzigste wäre mir lieber", sagte Shannon. „Die *Toscana* müßte am neunzehnten abends einlaufen und am Morgen laden."

„Ich sag's meinem Partner in Madrid. Es dürfte wohl keine Schwierigkeiten geben."

„Es darf keine geben", knurrte Shannon. „Das Schiff ist schon einmal aufgehalten worden, und ich habe keine Zeit mehr."

Das stimmte zwar nicht, aber Schlinker sollte es ruhig glauben. „Ich selbst will auch in Valencia an Bord gehen."

„Das wird schwierig", sagte Schlinker. „Der Hafen ist hermetisch abgeriegelt. Sie müßten durch die Paßkontrolle."

„Kann der Kapitän nicht jemanden in Valencia anheuern?"

Schlinker dachte nach. „Wenn der Kapitän die Behörden verständigt, daß er im letzten Hafen einen Matrosen vom Schiff gelassen hat, damit er zum Begräbnis seiner Mutter nach Hause fliegen konnte, und daß dieser Matrose in Valencia wieder an Bord soll, wird es wohl keine Einwände geben. Aber Sie müßten sich als Handelsmatrose ausweisen können."

„In Ordnung. Das läßt sich machen."

Schlinker zog seinen Kalender zu Rate. „Ich bin am neunzehnten und zwanzigsten in anderen Geschäften in Madrid. Falls Sie sich mit mir in Verbindung setzen wollen, ich wohne im Hotel Mindanao.

Wenn am zwanzigsten geladen werden soll, wird die Sendung wahrscheinlich in der Nacht zum zwanzigsten von einer Militäreskorte an die Küste gebracht. Wenn Sie dort an Bord gehen, tun Sie das besser, bevor der Konvoi eintrifft."

„Ich könnte am neunzehnten in Madrid sein", sagte Shannon. „Ich würde mich dann zusammen mit Ihnen vergewissern, daß die Wagenkolonne rechtzeitig losfährt. Wenn ich schnell fahre, kann ich lange vor ihr in Valencia sein."

„Das liegt bei Ihnen", sagte Schlinker. „Ich lasse meinen Agenten für Abfertigung, Transport und Beladung sorgen. Das gehört zu meinen vertraglichen Pflichten. Ob Sie mit Ihrer eigenen Einschiffung ein Risiko eingehen, ist Ihre Sache. Ich kann Sie nur darauf hinweisen, daß ein Schiff, das Waffen transportiert, sehr genau kontrolliert wird. Es muß sechs Stunden nach der Beladung die spanischen Hoheitsgewässer verlassen. Und die Frachtliste muß völlig in Ordnung sein."

„Das ist sie. Also bis zum neunzehnten in Madrid."

Shannon schrieb an Semmler und adressierte den Brief an die Hafenmeisterei von Brindisi. Semmler sollte am zehnten Juni den jugoslawischen Hafen Ploče anlaufen und außerdem eine gültige und auf dem neuesten Stand befindliche Heuerkarte für einen Leichtmatrosen namens Keith Brown besorgen.

Im letzten Brief, den er von Hamburg aus schrieb, forderte er Simon Endean auf, sich am sechzehnten Juni mit ihm in Rom zu treffen und bestimmte Seekarten mitzubringen.

CAT SHANNON verbrachte eine Woche in Dubrovnik und benahm sich wie ein Tourist unter vielen. Als Alan Baker eintraf, sah Shannon erholt und sonnengebräunt aus, wenn auch dünner. Bei einer Erfrischung auf der Hotelterrasse tauschten sie Neuigkeiten aus. Sowohl die *Toscana* wie auch Bakers Partner Ziljak waren pünktlich. Die Kisten lagen bewacht im Lagerhaus von Ploče.

Am nächsten Morgen mieteten sie ein Taxi und fuhren damit nach Ploče. Gegen Mittag quartierten sie sich in einem Hotel ein und warteten, bis die Hafenmeisterei um vier wieder aufmachte. Als sie auf das Büro zugingen, hielt mit quietschenden Bremsen und laut hupend ein verbeulter Volkswagen neben ihnen. Shannon erstarrte. Sein Instinkt sagte Stunk. Aber dann warf er einen Blick auf Baker und sah, wie der erleichtert die Schultern sinken ließ.

„Ziljak", flüsterte Baker, dann ging er auf den Jugoslawen zu und begrüßte ihn. Ziljak, ein großer, zottelhaariger Kerl, umfaßte Baker

mit beiden Armen. Baker stellte ihn vor, und er reichte Shannon die Hand, wobei er etwas in einer Sprache murmelte, die Shannon für Serbokroatisch hielt. Baker und Ziljak verständigten sich auf deutsch. Ziljak weckte den Zollvorsteher, der sie zum Lagerhaus führte. Der Beamte schnatterte ein paar Worte zu dem Wachtposten, dann fanden sie in einer Ecke des Lagerhauses die Kisten. Es waren dreizehn Stück. Sie trugen als Aufschrift keine Inhaltsangabe, sondern nur ein paar Seriennummern und das Wort *Toscana*. Ziljak und der Zollbeamte brabbelten munter drauflos. Dann sagte Ziljak etwas in seinem gebrochenen Deutsch zu Baker. Baker antwortete, Ziljak übersetzte, und der Beamte ging lächelnd fort.

„Worum ging's denn da?" fragte Shannon.

„Der Zollbeamte hat gefragt, ob für ihn ein kleines Präsentchen dabei herausschaut", erklärte Baker. „Ziljak hat es ihm zugesagt, falls das Schiff pünktlich beladen wird."

Shannon hatte Baker schon die erste Hälfte von Ziljaks Honorar gegeben. Baker nahm nun den Jugoslawen beiseite und gab ihm das Geld. Die allumfassende Freundlichkeit des Mannes wurde noch allumfassender. Gemeinsam zogen sie ins Hotel, um mit einem Schluck Slibowitz zu feiern, aber kein gutgelaunter Jugoslawe trinkt von dem scharfen Pflaumenschnaps nur einen Schluck. Die Sonne ging unter, der adriatische Abend hielt Einzug in die Straßen, und Baker kam kaum noch mit Dolmetschen nach, während der überschäumende Ziljak die Zeit des Jagens und Versteckens bei Titos Partisanen in den bosnischen Bergen noch einmal durchlebte.

Shannon fragte ihn, ob er jetzt überzeugter Kommunist sei.

„Ich guter Kommunist!" rief Ziljak und zeigte auf sich. Doch dann machte er den Effekt mit seinem Augenzwinkern und dem brüllenden Gelächter wieder zunichte und goß sich noch einen Slibowitz hinter die Binde.

Auf wackligen Beinen zogen sie dann wieder zum Kai, um die *Toscana* einlaufen zu sehen.

Nachdem Baker und Ziljak zurück ins Hotel gegangen waren, stieg Shannon die Gangway hinauf und ging in die kleine Kapitänskajüte. Semmler holte Waldenberg, dann schlossen sie die Tür ab. Vorsichtig klärte Shannon Waldenberg darüber auf, was die *Toscana* hier an Bord nehmen werde. Das Gesicht des deutschen Kapitäns blieb ausdruckslos.

„Ich habe noch nie Waffen transportiert", sagte er, als Shannon fertig war. „Sie sagen, die Fracht sei legal? Wie legal?"

„Vollkommen legal", sagte Shannon. „Das ist nach jugoslawischen Gesetzen eine vollkommen legale Fracht."

„Und nach den Gesetzen des Landes, wo sie hingeht?"

„Die *Toscana* wird die Hoheitsgewässer des Landes nie berühren, in dem diese Waffen gebraucht werden", antwortete Shannon. „Nach Ploče laufen wir nur noch zwei Häfen an, und beide Male nur zum Laden. Sie wissen, daß ein Schiff nie untersucht wird, wenn es den Hafen nur zur Aufnahme von Ladung anläuft."

„Vorgekommen ist es trotzdem schon", sagte Waldenberg. „Und wenn man das Zeug entdeckt, wird das Schiff beschlagnahmt, und ich werd eingelocht. Solange der Schwarze September und die IRA in Aktion sind, sucht alle Welt nach Waffen."

„Mit illegalen Einwanderern nach England waren Sie aber einverstanden."

„Die sind erst illegal, wenn ihre Füße britischen Boden berühren", wandte der Kapitän ein. „Außerdem würde die *Toscana* außerhalb britischer Gewässer liegen, und die Leute würden mit Schnellbooten an Land gebracht. Mit Waffen sieht das anders aus. Die sind illegal auf diesem Schiff, wenn sie nicht auf der Frachtliste stehen. Warum schreiben wir sie nicht einfach auf die Liste?"

„Weil die Spanier nicht zulassen würden, daß die *Toscana* Valencia oder einen anderen spanischen Hafen anläuft, wenn schon Waffen darauf sind. Deshalb müssen sie unerwähnt bleiben."

„Angenommen, die spanische Polizei durchsucht das Schiff?"

„Das tut sie nicht. Die Kisten würden dann auch unter Deck sein."

„Und wenn man sie dort findet, sitzen wir alle lebenslänglich", sagte Waldenberg. „Die würden doch annehmen, wir wollten das Zeug zu den Basken bringen." Ihre Diskussion dauerte noch bis drei Uhr morgens und kostete Shannon weitere fünftausend Pfund, die Hälfte vor, die Hälfte nach Valencia.

„Regeln Sie das mit der Mannschaft?" fragte Shannon.

„Das mache ich schon", sagte Waldenberg abschließend.

Später im Hotel zahlte Shannon das dritte Viertel des Preises für die Waffen an Baker, dann versuchte er ein wenig zu schlafen. Der Schweiß brach ihm aus, wenn er nur an die *Toscana* dachte, die da unten im Hafen lag, während die Waffen noch im Zollspeicher waren, und er betete, es möge keine Komplikationen geben.

Die Verladung begann um sieben. Um neun war alles fertig.

Als Shannon die *Toscana* aus dem Hafen tuckern sah, steckte er Baker und Ziljak den Rest ihres Geldes zu. Ohne daß die beiden es

wußten, hatte Semmler fünf der Kisten öffnen lassen und Stichproben gemacht, bloß für den Fall, daß die Kisten nur Schrott enthielten. Dergleichen wäre in der Welt der Waffenschieber nichts Neues gewesen.

Auf Shannons Hunderttagekalender war das der siebenundsechzigste Tag.

KAUM war die *Toscana* wieder auf See, befahl Kapitän Waldenberg die übrigen drei Besatzungsmitglieder zu einem vertraulichen Gespräch in seine Kajüte. Falls sie sich geweigert hätten, mitzumachen, hätte es auf der *Toscana* ein paar bedauerliche Unglücke gegeben. Selten kann man jemand so unauffällig verschwinden lassen wie auf einem Schiff in dunkler Nacht auf See. Aber niemand erhob Einwände, um so weniger, nachdem Waldenberg tausend Pfund lockergemacht hatte.

Als das erledigt war, wurden die neuen Kisten aufgebrochen und ihr Inhalt in den Bilgen versteckt, unter dem Boden des Laderaums. Dann wurden die Bohlen wieder aufgelegt und mit der harmlosen Fracht aus Bekleidung, Schlauchbooten und Außenbordmotoren zugestellt.

Semmler sagte dann zu Waldenberg, er solle die Ölfässer lieber ganz hinten in den Vorratsraum stellen, und nannte ihm den Grund. Diesmal drehte Waldenberg durch und gebrauchte ein paar Ausdrücke, die man günstigstenfalls bedauerlich nennen konnte. Nach einer Weile aber konnte Semmler ihn beruhigen. Sie setzten sich und tranken ein Bier, während die *Toscana* nach Süden pflügte. Zuletzt mußte Waldenberg sogar lachen. „Schmeisser", sagte er. „Ausgerechnet Schmeisser. Mensch, ist das lange her, seit man die auf der Welt gehört hat."

„Bald wird man sie wieder hören", sagte Semmler.

Waldenberg machte ein wehmütiges Gesicht. „Weißt du", meinte er dann, „am liebsten würde ich mit euch an Land gehen."

DREIZEHNTES KAPITEL

ALS Shannon ankam, las Endean gerade in der *Times,* die er sich heute früh in London vor seinem Abflug nach Rom gekauft hatte. Der Salon des Hotels Excelsior war so gut wie leer, denn wer um diese Zeit noch seinen späten Morgenkaffee zu sich nahm, saß meist

draußen auf der Terrasse, schaute dem römischen Verkehrschaos zu, das sich da unten im Schrittempo weiterschob, und versuchte sich bei dem Lärm verständlich zu machen.

Shannon setzte sich neben den Mann aus London in einen Sessel. Endean sah ihn an. „Wir haben lange nichts von Ihnen gehört."

„Es dauert eben seine Zeit, ein Schiff von Toulon nach Jugoslawien zu bringen", sagte Shannon. „Übrigens, haben Sie die Seekarten?"

„Natürlich." Endean zeigte auf seine dicke Aktentasche. Auf Shannons Brief hin hatte er Karten der gesamten westafrikanischen Küste von Casablanca bis Kapstadt besorgt. „Wozu brauchen Sie denn eigentlich so viele?" fragte er ärgerlich.

„Aus Sicherheitsgründen", antwortete Shannon knapp. „Wenn das Schiff in einem Hafen durchsucht würde, und man fände eine einzige Karte, wäre das Fahrtziel und alles andere verraten. So kann niemand feststellen, welcher Küstenabschnitt mich wirklich interessiert, nicht einmal der Kapitän und die Mannschaft. Haben Sie auch die Dias bei sich?"

„Ja." Endean hatte ihm auch von den Photos, die Shannon in Zangaro gemacht hatte, sowie von den Karten und den Skizzen, die er von der Hauptstadt Clarence und der Küste gezeichnet hatte, Dias machen müssen.

Shannon selbst hatte schon einen Projektor gekauft und an die *Toscana* in Toulon geschickt.

Endean hörte schweigend zu und machte sich Notizen für Manson, während Shannon ihm den neuesten Stand der Dinge berichtete und ihm erklärte, was für die nächsten Tage geplant war: Verladung der Neunmillimetermunition in Valencia, dann Aufbruch zum Zielort. Er sagte nichts davon, daß einer von seinen Leuten schon in Afrika war.

„Jetzt müßte ich noch von Ihnen wissen", sagte er dann zu Endean, „wie es nach dem Angriff eigentlich weitergeht. Ich habe Ihnen schon gesagt, daß wir die Stellung nicht lange halten können, wenn nicht ein neues Regime die Regierung übernimmt und den Putsch bekanntgibt."

„Das ist ja der Sinn des ganzen Unternehmens", sagte Endean ruhig. Er nahm drei Blatt Papier aus seiner Aktentasche. „Hier sind Ihre Anweisungen von dem Augenblick an, wo Sie den Palast eingenommen haben. Sie müssen die Anweisungen lesen, sich merken und vernichten, bevor wir hier auseinandergehen."

Shannon überflog rasch die erste Seite. Überraschungen gab es kaum. Er hatte sich schon gedacht, daß Mansons neuer Mann Oberst Bobi sein mußte. Der übrige Plan war aus seiner Sicht einfach. Er sah Endean an. „Wo werden Sie stecken?"

„Hundertfünfzig Kilometer nördlich von Ihnen", sagte Endean. Shannon wußte, daß damit nur die Hauptstadt der nördlichen Nachbarrepublik Zangaros gemeint sein konnte. „Sind Sie sicher, daß Sie meine Meldung hören werden?" fragte er.

„Ich werde den besten Empfänger bei mir haben, der auf dem Markt ist. Damit höre ich alles, was im Bereich Ihres Schiffsfunks liegt."

„Stellen wir eines klar", sagte Shannon. „Ich funke auf der genannten Frequenz zu den vereinbarten Zeiten von der *Toscana* aus, und die liegt ein Stück draußen irgendwo vor der Küste. Wenn Sie mich auf Grund atmosphärischer Störungen aber nicht hören, kann ich nichts dafür."

„Die Frequenz ist getestet", sagte Endean. „Was die *Toscana* sendet, kann ich mit meinem Gerät in hundertfünfzig Kilometer Entfernung bequem empfangen. Wenn Sie die Meldung eine halbe Stunde lang wiederholen, muß ich sie hören."

„Gut", sagte Shannon. „Ein Letztes noch. Die Nachricht von den Ereignissen in Clarence wird dann die zangarischen Grenzposten noch nicht erreicht haben. Das heißt, da werden Vindus stehen. Wie Sie an denen vorbeikommen, ist Ihre Sache. In der Nähe von Clarence könnten dann versprengte Vindus auf den Straßen sein, die zwar auf der Flucht in den Busch sind, aber immer noch gefährlich werden könnten. Angenommen, Sie kommen nicht durch?"

„Wir kommen durch", sagte Endean. „Wir werden Hilfe haben." Shannon hatte recht mit seiner Annahme, daß es sich dabei um Leute eines kleinen Bergwerksunternehmens handeln sollte, das Man-Con im Nachbarstaat laufen hatte. Einem Mann aus der Londoner Zentrale würde man sicher einen Jeep und vielleicht ein paar Jagdgewehre zur Verfügung stellen können. Zum erstenmal hielt Shannon es für möglich, daß dieser Endean neben seiner Unverschämtheit vielleicht auch ein bißchen Mut besaß. Shannon las die Instruktionen, merkte sich den Kode und die Frequenzen und verbrannte die Blätter vor Endeans Augen auf der Herrentoilette. Dann verabschiedeten sie sich. Es gab nichts mehr zu sagen.

Fünf Stockwerke über den Straßen von Madrid blätterte Oberst Antonio Almela, Leiter der Exportabteilung des spanischen Heeresministeriums (Waffenverkäufe Ausland), in einem Aktenstoß. Er war ein einfacher Mann von kompromißloser Loyalität. Seine ganze Treue galt seinem geliebten Spanien, und deshalb hatte man ihn mit einer der Aufgaben betraut, über die man nicht spricht, weil sie streng geheim sind. Kein Spanier erfährt je davon, daß Spanien an jeden Interessenten Waffen verkauft. Und man konnte sich darauf verlassen, daß Almela die Exportgenehmigungen erteilte oder ablehnte und darüber den Mund hielt.

Die Akte, die jetzt vor ihm lag, befand sich schon seit vier Wochen in seinen Händen und war gründlich geprüft worden. Das erste Blatt war ein Antrag für eine Transportgenehmigung, um ein paar Kisten von Madrid nach Valencia zu bringen, die auf der *Toscana* verschifft werden sollten. Die Ausfuhrgenehmigung trug seine eigene Unterschrift. Plötzlich fiel ihm etwas auf. Er sah den Beamten an, der vor ihm stand.

„Wieso ist der Hafen geändert?" fragte er.

„Es ist einfach so, Herr Oberst, daß Valencia in den nächsten zwei Wochen keinen Liegeplatz mehr frei hat."

Oberst Almela grunzte. Die Erklärung war plausibel. In den Sommermonaten war Valencia immer überfüllt. Aber er liebte Änderungen nicht. Und die Bestellung gefiel ihm auch nicht. Sie war zu klein. Außerdem traute er diesem Schlinker nicht. Aber an den Papieren einschließlich Endverbraucherzertifikat war nichts auszusetzen. Wenn er doch nur eine Unstimmigkeit fände! Aber alles war einwandfrei. Schließlich kritzelte der Oberst seine Unterschrift auf die Transportgenehmigung.

„Also gut", knurrte er. „Dann eben Castellón, nicht Valencia."

„Wir mußten Castellón als Verladehafen nehmen", sagte Schlinker zwei Abende später. „Es ging nicht anders. Valencia ist seit Wochen ausgebucht. Sobald die *Toscana* sich über Funk meldet, wird sie von der Änderung unterrichtet."

Cat Shannon saß im Hotel Mindanao im Zimmer des deutschen Waffenhändlers. „Wo liegt Castellón?" fragte er.

„Sechzig Kilometer weiter nördlich. Ein kleiner Hafen. Besser für Sie."

„Und wie komme ich an Bord?"

„Ich habe den Agenten informiert, daß ein Matrose namens Keith

Brown wieder auf die *Toscana* muß. Wie sieht's mit Ihren Papieren aus?"

„Gut", sagte Shannon. „Die sind in Ordnung."

„Der Agent in Castellón ist Señor Moscar. Der Lastwagen wird morgen gegen Mitternacht mit einer Militäreskorte so aufbrechen, daß er um sechs Uhr morgens am Hafen von Castellón eintrifft, wenn dort geöffnet wird. Ich habe den Transportleiter gebeten, mich hier anzurufen, wenn die Kolonne tatsächlich losfährt."

Am Nachmittag mietete Shannon einen starken Mercedes.

Am nächsten Abend war er um halb elf wieder bei Schlinker im Mindanao, wo sie auf den Anruf warteten. Beide waren natürlich nervös, denn ein sorgfältig ausgeklügelter Plan lag jetzt in den Händen anderer. Schlinker wußte, daß jede Panne eine gründliche Prüfung seines Endverbraucherzertifikats bedeuten konnte, und dazu würde eine Anfrage beim Innenministerium in Bagdad gehören. Wenn er aufflog, konnten alle seine lukrativen Geschäfte mit Madrid platzen.

Es wurde Mitternacht. Halb eins. Shannon ging auf und ab und ließ seinen Ärger an dem dicken Deutschen aus. Zwanzig vor eins klingelte das Telephon. Schlinker war mit einem Satz am Apparat. „Was ist los?" zischte Shannon.

Schlinker winkte ihm, er solle still sein. Endlich grinste er und legte den Hörer zurück. Aber da war Shannon schon fort.

Der Mercedes war dem Konvoi mehr als gewachsen. Shannon hielt die Augen offen, während er Hunderte von Lastwagen überholte, die alle in Richtung Küste donnerten. Westlich von Valencia erfaßten seine Scheinwerfer Militärjeeps, die einen Achttonner begleiteten, und im Vorbeiziehen las er den Namen auf der Seitenwand des Lastwagens. Es war der Name der Spedition, die Schlinker ihm genannt hatte.

Kurz nach vier fuhr er in Castellón ein. Der Frachthafen von Castellón ist mit Maschendraht eingezäunt, und seine Tore werden Tag und Nacht von bewaffneten Posten bewacht. Die Tore waren um diese Stunde noch verschlossen, und der Posten döste in seinem Häuschen, aber durch den Zaun sah Shannon mit einem unbändigen Gefühl der Erleichterung die *Toscana* bereits an der Pier liegen.

Um sechs kam er wieder ans Tor, und jetzt standen auch die Jeeps und der Lastwagen da. Um zehn nach sechs kam ein Zivilfahrzeug, dem ein kleiner, adretter Spanier entstieg.

Shannon ging auf ihn zu. „Señor Moscar?"

„*Sí.*"

„Mein Name ist Brown. Ich soll hier wieder auf mein Schiff."
Der Spanier legte die Stirn in Falten.

„Brown", sagte Shannon eindringlich. „Toscana."

„Ah, sí. El marinero. Kommen Sie bitte." Das Tor war inzwischen geöffnet worden, und Moscar zeigte seinen Ausweis. Er sprach mit dem Posten, dann zeigte er auf Shannon. Cats Paß und Heuerkarte wurden unter die Lupe genommen. Eine Stunde später war er an Bord der Toscana.

Die Durchsuchung begann um neun. Ohne jede Vorwarnung. Der Kapitän hatte gerade seine Frachtliste vorgelegt und prüfen lassen, als der Hauptmann von der Militäreskorte mit den beiden Zollbeamten sprach, die daraufhin an Bord kamen. Moscar folgte ihnen. Sie überzeugten sich, daß die Ladung aus nichts anderem bestand, als auf der Frachtliste ausgewiesen war. Sie öffneten den Vorratsraum, warfen einen Blick auf das Durcheinander von Ketten, Ölfässern und Farbkanistern und schlossen die Tür wieder. Das Ganze dauerte eine Stunde. Am meisten aber interessierte sie, wozu Waldenberg auf so einem kleinen Schiff sieben Mann Besatzung brauchte. Man erklärte ihnen, Dupree und Vlaminck seien Reederei-Angestellte, die ihr Schiff in Brindisi verpaßt hätten und in Malta abgesetzt würden. Nach dem Namen gefragt, nannte Waldenberg ein Schiff, das er in Brindisi gesehen hatte. Die Zollbeamten verließen das Schiff. Zwanzig Minuten später begann die Beladung.

Um halb eins glitt die Toscana aus dem Hafen von Castellón und wandte ihren Bug in Richtung Kap San Antonio im Süden. Cat Shannon, dem jetzt, nachdem alles vorüber war, im nachhinein noch schlecht wurde, stand am Heck an die Reling gelehnt, als Waldenberg sich ihm von hinten näherte. „War das jetzt der letzte Aufenthalt?"

„Der letzte, bei dem wir die Luken öffnen mußten", sagte Shannon. „Wir werden an der afrikanischen Küste noch ein paar Leute an Bord nehmen, aber die kommen mit dem Boot zu uns heraus. Eingeborene Arbeitskräfte, zumindest offiziell."

„Ab Gibraltar habe ich keine Karten mehr", wandte Waldenberg ein.

Shannon griff in seinen Anorak und holte einen Packen Karten heraus. „Die hier reichen bis Freetown in Sierra Leone. Dort nehmen wir die Leute auf. Am zweiten Juli."

Der Kapitän ging, um den Kurs abzusetzen, und Shannon war allein mit den Möwen. Ein Zuhörer hätte inmitten ihres Gekreischs jemanden „Spanish Harlem" pfeifen hören.

Im fernen Norden verließ die *Komarow* den Hafen von Archangelsk. Am Heck standen unter der Hammer-und-Sichel-Flagge Dr. Iwanow und einer seiner Techniker an die Reling gelehnt. „Genosse Doktor", begann der Jüngere. „Waren Sie schon einmal in Afrika?"

„Ja, in Ghana."

„Wie ist es da?"

„Nichts als Urwald, Sümpfe, Mücken, Schlangen und Menschen, die von allem, was Sie sagen, keine Silbe verstehen."

„Der Kapitän sagt, wir wären in zweiundzwanzig Tagen in Clarence. Dann feiern sie dort den Unabhängigkeitstag."

Hinter Kap Spartel, wo das Mittelmeer in den Atlantik übergeht, funkte die *Toscana* ein Telegramm nach Gibraltar zur Weiterleitung an Mr. Walter Harris in London. Es lautete: MELDEN ERFREUT VÖLLIGE GENESUNG IHRES BRUDERS. Das hieß, daß die *Toscana* fahrplanmäßig unterwegs war.

„Gut", sagte Sir James, als Endean ihm die Nachricht überbrachte. „Wieviel Zeit hat Shannon, um das Ziel zu erreichen?"

„Zweiundzwanzig Tage. Er ist dem Zeitplan etwas voraus."

„Schön. Sie fliegen jetzt hinunter und bringen unseren neuen Mitarbeiter Oberst Bobi nahe an die zangarische Grenze. Sowie Sie von Shannon hören, daß der Angriff beginnt, weihen Sie Bobi ein. Dann lassen Sie ihn als Präsident Bobi die Abbaulizenz unterschreiben, einen Monat vordatiert und in drei Exemplaren, die Sie mir in drei getrennten Umschlägen schicken. Sie müssen Bobi praktisch hinter Schloß und Riegel halten, bis Shannons zweite Meldung eintrifft, daß er es geschafft hat. Dann hinein mit ihm. Übrigens, ist der Mann, den Sie als Leibwächter mitnehmen wollen, startklar?"

„Für das Geld, das er bekommt, jederzeit."

„Und Sie wissen, daß dieser Shannon unbequem werden könnte."

Endean grinste. „Mit dem werde ich schon fertig. Auch er hat seinen Preis wie jeder Söldner."

Seit Spanien war die Ladung auf Shannons Befehl unangetastet geblieben, denn es konnte ja sein, daß sie in Freetown durchsucht wurden. Nur eine Arbeit erlaubte er: Die Provianttaschen, die Dupree in London gekauft hatte, wurden ausgepackt und zu Rucksäcken mit schmalen Taschen umgearbeitet, die je eine Panzerfaustrakete aufnehmen konnten. Die kleineren Tornister wurden so geändert, daß sie je zwanzig Granatwerfergeschosse faßten.

Zehn Kilometer vor der Küste meldete die *Toscana* ihre Ankunft an die Hafenmeisterei von Freetown und erhielt die Erlaubnis, in der Bucht zu ankern. Da sie keine Fracht zu löschen oder aufzunehmen hatte, brauchte sie keinen Liegeplatz. Sie war nur gekommen, um neue Besatzungsmitglieder an Bord zu nehmen. Da das bei Küstenschiffen nichts Besonderes ist, erregte es kein Aufsehen. Während die Ankerkette hinunterrasselte, suchten Shannons Augen an der Küste das Hotel, in dem jetzt hoffentlich Langarotti wartete.

Vom Zollgebäude löste sich eine kleine Pinasse, in deren Heck ein Uniformierter stand. An Bord schüttelte Shannon ihm zur Begrüßung überschwenglich die Hand und führte ihn in die Kapitänskajüte. Dort warteten drei Flaschen Whisky und zwei Stangen Zigaretten. Der Beamte hechelte vor Begeisterung und warf einen oberflächlichen Blick auf die neue Frachtliste, aus der hervorging, daß die *Toscana* in Brindisi Maschinenteile und Nachschub für eine Ölbohrmannschaft an der Kamerunküste geladen habe. Er stempelte die Liste, und nach einer Stunde war er wieder weg.

Erst kurz nach sechs sah Shannon das andere Boot vom Ufer ablegen. Die beiden Männer aus Freetown, die auch sonst Passagiere zu den wartenden Schiffen hinausruderten, legten sich in die Riemen. Hinter ihnen saßen sieben weitere Afrikaner mit ihrem Gepäck. Am Bug saß ganz allein ein Europäer. Das Boot kam geschickt längsseits, und Jean-Baptiste Langarotti stieg behend die Leiter hinauf, die von der *Toscana* ins Wasser hinunterhing.

Es folgten die sieben Afrikaner. Sechs von ihnen waren jung, der siebte aber war ein würdiger älterer Herr. Vlaminck, Dupree und Semmler klatschten den grinsenden jungen Afrikanern begeistert auf den Rücken, obwohl das in Sichtweite der Küste unvorsichtig war, und Shannon bedeutete dem Kapitän, die *Toscana* wieder aufs Meer hinauszusteuern.

Später, als die *Toscana* auf dem Weg nach Süden war, stellte Shannon dem erstaunten Waldenberg die Neuankömmlinge vor. Sie hießen Patrick, Johnny, Jinja, Sunday, Bartholomew und Timothy. Jeder von ihnen war von einem der Söldner persönlich ausgebildet worden; alle waren kampferfahren und würden auch in der heißesten Schlacht ihren Mann stehen. Und jeder von ihnen war seinem Führer treu ergeben. Der siebte, der ältere Mann, wurde von Shannon als Dr. Okoye vorgestellt. Auch seine Treue galt seinem Volk und dessen Führer. „Wie sieht's zu Hause aus?" fragte Shannon ihn.

Dr. Okoye schüttelte traurig den Kopf. „Nicht gut."

TEIL DREI

DAS GROSSE MORDEN

VIERZEHNTES KAPITEL

WÄHREND der übrigen Seereise hielt Shannon seine Leute pausenlos in Trab. Davon ausgenommen war nur der Mann, den er „Doktor" nannte. Die übrigen hatte er in Gruppen mit verschiedenen Aufgaben eingeteilt.

Vlaminck und Semmler öffneten die fünf Ölfässer und holten die Maschinenpistolen heraus. Die sechs Afrikaner halfen ihnen beim Auspacken und Entfetten, wobei sie sich gleich mit der Funktionsweise vertraut machen konnten. Dann wurden die Munitionskisten aufgebrochen, und alle acht saßen an Deck und schoben die Patronen in die Magazine, bis die ersten fünfzehntausend Schuß in den fünfhundert zur Verfügung stehenden Magazinen steckten. Inzwischen stellte Langarotti aus den Bekleidungsballen, die Dupree besorgt hatte, Uniformen zusammen. Jede Uniform wurde dann mit einer Schmeisser und fünf vollen Magazinen zu einem Bündel gepackt, in Öltuch gewickelt und in einen Plastikbeutel gesteckt. Jedes Bündel kam in einen Schlafsack, der somit die Ausrüstung für je einen Soldaten enthielt.

Dupree hatte drei Munitionskisten auseinandergenommen und so zurechtgeschnitten, daß sie genau über die Oberteile der Außenbordmotoren paßten. Mit Schaumgummi ausgelegt, sollten sie den Motorenlärm drosseln.

Als nächstes beschäftigten Dupree und Vlaminck sich mit den Waffen, die sie selbst beim Angriff zu bedienen hatten. Janni machte sich mit den Zieleinrichtungen der beiden Granatwerfer vertraut und bereitete die Granaten vor. Marc konzentrierte sich auf die Panzerfäuste. Er hatte sich Patrick als zweiten Mann ausgewählt, denn beide hatten früher schon zusammen gekämpft. Der Afrikaner würde eine

Schmeisser und zehn Raketen tragen, Marc zwölf Raketen und eine Panzerfaust.

Shannon ließ die *Toscana* weit aufs Meer hinausfahren, damit die Männer ihre Maschinenpistolen ausprobieren konnten. Die Weißen hatten im Laufe ihres Lebens schon so viele verschiedene Fabrikate benutzt, daß sie keinerlei Schwierigkeiten hatten, aber die Afrikaner kannten nur alte Mauser-Karabiner und das NATO-Schnellfeuergewehr 7,62 Millimeter. Jeder bekam neunhundert Schuß Munition zum Einschießen. Dann wurden die leeren Ölfässer als Ziele für die Panzerfaust ins Meer geworfen. Am Ende der Übung konnte jeder von ihnen so ein Faß auf hundert Meter Entfernung treffen. Vier Fässer hatten sie auf diese Weise schon versenkt. Das fünfte gehörte Marc Vlaminck allein. Er ließ es zweihundert Meter weit abtreiben, dann baute er sich auf dem Heck auf. Sein erstes Geschoß heulte über das Ziel hinweg und detonierte in einer Wasserfontäne. Mit dem zweiten erwischte er das Faß genau in der Mitte. Die Zuschauer klatschten Beifall. Marc grinste und wandte sich an Shannon. „Du sagst, du willst ein Tor zerschossen haben, Cat?"

„Genau. Ein schönes großes Holztor, Kleiner."

Sie hatten ziemlichen Lärm gemacht, deshalb ließ Shannon die *Toscana* weiterfahren. Beim nächsten Halt wurden die Boote ausprobiert. Wenn die Kisten übergestülpt und die Motoren auf Viertelgas gedrosselt waren, hörte man auf dreißig Meter Entfernung fast gar nichts mehr. Die Sprechfunkgeräte wurden auf Entfernungen von sechs bis sieben Kilometer getestet. Dann machte Shannon mit allen zehn Mann, Schwarzen wie Weißen, Nachtübungen auf See, damit ihre Augen sich an die Schwärze von Himmel und Meer gewöhnten, in der sie am Tag X operieren mußten.

Waldenberg war ein aufmerksamer Beobachter. „Selbst wenn ich angestrengt lausche, höre ich nichts von euch da draußen", sagte er zu Shannon. „Wenn die Wachen nicht ganz scharf aufpassen, müßtet ihr überall an Land kommen. Übrigens, wohin geht's denn nun eigentlich?"

„Ich sollte euch jetzt wohl alle aufklären", sagte Shannon. Und dann hörten alle bis zum Morgengrauen gebannt zu, während Shannon ihnen anhand der Dias den ganzen Angriffsplan erklärte.

Totenstille herrschte, als er geendet hatte.

„Gott im Himmel!" stieß Waldenberg schließlich hervor. Und dann begann die Fragerei. Waldenberg ließ sich die Versicherung geben, daß im Falle eines Scheiterns die Überlebenden nach dem

Angriff so rechtzeitig wieder an Bord sein würden, daß die *Toscana* vor Sonnenaufgang hinter dem Horizont verschwinden konnte. Shannon versprach das. „Wir haben nur Ihr Wort dafür, daß die keine Kanonenboote haben."

„Dann muß mein Wort eben genügen", sagte Shannon scharf. Die jungen Afrikaner stellten keine Fragen. Der Doktor fragte, wo er sein werde, und war bereit, auf der *Toscana* zu bleiben.

Nach dieser Einweisung saßen die fünf Söldner noch an Deck und unterhielten sich, bis die Sonne hoch am Himmel stand. Alle billigten Shannons Angriffsplan, obwohl sie wußten, daß ihre Zahl für ein solches Unternehmen gefährlich klein war und Fehler einfach nicht passieren durften. Ihnen war klar, daß sie binnen zwanzig Minuten gesiegt haben oder zu ihren Booten zurückkehren und fliehen mußten – sofern sie noch fliehen konnten. Und sie wußten, daß von jedem, der einen schwerverwundeten Kameraden fand, der letzte Dienst erwartet wurde, den ein Söldner dem anderen tun konnte – ein schnelles, schmerzloses Ende.

ALLE erwachten früh am Morgen des neunundneunzigsten Tages. Shannon war die halbe Nacht aufgeblieben und hatte neben Waldenberg gestanden, als die Küste auf dem Radarschirm auftauchte.

„Nähern Sie sich unmittelbar südlich von Clarence der Küste auf Sichtweite", sagte er zu dem Kapitän, „und dann fahren Sie den ganzen Vormittag parallel zur Küste nach Norden, damit wir gegen Mittag an dieser Stelle sind." Sein Finger zeigte auf die Küste in Höhe der Hauptstadt des nördlichen Nachbarstaates.

Für den Mittag war der erste Funkspruch an Endean geplant.

Der Vormittag verging langsam. Shannon beobachtete durchs Fernglas die Mündung des Zangaro, einen langgestreckten, flachen Streifen Mangroven am Horizont. Um die Mitte des Vormittags erkannte er in dem grünen Streifen die Lücke, wo die Stadt Clarence lag, und er ließ nacheinander Vlaminck, Langarotti, Dupree und Semmler durch das Glas sehen. Ein jeder von ihnen studierte schweigend die Küste. Dann schlichen sie nervös und voller Langeweile an Deck herum und rauchten. Mittags setzte Shannon seinen Funkspruch ab. Er bestand nur aus einem Wort: „Banane", und bedeutete, daß er in Position war.

In fünfunddreißig Kilometer Entfernung empfing Endean den Funkspruch. Dann ging er daran, dem in seinem Gewahrsam befindlichen Exoberst haarklein auseinanderzusetzen, daß er, Antoine Bobi,

in vierundzwanzig Stunden der Präsident von Zangaro sein werde. Lachend bei dem Gedanken an die Vergeltung, die er üben würde, machte dieser seinen Handel mit Endean perfekt. Er unterschrieb den Vertrag, mit dem er der Bormac Trading Company für zehn Jahre exklusiv die Abbaurechte in den Kristallbergen gab, während Endean vor seinen Augen einen beglaubigten Scheck über eine halbe Million Dollar in einen Umschlag steckte.

In Clarence waren inzwischen die Vorbereitungen für den Unabhängigkeitstag im vollen Gange. In den Zellen unter der Polizeiwache lagen halb zerschlagen sechs Gefangene, die wußten, daß Kimba sie morgen im Rahmen der von ihm vorbereiteten Feierlichkeiten auf dem Marktplatz totschlagen lassen würde.

Im Palast, umgeben von seinen Leibwachen, saß Jean Kimba an seinem Schreibtisch und dachte an den bevorstehenden Beginn des sechsten Jahres seiner Amtszeit.

Im Laufe des Nachmittags wendete die *Toscana* und kreuzte mit ihrer tödlichen Fracht langsam wieder die Küste hinunter.

„Bleiben Sie bis Einbruch der Dunkelheit dicht nördlich der Grenze", sagte Shannon zum Kapitän. „Ab neun Uhr halten Sie schräg auf die Küste zu. Morgens um zwei gehen wir nördlich der Halbinsel vor Anker."

„Wann legt das erste Boot in Richtung Küste ab?"

„Um zwei. Das ist Dupree mit seinen Granatwerfern. Die beiden anderen Boote folgen eine Stunde später. Klar?"

„Klar", sagte Waldenberg. „Ich bringe euch schon hin."

Den Rest kannte er. Sowie die Knallerei losging, würde er mit der *Toscana* in sechs Kilometer Abstand die Hafeneinfahrt passieren und drei Kilometer südlich der Landzunge beidrehen. Er würde am Funkgerät lauschen, und falls alles gutging, bis zum Sonnenaufgang warten. Ging die Sache schief, würde er die Positionslichter setzen, damit die Männer zur *Toscana* zurückfanden.

Als es dunkel wurde, ließ Shannon die Boote fertigmachen. Zuerst ging Duprees Boot zu Wasser. Semmler und Dupree hängten den schweren Außenbordmotor ein, schraubten ihn am Heck fest und stülpten den Schalldämpfer darüber.

Semmler stieg wieder aus, und dann wurden die Geräte in Jannis wartende Hände hinuntergereicht. Zuerst die Grundplatten und Zieleinrichtungen, dann die Granatwerferrohre selbst und schließlich sechzig Granaten, alle entsichert und mit Treibladung versehen.

Außerdem nahm Janni die Leuchtkugeln und -raketen, ein druckluftgetriebenes Nebelhorn und ein Funkgerät mit. Seine MPi hatte er über die Schulter gehängt. Dann stiegen die beiden Afrikaner Timothy und Sunday über die Leiter zu Dupree hinunter.

Shannon sah im trüben Licht seiner Taschenlampe in die drei Gesichter, die zu ihm heraufschauten. „Viel Glück", rief er leise. Dupree hielt einen Daumen in die Höhe und nickte. Bald trieb das Schlauchboot hinter der *Toscana* her, und Semmler befestigte das Tau an der Reling.

Das nächste Boot war für Vlaminck und Semmler mit ihren beiden Gehilfen Patrick und Jinja bestimmt. Nachdem auch ihr Boot hinter der *Toscana* trieb, wurde das Tau von Duprees Boot an Semmler übergeben, der es an seinem Schlauchboot festmachte.

In das letzte Boot stiegen Langarotti und Shannon mit Johnny, der schon mit Shannon gekämpft hatte, und Bartholomew.

Shannon, der als letzter ins Boot ging, wollte gerade die Leiter hinuntersteigen, als Kapitän Waldenberg von der Brücke gelaufen kam. „Es könnte Ärger geben", sagte er ruhig. „Vor Clarence liegt ein Schiff. Etwas weiter draußen als wir."

Shannon erstarrte. „Wann haben Sie es zuerst gesehen?"

„Vor einer ganzen Weile", sagte Waldenberg. „Ich dachte, es führe die Küste hinunter. Aber es liegt auch vor Anker."

„Irgendein Hinweis, wer das ist, wem es gehört?"

„Der Größe nach ein Frachter. Wer es ist, läßt sich nicht feststellen."

„Sie haben es gesehen, also hat es wahrscheinlich auch uns gesehen."

„Klar", sagte Waldenberg. „Es hat uns bestimmt auf dem Radarschirm."

„Ob das Radar auch die Schlauchboote ausmachen kann?"

„Kaum", meinte der Kapitän. „Die liegen zu tief im Wasser."

„Wir machen weiter", sagte Shannon. „Es ist schon zu spät. Wir müssen eben annehmen, daß es ein Frachter ist, der die Nacht abwartet."

„Die werden das Feuergefecht hören", sagte Waldenberg.

„Was können die Leute schon dagegen tun?"

„Nicht viel", sagte der Deutsche. „Aber wenn euer Unternehmen schiefgeht und wir nicht bis Sonnenaufgang draußen sind, sieht man die *Toscana* durchs Fernglas."

„Es darf eben nichts schiefgehen. Wir machen weiter, wie geplant."

Waldenberg ging auf die Brücke zurück. Der ältere Afrikaner, der den Vorgang schweigend beobachtet hatte, kam zu Shannon.

„Viel Glück, Major", sagte er. „Gott mit Ihnen."

Shannon nickte. „Gewiß", sagte er und stieg hinunter.

Draußen in der Finsternis herrschte Totenstille; nur die Wellen klatschten leise gegen die gummierten Hüllen der Schlauchboote. Bevor sie nah genug an Land waren, um von dort etwas zu hören, würde Mitternacht längst vorbei sein, und wenn sie Glück hatten, schlief dann schon alles.

Um neun Uhr ließ die *Toscana* ein tiefes Grollen ertönen, und unter ihrem Heck kochte und brodelte das Wasser auf. Sie machten Fahrt. Die nächsten fünf Stunden vergingen wie ein Alptraum. Die Spannung aller Beteiligten stieg und stieg.

Auf Shannons Uhr war es fünf Minuten nach zwei, als die *Toscana* langsamer wurde und auslief. Vom Heck her ertönte ein leiser Pfiff durch die Dunkelheit – Waldenbergs Signal zum Ablegen. Duprees Motor erwachte hustend und setzte das Boot in Bewegung.

Janni an der Ruderpinne seines Bootes kontrollierte die Stellung des Gaszugs und hielt den Kompaß so ruhig wie möglich vor die Augen. Er wollte auf der Außenseite der Landzunge, die sich nördlich um den Hafen bog, an Land gehen. Das müßte er in dreißig Minuten schaffen. Wenn die anderen ihm eine Stunde Vorsprung ließen, um seine Granatwerfer und Leuchtraketen aufzubauen, würden sie genau dann landen, wenn er fertig war. Aber für die Dauer dieser einen Stunde war er mit Timothy und Sunday allein in Zangaro.

Nach zweiundzwanzig Minuten hörte Dupree ein leises „Pst" von Timothy, der am Bug saß. Er blickte von seinem Kompaß auf, und was er sah, ließ ihn schleunigst das Gas wegnehmen. Sie waren schon dicht an der Küste, und im Licht der Sterne erschien unmittelbar vor ihnen ein etwas dunklerer Streifen. Mangroven. Dupree hörte das Wasser zwischen dem Wurzelwerk plätschern. Er war zu weit nördlich des Hafens an Land gekommen.

Janni wendete das Boot und fuhr weiterhin wieder seewärts. An der Spitze der Halbinsel steuerte er noch einmal langsam landeinwärts. Schon aus zweihundert Meter Entfernung konnte er den flachen Sandstreifen ausmachen, den er suchte. Er drosselte den Motor und ließ das Boot auslaufen, bis es knirschend auf Grund lief.

Dupree schwang die Beine über den Bug und blieb lauschend stehen. Als er sicher war, daß sie keinen Alarm ausgelöst hatten, zog er ein Splißeisen aus dem Gürtel, rammte es in den Strand und

machte das Tau daran fest. Dann lief er den kleinen Hügel hinauf, der vor ihm lag. Der höchste Punkt lag kaum fünf Meter über dem Meeresspiegel. Links von Dupree verbreiterte sich der Sandstreifen in die Dunkelheit hinein. Vor ihm lag das spiegelglatte Wasser des geschützten Hafens.

Schweigend luden Dupree und die beiden Afrikaner ihre Geräte aus und bauten sie auf. Der erste Granatwerfer kam an die äußerste Spitze der Landzunge. Wenn Shannons Messungen stimmten, betrug die Entfernung bis zur Mitte des Palasthofes genau siebenhundertvierzehn Meter. Er richtete den Granatwerfer so ein, daß der Probeschuß schon nah an diesem Punkt einschlagen würde.

Den zweiten Granatwerfer richteten sie auf die Unterkünfte der Soldaten. Hier kam es nicht so sehr auf Genauigkeit an, weil Janni die Absicht hatte, wahllos in die Garnison hineinzuschießen und die Soldaten in alle Winde zu zerstreuen. Das konnte Timothy besorgen.

Zwischen den beiden Granatwerfern baute er die Leuchtraketenabschußrohre auf und steckte je eine Rakete hinein; die andern acht ließ er griffbereit liegen. Jede Leuchtrakete hatte eine Brenndauer von zwanzig Sekunden. Falls er also seinen Granatwerfer und die Beleuchtung gleichzeitig bedienen wollte, mußte er schnell sein. Sunday würde ihm die Granaten von dem Stapel anreichen, den er neben der Feuerstellung aufgebaut hatte. Er sah auf die Uhr. Zweiundzwanzig Minuten nach drei. Die anderen beiden Boote mußten sich jetzt dem Hafen nähern. Er schaltete sein Funkgerät ein und drückte in Sekundenabständen dreimal auf den Rufknopf.

Anderthalb Kilometer vor der Küste starrten Shannons Augen in die Dunkelheit. Links hielt Semmler das zweite Boot in Formation und lauschte auf Duprees Signal. Er zischte Shannon zu, als er es empfangen hatte. Zwei Minuten später sah Shannon rechts das kurze Aufblitzen von Duprees Taschenlampe. Folglich schwenkte er nach steuerbord, um hundert Meter rechts an dem Licht vorbeizufahren. Er wußte, daß hier die Hafeneinfahrt war.

Kaum lauter als eine Hummel, glitten die beiden Boote an der Landzunge vorüber, auf der Dupree kauerte. Der Südafrikaner sah ihr Kielwasser glitzern; dann waren sie im Hafeneingang verschwunden. Vom Land her war noch immer nichts zu hören, als Shannons angestrengt suchende Augen das Lagerhaus am Horizont ausmachten. Er landete am Fischereistrand zwischen Einbaumkanus und Fischernetzen. Semmler kam längsseits, und beide Motoren erstarben gleichzeitig. Ein paar Minuten blieben sie alle acht reglos sitzen und war-

teten, ob nicht doch irgendwo ein Alarmsignal ertönte. Dann stiegen Shannon und Semmler aus, rammten ihre Splißeisen in den Boden und machten die Boote fest. Die anderen folgten. Shannon führte sie über den Hang zu dem breiten Plateau zwischen dem Hafen und dem schlafenden Palast.

DIE acht Männer liefen geduckt den Hang hinauf und erreichten die darüberliegende Ebene. Es war kurz nach halb vier, und im Palast brannten keine Lichter. Shannon wußte, daß vor ihnen die Küstenstraße lag und auf der Kreuzung mindestens zwei Wachen stehen würden. Er rechnete nicht damit, beide geräuschlos erledigen zu können, so daß sie – wenn einmal Schüsse gefallen waren – die letzten hundert Meter bis zur Palastmauer würden kriechen müssen. Er behielt recht.

Draußen auf der Landzunge wartete Janni Dupree auf den Schuß, der das Zeichen für seinen Einsatz war – den
ersten Schuß, wer immer
ihn abfeuerte.

Shannon und Langa-
rotti waren den ande-
ren sechs voraus, als
sie die Straßenkreuzung
erreichten. Über ihre
zur Tarnung dunkel be-
schmierten Gesichter lie-
fen schon Schweißrinn-
sale.

Shannon erkannte vor
dem Himmel die Um-
risse des Palastdaches,
aber er vermißte im-
mer noch die Posten,
bis er über einen von
ihnen stolperte. Der
Mann lag am Boden und
machte ein Nickerchen.

Shannon hatte sich
schnell wieder gefangen,
aber der Vindu sprang

schreiend vor Überraschung auf. Der Schrei weckte seinen Kameraden, der von seiner Schlafstelle im ungemähten Gras aufsprang und einen gurgelnden Laut von sich gab, als das Messer des Korsen ihm die Kehle durchschnitt. Der andere bekam einen Stich von Shannons Jagdmesser in die Schulter, schrie noch einmal auf und rannte ins Dunkel. Es war nicht festzustellen, wer zuerst schoß. Ein ungezielter Schuß vom Palasttor her fiel mit dem kurzen Feuerstoß aus Shannons Maschinenpistole zusammen, der den davonlaufenden Mann zerfetzte. Hinter den Angreifern zerriß ein gleißendes, weißes Licht am Himmel die Dunkelheit. Shannon sah für einen Augenblick die Silhouette des Palastes und zwei Gestalten am Tor, dann spürte er, wie seine Leute rechts und links von ihm ausschwärmten. Im nächsten Augenblick lagen sie alle bäuchlings im hohen Gras und bewegten sich robbend vorwärts.

Janni Dupree ließ seine erste Granate in dem Augenblick ins Werferrohr gleiten, als die erste Leuchtrakete heulend emporstieg. Der dumpfe Abschuß der Granate, die ihre parabelförmige Flugbahn zum Palast antrat, fiel mit dem Zerplatzen der Leuchtrakete zusammen. Mit zusammengekniffenen Augen blinzelte Janni in das Licht und wartete auf den Einschlag. Die Granate traf die rechte vordere Ecke des Daches. Die Ziegel flogen in alle Richtungen. Dupree drehte die Horizontalverstellung ein paar Strich nach links und ließ die zweite Granate ins Rohr fallen, gerade als die erste Leuchtrakete verglühte. Der zweite Leuchtsatz zündete über dem Palast, und gleich danach schlug auch die zweite Granate ein. Diesmal traf sie das Dach genau über dem Haupteingang. Dupree korrigierte die Vertikaleinstellung. Seine dritte Granate ging über das Dach hinweg und im Hof hinter dem Palast nieder. Er sah ein kurzes Aufblitzen, dann nichts mehr. Jetzt wußte er, daß er sich auf sein Ziel eingeschossen hatte. Seine Kameraden waren nicht mehr durch Fehlschüsse gefährdet.

Zwischen dem zweiten und dritten Einschlag hörte Shannon aus der Festung Schreie. Sie waren das einzige, was von den Verteidigern zu hören war, bevor der Donner der Granaten alles übertönte. Jannis Trommelfeuer auf den Palast machte die Leuchtkugeln jetzt überflüssig. Die auf den Steinen des Palasthofes niedergehenden Granaten ließen die Szenerie alle zwei Sekunden rot aufleuchten.

Klein-Marc Vlaminck befand sich links von der Schützenkette, fast genau dem Eingangstor gegenüber. Er baute sich breitbeinig vor dem Palast auf, zielte genau und feuerte die erste Panzerfaustrakete ab. Hinten aus dem Rohr schoß eine sechs Meter lange Feuerzunge, und

die Rakete jagte nach vorn. Sie explodierte an der rechten oberen Ecke des Doppeltors, riß eine Angel aus dem Mauerwerk und hinterließ ein metergroßes Loch im Holz.

Patrick kniete neben ihm und reichte ihm die Raketen an. Der zweite Schuß krachte gegen den Torbogen. Der dritte war ein Volltreffer auf die Schloßmitte. Die beiden Torflügel zersplitterten und flogen auseinander. Dabei gaben sie den Blick auf die lodernde Hölle hinter der Tordurchfahrt frei, die offenbar direkt in den Hof führte. Sowie Duprees Trommelfeuer verstummte, sprang Shannon auf und schrie: „Los!" Er feuerte im Laufen. Er sah nicht, wie Langarotti links und Semmler rechts von ihm aufschlossen, aber er fühlte es. Der Anblick, der sich den Söldnern durch die Toreinfahrt bot, war geeignet, jeden in vollem Lauf erstarren zu lassen.

Duprees erste Richtschüsse hatten Kimbas Wachen aus ihren Unterkunftsbaracken hinaus in den Hof gejagt. Dort hatten die Granaten sie getroffen. Die Menschenleiber türmten sich zu Bergen, manche noch halb am Leben, die meisten aber tot. Zwei Militärlastwagen und ein paar Zivilfahrzeuge, darunter der Mercedes des Präsidenten, standen zerfetzt an der hinteren Mauer.

Links und rechts im Durchgang führten Bogengänge zu den Treppen in die oberen Etagen. Semmler nahm die rechte, Langarotti die linke Treppe. Bald verkündeten die Feuerstöße aus ihren Maschinenpistolen, daß die beiden Söldner das obere Stockwerk aufräumten. Shannon rief den Afrikanern zu, sie sollten sich das Erdgeschoß vornehmen. Er brauchte ihnen nicht zu sagen, daß sie alles niederschießen sollten, was sich bewegte.

Langsam und vorsichtig ging Shannon durch den Torbogen, der in den Hof führte. Wenn es noch Gegenwehr gab, so war sie von dort zu erwarten. Plötzlich kam von links eine Gestalt mit einem Gewehr schreiend auf ihn zugestürzt. Shannon wirbelte herum und schoß. Der Mann klappte wie ein Taschenmesser zusammen. Der ganze Schauplatz roch nach Blut und Angst.

Shannon spürte Schritte hinter sich und fuhr herum. Aus einer der Seitentüren war ein Mann gekommen. Der sah Shannon, als Shannon ihn sah, und feuerte einen Schuß ab. Shannon fühlte den leichten Luftzug auf der Wange, als das Geschoß ihn verfehlte. Er schoß eine Sekunde später, aber der Mann war schnell. Er warf sich zu Boden, rollte zur Seite und kam zum zweitenmal in Schußposition. Aus Shannons MPi hatten sich fünf Schüsse gelöst, waren aber über den Mann hinweggegangen, als der sich zu Boden warf; dann war das

Magazin leer gewesen. Shannon sprang hinter einen Pfeiler, um ein neues einzuführen, dann kam er schießend wieder hinter dem Pfeiler hervor. Aber der Mann war fort.

Erst jetzt drang es ganz in sein Bewußtsein, daß dieser bis zu den Hüften nackte, barfüßige Schütze kein Afrikaner gewesen war. Fluchend rannte er zum Haupttor zurück. Er kam zu spät.

Als der Bewaffnete aus dem zerstörten Palast floh, kam Klein-Marc soeben auf die Toreinfahrt zu, die Panzerfaust fest in beiden Händen. Im vollen Lauf feuerte der Mann zwei schnelle Schüsse ab. Man fand die Pistole später im hohen Gras. Es war eine Neunmillimeter-Makarow.

Der Belgier bekam beide Kugeln in die Brust, eine davon in die Lunge. Der Schütze rannte an ihm vorbei und versuchte aus dem Schein der Leuchtkugeln zu fliehen, die Dupree noch immer in die Höhe jagte. Shannon sah Vlaminck fast wie in Zeitlupe die Panzerfaust heben, zielen und abdrücken.

Man sieht nicht oft, wie eine Panzerfaust, die für Stahlplatten gedacht ist, einen Menschen ins Kreuz trifft. Später fand man nur noch ein paar Stoffetzen von einer Hose.

Shannon mußte sich flach hinwerfen, um nicht den Feuerstrahl von Klein-Marcs letztem Schuß abzubekommen. Er lag immer noch in acht Meter Abstand am Boden, als der große Belgier mit ausgebreiteten Armen auf die harte Erde vor dem Tor schlug.

Janni Dupree richtete sich auf, nachdem er das letzte Leuchtgeschoß verfeuert hatte, und schrie Sunday zu, er solle die Werfer und das Boot bewachen. Dann gab er Timothy ein Zeichen, ihm zu folgen, und setzte sich die Landzunge entlang in Richtung Clarence in Trab. Er hatte ja noch die Aufgabe, die Garnison lahmzulegen. Sie brauchten zehn Minuten bis zu der Straße, die quer über das Ende der Halbinsel verlief. Janni wußte, daß es von hier aus nach links zur Kaserne ging.

Genau hinter dieser Biegung passierte es. Kimbas Armee war, von Timothys Mörsergranaten auseinandergejagt, in die Nacht geflohen. Aber ein Dutzend Männer hatte sich in der Dunkelheit wieder zusammengefunden und an der Straße formiert. Dupree und Timothy sahen die Soldaten erst, als sie unmittelbar vor ihnen standen. Zehn der Männer waren aus dem Schlaf gerissen worden und nackt. Die beiden übrigen hatten Wache gehabt und waren angezogen und bewaffnet. Einer hatte eine Handgranate.

Als Dupree die Soldaten erblickte, schrie er „Feuer!" und schoß. Die Geschoßgarbe aus seiner MPi zerriß vier von ihnen. Die übrigen rannten weg, und zwei weitere fielen, als Janni hinter ihnen her schoß. Einer aber drehte sich im Laufen um und warf das Ding, das er in der Hand hielt.

Die Handgranate flog hoch in die Luft und traf Timothy, als sie wieder herunterkam, mitten auf die Brust. Der kampferfahrene Afrikaner hielt sie, während er rückwärts taumelte, mit beiden Händen fest, und als er am Boden saß, erkannte er, was es war. Er sah auch, daß der Tölpel, der die Granate geworfen hatte, den Sicherungssplint nicht herausgerissen hatte. Timothy holte das nach, dann stand er auf und warf die Granate so weit er konnte hinter den fliehenden Vindus her. Sie schlug gegen einen Baumstamm und fiel zu Boden. Im selben Augenblick nahm Janni Dupree die Verfolgung auf. Timothy stieß einen Warnschrei aus, doch Dupree rannte, aus der Hüfte feuernd, weiter und war zwei Schritte von der Granate entfernt, als sie losging.

Als er zu Bewußtsein kam, lag er auf der Straße. Jemand kniete bei ihm und hielt seinen Kopf auf dem Schoß. Er fühlte sich wohlig schläfrig. Dann hörte er eine eindringliche Stimme, die etwas sagte, aber er verstand es nicht. „Es tut mir so leid, Janni, es tut mir so leid, so leid..." Janni sah den Mond glitzern wie eine Riesenperle, wie den Paarl-Felsen daheim nach dem Regen. Wie schön, wieder zu Hause zu sein. Er schloß die Augen und starb.

Um halb sechs schimmerte genug Tageslicht über den Horizont, so daß die Männer im Palast ihre Taschenlampen ausknipsen konnten. In einem Raum im Erdgeschoß lag Vlamincks Leiche, daneben Dupree, den Timothy hierhergetragen hatte, und Johnny, der offenbar von dem weißen Leibwächter mit der Makarow erschossen worden war. Langarotti rief Shannon nach oben in ein Zimmer, um ihm den Mann zu zeigen, den er erschossen hatte, als dieser gerade aus dem Fenster klettern wollte.

„Das ist er", sagte Shannon. „Das ist Kimba."

Shannon zwang sechs Überlebende vom Hauspersonal, die Leichen in den Hof zu transportieren. Den Haupteingang ließ er mit einem großen Teppich zuhängen, um das Grausen zu verdecken.

Um fünf war Semmler mit einem der Boote – die beiden anderen im Schlepp – zur *Toscana* hinausgefahren. Um halb sieben war er mit dem afrikanischen Doktor und mit Vorräten, den übrigen MPis und fast einer Tonne Munition wieder da.

Um sechs hatte Waldenberg laut Shannons Anweisung angefangen, auf der Frequenz, auf der Endean lauschte, drei Worte zu senden – Papaya, Kassave und Mango –, was bedeutete, daß die Aktion nach Plan verlaufen, erfolgreich abgeschlossen und Kimba tot war.

Als der afrikanische Doktor das Gemetzel im Palasthof sah, meinte er seufzend: „Es wird wohl notwendig gewesen sein."

„Das war es", bestätigte Shannon, dann forderte er Okoye auf, das zu tun, weswegen er hier war.

Um neun waren die Aufräumungsarbeiten so gut wie beendet. Mit der Beisetzung der Vindus mußte man warten, bis mehr Arbeitskräfte da waren. Zwei der Schlauchboote waren wieder auf der *Toscana,* das dritte lag versteckt in einem nahen Bachlauf. Auf der Landzunge waren alle Spuren der Granat- und Leuchtraketenwerfer verwischt. Alles war in den Palast geschafft worden, der bis auf das zerstörte Tor und drei zerbrochene Fenster nichts von dem verriet, was hier geschehen war.

Um zehn kamen Semmler und Langarotti zu Shannon ins Speisezimmer im Obergeschoß. Beide meldeten das Ergebnis ihrer Erkundungen. Der Sender war intakt. Der Staatsschatz befand sich in einem Safe im Keller. Die Waffenkammer enthielt reichlich Waffen und Munition.

„Und was nun?" fragte Semmler.

„Jetzt warten wir", sagte Shannon, der an Janni Dupree, Klein-Marc und Johnny dachte. „Warten? Worauf?" fragte Langarotti, der schon wieder sein Messer langsam über den Streichriemen zog. „Auf die neue Regierung", sagte Shannon.

Kurz nach ein Uhr mittags traf der Eintonner mit Simon Endean ein. Am Steuer saß Ernie Locke, ein bulliger Rausschmeißer aus dem East End von London, der ein hübsches Sümmchen dafür bekam, daß er über Endeans Leben und Gesundheit wachte. Auf der Pritsche kauerte, unter einer Plane versteckt, Bobi, der seinen Obristenrang offenbar nicht durch persönlichen Mut erworben hatte. Er wollte erst überzeugt werden, daß Kimba auch tot war.

Shannon beugte sich aus dem Fenster, als Endean aus dem Wagen stieg, mißtrauisch den Teppich vor dem Tor betrachtete und die acht schwarzen Wachen musterte, die vor dem Eingang angetreten waren. „Alles in Ordnung?" rief Endean.

„Natürlich", rief Shannon. „Aber verschwinden Sie von der Bildfläche. Bisher hat sich zwar noch keiner gerührt, aber bald muß jemand kommen und hier herumschnüffeln."

Endean führte Bobi und Locke die Treppen hinauf und bat Shannon um einen Bericht. Als Antwort führte Shannon ihn ans hintere Fenster und zeigte hinunter in den Hof, von wo wütendes Fliegengesumm herauftönte. Endean sah hinaus und zuckte zurück. „Und die Armee?"

„Zwanzig tot, der Rest zerstreut. Ihre Waffen und das Arsenal des Präsidenten befinden sich unten im Keller in unserem Gewahrsam. Der staatliche Rundfunksender ist intakt."

Endean nickte zufrieden. „Dann bleibt uns ja nichts weiter, als den neuen Präsidenten seinen gelungenen Staatsstreich und die Bildung einer neuen Regierung bekanntgeben zu lassen. Übrigens, darf ich vorstellen?" Er winkte dem zangarischen Oberst, dessen Gesicht jetzt ein breites Grinsen zeigte.

„Der ehemalige Oberbefehlshaber der zangarischen Armee und siegreiche Revolutionär – vor den Augen der Welt zumindest –, Oberst Antoine Bobi."

Shannon machte eine Verbeugung. „Vielleicht möchte der Herr Präsident sein Amtszimmer besichtigen", meinte er, indem er auf eine Tür auf der anderen Seite des Raumes zuging.

Bobi nickte und trat zusammen mit Shannon durch die Tür, die gleich hinter den beiden zuging. Dann hörte man das Krachen eines einzelnen Schusses. Als Shannon wiederkam, starrte Endean ihn entsetzt an. „Was war das?" fragte er überflüssigerweise.

„Ein Schuß", sagte Shannon.

Endean sprang auf, war mit einem Satz bei der Tür und sah ins Präsidentenzimmer. Sein Gesicht war aschfahl, als er sich wieder umdrehte. „Sie haben ihn erschossen", flüsterte er. „Diese ganze elende Arbeit, und jetzt haben Sie ihn erschossen. Sie sind verrückt, Shannon, Sie verdammter, idiotischer Söldner!"

Shannon machte es sich in einem Sessel bequem. Aus den Augenwinkeln sah er Locke mit der Hand unter das Hemd fahren. Der zweite Schuß kam Endean lauter vor, weil er näher war. Ernie Locke schlug einen Purzelbaum rückwärts und schlug längelang zu Boden. Er war sofort tot. Shannon brachte seine Hand unter dem Tisch hervor und legte die Makarow-Automatik auf den Tisch. Ein blaues Wölkchen kringelte sich aus der Mündung.

Endean ließ die Schultern sinken. Zu dem Wissen, daß sein Traum vom Reichtum aus war, kam jetzt noch die plötzliche Erkenntnis, daß dieser Shannon mit Abstand der gefährlichste Mensch war, den er je kennengelernt hatte.

Semmler erschien an der Tür, und aus dem Flur kam leise Langarotti herein. Beide hatten MPis in den Händen.

Shannon stand auf. „Kommen Sie", sagte er, „ich fahre Sie zur Grenze zurück. Von da können Sie laufen."

Auf dem Flur begegneten sie einem älteren Afrikaner in Zivil.

„Alles klar, Doktor?" fragte Shannon.

„Soweit, ja. Ich habe veranlaßt, daß unsere Leute hundert Mann zum Aufräumen schicken. Weitere fünfzig Soldaten sind heute nachmittag hier. Sieben zangarische Honoratioren haben sich zur Zusammenarbeit bereit erklärt."

„Gut. Sie sollten sich jetzt vielleicht die Zeit nehmen, das erste Bulletin über den Rundfunk bekanntzugeben. Lassen Sie sich von Mr. Semmler mit dem Sender helfen."

„Ich habe Mr. Semmler eben gesprochen", sagte der Doktor. „Er hatte Funkverbindung mit der *Toscana*. Kapitän Waldenberg meldet, daß draußen ein Schiff liegt und von der Hafenbehörde die Genehmigung zum Einlaufen zu bekommen versucht."

„Ist das Schiff identifiziert?"

„Es hat sich als der russische Frachter *Komarow* zu erkennen gegeben."

„Sagen Sie Mr. Semmler, er soll sofort die Funkstation am Hafen besetzen. Er soll der *Komarow* antworten: ‚Einlaufen ein für allemal verweigert.'"

Der Wagen, mit dem Endean gekommen war, stand im Hof. Drei afrikanische Soldaten mit Maschinenpistolen saßen auf der Pritsche. Weitere zwanzig, voll uniformiert und bewaffnet, nahmen vor dem Palast Aufstellung. Shannon setzte sich selbst ans Steuer des Wagens.

„Wer war dieser Mann?" fragte Endean sauer, während sie an den Baracken der eingewanderten Arbeiter vorbeifuhren, wo es geschäftig zuging. An der Kreuzung standen sauber gekleidete und mit Schmeisser-MPis bewaffnete Soldaten auf Posten.

„Dieser Mann war Dr. Okoye", sagte Shannon. „Seinen Doktor hat er übrigens in Oxford gemacht."

„Na schön", sagte Endean nach längerem Schweigen. „Sie haben das größte und lohnendste Ding kaputtgemacht, das je einer versucht hat. Jetzt möchte ich nur noch wissen, warum? In Gottes Namen, warum?"

„Sie haben zwei Fehler gemacht, Endean", sagte Shannon. Endean erschrak beim Klang seines richtigen Namens. „Sie haben geglaubt, weil ich Söldner bin, müsse ich dumm sein. Anscheinend ist Ihnen

nie in den Sinn gekommen, daß Sie selbst ein Söldner sind, genau wie Sir James Manson. Und Ihr zweiter Fehler war, anzunehmen, daß alle Schwarzen gleich wären."

„Da komme ich nicht ganz mit."

„Sie haben sich gründlich über Zangaro erkundigt; Sie haben sogar von diesen Einwanderern gewußt, die das Land praktisch am Leben hielten. Diese Leute bilden eine Volksgruppe für sich, und zwar die intelligenteste und fleißigste im ganzen Land. Wenn sie nur die kleinste Chance bekommen, können sie im politischen Leben dieses Landes eine Rolle spielen. Das haben Sie nicht begriffen. Oder daß die neue zangarische Armee sich vielleicht nicht aus Vindus oder Cajas zusammensetzen könnte, sondern aus dieser dritten Volksgruppe. Und das ist soeben geschehen. In fünf Tagen werden in Clarence vierhundert neue Soldaten sein – unausgebildet natürlich, aber tüchtig genug, um für Recht und Ordnung zu sorgen. Von jetzt an werden sie die eigentliche Macht sein. Letzte Nacht hat es hier einen Staatsstreich gegeben, allerdings, aber nicht zugunsten Ihres Oberst Bobi."

„Zu wessen Gunsten denn?"

„Für den General, für den Dr. Okoye arbeitet."

„Was ist das für ein General?" Shannon nannte ihm den Namen, und Endean riß entsetzt den Mund auf.

„Doch nicht der! Der ist besiegt und im Exil."

„Zur Zeit, ja. Aber nicht unbedingt für immer. Diese eingewanderten Arbeiter gehören zu seinem Volk. Man nennt sie die Juden Afrikas. Anderthalb Millionen von ihnen leben über den ganzen Erdteil verstreut."

„Dieser idealistische Oberidiot –"

„Vorsicht", warnte Shannon. „Hinter uns sitzen drei von seinen Soldaten. Sie sprechen alle Englisch."

Endean drehte sich um und sah in drei Gesichter über drei MPi-Läufen. „Und wie geht das jetzt weiter?" fragte er.

„Jetzt übernimmt das Komitee für nationale Aussöhnung. Vier Vindus, vier Cajas und zwei Einwanderer. Aber die Armee wird aus Leuten bestehen, wie sie hinter Ihnen sitzen. Und dieses Land wird ihre Basis sein, von wo aus sie eines Tages Vergeltung dafür üben könnten, was ihrem Volk angetan wurde. Vielleicht kommt auch der General und läßt sich hier nieder."

„Und Sie bilden sich ein, das klappt?"

„Sie wollten sogar diesen sabbernden Affen Bobi hier an die Macht bringen und haben sich eingebildet, das klappte. Die neue Regierung

wird zumindest einigermaßen fair sein. Eines Tages wird sie sicher auch das Erzvorkommen finden, oder worauf Sie es sonst abgesehen hatten. Und zweifellos wird es ausgebeutet werden. Aber wenn Sie es haben wollen, werden Sie einen angemessenen Preis dafür zahlen müssen."

Hinter der nächsten Biegung kam der Grenzposten in Sicht. Shannon hielt an. „Das restliche Stück können Sie zu Fuß gehen."

Endean stieg aus und blickte mit unverhülltem Haß zu Shannon zurück. „Sie haben mir noch immer nicht gesagt, warum."

Shannon blickte die Straße entlang. „Fast zwei Jahre lang", sagte er, „habe ich mit ansehen müssen, wie eine halbe bis eine Million kleine Kinder verhungert sind. Sie sind gestorben, damit Leute wie Sie und Manson größere Profite machen konnten, und das Ganze im Namen von Gesetz und Ordnung. Vielleicht bin ich ein Kämpfer, vielleicht ein Killer, aber ich bin kein Sadist. Ich habe darüber nachgedacht und herausbekommen, wie und warum das so kommen mußte und wer dahinterstand. Es waren Profitmacher wie Ihr sauberer Manson. Darum habe ich es getan. Das können Sie Manson sagen, wenn Sie wieder zu Hause sind. Er soll es wissen. Er persönlich. Von mir. Und jetzt gehen Sie."

Nach zehn Schritten drehte Endean sich um.

„Lassen Sie sich ja nie wieder in London blicken, Shannon", rief er. „Mit Ihresgleichen werden wir da noch fertig."

„Keine Bange", rief Shannon zurück. Und für niemanden hörbar flüsterte er: „Da brauche ich nie mehr hin."

EPILOG

D ie neue Regierung wurde rechtmäßig gebildet und regiert nach letzten Berichten human und gut. Die europäische Presse nahm von dem Staatsstreich kaum Notiz, nur *Le Monde* brachte eine Meldung, wonach abgefallene Einheiten der zangarischen Armee am Vorabend des Unabhängigkeitstages den Präsidenten gestürzt hätten.

Janni Dupree und Marc Vlaminck wurden unter Palmen auf der Halbinsel begraben, wo der Wind vom Golf herüberweht. Auf Shannons Bitten blieben ihre Gräber unbenannt. Um Johnny kümmerten sich seine eigenen Leute, die auf ihre Art um ihn trauerten.

Simon Endean und Sir James Manson hielten den Mund. Es gab auch nichts, was sie öffentlich hätten sagen können.

Shannon gab Jean-Baptiste Langarotti die übriggebliebenen fünftausend Pfund aus ihrer Kriegskasse, und der Korse kehrte nach Europa zurück. Beim Abschied an der Küste sagte er zu Shannon: „Es ist ja gar nicht das Geld. Eigentlich war es nie das Geld." Schon wenige Monate später war er wieder in Afrika und bildete Partisanen für einen neuen Bürgerkrieg aus.

Dann schrieb Shannon unter dem Namen Keith Brown an Signore Ponti in Genua und bat ihn, die Inhaberaktien, die den Besitz der *Toscana* bedeuteten, zu gleichen Teilen Kapitän Waldenberg und Kurt Semmler zu geben. Ein Jahr später zog es Semmler wieder zum Soldatenleben, und er verkaufte seinen Anteil an Waldenberg. Semmler starb im südlichen Sudan beim Minenlegen.

Shannons letzte Handlung war eine Anweisung an seine Schweizer Bank, fünftausend Pfund an Janni Duprees Eltern in Paarl in Südafrika und die gleiche Summe an eine Frau mit dem Namen Anna zu überweisen, die in Ostende eine Bar betrieb.

Cat Shannon starb einen Monat nach dem Putsch. Er starb so, wie er es sich einmal im Gespräch mit Julie Manson gewünscht hatte, mit einem Gewehr in der Hand und Blut im Mund und einer Kugel in der Brust. Es war sein eigenes Gewehr und seine eigene Kugel. Nicht der Kampf hatte ihn getötet, sondern das, was wie ein kleiner schwarzer Leberfleck in seinem Nacken aussah. Das war es nämlich, was er in Dr. Dunois' Pariser Praxis erfahren hatte: knapp sechs Monate, wenn er sich gut hielt, und der letzte Monat würde schlimm werden. Da ging er lieber, als er seine Zeit gekommen glaubte, allein in den Busch, allein mit seinem Gewehr und einem Umschlag voller Aufzeichnungen, die an einen Freund in London adressiert waren.

Die Eingeborenen, die ihn gehen sahen und dann zum Begräbnis zurückholten, sagten, er habe gepfiffen, als er ging. Sie wußten nicht, was er da pfiff. Die Melodie hieß „Spanish Harlem".

Frederick Forsyth

Alles, was er unternimmt, betreibt Frederick Forsyth mit ganzer Kraft: Ob er nun den Toreros in Spanien nacheifert, Bomben für die königlich britische Luftwaffe fliegt oder die entlegensten Winkel unseres Planeten besucht. Der frühere Journalist und jetzige Schriftsteller ist der geborene Abenteurer; bisher hat er mehr als vierzig Länder der Erde bereist. Inzwischen ist er siebenunddreißig Jahre und ein anerkannter Meister der modernen Form des Romans, in der sich tatsächliche Vorgänge und schriftstellerische Erfindung so verbinden, daß sich jedes Buch wie ein Erlebnisbericht liest.

So entstanden seine ersten Polit-Thriller „Der Schakal" und „Die Akte Odessa" unmittelbar nach Forsyth' Erfahrungen in den Pariser und Berliner Büros der Nachrichtenagentur Reuter. „Die Hunde des Krieges" schrieb er nach einem achtzehnmonatigen Afrikaaufenthalt zur Zeit des Biafrakrieges. Damals hat Forsyth berühmt-berüchtigte weiße Söldner, wie den Belgier Schramme, kennengelernt und auch Mike Hoare, der dann das Vorbild für die Figur des Cat Shannon wurde.

Forsyth schreibt seine Romane in Rekordtempo. „Die Hunde des Krieges" entstanden im Juni 1973, wo Forsyth einen ganzen Monat nicht mehr aus seinem Arbeitszimmer herauskam. Aber es waren natürlich viele Wochen sorgfältiger Recherchen vorausgegangen, die weit häufiger aus Gesprächen als aus dem Blättern in Archiven bestanden. Noch von seiner Zeit als Journalist her hat Forsyth einen Schatz an Verbindungen und das Geschick, geheime Unternehmungen und Organisationen zu enttarnen. „Ich habe gelernt, Tatsachen aufzuspüren, die von manchen Verantwortlichen gerne verschwiegen worden wären, und weiß wie man mit den Leuten reden muß, um an die Fakten zu kommen".

Der Autor lebt auf einem Hof in der Nähe von Valencia in Südspanien. Er überlegt sich, ob er nicht wieder zum Journalismus, dem seine Bücher so viel verdanken, zurückkehren sollte.

LA BALSA

Eine Kurzfassung des Buches von
VITAL ALSAR
und Enrique Hank Lopez

Ins Deutsche übertragen von
Annemarie Weber

Originalausgabe: „La Balsa"
The Longest Raft Voyage in History
© 1973 by Vital Alsar und Enrique Lopez

Als ihr Floß La Balsa *sich schlingernd von der Küste
Ekuadors entfernte, wußten die vier Männer ganz genau,
welche Gefahren ihnen bevorstanden. Die über acht-
tausendsechshundert Meilen lange Route nach Australien
führte durch eines der schlimmsten Sturmgebiete der
Erde und zwischen einer Unzahl tückischer Riffe hindurch,
von denen jedes dem kleinen Fahrzeug und seiner
Besatzung in Sekundenschnelle den Garaus machen
konnte. Auch auf Hunger und Durst mußten sie gefaßt
sein und auf Haifische, die sie die ganze Fahrt über keinen
Tag verlassen würden. Und schließlich: wie sollten vier
Männer – ein Spanier, ein Franzose, ein Kanadier und ein
Chilene – es ein halbes Jahr lang in einem winzigen
„schwimmenden Kerker" aushalten, ohne in Auseinander-
setzungen zu geraten, die ihnen in dieser Lage verhängnisvoll werden konnten?*

*Vital Alsar war überzeugt, daß die alten südameri-
kanischen Indianer auf solchen Flößen den Pazifik
befahren hatten, und das wollte er beweisen. Seine
plastische Darstellung des großartigen Abenteuers lebt
von den farbigen Charakteren der vier Männer und steckt
voller Humor, was nicht zuletzt dem „fünften Mann"
der Crew, dem unerschrockenen kleinen Kater Minet zu
verdanken ist. Mit „Kon-Tiki" gehört „La Balsa" zu den
größten Seefahrtsabenteuern aller Zeiten.*

Überleben hängt von der totalen
Zusammenarbeit *aller* Menschen
ab – ob ihre Welt ein Floß ist,
ein Dorf, ein Land oder ein Planet.

Vital Alsar

1

WIR begannen unsere Fahrt in einer jener pechschwarzen Neumond-
nächte, die meine abergläubische Großmutter ein „böses Omen" für
jedweden Neubeginn genannt hätte.

Am 29. Mai 1970, zwei Stunden nach Mitternacht, als die Gezei-
tenströme des Guayas zu ebben begannen, schob sich ein gedrungener
kleiner Schlepper an das Dock heran und nahm das Floß *La Balsa*
in Schlepp. Wir hatten gehofft, gleich die erste Etappe unserer Fahrt
ab Guayaquil in Ekuador segeln zu können. Da wir aber die unberechenbaren Strömungen des Flusses jetzt besser kannten, hatten
wir doch lieber einen einheimischen Schlepperkapitän gebeten, uns
auf die offene See zu bringen.

Auch so kosteten uns die hundertundzwanzig Meilen flußabwärts
und über den stürmischen Golf von Guayaquil fast drei Tage, weil
das Schleppen ja nur langsam vor sich geht. Und von dem Augenblick an, da die Schlepptrosse sich straffte, schien das Floß Widerstand zu leisten.

„Das Floß muß etwas wissen, was uns verborgen ist", meinte
Gabriel, „es wittert Gefahr da draußen."

„Ach was, es mag nur nicht angebunden sein", erwiderte ich,
„Flöße wollen sich von Winden und Strömungen treiben lassen und
zeigen uns, daß sie sich im Schlepptau unglücklich fühlen. Jedenfalls
werden wir den Ozean sicher erreichen. Und erst dort lauert der
wahre Feind."

Tatsächlich lauerten dort mehr Feinde auf uns, als wir hatten vor-
aussehen können. Daß wir im äquatorialen Klima bald schmoren,
bald zu Eis frieren würden, daß der Pazifik ungezählte tückische Riffe

verborgen hielt, daß wir beinah täglich von Haien verfolgt würden, daß wir miteinander in Streit geraten, daß wir in einer nebelverhüllten Nacht von einem Schiff überrannt werden und schließlich an Hunger oder Durst sterben konnten, das alles war uns klar gewesen, ohne daß es je zur Sprache gekommen wäre.

Am Morgen nach unserem Aufbruch erhob sich die Sonne hinter uns und enthüllte die Küste von Ekuador in ihrer tropischen Pracht. Der Golf von Guayaquil war bewegter, als wir erwartet hatten. In der Aufregung der vergangenen Nacht war mir die Bewegung des Floßes kaum zu Bewußtsein gekommen, weil das Verstauen der Vorräte und Ausrüstungsgegenstände meine Aufmerksamkeit restlos, bis zur letzten Minute, in Anspruch genommen hatte. Jetzt erst bemerkte ich das Rucken und Rollen des Floßes und die über den Bug klatschenden Wellen.

Mein Magen registrierte es zuerst: eine leichte Übelkeit, als wühlten Schlangen in meinem Innern. Schließlich wankte ich zum Heck und opferte Neptun. Als ich Marc davon erzählte, lachte er und riet mir, mich hinzulegen.

Aber am nächsten Morgen war er selber krank und Gabriel und Normand ebenso. Abends versuchten wir uns mit Pokern von unserem Unbehagen abzulenken. Im Flackerschein einer vom niederen Hüttendach herunterbaumelnden Laterne musterte ich meine drei Gefährten.

Der älteste von uns war Marc Modena, ein wetterharter Mann von vierundvierzig mit einem angenehmen Sinn für Humor. Seine lange, knochige Nase und der feste Mund wirkten wie aus Granit gemeißelt, und sein zottiger Bart verbarg ein kräftiges Kinn. Marc war mit mir auf der *Pacifica* gewesen, dem Unglücksfloß, das 1966 bei den Galápagosinseln untergegangen war und uns beinah das Leben gekostet hätte. Mit seiner Frau und zwei Töchtern lebte er in Montreal, wo er ein Restaurant betrieb, was ihn für uns zum idealen Küchenchef und Proviantmeister machte. Zudem war er ein erfahrener Seemann.

Der jüngste unserer Crew war Normand Tetreault, sechsundzwanzig Jahre alt und Kanadier. Wegen seines dicken, hellen Wuschelhaares und -bartes nannten wir ihn den Waldschrat. Der scheue, schweigsame Mann lächelte zwar gern, hielt aber die meisten Unterhaltungen für unnötige Plackerei. „Junge, Junge!" war meist sein einziger Kommentar, was er aber so reich nuanciert auszusprechen verstand, daß es zu einer neuen Viersilbensprache wurde. Von Beruf war er Industriedesigner und schon zeit seines Lebens ein so pas-

sionierter Segler, daß er sich eine eigene seetüchtige Schaluppe gebaut hatte; und er war gerade mit dem Studium der astronomischen Navigation beschäftigt, als Marc ihn aufforderte, mit uns zu kommen.

Der Pessimist unserer Mannschaft war Gabriel Salas, ein siebenundzwanzigjähriger Geologe aus Chile mit sehr viel Charme, wacher Intelligenz und graublauen Augen voller Übermut. Er war durch Südamerika getrampt und zufällig gerade in Guayaquil angelangt, als wir unser Floß zu bauen begannen. Sofort bot er uns seine Hilfe an und arbeitete genauso hart und intensiv wie wir alle. Ohne daß er es mir zu erzählen brauchte, war mir klar, daß er gern mit uns gesegelt wäre. Aber vielleicht hatte er etwas zuviel von einem Hippie an sich – war für die lange Fahrt eventuell zu labil. In seinen Mußestunden schrieb er Gedichte, und politische Revolutionen waren sein bevorzugtes Gesprächsthema. Ich hatte mit meinem Urteil über ihn zurückgehalten, schließlich aber fragte ich ihn: „Willst du mitmachen, Gabriel?"

Normand, Gabriel und Marc mit Minet, „dem fünften Mann" der Crew

Ein stürmisches „Hurra!" war seine Antwort. Dann langte er in seine Hosentasche und holte eine Goldmünze im Wert von fünfzig Dollar heraus. „Nimm das", sagte er, „ich weiß, ihr andern habt viel mehr beigesteuert, aber das ist alles, was ich habe."

Auch am Ende des zweiten Tages waren die meisten von uns immer noch seekrank und elend, aber auf dem offenen Meer hatten wir bestimmt ruhigere Fahrt zu erwarten. Als dann aber die ungeheure Weite vor uns lag, vermochte Gabriel seine angeborene Skepsis nicht zu verbergen. Konnten wir denn wirklich 8600 Seemeilen weit segeln? Doppelt so weit wie Thor Heyerdahl mit seiner *Kon-Tiki?* Wenn auch Heyerdahls Fahrt die Seetüchtigkeit der nach alten indianischen Plänen gebauten Balsaflöße nachgewiesen hatte, gab es doch auch jetzt noch viele Leute, die nicht an unseren Erfolg glaubten. Denn hinter Tahiti, wo Heyerdahl sein vollgesogenes Floß an Land gezogen hatte, lagen vor uns noch weitere 4300 Seemeilen durch eins

der tückenreichsten Meere der Welt. Gewaltige Korallenriffe, manche
Hunderte von Kilometern lang, blockierten unsere Route wie ver-
steinerte Ungeheuer, die ihre gefährlichen Krallen in den stürmischen
Wogen verborgen halten.

Vizeadmiral Samuel Fernandez von der mexikanischen Marine hatte
mir Südseekarten mitgegeben, mich aber gewarnt: „Viele Riffe, sogar
eine Anzahl der großen, sind noch nicht kartographiert. Und von den
kleinen liegen Tausende dicht unter der Wasseroberfläche, lauter unsichtbare Fallen, die nie eine Karte erfassen wird."

„Du bist verrückt, Vital!" rief ein alter mexikanischer Freund,
„wie willst du die Riffe ohne Motor und Radar überhaupt umgehen?"

„Aber deswegen mach ich ja die Fahrt", entgegnete ich, „um nachzuweisen, daß man mit einem einfachen Floß auch die tückischsten
Gewässer befahren kann. Und den Pazifik dazu."

In unserm Wahnsinn steckte nämlich allerhand Methode. Ungezählte Tage hatte ich in den Marinearchiven und -bibliotheken von
Mexiko, Ekuador und Peru zugebracht, hatte über vergilbten Doku-
menten gebrütet, Skizzen von Balsaflößen abgezeichnet, mit denen
die Huancavilca-Indios noch segelten, als die Spanier die Neue Welt
erreichten, und hatte die erstaunlichen Navigationstechniken der Indios vor der Zeit des Kolumbus studiert. Kapitän Bartolomeo Ruiz,
einer von Pizarros fähigsten Navigatoren, berichtete dem König von
Spanien, die Indios in Südamerika hätten bessere und sicherere Arten
der Küstenschiffahrt entdeckt, als er in Europa je gesehen hätte. Besonders erwähnte er eine spezielle Art von Steckschwertern oder *guaras,*
die den Huancavilcas eine solche Kontrolle über ihre Balsaflöße ver-
schafften, daß sie besser manövrierten als die spanischen Galeonen.

Der berühmte argentinische Anthropologe Juan Moricz liefert
überzeugende Beweise für lange Pazifikreisen auf diesen alten Flößen.

Im Gegensatz zu manchen unserer Freunde hat Denise, meine
Frau, nie versucht, mich von der Reise abzuhalten. Manchmal fragte
ihre Mutter: „Muß Vital unbedingt seine beiden Kinder im Stich
lassen? Fühlt er sich denn gar nicht für sie verantwortlich? Liebt er
dich nicht?"

Denise zuckte dann nur die Achseln: „Es geht bestimmt alles gut,
Mutter. Du verstehst Vital nicht. Was er beweisen muß, das muß er
eben beweisen, und solange ihm das nicht gelungen ist, findet er keine
Ruhe. Und ich auch nicht. Also mach dir darüber keine Gedanken."
Aber ich wußte wohl, daß sie die Aussicht, in jungen Jahren Witwe
zu werden, nie ganz aus ihren Gedanken verbannen konnte.

Innerlich mit meiner Familie beschäftigt, bemerkte ich kaum, daß wir den Golf von Guayaquil hinter uns hatten und das Wasser kein trübes Braun mehr zeigte, sondern ein durchsichtiges Hellgrün. Vor uns dehnte sich der Pazifik.

„Wir sind da!" schrie Gabriel.

Wir schöpften Hände voll Wasser und spritzten sie uns übermütig in die Gesichter. Mit einem feierlichen Aufheulen seines Nebelhorns entließ der Schlepper uns ins offene Meer. In unsern Gefühlen mischte sich Zuversicht mit ehrfürchtiger Scheu. Jetzt waren wir allein in dieser ungeheuren Wasserwüste, die uns ernähren, uns waschen, uns unserem Ziel entgegentragen sollte – die uns aber auch jeden Augenblick den Garaus machen konnte. In unserem Hochgefühl vergaßen wir beinah, uns beim Kapitän des Schleppers zu bedanken. Er hatte das schwere Seil auf seiner Seite losgeworfen und uns zugerufen, es sei sein Geschenk an *La Balsa*.

„Der Kapitän dürfte etwas wissen, was er uns nicht sagt", meinte Gabriel mit spöttischem Stirnrunzeln.

„Vielleicht sind's die Haie", sagte Marc und deutete auf ein paar Rückenflossen, die hinter uns das Wasser durchschnitten.

„Was für Ungeheuer! Die müssen drei Meter lang sein!" meinte Gabriel.

„Du wirst dich wohl an sie gewöhnen müssen", sagte ich, „die weichen uns den ganzen Weg über nicht von der Seite."

Das vom Schlepptau befreite Floß glitt mit auffallender Leichtigkeit dahin. Dankbar gedachte ich unserer Sorgfalt bei der Auswahl der Balsastämme und der Zeit, die wir uns den Bau des Floßes hatten kosten lassen.

SCHON Wochen vorher hatte unsere Holzfällerexpedition in Quito begonnen, der über dreitausend Meter über dem Meer gelegenen Hauptstadt von Ekuador. Unsere Indioführer hatten uns, den Vorschriften ihrer Ahnen getreu, beschworen, Balsastämme nur bei abnehmendem Mond zu fällen, wenn der Saft aus dem Stamm gewichen sei. Solch entsaftete Bäume heißen weiblich, während die schweren saftgefüllten männlich sind. So hatten wir denn geduldig auf den abnehmenden Mond gewartet, entschlossen, sieben weibliche Stämme zu suchen, die auf den Schlag des Handballens mit einem hohlen Bong! antworteten.

An einem hellen, kühlen Morgen verließen wir Quito, eng zusammengedrängt in einem Landrover. Als die schmutzigen Wege zu

schmal wurden, ließen wir in einem kleinen Dorf den Wagen stehen und machten uns zu Fuß auf den Weg. Aufsteigende Dunstwolken hüllten unseren Weg in Nebel. Wir gingen wie in einem Treibhaus. Als wir uns der Tiefe des Dschungels näherten, breitete sich vor uns auf den weichen, von dichtem Moos bezogenen Lehmufern der Bäche eine verwirrende Fülle von Farnen und Riesenpflanzen mit Blättern wie Elefantenohren aus. Eidechsen und Schlangen glitten im Buschwerk hin und her, daß die Blätter hinter ihnen erbebten. Die Vögel mit ihrem phantastisch bunten Gefieder waren nicht zu übersehen – und ihr schrilles Gekreisch nicht zu überhören.

„Anscheinend haben die was gegen Spanier und Franzosen", zog uns Don Cesar Iglesias, unser Holzexperte, auf, „so hab ich sie noch nie gehört."

Unsere in der Gegend beheimateten Führer vermochten die besten Balsawälder Ekuadors offenbar instinktiv ausfindig zu machen. Wenn wir von Zeit zu Zeit auf eine Gruppe von Balsabäumen stießen, klopften sie gegen einen der Stämme und lauschten. Hatte er nicht genau den Grad von Hohlheit, auf den es ihnen ankam, dann murmelte einer von ihnen Don Cesar etwas zu, der es übersetzte. „Dieser Stamm ist zu *macho*."

„*Macho?*" fragte Normand.

Don Cesar zwinkerte. „Ihr Freund Vital weiß mit den *machos* und *hembras* genau Bescheid."

Der alte Mann spielte auf meine Experimente mit männlichen und weiblichen Balsastämmen nach unserer mißglückten Fahrt auf der *Pacifica* an. Die Stämme des Floßes waren mitten im Ozean verrottet. Um ein solches Mißgeschick in Zukunft zu vermeiden, hatte ich beschlossen, mich genauer über das Balsaholz zu informieren. Nachdem ich alles an einschlägiger Literatur gelesen hatte, was ich auftreiben konnte, war ich zum Nationalinstitut für Waldforschung in Mexico City gegangen, um mich mit Experten zu unterhalten. Außerdem hatte ich viele Stunden damit verbracht, die komplizierte Struktur des Balsaholzes durch ein starkes Mikroskop zu studieren, hatte dann gekennzeichnete Holzstücke in einem Zuber mit Wasser schwimmen lassen und den Auftrieb jedes einzelnen registriert. Folglich wußte ich, als ich mit Don Cesar bekannt wurde, sozusagen „alles" über das Balsaholz, und da meine Überheblichkeit ihn ärgerte, hatte er mich eines Abends herausgefordert. „Also bitte", hatte er gesagt und sieben Stücke Balsaholz auf den Tisch gelegt, „jetzt sagen Sie mir, welches davon am besten für ein Floß geeignet ist."

Ich hatte jedes Stück in der Hand gewogen, die Schnittflächen inspiziert und dann verkündet: „Dies hier ist zu *macho* ..., dies ist mittel ..., dies ist zu zwei Dritteln weiblich ..., dies ist *macho* ..., dies ist richtig weiblich." Eins nach dem andern, fast ohne zu zögern.

Offenbar war Don Cesar jene Szene eingefallen, während wir uns mühselig durch den Regenwald schlugen und nach Bäumen Ausschau hielten.

Endlich war eine Gruppe des richtigen Geschlechts gefunden.

Wenn die weiblichen Bäume auch leichter waren als die saftgefüllten *machos*, so wog doch jeder der gefällten Stämme etwa eine Tonne. Während ich zusah, wie unsere Helfer ziehen und zerren mußten, als sie die gewaltigen Stämme einen nach dem andern ans Flußufer schleppten, kamen mir gewisse Bedenken wegen ihrer Schwimmfähigkeit.

Sie schwanden indessen, als ein Stamm nach dem andern mit gewaltigem Plat-

La Balsa, fertig bis auf Mast und Segel, bereitet sich auf den Stapellauf vor.

schen ins Wasser fiel und sofort wieder auftauchte. Die meisten Bäume schwimmen, aber Balsastämme lassen sich beinahe wie Plastikenten in einer Badewanne bewegen. Fast ohne Mühe banden wir die Stämme mit Lianenranken zusammen. Dann beluden wir dieses Behelfsfloß mit Bambus zum späteren Gebrauch und kletterten schließlich selbst hinauf; es trug das zusätzliche Gewicht ohne die geringste Einbuße an Auftrieb.

Wir stießen uns vom Ufer ab in die wirbelnde Strömung, die uns etliche zweihundert Kilometer stromabwärts zu unserem Bauplatz in Guayaquil bringen sollte.

Unsere Holzfäller standen am Ufer, winkten und riefen uns nach: „Buena suerte!" (Viel Glück!)

Am folgenden Nachmittag erreichten wir die Hafenstadt und begannen sofort mit dem Bau. Nachdem wir unsere sieben Stämme losgebunden hatten, drehten wir einen nach dem andern so lange, bis die Außenflächen so gut wie möglich aneinanderpaßten. Mit dieser Auf-

gabe war Marc betraut, und er suchte mit unendlicher Sorgfalt nach
den besten Paarungen.

„Er ist der geborene Ehevermittler", bemerkte Normand.

„Sonderbare Ehen gibt das", sagte ich, „unter lauter Frauen-
zimmern."

„Und wie sollen vier *machos* wie wir ein halbes Jahr Zusammenleben ertragen?" fragte Marc.

Diese Frage bohrte schon lange in meinem Innern wie ein Zahn-
schmerz. Wie leben vier Männer ein halbes Jahr lang in einer überfüllten schwimmenden Gefängniszelle? Vom Gefängniskoller, der
Gefangene dazu treiben kann, einander aus geringfügigstem Anlaß
umzubringen, hatten wir alle schon gehört, und wir konnten kaum
annehmen, daß es sich bei uns vieren um vollkommen ausgeglichene
Individuen handelte. Aber wenn wir Glück hatten, konnten unsere
neurotischen Züge sich ergänzen. Wir brauchten Intro- und Extra-
vertierte, Optimisten und Pessimisten, Romantiker und Realisten,
Konservative und Liberale – eine gesunde Mischung menschlicher
Stärken und Schwächen. Außerdem mußten wir einen Modus vivendi
finden, der die Reibungsflächen auf ein Mindestmaß beschränkte und
Explosionen verhinderte, die verhängnisvoll werden konnten.

Eines Abends brachte ich die Sache so beiläufig wie möglich zur
Sprache: „Ich hab mir gedacht, wir sollten uns ein paar Richtlinien
geben", sagte ich.

„Wegen der Arbeitsteilung?" fragte Marc.

„Ja, das auch. Aber ich denke an unseren Umgang miteinander.
Auf einer so langen Reise müssen wir uns zwangsläufig ab und zu
auf die Nerven gehen", ich zögerte, weil ich nach den richtigen Worten suchte, „vor allem sollte jeder die persönliche Sphäre des andern
respektieren. Und nie – unter keinen Umständen – sollten wir einander berühren. Keine Raufereien, keine Ringkämpfe."

„Aber warum denn nicht?" unterbrach Gabriel, „nur so aus
Spaß ..."

„Darum geht's ja", erwiderte ich, „wenn man die private Sphäre
des andern erst einmal verletzt hat, und sei es im Spaß, dann wird
es einfacher, ihn im Zorn anzugreifen. Deshalb müssen wir uns vorstellen, jeder von uns befinde sich in einer unsichtbaren ‚Luftblase'
von Privatheit, die nicht platzen darf. Und noch etwas, wir dürfen
einander nicht kritisieren."

Gabriel trommelte leise mit den Fingern auf dem Tisch: „Du
meinst, schon die geringste Kritik könne in einen Kampf ausarten?"

„Genau das. Wenn man erst anfängt, die Eßgewohnheiten eines Menschen zu beanstanden oder daß er schnarcht, dann spielt es keine Rolle, ob man nur Spaß macht – es liegt in der menschlichen Natur, daß man den Kritiker schließlich haßt."

„Dann sollen wir wohl Heilige werden?" meinte Marc.

„Für ein halbes Jahr, bis wir in Australien sind. Dann dürfen wir wieder Menschen sein."

Am nächsten Morgen war ich früh auf, um den fortschreitenden Bau unseres Floßes zu begutachten. Tatsächlich hatte Marc die denkbar beste Ehe zwischen den sieben Stämmen, mit dem längsten von zwölfeinhalb Metern in der Mitte, zu stiften vermocht. Die Vorderenden waren diagonal geschnitten, damit sie einen spitzen Bug bildeten. Wir banden die Stämme mit dicken, vorher im Wasser noch geschmeidiger gemachten Hanftauen zusammen, und zwar so, daß wir sie sorgsam in die schon vorbereiteten Kerben einpaßten. Und zum Schutz hatte Marc die Unterseite der Stämme mit Rohöl bestrichen.

Jetzt konnten wir mit den Aufbauten beginnen. Vier dicke Balken wurden quer über die Basisstämme gelegt und mit zolldicken Hanfseilen befestigt. Über die Balken kam dann eine Plattform von gespaltenem Bambus, wobei sich zwischen diesem Deck und den Stämmen schmale Räume für Vorräte ergaben. Die Plattform selbst bedeckten wir mit geflochtenen Schilfmatten.

Das Festzurren der Balken war eine langweilige und zeitraubende Arbeit: Hunderte von Knoten mußten mit großer Sorgfalt gemacht werden; denn ein paar nachlässig geknüpfte konnten dazu führen, daß unser Floß mitten auf dem Ozean auseinanderbrach. Ich ertappte mich dabei, wie ich einige der von Gabriel steuerbords nah beim Heck geknüpften überprüfte. Alle waren untadelig. Als ich Normand *meine* Knoten kontrollieren sah, lachte ich. „Wir sind alle Spione", sagte ich, „keiner traut keinem."

Gabriel war nicht weniger wachsam, als wir mit dem Bau der Hütte begannen, die 2,60 mal 3 Meter messen und in der Mitte knapp 1,50 Meter hoch sein sollte, indem er wie der Vorarbeiter eines Bautrupps jedermanns Arbeit kontrollierte. „Beim Dach müssen wir besonders sorgsam arbeiten", sagte ich, „wenn es sich bei starkem Wind löst, wirkt es wie ein zweites Segel." So gaben wir uns denn mit den Wänden aus geflochtenem Bambusrohr sowie dem Dach aus Bambuslatten und zähen, biegsamen Bananenblättern ganz besondere Mühe.

Vor der Hütte errichteten wir einen Zehnmetermast: zwei Pfähle aus hartem, widerstandsfähigem Mangrovenholz, die wir oben zu

einem umgekehrten V zusammenbanden. Darauf kamen ein kleiner
Ausguck und die Fahnenstange, an der bei gutem Wetter die spanische
Flagge wehen sollte.

Das Segel war ein Rechteck aus starkem Segeltuch, fünfeinhalb
Meter breit und sechseinhalb Meter hoch. Ich schmückte es mit einer
riesigen, hellroten Sonne, in die ich eine Skizze des Floßes hinein-
malte. Für ein Ersatzsegel war kein Platz, aber wir hatten eine Menge
Nadeln und Schnur zum Flicken.

Vital fängt – im wahrsten Sinne des Wor-
tes – einen fliegenden Fisch

Das Allerbeste am Floß
war eine Reihe von *guaras,*
vertikalen Steckschwertern,
Planken von sechzig Zentimeter Breite und ein Me-
ter achtzig bis zwei Meter
vierzig Länge. Zwischen den
Stämmen staken sie unter
dem Fahrzeug im Wasser wie
Flossen – drei V-förmig angeordnet in der Nähe des
Bugs, zwei unter der Hütte
und vier in gerader Linie am
Heck.

Ekuadorianische Fischer,
die ihre Balsaflöße ganz ähn-
lich steuern wie ihre Vorfahren, hatten uns die Verwendung dieser
Senkkiele gezeigt. Wollten wir das Floß von links nach rechts steuern,
mußten wir die Steuerbordkiele (rechts) tiefer ins Wasser schieben,
während wir die Backbordkiele (links) herauszogen. Am wichtigsten
waren die *guaras* an den Ecken des Hecks, die zum Ausgleichen schräg
auftreffender Winde verschoben werden mußten. So primitiv diese
Technik ist – ohne sie kann man ein Floß nicht auf festem Kurs halten.

Die Krönung des Ganzen war ein großer, würdiger „Thron" aus
ausgewähltem Balsaholz mit einem großen Loch im Sitz wie bei einem
Plumpsklo von Anno dazumal. Und genau das war es auch – eine
Amphibientoilette, die wir auf einer aufs Wasser hinausragenden
Planke an Backbord befestigten.

Mehrere Wochen später inspizierten wir stolz unser Werk. Kein
einziger Nagel, kein Draht, kein Metallstift! So genau wie möglich
sollte *La Balsa* jenen alten Fahrzeugen gleichen, die schon Jahrtausende zuvor den Ozean überquert hatten.

AM TAG des Auslaufens kamen fünfzig oder sechzig Freunde an Bord unseres kleinen Floßes, um uns „Gute Fahrt" zu wünschen – oder kopfschüttelnd ihr Entsetzen auszudrücken. Zu den Optimisten gehörte Señora Paladines, die Frau eines Arztes aus Guayaquil. In ihren weißbehandschuhten Händen hielt sie ein mageres, schwarzweißes Kätzchen. „Hier, Kätzchen bringen auf jeden Fall Glück", rief sie aus.

„Mehr als drei bis vier Tage geb ich dem Ding da nicht", sagte ein alter Seemann mit Spitzbauch, „bis dahin haben die Stämme sich voll Wasser gesogen wie Schwämme."

„Unsinn!" schnitt ihm die Frau des Doktors das Wort ab, „*La Balsa* hält durch bis Australien."

So dankbar ich ihr dafür war, über ihr Geschenk, das Maskottchen, konnte ich mich nicht freuen. Wir hatten schon vier „Haustiere": Cocos, einen schon älteren Kater, Lorita, einen großen Papagei, und zwei kleinere Papageien. Dies schwächliche kleine Kätzchen mußte ich unbedingt weggeben, ehe wir in See stachen.

Aber für den Augenblick hatten wir dringlichere Sorgen. Unser Funkgerät aus zweiter Hand – ein Flickwerk mit japanischen Röhren, deutschen Kondensatoren, einem amerikanischen Lautsprecher und ekuadorianischem Heftpflaster – gab plötzlich den Geist auf. Joe Megan, ein Amerikaner, half uns beim Reparieren, prophezeite uns aber, daß seine Reichweite nicht über ein paar hundert Seemeilen hinausgehen werde.

Wir hörten kaum hin, weil wir gerade damit beschäftigt waren, in unseren Vorratsräumen an die zweihundert Liter frisches Trinkwasser, Kerosin für unseren kleinen Herd, Benzin für den Generator des Funkgeräts, Extrataue, ein paar Bücher, Medikamente und Angelgerät zu verstauen.

Die Lebensmittelvorräte waren Marcs Gebiet. In einer Holzkiste hinter der Hütte hatten wir drei Zentner Obstkonserven, je zwei Zentner Kartoffeln, grüne Bananen und unreife Orangen und je einen halben Zentner Mehl, Reis und getrocknete Bohnen verstaut. Wir rechneten damit, zusätzlich jeden Tag Fische zu fangen.

Bis an den Hals in Vorbereitungen steckend, hatte ich das Kätzchen vollkommen vergessen. Erst mehrere Stunden nach dem Auslaufen,

als ich in der Hütte lag, und es über mein nacktes Bein gekrabbelt kam, ging mir auf, daß unser unerwünschtes Maskottchen noch bei uns war. „Was macht denn das verflixte Vieh hier!" schrie ich und fuhr auf das Tierchen los.

Gabriel hielt es außer Reichweite. „Ich kümmer mich schon drum", sagte er und wandte sich an Marc und Normand um Unterstützung, „er kann bei mir schlafen."

Da mir klar war, daß Gabriel sich auf keinen Fall von seinem Entschluß abbringen ließe, gab ich schließlich nach. Sollten sie ihre Erfahrungen selbst machen. Der Katergeruch würde sie bald genug die Wände hochgehen lassen.

Zu meinem Ärger zeigte das Geschöpfchen, das sie Minet getauft hatten, obwohl es ein Er war, als einziges Wesen an Bord während der ersten paar Tage auf See keinerlei Zeichen von Seekrankheit. Wenn es auf seinen winzigen, weißen Pfötchen auf Deck umherwanderte, wirkte es fast unnatürlich gesund.

„Ich hasse gesunde Katzen", murrte ich, konnte aber dem raffinierten Charme des Kerlchens, das – typisch für so manchen Halunken – Abneigung einfach ignorierte, nicht widerstehen. Als eine große Woge den Bug überspülte und mit ihrem rücklaufenden Sog Minet erwischte, sprang ich sofort zu Hilfe und stieß dabei mit Gabriel und Marc zusammen. Nachdem die Woge sich verlaufen hatte, hing Minet am Floßrand, die scharfen kleinen Krallen in den Stamm geschlagen, schüttelte den durchnäßten Pelz und miaute ärgerlich. Während Gabriel mit dem Kätzchen in der Hand in die Hütte zurückstolperte, griff er schon nach einem Handtuch und trocknete es ab. „Nicht weinen, Minet", murmelte er dabei.

Kaum dem Tode entronnen, war Minet wieder zu neuen Taten bereit, sprang auf dem Deck herum, spielte mit den von den Wellen an Bord gespülten Krabben und hielt sich in Normands Nähe, als der einen wild um sich schlagenden Thunfisch an Bord zog. Kaum hatte Normand mit dem Zerlegen angefangen, da leckte Minet das Blut vom Deck wie Milch.

Am dritten oder vierten Tag begannen uns mehrere große Goldmakrelen zu begleiten sowie Scharen von Thunfischen und Bonitos samt anderen Arten, die wir nicht kannten. Und gegen Sonnenuntergang – ein unvorstellbares Flammenspiel über dem ganzen Horizont – kamen ein paar fliegende Fische hinter unserem Segel hergeschwirrt, plumpsten aufs Deck und flatterten gegen die Hütte, so daß Cocos

zappelnd in Deckung ging. Wogegen Minet einen der Fische zu um-
kreisen begann und mit der Pfote nach ihm schlug. „Vorsicht, Minet!"
sagte Gabriel und hielt ihn am Schwanz fest, „der drückt dich zu
Mus."

Die kleineren fliegenden Fische benutzten wir als Köder für die
besser schmeckenden, etwa dreißig Pfund schweren Goldmakrelen,
die größeren wanderten in die Pfanne. Aber bei aller Nützlichkeit
waren sie oft recht lästig. Nachts kamen sie unbemerkt angeflogen
und klatschten uns manchmal ins Gesicht. Einer verpaßte mir ein
blaues Auge, das mich eine volle Woche lang plagte.

Andere kleine Fische, wie Sardinen, spülten die Wellen an Deck,
und es gehörte zum mühevollen Ende der Nachtwache, sie für die
Tagesmahlzeiten aufzusammeln. Gelegentlich nahm Minet an der
Sammelaktion teil und trug dann manchmal eine Sardine in die Hütte,
als Angebot an die schlafende Mannschaft. Ich war nicht gerade begeistert, wenn er mich mitten in einem ausgedehnten Nickerchen mit
einer zu füttern versuchte.

Inzwischen war unsere Seekrankheit vergangen, obwohl ich davon
noch Fieber zurückbehalten hatte. Wir entwickelten alle wieder herz-
haften Appetit, besonders wenn Marc mit Krabbenfleisch gefüllte Hai-
fischfilets servierte. Meist aber waren unsere Mahlzeiten aus Meeres-
früchten einfacher. Ich selbst war nur ein mittelmäßiger Koch;
Normand und Gabriel ließen auch manches zu wünschen übrig. Da das
Kochen reihum ging, aßen wir jeden vierten Tag gut.

An unserem sechsten Tag auf See sprang kurz nach Einbruch der
Dämmerung plötzlich der Wind um. Wir kämpften mit dem Segel
und wären beinah über Bord gespült worden, noch ehe wir es ein-
holen konnten. Immer höher gehende Wogen trieben uns in hals-
brecherischem Tempo vorwärts, und unsere Hauptsorge war die Gefahr, das Floß könne in der See querschlagen und von einem Brecher
überrollt werden. Schließlich gelang es uns durch Manövrieren mit
den Steckschwertern, die *Balsa* vor dem Wind zu halten und *mit* den
Wellen zu laufen, die wie schaumgekrönte Bergzüge hinter uns her-
kamen, unter uns weg- und an uns vorbeiglitten.

Ab und zu brachen sich die Wellenkämme und klatschten in das
Wellental, das wir gerade verlassen hatten. Und dann wieder hielt
eine tückische Woge sich nicht an den Rhythmus und fuhr breitseits
mit Tonnen von Wasser auf uns los. Hätte uns eine von denen ein
paar Sekunden früher erwischt, wäre unsere Hütte von der donnern-
den Lawine wie ein Strohhut zusammengequetscht worden. Aus

Angst, es könnte so kommen, blieben wir lieber draußen und klammerten uns an die Querbalken, während das Floß stampfte, gierte und sich um die eigene Achse drehte wie ein Streichholz in einem Wirbel. Nach und nach verzog sich der Sturm, und die Wasseralpen verwandelten sich in eine windgekräuselte Prärie.

GEGEN Ende unserer ersten Woche erreichten wir den Humboldtstrom, jene breite, kalte Wasserstraße, die sich von der Antarktis nordwärts an den Küsten von Chile und Peru entlangzieht, ehe sie sich nach Nordwesten wendet und dicht unter dem Äquator den Pazifik durchströmt. Ich prüfte die Wassertemperatur und fand sie viel kälter als erwartet. Auch zeigte das Wasser ein tieferes, intensiveres Grün, was auf übermäßig viel Plankton schließen ließ, jene treibenden Formen der Meeresflora und -fauna in der Größenordnung von Mikroorganismen bis hin zu Quallenarten; dieses Plankton treibt in den Meeresströmen und dient Fischen und anderen größeren Meerestieren zur Nahrung.

Da wir mit dem Humboldtstrom bis weit jenseits der Galápagosinseln treiben würden, konnten wir mit ständigen Fischlieferungen rechnen.

Auf halbem Weg zu den Galápagos begannen wir, uns unserer Kleider zu entledigen, und das aus zwei Gründen. Da Wellen und Gischt und häufig auch Regen unaufhörlich über uns hinweggingen, begriffen wir bald, daß wir vor Beendigung der Reise doch nie für längere Zeit richtig trocken würden.

Der andere Grund war die sengende Sonnenglut. Immer nach Tagesanbruch zogen wir unsere Sweater, Schuhe und Hemden aus, so daß wir bis auf ein schmales Lendentuch nichts mehr anhatten. Bei einer Temperatur von über vierundfünfzig Grad Celsius fühlte man sich in der Hütte wie in einem kochenden Teekessel.

Da wir uns also gegen die Mittagssonne nicht zu schützen vermochten, saßen oder lagen wir matt an Deck herum. Außerdem bedeckte sich unsere Haut mit Blasen, und unser Haar trocknete so aus, daß es sich wie nadelscharfer, elektrisch geladener Draht anfühlte. Schlimmer noch war, daß Normand und ich Salzwasserfurunkel bekamen, die scheußlich brannten.

Nach Sonnenuntergang aber, wenn die Nachtwinde bliesen, sank die Temperatur in wenigen Stunden um fünfundzwanzig bis dreißig Grad. Dann zitterten wir in der plötzlichen Kälte, und es blieb uns

nichts anderes übrig, als uns in unsere feuchten Kleider und Decken zu wickeln und uns in der Hütte zusammenzudrängen.

Da ein stetiger Südostwind uns begünstigte, segelten wir einen Kurs, der uns eine gute Strecke südlich der Galápagosinseln treiben würde. An klaren Tagen kontrollierte ich unsern Kurs mit dem Sextanten. Gewöhnlich nahm ich mindestens dreimal am Tag den Sonnenstand und zeichnete dann unsere Position in die Karte ein. Wir bewegten uns langsam, aber mit gleichmäßiger Geschwindigkeit, die wir maßen, indem wir Bananenblätterschnitzel ins Wasser warfen und die Sekunden zählten, die wir brauchten, um sie zu überholen. Brauchten wir dazu zehn Sekunden, dann machte unser 12,80 Meter langes Floß rund siebenundsiebzig Meter pro Minute, annähernd drei Meilen die Stunde oder zweiundsiebzig Meilen am Tag.

Als wir in den schnellsten Teil des Humboldtstromes kamen, ging die See höher. Eines Morgens übersah Normand, als er Wache hielt, eine große Welle, die sich am Heck brach. Ehe er noch um Hilfe schreien konnte, hatte sie ihn über Bord gerissen. Nach ein paar Sekunden der Panik brachte er es glücklicherweise fertig, wieder an Bord zu klettern. „Was hast du denn gemacht – Haie gejagt?" fragte ich.

„Junge, Junge", flüsterte er mit ersterbender Stimme.

„Na ja, ohne Sicherheitsleine kannst du auch keine Haie jagen", sagte ich und führte so die Vorschrift ein, daß jeder, der Wache hielt, mit einem langen Tau am Mastbaum festgemacht sein mußte. Noch während ich sprach, bemerkte ich zwei Haie, die etwa sechs Meter achteraus kreuzten. Sie hätten aus Normand Hackfleisch gemacht.

Da wir vier waren, hatte jeder innerhalb von vierundzwanzig Stunden zweimal drei Stunden Ruderwache. In den ersten Tagen, als wir noch recht verweichlichte Landratten waren, kam uns das besonders hart an. Erschöpft und mit Muskelkater kroch ich nach der Ablösung in meinen Schlafsack, aber wenn ich gerade im Einschlafen war, wurde ich unweigerlich von irgend jemand wegen irgendwas geweckt. So konnte ich denn die hohe Temperatur, die mir nach meiner längst vergessenen Seekrankheit verblieben war, einfach nicht loswerden.

„Am besten, du legst dich ein paar Tage hin", riet Marc mir schließlich.

Da ich aber nur selten krank gewesen war, dachte ich töricherweise, das beste Mittel gegen Krankheit sei, sie zu ignorieren. Also nahm ich Aspirin, übernahm meinen Arbeitsanteil, war aber oft in kaltem Schweiß gebadet und litt manchmal an Schwindelanfällen.

Am neunten Tag überfiel uns kurz vor Sonnenuntergang ein gewaltiger Sturm und trieb uns nach und nach nordwärts ab. Um nicht doch in die tückischen Strömungen unmittelbar südlich der Galápagos zu geraten, zogen wir das Segel ein und banden unsere Steckschwerter fest, in der Hoffnung, sie hielten uns so auf Westkurs. Und da unsere Hütte Wetterfestigkeit bewiesen hatte, flüchteten wir uns hinein. Drei bis vier Meter hoch ging die See. „Seilt euch an!" schrie ich, während ich mir mein Tau umband und das Ende an einem Pfosten festmachte, „es geht los!"

„Und die Tiere?" fragte Gabriel, der Minet schon im Arm hielt.

„Ich nehme Cocos", erbot sich Marc, „Vital kann Lori nehmen und Normand die kleineren Papageien."

Und dann ging's wirklich los! Ein paar tödliche Sekunden ragte eine ungeheure Wasserwand vor uns auf, brach über die Hütte herein und drehte das Floß um die eigene Achse. Die vor Entsetzen krächzende Lori versuchte, sich meinem Griff zu entwinden. Minet miaute erschrocken und ärgerlich zugleich, auch als die nächste See sich durch die Tür ergoß und die Hütte fast zusammenklappte. Aber die Bambushütte stand den zweistündigen Orkan durch, ja ihre Knoten zogen sich bei wachsendem Druck nur noch fester an. Als aber die See sich schließlich beruhigte, war das Innere ein Chaos, in dem unser Bettzeug wie schlaffe Spüllumpen herumlag.

Gabriel, mit dem nun wieder keck gewordenen Minet auf der Schulter, ging zuerst nach draußen und musterte den Schaden mit einer Taschenlampe. Wir folgten ihm. „Könnte schlimmer sein", sagte er, „wir sind ganz gut davongekommen."

„Unser Kurs macht mir Sorgen", sagte ich und fühlte wieder leichten Schwindel, „der verdammte Sturm hat uns womöglich zu weit nach Norden abgetrieben." Ich schleppte mich in die Hütte zurück, weil ich in Brust und Kopf Fieberschauer aufsteigen fühlte. Wir näherten uns den Galápagos, wo meine erste Floßexpedition ihr trauriges Ende gefunden hatte, und ich mußte viel an jene Reise denken.

Winde und Strömungen hatten die *Pacifica* in die tückischen Wirbel nördlich der Galápagos hineingetrieben. Gefangen in einer gewaltigen Schlinge gegenläufiger Strömungen und unberechenbarer Winde, hatten wir uns immer wieder im Kreise gedreht, unfähig, in den Westschwung des Humboldtstromes zurückzufinden. Tage, Wochen, schließlich Monate waren vergangen, ohne daß ein Schiff in Sicht kam. Die einzige Verbindung zum Festland war unser häufig versagendes Funkgerät. Schließlich, nach 143 Tagen auf See, hatte unser Floß Was-

ser zu ziehen begonnen, weil die Balsastämme, als der Saft zu gären begann, von innen verrotteten.

Nie würde ich den verzweifelten Nachrichtenaustausch zwischen uns und den Amateurfunkern vergessen, die unsere Fahrt verfolgten, nie das bizarre Hochkippen des Floßes, als das Heck zu sinken begann, nie, wie wir auf das Hüttendach geklettert waren, weil Haie über die immer tiefer sinkenden Stämme glitten. Und als dann schließlich auch die Hütte unterzutauchen begann, wurden wir wie durch ein Wunder von einem deutschen Schiff gerettet – genau zwei Stunden bevor unser Floß völlig unterging. Viele Male hatte ich diesen Alptraum nacherlebt, und Marc ging es genauso. Und doch hatte er uns beide nicht von einem neuen Versuch abbringen können.

Am nächsten Morgen ging die See immer noch hoch, aber im Licht der auf das mattenbelegte Deck herunterbrennenden Sonne sah alles sauber und freundlich aus. Nach und nach wurde das Wetter ruhiger.

„Du siehst viel besser aus, Vital", sagte Marc.

„Kommt mir auch so vor", erwiderte ich, „jedenfalls kann ich jetzt wieder meine Karten lesen."

Mit Normands Hilfe breitete ich die Navigationskarten aus, die Admiral Fernandez mir mitgegeben hatte, und stellte an Hand von Kompaß und Sextant fest, wo wir hingeraten waren.

Meine Berechnungen ergaben, daß die südöstlichen Passatwinde und der Humboldtstrom uns mit etwa fünfzig bis sechzig Seemeilen pro Tag nordwestlich abgetrieben hatten. Wieder mußten wir der Möglichkeit ins Gesicht sehen, in dieselbe Falle zu geraten, in der die *Pacifica* schließlich unterging. Ganz behutsam schwang ich das Segel ein paar Grad westlich und änderte unseren Kurs von Nordwest auf Westnordwest. Mit einigem Glück konnten wir mit dem Hauptarm des Humboldtstromes zehn oder zwanzig Seemeilen südlich der Galápagosinseln auf Westkurs geraten. „Ich wollte, wir kämen näher ran", sagte Gabriel, „die Inseln sollen ja so schön sein."

„Das sind sie", sagte ich und beschrieb ihm die dem Meere entsteigenden, in Jahrtausenden von den Wassern des Pazifiks blankpolierten, schwarzen Lavafelsen, die in der Sonne des Äquators wie schwarze Diamanten glitzerten. Ich erzählte ihm auch von den vielfarbigen Eidechsen, den flugunfähigen Kormoranen, die an der Küste entlangwatschelten, von Seeleguanen, die wie prähistorische Miniaturungeheuer aussahen, und von den munteren Seelöwen, die sich in der Brandung tummelten und dann auf dem heißen Sand zu einem hellen Beige trockneten.

Nach dem Abendessen saßen wir alle an Deck, spielten unser geliebtes Brettspiel Parcheesi und stellten Wetterprognosen. Während einer Gesprächspause fiel mir auf, daß das Floß unter uns unablässig ächzte und stöhnte – das Deck, die Querbalken, der Mast, die Hütte, die Senkkiele, alles zerrte unaufhörlich am Tauwerk. Kein mit festen Nägeln und Schrauben gebautes Floß hätte auf diesen Gewässern lange überdauert. Ob unsere Taue der pausenlosen Reibung standhielten?

Am nächsten Morgen untersuchte ich eine Reihe von ihnen und stellte erleichtert fest, daß sie sich in vorzüglichem Zustand befanden. Auch das Balsaholz wies nicht die kleinsten Zeichen ungewöhnlichen Verschleißes auf, und im Segel entdeckte ich nicht den winzigsten Riß; einzig die von mir mittendrauf gemalte Sonne war etwas ausgeblichen.

Beim Mittagessen wurde ich durch ein aufreizendes Geräusch abgelenkt: Gabriel. Bei jedem Bissen zog er den Löffel durch die Zähne und scharrte dann den Inhalt herunter mit einem Geräusch, das an das Schrappen einer Schaufel auf nacktem Zement erinnerte. So ging das bei jeder Mahlzeit und begann mich nachgerade unerträglich zu reizen. Aber meiner eigenen Bestimmung entsprechend durfte ich mich nicht bei ihm beschweren.

Schlimmer noch trieb es Marc an den Tagen, an denen Gabriel oder Normand kochten. Er zeigte dann seinen Abscheu gegen ihre Kochkunst, indem er bei jeder Kaubewegung den Unterkiefer runterklappte, ihn drei bis vier Sekunden hängen ließ und dann schluckte, als handele es sich um eine schmerzhafte Prozedur. Manchmal, wenn meine Nerven zum Zerreißen gespannt waren, schlich ich mich zu meinem Lieblingsplatz hinter der Hütte und brütete, bis meine gewaltsam angestauten Emotionen sich langsam lösten.

Wir hatten jeder einen solchen Zufluchtsort, an dem keiner den andern störte. Normand lag in der Steuerbordecke am Bug, Marc an der Backbordseite des Hecks, Gabriel zog sich immer in die Hütte zurück. Die Zeit, die wir in unsern Schmollwinkeln verbrachten, konnte sich von einer halben Stunde bis auf mehrere Stunden erstrecken, und das einzige Wesen, das dort zu stören wagte, war Minet. Aber auch er hatte seine Zuflucht – die vordere Spitze des Hüttendaches, wo er dann unbeweglich wie ein Wasserspeier auf seinen Hinterbeinen hockte.

MIT Gottes Hilfe und starken Südostwinden gelang es uns, die Galá-pagosinseln zu umsegeln, ohne daß tückische Gegenströmungen uns in die gefürchtete Falle lockten. Aber das Glück blieb uns nicht lange treu.

Unsere Tiere wurden krank. Eines nach dem andern erlag einer seltsamen Infektion, von der ich später erfuhr, daß es sich um eine Art Papageienkrankheit handelte, jene höchst ansteckende und meist tödliche Fieberkrankheit, die von bestimmten Vögeln auf andere Tiere übertragen wird – und auch auf Menschen.

Zunächst starb Fernando, einer der kleinen Papageien. An unserem ersten Tag auf See hatte er ein paar Flüche gekrächzt, bald aber brachte er kaum mehr als ein leises, mattes „Aark" hervor. Am 16. Juni war er tot. Wir versenkten seinen Käfig still ins Meer und sahen ihn langsam sinken, während mindestens hundert Sardinen auf ihm zusammenströmten.

Dann mußte Cocos, der ältere Kater, sterben. Er war von Anfang an nicht recht gesund gewesen und hatte Minets teuflischen Pfötchen nur schwachen Widerstand entgegengesetzt. Wie mußte er die robuste Gesundheit des jungen Katers verabscheut haben!

„Ein Kätzchen, das Blut trinkt, ist nicht totzukriegen", hatte Marc eines Morgens bemerkt, als Minet um den schläfrig hingestreckten Körper des größeren Katers herumspielte und ihn vergeblich zum Toben anzuregen versuchte, „da habt ihr die Symbole von Leben und Tod."

Ein paar Stunden später kroch Cocos in eine Hüttenecke und legte sich still zum Sterben nieder. Als ich seine Leiche entdeckte, rieb Minet sich an seinem Gesicht, wohl in der Absicht, ihn aufzuwecken. Wir hüllten den Kadaver in einen Sack und senkten ihn ins Wasser.

Das nächste Opfer war der andere kleine Papagei, Isabel. Nachdem auch sie tot war, übernahm Gabriel die Rolle des Schiffsarztes und wandte seine Aufmerksamkeit dem letzten überlebenden Papagei zu, der auch sehr krank war. Aber seine Praktiken waren etwas unortho-dox: Er versuchte Lorita zu heilen, indem er ihr Wein in den Schnabel goß und ein Wiegenlied dazu summte. Zwei Stunden später schlug sie in ihrem Käfig wie verrückt mit den Flügeln, dann stieß sie ein lautes, schnarrendes Kreischen aus, flatterte zu Boden und war tot.

Keiner von uns konnte seine Erschütterung verbergen. Marc hüllte den kleinen Körper still in ein blaues Hemd und warf ihn über Bord, so weit er konnte. Auf der Stelle schnappte ein über zwei Meter langer Hai den unerwarteten Bissen.

Eine grimmige Mahnung: So konnte es uns allen ergehen. Mein eigenes Fieber hatte auch großen Dosen Aspirin widerstanden, und ich litt, vermutete ich jedenfalls, an einer schweren Bronchitis. (Später erfuhr ich, daß ich wahrscheinlich von demselben Übel befallen war, dem unsere Tiere erlegen waren, aber glücklicherweise wußte ich es nicht.) Schwach und niedergeschlagen, wie ich war, sah ich alles grau in grau. Wenn ich mich am Parcheesispiel beteiligen wollte, lagen mir die Würfel wie Bleiklumpen in der Hand. Wenn ich nachts zu schlafen versuchte, übertönte mein Herzschlag die Geräusche der sich verschiebenden Stämme und der knarrenden Taue. Fünfundvierzig Tage sollte ich auf diese Weise leiden, und fünfzehn davon war ich kaum imstande, die Hütte zu verlassen. Aber dann ging mein Fieber zurück. Die Erleichterung auf den Gesichtern meiner Kameraden, als sie meine Besserung bemerkten, entging mir nicht.

Vielleicht zur Feier meiner Rückkehr ins Leben schuf Gabriel, der meinen Reinlichkeitstick kannte, eine provisorische Waschmaschine. Indem er seine Hosen und Hemden unter das Floß hängte, wo die anrollenden Wellen eine natürliche Schleuderbewegung verursachten, gelang ihm eine recht wirksame Salzwasserwäsche. „Das laß ich mir patentieren und mache in Chile ein Geschäft auf", sagte er. Als aber nach der vierten oder fünften Wäsche seine Hosen in Fetzen hingen, ließ er die Idee fallen. „Ist sowieso alles kapitalistischer Unsinn", sagte er und brach dann in eine seiner langen Vorlesungen zum Preise des Sozialismus aus. Unweigerlich begann er sie mit Kritik an der Regierung der Vereinigten Staaten, die Marc und mich zu Gegenargumenten herausforderte.

„Nirgendwo auf der Welt gibt es mehr Freiheit als in den USA", sagte ich zu ihm, „sogar für die Armen."

„Wie kannst du das sagen, Vital?" protestierte er und schlug erregt aufs Ruder, „überleg doch, wie die Schwarzen behandelt werden!" So konnten wir stundenlang weitermachen, mit steigender Lautstärke und trommelnden Fäusten.

Eine dieser Diskussionen wurde eines Abends abrupt beendet durch die plötzliche Erscheinung eines gewaltigen, weit aufgerissenen Rachens mit einer Doppelreihe scharfer Zähne, der auf das Floß zukam, als wolle er ein zwei Meter breites Stück davon verschlingen.

Aber langsam schloß sich der Rachen und fiel zurück. Als wir an den Rand des Floßes gerannt waren, erblickten wir ein riesiges Seeungeheuer mit einem breiten, flachen Krötenkopf, zwei lächerlich kleinen, seitlich sitzenden Augen und einer eineinhalb bis zwei Meter langen Flosse auf dem enormen Rücken. Den ganzen Leib bedeckte phosphoreszierendes Plankton, so daß das Tier im Mondlicht deutlich sichtbar war. Und vor ihm her schwamm ein Schwarm gestreifter Pilotfische, die mich an die bewaffnete Leibgarde eines mächtigen Unterweltbosses erinnerten.

„Sieh mal, Minet", flüsterte Gabriel dem faszinierten Katerchen auf seiner Schulter zu, „da siehst du die häßlichste Kreatur der Welt."

Später erfuhr ich, daß es sich wahrscheinlich um einen Walhai gehandelt hatte, ein Exemplar jener Gattung, die angeblich über zwanzig Meter lang wird und bis zwanzig Tonnen schwer. Unserer war nur halb so lang, aber wir spürten deutlich, daß er schrecklich gefährlich werden könnte, wenn er gereizt würde. „Ein Schlag mit dem Schwanz da, und dies Floß war einmal", sagte Marc. Der Riesenhai trieb sich unter unserem Floß herum, rieb sich an den Muscheln unter den Steuerbordstämmen und hob uns leicht gegen Backbord.

„Das verdammte Biest treibt seinen Spaß mit uns", sagte ich.

Als dann der mächtige Leib sich unter uns dahinwälzte und den Bug anhob, schwankte das ganze Floß, laut knirschend und ächzend, auf und ab. Zwanzig Minuten blieb das Ungetüm unter der *Balsa* und brachte sie so zum Schaukeln, daß wir uns alle auf den plötzlichen Ruck gefaßt machten, der uns todsicher zum Kentern brächte. Schließlich ergriff Marc einen etwa dreißig Pfund schweren Dorado, unser Abendessen, und warf ihn, so weit er konnte, nach steuerbord. Auf der Stelle war die gestreifte Fischeskorte hinterher und ihr nach das Ungetüm.

„Du bist ein Genie!" bewunderte ich Marc.

„Ein Idiot bin ich, daß ich nicht eher dran gedacht habe", murrte er, „aber dafür gibt's jetzt keinen Dorado à la Modena zum Abendessen. Nur simplen Thunfisch."

Marcs Thunfischgerichte waren nie simpel, dafür waren die von Gabriel eine Klasse für sich. Nachdem Gabriel sich am nächsten Abend über zwei Stunden an unserm kleinen Herd zu schaffen gemacht hatte, servierte er uns zu einem Riesenberg schwarzer Bohnen Thunfischfilets, die in einer stark gewürzten Fettschmiere schwammen. Ich hatte schon zwei Mundvoll Bohnen geschluckt, ehe ich den Petroleumgeschmack merkte.

„Gabriel, du hast uns vergiftet!" schrie ich.

„Was ist los?" fragte er und kaute ruhig weiter.

„Die Bohnen! Es ist Petroleum drin."

„Ein bißchen komisch schmecken sie schon", räumte er schließlich ein, „ich hätte sie vorher probieren sollen." Kaum zu glauben, aber Gabriel hatte tatsächlich die Bohnen in Petroleum statt in Wasser gekocht, weil er den Petroleumkanister mit dem Wasserkanister verwechselt hatte. Wie es ihm gelungen war, eine Explosion zu vermeiden, könnte allenfalls sein Schutzengel erklären.

An jenem Abend irritierte mich Normands Verhalten. An den Bohnen war ihm nichts Ungewöhnliches aufgefallen, und wenn wir ihn nicht gehindert hätten, hätte er sie vermutlich aufgegessen. Als Gabriel und ich über das Versehen lachten, starrte Normand nur mit leeren Augen an uns vorbei auf das allmählich dunkler werdende Wasser.

„Mit unserem Freund stimmt was nicht", sagte Gabriel später in der Hütte.

„Das fürchte ich auch", sagte ich, „er war schon den ganzen Tag so komisch." Und mit was für Problemen er sich auch herumschlagen mochte, sie quälten ihn auch die nächsten Tage noch weiter. Auf Anordnungen reagierte er rein mechanisch wie ein bärtiger Roboter.

Irgendwie mußte ich ihn aus diesem in sich gekehrten Zustand erlösen, ehe es zu spät war.

Am dritten Tag hatte sich an seiner Gemütsverfassung immer noch nichts geändert. Ich sah ihn in der Nähe des Hecks stehen und auf den fernen Horizont starren. „Zu Ihrer Linken der Eiffelturm, Monsieur", sagte ich in meinem besten Pariser Französisch, „aber vielleicht interessiert das euch Leute aus Marseille nicht."

Der Schatten eines Lächelns, aber kein Wort.

Eine Stunde später trat ich ihm wie ein Oberkontrolleur entgegen: „Ich muß Sie um Ihre Fahrkarte bitten", sagte ich, „blinde Passagiere werden auf diesem Schiff nicht geduldet."

Auch diesmal keine Antwort, nicht mal ein Zucken.

Wir mußten etwas Dramatischeres versuchen, vielleicht eine Art Psychodrama. Ich nahm einen fliegenden Fisch aus dem Küchenkorb und begann ihn zu zerschneiden, denn ich wußte genau, daß Minet sogleich herbeispringen und das Blut auflecken würde. Und so geschah's. Innerhalb von Sekunden wand sich der kleine Kater zwischen meinen Beinen hindurch. Laut fluchend grapschte ich Minet und warf ihn über das Deck, direkt auf Normand zu. Reflexartig fing er ihn

auf. Weiterhin Wut mimend, rannte ich zu ihm hin und schrie: „Her mit dem verflixten Vieh – ich ersäuf's."

„Den Teufel tust du", knurrte Normand, „das ist mein Kater." Es hatte gewirkt, ich war zu ihm durchgedrungen. Er grinste mich an. „Junge, Junge!" Mehr sagte er nicht, aber es klang wie Musik in unsern Ohren.

Dieser Vorfall ließ uns wieder einmal unsere Grenzen erkennen. Was zum Beispiel täten wir im Falle einer ernsten Erkrankung oder Verwundung, etwa durch einen Haifischbiß? Solche Zwischenfälle hatte ich mir natürlich ausgemalt und mir durch eine Gruppe mexikanischer Ärzte, persönliche Freunde und Förderer unserer Reise, gewisse Kenntnisse in Erster Hilfe angeeignet. Ihnen verdankte ich, daß mir sowohl die Verletzbarkeit wie auch die Widerstandskraft des menschlichen Körpers bewußt geworden war, und sie hatten mir auch die schreckliche Möglichkeit vor Augen geführt, daß ich unter Umständen eine einfache Operation ausführen müßte. Ich hielt unser Fleischermesser immer geschärft. Was mich bei der Aussicht auf Chirurgenwerk besonders irritierte, war die beständige Bewegung des Floßes, selbst bei ruhigster See.

Haifischbisse fürchtete ich am meisten, weil die Haie beständig um uns waren. Warf man eine leere Dose über Bord, sofort war einer da, der sie schnappte; ein Stück Holz oder Papier – wieder einer.

Eines Nachmittags, etwa Mitte Juni, reinigte Gabriel nahe beim Heck einen Thunfisch, als plötzlich eine große Welle einen mindestens anderthalb Meter langen Hai aufs Deck warf, der mit der Nase gegen Gabriels Hüfte prallte und ihn gegen die Rückwand der Hütte schleuderte. Da Gabriel zunächst annahm, einer von uns erlaube sich einen Scherz mit ihm, rief er in gespieltem Zorn: „Was soll denn der Quatsch?"

Dann bemerkte er den auf dem Boden zappelnden Hai: „Sieh mal einer an, das Ungeheuer!" rief er. Schließlich tötete Marc den Hai mit einer Harpune.

Einen Hai an Bord zu töten war nicht ungefährlich, weil man nie sicher sein konnte, daß er wirklich tot war. Man beugte sich über einen reglosen Fisch, und unversehens schlug er einen mit seinem Schwanz zu Boden.

Diese Tiere haben einen unglaublichen Lebenswillen. Ich erinnere mich an einen über zwei Meter langen Hai, der uns westlich der Galápagosinseln meilenweit verfolgte. Wir hatten gerade eine ziemlich große Goldmakrele gefangen, als der Hai heranschoß und ihr den

Schwanz abbiß. Wieder und wieder stieß Marc dem Hai die Harpune in den Rücken, aber obwohl das Blut aus den Wunden spritzte, schnappte der Hai weiter nach dem Fisch, bis er ihn beinah aufgefressen hatte. Erst nach einem letzten verzweifelten Satz nach vorn war er tot.

Als ich in jener Nacht mit hohem Fieber, das mich immer wieder plagte, im Halbschlaf lag, fiel mir ein sonderbar nagendes Geräusch auf. Ich kroch aus der Hütte und sah Tausende von Fischen an den Rändern unseres Floßes nagen; im hellen Mondlicht starrten mich von allen Seiten ihre glotzenden grünen Neonaugen an. Als dann hinter mir jemand meinen Namen rief, waren sie auf einen Schlag verschwunden. Marc stand in der Hüttentür.

„Tausende von Fischen waren da", sagte ich kopfschüttelnd.

„Gar nichts war da. Du mußt einen Alptraum gehabt haben."

IN DER Tat war es der reinste Fieberwahn gewesen. Ich habe mir sagen lassen, solche Wahnvorstellungen seien bei Seeleuten keine Seltenheit. Der amerikanische Seefahrer Josua Slocum, der an Bord der *Spray* allein die Welt umsegelte, bekam Besuche von einer Geistergestalt, die angeblich Lotse für Christoph Kolumbus gewesen war. Ich stelle mir gern vor, es sei der Geist des Juan de la Cosa gewesen, der die berühmte Weltkarte gezeichnet hat und mit Kolumbus in die Neue Welt gesegelt ist. Er stammte nämlich aus meiner Heimatstadt Santander.

Manch glücklichen Tag habe ich als Kind dort mit Segeln und Fischen in den Küstengewässern verbracht. „Der Junge wird eines Tages noch von einem Hai gefressen", prophezeite mein Vater, „dauernd treibt er sich auf dem Meer herum. Die Seeleute sind alle verrückt."

„Und Kolumbus?" fragte meine Mutter mit einem Hauch Auflehnung in ihrer meist sanften Stimme.

„Der war auch verrückt", antwortete mein Vater, „wer kommt schon auf die Idee, nach Westen zu segeln, wenn er nach Osten will?"

Später war ich so erpicht darauf, die Welt zu sehen, daß ich die Schule verließ und zur spanischen Fremdenlegion ging. In Marokko stationiert, hatte mein Bataillon eine Reihe Munitionsdepots an der marokkanisch-algerischen Grenze zu bewachen. In dieser Zeit fiel mir eine spanische Übersetzung von Heyerdahls *Kon-Tiki* in die Hand, die mich so faszinierte, daß der Gedanke, eines Tages mit einem eigenen Balsafloß zu segeln, mich nicht mehr losließ.

Ehe ich aber ein solches Projekt ins Auge fassen konnte, mußte ich meine Schulausbildung abschließen und einen Weg finden, meinen Lebensunterhalt zu verdienen. Mit der Absicht, Sprachlehrer zu werden, immatrikulierte ich mich bei der Alliance Française in Paris, um Französisch zu studieren. Das Geld für meinen Lebensunterhalt verdiente ich als Hafenarbeiter, Kellner und Möbelpacker, und meine Kurse besuchte ich nach der Arbeit.

Nach dreieinhalb Jahren in Paris und einer ähnlich langen Zeit in Deutschland wurde mir klar, daß die Idee eines Ozeanabenteuers inzwischen zur Besessenheit geworden war. Solch eine Expedition kostete natürlich Geld. Als ein Kamerad mir erzählte, in Labrador gebe es gute und hochbezahlte Jobs, fand ich, Sprachlehrer könne ich immer noch werden und nahm das nächste Flugzeug nach Kanada.

Vier Monate arbeitete ich in den Eisenminen am Wabushsee und brachte es fertig, fast die ganzen viertausend Dollar, die ich dort verdiente, auf die hohe Kante zu legen. Da ich von meinem Ziel aber immer noch ziemlich weit entfernt war, ging ich nach Montreal und fand einen Job als Spanischlehrer an einer Sprachenschule. Und als das Geld fast beisammen war, hatte ich Marc Modena kennengelernt, und wir hatten beschlossen, den Stillen Ozean mit einem Floß zu überqueren.

4

IM JUNI, als wir mit einem Weststrom weit jenseits der Galápagosinseln dahinfegten, hatten wir mehrere Nächte lang dichten Nebel, der uns zu schaffen machte. Meinen Karten nach kreuzten wir Schiffahrtslinien, und die Gefahr eines nächtlichen Zusammenstoßes mit einem Fahrzeug, das unsere schwachen Lichter vielleicht übersah, lag nahe.

Eines Nachts schwankte die Sichtweite zwischen eineinhalb und sechzig Metern, als Marc unmittelbar vor uns Lichter bemerkte: ein großes Schiff, das schnell auf uns zukam. Er griff nach einem Scheinwerfer und versuchte, sich bemerkbar zu machen, aber das Fahrzeug blieb geradewegs auf Kollisionskurs. Schließlich gelang es Marc, zwei Leuchtkugeln hochzuschießen. Da aber ragte das Schiff schon vor uns auf wie ein Nashorn in Angriffsstellung.

„Alle Mann von Bord!" schrie ich. Aber es war nicht nötig. Das Schiff drehte plötzlich scharf nach rechts ab, stürmte volle Kraft vor-

aus an uns vorbei und hinterließ ein Wellenchaos, dessen Wucht uns breitseits traf. „Wenn das kein Wunder ist...", sagte ich zu Marc. Als die See sich beruhigt hatte, konnten wir in einem Nebelloch das Schiff sehen, das etwa zwei Meilen entfernt gestoppt hatte. „Vielleicht sollten wir sie doch wissen lassen, wer wir sind", sagte ich. Langsam, während die Besatzung mit uns Signale austauschte, kam das Schiff zur *Balsa* zurückgedampft. Marc und ich sprangen in unser Gummiboot und ruderten dem Fahrzeug entgegen. Ich hoffte, über unsere Position Gewißheit zu bekommen und vielleicht ein bißchen Petroleum zu ergattern, um den halben Liter zu ersetzen, den Gabriel an die Bohnen verschwendet hatte.

An Bord wurden wir sofort in die Kajüte des Kapitäns gebracht: eines schlanken Chinesen mit militärischer Haltung und den kältesten Augen, die ich je gesehen habe.

„Was wünschen Sie?" schnauzte er uns in abgehacktem, fast akzentfreiem Englisch an.

„Wir möchten uns bedanken, daß Sie uns nicht umgebracht haben", sagte ich, „und uns entschuldigen, weil Sie unsertwegen stoppen mußten. Ich weiß, wie teuer das ist."

„Allerdings", erwiderte er im selben feindseligen Ton.

„Aber wo wir nun schon einmal da sind", fuhr ich fort, „könnten Sie uns vielleicht die Position sagen?"

Nach einem Blick auf seine Karte nannte er sie uns und sagte dann, ohne aufzublicken: „So, das wär's."

„Könnten Sie uns etwas Wasser geben", fragte Marc, „und vielleicht auch ein bißchen Reis?"

Mit einem Blick eisigen Widerwillens wandte er sich an einen seiner Offiziere und schnarrte: „Also gut – und geben Sie ihnen auch ein Kilo Zucker und zwei Kilo Reis. Das genügt!"

Als wir uns zum Gehen anschickten, sprach ich den Kapitän noch einmal an: „Unser Floß liegt ungefähr drei Meilen von hier, und es ist so finster – ob Sie uns wohl den halben Weg abnehmen könnten?"

Er nickte, ohne zu lächeln. Als aber das Schiff auf das Floß zu fuhr, einen winzigen Lichtpunkt inmitten der Finsternis, bemerkte einer der Seeleute, daß unser Boot nicht mehr da war.

Ich eilte nach backbord und starrte in die Nacht, konnte aber nichts erkennen. „Das Seil muß sich gelöst haben", sagte ich.

Das Schiff fuhr im Kreise, seine beiden mächtigen Scheinwerfer auf das schwarze Wasser gerichtet, und schließlich wurde das Boot

ungefähr zweihundert Meter entfernt ausgemacht. Jetzt war der Kapitän wütend: „Wenn Sie Ihr Boot so nötig brauchen, dann schwimmen Sie doch hin", sagte er.

Da die Schiffslichter vermutlich Haie angezogen hatten, hielt ich das für einen Scherz. Aber er meinte es todernst.

„Gut", sagte ich, „ich schwimme hin, und Sie bekommen was zu sehen, Kapitän."

Kochend vor Zorn und elend vor Angst, kletterte ich die Strickleiter hinunter. Auf halbem Wege sprang ich ins Wasser; weil ich jeden Augenblick einen Hai erwartete, schwamm ich die zweihundert Meter, als sei der Teufel hinter mir her, und kletterte schließlich ins Boot.

Benommen vor Erschöpfung, ruderte ich zum Schiff zurück. Als ich aber die Leiter hinaufkletterte, trugen meine schmerzenden Beine mich nicht, ich verlor den Halt und fiel ins Boot zurück. Beim zweiten Versuch sah ich, wie Marc den Weg nach unten antrat. Mindestens zwei Meilen von der *Balsa* entfernt, überließ der Kapitän uns unserem Schicksal.

Das Wasser platschte uns ins Boot, und während Marc ruderte, mußte ich es ausschöpfen. Die Wellen gingen so hoch, daß wir die Laterne des Floßes aus den Augen verloren.

„Wir holen sie nie ein", sagte Marc, „außerdem haben wir für das kleine Ding viel zuviel Ladung."

So warfen wir denn Reis, Zucker und Wasser ins Meer und behielten nur die zwei Flaschen Reiswein, die einer von der Mannschaft uns geschenkt hatte. Erst nach über anderthalb Stunden erreichten wir die *Balsa* und plumpsten total erschöpft an Deck. Eine harte Nachtschicht für zwei Flaschen Reiswein.

ENDLICH hob sich der Nebel. Die nächsten paar Tage war ruhige See, und wir bekamen Gelegenheit, die erstaunliche Vielfalt des Meereslebens um uns herum zu studieren. Besonders faszinierte uns der helle Phosphorschimmer des Planktons, das zur Nachtzeit das Meer in einen riesigen Teppich aus glühender Asche und Feuerbahnen verwandelte.

In Wirklichkeit bestand die „Glutasche" aus winzigen Garnelen und Muscheln, und die „Feuerbahnen" waren Thunfische, die unter dem Floß durchtauchten. Aber das verblüffendste Schauspiel boten die Feuerspiralen, die wir zwei- bis dreihundert Meter entfernt über das Meer blitzen sahen.

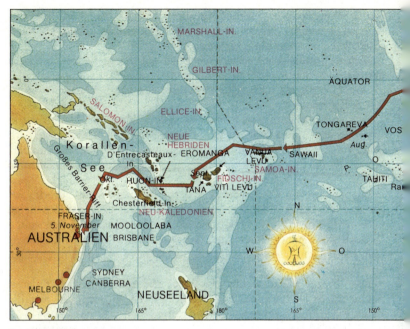

Route der Balsa

„Das sind Dorados, Goldmakrelen, die sich im Kreise jagen", meinte Marc.

„Du bist verrückt", sagte Gabriel, „fliegende Untertassen sind das."

Genauso fesselnd, wenn auch nicht so spektakulär, waren die Tagesstunden. Unaufhörlich schwammen oder trieben alle Arten Fische und Mollusken um uns herum, und die hohen Wogen spülten sie an Bord. Eines Nachmittags hoben sie einen ganz jungen Polypen herauf, und Minet versuchte, einen seiner Fangarme mit der Pfote zu erhaschen. Plötzlich aber schlang der Polyp dem Kater einen Arm um eine seiner Pfoten. Überrascht und entsetzt hopste Minet auf dem Deck herum und versuchte, den Polypen abzuschütteln, bis ich ihn schließlich erlöste.

In der Aufregung hätten wir beinah den Reistopf umgestoßen, den Marc uns zum Abendessen kochte.

„He, sachte", grollte er, „ihr verderbt mir noch mein Experiment!" Er machte einen Auflauf aus Reis und Entenmuscheln, mit Oregano,

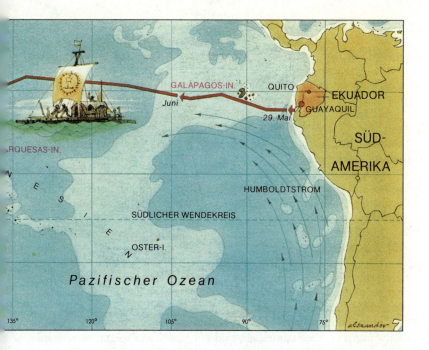

Thymian und andern Gewürzen. Außer einem französischen Küchenchef vermöchte wohl kein Mensch Entenmuscheln so köstlich zuzubereiten. Das Gericht schmeckte delikat.

Trotz unserer stark eiweißhaltigen Nahrung aus dem Meer schien keiner von uns an Gewicht zu verlieren. Vermutlich trainierten wir nicht genug. Anfangs machten wir Kniebeugen und andere Freiübungen, aber nach einer Weile ließen wir es sein, weil wir fanden, daß unsere reguläre Tagesarbeit uns schon genug in Form hielt. Infolge der unaufhörlichen Bewegung des Floßes blieben unsere Beinmuskeln fest. Für die Bauch- und Schultermuskulatur wäre tägliches Schwimmen im Ozean gut gewesen, was aber Haie und Schwertfische zunichte machten.

„All das schöne Wasser rundrum", sagte Gabriel, „und wir können nicht drin schwimmen."

Schneller als erwartet kam er zu seinen Schwimmrunden. In jener Nacht saß er während seiner regulären Dreistundenwache in der Nähe des Hecks, als eine große Welle das Floß backbord hob und Gabriel

über Bord riß. Vor Überraschung schlug er ein paar Augenblicke lang
bloß wild um sich, ehe er zur *Balsa* zurückzuschwimmen begann,
wobei ihn nur ein großer, zum Spielen aufgelegter Delphin behinderte, der anfing, an seinem Zeh zu knabbern. Inzwischen war das
Floß fünf bis sechs Meter weitergeglitten, und er mußte sich mächtig
ins Zeug legen, um es einzuholen.

Erleichtert, daß er weder ertrunken noch von Haien gefressen worden war, unterließ ich die Frage, warum er nicht angeseilt war. Am
nächsten Tag dachte ich zwar daran, mochte aber das Thema nicht
wieder anschneiden.

Für gewöhnlich irritierten mich ja seine geräuschvollen Eßgewohnheiten nicht wenig. Aber zu meiner Überraschung schrappte er beim
Frühstück nicht mit den Zähnen über seinen Löffel, auch beim Mittag-
und Abendessen nicht.

„Hast du bemerkt, wie leise Gabriel heute gegessen hat?" fragte
ich Marc abends.

„Das kommt vom Schwimmen letzte Nacht", meinte Marc, „es
dürfte ein paar von seinen Aggressionen gelöst haben. In Guayaquil
hat er solche Geräusche nie gemacht. Er hat keine schlechten Manieren, es sind aufgestaute Spannungen."

Leider nutzte sich die therapeutische Wirkung von Gabriels
Schwimmabenteuer schnell ab, und ein paar Tage später aß er wieder
mit Geräusch. Hätten wir mit unserm Funkgerät Musik empfangen
können, hätte ich den Apparat auf volle Lautstärke gestellt, um den
lauten Löffel damit zu übertönen. Aber außer gelegentlichen Nachrichten über Kurzwelle bekamen wir nichts.

Unsere einzige Verbindung zur Außenwelt bildeten ein paar Amateurfunker, die mit uns Kontakt hielten. Ungefähr vierzehn Tage
nach unserem Aufbruch von Ekuador schnappten wir zum erstenmal
die Stimme einer Frau namens Liliana auf, die in Guayaquil einen
Amateursender betrieb. Eine beruhigende Stimme voller Wärme und
kaum zu überhörender Begeisterung.

„Über euch Männern auf der *Balsa* kann ich glatt meinen Mann
und meine Kinder und überhaupt alles vergessen", erzählte sie uns
einmal. Indem ich den Zeitunterschied berechnete, der mit unserer
Entfernung nach Westen immer größer wurde, begriff ich, daß sie oft
nach Mitternacht sendete. Wie konnte man solcher Treue widerstehen?

Natürlich regte Lilianas schöne, sanfte Stimme uns zu Spekulationen über ihre Person an. Wie alt sie wohl war? Und wie sie wohl

aussah? Marc war überzeugt, daß sie über dreißig, aber unter vierzig war.

„Und sie ist schlank, groß und brünett", fügte er hinzu.

„Unsinn!" protestierte Gabriel, „eine Blondine ist sie, mit graugrünen Augen und vollen Lippen."

„Die ist fett, fünfzig und vergnügt", sagte ich, um sie aufzuziehen, „nur anspruchslose Frauen können so nett sein."

Die andern Radioamateure erweckten weniger leidenschaftliche Reaktionen bei uns. Ein guter Freund von mir, Admiral Samuel Fernandez, hielt durch eine Amateurstation in Mexico City ständigen Kontakt mit uns. Aus Guadalajara in Mexiko versorgte uns ein Mann namens Rafael Corcuera laufend mit für uns interessanten und wichtigen Nachrichten. Andere wieder verfolgten unsern Kurs, indem sie sich nach unseren Positionen erkundigten und sie in ihre Karten eintrugen.

Am 10. Juli gelang es einem Hobbyfunker aus Santiago de Chile, Gabriel mit seiner Mutter zu verbinden: „Wie geht es dir, mein Junge?" fragte sie mit leicht zitternder Stimme auf spanisch.

„Gut geht's mir, Mutter", antwortete er, „wir haben beinah die Hälfte hinter uns, und alles ist in bester Ordnung."

Kurze Pause, dann ihre besorgte Stimme: „Brauchst du irgendwas? Ich schicke es sofort."

Glücklicherweise riß in diesem Augenblick die Verbindung ab, so daß sie unser Gelächter nicht mehr hören konnte.

Ein paar Tage später gerieten wir in eine Flaute. Nicht das leiseste Lüftchen regte sich, unser Segel hing schlaff, und das Floß trieb im Schneckentempo dahin, während die Sonne unbarmherzig auf uns niederbrannte.

Betäubt und von der furchtbaren Hitze ausgedörrt, unfähig, die üblen Katergerüche und unsere eigenen körperlichen Ausdünstungen in der Hütte zu ertragen, lungerten wir an Deck herum und redeten kaum ein Wort miteinander.

„So was könnte einen verrückt machen", sagte Marc, als am zweiten Tag die Sonne untergegangen war, „man fühlt sich wie in einem luftleeren Raum."

„Ich glaube, ich spüre ein Lüftchen", sagte ich, mehr hoffnungsvoll als überzeugt, „morgen wird's besser."

Glücklicherweise blähte am nächsten Morgen eine steife Brise unser Segel wie eine Taubenbrust. Von unseren neuerwachten Lebensgeistern zeugt meine Logbucheintragung:

14. Juli:

Gestern haben wir hundertzweiunddreißig Meilen zurückgelegt, fünfeinhalb Meilen pro Stunde, vierundzwanzig Stunden lang. Die Strömung ist sehr kräftig, und wir haben Ostwind. Meine Krankheit ist fast vorbei. Marc hat gerade die Lebensmittelvorräte überprüft; wir haben nur noch sehr wenig übrig – vielleicht reichen sie nicht mehr bis Samoa. Wir werden ausschließlich von Fisch leben müssen und vielleicht von Planktonsuppe.

17. Juli:

Gute Beute. Hunderte von fliegenden Fischen, die von Delphinen gejagt werden. Auch Thunfische und Haie in Mengen. Wir riechen alle nach Fisch, besonders Minet.

Die verspielten Delphine verließen uns fast nie. Sie waren außerordentlich gesellig und menschenfreundlich, schwammen gewöhnlich in Trupps von sieben oder acht in vollkommener Harmonie Seite an Seite. Sie verständigen sich in einer Sprache von Quieksern und Pfiffen, die wir oft zu hören bekamen, wenn sie unser Floß umkreisten und gemeinsam die Wellen übersprangen wie gedrillte Revuegirls. Der „kleinste Wal" wird der Delphin oft genannt, und er dürfte das zugänglichste aller Meerestiere sein, ist aus diesem Grund aber auch am meisten gefährdet.

19. Juli:

Auf einem Floß lernt man die See erst wirklich kennen, ein Gefühl, das sich auf einem Schiff nie einstellt, weil man sich unmittelbar auf dem Meer selbst befindet, in körperlichem Kontakt mit ihm. Man spürt die Strömungen, den Temperaturwechsel besonders deutlich. Manchmal sieht man eine neue Strömung wie im Wasser spielende Finger regelrecht auf sich zukommen, oft mit einer Geschwindigkeit von zehn Knoten und mehr. Bisweilen – besonders in Äquatornähe – ändert sich die Wassertemperatur schlagartig. In Sekunden kann sie um mehrere Grade steigen oder fallen.

Meiner Überzeugung nach muß man Teil der Natur werden, wenn man die Natur verstehen will. Man muß mit dem Meer, wie auch mit den Fischen, eins werden. Das Meer ist wie eine Frau – sanft, wild, launisch. Verstehen kann man solche Stimmungswechsel nicht. Es ist wie die erste Liebe – rein und unschuldig, stürmisch und turbu-

lent –, stellt immerfort auf die Probe und verwirrt. Wenn man das Meer besiegen will, muß man ihm erst beweisen, daß man wirklich stark ist.

30. Juli:

Heute passieren wir 142° 05′ W. Auf diesem Längengrad liegt das Raroiariff, auf dem die *Kon-Tiki* nach ihrer Reise von viertausenddreihundert Seemeilen endgültig landen mußte. Statt der einhundertein Tage der *Kon-Tiki* hat *La Balsa* zweiundsechzig Tage gebraucht, und wir passieren Raroia eintausend Meilen nördlich.

Es WÄRE falsche Bescheidenheit, unsern Stolz darüber zu verhehlen, daß wir Thor Heyerdahls historische Fahrt mit der *Kon-Tiki* fast in der Hälfte der Zeit geschafft haben. Jetzt aber lag der schwierigste Teil unserer Floßfahrt vor uns: die tückenreiche Unendlichkeit der Südsee.

Fast jeder Seemann, der den Pazifik befahren hat, kann über seine Fahrt zwischen den Samoainseln, den Fidschis, den Neuen Hebriden und den Saumarezriffen hindurch seine eigene Geschichte erzählen. Dort lauern Hunderte von Riffen – die meisten auf keiner Karte verzeichnet –, dort wüten Hurrikane und Zyklone, die schon manches Schiff zu Kleinholz gemacht haben.

Hier nun war die eigentliche Probe zu bestehen. Wir wollten ja beweisen, daß schon die Inkas und die Huancavilcas diese Gewässer befahren konnten, die zu den schwierigsten der Welt gehören – und zwar auf Balsaflößen wie dem unsern.

„Ungefähr ab hier also hat die *Kon-Tiki* sich in ihre Einzelteile aufgelöst", rief Gabriel uns ins Gedächtnis, „und wir sollen uns auf dieses Floß verlassen?"

Wir beschlossen, die Stämme zu untersuchen. Drei Stunden später konnten wir zu unserer Erleichterung überzeugt sein, daß sie sich in ausgezeichneter Verfassung befanden und fast kein Wasser aufgesogen hatten.

Kaum weniger gefährlich als Riffe und Wirbelstürme waren die persönlichen Spannungen innerhalb der Mannschaft und die Langeweile. Daß wir nervös und gereizt wurden, konnte bei der sturen Monotonie unserer Tagesroutine nicht ausbleiben. Es gab Tage, an denen nichts glatt lief, an denen Gabriels Eßgeräusche aufreizender klangen als gewöhnlich, an denen sogar Normands Gelassenheit mir auf die Nerven ging. An solchen Tagen hielten wir uns voneinander

fern und dehnten die „Luftblasen" unseres Eigenlebens bewußt aus.

Ein weiteres Problem war das Trinkwasser. Marc sagte mir, unser Vorrat werde vermutlich zu Ende sein, ehe wir Australien erreichten. „Dann müssen wir rohen Fisch kauen, um den Durst zu stillen", meinte er.

Meine eigene Lektüre über die Huancavilcas und die Inkas hatte mich über diesen Punkt beruhigt. Sie kauten nicht nur rohes Fischfleisch, sie taten Fischstücke in Stofflappen, drehten sie fest zusammen und tranken den ausgepreßten Saft. Weiteren Saft gewannen sie aus den Lymphdrüsen größerer Fische wie Dorados und Thunfische. Ich probierte das Filtrat: Es schmeckte widerlich, hatte aber einen so niedrigen Salzgehalt, daß mein Durst sich trotz des bitteren Geschmacks schnell legte.

Da wir aber natürlich eine gewisse Menge Salz in unserer Nahrung brauchten, gab Marc uns Salztabletten, besonders an außergewöhnlich heißen Tagen, wenn die Temperatur in der Hütte auf über fünfzig Grad Celsius anstieg und das Schwitzen unsern Körpern alles Salz entzog. Manchmal mischten wir auch unser Trinkwasser mit Salzwasser im Verhältnis eins zu fünf.

Gabriel verzog bei jedem Schluck das Gesicht: „Hätten wir Kokablätter zum Kauen, könnten wir dies leichter runterkriegen", sagte er, „die Inkas waren so schlau. Sie haben entdeckt, daß Kokain jeden andern Geschmack betäubt."

„Um ordentlich süchtig zu werden", sagte Marc.

„Ihr alten Spießer meint immer, alles macht süchtig", antwortete Gabriel, „denkt doch an all den Unsinn über Marihuana. Und dabei beweisen einige Studien, daß es weniger süchtig macht als gewöhnlicher Tabak und weniger gefährlich ist als Alkohol."

Drogen, Politik und der Vietnamkrieg waren die Hauptgegenstände unserer Unterhaltung, über die wir uns selbstverständlich nie einigen konnten. Wenn unser Gespräch zu grundsätzlich wurde, begann Normand zu singen.

„In der Badewanne singt er besser", flachste Marc eines Morgens, als Normand auf dem Achterdeck lag und sich von den Wellen überspülen ließ. Wir badeten alle so und hielten uns dabei an einem um den Mast gebundenen Seil fest, damit die Wellen uns nicht über Bord spülten. Das Wasser war kühl und erfrischend, ließ aber auf der Haut immer eine juckende Salzschicht zurück. Besonders Gabriel litt darunter. „Das erste, was ich in Australien tue, ist duschen. Mit einer langen, heißen Dusche muß ich das verflixte Salz doch runter-

kriegen", sagte er und kratzte sich den Rücken, „und danach esse ich die größte Mahlzeit meines Lebens."

Aus irgendeinem Grunde hatte er eine panische Angst vor dem Verhungern entwickelt. Jeden Morgen erkundigte er sich bei Marc nach dem Stand der Vorräte.

„Wir kommen gut hin", sagte Marc dann, um ihn zu beruhigen.

„Bist du sicher?" fragte Gabriel zurück.

„Natürlich. Selbst wenn unser ganzer Reis und unsere Konserven alle sind, gibt's immer noch viel frischen Fisch."

„Wenn wir aber wieder in eine Flaute geraten, was dann?"

Um ihn zu beschwichtigen, erklärte ich ihm, daß wir, wenn alle Stricke rissen, Plankton essen könnten. Glücklicherweise blieb uns das erspart, immerhin sammelten wir welches in einem trichterförmigen Tuch, das vom Bug herunterhing.

„Igitt! Das sieht ja aus wie Fettschmiere aus schleimigen Keimen", sagte Gabriel, „lieber sterben, als das Zeug essen."

„Mach dir keine Sorgen, Gabriel", sagte Marc und stieß mich an, „daraus mach ich uns was ganz Besonderes – mit einer guten Weinsoße."

Plankton, Seetang, Muscheln und Krebse bedeckten nach und nach den Unterboden und die Seiten der *Balsa.* Gabriel erkundete die Unterseite des Floßes, während Normand und Marc scharf nach Haien Ausschau hielten. „Da unten haben wir einen botanischen Garten!" rief Gabriel. Dicke, lange Tangstränge drohten wie kriechender Efeu an Bord zu wuchern, aber es gelang uns, das Wachstum unter Kontrolle zu halten, indem wir die Pflanzen ab und zu wegschabten.

Weniger erfolgreich war unser Kampf gegen die Legionen kleiner Ameisen, die sich von dem Seetang ernährten. Trotz aller Vorsichtsmaßnahmen hatten die Ameisen sich im Innern der porösen Balsastämme verborgen gehalten, bis wir von Guayaquil ausgelaufen waren, und kamen erst auf See zum Vorschein. Jetzt schwärmten sie über das ganze Floß, krochen in unsere Schlafsäcke und hinderten uns mit ihren niederträchtigen kleinen Bissen am Einschlafen. Wenn wir tagsüber an Deck saßen, krabbelten sie auf unseren Armen und Beinen herum.

„Schlafen diese Ameisen eigentlich nie?" fragte Gabriel, indem er eine von seinem Frühstücksteller schnippte.

„In Schichten", belehrte ihn Marc, „die Morgenschicht hat soeben ihren Dienst angetreten."

Die beste Waffe gegen sie lieferte uns die Natur selbst. Während eines ziemlich schweren Sturms wurden etliche über Bord geschwemmt.

Aber die gleiche Gefahr drohte natürlich auch uns. Ein solcher Sturm traf uns Anfang August. Von Osten kamen dunkle, unheilschwangere Wolken hinter uns her, löschten die Sonne aus und rasten mit den scharfen, ungestümen Winden dahin.

„Alle Mann an Deck!" schrie ich, „jetzt gibt's was! Segel bergen! Alles festbinden!"

Während der Wind wie ein wahnsinniger Dämon heulte, begannen wir mit aller Kraft das Segel zu bergen. Ein- oder zweimal wurde Normand beim Kampf mit dem heftig flatternden unteren Ende beinah über Bord gespült. Erst nach halbstündigem Ringen mit den Tauen hatten wir das Segel endlich eingeholt. Aber als wir noch dabei waren, es festzubinden, wälzte sich eine gewaltige Wasserwand auf uns

Im Innern der Hütte ruht Gabriel sich auf einer Schlafmatte aus.

zu. Das Floß hob sich seitlich und glitt in dem Moment über den Rücken der Woge, als sie sich zischend und rauschend auf dem Kamm brach. Durch den brandenden, uns völlig verschlingenden Schaumvorhang hindurch glitten wir in das breite Wellental hinunter. Und schon überfiel uns der nächste Wogenschwall, hob das Floß hoch empor und trieb es durch eine neue Schaumkulisse. „Achtung, wieder eine!" schrie Marc und umklammerte den Mast.

„Junge, Jun–", hörte ich Normand ausrufen, aber ein betäubender Donnerschlag verschlang den Rest.

Zehn Minuten oder eine Viertelstunde lang fegten Regenböen über uns hinweg und peitschten Deck und Hütte mit der Gewalt von Wasserwerfern. An den Mast geklammert, schaute ich zu den düsteren Wolken auf und begann „Chisco!" zu schreien. (Mein Spitzname für meinen Lieblingsheiligen Sankt Franziskus.) „Erhöre mich, Chisco! Warum mußtest du uns so in die Irre führen? Konntest du uns nicht warnen?"

Irgendwie gelang es der *Balsa,* den Angriff durchzustehen. Und urplötzlich, wie auf den Pfiff eines himmlischen Schiedsrichters, legte sich der Sturm, und das Floß begann auf den Wogen dahinzuschaukeln wie eine Möwe.

Etwa eine Stunde später kam Gabriel mit ernster Miene auf mich zu: „So hättest du nicht mit Sankt Franziskus reden dürfen", sagte er und spielte mit seiner geweihten Münze, „er konnte doch nichts dafür."

In Wirklichkeit tarnte ich mit meinen scheinbaren Blasphemien meinen tiefen Glauben an ein höchstes Wesen, für das Chisco nur der Stellvertreter war. Meiner Ansicht nach haben die meisten Seeleute – auch wenn sie sich als hartgesottene Säufer und Weiberhelden geben – eine Ader verhohlener Frömmigkeit in sich. Wer Tag und Nacht den Elementen preisgegeben ist, muß unweigerlich nach der Macht hinter diesen gigantischen Kräften fragen, von denen Landratten weiter nichts zu sehen bekommen als ein paar Linien auf der Karte des abendlichen Wetterberichtes im Fernsehen.

5

WIND und Strömungen blieben während der letzten Tage jener ersten Augustwoche flau, aber etwas weiter westwärts kamen wir doch. Das unbewegte Wasser war mit Schaum bedeckt, in dem Seetang und menschlicher Müll umherschwammen – Bierdosen, Papierteller und sogar ein Bambusstock mit Plastikkrücke. Glücklicherweise trieb eine steife Brise uns bald aus diesem ökologischen Friedhof heraus.

Am Nachmittag des 8. August, als wir uns aus den polynesischen Längengraden auf Melanesien zu bewegten, hatten wir eine atmosphärisch gestörte Unterhaltung mit Rafael Corcuera in Guadalajara in Mexiko. Unmittelbar vor Ende des Gespräches erkundigte er sich nach unsren Lebensmittelvorräten.

„Gabriel sieht uns schon alle verhungern", antwortete ich kichernd, „und ich sterbe vor Verlangen nach einem guten Steak mit frischen Pommes frites – aber Marc meint, die beiden nächsten Monate hätten wir uns mit rohem Fisch zu begnügen."

Ich hatte nicht gewußt, wie schlecht die Verbindung war und daß Rafael nichts verstanden hatte als „verhungern", „sterben" und „roher Fisch". Da er das Schlimmste befürchtete, alarmierte er Admi-

ral Fernandez in Mexico City. Gemeinsam nahmen sie mit dem US-Flottenstützpunkt Pearl Harbor Kontakt auf und meldeten, daß ein Floß irgendwo zwischen den polynesischen und den melanesischen Inseln in Seenot geraten sei.

Als wir am Morgen des 11. August zum Frühstück fliegenden Fisch genossen, erreichte uns aus Guadalajara eine aufgeregte Nachricht, der wir entnahmen: „Ein Schiff ist unterwegs." Gerade wollte ich Rafael bitten, uns in Ruhe zu lassen, als sich herausstellte, daß unser Sender streikte.

„Um Himmels willen, warum will er uns ein Schiff schicken?"

„Reg dich nicht auf, Vital", sagte Marc, „Rafael meint es gut. Aber er ist eben ein Schwarzseher."

Offenbar teilte niemand meine Entschlossenheit, völlig auf uns gestellt zu bleiben, und da ich in der Minderheit war, ließ ich es auf sich beruhen.

Normand war es vorbehalten, am späteren Nachmittag nordöstlich einen winzigen Punkt zu sichten.

Als der Punkt größer wurde, konnten wir feststellen, daß es sich um ein ziemlich großes Kriegsschiff handelte. Bereits aus einer Entfernung von mehreren Meilen nahm es die Funkverbindung mit uns auf. Es war die *USS Granville S. Hall,* ein spezielles Planungs- und Forschungsschiff von 11 600 Tonnen. Wie primitiv denen unser Floß vorkommen mußte, konnte ich mir lebhaft vorstellen.

Eine knappe Meile von uns entfernt stoppte die *Hall* und ließ eine Motorbarkasse zu Wasser, die schaumpflügend auf uns zugebraust kam. Nicht ganz drei Minuten brauchte sie, bis sie längsseits des Floßes anlegte und zwei Leute von der Mannschaft an Bord kamen. Sie begrüßten uns herzlich und überbrachten uns eine Einladung ihres Kapitäns zum Abendessen.

„Wir möchten Ihnen keine Mühe machen", antwortete ich in meinem stockenden Englisch, „Sie sind zu liebenswürdig."

„Von Mühe kann keine Rede sein", sagten sie und lachten, „alle brennen darauf, Sie kennenzulernen."

Sie befestigten ein Schleppseil an unserem Bug und begannen, *La Balsa* zum Schiff zu schleppen. Inzwischen ging ich in die Hütte, um ein Funksignal zu beantworten; denn der Apparat schien wieder zu funktionieren. Es war Joe Megan aus Guayaquil.

„Vital!" rief er aus, „ich kann's kaum glauben, Amigo. Ich hatte Verbindung mit einem Schiff ganz in eurer Nähe, der *USS Hall.* Die sagen, ihr wäret westlich der polynesischen Längengrade."

„Natürlich", antwortete ich, „das hab ich doch schon vor ein paar Tagen gemeldet."

„Weiß ich", sagte er, „aber ich hab doch nicht geglaubt, daß ihr mit dem miserablen Funkgerät, das ich euch repariert habe, über die Galápagos hinaus Nachricht geben könntet."

Jetzt unterbrach die tiefe, sonore Stimme von Admiral Fernandez aus Mexico City: „Ich habe immer an dich geglaubt, Vital. Glückwünsche und herzliche Umarmungen."

Von meinen Gesprächen war ich so in Anspruch genommen, daß mir die Vorgänge außerhalb der Hütte entgangen waren. Auf einmal spürte ich einen schrecklichen Stoß. Als ich nach draußen rannte, sah ich den gewaltigen, grauen Leib der *Hall* über uns aufragen. Die Barkasse hatte uns zu nah an das Schiff herangezogen. „Vorsicht!" rief eine Stimme, als der Schiffsrumpf uns abermals rammte, diesmal mit einem splitternden Krachen.

Unsere Fahrt ist im Eimer! war mein einziger Gedanke, und mir wurde schlecht. Das Floß ist hin!

Indem wir uns mit Bambuspfählen von der *Hall* abstießen, gelang es uns irgendwie, das Floß zurückzuschieben. Und nachdem der Kapitän die Gefahr für uns ebenfalls erkannt hatte, bewegte sich auch das Schiff etwas weiter weg.

Indem wir Minet zuwinkten, der in der Hüttentür stand und dessen hochmütige Miene zu besagen schien, wir sollten endlich verschwinden und ihn in Ruhe lassen, sprangen wir in die Barkasse zu einem kurzen Abstecher auf das Schiff.

Der Empfang war überwältigend. Die ganze Mannschaft schüttelte uns die Hände, schlug uns auf die Schultern, gratulierte uns und stellte hundert Fragen nach der *Balsa*. Schließlich bahnte jemand dem Kapitän, W. P. Karmenzid, einen Weg, und auch er wechselte mit jedem von uns einen Händedruck, wobei ein Lächeln sein feingemeißeltes Bronzegesicht erhellte. Er war Indianer vom Stamm der Navajos. Was für ein wunderbares Zusammentreffen: Hier, mitten im Pazifik, traf ein riesiges, modernes, von einem amerikanischen Indianer befehligtes Kriegsschiff auf ein kleines Floß der Art, wie es Jahrtausende zuvor von Indianern benutzt wurde, die indirekt mit seinen Ahnen verwandt sein mochten.

„Willkommen an Bord", begrüßte uns Karmenzid, „betrachten Sie unser Schiff als das Ihre. Und bitte verzeihen Sie uns, daß wir Ihnen Schaden verursacht haben. – Sie müssen müde und hungrig sein. Wie wir hörten, sind Sie dem Hungertod nah."

Ich traute meinen Ohren nicht: „Wer hat Ihnen denn das erzählt?"
rief ich.

„Señor Corcuera, der Mann aus Guadalajara. Wir bekamen das
Alarmsignal vor zwei Tagen."

„Das versteh ich nicht", murmelte ich, „wir essen doch sehr gut –
jede Menge Fisch." Als ich aber dann meine Unterhaltung mit Rafael
rekonstruierte, mußte ich lächeln. „Armer Corcuera", sagte ich, „er
hat nicht begriffen, daß ich Spaß gemacht habe. Die Verbindung war
so schlecht, daß er wohl nur Wortfetzen aufgeschnappt hat."

„Nun ja, auch wenn keine Notlage vorliegt", sagte der Kapitän,
„freuen wir uns, daß Sie hier sind, Kapitän Alsar."

Wir nahmen die Einladung dankbar an und verschlangen hungrig
ein Festmahl mit Steaks, Pommes frites, Spargel, roten Beten, Brötchen mit Butter, Apfeltorte und Eis. „Unser Heißhunger muß Sie an
Haifische erinnern", sagte ich entschuldigend, als ich mir ein zweites
Stück Apfeltorte geben ließ.

„Alles, was wir haben, gehört Ihnen", sagte der Verwaltungs-
offizier. Und er meinte es ernst. Als wir später wieder an Bord der
Barkasse gingen, fanden wir mehrere Kisten mit Konserven und
einen Behälter mit Benzin für den Generator unseres Funkgeräts.

Bei der Rückkehr zur *Balsa* blickte Minet vom Hüttendach auf
uns herab wie ein hochmütiger Wasserspeier. „Diese Amerikaner
sind unglaublich", sagte Gabriel, als er eine große Kiste mit Obstkonserven an Bord zog, „so was von Großzügigkeit gibt's nicht noch
mal."

Da ich mich seiner früheren Äußerungen gut erinnerte, antwortete
ich: „Ja, Gabriel, dafür sind sie bekannt."

Als aber die *Hall* am dunkler werdenden Horizont verschwunden
war, sagte ich: „Wir müssen alles über Bord werfen, Freunde. Jetzt
sind sie weg und können es nicht mehr sehen."

Gabriel war wie vom Donner gerührt: „Aber warum denn, um
Himmels willen?" fragte er.

„Weil wir es aus eigener Kraft schaffen müssen", sagte Marc.

„Und außerdem ist es Ballast", fügte ich hinzu, „wir müssen leicht
bleiben."

Zögernd half Gabriel uns, unsere amerikanischen Geschenke über
Bord zu werfen – wobei es ihm aber gelang, etwas Benzin und ein
paar Dosen Pfirsich und Ananas zu retten und uns davon zu überzeugen, daß sie auf keinen Fall ausreichten, unsere Theorie des Überlebens aus eigener Kraft zu untergraben.

Als wir uns drei oder vier Tage später einer engen Durchfahrt zwischen den Inseln Tongareva und Vostok näherten, saß Gabriel in der Nähe des Bugs bei mir und blinzelte in die sinkende Sonne. „Wir hätten die Lebensmittel lieber nicht wegwerfen sollen", sagte er, „ich glaub nämlich, wir werden sie brauchen."

Obwohl ich wußte, daß seine Befürchtungen begründet waren, versuchte ich sie auf die leichte Schulter zu nehmen. „Aber wir haben doch alle Sorten Fisch, Gabriel", sagte ich.

Minet, Komödiant und „geborener Missetäter", hält neben dem Dingi ein Nickerchen.

„Nicht mehr so viele wie gestern", beharrte er, „der Wind legt sich und die Strömung läßt auch nach. Meiner Meinung nach steht uns eine neue Flaute bevor." Seine blaugrauen Augen starrten an mir vorbei, seine Wangenmuskeln zuckten, als er die aufgesprungenen Lippen aufeinanderpreßte.

Mir fiel plötzlich die berühmte Donner-Gruppe ein, die von einem Schneesturm in der Hohen Sierra gefangengehalten wurde und schließlich zum Kannibalismus kam. Inmitten der ungeheuren Einsamkeit des Pazifiks, in dem Bewußtsein, daß wir sehr wohl in einer See ohne Leben und ohne Fische stranden konnten und dann verhungern müßten, versuchte ich, mich in die Situation zu versetzen, wie ich das Fleisch eines meiner Kameraden aß. Niemals! Eher würde ich Hungers sterben, davon war ich fest überzeugt – aber durfte ich dessen wirklich so gewiß sein?

„Na ja", sagte Gabriel, „Minet wenigstens wird nicht vor Hunger umkommen. Der frißt alles, sogar das gräßliche Plankton."

Wir beobachteten Minet bei einem neuen Spiel. Er hockte auf dem Backbordstamm und schlug mit der rechten Pfote aufs Wasser, wie um einen Fisch zu ärgern. Plötzlich verlor er das Gleichgewicht und plumpste mit einem lauten Miau ins Meer. Im Handumdrehen standen Gabriel und ich am Floßrand. „Mein Gott!" sagte Gabriel, „sieh dir das an!"

Minet war wieder aufgetaucht und kam jetzt auf das Floß zu-

geschwommen, indem er mit den Vorderpfoten paddelte und dazu
wütend miaute. Wir fischten ihn heraus. „Er ist mindestens eineinhalb Meter geschwommen!" rief ich.

„Mehr", beharrte Gabriel und drückte den durchnäßten und zitternden Kater an sich, „mindestens einen Meter achtzig."

Inzwischen waren Normand und Marc auch herangekommen und
lachten vor Stolz. Mit einer umwerfend arroganten Miene schüttelte
Minet das Wasser aus seinem Fell. „Wo wir nun schon wissen, daß
der Kater tatsächlich schwimmen kann, müssen wir ihm ein paar Stunden geben", sagte ich, „von morgen an."

„Du bist verrückt, Vital", sagte Gabriel, „er ertrinkt bestimmt."

„Kann doch sein, daß er eines Tages um sein Leben schwimmen
muß", sagte ich, „schließlich haben wir noch viel rauhe See vor uns."

Die erste Schwimmlektion erfolgte nach meiner Morgenwache.
Während Normand und Gabriel sich auf dem Backbordstamm wie
Kurzstreckenschwimmer am Start in Bereitschaft hielten, nahm ich
Minet und warf ihn so sanft wie möglich eineinhalb bis zwei Meter
weit ins Wasser. Fast sofort tauchte er auf, miaute ungehalten und
begann alsbald zurückzuschwimmen.

„Tüchtiges Kätzchen!" sagte Gabriel und holte ihn heraus. Ein
paar Minuten später warf ich ihn ungefähr drei Meter weit ins Meer.
Wieder paddelte er, diesmal mit gleichmäßigeren Bewegungen, zu
uns zurück und ließ sich unsere Lobreden gefallen, indem er mit hoch
aufgerichtetem Schwanz umherstolzierte.

Wir wiederholten das Experiment am selben Tage noch zweimal
und benutzten das Dingi, um ihn erst sechs Meter, dann zehn Meter
weit hinauszurudern. „Morgen schwimmt er noch weiter", sagte ich,
während ich ihn mit meinem Hemd trockenrieb.

Ich war entschlossen, die äußerste Grenze seiner Überlebenschance
zu erproben.

So bestieg ich denn am nächsten Tag nach dem Mittagessen, während die andern auf der rückwärtigen Matte Siesta hielten, mit Minet
das Boot und ruderte weg, ehe sie meutern konnten. Als ich etwa
drei Meter entfernt war, bemerkte mich Gabriel. „Laß das!" schrie
er, „er ertrinkt!"

Ich ruderte weiter und flüsterte Minet, der mit kühlem Selbstvertrauen auf dem Bootsrand hockte, Mut zu. Als ich schließlich so
zwanzig bis dreißig Meter entfernt war, legte ich die Ruder beiseite,
schubste den Kater in Richtung Floß und sagte: *„Buena suerte."* (Viel
Glück.)

Ohne eine Sekunde zu zögern, begann er mit seinen winzigen weißen Vorderpfötchen zu strampeln und miaute leise in sich hinein wie ein Bootsmann, der den Rhythmus der Ruderschläge zählt.

Auf einmal, ganz plötzlich, hielt Minet inne. Indem er ein oder zwei Sekunden lang Wasser trat, stieß er ein lautes Miau aus und begann wie wild zum Boot zurückzupaddeln. Die Ruder bereits im Wasser, strebte ich ihm mit zwei verzweifelten Schlägen entgegen, als ich einen nahezu zwei Meter langen Hai auf uns zuschießen sah. Indem ich mich vorbeugte und dabei fast das Boot zum Kentern brachte, grapschte ich Minet, und da war der Hai auch schon mit weit aufgerissenem Rachen heran. Er verfehlte den Kater um einen knappen halben Meter. Während ich mit Minet auf dem Schoß zum Floß zurückruderte, schwamm der Hai eine Haarnadelkurve und kam uns nach. Zweimal kriegte er mit den Zähnen ein Ruder zu fassen, aber ich wehrte ihn ab. Als Minet und ich schließlich das Floß erreicht hatten, tauchte der Hai außer Sicht. „Entschuldigt", sagte ich zu den andern, „das war wirklich blöd von mir."

„Okay", sagte Gabriel beruhigend, „Minet ist um eine Erfahrung reicher. Er war höchster Gefahr ausgesetzt – und hat sie überlebt."

AM 25. AUGUST um die Mittagsstunde stellte ich mit Hilfe des Sextanten fest, daß wir gerade dabei waren, den hundertsechzigsten Längenkreis zu passieren – daß also zwei Drittel des Weges zu unserm Ziel hinter uns lagen. Auf diesem pfadlosen Meer ohne Wegmarkierungen war das lediglich ein weiterer unsichtbarer Meilenstein, für uns aber hatte es eine fast metaphysische Bedeutung. Wir waren im Begriff, einen Rekord zu brechen und etwas zu vollbringen, was alle Welt für unmöglich gehalten hatte. „Das muß gefeiert werden", sagte Marc, „für diese Gelegenheit habe ich was aufgehoben. Es liegt unter der Matte hinter der Hütte."

Wir scharten uns um ihn, als er die Bambusmatte lüftete und aus dem Raum zwischen den Querbalken einen in mehrere Lagen Bananenblätter gehüllten Gegenstand herausholte: eine Flasche Champagner. „Es ist noch eine da", sagte er, „für den Tag unserer Ankunft in Australien."

Normand holte ein paar gelbe Plastikbecher herbei, und wir tranken auf das Wohl der *Balsa*.

Einige Stunden später beschloß ich, die Stämme noch einmal zu inspizieren. Meine besondere Sorge galt diesmal den für die Taue gemachten Kerben. An den Rändern fühlte das Holz sich wie Schaum-

gummi an, als ich aber den Daumen draufpreßte, gab es nur etwa
einen Zentimeter nach. Nicht schlecht, fand ich. Um ganz sicherzugehen, punktierte ich die Stelle sorgsam mit einem Pfriem und holte
mehrere winzige Balsapartikelchen heraus. Sie wirkten trocken-weiß
und locker wie Sägemehl.

Eine Prüfung der andern sechs Stämme ergab dasselbe Resultat.
Und in ebenso gutem Zustand befanden sich die Taue.

Diese günstige Diagnose gab uns erheblichen moralischen Auftrieb.
Wir sangen mehr, machten mehr Ulk, aßen mehr und spielten mehr
Canasta. Sogar Winde und Strömungen waren uns günstig und trieben uns mit einer Durchschnittsgeschwindigkeit von rund hundertdreißig Meilen am Tag südwestwärts.

Die Samoainseln waren nicht mehr fern und regten Gabriel zu
Spekulationen über die Frauen an, von denen wir vielleicht welche zu
Gesicht bekämen.

Diese Gedanken weiter verfolgend, schlug er vor, doch wieder einmal Kontakt mit Liliana aufzunehmen und ihrer schönen Stimme zu
lauschen. Nach beträchtlichem Herumsuchen hörten wir sie schließlich.

„Bald sind wir in Pago-Pago", flüsterte Gabriel uns während einer
Störung zu, „da gibt es die tollsten Frauen der Welt. Aber die sind
nur für Normand und mich. Ihr alten Ehekrüppel müßt an Bord
bleiben." Er phantasierte weiter, wie er sie chilenische Liebesballaden
und Cueca tanzen lehren und ihnen beibringen würde, „ich liebe
dich" auf französisch, spanisch, deutsch und griechisch zu sagen und
ihm den salzverkrusteten, juckenden Rücken zu kratzen.

Plötzlich gab das Funkgerät den Geist völlig auf. Stundenlang versuchten Marc und ich es zu reparieren, aber es tat's einfach nicht
mehr.

„Joe Megan hat schließlich recht behalten", sagte ich, „es konnte
ja nicht ewig weiterfunktionieren."

Am nächsten Tag nahm ich den Apparat noch einmal auseinander.
Immer noch tot. Am dritten Tag nahm Gabriel ihn sich vor, klapste
mit ein paar ermunternden Fragen auf spanisch und französisch oben-
drauf und gegen die Seiten. Und plötzlich antwortete der Apparat mit
einem leisen, klagenden Geräusch.

„Er tut's!" schrie Gabriel.

Ein paar Augenblicke später vernahmen wir die ziemlich verzerrte
Stimme von Admiral Fernandez: „Hört ihr mich? Hört ihr mich?"
fragte er immer wieder, „seit zwei Tagen versuchen wir Kontakt mit
euch zu bekommen. Jetzt knackt es nur."

Ich schrie in unser Mikrophon, aber außer dem Klicken hörte er offenbar trotzdem nichts.

„Wenn ihr mich hören könnt", sagte Fernandez, „dann unterbrecht am Sender den Kontakt an der Hauptspule und benützt sie als Sendetaste wie beim Telegraphen."

Ich folgte seiner Instruktion, indem ich die Spitze der Spule dicht an den Kontakt hielt, und wartete auf die nächste Anweisung. „Okay", sagte er, „anscheinend hört ihr mich. Jetzt klickt dreimal lang."

„Kliiick, Kliiick, Kliiick."

„Gut, jetzt merkt euch, daß ein langes Klicken ‚Ja' heißt und zwei kurze ‚Nein'. Ich werde euch jetzt bestimmte Fragen stellen. Antwortet mit Ja oder Nein. Macht ihr zwanzig bis dreißig Meilen am Tag?"

„Klick, Klick." (Nein)

„Mehr?"

„Kliiick." (Ja)

„Über fünfzig?"

„Kliiick."

„Mehr als hundert?"

„Kliiick."

„Zwischen hundertzwanzig und hundertdreißig?"

„Kliiick."

Dann bekam Fernandez spezielle Daten über unsere Position, die annähernde Richtung, die Geschwindigkeit der Strömung, über unsern Lebensmittel- und Wasservorrat und unseren Gesundheitszustand. Er versprach, mit einem Amateurfunker in Australien Kontakt aufzunehmen und ihn über unser Verständigungssystem zu informieren. „Ihm seid ihr ja viel näher. Die Signale werden dann deutlicher." Aber ich wußte genau, daß er jede Anstrengung machen würde, in unserer Nachrichtenorganisation die Schlüsselfigur zu bleiben.

Ein paar Tage später wäre es mit unserer Organisation beinah schiefgelaufen. Während ich den Sender bediente, hütete Normand gewöhnlich den Generator, und damit sein Geräusch mich beim Hören nicht störte, nahm er ihn mit nach draußen. An diesem Nachmittag nun hockte er mit der kleinen Maschine auf dem Schoß auf dem Steuerbordstamm, als eine gewaltige Woge ihn über Bord riß. Indem er den Generator gegen den Magen preßte wie ein Fußballer den Ball, grapschte er mit der freien Hand nach dem Tau. Gabriel krabbelte über das Deck, schnappte mit einer Hand den Generator,

und mit der andern zog er Normand an Bord. „Ganz große Nummer",
sagte ich, „rein ins Wasser und raus aus dem Wasser in weniger als
zehn Sekunden."

„Nächstes Mal verlangen wir Eintritt", sagte Gabriel, „bedaure,
gegen das Rühr-mich-nicht-an-Gebot verstoßen zu haben", fügte er
scherzend hinzu.

„Für Notfälle gilt das nicht", sagte ich.

Anfangs war uns die Beachtung der Regel: Keine physischen Kontakte! nicht leichtgefallen. Wir waren alle Romanen und gewohnt,
Gesprächspartner zu berühren und Freunde, männliche wie weibliche,
mit liebevollen Umarmungen zu begrüßen. Jetzt aber befleißigten wir
uns einer geradezu englischen Zurückhaltung. Ich begann mich in
meiner selbst auferlegten „Privatblase" so wohl zu fühlen, daß ich
zweifelte, ob ich meine Neigung zu demonstrativer Herzlichkeit je
wiederfinden würde.

Aber anderes war uns auferlegt, womit wir uns nie würden aus-
söhnen können. Von Tag zu Tag schienen sich die Ameisen zu ver-
mehren. Manchmal betete ich um einen Hurrikan, der sie weg-
schwemmte.

Eines Abends Anfang September – wir näherten uns den Samoa-
inseln – schienen die Götter willens, unseren Wunsch zu erhören. Der
Sonnenuntergang war von einer bestürzenden Pracht gewesen. Ein
Farbfleck in Ocker und Orange illuminierte einen ungeheuren, am
Horizont entlangtreibenden Wolkentumult. Das Meer selbst war eine
einzige wogende Flamme, die uns mit ihrem warmen Schein übergoß.
Als aber die Farben verblichen waren, wirkten die Wolken bedroh-
lich, und das Wasser wurde verdächtig düster und bewegt.

Und plötzlich erhob sich der Wind, peitschte unser Segel hin und
her und schlug es uns beim hastigen Reffen um die Köpfe. „Schnappt
eure Taue!" schrie ich, als eine fünf Meter hohe Welle das Floß auf
ihrem schäumenden Kamm davonwirbelte, „bindet euch an den –"

Ehe ich ausreden konnte, ging eine zweite Woge über uns hinweg.
Meine Gefährten hatten sich schon gesichert, und auch ich schnappte
das nächste Tau. Ehe ich aber den Mast erreichen und mich anbinden
konnte, traf uns seitlich ein ungeheurer Wasserschwall, der über die
Hütte hereinbrach und mich zu Boden schleuderte. Halb betäubt
glückte es mir, den Mast zu packen, als eine noch größere Woge sich
durch die Hüttentür ergoß, die Fenster herausriß und einen Schlafsack wegzog.

Wie Blinden in einem Schreckenskabinett war uns zumute, weil

wir keine Ahnung hatten, woher uns der nächste Angriff drohte. In alle Richtungen gestoßen, klammerten wir uns wie verängstigte Krebse an den Mast und die Dwarsbalken und versuchten, unseren Mut mit matten Scherzchen zu beleben.

„Die Götter haben dich erhört, Vital!" schrie Gabriel, „mit der letzten Welle sind drei Ameisen über Bord gegangen."

„Die sind nicht über Bord gegangen", rief ich und mußte mehrmals Salzwasser ausspucken, „die hab ich verschluckt."

Nach zwei Stunden legten sich schließlich die Winde und hinterließen uns in einem Zustand dumpfer Erschöpfung.

Am nächsten Morgen nahmen wir das Ergebnis in Augenschein. Deck und Hütte waren ein einziges Chaos aufgeweichter Trümmer – Marcs zerfetzter Schlafsack hing an einem Querbalken, meine zerrissenen Shorts umflatterten den tragbaren Herd, und ein durchlöchertes rotes Hemd war um den Steuerbordstamm gewickelt wie ein blutdurchtränkter Verband.

„Hätte schlimmer sein können", sagte ich mit unserer stereotypen Redewendung.

„Das kommt noch, fürcht ich", warnte Marc, „wir nähern uns der Zyklonenzone."

Noch vor Samoa erwischten uns zwei weitere Sturmböen. Während einiger sonniger Zwischenspiele dichteten wir die Wände unserer wackligen Hütte ab, reparierten den angebrochenen Baum, wuschen und trockneten unsere ausgeblichenen Hemden und Hosen. Alle zusammen besaßen wir nur mehr zwölf Wäschestücke: vier Hemden, vier Paar Hosen und vier Schlafsäcke. Da wir aber die meiste Zeit bis auf ein Lendentuch nichts anhatten, war unser Kleiderbedarf durchaus gedeckt.

Am 12. September sichteten wir bei Sonnenaufgang die grüngetupfte Küste der gut neunzig Kilometer langen Samoa-Insel Sawaii – seit den Galápagosinseln vor über dreizehn Wochen das erste Land. Marc, Gabriel und ich schrien: „Samoaaaa! Samoaaaa!", während Normand sich mit einem kehligen „Junge, Junge!" begnügte.

Durch unsern einzigen Feldstecher erkannten wir inmitten leuchtendgrüner Palmen den Turm einer neugotischen Kirche. Vor unserem geistigen Auge sahen wir schöne Mädchen in Sarongs an der Küste tanzen.

„Die Mädchen dürften getauft und sittsam bekleidet sein", sagte Marc, „auf jeden Fall bekommt ihr sie nicht zu sehen."

„Und warum nicht?" fragte Gabriel.

„Weil ein Riff uns von ihnen trennt. Wir müssen Abstand halten." Sehnsüchtig schaute der enttäuschte Gabriel hinüber zum Eiland in seiner lockenden Schönheit.

Wie wir so an Sawaii entlangtrieben, verursachte uns die Insel eine Art Tantalusqual: mit ihren hohen, sanft im Winde sich wiegenden Kokospalmen, in deren Zweigen grellbunte Vögel umherschwirrten, mit der schaumgekrönten Brandung, die auf den weißen Sandstrand rollte.

Dann sprang der Wind um und trug uns nun wieder viel zu dicht an das Riff heran, und obwohl wir das Segel refften, trieben wir doch immer näher. Ich suchte das Wasser nach dem verräterischen Zeichen einer gegen das Riff schäumenden Brandung ab, das hier wie eine aufgestellte Falle auf uns zu lauern schien, konnte aber außer der weiter entfernten Küstenbrandung keine entdecken.

Gegen Sonnenuntergang befanden wir uns etwa drei Meilen vor der Küste und trieben ihr immer noch in südwestlicher Richtung entgegen. Entlang der Küste erschienen jetzt flackernde Lichter und sanfte Spiralen von Holzkohlenrauch.

„Riech mal das Essen", sagte Gabriel hungrig.

„Du hast zuviel Phantasie", erwiderte Marc, „der Wind kommt doch aus der andern Richtung. Du riechst den Fisch in unserer Pfanne."

„Sollen wir den Leuten nicht ein Signal geben?" schlug Gabriel vor, „vielleicht kommt jemand heraus und sagt uns, was es mit den Riffen auf sich hat." Marc schoß zwei Leuchtkugeln ab. Und eine halbe Stunde später sahen wir eine Motorbarkasse auf uns zuhalten. An Bord waren drei Männer, ein Neuseeländer und zwei Samoaner. Sie versicherten uns, der Wind werde bald umspringen. Ich fragte sie, ob sie uns vielleicht ein paar Früchte bringen könnten.

„An Land zu fahren und wieder zurück ist wohl schon zu spät", meinte der Neuseeländer, „warum lassen Sie sich nicht von uns an Land schleppen? Dann können Sie alles bekommen, was Sie brauchen. Ich bin überzeugt, daß die netten Menschen hier Sie sehr gern sehen möchten."

„Und die Riffe?" fragte ich.

„Keine zwischen euch und der Bucht."

Der sanft lächelnde Druck von seiten der beiden Samoaner bewog uns, für ein oder zwei Stunden in der Bucht zu ankern, wobei wir nicht mit dem Ausmaß der samoanischen Gastfreundlichkeit gerechnet hatten. Im selben Augenblick, als wir flaches Wasser erreichten, er-

kletterte ein Schwarm lachender Menschen, meist Frauen, das Floß;
sie steckten ihre Nasen in alle Winkel, spähten in die Hütte, bückten
sich, um die Kerben für die Seile aus der Nähe zu betrachten, und
erschreckten Minet dermaßen, daß er sich versteckte. „Bitte! Bitte!"
schrie ich endlich, „wir sind schrecklich müde. Wir müssen ein bißchen schlafen."

Die meisten Frauen waren so auffallend schön, daß es Gabriel
förmlich die Sprache verschlug. Später erholte er sich so weit, daß er
einen Entschluß bekanntgeben konnte: „Eines Tages komme ich hierher zurück und lerne sie näher kennen."

Gegen drei Uhr morgens waren wir endlich allein, ausgelaugter
als nach einem Sturm. Beim Antreten meiner Nachtwache sagte ich zu
Marc, daß wir beim ersten günstigen Wind auslaufen müßten. Aber
noch vor dem erhofften Wind kamen schon frühe Morgenbesucher
mit Mengen von Früchten und warmem Essen. Nachdem wir die einheimischen Gerichte gierig verschlungen hatten, winkten wir unsern
neuen Freunden Lebewohl und setzten unsere Reise fort.

Minet war wieder aus seinem Versteck gekrochen, er spielte am
Heck mit ein paar Krebsen, und wenn einer von ihnen nach seinen
Pfoten schnappte, miaute er heuchlerisch, als sei er verletzt. Seine
Vorstellung als Schmierenkomödiant schlug uns alle so in Bann, daß
keiner von uns den hakenschnäbligen Albatros mit zwei bis zweieinhalb Meter Flügelspanne und plumpen Schwimmfüßen bemerkte,
der über uns schwebte.

Wie ein Schatten stieß er nieder und hatte Minet mit dem Schnabel
gepackt, ehe wir uns von unserer Überraschung erholt hatten. Weil
seine Beute sich zur Wehr setzte, geriet der Vogel aus dem Gleichgewicht, versuchte seinen Flug aber dennoch fortzusetzen. Als sie sich
zwei Meter hoch in der Luft befanden, wand Minet sich mit solcher
Wut, daß sein Kidnapper ihn dicht hinter der Hütte fallen lassen
mußte.

„Mörder!" schrie Gabriel und rannte zu Minet, der nach Katzen-
art auf seine Pfoten gefallen war, „den Vogel bring ich um!" In
Minets Nacken klaffte ein langer Riß, ein fünf Zentimeter langes Fell-
stück war herausgerissen, aber der Kater schien mehr ärgerlich als
verletzt.

„Ein Glück, daß der Vogel Schwimmfüße hatte", sagte Marc beim
Untersuchen der Wunde, „hätte er Klauen wie Adler oder Falken,
dann wär's mit Minet ausgewesen. Für den Schnabel war er gerade
ein bißchen zu schwer."

Wir reinigten die Wunde, trugen ein Antiseptikum auf und bandagierten Minet den Nacken. Aber innerhalb weniger Stunden hatte er mit seinen Krallen den Verband zerfetzt. Marc fand eine Lösung. „Wir wollen ihm Mullfäustlinge um die Pfoten binden", schlug er vor, „sonst heilt die Wunde nie."

Mit vier dicken Gazepfoten und einer weißen Halskrause kroch Minet an Deck umher, beleckte ab und an einen der Fäustlinge und wusch sich Gesicht und Körper mit dem zungenbenetzten Mull. Irgendwie kam er nicht auf den Gedanken, die Fußbandagen mit den Zähnen abzureißen. „Damit fiele er doch aus der Rolle", meinte Marc, als ich es erwähnte, „Minet ist ein viel zu guter Komödiant, um einen wirkungsvollen Auftritt zu schmeißen."

6

WENN nun auch über zwei Drittel des Weges nach Australien hinter uns lagen, hatten wir doch den größten Teil der gefährlichen Riffe und Bänke sowie die schweren Stürme noch vor uns. An zehn größeren Riffen mußten wir unser Floß noch vorbeisteuern, an neun davon unsern Berechnungen nach bei Nacht. Sollte meine Navigation nicht stimmen, würden wir das spätestens bei einem schrecklichen Aufprall im Dunkeln merken.

Am Nachmittag des 15. September brachte ein steifer Südwind uns auf Nordwestkurs. Da er im Lauf der Stunden immer mehr auffrischte und sechs Meter hohe Wellen erzeugte, konnte er uns gegen die gefährliche Pascobank treiben, die weniger als sechzig Meilen vor uns lag.

„Luken dicht!" schrie ich, packte das Funkgerät in einen Plastikbeutel und zurrte es an der Hüttendecke fest, während Gabriel das Segel barg und Marc und Normand andere Gegenstände sicherten. Kurz vor Sonnenuntergang zogen schwere Wolken auf, und von Osten kam ein Wind, dessen anfängliches Ächzen mit zunehmender Geschwindigkeit in Heulen überging, das mir in die Glieder fuhr, weil es mich an die *Lloronas* erinnerte, von denen man mir als Kind erzählt hatte: die Nacht durchrasende Hexen, deren Wahnsinnsschreie einem das Blut in den Adern erstarren ließen.

„So ein komisches Windgeheul hab ich noch nie gehört", sagte Gabriel.

Inzwischen hatte sich der Wind zu voller Sturmstärke mit einer

Stundengeschwindigkeit bis zu fünfzig Meilen ausgewachsen und warf über zehn Meter hohe Wellen auf, die die *Balsa* wie eine Streichholzschachtel umherwirbelten, wobei sie ein sonderbar schwirrendes Geräusch erzeugten. „Das kommt von den größeren Wellen, die sich nicht brechen", rief Marc.

Da wir es drinnen für sicherer hielten als draußen, krochen wir in unsere klapprige Hütte. Das einzige, was wir durch die Türöffnung sahen, war ein Chaos von Wogen, die aus allen Richtungen gleichzeitig auf uns einpeitschten, das Floß herumschleuderten, es gleichzeitig klatschend auf und ab hoben und uns wie Würfel im Becher schüttelten. Dabei schwankte der Hüttenboden bis zu fünfundvierzig Grad, ließ uns erst zu einem hilflosen Häufchen gegen die eine Wand prallen und dann gegen die entgegengesetzte, während ungeheure Wassermassen sich durch die Türfüllung herein und durch die Fensteröffnungen hinaus ergossen.

Plötzlich schoß eine Riesenwoge zum Backbordfenster herein und schmetterte Marc mit dem Kopf gegen das Funkgerät. Sein Mund öffnete sich zu einem Schrei, den der Lärm verschlang, dann brach er zusammen.

„Marc!" schrie ich in panischem Entsetzen und griff nach ihm. Zu meiner großen Erleichterung war er nur bewußtlos, aber ich brauchte mehrere Minuten, um ihn wieder zu sich zu bringen. Schließlich schüttelte er matt den Kopf: „Wo bin ich?"

„Auf der *Balsa*", sagte ich, „eine Welle hat dich zusammengeschlagen."

Einen Augenblick schien er über meine Antwort nachzusinnen, dann erhellten sich seine Augen, und er suchte Halt an einem der Eckbalken. Als ich ihm „Geht's besser?" zuschrie, nickte er kräftig zur Bestätigung.

Wie durch ein Wunder hielt unsere Bambushütte durch, weil sie jedem der wilden Windstöße nachgab und dadurch die Taue, die sie zusammenhielten, fester anzog. Keine moderne Kajüte hätte solchem Druck widerstanden – nicht einmal eine der heute üblichen Metallkonstruktionen.

Ungefähr eine Stunde vor Sonnenaufgang schwächte der Sturm sich zu einem leichten Rumoren ab, so daß wir uns den Schaden besehen konnten. „Der Baum ist wieder hier gebrochen", konstatierte Marc und fuhr mit der Hand über die alte Stelle, die er mit schwerem Tau umwickelt hatte, „gottlob kein neuer Bruch." Er bewegte sich nicht so fix wie gewöhnlich.

Zwei Vorratskisten waren in Stücke, die Bambusmatten auf Deck arg zerfetzt und Bananenblätter vom Dach gerissen. Überall lagen kleinere Trümmer, und zwischen freigelegten Stämmen zappelten glasäugige Sardinen. Drinnen in der Hütte rochen unsere durchnäßten Schlafsäcke schlimmer denn je.

„Zeit für den Frühjahrsputz", meinte Gabriel.

„Wir haben Mitte September", erinnerte ich ihn.

„Das weiß ich. Aber wir befinden uns auf der südlichen Halbkugel. Und hier ist Frühling."

Da wir den ganzen Tag mit all dem Kleinkram beschäftigt waren, fiel es uns leichter, die drohenden grauen Wolken, die von Osten heraufzogen, vorerst zu übersehen. Wir ließen unserm Floß, das wie eine Berg- und Talbahn von einer Woge zur andern glitt, gründlichen Hausputz angedeihen und hielten ein wachsames Auge auf den Horizont.

Der zweite Sturm traf uns ein paar Stunden nach Sonnenuntergang. Wieder türmten sich die Wogen bis fünfzehn Meter hoch. Während die Wasser sich in unsere Hütte ergossen und wieder abflossen, versuchten wir, uns die Zeit mit Scherzen zu vertreiben. Wir lachten – manchmal wie die Verrückten, wie Menschen lachen, die übermüdet sind oder Todesangst ausstehen. „Chisco", sagte ich halblaut, „du bist doch ein schlimmer Gauner."

„Sprichst du wieder mit deinem Heiligen?" fragte Gabriel.

„Ich danke ihm für diesen schönen Sturm", antwortete ich.

Gabriel war überzeugt, daß die Winde meinen Geist getrübt hätten. Weil der Sturm uns so in Atem hielt, fiel niemandem auf, daß Minet verschwunden war. Als erster fragte Marc nach ihm.

„Normand hat ihn", sagte Gabriel, der im Dunkeln nichts sehen konnte.

„Nein, du hast ihn doch", protestierte Normand.

Gabriel sprang auf und rief: „Minet, Minet! Komm!", während er durch hereinstürzende Wassermassen auf die Türöffnung zustolperte.

„Halt ihn, Vital", rief Marc, „er geht über Bord!"

Indem ich mit aller Kraft zog, gelang es mir mit Normands Hilfe, Gabriel zurückzuhalten. „Minet passiert nichts", sagte Marc, so überzeugend er konnte, „Katzen haben sieben Leben."

Aber Gabriel war untröstlich. „Er ist ertrunken", sagte er, während er in seine Ecke zurückkroch. Für den Rest der Nacht sprach er kein Wort mehr.

Noch vor der Morgendämmerung legte sich der Sturm, und als wir bei Tagesanbruch nach draußen kamen, schlug uns eine unheimliche Stille entgegen. Während ich noch dastand und mich an die plötzliche Ruhe zu gewöhnen suchte, hörte ich ein ängstliches Miau. Minet hing an einem der schräg stehenden Mastpfosten, den er mit sämtlichen Gliedmaßen umklammert hielt wie ein Bärenjunges einen Baumstamm.

„Minet! Minet!" schrie Gabriel, „komm runter."

Aber Minet war zu verängstigt oder zu erschöpft, um sich bewegen zu können. So kletterte Gabriel den Mast hinauf und holte den Kater herunter. Seine Augen waren feucht. Wir vergaßen unsere Müdigkeit, riefen hurra, lachten und streichelten unser tapferes kleines Maskottchen.

Im Laufe des Nachmittags lebte der Sturm wieder auf. Kurz nach Antritt seiner regulären Wache um sechs wurde Marc über Bord gespült. Infolge seiner Verletzung war er noch nervös und übermüdet und seine Finger vom Anziehen der Knoten an unserer Hütte blasenbedeckt. So hatte er bei einem unerwarteten Schlingern des Floßes den Halt am Steuerbord-Steckschwert verloren und war hilfeschreiend hinterrücks vom Heck gestürzt. Als Normand und ich ihn an dem Seil um seine Mitte rasch heraufzogen, mußten wir sämtliche Muskeln unserer müden Arme anspannen.

Wie mir sofort klar wurde, hätte ich darauf bestehen (nicht nur drängen) müssen, daß einer von uns seine Wache übernahm. „Marc", sagte ich, „als Kapitän dieses Schiffes muß ich dich zu Bettruhe verurteilen. Einen übermüdeten Chefkoch können wir uns nicht leisten. Du wärst imstande, uns zu vergiften."

Er lächelte und kroch in die Hütte, um sich auszuruhen, soweit bei dem bewegten Meer davon die Rede sein konnte.

Wir ernährten uns von den letzten frischen Früchten und dem Brot der Eingeborenen von Sawaii. Wir lechzten förmlich nach gebratenem Fisch – und sogar roher hätte es sein dürfen.

Außer dem Hunger plagte uns alle eine ungeheure Müdigkeit, ein Muskelkater am ganzen Körper, und unsere Hände waren vom Handhaben der Taue verschwollen und aufgerissen. Das Tauwerk war im einen Augenblick schlaff und Sekunden später zum Zerreißen gespannt.

Am 18. September hatten wir einen „Anfall" von gutem Wetter, so daß ich endlich wieder unsere Position feststellen konnte. Der Sturm, so errechnete ich, hatte uns nordwestlich abgetrieben, einem mit Sandbänken übersäten Gebiet entgegen, während wir die Pasco-

bank offenbar in der Nacht des 15. September umfahren hatten. Ich wollte so dicht wie möglich an die Nordküsten von Vanua Levu und Viti Levu, zwei der wichtigsten Fidschi-Inseln, heranfahren, uns dann südwärts wenden und endlich westwärts, um südlich an Neu-Kaledonien vorbeizukommen. Auf dem geplanten Wege lagen nicht nur weniger Inseln und Riffe, sondern wir würden uns auch das Große Barriere-Riff vor Australien ersparen.

Wir waren jetzt über fünfzehn Wochen auf hoher See und hatten auf neue Weise Mut gefaßt, den kühlen, kampferprobten Mut des erfahrenen Stierkämpfers im Gegensatz zum trotzigen Mut des jungen Anfängers, der sich noch einreden muß, daß er vor den Stieren keine Angst hat.

Wie gute Matadore strebten wir nach jener Grazie auch in Gefahr, die Ernest Hemingway so gut geschildert hat.

Wie mein Logbuch ausweist, waren die nächsten paar Tage frei von wirklichen Gefahren; offenbar aber steuerten wir ernstlichen Schwierigkeiten entgegen.

23. September:

Ein paar Grad sind wir vom Nordwestkurs abgekommen, aber nicht genug. Eine ziemlich kräftige Strömung treibt uns nach Westen. Der Navigationskarte nach fließt diese Strömung mit einem halben Knoten südwärts, uns aber führt sie mit zwei und einem halben Knoten westwärts. Das gefällt mir nicht.

1. Oktober:

Wenn wir um die Südspitze von Neu-Kaledonien herumkommen wollen, brauchen wir einen Kurs von 200 Grad, und dazu brauchen wir einen Wind aus Osten oder Nordosten – nicht Südwind, wie heute!

Wir rebellieren gegen Teufel, Gott und Natur! Und wo ist Chisco, jetzt, wo wir ihn brauchen?

NORMAND hatte stundenlang versucht, einen großen Schwertfisch zu fangen, der uns schon seit Tagesanbruch folgte. Er tauchte und fegte unter der *Balsa* dahin, wobei sein zwei Meter langes Schwert das Wasser mit bedrohlicher Geschwindigkeit durchschnitt. „Der nimmt meinen Köder nicht", sagte Normand.

„Er ist nicht hungrig genug", sagte ich, „aber wenn der weiter so rumtobt, wird er's bald sein."

Gelegentlich schnappte er nach Normands Köder, ohne den Haken zu berühren. Als aber der Schwertfisch sich von uns abwandte, kam ein gewaltiger Grauhai aus der Tiefe geschossen und biß ihm mit einem mächtigen Happen den Schwanz ab. In einem blutigen Strudel dicht unter der Wasseroberfläche wurde der tödlich verwundete Schwertfisch alsbald verschlungen.

„Da geht unser Abendessen dahin", sagte Normand düster.

„Wie wär's mit Haifischbraten?" schlug Marc vor, „eine Menge feine Filets schwimmen hier rum."

„Heute nicht. Der Killer da ist zu groß. Mit dem würde ich nicht fertig."

Ich verstand Normand: Der Mangel an Schlaf und Nahrung während der drei Sturmtage hatte uns hart zugesetzt. Unsere bisher erbeuteten Haie waren zwei bis drei Meter lang gewesen. Mit ihrer zähen Haut und ihrem muskulösen Fleisch waren sie schwer zu zerlegen. Manche waren mit Schildfischen bedeckt, schlüpfrigen, schwarzen Fischen, die sich mit Hilfe einer Haftscheibe auf ihren flachen Köpfen an größeren Fischen festsaugen.

Sonderbarerweise zeigte Minet keinerlei Interesse an den Schildfischen, vielleicht waren sie ihm widerwärtig. Dagegen brachte ihn sein Interesse an Krebsen in Schwierigkeiten. Eines Nachmittags schlug er nach einem großen Krebs, den Normand gefangen hatte, als der Krebs plötzlich mit einer seiner mächtigen Scheren Minets linke Vorderpfote packte. Minet miaute laut, während er auf dem Deck herumhopste und mit seiner freien Vorderpfote vergebens zuschlug, um den schraubstockartigen Griff zu lockern. Schließlich hieb Normand die Schere des Krebses ab und löste sie.

„Minet", sagte er, „du bist ein ganz blödes Vieh."

Offensichtlich gekränkt, entschwand Minet, und außer einem schwachen Miauen ab und an, das von irgendwoher hinter der Hütte zu kommen schien, vernahmen wir nichts von ihm. „Er bestraft uns", meinte Marc, „indem er sich versteckt und hofft, daß wir ihn vermissen oder für tot halten."

Er blieb noch ein paar Stunden im Schmollwinkel, als aber die Sonne sank, kam er aus seinem Versteck hervor und stolzierte an Deck auf und ab. „Nicht lachen", sagte ich mit Pokermiene, „sonst versteckt er sich wieder."

Für ein Dakapo von Minets Darbietung hätten wir nämlich keine Zeit gehabt, weil ein neuer Sturm sich über uns zusammenbraute. Kaum hatten wir das Segel bergen können, als die stärkeren Böen

schon heran waren und den Baum gegen den Mast schlugen. Im Dunkeln wurden wir stundenlang auf dem Floß umhergestoßen und lauschten einer Sinfonie verschiedenster Töne, als die immer stärker blasenden Winde im angespannten Tauwerk sangen. (Vibrierten die dünnen Taue in hohen Tönen, wußte man, daß der Wind stark war; summten die halbzölligen, war der Wind sehr stark; und wenn die anderthalbzölligen ein tiefes Tongg! von sich gaben wie eine riesige Baßgeige, dann war es Zeit, „die Luken dichtzumachen".) Während wir breitbeinig dem Anprall der Wellen standzuhalten suchten, spürten wir die Stämme unter uns wie Klaviertasten auf und nieder gehen und sich dem Seegang anpassen. „Laß uns beide die ganze Nachtwache teilen", schlug Gabriel mir vor, „die beiden andern brauchen Erholung – besonders Marc."

„Gute Idee", sagte ich und stellte fest, daß die Sturmbö schon abflaute. Morgens kamen Marc und Normand zum Ablösen aus der Hütte gekrochen. „Warum habt ihr uns nicht geweckt?" schimpfte Marc. Wir nahmen seinen Vorwurf gern in Kauf. „Heut abend kriegen wir bestimmt ein köstliches Abendessen", prophezeite Gabriel, ehe er in tiefen Schlaf versank, „Marc sieht nämlich aus wie ein neuer Mensch."

Am nächsten Tag erklärte uns Marc am späten Nachmittag, er fühle sich viel besser, aber nun sei das Floß nicht mehr ganz gesund: „Die Stämme scheinen sich gelockert zu haben, Vital. Die vielen Stürme haben an den Tauen gezerrt und die Kerben vertieft."

Bei der Kontrolle stellten wir fest, daß die Taue sich tatsächlich tiefer in das Balsaholz eingeschnitten hatten und daß eine gewisse Lockerung der sieben Hauptstämme daher rührte. Bei unserm Zickzackkurs durch die vor uns liegenden gefährlichen Riffe würde uns das erheblich zu schaffen machen. Ein Floß, das gut in Schuß war, hätte sich viel leichter manövrieren lassen.

Am 5. Oktober wurde uns klar, daß wir Neu-Kaledonien nicht südlich passieren konnten, weshalb ich beschloß, zwischen den Inseln Eromanga und Tana in den südlichen Neuen Hebriden hindurchzusteuern. „Die Passage ist eng und gefährlich", erklärte ich Gabriel, der mit mir die Karte studierte, „da gibt's jede Menge Riffe, die auf keiner Karte stehen."

Wir standen am Bug unseres kleinen Floßes, das auf- und niedertauchend der sinkenden Sonne entgegenhüpfte, und suchten nach einem Anzeichen für die beiden Inseln, zwischen denen wir hindurchmußten. Der Sonnenuntergang war schön: Flammenfarbene Flocken-

wellen geleiteten den hellorangefarbenen Ball hinter den Horizont. Ich hätte schwören mögen, die Erde sei eine Scheibe und die Sonne falle über ihren Rand in den unendlichen Raum. Als sie gesunken war, hatten wir immer noch keine Spur von Eromanga oder Tana ausgemacht, und der Wind begann umzuspringen.

„Zum Teufel, Chisco", fluchte ich, „wir müssen blind segeln. Warum sind wir immer nachts diesen Gefahren ausgesetzt?"

Keiner von uns konnte schlafen – alle Mann gingen wir Wache. Marc und ich spähten an den Ecken des Bugs in die Nacht, Normand und Gabriel waren am Heck postiert und wechselten sich am Steuerbord-Steckschwert ab, um notfalls den Kurs zu ändern. Gegen Mitternacht glaubte ich vor einem dunklen Riff einen Fleck zu erkennen, es war aber keine Brandung, nur die Rückenflosse eines Hais, die einen Schaumgürtel um das Floß legte. Bald gesellte sich noch einer hinzu. Die beiden folgten uns stundenlang wie die Geier.

„Eromanga und Tana", sagte Marc grübelnd, „bist du sicher, daß es die gibt?"

„Auf meiner Karte jedenfalls", erwiderte ich.

Unmittelbar nach Tagesanbruch stellte Gabriel die Existenz von Eromanga fest. Indem er auf die Spitze einer Insel leicht nordöstlich am Horizont hinter uns deutete, sagte er: „Seht mal, wir sind heute nacht dran vorbeigekommen." Das südöstlich hinter uns liegende Tana war überhaupt nicht auszumachen.

Am Spätnachmittag des nächsten Tages umfuhren wir den nördlichen Rand der berühmten Astrolabiumriffe, denen wir gerade so nah kamen, daß wir auf mehrere Meilen die zerklüfteten Korallenbänke aus den Wellen ragen sahen. Einen Teil des unterseeischen Riffs studierte ich mit meinem scharfen Feldstecher: Wie ein unübersehbarer Steingarten sah es aus, mit Seeanemonen und Korallenästen, die versteinerten Pflanzen in Purpur, Gelb, Grün und Rot glichen, mit dunkelgrünem Moos hier und da, kakteenähnlichen Stachelgebilden und Fischen in allen Größen, Formen und Farben – eine Märchenflora und -fauna, wie nur das Meer sie hervorzubringen vermag.

„Jetzt müssen wir uns nordwestlich der D'Entrecasteaux-Riffe und der Huoninseln halten", sagte ich zu Gabriel, „hier muß das Floß seine Feuerprobe bestehen. Es ist eins der riskantesten Seegebiete der Welt."

Am 10. Oktober bekamen wir abends Verbindung mit Rafael Corcuera. In unserem zeitraubenden Klick-Klick-System teilten wir ihm unsere ungefähre Position mit, wußten aber noch nicht, daß wir weni-

ger als neun Meilen von den gefürchteten D'Entrecasteaux-Riffen entfernt waren.

Als wir uns von Rafael verabschiedet hatten, hörte ich die Stimme eines neuseeländischen Amateurfunkers namens Gus. Er unterhielt sich mit Rafael, aber wir verstanden ihn ganz genau. „Sie sind in Gefahr", sagte Gus, „sie treiben direkt auf die Riffe zu."

Dann mischte sich Admiral Fernandez' Stimme ein: „Neuseeland, Neuseeland, ich bin ganz Ihrer Meinung... Die sind in großer Gefahr... Der Ostwind treibt sie genau auf die Riffe zu... Wir müssen sie warnen... Ihr Funkgerät tut's nicht... Können Sie ein Flugzeug hinschicken?"

Es war schon stockdunkel, als wir diese dringliche Bitte aus Neu-Mexiko vernahmen.

Wieder einmal befanden wir uns in mondloser Nacht auf dem Weg in eine drohende Katastrophe. Wieder gingen wir zehn schlaflose Stunden Wache.

Aber bei Tagesanbruch lagen die D'Entrecasteaux-Riffe so weit hinter uns, daß wir sie kaum mehr durch unsern Feldstecher ausmachen konnten.

Gegen elf Uhr vormittags hörten wir in der Gegend der Riffe ein kleines Flugzeug. Als wir uns fünf Stunden später wieder in unser Amateurfunknetz einschalteten, hörte ich eine Stimme sagen: „Das Flugzeug hat nichts gefunden, deshalb nehme ich an, daß es ihnen geglückt ist. Wenn sie auf ein Riff aufgelaufen wären, hätte man Trümmer sehen müssen."

12. Oktober:

Die Huon-Inseln und ihre Riffe haben wir passiert – wieder bei Nacht. Unbegreiflich! Wie wenn uns jemand triebe. Nachts kann ich nicht mehr schlafen, weil ich Angst habe, davon geweckt zu werden, daß das Floß gegen ein Riff kracht.

Der Wind kommt von Osten, aber wir können nicht so weit südlich gehen, wie wir möchten, weil die Strömung genau westwärts fließt. Aber wir würden gern genau nach Süden segeln, um die Chesterfield-Riffe und -Inseln zu vermeiden, die zwischen eineinhalb und fünf Meter hoch sind.

In der Nacht müßten wir bis auf eine knappe halbe Meile an eins der Riffe herankommen, um es an der sich brechenden Brandung erkennen zu können, und dann wäre es für ein Floß ohne Motor wahr-

scheinlich zu spät, den Kurs noch zu ändern. Indessen machte uns jede neue Bewährungsprobe stolzer auf die Tüchtigkeit unseres Floßes.

13. Oktober:

Heute kein Wind. Wir können uns ausruhen und uns mit der leichten Strömung südlich der Huon-Inseln tragen lassen. Den ganzen Nachmittag haben wir gesungen, ein feines, von Marc bereitetes Mittagsmahl aus fliegendem Fisch verspeist und mit hohen Einsätzen Parcheesi gespielt.

Gabriel sagt: „Diesmal haben wir Glück." Und Marc meint: „Wenn wir heute Glück haben, dann hab ich Angst vor dem, was morgen auf uns zukommt."

Marc sollte recht behalten. Nur war es eine andere Art von Problem, als er erwartet hatte.

7

Am nächsten Tag gerieten wir wieder in eine Flaute. Keine Strömung, kein Windhauch. Die unerträglich brennende Sonne trieb uns in den dürftigen Schatten der Hütte.

Weit und breit kein Fisch, die waren schon lange mit der Strömung entschwunden. So gab's denn Fisch vom Tag vorher, und wir aßen ihn roh, um nicht durch den Herd zusätzliche Hitze zu erzeugen. Der Fisch war lau und schmeckte bitter. Weder Marc noch ich brachten ihn hinunter, aber Normand und Gabriel kauten mit sturer, freudloser Entschlossenheit auf den zähen Bissen herum, als äßen sie ihre Henkersmahlzeit.

Der Sonnenuntergang brachte etwas Erleichterung von der Hitze, aber immer noch keinen leisen Hauch, auch der nächste Morgen nicht. Mein Sextant zeigte an, daß wir in vierundzwanzig Stunden noch nicht einmal eine Meile zurückgelegt hatten.

Endlich, nachdem die brennende Sonne über den Horizont geglitten war, wehte von Norden eine sanfte Brise. Zwei Stunden später trieben wir in eine südliche Strömung hinein, und der auffrischende Wind beförderte uns im angenehmen Tempo von fünf Meilen pro Stunde vorwärts. Wir sangen „La Cucaracha" und die „Marseillaise", wobei unsere Stimmen sorglos übereinanderpurzelten wie die Wellen.

Die nächsten paar Tage, während wir auf eine Passage nördlich der Chesterfield-Riffe zuhielten, waren nahezu vollkommen. „Wir

sind nicht mehr ganz siebenhundert Meilen von Australien entfernt", sagte ich zu Marc, nachdem ich mit meinem Sextanten unsere Position kontrolliert hatte, „und das Floß ist immer noch gut in Form."

„Etwas schwache Kondition insgesamt", sagte Marc, „und rasiert müßte es werden." Die zottigen Seetangbärte waren an den Außenstämmen hochgewuchert.

„Wir sollten ein paar Bilder machen, ehe wir sie abschneiden", meinte Gabriel. Er und ich sprangen ins Boot und ruderten ein paar hundert Meter. So aus der Distanz betrachtet, wirkte die *Balsa* erschreckend primitiv und klapprig, und ich begriff, wie wenig wir uns über das Ausmaß der Gefahren und die Geringfügigkeit unseres Schutzes im klaren gewesen waren.

„Grade ist mir dieser letzte Sturm eingefallen", sagte Gabriel sinnend, als lese er meine Gedanken, „so schlimm hatte ich mir das nicht vorgestellt."

„Wieso?" fragte ich.

„Ich weiß nicht, wie ich es genau ausdrücken soll. Eben hat mich einfach ein sonderbares Gefühl beschlichen, so eine Art kalter Schauder, als ich mir das Floß betrachtete. Ziemlich blöd, ich geb's zu."

„Das passiert uns allen", sagte ich, „Bombenschock nennt man das. Wenn die Bomben um ihn herum explodieren, redet der Soldat sich ein, daß er überhaupt keine Angst hat, aber die kommt hinterher."

Wir machten Schnappschüsse vom Floß; während ich knipste, ruderte Gabriel und umgekehrt. Beim Näherkommen fanden wir die *Balsa* auf eine wunderliche Weise elegant; der Kontrast zwischen dem geblähten Segel und der schäbigen Hütte gemahnte an eine Donquichotterie. Der legendäre Mann aus La Mancha wäre bestimmt stolz gewesen, auf unserem Floß mitsegeln zu dürfen. „Es ist das schönste Floß der Welt", sagte Gabriel.

Das war mir aus dem Herzen gesprochen. Das gute kleine Fahrzeug hatte äußerst ernst zu nehmende Situationen durchgestanden. Nichtsdestoweniger konnte ich den Gram über die Lockerung, die Marc und ich festgestellt hatten, nicht verwinden. Wenn ich in der Hütte lag, besonders nachts, spürte ich, wie die Stämme sich gegeneinander verschoben, als seien die Taue im Schwinden begriffen. Sogar die Senkkiele waren etwas wackelig geworden, was das Steuern durch enge Passagen erschwerte. Konnte das Floß sich nicht plötzlich auflösen, wenn wir uns den Chesterfield-Riffen näherten? Oder wartete es vielleicht damit bis zu dem gefährlichen Großen Barriere-Riff vor Australien?

„Wir scheinen uns einer Insel zu nähern", sagte Gabriel eines Tages und deutete mit dem Kopf auf eine trichterförmige Wolke in einiger Entfernung voraus.

„Das müssen die Chesterfield-Riffe sein", sagte ich nach einem Blick auf meine Karte. Schnell überschlug ich, wie lange wir bis dorthin brauchten, und kam zu dem Schluß, daß wir sie im Dunkeln passieren müßten.

Wieder einmal gingen wir alle vier eine ganze Nacht Wache, entdeckten aber keinerlei Anzeichen für unsichtbare Riffe. Nach meinen Berechnungen hätten wir das erste Chesterfield-Riff gegen Mitternacht passieren müssen und das letzte unmittelbar vor beginnender Dämmerung. Als wir von Osten eine frische Morgenbrise bekamen, die uns im Verein mit einer südlichen Strömung in südwestlicher Richtung tragen mußte, hob sich unsere Stimmung.

Die nächsten paar Tage und Nächte vergingen mit einem Zickzackkurs zwischen weiteren Riffen hindurch. Manche, die keine Karte verzeichnete, lagen dicht unter der Wasseroberfläche, was sie für ein kleines Fahrzeug ohne Radar besonders gefährlich machte.

„*La Balsa* hat ihr eigenes Radar", bemerkte Marc, als wir uns durch eine zerklüftete Korallenlandschaft, die nur eineinhalb Meter unter dem Wasserspiegel lag, hindurchmanövrierten, „vermutlich benutzt sie den Tang auf ihrem Bauch als Antenne."

Wie andere seefahrende Katzen hatte auch Minet ein inneres Radar entwickelt, mit dessen Hilfe er schlechtes Wetter lange vor Ausbruch wahrzunehmen vermochte. Selbst bei klarem Himmel konnte er plötzlich in eine Hüttenecke kriechen. Stunden später brach dann das Unwetter aus, für alle überraschend – nur für Minet nicht. Mein Logbuch bezeugt es:

26. Oktober:

Gestern hat Minet mit dem Wetter wieder recht behalten. Urplötzlich goß es wie aus Kübeln.

Heute haben wir zum erstenmal einen Amateurfunker aus Sydney gehört. Er heißt Sid Molen. Das rückt Australien plötzlich viel näher. Er hat eine kräftige Stimme und ist knapp und sachlich.

JETZT hielten wir Kurs auf das Große Barriere-Riff, für jede Art Wasserfahrzeug eine der gefährlichsten Zonen der Welt. Ich breitete auf dem mattenbelegten Deck unsere Karte aus, und während Marc mir über die Schulter spähte, studierte ich das gezackte Profil des

endlos langen Riffes und forschte nach einer Durchfahrt bei Flut.

„Diese hellere Schattierung hier könnte eine Öffnung sein", sagte ich, mehr hoffnungsvoll als überzeugt.

„Das bezweifle ich", meinte Marc, „soviel ich gehört habe, gibt es da überhaupt keine sicheren Passagen. Bereiten wir uns lieber seelisch auf einen Zusammenstoß vor."

„Es gibt noch eine Möglichkeit", sagte ich und deutete auf ein paar Wellenlinien auf der Karte, „da an der Ostseite des Riffs gibt es eine südliche Strömung. Wir dürften eine etwa fünfzehnprozentige Chance haben, mit ihr zu treiben."

Marc lächelte: „Wie kommst du zu dieser genauen Berechnung?"

„Ganz einfach", antwortete ich, „dreißig Prozent wären eine gute Chance. Ich stell mir vor, daß wir nur eine halbe gute Chance haben."

Als es dunkel wurde, war das Riff noch nicht in Sicht, und der Wind sprang von Ost nach Südsüdost um. Normand war in den Ausguck hinaufgeklettert und suchte mit dem Feldstecher den Horizont ab, entdeckte aber nichts als das bernsteinfarbene Nachglühen des Sonnenuntergangs auf den bewegten Wellen. Marc und Gabriel hantierten mit dem Baum und versuchten, das Segel gerade so viel zu drehen, daß wir unsern Kurs ändern konnten und doch am Winde blieben.

Als es schließlich so dunkel war, daß wir höchstens hundert Meter weit sehen konnten, ließ ich sie das Segel reffen.

„Kann sein, daß wir auf das Riff auflaufen, ehe wir es sehen", sagte ich und hielt mir den Kompaß dicht vor die Augen, „lieber an Geschwindigkeit verlieren und eine Weile treiben, ich hoffe, der Strom ist stark genug, um uns zu retten."

Aber selbst ohne Segel trieb der Wind uns weiterhin nach Westen. Nachdem wir für den Fall des Strandens alles festgezurrt hatten, blieb nichts mehr zu tun, als wieder einmal um ein Wunder zu beten. „Ruf deinen Heiligen an, Vital", sagte Gabriel, „wir haben ihn bitter nötig." In seiner Stimme war kein Spott.

Allesamt standen wir am Bug und spähten ins Dunkel, jeder in Gedanken verloren. Sollten wir diesen ganzen weiten Weg – fast achttausend Meilen durch die gefährlichsten Hindernisse – geschafft haben, um dann sozusagen an der letzten Hürde zu scheitern?

Ich war von Natur aus kein guter Verlierer. Chisco! schrie ich stumm, weil ich den andern meine Verzweiflung nicht zeigen wollte. Gib uns doch eine gerechte Chance. Nein, kein Wunder, verdammt noch mal – nur eine gerechte Chance.

In Ölzeug und durch ein Tau um die Mitte gesichert, hantiert Vital bei stürmischer See mit einem der Steckschwerter.

Unaufhaltsam trieben wir weiter dem gefürchteten Riff entgegen, wappneten uns innerlich gegen den Aufprall und strengten unsere Augen an, um schaumgekrönte Wogen gegen die unsichtbare Barriere branden zu sehen. Das Meer wurde immer bewegter und, als der Mond hinter eine Wolkenbank trieb, tiefdunkel; die Spannung an Bord stieg von Minute zu Minute.

Dann erstarb urplötzlich der Wind. „Wir sind unheimlich nah dran", sagte Marc, „ich höre die Brandung gegen das Riff schlagen. Auch Gischt seh ich", fuhr er fort, „da drüben, rechts von dir. Vielleicht dreihundert Meter weit weg."

Rechts von mir? Tatsächlich! Irgendwie hatten wir uns gedreht. Wir trieben jetzt nach Süden und hatten das Riff an Steuerbord. „Wir sind in der Strömung!" schrie ich, „wir schaffen es!"

Kurz vor Mitternacht bekamen wir etwas auffrischenden Nordwind, der uns veranlaßte, das Segel wieder zu hissen. Als die Dämmerung über den östlichen Horizont gekrochen kam, bot das Riff ein prachtvolles Bild von leuchtendem Korallenrot und einer vielfarbigen Pflanzenwelt.

Bis zum 28. Oktober hatten wir das Große Barriere-Riff hinter uns gebracht und befanden uns immer noch auf Südkurs, als das letzte Hindernis, die Saumarez-Riffe, im Südosten auftauchte. Wir hatten frischen Wind und klarblauen Himmel, ein Tag, zum Fischen und Sonnenbaden wie geschaffen. Minet hockte auf dem Hüttendach und sah Marc zu, der eine wild sich windende Goldmakrele heraufzog. Er wartete, bis das erste Blut quoll, sprang dann mit einer geschmeidigen Bewegung vom Hüttendach herunter und leckte die Pfütze sauber auf.

„Minet hat bessere Manieren entwickelt", sagte Marc, „er schlürft nicht mehr."

„Er ist über fünf Monate alt", sagte ich, „und wird erwachsen."

Normand unterbrach uns; vom Ausguck herunter rief er: „Schiff in Sicht! – Ein großes, rotes Schiff, da drüben."

Durch den Feldstecher erkannte ich ein stilliegendes Schiff. Beim Näherkommen bemerkte ich in seiner Seitenwand ein klaffendes Loch. Ich breitete meine Karte aus und fand genau auf einem der Saumarez-Riffe das Symbol für „Wrack". Später erfuhr ich, daß wir das Wrack des amerikanischen Libertyschiffes *Francis Blair* vor uns hatten, das 1942 auf dem Riff gestrandet war. Hinterher hatte die RAF es zu Bombenübungen benutzt, was den roten Anstrich erklärte.

Nach einem weiteren Blick auf die Karte sagte ich zu Gabriel: „Wenn dies das eingezeichnete Wrack ist, dann müßten bei recht-

weisend hundertzwanzig Grad ein paar mächtige Felsen sichtbar sein." Und da ragten denn auch, ungefähr drei Meilen entfernt, zwei schmale Felsen wie Haifischflossen aus dem Meer. Hinter ihnen konnten wir gerade die Schaumlinie der am Riff sich brechenden Brandung erkennen.

„Auch an Steuerbord ist eine weiße Linie", rief Normand, „und hinter dem Schiff auch."

„Wir rennen wieder mal ins Unglück", sagte ich zu Marc.

Und auf einmal wurde uns klar, daß wir uns mitten in einem riesigen Riffbogen befanden und daß der Wind uns stetig dem weißen Todesstreifen in der Ferne entgegentrug. Jetzt bemerkte ich auch die Felsen im Wasser, etwa achtzehn Meter unter der Oberfläche. „Wenn wir da rauskommen", sagte Marc, „dann haben wir verdammtes Glück."

Als wir uns der ersten, dicht unterm Wasserspiegel kaum verborgenen Korallenformation näherten, schwankten meine Gefühle zwischen kalter Furcht – und hellem Entzücken über das unglaubliche Schauspiel unter uns. Im smaragdgrünen Wasser schimmerten die gewundenen Korallenskelette in den leuchtenden Farben einer Malerpalette, und zwischen märchenhaften Unterwasserpflanzen schossen Tausende von Fischen hin und her. Es sollte der schönste – und gefährlichste – Augenblick unserer ganzen Fahrt sein.

Eine halbe Meile entfernt, brachen zornige Wellen sich an zwei großen zutage tretenden Koralleninseln. Wir schlängelten uns zwischen ihnen durch und entgingen zeitweise nur um Haaresbreite einer Korallenfalle. Von seinem Ausguck rief Normand uns warnend zu, wir trieben immer noch einer weißen Brandungslinie entgegen.

Ich lief zwischen den vier Steckschwertern achtern hin und her, schob die an Steuerbord nach unten und zog sie zehn Sekunden später, wenn das Floß sich einem neuen Riff entgegendrehte, wieder hoch. Gleichzeitig rannte Marc bei den vorderen Steckschwertern von einem zum anderen und koordinierte sie mit meinem Manöver. Eine Art Akrobatik, bei der es auf Bruchteile von Sekunden ankam.

Und dann fanden wir uns unversehens von Riffen umschlossen wie in einem Käfig: „Wir sind gefangen", sagte ich zu Marc, „wir müssen's mit der Lücke da versuchen."

Wir steuerten eine Lücke in der schäumenden Brandungslinie an. Als wir beim Näherkommen merkten, daß sie für unser Floß kaum ausreichte, war es zum Abdrehen zu spät. Hier mußte die Manövrierfähigkeit der *Balsa* ihre Feuerprobe bestehen. Um eine leichte Nei-

gung nach links zu korrigieren, verschob ich das innere Steckschwert an Steuerbord am Heck um fünfzehn Zentimeter. Beim Lavieren durch die Lücke bekamen wir von beiden Seiten Schaumgüsse. Dann lautes Knirschen unter uns, und als die Steckschwerter über Felsen und Korallenbänke wegpolterten, riß der heftige Ruck uns alle zu Boden. Drei der Schwerter brachen, aber nach ein paar weiteren Sekunden atemberaubender Spannung lag das Riff hinter uns, und wir schwammen in blauem Wasser. Und jetzt kam der Endspurt nach Australien.

8

IM SELBEN Augenblick, da wir die Saumarez-Riffe hinter uns hatten, begann Normand aus voller Kehle sein Lied zu singen. Wir andern stimmten ein und lachten zwischendurch wie die Verrückten, um die Spannung loszuwerden. Einzig Minet teilte unsere Tollheit nicht. Er hockte da und zuckte mit dem Schnurrbart wie ein unwilliger Schulmeister, wenn's zur Pause läutet.

„Er fühlt sich ausgeschlossen", sagte Gabriel.

„Aber sonst hat er doch immer miaut, wenn Normand gesungen hat, weißt du nicht mehr?"

Daß er es nun plötzlich nicht tat, irritierte uns. Dann aber, unmittelbar vor Sonnenuntergang, machte er es sich leise schnurrend auf Gabriels Schoß bequem. Nachts hielt er mit mir die Wache, wich drei Stunden lang nicht von meiner Seite, und als Normand mich um drei Uhr morgens ablöste, kletterte Minet sofort ihm auf den Schoß. Offenbar hatte er beschlossen, jedem Wachhabenden Gesellschaft zu leisten.

Dann dämmerte mir, daß unser kleiner Kater sich vor dem Alleingelassenwerden fürchtete. Irgendwie witterte er, daß unsere Fahrt sich dem Ende näherte, daß wir die *Balsa,* das einzige Heim, das er kannte, bald verlassen würden.

Mein Logbuch spiegelt meine Besorgnis um unsern „fünften Mann" wider.

30. Oktober:

Heute sind wir ungefähr vierzig Meilen südwärts gefahren und glauben die ersten australischen Strömungen erreicht zu haben. Alle sind glücklich, außer Minet. Er hockt herum und bläst Trübsal wie ein

Kind, das Angst hat, von seinen geschiedenen Eltern im Stich gelassen zu werden.

Unsere Canastapunkte sind: Marc 1 617 380, Vital 1 331 525, Normand 1 268 905, Gabriel 1 257 350. Ich glaube sagen zu dürfen, daß alte Knaben wie Marc und ich bei solchen Spielen mehr Geduld haben als junge Spunde wie Gabriel und Normand.

1. November:

Wir gewinnen an Fahrt. Heute sind wir zweiundsechzig Meilen südwärts vorangekommen. Jetzt können wir sagen, daß wir Australien praktisch erreicht haben. Die Insel Frazer muß genau westlich liegen, wenn wir sie auch nicht sehen können. Unser Pech scheint verschwunden zu sein. Vermutlich haben wir es auf den Saumarez-Riffen gelassen.

Marc macht eine Eintragung ins Logbuch. Hinter ihm die „Amphibientoilette" der Balsa.

AM 3. NOVEMBER, kurz vor drei Uhr nachmittags, bekamen wir Kontakt mit Sid Molen in Sydney. Der ältere Fernsehtechniker stand seit mehreren Monaten mit Rafael Corcuera in Funkverbindung. Am 24. Oktober hatte Rafael ihn gebeten, von nun an das Verbindungssystem des Floßes zu koordinieren, indem er ihm unsere Klick-Klick-Technik erklärte. Folglich hatte Molen, als er uns an diesem Nachmittag rief, Amateurfunker in Queensland, Victoria und Neuguinea alarmiert, die alle zuhörten, als er uns befragte: „Brauchen Sie Hilfe? Ist jemand krank?" Was wir mit einem Klick-Klick (nein) beantworteten.

„Haben Sie genügend Lebensmittel und Wasser?"

„Kliiick." (Ja)

„Hätten Sie gerne ein Schiff als Beistand?"

„Kliiick."

Wir hatten vor, in Brisbane zu landen, und für den Fall, daß der Wind uns gegen die Küste zu treiben drohte, wünschte ich mir ein Boot als Beistand. Nach achttausend Meilen wollte ich unser Floß nicht gerade bei einer Bruchlandung in Stücke gehen sehen. „Können Sie bis morgen warten?" fragte Sid.

„Kliiick."

Ich gab ihm die ziemlich genaue Länge, hatte aber wegen des bedeckten Himmels unsere Breite nicht feststellen können, so nannte ich ihm einen Annäherungswert. Wie sich herausstellte, befanden wir uns aber siebenunddreißig Meilen nördlich der angegebenen Position. Mein Fehler zog allerhand Verwirrung nach sich. Am 4. November waren wir nach allgemeiner Ansicht weiter südlich, auf dem Weg nach Brisbane, wo Kapitän E. Whish, der Koordinator des Luft- und Seenotrettungsdienstes, uns erwartete.

Am 5. November um halb vier morgens sah Normand am Horizont ein Licht, das alle siebeneinhalb Sekunden aufblitzte. Er leuchtete meine Karte mit einer Taschenlampe an und identifizierte es als das Leuchtfeuer von Double Island Point, genau südlich der Insel Frazer.

Als wir drei Stunden später bei Sonnenaufgang die Südspitze der Insel sahen, holte ich das Funkgerät heraus und begann zu klicken. In weniger als fünf Minuten war unser Amateurfunknetz in Betrieb. Als die Nachricht von unserer Position Kapitän Whish erreichte, sagte er: „Nach ihrer gestrigen Position ist das aber nicht möglich."

„Sind Sie südlich von Danger Point?" wurden wir gefragt.

„Klick-Klick." (Nein)

„Gut. Sind Sie nordöstlich von Double Island Point?"

„Kliiick, Kliiick." (Ja, ja)

„In Ordnung, Vital, wir schicken gleich ein Flugzeug, das Sie ausmachen soll."

Das erste Flugzeug flog um neun Uhr zwanzig über uns hinweg und ließ eine Bierdose mit der Botschaft fallen: „Willkommen in Australien!" Dann kam ein weiteres, mit Journalisten beladenes Flugzeug, und ihm folgten noch andere und summten über unsere Köpfe hinweg wie freundliche Bienen.

Ob nun vor Schreck oder vor Groll – Minet verbarg sich in der Hütte und weigerte sich, an der wilden Feier teilzunehmen, die wir an Deck veranstalteten. Nach einer Weile kroch ich zu ihm hinein und fand ihn in Gabriels Schlafsack, leise miauend wie ein verzweifeltes Kind. Ich nahm ihn auf den Schoß, streichelte ihn und versuchte, ihn zu trösten.

Ob Minet irgendwie spürte, daß unsere Floßfamilie nun bald auseinanderging? Natürlich konnte er nur bei einem von uns bleiben – und wir nahmen alle an, bei Gabriel. Ob nun der kleine Kater uns wirklich vermissen würde, wenn er das Floß verließ – wir jedenfalls wußten, daß er uns fehlen würde. Jeder von uns verdankte ihm eine

gründliche Lektion in der Kunst des Überlebens, auch unter widrigsten Umständen, allen Gefahren hatte er mit dem Schwung eines echten Glücksritters getrotzt.

Ich nahm ihn mit nach draußen zur Familie, und die erlaubte ihm, das von Normand bereitete Mittagsmahl mit ihr zu teilen. Bei dieser Mahlzeit stellte ich fest, daß Marc Normands Amateurkocherei nicht mehr mit Verachtung strafte, indem er den Unterkiefer fallen ließ, und daß Gabriel ohne die üblichen Geräusche aß. Was die Manieren betrifft, war dies die erste erfreuliche Mahlzeit seit unserer Abfahrt von Guayaquil.

Mir gingen die vielen Dinge durch den Kopf, die wir mit dieser Fahrt bewiesen hatten: daß vier Männer über fünf Monate ohne den Drang, einander umzubringen, in einem „schwimmenden Kerker" zusammenleben können. Durch genaue Beobachtung unserer beiden Regeln hatten wir es sogar fertiggebracht, jede ernstliche Auseinandersetzung zu vermeiden. Ein Schiff oder ein Floß auf hoher See ist ja wirklich eine Welt im kleinen. Jeder muß sich für das Wohlergehen der ganzen Gruppe verantwortlich fühlen. Überleben hängt von der vollkommenen Zusammenarbeit *aller* ab – ob ihre Welt nun ein Floß ist, ein Dorf, ein Land – oder ein Planet.

Bewiesen hatten wir ferner, daß man ein Floß tatsächlich mit beträchtlicher Genauigkeit steuern kann, daß man den Launen der Winde und Strömungen nicht hilflos preisgegeben ist. Wir hatten einige der gefährlichsten Meeresregionen der Welt durchfahren und neun tückische Riffe bei Nacht überwunden. Und auch das hatten wir bewiesen: daß ein Balsafloß aus guten weiblichen Stämmen seine Schwimmfähigkeit über weite Strecken bewahrt. Jetzt, kurz vor dem Ziel, lagen die Stämme keine drei Zentimeter tiefer im Wasser als in Guayaquil. Hätten wir das Floß nach Südamerika zurücksegeln wollen, dann – davon war ich fest überzeugt – hätten wir nur die Taue anziehen müssen. Nach Ansicht des 1958 verstorbenen französischen Floßforschers Eric de Bisschop hat über die Ost-West-Strömungen eine Rundroute von Peru nach Polynesien und weiter wieder nach Südamerika bestanden. Nicht ausgeschlossen, daß ich selbst eines Tages diese Rundreise unternehme.

All das beschäftigte mich, während wir, von einer Eskorte kleiner Flugzeuge und Scharen von Schiffen begleitet, die letzten paar Meilen nach Australien zurücklegten. Die Leute schenkten uns Obst, Süßigkeiten und Bier und wollten tausend Einzelheiten über unser Floß wissen. Wir befanden uns auf dem Weg zu der berühmten „Sonnen-

scheinküste", und mich begeisterte besonders der Name ihres Hafens, Mooloolaba, dessen Melodie von tönenden Vokalen und weichen Konsonanten nach Geheimnis und Schönheit klang. Als wir in die Mündung des Mooloolahflusses einliefen, war es schon zu dunkel, als daß wir irgendwelche gefährlichen Hindernisse erkennen konnten, weshalb wir denn einwilligten, uns von einem Motorboot in den Hafen schleppen zu lassen. Kurz vor Mitternacht näherten wir uns dem Kai, den wir in der Dunkelheit kaum ausmachen konnten.

Und dann auf einmal eine wahre Explosion von Licht und Lärm. Raketen und alle Sorten Feuerwerk schossen am Kai hoch, und Hunderte von Gratulanten jubelten und schrien: „Hurra!", als die *Balsa* in den Hafen einlief. „Willkommen in Australien!"

DIE stürmische Begrüßung wurde dadurch getrübt, daß zwei Quarantänebeamte an Bord des Floßes erschienen und Minet in einem Metallkäfig mitnahmen. Australien hat strenge Bestimmungen für die Einfuhr von Tieren. Immerhin hatten wir nicht erwartet, daß die Beamten noch um Mitternacht kämen. Am nächsten Tag wollten wir Minet befreien.

Jetzt verließen wir das verankerte Floß, kletterten eine Holzleiter am Ende der Kaimauer hinauf und versicherten einander, wie gut es sich anfühle, wieder an Land zu sein. Die am Kai versammelte Menschenmenge trat auseinander, um eine Gasse für uns zu machen. Indem ich den willkommen rufenden Menschen zuwinkte, trat ich meinen Weg durch die Gasse an, hatte aber kaum drei oder vier Schritte getan, als mir plötzlich die Knie wankten. Gabriel und Normand hinter mir fielen übereinander, und Marc taumelte in die Arme zweier Männer. Wir erlebten, was alle Seeleute erleben, wenn sie den Fuß zuerst wieder auf festen Boden setzen: eine Art Schlag auf den Kopf. Tatsächlich war die Wirkung bei uns besonders schlimm, weil ein kleines Floß sich ja viel stärker bewegt als ein großes Schiff.

Aber trotz unserer Wackligkeit tauschten wir Händedrücke mit Hunderten von Männern, Frauen und Kindern, waren aber kaum imstande, in Notizbücher, auf Zettel, Menükarten und Servietten, und was sonst alles man uns in die Hand schob, Autogramme zu schreiben. „Ich kann nicht still stehen", mußte ich in meinem keineswegs akzentfreien Englisch immer wieder erklären.

Ungefähr eine Stunde nach unserer Ankunft sprach ich mit meiner Frau und meinen beiden kleinen Töchtern. Admiral Fernandez hatte

ihnen ermöglicht, mich durch sein Amateurgerät zu begrüßen. Die Stimme meiner Frau Denise klang aufgeregt und überglücklich, und meine ältere Tochter Marina bat mich, ihr eine Känguruhmama mitzubringen „mit einem Baby in ihrem Beutel". Die vierjährige Denise aber schien irgendwie überwältigt, vielleicht verwirrten sie auch die komplizierten Scheiben und Knöpfe am Sender des Admirals. Als ich mir vorstellte, wie das kleine Geschöpf vor einem kalten, metallenen Apparat stand und mit einem lange abwesenden Vater, den sie nicht sehen konnte, liebevoll zu reden versuchte, da fühlte ich mich plötzlich schuldig und traurig, und die Worte blieben mir im Halse stecken. „Bist du ertrunken?" fragte sie schließlich.

„Nein, ich bin doch hier, mein Herzchen", sagte ich, „es geht uns allen gut."

„Ist das kleine Kätzchen noch da?" fragte sie.

„Ja, Minet ist noch bei uns."

„Bring ihn mir mit, Pappi", sagte sie plötzlich begeistert.

Ich hätte ihr den Mond in Cellophanpackung versprochen, aber eine schrille atmosphärische Störung, die mir durch Mark und Bein ging, setzte unserer Unterhaltung ein jähes Ende.

Gegen ein Uhr morgens gaben wir im überfüllten Mooloolaba-Jachtklub eine Pressekonferenz. Auf den festen Holzstühlen, mit Mikrophonen und Fernsehkameras vor uns, fühlten wir uns nicht mehr ganz so wackelig.

„Wie geht es Ihnen, Kapitän?"

„Ich bin müde und glücklich."

„Und auch hungrig", ergänzte Gabriel zur allgemeinen Erheiterung.

„Haben Sie jemals Angst gehabt?"

„Ziemlich oft", sagte ich, „aber ich hab's verbergen können. Besonders vor mir selbst."

Später sagte mir ein Amateurfunker, er habe soeben mit Rafael Corcuera Kontakt bekommen, der uns gratulieren wolle. Unser Gespräch war beschwingt und freundschaftlich, aber in Rafaels Stimme schwang ein fremder, trauriger Unterton mit.

Am nächsten Morgen um zehn betraten wir das Hafenbüro der australischen Quarantäneabteilung. In dem überfüllten, graugestrichenen Empfangsraum erwarteten uns zwanzig bis dreißig Reporter und Kameraleute, die offenbar „die Katze, die zwischen Haifischen schwimmen gelernt hat", filmen wollten.

„Wir kommen wegen der Katze", sagte ich zu dem freundlich aussehenden Herrn hinterm Schreibtisch.

„Tut mir leid, Sir", sagte er und äugte nervös nach dem roten Licht einer Fernsehkamera, „wie Sie wissen, muß das Tier in Quarantäne bleiben."

„Wie lange?"

„Nun, dreißig Tage, Sir. Es muß auf ansteckende Krankheiten untersucht werden. Wie alle Tiere."

„Und was passiert dann?" fragte einer der Reporter.

Der Beamte räusperte sich und blätterte in Papieren, wobei seine beunruhigten blauen Augen die unsern mieden: „Das kann ich nicht sagen."

„Wir möchten das aber wissen", insistierte ich und beugte mich über den Schreibtisch.

„Nun...", sagte er mit äußerstem Widerstreben, „ich fürchte, man wird sich ihrer entledigen müssen."

Alle schnappten nach Luft — sogar die vermutlich doch hartgesottenen Reporter. „Das heißt wohl töten?" schrie eine Stimme aus dem Hintergrund.

Ein Tohuwabohu zorniger Protestrufe brach los. Aus dem nahe gelegenen Einwanderungsbüro kamen mehrere Polizisten hereingestürzt, um den Aufruhr zu besänftigen, und der freundliche Beamte zog sich in ein hinteres Büro zurück.

„Das lassen wir nicht zu", rief eine Reporterin, „wir werden euch schon die Hölle heiß machen!"

Innerhalb weniger Stunden war die Nachricht in sämtliche Provinzen und Städte Australiens gedrungen. Die Pressedienste verbreiteten empörte Artikel, in denen sie die Quarantäneabteilung angriffen und neue Gesetze verlangten, die das Abschlachten unschuldiger Tiere verboten. Minets Bild erschien überall auf den Titelseiten. Das Abendprogramm des Fernsehens brachte einen Filmbericht über unsere morgendliche Auseinandersetzung am Hafen.

Vehemente Leitartikel verlangten von der Regierung, die „Katzenheldin, die die härteste Seereise der Geschichte durchgestanden hatte", zu befreien.

„Sie schreiben immer von ‚ihr'", bemerkte Gabriel.

„Im Englischen klingt Minet wie ein weiblicher Name", sagte ich, „aber wir wollen die Sache lieber nicht klarstellen. Eine Katze erweckt größere Sympathien."

Und so war es. Tausende von Briefen, meist aus weiblicher Feder, ergossen sich in die Redaktionen und die Amtsstuben der Regierung. „Rettet Minet!" „Befreit die Heldin!" „Minet darf nicht sterben!" —

ein wahrer Wirbelsturm von Protesten, den eine Regierung mit politischem Instinkt nicht ignorieren konnte. Innerhalb von vierundzwanzig Stunden forderten mehrere Abgeordnete die Regierung auf, ihre Anordnungen zu revidieren. Am nächsten Tag verkündete ein Regierungssprecher, „die Sache Minet" werde an höherer Stelle geprüft.

Glücklicherweise blieb der Regierung weitere Verlegenheit erspart, und zwar durch die Frau eines Kapitäns, dessen Schiff bald von Brisbane auslaufen sollte. „Ich adoptiere Minet", teilte sie in einem Telegramm mit, das den Quarantänebeamten einen Stein vom Herzen fallen ließ, „sie findet ein Heim auf dem Schiff *Sued,* das Ihr Land innerhalb der nächsten fünf Tage verlassen wird."

Da wir zwei bis drei Wochen durch Australien reisen und an Empfängen teilnehmen sollten, entschlossen wir uns, ihr Minet zu überlassen mit der Abmachung, daß Gabriel ihn in irgendeinem Hafen auf der Route der *Sued* abholen würde. Als aber die Kapitänsfrau Gabriel später mitteilte, Minet sei an Bord des Ozeanriesen „überglücklich", willigte er widerstrebend ein, ihn dort zu lassen. „Dieser kleine Kater ist der geborene Seemann", schrieb er mir später, „ich glaube nicht, daß er sich in Chile einleben könnte. Und woher sollte ich ihm genügend Blut zu trinken verschaffen?"

Nach unserer „Heldentour" durch die größeren Städte mit vom Dauerschütteln geschwollenen Händen und vom Lächeln ausgeleierten Backenmuskeln nahmen Marc, Normand, Gabriel und ich Abschied voneinander. Wir veranstalteten auf dem Floß eine feuchte, sentimentale Abschiedsparty, die bis in die Morgenfrühe dauerte. Wir sprachen von Minet, von all den überstandenen Gefahren, und fielen uns lachend in die Arme, als wir uns eingestanden, wie schwer es uns gefallen sei, meine beiden Regeln zu befolgen.

„Am liebsten hätte ich dich jedesmal geboxt, Vital, wenn du dich geräuspert hast", sagte Gabriel, „eines Nachmittags, irgendwann im August, hast du dich innerhalb einer Stunde neunundzwanzigmal geräuspert! Ich hab's gezählt."

Normand äußerte sich freiheraus über Gabriels Eßmanieren, „die mich schließlich nötigten, außerhalb der Hütte zu essen, weil ich sie nicht mehr ertragen konnte."

„Ich muß nervös gewesen sein", erklärte Gabriel ziemlich töricht, „jedenfalls bin ich froh, daß du mich nicht kritisiert hast. Wenn ich gewußt hätte, wie gräßlich sich das anhörte, hätte ich überhaupt nicht mehr gegessen."

Marc grinste und schüttelte sachte den Kopf: „Nein, Gabriel, vom Essen könnte dich nichts abhalten. Ich beneide dich um deinen Magen, mein Guter – und auch, weil du immer schlafen konntest, wenn keiner sonst es konnte. Mit solchen Begabungen kann man alles überleben."

Indem wir so einander Loblieder sangen und Absolution erteilten, festigten wir eine jener Freundschaften, die selten sind – die unerschütterliche Kameradschaft von Reisegefährten, die gemeinsam dem Tod ins Auge gesehen und den Schicksalsgöttern ein Schnippchen geschlagen haben.

Als ich zwei Tage später in einer Boeing 707 Australien verließ, nachdem ich veranlaßt hatte, daß *La Balsa* nach Spanien, an meinen Heimatort verschifft würde, schaute ich liebevoll und ehrfürchtig zugleich nach unten auf den glitzernden Pazifik. Hatten wir diese riesige Wassermasse tatsächlich in einem gebrechlichen Floß überquert? Es war kaum zu glauben.

Bei der Landung in Mexico City am folgenden Tage erwartete mich meine Frau mit den Kindern und einer Reihe von Freunden; es gab Tränen und Gelächter und herzliche Umarmungen von allen Seiten. Aber der Aufenthalt war kurz, denn meine Frau und ich mußten fast sofort ein anderes Flugzeug besteigen. Der Präsident von Ekuador, José María Velasco Ibarra, hatte uns zu einer Heimkehrfeier in Guayaquil eingeladen. Innerhalb weniger Stunden waren wir mit den dortigen Freunden wieder vereint: mit Don Cesar Iglesias, mit Señora Paladines, der wir Minet verdankten, mit Joe Megan und vielen Ekuadorianern, die uns von Anfang an mit Hilfe und Zuspruch beigestanden hatten.

Dann flogen wir nach Mexico City zurück, und am nächsten Morgen ging ich zur Feier des Tages mit meinen kleinen Töchtern in einen Vergnügungspark. Sie führten mich Hand in Hand vom Karussell zum Autoskooter und von dort ins Lachkabinett und zwischendurch zu verschiedenen Erfrischungsständen. Aber an der Achterbahn leistete ich Widerstand. „Das ist zu gefährlich", befand ich.

„Mit Mama dürfen wir immer", sagte Marina und preßte meinen Daumen in ihrer kleinen Hand.

„Sie muß wahnsinnig sein", murmelte ich vor mich hin, „nur ein Narr kann sich in eine solche Todesfalle begeben."

„Was hast du gesagt, Papa?" fragte Denise.

„Nichts", sagte ich, „ich hab grade überlegt, ob wir nicht noch mal Karussell fahren sollen."

Es entging mir nicht, daß Marina ihrer Schwester zuwisperte: „Ich glaube, Papa hat Angst."

Die Strafpredigt sparte ich für meine Frau auf.

„Es ist doch keine Schande, auf der Achterbahn Angst zu haben, Vital", sagte sie und mißverstand mich gründlich.

Dann begab ich mich auf einen Tagesflug nach Guadalajara, um Rafael Corcuera zu besuchen. Weil ich ihn gern überraschen wollte, hatte ich nicht vorher angerufen. Aber schon als seine Frau mir auf-

machte, sah ich an ihrem Ausdruck, daß sich etwas Tragisches ereignet haben mußte.

„Rafael ist gestorben", sagte sie leise, als sie mich in ihr einfach möbliertes Wohnzimmer führte, „un-mittelbar nach dem Ende Ihrer Fahrt ist er gestorben. Er war schon lange tod-krank, aber er wollte nicht sterben, bevor Sie Austra-lien erreicht hatten."

Sie schwieg eine Weile, berührte ihr ergrauendes Haar mit zitternden Fin-

Vor dem Hintergrund der unermeßlichen Weite des Ozeans überprüft ein Mitglied der Mannschaft die Takelage der Balsa.

gern, und ihre dunkelbraunen Augen flossen über. „Eure Fahrt hat ihn am Leben gehalten. Es war, als segelte er mit auf der *Balsa,* wenn er Tag um Tag eure Fortschritte auf der Karte eintrug. Ständig machte er sich Sorgen wegen eures Wasservorrates, vor allem während der schrecklichen Stürme bei Samoa. Und als er von eurem Mißgeschick erfuhr – damals, als ihr fast verhungert wärt –, fand er achtundvierzig Stunden keinen Schlaf. Als euer Sender versagte, starrte er manchmal auf die Karte und murmelte: ‚Wo sind wohl meine Söhne jetzt?'"

„Er hat es sehr gut mit uns gemeint", sagte ich und fand es unnötig, ihr zu erklären, daß unser „Mißgeschick" nur ein Mißver-ständnis war.

„Schließlich haben wir sein Bett zu seinem Funkgerät ins Unter-geschoß hinuntergebracht", fuhr Señora Corcuera fort, „er war schon zu schwach, die Treppen hinauf- und hinunterzusteigen." Sie nahm mich mit nach unten und zeigte mir das Logbuch, das er geführt hatte,

und die vielfach markierten Karten. Angesichts der immer schwächer werdenden Schriftzüge empfand ich Stolz und Trauer zugleich.

„Wir alle haben Ihren Mann geliebt", sagte ich und schaute auf die sauber gefalteten Decken auf seinem Bett, „und wir haben seine Gegenwart immer gespürt. Man könnte sagen, daß er der fünfte Mann auf der *Balsa* war."

„Wie stolz wäre Rafael gewesen, wenn er das von Ihnen gehört hätte", flüsterte sie, „und ich bin Ihnen dankbar, daß Sie ihn so lange am Leben erhalten haben."

In der folgenden Woche gab mir die spanische Regierung in Madrid – in General Francos üppiger Residenz – einen großartigen Empfang. Es war eine glänzende Zeremonie, und ich erhielt eine schöne Bronzemedaille. Aber ich konnte nicht umhin, ein gewisses Mitleid mit dem General zu empfinden. Da stand er nun, von allem umgeben, was mit Geld zu kaufen ist – kostbaren Wandbehängen, schimmernden Marmorböden, Orientteppichen, etruskischen Vasen, roten Samtdraperien, ergebenen Dienern, die auf den leisesten Wunsch reagierten. Und doch – war das alles nicht nur ein vergoldeter Käfig? Zu jener Welt, die für mich die wirkliche Welt ist, hatte er keinen freien Zugang. Er konnte weder allein eine Allee entlangspazieren noch in einem der herrlichen Zigeunerlokale an der Plaza Mayor essen. Wie jedes Staatsoberhaupt wurde er überallhin von seiner Leibwache begleitet; denn das kostbare Privatleben, dessen sich auch der einfachste Spanier erfreut, hatte er schon lange geopfert. „Es muß wundervoll sein, auf einem Floß zu segeln", sagte er zu mir, „wie schön das wäre, einmal die ganze Geschäftigkeit dieser Welt mit ihren ewig gleichen Problemen hinter sich zu lassen."

Auf der Stelle hätte ich ihm *La Balsa* geschenkt, wenn er sie hätte brauchen können. Statt dessen haben wir mit seiner finanziellen Hilfe in meiner Vaterstadt Santander, der auch Kolumbus' Kartenzeichner entstammte, ein Seefahrtsmuseum eingerichtet, wo *La Balsa* auf immer zu sehen ist.

Vielleicht ermutigt sie eines Tages einen andern, die Herausforderung des Meeres anzunehmen – wie es die Huancavilcas getan haben – und frei der untergehenden Sonne entgegenzusegeln.

Die längste Floßfahrt der Geschichte

Einige Zeit nach seiner Überquerung des Pazifiks auf *La Balsa* brach der Spanier Vital Alsar erneut zu einer Reise über den Stillen Ozean auf: sein Kurs, der etwa achthundert Meilen weiter südlich verlief als der der *Balsa*, führte ihn innerhalb von sechs Monaten nach Australien. Diese Expedition bestand aus drei Balsaflößen und einer Mannschaft von zwölf Männern. Die beiden anderen Flöße wurden von Marc Modena und Gabriel Salas geführt, die schon auf der *Balsa* dabei waren.

Mit der zweiten Fahrt wollte Alsar verschiedene Meeresströmungen studieren, die er die „gleitenden Meeresstraßen" nennt, und von denen er behauptet, die antiken Seefahrer hätten sie gekannt wie der Autofahrer von heute seine Autobahnen. Ferner wollte Alsar ein weiteres Mal beweisen, daß die antiken Expeditionen, ob sie nun dem Handel oder der Kolonisation galten, aus kleinen Balsaflotten bestanden haben. Die drei Flöße sollten eigentlich wie die *Balsa* Mooloolaba in Australien anlaufen, sie landeten aber zweihundert Kilometer weiter südlich von Brisbane, in Ballina, und wurden das letzte Stück vor der Küste von einem Schiff der australischen Marine an Land geschleppt, um so der Gefahr zu entgehen, vom starken Humboldtstrom wieder auf den Pazifik hinausgetrieben zu werden.

Wenn Vital Alsar nicht auf See ist, führt er mit seiner jungen Frau Denise – einer der besten Vertreterinnen des klassischen spanischen Tanzes in Mexiko – und den beiden kleinen Töchtern ein glückliches Familienleben. Die Alsars bewohnen ein Haus im spanischen Stil am Rande von Mexico City, wo die Kinder auch zur Schule gehen; ihr Vater, begeisterter Anhänger körperlicher Fitneß, verbringt, wenn er an Land ist, jeden Tag zwei Stunden mit Schwimmen und Gymnastik.

Alsar braucht ungefähr ein Jahr, bis er sich von einer seiner langen Floßreisen erholt hat, und ein weiteres Jahr, die nächste vorzubereiten und zu finanzieren. Die zweite Expedition hat ungefähr 250 000 Dollar gekostet. Wenn das Ergebnis der dem Studium der Meeresströmungen geltenden Reise den Erwartungen entspricht, dann plant Vital Alsar eine abschließende Floßreise, und zwar eine Rundreise von Ekuador durch Polynesien und weiter zum Ausgangspunkt Südamerika.

DER KARDINAL SCHWEIGT

Roman der streitenden Kirche

Ins Deutsche übertragen von Hanna Lux

Illustrationen von Jim Sharpe

„Frater noster taciturnus" – unser schweigsamer Bruder – flüsterte der Papst. Und der frischgebackene amerikanische Kardinal, der vor ihm kniete, begriff, warum er auserwählt worden war, das rote Birett zu tragen. Erzbischof Matthew Mahan, der gewandte Redner, der meisterhafte Erschließer mannigfacher Geldquellen, der Kriegsheld, hatte zur Humanae Vitae, Roms Enzyklika über die Geburtenkontrolle, geschwiegen, und man erwartete, daß sich auch der Kardinal Mahan über Scheidung, Zölibat, ja überhaupt sämtliche strittigen Fragen, mit denen ein aufrührerischer Klerus den Vatikan bedrängte, nicht äußerte. Aber Matthew Mahan hatte den verstorbenen Papst Johannes XXIII. gekannt und verehrt, einen Mann, der sah, daß die Kirche mit der Zeit gehen muß, und der sich nicht gescheut hatte, mit jahrhundertealten Traditionen zu brechen. Hier, in Rom, bestürmten Matthew Mahan nun die Erinnerungen an Johannes.

Vor einem buntbewegten Hintergrund, der sowohl den Riesenkomplex Rom als auch das politisch-religiöse Leben einer amerikanischen Mittelstadt umfaßt, spielt sich ein leidenschaftlicher Kampf ab – das verzweifelte Bemühen eines Kardinals, in der Kirche, der er dient und die er liebt, ein wahrer Priester – ein guter Hirte – zu sein.

I

Die Frau mit dem silberhellen Haar trat an die Fensterfront ihres Penthauses und blickte auf die Stadt hinunter. Der Abend dämmerte schon, und sekundenlang war Rom verzaubert, eine gigantische, ihr zu Ehren illuminierte Märchenkulisse. Und das alles nur wegen dieses Stückchens Papier in ihrer Hand, einem Brief, der mit den Worten begann: „Ihr Freund ist einer von fünf Amerikanern. Man wird die Nachricht morgen offiziell bekanntgeben . . .“

Über dem dunklen Band des Tiber tauchte, als die Flutlichter aufstrahlten, jäh die Kuppel des Petersdoms aus den Schatten von Trastevere. Noch vor gar nicht so vielen Jahren hatte die Frau aus diesem Anblick Ruhe und Kraft geschöpft. Nun zuckte sie unwillkürlich davor zurück, denn jetzt schien er nur grenzenlose Traurigkeit in ihr zu erwecken oder manchmal auch bedrückende Angst. An diesem Abend aber wandte sie dem Petersdom den Rücken und fuhr mit dem knarrenden Lift hinunter ins Erdgeschoß. Sie trug ein weißes Leinenkostüm und fast kein Make-up. Tasche und Schuhe waren ebenfalls weiß. Vor dem schmiedeeisernen Tor des Apartmenthauses blieb sie stehen und sog mit einem tiefen Atemzug die milde römische Frühlingsluft ein.

Der *portiere* spähte ihr durch sein Fenster nach. „Da rennt sie schon wieder zu ihrem Liebhaber“, grunzte er.

Aus der Küche feuerte seine bessere Hälfte eine Schimpfkanonade auf die italienischen Männer ab. Die amerikanische Madonna sei schön, wetterte sie, und zwar auf eine durchgeistigte Weise, die er mit seinem Viehverstand natürlich nicht begreifen könne.

Er überhörte die Beleidigungen, die ihm um die Ohren flogen. „Und ich sag dir, sie *hat* einen Geliebten. Wenn eine Frau weiß, daß ein Mann sie begehrt, hat sie eine unverkennbare Art, sich zu bewegen.“

Ohne etwas von der Debatte zu bemerken, ging die Dame in Weiß, rasch und nach beiden Seiten Grüße erwidernd, an den Anti-

quitätenläden und Kunstgalerien der Via Margutta vorbei. Sie bog in ein Quergäßchen ein und trat von dort auf die Piazza di Spagna hinaus. An die fünfzig junge Leute aller Nationalitäten und undefinierbaren Geschlechts lungerten auf den gelblichen Steinstufen der alt-ehrwürdigen Spanischen Treppe herum. Einige sangen, doch die meisten glotzten nur stumm. Sie war froh, daß es schon zu dunkel war, um ihre Gesichter zu erkennen. Die Leere und Langeweile, die auf so vielen, und besonders auf denen der Amerikaner lagen, schmerzten sie nur.

Sie stieg in einen kleinen schwarzen Wagen an der Spitze der wartenden Taxireihe und sagte in tadellosem Italienisch: „Zur Kirche S. Pietro in Vincoli, bitte." Der Fahrer bog um ein paar Ecken und brauste dann mit Getöse die Via del Corso hinunter. Hier kam er mit seiner italienischen Leidenschaft, sich im Straßenverkehr am Gegner zu messen, voll auf seine Rechnung.

Die Dame in Weiß saß im Fond und merkte kaum, in welcher Gefahr sie schwebte. Sie hatte viele solcher Fahrten überlebt. Sie fegten an der Piazza Colonna vorbei, der bevorzugten Arena für die immer heftigeren politischen Demonstrationen, und gleich darauf am Forum, wo die Reste alter römischer Macht und Herrlichkeit im Flutlicht schimmerten. Unmittelbar dahinter ragte das Kolosseum auf, Zeugnis eines anderen römischen Erbes – der unglaublichen Grausamkeit. In einer Schaltorgie schleuderte der Chauffeur den Wagen in die schäbige Via Cavour, wo Prostituierte in goldglänzenden Miniröcken vor fünftklassigen Hotels paradierten. Vor einer protzig modernen Hotelfassade hielt der Taxifahrer. Die Dame in Weiß bezahlte und stieg aus.

Mit ihren weit ausgreifenden Schritten strebte sie einem dunklen, schmalen Durchgang zu, von dem aus sie auf einen kleinen kopfsteingepflasterten Platz hinaustrat. Zu ihrer Linken erhob sich eine alte, zuerst im fünften Jahrhundert erbaute Kirche. Ein Mann im weißen Hemd wartete am Portal. Die Dame nahm einen schwarzen Schleier aus ihrer Tasche und legte ihn sich übers Haar. Als sie an dem Mann vorüberging, ließ sie einen Geldschein in seine Hand gleiten und murmelte: „Danke, Mario."

Im Inneren der Kirche blieb sie stehen und betrachtete einen Augenblick lang die Marmorstatue im rechten Querhaus. Sie war ein Werk Michelangelos und stellte Moses dar, nachdem er die Zehn Gebote auf dem Berge Sinai empfangen hatte. An diesem Abend jedoch war die Frau weder gekommen, um das monumentale Meister-

werk zu bewundern, noch um zu beten. Sie war gekommen, um mit
zwei Männern Zwiesprache zu halten, die sie vor zehn Jahren in diese
Kirche geführt hatten, zwei Männern, die sie auf eine Weise liebte,
die ihr selber manchmal schwer begreiflich erschien. Besonders die
Liebe, die sie für den einen empfand, der noch lebte. Er war sechs-
tausend Kilometer entfernt, jenseits des Atlantiks, aber während sie
hier stand, spürte sie seine Gegenwart, konnte beinah seine Stimme
hören, ihn lächeln sehen. Hier erlebte sie in einem flammenden
Augenblick die Tage, Wochen und Monate wieder, in denen ihre
Liebe zu ihm eine unablässige Qual gewesen war. Und doch schöpfte
sie Kraft, sogar ein bittersüßes Glück aus dieser Erinnerung. Jetzt
bedeutete ihr dieser Mann etwas Tieferes, unendlich Größeres als
das alte, verzweifelte Verlangen, ihn zu berühren, ihn in die Arme zu
nehmen und von seinen Armen umfangen zu sein.

Die Dame in Weiß kam oft hierher, um Zwiesprache zu halten.
Das hatte ihr stets geholfen, wenn sie dachte, ihr Mut würde sie
verlassen. Heute abend aber wollte sie sich nicht an seiner Stärke
aufrichten, heute wollte sie vielmehr an seinem Glück teilhaben. Fünf
Minuten lang stand sie so da, durchglüht von einem inneren Leuchten. Dann dachte sie an den anderen Mann, den toten, und ein
Schatten schien auf ihre Freude zu fallen. Die Kerzenflammen auf
dem Altar flackerten leise. Sie blickte in das Dunkel der Kuppel
empor und flüsterte: „Wache über uns, Don Angelo, wache über uns,
bitte."

II

IN GENAU diesem Moment stieg der Mann, für den die Frau in Rom
betete, aus seinem Wagen und blieb, geblendet vom spätvormit-
täglichen amerikanischen Sonnenschein, stehen. Mit dem siebensit-
zigen schwarzen Cadillac im Hintergrund sah er aus wie ein Geschöpf
von einem anderen Stern. Auf dem Kopf trug er die hohe, purpurn
und golden schimmernde Mitra, in der Hand den bronzenen Bischofsstab. Ein Chormantel in Purpur und Gold wurde von einer goldenen Spange über seiner Brust zusammengehalten. An den Füßen
trug er breitkappige purpurne Schuhe mit Silberschnallen.

Die Sonne schien ihm warm auf den Rücken. Nur ein schwacher
Hauch kalten Märzwindes bewegte die Luft. Die langweilige Architektur der Kirche ihm gegenüber störte Erzbischof Matthew Mahan

nicht. *Holy Angels* war kaum mehr als ein großer Quader aus rotem Backstein mit einem schrägen Dach, weißen Türen und Holzwerk. Der weiße Anstrich war frisch, was der Erzbischof beifällig registrierte. Neben der Kirche machte das wuchtige Pfarrhaus den gleichen gepflegten Eindruck. Hinter dem Parkplatz nahm die einstöckige Schule, ein ebenso adretter Komplex von roten Backsteingebäuden, die ganze Nordseite des Blocks ein. An den Straßen der Umgebung reihten sich die Villen und Gärten wohlhabender Katholiken. Die junge Priestergeneration nannte diese Vorstadt das „Goldene Getto".

An diesem Sarkasmus hätten im Jahre des Herrn 1969 vielleicht einige Geistliche Anstoß genommen, nicht aber Matthew Mahan, der sich schmeichelte, Realist zu sein. Die Kirche hatte gleichermaßen den Reichen wie den Armen zu dienen. Wenn der Anblick von *Holy Angels* irgendein Gefühl in ihm weckte, dann war es Stolz. Seine Energie, seine Phantasie hatten dieses Zentrum katholischen Lebens geplant, als das „Goldene Getto" erst auf den Reißbrettern der Maklerbüros existierte. Und einem sogar noch größeren Aufwand seiner Energie war die Beschaffung der Mittel zu danken, mit denen das riesige katholische Gymnasium erbaut worden war. Daß die moderne Familie immer weiter aus der verschmutzten Stadt floh, hatte er intuitiv erfaßt, und diese Voraussicht hatte ihm die Bewunderung und Unterstützung der großen Immobilienfirmen eingetragen.

Es war auch nichts Störendes an den drei Pfarrern und der Gruppe lächelnder, festlich gekleideter Eltern, die ihn vor dem Kirchenportal erwarteten. Vom kantigen Kinn bis zum mächtig sich wölbenden Bauch war Monsignore Paul O'Reilly die Inkarnation des irischen Pfarrers – streng, aber voller Güte. Links und rechts von ihm standen Emil Novak und Charles Cannon, jeder ein wahrer Bilderbuchkaplan, und verstrahlten Ernst und Bescheidenheit.

Und dennoch beunruhigte ihn etwas. Unter seinen purpurgoldenen Gewändern lauerte ein bösartiger Schmerz, der bei jedem Atemzug aufzubrechen und sich wieder zu schließen schien wie eine seltsame, tropische Blüte. Brot und Wein während der Morgenmesse und danach das Frühstück – Speck und Eier mit Bratkartoffeln – hatten den Schmerz vorübergehend gelindert. Aber er war wiedergekehrt, als der Cadillac von der Schnellstraße ins Goldene Getto abbog.

Matthew Mahan war noch nie ernstlich krank gewesen. Und er wollte nicht zugeben, daß irgendeine Seite seiner Pflichten ihm Unbehagen bereitete. Was auch in ihm vorging, es hatte nichts mit dem Wissen zu tun, daß sich hinter Monsignore O'Reillys Lächeln Tücke

und Haß verbargen; daß die von den Kaplänen Novak und Cannon zur Schau getragene devote Miene Furcht, Ablehnung und Meuterei bemäntelte. Und genausowenig wollte der Erzbischof, während er aus dem Wagen stieg, zugeben, daß der Schmerz etwas mit der Müdigkeit zu tun hatte, die er langsam durch seinen Körper sickern spürte.

Er blickte auf seine Armbanduhr. Sie hatten sich nur um zehn Minuten verspätet – keine Katastrophe, wenn das, was in der Kirche stattfinden sollte, pünktlich ablief. Mit plötzlicher Gereiztheit spähte er in das Auto. „Machen Sie schon, Dennis", sagte er. „Wir haben einen Terminplan einzuhalten."

Dennis McLaughlins blasses, sommersprossiges Gesicht antwortete mit einem Nicken. Er heftete mit fliegenden Fingern Notizzettel an die Blätter, die auf dem Sitz neben ihm und dem Boden des Wagens verstreut lagen. Sie hatten auf der Fahrt die Hälfte der heutigen Post erledigt.

„Ich möchte – nichts vergessen", murmelte Dennis, und die kleine Pause war eine unausgesprochene Entschuldigung für die zahlreichen Dinge, die er in den letzten beiden Wochen vergessen hatte. Dennis McLaughlin tauchte in den Sonnenschein hinaus und richtete sich neben dem Erzbischof auf. Er war ebenso dürr, knochig und drahtig wie Matthew Mahan imposant. Borstiges rotes Haar wucherte in seinem Nacken über den runden weißen Kragen. Matthew Mahan unterdrückte den aufflackernden Ärger, den der Haarschnitt – oder vielmehr der Mangel eines solchen – seines neuen Sekretärs in ihm hervorrief, und schritt den Weg hinauf.

Dennis wunderte sich über das breite Lächeln auf Matthew Mahans Gesicht, als dieser Monsignore O'Reilly und den Kaplänen die Hand schüttelte. Bewies es, daß der Erzbischof das war, wofür er sich selbst gern hielt – der perfekte Diplomat –, oder das, was Dennis vermutete, nämlich der perfekte Heuchler? Novak und Cannon sahen aus wie verschreckte Vögel.

„Ich bedaure, daß wir uns etwas verspätet haben", sagte Matthew Mahan und lächelte dabei den Eltern zu.

„Die Kinder waren sehr geduldig", erwiderte Monsignore O'Reilly in wundervoll neutralem Ton.

„Joe, wie geht's?" Der Erzbischof hatte Joe O'Boyle entdeckt, den örtlichen Leiter seiner jährlichen großen Sammelaktion. Versicherungsangestellter. Vater von acht Kindern. „Sind von Ihrer Bande auch welche dabei?"

„Meine Tochter Morrin."

„Gut. Gut." Matthew Mahan wandte sich wieder an Monsignore O'Reilly, dessen teilnahmsloses Gesicht in Marmor gemeißelt hätte sein können, geschaffen von einem drittklassigen Bildhauer. Die Statue setzte sich in Bewegung, stolzierte in die Kirche. Die Kapläne segelten hinterher. Matthew Mahan folgte.

Während er durch das Mittelschiff ging, fragte er sich, warum er nicht noch einen Weihbischof ernannte, einen jungen Mann, der ihm diese Aufgaben abnahm. War es die Erinnerung an seine eigene Zeit als Weihbischof – die Art, wie er dem alten Hogan still und unauffällig die Kontrolle über die Erzdiözese entzogen hatte? Oder war es einfach das Vergnügen, das es ihm bereitete, alle Pflichten seines Amtes zu erfüllen, besonders diese eine – das Sakrament der Firmung?

Es war mehr als das Spenden des Sakramentes, entschied er, während er lächelnd den neugierigen, erwartungsvollen Gesichtern in den ersten zehn Bankreihen zunickte. Die Mädchen trugen alle Weiß, die Jungen blaue Blazer und graue Hosen – zu seiner Zeit waren es dunkelblaue Anzüge gewesen. In der Stadt, wo jetzt in so vielen Pfarrbezirken die Armen überwogen, hatten die Nonnen auf eine strenge Bekleidungsvorschrift verzichtet. Es war doch tröstlich, die Tradition hier fortgesetzt zu sehen – obwohl er sicher war, daß Dennis McLaughlin erklären würde, diese Eltern hätten das Geld, das die Blazer und Kleider gekostet hatten, lieber den Armen schenken sollen.

Monsignore O'Reilly und seine Kapläne betraten das Sanktuarium und nahmen rechts vom Altartisch Platz. Matthew Mahan blieb im Mittelschiff stehen und wartete, daß die Orgelmusik verstummte. Als die letzten Töne verklangen, breitete er die Arme aus und sagte: „Friede sei mit euch, meine lieben Freunde, und vor allem mit euch, meine lieben jungen Freunde, die ihr heute die Firmung empfangen sollt. Zuerst allerdings muß ich mich überzeugen, ob ihr auch bereit dazu seid. Nun, wir wollen sehen. Wißt ihr, warum ich heute hier bin? Warum können Monsignore O'Reilly oder Kaplan Novak euch dieses Sakrament nicht spenden? Könnt ihr mir das sagen?" Er zeigte auf einen Blondkopf. „Wie heißt du, mein Sohn?"

Der Junge stand auf. „Thomas Maloney, Eure Exzellenz."

„Nicht doch, diese Anrede sollst du nicht gebrauchen. Der Vatikan will nicht, daß wir all diese Titel noch in Anspruch nehmen. Papst Johannes bat uns, ihn Don Angelo zu nennen. Don ist ein italienischer Ehrentitel. Aber das wollte mir nicht so recht über die Lippen. Ich

nannte ihn Santo Padre, das ist der italienische Ausdruck für Heiliger Vater. Irgendwie klingt das besser. Jedenfalls möchte ich, daß ihr mich einfach Pfarrer Mahan nennt. Ich möchte euch gleich von Anfang an auf den richtigen Weg leiten, denn durch euch wird die Kirche sich wirklich wandeln. Nun, warum bin ich hier, Thomas?"

„Weil nur ein Bischof dieses Sakrament spenden kann."

„Richtig. Da will ich mir ein anderes Opfer suchen." Er richtete den Blick auf einen Jungen mit flammendrotem Haar. „Findest du nicht, daß meine ganze Aufmachung ziemlich lächerlich wirkt?"

Der Junge schüttelte den Kopf.

„Nein? Na, dann komm einmal her, und schau sie dir genauer an."

Der Junge näherte sich ihm schüchtern. Matthew Mahan nahm seine Mitra ab und setzte sie ihm auf. Schallendes Gelächter. „Siehst du, du kämst dir komisch vor, wenn du mit so einem Ding auf dem Kopf herumspazieren müßtest. Was meinst du also, warum ich es trage?"

„Ja – ja, weil andere Bischöfe es getragen haben, vor langer Zeit."

„Richtig! Ich bin so gekleidet", fuhr Matthew Mahan, nun an alle Kinder gewandt, fort, „um uns daran zu erinnern, daß das Sakrament der Firmung beinah zweitausend Jahre zurückreicht – bis zu den Aposteln, die ja die ersten Bischöfe waren. Was bedeutet dies hier?" Er zeigte auf seinen Bischofsstab und zeigte auf ein Mädchen.

„Es bedeutet, daß Sie der Hirte der Menschen sind."

„Wie wer?"

„Wie Jesus."

„Richtig. Er war der gute Hirte. Ich bin nur mittelmäßig."

Es ist erstaunlich, dachte Dennis McLaughlin, der ihn von der Sakristei aus beobachtete. Die totale Verwandlung dieses Mannes von dem Moment an, als er mit den Kindern zu sprechen begann. Ein Strahlen ging von ihm aus, eine Art innere Erregung und Freude. War er im Grunde ein Komödiant? War das jetzt Theater? Oder war das Theater die höfliche Zurückhaltung, die man die meiste Zeit über an ihm sah?

„Ihr haltet euch großartig", sagte Matthew Mahan. „Ich glaube, ich kann Papst Paul das nächste Mal, wenn ich nach Rom reise, vorschlagen, wir sollten alle unser Amt niederlegen und euch die Führung der Kirche überlassen, sobald ihr so um achtzehn herum seid... Nun zu dir, junge Dame." Er wies auf ein Mädchen in der vordersten Bank. „Wer hat die erste Firmung erhalten?"

„Die Apostel."

„Richtig. Und wo?"

„Im gleichen Raum, in dem Jesus beim Abendmahl mit ihnen beisammensaß."

„Schon wieder richtig. Und was sahen sie?"

„Flammenzungen über ihren Köpfen."

„Ob ihr heute Flammenzungen sehen werdet?" Indem er sich rasch umwandte, zeigte er auf einen Jungen in der zweiten Reihe. „Was glaubst du?"

„Ich – ich weiß nicht", stotterte er.

„Nun, ihr werdet keine sehen. Die einzige Zunge, die ihr hier zu sehen bekommt, ist meine. Bitte, da ist sie." Er streckte die Zunge heraus und schritt den Mittelgang entlang, während wiederum alles in Gelächter ausbrach. „Es ist nur die Zunge eines armen alten Bischofs", fügte er hinzu, als sich die Heiterkeit legte, „und zu nicht viel anderem nütze, als zu versuchen, die Menschen zu überreden, das zu tun, was sie eigentlich von selbst tun sollten. Daß die Apostel jene Flammenzungen sahen – das sollte ihnen *glauben* helfen, daß der Heilige Geist über sie kam. Schließlich hatte ihn ja noch nie vorher jemand empfangen, nicht wahr, und Jesus wußte, wie schwer es ist, *Glauben* in den Menschen zu wecken, Glauben, der sie anspornt, etwas zu *tun*. Doch als die Apostel auszogen und begannen, die Menschen zu bekehren, im Tempel von Jerusalem, unmittelbar vor den Augen derer, die Jesus getötet hatten, da begannen die Menschen zu begreifen, was der Heilige Geist wirklich bedeutete. Wie viele bekehrten sie in den ersten Tagen, weiß das einer von euch?"

Eine Hand schoß in die Höhe. „Achttausend", sagte eine tiefe Stimme.

„Achttausend Menschen. Könnt ihr euch das vorstellen? Und die Apostel legten ihnen die Hände auf, und der Heilige Geist erfüllte diese Bekehrten. Und was taten sie darauf?"

„Sie zogen aus und bekehrten noch mehr Menschen."

„Nun, manche von ihnen taten das. Aber sie alle taten etwas sogar noch Bedeutsameres. Was? Was sollen alle Christen tun? Das ist die wichtigste Frage, die ich bis jetzt gestellt habe."

„Einander lieben", sagte eine klare, süße Stimme nach einer kurzen Stille.

„Richtig. Seit den Urzeiten der Kirche war es das, was die Christen herausragen ließ. Und ich hoffe, auch ihr werdet so jedem zeigen, was es heißt, den Heiligen Geist empfangen zu haben. Jetzt bleibt uns nicht genug Zeit, um näher auf dieses ‚Einander lieben' einzu-

gehen. Es ist wohl leicht gesagt, aber nicht getan. Vielleicht könnt ihr noch diese Woche im Unterricht darüber sprechen und mir dann eure ganz persönliche Meinung dazu schreiben. Jeder soll mir wenigstens ein Beispiel dafür nennen, wie er seinen Nächsten geliebt und darum etwas getan hat."

In der Sakristei entschlüpfte Dennis McLaughlin um ein Haar ein lautes Stöhnen, denn er würde all diese Briefe beantworten müssen. Er schalt sich wütend einen unverbesserlichen Idioten. Dieser Mann hat dich nicht dazu überredet, sein Sekretär zu werden, dachte er. Das hast du dir selber eingebrockt mit deinen lächerlichen Illusionen, in das Machtgefüge einzudringen.

„Ich glaube, nun sind wir bereit", sagte Matthew Mahan. Er betrat das Sanktuarium und setzte sich auf den Bischofsstuhl.

Monsignore O'Reilly las die Messe. Nach dem Evangelium hielt Matthew Mahan eine kurze Predigt. Er sprach über seine eigene Firmung, von der er, überzeugt davon, daß ihn der Heilige Geist erfüllte, heimgekommen war und versucht hatte, seinen jüngeren Bruder Charlie zu bekehren. „Ich hielt ihn für keinen sehr guten Christen", sagte er. „Ich erklärte ihm, er habe mir ab sofort keine Schimpfnamen mehr zu geben, dafür aber auf Wunsch seinen Baseballhandschuh zu leihen und außerdem die letzte Extraportion vom Nachtisch zu überlassen. Ich war schwer von Begriff. Ich dachte, ich müsse jeden anderen bekehren, da ich mehr oder weniger vollkommen war. Es dauerte Jahre, bis ich meinen Irrtum einsah.

Jetzt weiß ich, daß die wichtigste Gabe des Heiligen Geistes die *Kraft* zu lieben ist. Das mag für euch seltsam klingen. Natürlich liebt ihr alle eure Familie. In eurem Alter scheint die Liebe leicht. Aber sowie ihr älter werdet, wird sie eine größere Herausforderung. Besonders die Art Liebe, die Jesus uns zu üben aufträgt. Die Liebe zum verlorenen Schaf, zum Sünder, zum Menschen, der sich in Schwierigkeiten befindet. Er sagt uns, daß es besser ist, das eine verlorene Schaf zu suchen und die neunundneunzig, die nicht irregegangen sind, auf den Bergen zu lassen. Das ist riskant und beschwerlich. Nicht viele Katholiken – nicht viele Anhänger irgendeiner Religion – üben diese Art Liebe. Doch ich hoffe, daß ihr es tun werdet, wenn ihr erwachsen seid."

Die Kinder strömten nun zum Altar. Matthew Mahan salbte jedes mit dem heiligen Öl und legte ihm die Hand an die Wange. Während Dennis McLaughlin ihm zusah, erinnerte auch er sich an seine eigene Firmung. Er war verwirrt danach gewesen, hatte sich gefragt, warum

er vier Wochen lang Fragen aus dem Katechismus auswendig gelernt hatte, die niemand gefragt hatte. Nachts war er wach gelegen und hatte versucht, ein Zeichen des Heiligen Geistes in sich zu entdecken. Aber er fühlte sich nicht tapferer, stärker oder glücklicher als zuvor. Am nächsten Tag peinigten seine Mitschüler „Schlaukopf" McLaughlin, die Lehrerin kreischte Verwünschungen und legte tüchtig mit ihrem Lineal los, und das Hauptgesprächsthema unter den „Männern" war noch immer Mary McNamara, die, wie gemunkelt wurde, für einen Nickel die Röcke hob.

Nach der Messe, als er Matthew Mahan aus seinen Gewändern half, fiel Dennis auf, daß der Erzbischof in Schweiß gebadet war. „Immer wenn ich in der Öffentlichkeit rede, schwitze ich wie ein Pferd", bemerkte er. „Macht mich manchmal an meiner Berufung zweifeln."

„Ich dachte, es hat Ihnen gefallen."

„Hat es mir auch. Und den Kindern hoffentlich ebenfalls. Wie war übrigens Ihr Eindruck?"

„Ich fand Sie großartig", sagte Dennis.

Matthew wirkte beinah ärgerlich. „Machen Sie keine Witze?"

„Nein – wieso –, nein", stammelte Dennis. „Es ist mein Ernst."

Der Schmerz meldete sich wieder schneidend in Matthew Mahans Magen. Wirst du denn nie imstande sein, einen ungezwungenen Ton anzuschlagen, wenn du dich mit diesem rätselhaften jungen Mann unterhältst? „Tragen Sie meine Sachen hinaus in den Wagen, ja?" sagte er, bemüht freundlich. „Ich muß Monsignore O'Reilly noch einen kurzen Besuch abstatten."

DENNIS wartete im Wagen mit dem rundlichen Eddie Johnson, dem schwarzen Chauffeur des Erzbischofs. Während Eddie der Übertragung eines Baseballspieles im Radio lauschte, überarbeitete Dennis den Entwurf einer Rede, die Matthew Mahan nächste Woche halten sollte. Das Thema war die Erneuerung der Kirche seit dem Zweiten Vatikanischen Konzil. Wie so viele Erklärungen von Bischöfen oder des Vatikans selbst, enthält sie alles, nur kein echtes Engagement, dachte er bitter. Die Erzdiözese sprach sich darin für die Idee der Erneuerung aus, doch wurde kaum ein Thema näher erörtert. Statt dessen wurde nur immer mahnend der Finger erhoben, nichts zu übereilen, nichts zu übertreiben.

Im Radio verkündete nun eine Stimme düster, daß Dwight D. Eisenhower soeben in der Hauptstadt Washington verstorben sei.

„Du meine Güte", sagte Eddie Johnson. „Der arme alte Ike." Dennis korrigierte ungerührt zu Ende und zog dann aus seiner Manteltasche zwei Briefe, die er mit der Morgenpost erhalten hatte. Einer war von seiner Mutter in Florida, der andere von seinem Freund Andrew Goggin, SJ in Rom.

Er wollte den seiner Mutter zuerst lesen und dann Gogs Schreiben genießen.

> Lieber Dennis,
> hast Du nicht versprochen, mir jede Woche zu schreiben? Jetzt sind schon drei Wochen vergangen, und ich mußte von Deinem Bruder Leo von Deiner wundervollen Beförderung erfahren. Ehrlich gestanden, es überrascht mich nicht. Ich wußte ja, sie würden bald draufkommen, daß sie einen der begabtesten jungen Geistlichen von ganz Amerika zur Hand haben. Ich war sicher, Gott würde mich kein zweites Mal enttäuschen. Du weißt, wie fassungslos ich war, als Du die Jesuiten verlassen hast.
> Ich kann Dir gar nicht sagen, wie sehr ich mich freue, daß Du jetzt nicht mehr in diesen gräßlichen Slums arbeitest. Ich sah immer schon, wie Dir einer das Messer in den Leib rennt, während Du Dich abgemüht hast, die Seelen dieser Leute zu retten. Das ist der einzige Dank, den sie uns seit den Tagen, da wir sie von der Sklaverei befreit haben, je erwiesen.
> Auf Grund Deiner Versetzung nehme ich an, daß Du eine Zeitlang Urlaub bekommen wirst. Das ist wirklich zu dumm, weil ich hoffte, Du könntest wie letztes Jahr ein oder zwei Wochen hier bei mir verbringen. Leo scheint schrecklich zu schuften, und ich begreife nicht, wieso ihm der Herausgeber des Blattes keine Gehaltserhöhung geben will. Kannst Du nicht mal mit dem Erzbischof darüber reden?
> Eben höre ich es draußen hupen. Mein Nachbar holt mich zu einem Ausflug nach Miami ab. Das ist ein kurzer Brief, und in Zukunft werden meine Briefe noch kürzer ausfallen, bis Du mir endlich einen richtig schön langen schreibst.   In Liebe, Mutter

Gute alte Mom. Der Gedanke an die bewußten zwei Wochen im vergangenen Jahr ließ ihn schaudern. Er hatte versucht, sich zu entscheiden, ob er sich von den Jesuiten oder dem Priestertum oder von beidem trennen sollte, und den Fehler begangen, sein Problem mit ihr zu besprechen. Wie seltsam es gewesen war, mit neunundzwanzig zu entdecken, daß diese Frau, die immer so fröhlich und beherzt gewirkt hatte, auch trivial und unzufrieden war, daß sie ihre armseligen kleinen Grundsätze vom gemeinsamen Beten und Reinhalten des Herzens aus billigen Magazinen bezog und sich eine fünftklassige

Lebensphilosophie daraus zurechtzimmerte. Mein Gott, Dennis, warum hast du das nicht früher erkannt?

Weil du zehn Jahre deines Lebens in einem intellektuellen Ballon dahingeschwebt bist, von dem aus du erhaben auf Mutter und die anderen Liliputaner heruntergelächelt hast. Doch als das Erwachen kam, als dem Ballon die Heißluft ausging, umringten dich plötzlich gehässige Fratzen, die alle fragten, warum, warum dieser doch so intellektuelle junge Jesuit zu den Wurzeln seines Lebens hinabtauchen mußte. Er war entsetzt gewesen über die Entdeckung, daß die Intelligenz, von der er stets angenommen hatte, er habe sie von seiner Mutter geerbt, von seinem Vater stammte, einem Phantom, dem Mann mit dem lächelnden Gesicht und der verwegen in die Stirn gerückten Fliegerkappe, diesem körperlosen Wesen, das so selbstsicher von Mutters Frisierkommode grinste. Aber wie konnte ein Phantom ihm Beistand von der Art, wie er ihn suchte, geben? Vielleicht erklärt diese Sehnsucht auch deine Kapitulation vor Matthew Mahan. Wenn du einen Vater gesucht hast, Dennis, dann hast du einen nach klassischem Vorbild gefunden. Eine Mischung von Sklaventreiber und Miststück.

Nein, so schlecht war er nicht. Nüchternheit, Dennis, was ist aus der schönen Nüchternheit geworden, der Objektivität, die dein Stolz war? Ist sie angesichts der brennenden Städte, der Bombenexplosionen, der brutal zusammengeschossenen Politiker – grausige Symbole der sechziger Jahre – auf der Strecke geblieben? War sie auch – jene Sachlichkeit – dein Fluch, die Ursache deines Zusammenbruchs? War nicht das fehlende Engagement, also genau das, was du der Kirche zum Vorwurf machst, dein eigenes, tragikomisches Gebrechen?

Er hatte mit seinen Vorgesetzten bei den Jesuiten endlos über die Unfähigkeit, mit echter Herzenswärme zu empfinden, diskutiert. Er hatte sich gefragt, ob das Doktorat in Geschichte, das er in Yale erworben hatte, in irgendeinem Zusammenhang mit seiner inneren Leere stand, und war endlich zu dem Schluß gekommen, daß es einen zentralen Fehler in seiner Persönlichkeit gab, der ihn erbarmungslos zwang, die Fliege in jeder Suppe zu sehen.

Die wachsende Angst vor diesem Schicksal, dieser Hohlheit, hatte ihn aus dem Orden der Jesuiten getrieben, wo er als einer der vielversprechendsten jungen Gelehrten höchste Wertschätzung genoß. Allmählich, so fand er, verwandelte er sich in einen Pappmachépriester, der ziellos in eitler Leere umherflatterte. Eines belebte dieses Vakuum, während es gleichzeitig seine Verzweiflung vertiefte: seine

Sinnlichkeit. Wie ein Schreckgespenst der Apokalypse verfolgte sie ihn. Ob er betete oder sich kasteite – nichts half. Er hatte einmal mit dem Gedanken an extreme Bußen gespielt und überlegt, ob es an der Zeit sei, eine Peitsche mit Rasierklingen zu gebrauchen, wie sie von einigen irischen Jesuiten zu Anfang des Jahrhunderts benutzt worden war, doch dann hatte ihn das Idiotische an der Idee zum Lachen gereizt.

Er trat also aus dem Jesuitenorden aus und suchte eine Aufgabe in den Elendsvierteln, weil er hoffte, Mitleid würde mangelnde innere Überzeugung ersetzen. Aber auch hier sah er wieder nur das Falsche. Er war entsetzt über die Dummheit der Armen, ihren Selbsthaß, ihre Entwürdigung, und die jammervollen Phrasen, die er ihnen als Trost anbieten mußte, bereiteten ihm Qual.

Als der Erzbischof ihn ins Ordinariat berief, war er nahe daran gewesen, den ganzen Krempel hinzuschmeißen. Gib die Rolle auf, die dir nie zugedacht war, hatte er sich gesagt. Nimm deinen Doktortitel, ersetze den Jesuiten deine kostspielige Erziehung, und zieh dich auf irgendeine Universität zurück, wo du dein Leben dem Hervorbringen von ebenso trockenen und desillusionierten Studierten, wie du selber einer bist, weihen kannst.

„Jesus Maria", schnaufte Eddie Johnson. „Ham Sie das gehört? Zwei ausgeschieden im neunten Durchgang, zwei Mann unterwegs, und Willie ist am Schlag..."

„Schrecklich", murmelte Dennis. „Schrecklich."

Hastig öffnete er Goggins Brief. Ein bißchen Aufheiterung, das ist es, was du brauchst, Dennis. Und der gute alte Gog läßt dich da nie im Stich.

Lieber Mag,

Dein letzter deprimierender Brief liegt vor mir auf meinem Schreibtisch, während römischer Regen auf das Dach der Villa Stritch herunterplatscht. Ich begreife nicht, wieso die Erste Person erlaubt, daß es so viel mitten auf den Busen von Mater Ecclesia regnet. Vielleicht ist es ein Beweis für die Richtigkeit Deiner zweifelhaften Theorie, daß Gott eine Frau ist und eifersüchtig auf andere Weibsbilder, inklusive ihre eigene Tochter. H-km.

In der Villa Stritch hat sich das amerikanische Personal des Vatikans häuslich niedergelassen. Eine zugige alte Bude, aber wir tun unser Bestes, um die Atmosphäre mit Humor aufzuwärmen. Das ist weiß Gott nicht leicht in diesem sechsten Jahr unter Papst Paul, der heimlich, still und leise die größten Hoffnungen der größten Menschen abgewürgt hat.

Was meine Wenigkeit betrifft – nun, einmal in der Woche wandere ich hinüber zum Jesuitenhauptquartier, kaum einen Häuserblock vom Vatikan entfernt, und mache mich dabei nützlich, die neuesten schlechten Nachrichten aus dem Englischen ins Italienische zu übersetzen, damit der italienische Sekretär des Generaloberen sie für unseren allerhöchsten Chef zusammenfassen kann. Die Verzweiflungsschreie läßt er garantiert weg.

Zweimal wöchentlich gondle ich mit einem unserer Fiats genüßlich aufs Land. Dies sind höchst angenehme Ausflüge. Mein Ziel ist der Sender von Radio Vatikan, von wo aus ich die Göttliche Welle in Englisch nach Südafrika verbreite. Während ich meine Botschaft über die Rassengleichheit plappere, sehe ich im Geiste dauernd riesige elektronische Ohren vor mir, die für jedes Wort, das ich sage, als Störsender fungieren.

An zwei weiteren Tagen in der Woche betreibe ich Linguistik im Institut für Bibelkunde, wo ich eine Menge Leute Dinge über die Evangelien andeuten höre, die offen auszusprechen sie sich scheuen. Je mehr ich darüber nachdenke, desto mehr wird es für mich zur einzigen Hoffnung der Kirche – die Schaffung eines neuen Evangeliums, in dem Seine verschiedenen Aussprüche in eine vernünftige, chronologische Ordnung gebracht sind und Er selbst in den sozialen Kontext eines Palästina im ersten Jahrhundert gestellt wird. Wir sollten imstande sein, Ihn so zu sehen, wie Er war, und trotzdem nicht an das göttliche Wunder rühren – Seine Bereitschaft, sich kreuzigen zu lassen. Seine Erkenntnis, daß nur durch Seinen Tod der Sieg, den Er suchte, möglich werden konnte. Das ist für mich so unendlich ergreifender, so unendlich schöner als das oft gezeichnete Bild, wie Gott Menschengestalt annimmt, um den von ihm erschaffenen Geschöpfen die Gnade der Erlösung zuteil werden zu lassen.

Das ist ketzerisches Denken, und jeder von uns im Institut weiß es. Was wir brauchen, Mag, ist ein Mensch, der mit Kraft, Schwung und Mut schreiben kann. Mit anderen Worten, wir brauchen Dich. Ich verfluche den Tag, an dem Du Dich auf der Suche nach Deinem sogenannten Geheimnis der Freiheit in amerikanische Geschichte gestürzt hast. Die Welt will nicht frei sein, alter Junge, und hat es nie sein wollen. Ich habe da eine ganz andere Auffassung. Die Kirche ist notwendig für das Gleichgewicht der Menschheit. Sie muß das neue Evangelium verkünden, aus der Fülle ihres Wissens und der Versenkung in das Mysterium von Gottes Dialog mit der Schöpfung. Wir müssen der Welt eine klare Schilderung des größten Werkes der Liebe in der Geschichte der Menschheit geben. Möchtest Du nicht, daß man sich Deiner als Verfasser dieses Buches erinnert? Du könntest es schaffen, Mag, wenn Du nur Dein altes Klappergerüst aufraffen und Dich hierher in die Vatikanische Bibliothek verfügen würdest.

Im Ernst, es muß etwas getan werden. Oder zumindest begonnen. Ich habe nicht die Absicht, mein Leben auf einem treibenden Schiff zu verbringen, und was Dich betrifft, so wäre es mit Deinem ganzen Gequassel von Lust und Leere gleich vorbei, wenn Du einen Sinn für Deine Priesterschaft finden könntest. Komm her, und fang mit der Arbeit an, bevor irgendein flottes Nönnchen Dich zu lebenslänglichem Hausarrest verdonnert. Gog

Dennis blickte starr auf Goggins Brief und fragte sich, warum er sich eingebildet hatte, er würde ihn von seiner Niedergeschlagenheit befreien. Ein „flottes Nönnchen" wäre tatsächlich ein Heilmittel gewesen. Und vielleicht gab es auch noch ein anderes: sich ein für allemal dieses runde weiße Joch vom Hals zu reißen und den süßen Hauch amerikanischer Freiheit zu atmen. Er fand es plötzlich unerträglich eng im Wagen, stieß die Tür auf, stieg aus und tat ein paar lange, tiefe Atemzüge. Hier in den Vororten war die Luft noch rein. Aber in der Stadt? Zwanzig Meilen entfernt konnte er die graue Dunstglocke des Smogs sehen. Heutzutage war der Hauch amerikanischer Freiheit alles andere als süß. Was Dennis McLaughlin noch schlimmer dran sein ließ als einen Mann ohne Heimat – er war ein Mann ohne Ziel.

Im Pfarrhaus von *Holy Angels* saß Erzbischof Mahan mit Monsignore Paul O'Reilly und den Kaplänen Emil Novak und Charles Cannon an einem Tisch. „Meine Herren", sagte er, „kann ich nicht behilflich sein, diese unangenehme Situation zu bereinigen?"

Die Kapläne schauten ihn kalt an. „Nur wenn Sie schriftlich festlegen, daß nichts, was wir sagen, gegen uns verwendet wird – weder von Ihnen noch von ihm", erwiderte Cannon. Erst kürzlich geweiht, hätte er mit seinem sommersprossigen Gesicht und dem wehenden Haar ein Teenager sein können.

„Haben Sie je gehört, wie ein schlechtes Gewissen sich eindeutiger verraten hat?" knurrte Monsignore O'Reilly.

„Vielleicht wäre es besser, wenn wir die Angelegenheit nicht gemeinsam besprechen", sagte Kaplan Novak. Trotz seiner fünfunddreißig wirkte auch er jungenhaft. Im letzten Jahr war ein Bericht über ihn ans Ordinariat gegangen, weil er einer Frau in seiner Gemeinde zuviel Aufmerksamkeit geschenkt hatte. Er hatte sich heftig gegen diese Anschuldigung verwahrt, aber möglicherweise war der Streit mit seinem neuen Pfarrer Teil eines Planes, sein Ausscheiden aus dem Priesterstand zu rechtfertigen.

„Ungern zwar, aber wahrscheinlich ist es wirklich das beste, um zwischen den Parteien zu vermitteln. Dann wollen Sie beide sich also bitte hinaufbegeben. Ich werde zuerst mit Ihrem Vorgesetzten sprechen."

„Darf ich Ihnen etwas zu trinken anbieten, Exzellenz?" fragte Monsignore O'Reilly. „Scotch? Bourbon? Sherry?"

„Einem Glas Sherry wäre ich nicht abgeneigt", antwortete Matthew Mahan und wußte im gleichen Augenblick, daß es zwecklos war, diesem Mann gegenüber Freundschaft zu heucheln.

O'Reilly nahm eine irische Kristallkaraffe und zwei kleine goldene Stielgläser aus einer schönen, alten französischen Anrichte. Offenbar hatte er den kostspieligen Geschmack seines Mentors, Erzbischof Hogan, übernommen. „Tio Pepe", sagte er. „Ich hoffe, er wird Ihnen schmecken."

Matthew Mahan nickte und nippte an dem Wein. „Es ist Ihnen doch klar, daß wir es hier mit einem Problem zu tun haben, das zu einem Bruch in der Diözese führen kann."

„Natürlich betrachtet es jeder von seiner Warte aus", sagte O'Reilly. „Ich bin besorgt wegen des seelischen Schadens, den meine Pfarrkinder erleiden könnten. Sie wissen ja, ich wurde von den Jesuiten erzogen. In Rom, an der Gregoriana. Daher messe ich wohl der Moraltheologie viel mehr Bedeutung bei."

Die alte römische Taktik. Matthew Mahan wahrte sorgsam die Ruhe. Wie oft hatte er während der fünfziger Jahre diese hochmütige Bemerkung einstecken müssen, als O'Reilly Erzbischof Hogans Generalvikar und voraussichtlicher Nachfolger gewesen war. O'Reilly hatte Matthew Mahan, Finanzstratege und Sonderbeauftragter für Öffentlichkeitsarbeit, der aus dem Nichts auftauchte, ziemlich mißtrauisch beobachtet.

„Niemand mißt der Moraltheologie mehr Bedeutung bei als ich, Monsignore. Aber ich nehme die Ereignisse in Washington ebensowenig auf die leichte Schulter."

„Sie meinen, daß Kardinal O'Boyle sich gegen jene Priester stellte, die dachten, sie könnten die Lehre des Heiligen Vaters ignorieren?"

„Ich meine die Schlagzeilen, die gegenseitigen Beleidigungen – wie sich das alles auf das Vertrauen der Leute auswirkt."

„So weiß man wenigstens, wo die Kirche steht. Wo wären wir denn, wenn die Päpste Häresie nicht jedesmal sofort im Keim erstickt hätten?"

„Monsignore", sagte Matthew Mahan schroff, „ich bin hierher-

gekommen, um in dieser Gemeinde, diesem Pfarrhaus Frieden zu stiften. Haben Sie dazu irgendwelche Vorschläge?"

„Nur einen, Exzellenz. Bringen Sie diese Angelegenheit in Ordnung, wie andere Bischöfe dies getan haben. Treffen Sie eine feste, klare, unmißverständliche Entscheidung."

„Sie können die Diözese nicht in eine persönliche Auseinandersetzung hineinziehen –"

„Das ist keine persönliche Auseinandersetzung. Das ist ein theologischer Konflikt. Bringen Sie meine Kapläne dazu, die Lehre des Heiligen Vaters anzuerkennen, oder suspendieren Sie sie, Exzellenz. Das würde auch Ihrem Wunsch entsprechen, unsere Kontroverse so diskret wie möglich zu behandeln."

Matthew Mahan schob sein Sherryglas beiseite. „Halten Sie es denn für einen Zufall, Monsignore, daß Sie in zehn Jahren acht Assistenten hatten? Was glauben Sie, warum die Leute hier immer wieder um Versetzung ansuchen? Ich gehe jetzt hinauf. Wenn ich herunterkomme, werden Sie mir hoffentlich einen realistischeren Vorschlag zu unterbreiten haben."

In Kaplan Novaks Zimmer im dritten Stock war Matthew Mahan entsetzt über das ungemachte Bett, die schmutzige Wäsche, die Teller mit den Resten des Abendessens vom Vortag. „Er hat sich geweigert, die Haushälterin zum Saubermachen heraufkommen zu lassen", sagte Novak. „Er hat erklärt, das sei zu riskant für sie. Würden Sie sich eine solche Unterstellung gefallen lassen, Exzellenz?" Er zündete sich eine Zigarette an. Seine Hände zitterten.

„Setzen Sie sich, setzen Sie sich, Emil", sagte Matthew Mahan. „Und erzählen Sie mir . . ."

Eine halbe Stunde lang erstatteten ihm die beiden Kapläne Bericht. O'Reilly hatte den Kleinkrieg begonnen, als er entdeckte, daß sie die Enzyklika Humanae Vitae – über die Geburtenkontrolle – nicht akzeptierten. „Ob wir dogmatisch recht oder unrecht haben, er ist jedenfalls nicht ermächtigt, mir vorzuschreiben, daß ich um zehn Uhr zu Hause sein muß", sagte Cannon mit vor Empörung heiserer Stimme. Eines Nachts war er tatsächlich aus dem Pfarrhaus ausgesperrt worden.

Matthew Mahan nahm eine Zigarette von Kaplan Novak und versicherte beiden Priestern, daß es mit diesen Schikanen noch heute ein Ende haben würde. „Aber um die Sache ins reine zu bringen, werden Sie versprechen müssen, sich unter keinen Umständen öffentlich gegen die Humanae Vitae zu äußern."

„Wie können wir den Menschen Hirten sein, wenn –" begehrte Cannon auf.

„Es steht Ihnen frei dem einzelnen gegenüber Ihre persönliche Meinung zu vertreten. Aber sobald Sie auf der Kanzel stehen, sind Sie keine Hirten, sondern Lehrer, und ich, Ihr Bischof, befehle Ihnen, was Sie zu lehren haben."

Einen Augenblick war Matthew Mahan erschrocken über die Worte, die er eben ausgesprochen hatte. Nie hätte er geglaubt, daß er fähig wäre, einen derartigen Ton anzuschlagen. „Sie müssen mich verstehen", fügte er hinzu. „Ich versuche den Frieden – christlichen Frieden – in der Erzdiözese aufrechtzuerhalten. Das steht für mich an erster Stelle, und ich bin entschlossen, alles zu tun – sogar, Sie alle drei zu suspendieren –, um zu verhindern, daß sich diese Situation zu einem Skandal auswächst."

Kaplan Cannons Mienenspiel – zuerst Groll, in den sich gleich darauf ein wenig Besorgnis mischte – entging ihm nicht. Beginnende Einsicht, hoffte er.

„Das ist sicher schwer für Sie, Emil. Sie haben ja in Ihrer letzten Pfarre einen Vorgeschmack dessen bekommen, was Ungerechtigkeit heißt. Ich verlange keineswegs, daß Sie Ihren Ärger hinunterschlukken. Geben Sie ruhig zu, daß Sie ihn empfinden, und dann fragen Sie sich: Schön, aber was ist das beste für die Kirche, für die Gläubigen – für alle Beteiligten?"

Kaplan Novak schwieg. Wie den meisten Liberalen, dachte Matthew Mahan, genügt es ihm nicht, daß sein Erzbischof ihm lediglich Gewissensfreiheit in bezug auf das quälende Problem der Geburtenkontrolle zugesteht. Er will die Macht des Erzbischofs auf seiner Seite wissen. Seine eigene Meinung, maßt er sich an, sollte auch der offizielle Standpunkt der Kirche sein.

„Versuchen Sie einmal, es mit meinen Augen zu sehen", fuhr Matthew Mahan fort. „Mit den Augen der Katholiken, die ungeheure Opfer brachten, um große Familien zu haben..." Er hörte im Geist plötzlich eine Stimme und sah den verzerrten, hohnlächelnden Mund seines Bruders vor sich: Sag's ihnen nur, Bischof. Eine Ader pochte auf Matthew Mahans Stirn. Er blickte aus dem Fenster in den Frühlingssonnenschein hinaus und wünschte sich weit fort.

„Wie denken Sie persönlich über die Enzyklika des Papstes, Exzellenz?" fragte Kaplan Novak unvermutet offen. Matthew Mahan witterte eine Falle. Emil war aktives Mitglied des Priesterrates der Erzdiözese, in dem aufrührerische Tendenzen vorherrschten.

„Das steht hier nicht zur Debatte, Emil. Sagen wir es so: Ich stimme mit Kardinal Cushing überein. Man kann keinen Aufpasser unter jedes Bett legen."

Die plötzliche Genugtuung, die in Novaks Augen aufleuchtete, ließ Matthew Mahan vermuten, daß er schon zuviel gesagt hatte.

„Also gut", sagte Kaplan Cannon, „ich würde die Angelegenheit gern zu einem Ende bringen. So kann man nicht leben. Ich verspreche, mich in der Öffentlichkeit nicht zu äußern."

Matthew Mahan hegte den Verdacht, daß er dies schon geraume Zeit hatte sagen wollen. „Emil?" fragte er.

Novak, dem man die Enttäuschung über Cannon deutlich anmerkte, nickte. „Das freut mich", sagte Matthew Mahan mit einer Herzlichkeit, die er nicht empfand. „Dann werde ich jetzt mit Monsignore O'Reilly sprechen."

O'Reilly saß vor dem Farbfernseher. Er schaltete den Ton ab, ließ das Bild jedoch laufen. „Zweifellos bin ich eben gründlich angeschwärzt worden", sagte er.

„Im Gegenteil. Ich habe den Eindruck gewonnen, daß Sie zwei sehr zufriedene Kapläne hatten, bis es zu dieser Affäre kam. Ihre Pfarre ist eine der bestgeführten in der Diözese. Nun, haben Sie sich die Sache noch einmal durch den Kopf gehen lassen?"

O'Reilly wandte den Blick nicht vom Bildschirm. „Ich kann einzig und allein die Lösung, die ich bereits vorgeschlagen habe, mit meinem Gewissen vereinbaren."

Zorn wallte in Matthew Mahan auf. Zum Teil war er auch wütend auf sich selbst, weil er es auf eine so versöhnliche Tour versucht hatte. Er drehte den Fernsehapparat ab und brüllte O'Reilly an: „Ich mag zwar keine römische Erziehung genossen haben, Monsignore, aber was das Motiv anbelangt – ich bin schließlich kein Idiot. Ich betrachte dieses ganze Theater als eine versteckte Attacke auf mich, und Sie sind nahe daran, sich meine Feindschaft zuzuziehen. Wollen Sie weiter Pfarrer dieser Gemeinde bleiben? Antworten Sie."

Triumphierender Haß glomm in O'Reillys Augen auf. In diesem Moment, in dem er seine Macht offen ausspielte, spürte Matthew Mahan den Hauch der Niederlage. Er hatte gesagt, was O'Reilly an seiner Stelle zu ihm gesagt hätte.

„Sie kennen die Antwort auf diese Frage, *Exzellenz.*"

„Dann hören Sie. Die beiden sind bereit, auf jegliche persönliche Stellungnahme zur Humanae Vitae in der Öffentlichkeit zu verzichten. Mehr können Sie nicht verlangen."

„Ich bin dafür, daß sie jede Frau bei der Beichte befragen, was sie in bezug auf die Enzyklika des Heiligen Vaters tut."

„Das verbiete ich mit aller Entschiedenheit. Der Beichtstuhl ist kein Zeugenstand und der Priester kein Staatsanwalt. Die Seelsorge, Monsignore, schließt nicht mit ein, irgend jemand zu zwingen, seine Schuld einzugestehen. Wollen Sie meinen Kompromiß nun akzeptieren oder nicht?"

„Wenn Sie es mir befehlen, werde ich ihn akzeptieren."

„Ich befehle es. Und ich befehle auch, daß Sie in diesem Pfarrhaus wieder zivilisierten Umgang pflegen, daß Sie den Kaplänen Cannon und Novak die hauswirtschaftlichen Dienstleistungen, die sie verlangen, zubilligen und ihnen auch den Platz an Ihrem Tisch nicht länger verweigern. Außerdem muß ich darauf bestehen, daß Sie ihnen die Schlüssel zur Haustür geben, damit sie nach Belieben kommen und gehen können."

„Ich hoffe, Sie werden auch die Verantwortung für die grobe Verfehlung übernehmen, zu der diese Freiheit Kaplan Novak verleiten kann?"

„Er wird selbst die Verantwortung für seine Handlungen tragen." Ein verächtliches Nicken. „Gibt es sonst noch etwas?"

„Ein kleiner Rat. Ich glaube, es war Kardinal Mercier, der einmal sagte, die Gewohnheitssünde des Priesters sei weder Schnaps, noch seien es die Frauen. Es sei die Eifersucht. Ich rate Ihnen dringend, darüber nachzudenken, Monsignore."

Matthew Mahan stieg mühsam wieder in den dritten Stock hinauf. Hier legte er den beiden Kaplänen ans Herz, alles zu vermeiden, was die Situation verschärfen könnte. Er blickte Novak streng an. Verstand dieser die Botschaft? Man konnte es nur hoffen.

Als er das Pfarrhaus verließ, erfaßte ihn wieder ungeheurer Zorn. Er sah O'Reillys Gesicht, wie dieser verächtlich an ihm vorbei in den Fernsehapparat starrte. Wäre es besser gewesen, zu kapitulieren, die harte, herzlose Linie zu verfolgen, die der Papst – offenbar ohne ihre Herzlosigkeit zu erkennen – festgelegt hatte? Hatte er, Matthew Mahan, bei diesem Kompromiß etwas gewonnen? Er rieb sich den schmerzenden Magen. Er hatte versucht, ihnen als Bruder in Christo zu begegnen. Aber wie sollte man diese Haltung wahren, wenn man es mit einem reizbaren Wolf im Schafspelz wie Novak und einem Miststück wie Paul O'Reilly zu tun hatte?

MATTHEW MAHAN ließ sich auf den Rücksitz des Autos sinken. „Gott steh uns bei, was für ein Affentheater!" sagte er zu Dennis McLaughlin. „Ich komme mir vor, als gehörte ich zu einer Waffenstillstandskommission der Vereinten Nationen."

„Wie hat es geklappt?"

„Es ist geregelt, wenigstens zeitweilig."

Dennis brannte darauf, Einzelheiten zu hören, doch Matthew Mahan hatte nicht die Absicht, ihm damit zu dienen. Obwohl er, als sie durch das Goldene Getto fuhren, einen jähen Impuls unterdrücken mußte, ein Bedürfnis, die quälende Einsamkeit der Rolle, die er spielte, mit jemand zu teilen. Vielleicht entsprang dieses Bedürfnis sogar noch mehr dem Wunsch, eine echte Brücke zu Dennis' Priestergeneration zu schlagen. Die Feindschaft und Verachtung der O'Reillys konnte er ertragen. Aber die unausgesprochene, unpersönliche Feindseligkeit der Jungen störte ihn schrecklich. Das Bild der Kapläne Novak und Cannon trat ihm vor Augen – der abgewandte Blick, die verkniffenen Lippen. Zu seiner Bestürzung sah er, als er sich Dennis zuwandte, denselben Ausdruck der Ablehnung auf den verschlossenen Zügen.

Abrupt begann er über den Tod Eisenhowers zu sprechen, erzählte ein paar seiner Lieblingsanekdoten über Ike in Europa – insbesondere eine, die sonst unfehlbar schallendes Gelächter hervorrief. Dennis brachte mit Müh und Not den Schatten eines Lächelns zustande. Matthew Mahan seufzte. „Wir werden eben alt, wir Veteranen aus dem Zweiten Weltkrieg. Stimmt es, daß er für Ihre Generation nicht mehr als ein Stück Geschichte ist, genau wie der Erste Weltkrieg und der Bürgerkrieg?"

„Auf die meisten trifft das zu. Dann gibt es noch welche, und zu denen gehöre ich, die aus persönlichen Gründen das ganze am liebsten vergessen würden."

„Und was sind das für Gründe?"

„Mein Vater ist dabei gefallen."

„Dennis – ich hatte keine Ahnung –"

Die jungen Augen blitzten ihn beinah böse an, als er ganz automatisch mit dieser Phrase höflichen Mitgefühls aufwartete.

„Wo ist er gefallen?"

„Keine Ahnung. Meine Mutter hat nie darüber gesprochen."

Der traurige Sinn, der sich hinter diesen Worten verbarg, war Matthew Mahan sofort klar. Aber jetzt, das fühlte er, war nicht der geeignete Moment, hier einzuhaken.

Dennis fuhr fort: „Es ist der Enthusiasmus der älteren Generation, der die heutige Jugend abstößt. Sie kann einfach nicht begreifen, wie man sich überhaupt für irgendeinen Krieg begeistern konnte, auch wenn Hitler wirklich ein Monstrum war."

„Ich glaube nicht, daß wir uns dafür begeistert haben", sagte Matthew Mahan bedachtsam. „Jedenfalls nicht die, mit denen ich beisammen war – an der Front. Die Begeisterung kam erst später, nachdem wir gewonnen hatten."

„Kein Mensch über dreißig scheint sich erklären zu können, warum wir in bezug auf Vietnam nicht genauso denken."

„Ich verstehe", sagte Matthew Mahan. „Ich verstehe."

Er verstand nichts. Alles an dieser Jugend war immer undurchsichtiger geworden. Mit einem Seufzer verfiel er in Schweigen und begann sich über seine Verabredung zum Lunch mit Monsignore Gargan, dem Regens des Rosewood-Seminars, Sorgen zu machen. Sie hatten ihn schon vor einer halben Stunde abholen wollen.

Eddie Johnson holte unterwegs auf, und zehn Minuten später saß Matthew Mahan in einer Nische des *Red-Coach*-Grillrestaurants und lauschte Monsignore Harold Gargan. Es war wie ein Besuch der Klagemauer. Beinah alles in Rosewood war schlecht und im Begriff, noch schlechter zu werden. Man hatte drei weitere Seminaristen dabei ertappt, wie sie im Umkleideraum des Turnsaals eine höchst unorthodoxe Messe zelebrierten. Die Gesamtzahl der Studenten war zum erstenmal seit fünfundzwanzig Jahren unter hundert gesunken...

„Was soll ich nur mit diesen Amateurliturgen anfangen?"

„Bestrafe sie – milde. Streich ihnen Vergünstigungen am Wochenende. Wir wollen nicht den halben Abschlußjahrgang verlieren."

„Jeden Morgen, wenn ich aufwache, hab ich diese Weltuntergangsstimmung. Wir müssen etwas unternehmen, um die Entwicklung umzukehren."

„Mir geht es morgens meist genauso, nur ist es bei mir zehnmal so arg, Hal. Bloß weil viele Leute das Vertrauen zu Staat und Kirche verlieren, heißt das noch lange nicht, daß wir uns ihnen anschließen müssen. Wir müssen nur unter allen Umständen vermeiden, uns öffentlich zu demütigen."

Gargan nickte düster. Und dieser Mann hatte ein Jahr vor ihm promoviert, dachte Matthew Mahan fast erstaunt. Er konnte höchstens sechsundfünfzig sein, wirkte aber sehr verbraucht.

„Ich glaube, du solltest mal eine Weile ausspannen. Wann hast du eigentlich deinen letzten Urlaub gehabt?"

„Vergangenen Sommer war ich zwei Wochen am Meer."
Matthew Mahan schrieb einen Scheck über tausend Dollar aus.
„Was hältst du von zwei Wochen Florida?"
„Danke, Matt", sagte Gargan mit vor Rührung erstickter Stimme.
„Das würde mir sicher guttun. Ich schlafe seit einem Monat nie mehr
als drei Stunden täglich."
„Mir geht's nicht viel besser. Geduld, Hal."
Während der ganzen Rückfahrt zum Seminar beklagte sich Gargan
über das mangelnde Interesse der Studenten am Sport. Als sie durch
das Gelände fuhren, wo er den Wendepunkt seines Daseins und zu-
gleich sechs seiner glücklichsten Jahre erlebt hatte, sah Matthew
Mahan, was Gargan meinte. An einem Freitagnachmittag um diese
Zeit wären zumindest zwei Ballspiele in Gang gewesen. Heute spielten ganze drei Seminaristen, und die waren nicht sehr bei der Sache.

Harold Gargan stieg beim Verwaltungsgebäude aus. Der Wagen
rollte durch Rosewoods Tore hinaus, als der Erzbischof sich schuldbewußt daran erinnerte, daß er es versäumt hatte, Davey Cronin
zu besuchen. „Die Zeit war zu knapp", sagte er laut.

Dennis McLaughlin schaute ihn fragend an. „Um noch dem Bischof
meine Aufwartung zu machen", erwiderte Matthew Mahan als Antwort auf den Blick. „David Cronin, mein einziger Weihbischof. Einer
meiner sentimentalen Fehler, fürchte ich. Er war mein Lehrer in dog-
matischer Theologie, als ich hier studierte, und wurde in gewissem
Sinn mein Mentor. Um ehrlich zu sein, er hat mich durchgeschleust.
Ohne den Privatunterricht, den er mir gab, hätte ich nie promoviert
und nicht gerade in Dogmatik. Aber mein Mentor ist jetzt einundachtzig... Ich hab ihn als Experten mit zum Zweiten Vatikanischen
Konzil genommen. Das war ein weiterer Fehler. Der alte Junge
schwenkte über Nacht zum Radikalen um. Er treibt mich an den
Rand des Wahnsinns."

„Ich würde ihn gern kennenlernen", sagte Dennis McLaughlin,
sichtlich interessiert.

„Werden Sie, werden Sie", erwiderte Matthew Mahan. „Er kommt
sonntags häufig zum Abendessen zu mir."

Aber in letzter Zeit nicht mehr so häufig, berichtigte ihn eine
hämische Stimme. Er zwang sie, zu schweigen, und wies darauf hin,
daß sie sich jetzt in der Welt der wahrhaft Reichen befanden. Die
Häuser standen inmitten sanft geschwungener Hügel oder endloser
Wiesen, auf denen Reitpferde herumtollten. Der Erzbischof versetzte
Dennis mit seinem Wissen über die verschiedenen Grundstücks-

eigentümer in Erstaunen. „Dahinter steckt eines der größten Vermögen", sagte er, als sie in die Auffahrt zu einer Prachtvilla einbogen. „Hier müssen wir einer ziemlich ungewöhnlichen Dame einen Besuch abstatten."

Ein Dienstmädchen öffnete. Durch die riesige Eingangshalle kam eine Frau, die sich auf einen Stock stützte, auf sie zu. Es war eine gespenstische alte Dame, ungemein groß, mit einem hageren Antlitz und tief eingesunkenen, zwingenden Augen.

„Miß Childers", begrüßte der Erzbischof sie mit einem im wahrsten Sinn des Wortes strahlenden Lächeln, „ich freue mich so, Sie zu sehen." Dennis McLaughlin wurde vorgestellt, und sie begaben sich zum Tee in einen viktorianischen Salon, der mit dickgepolsterten Stühlen und einer Unmenge Nippsachen vollgestopft war. Miß Childers wirkte darin bemerkenswert zeitgenössisch. Was sei die Meinung des Erzbischofs über den Krieg in Vietnam, nachdem Präsident Nixon jetzt erklärt hatte, man müsse weiterkämpfen? Dennis unterdrückte ein Lächeln über den Versuch Seiner Exzellenz, sich herauszuwinden. Und die Liturgie? Was hielt er von diesen Wanderpfarren? Von Jazzmessen und modernen Tänzen vor dem Altar? Miß Childers hatte in der Stadt eine Messe mit Gitarrenbegleitung besucht und sie großartig gefunden. Wieder schien Seine Exzellenz gleichzeitig dafür und dagegen zu sein. Und wie stellte er sich zur Aufhebung des Zölibats? Seine Exzellenz legte sich nicht fest. Dem würde an und für sich nichts Schlechtes anhaften.

„Ich finde sogar allerhand Gutes daran", sagte Miß Childers. „Es ist nämlich besser zu heiraten, als zu brennen, wie der heilige Paulus sagte. Mit letzterem ist das unbefriedigte Verlangen gemeint, das genauso brennt wie das Feuer der Hölle. Wenn ich daran denke, was mein Vater mir angetan hat, hasse ich ihn aus tiefster Seele."

Der Erzbischof schien betroffen zu sein. „Es ist − fast unmöglich − über die frühere Generation zu richten."

„Mein Vater war ein egoistischer, alter Bastard. Ich finde es gesünder, so etwas ungeniert auszusprechen, meinen Sie nicht auch, Herr Sekretär?"

„Ja..." Dennis sah, wie der Erzbischof ihn scharf beobachtete. „Wenn es der Wahrheit entspricht."

„Oh, das tut es." Sie bot dem Erzbischof eine zweite Tasse Tee an, doch der erhob sich und murmelte etwas von Verabredungen.

„Vermutlich hat Sie das zu Tode gelangweilt", sagte er, als sie wieder im Wagen saßen.

„Ganz und gar nicht", antwortete Dennis. „Die ist einfach eine Wucht."

„Ja, ein erstaunliches altes Mädchen. Ihr Vater war in den zwanziger Jahren Gouverneur. Ein skrupelloser Gauner. Ihre Mutter starb, als sie noch sehr jung war, und der Alte ließ sie nicht aus seinen Fängen. Was für schreckliche Dinge die Menschen einander antun." Matthew Mahan schüttelte den Kopf.

Und plötzlich, während diese scheinbar so harmlosen Worte seine Gedanken von dem dahingleitenden Wagen jäh zum Antlitz einer leidenden, Tausende Meilen entfernten Frau in Rom führten, brandete der Schmerz durch seinen Körper. Gleichsam als Begleitung zur ersten Stimme flüsterte eine zweite: Vergib mir, Mary, vergib mir.

„Ich nehme an, sie wird ein großes Vermögen hinterlassen", sagte Dennis.

„Was?" fragte Matthew Mahan geistesabwesend. „Oh. Man schätzt sie auf etwa eine Million." Er warf einen Blick auf das anklagende junge Gesicht. „Mir kommt es so vor, als hielten Sie nicht viel von der Art, wie ein Bischof herumhetzt, um sich bei den Reichen lieb Kind zu machen."

Dennis entschied, daß ein Achselzucken die beste Antwort darauf sei. Der Erzbischof verbrachte seine Zeit wirklich nicht damit, Erbschaften nachzujagen. Aber wozu das jetzt sagen, wo er doch eben im Begriff schien, ein interessantes Geständnis abzulegen?

„Ungefähr zwanzig Prozent unserer Einkünfte stammen, wie bei den meisten Diözesen, aus Vermächtnissen. Letztes Jahr waren es über zwei Millionen."

Ein Nicken diesmal, Dennis. Und nun eine nette, neutrale Frage: „Wäre es Ihnen recht, wenn wir jetzt die restliche Post durchgehen?"

„Gute Idee."

Zuerst kamen Bettelbriefe von entlegenen Missionsstationen. „Geben Sie ihnen das Übliche", sagte Matthew Mahan, was eine Antwort voller Segenswünsche und einen Scheck über fünfundzwanzig Dollar bedeutete. Dann folgten die Priester, die auf Papst Johannes' Wunsch hin, daß aus jeder amerikanischen Diözese Freiwillige in Südamerika Dienst taten, in Brasilien arbeiteten. Pfarrer Tom O'Hara berichtete, daß sein Wagen den Geist aufgegeben habe. Was er wirklich brauche, sei ein Jeep. „Schicken Sie ihm dreitausendfünfhundert." Pfarrer Jerome Lang kannte einen aufgeweckten Jungen, der Priester werden wollte, aber nicht die Mittel für die Schule aufbringen konnte. „Dreitausend."

Matthew Mahan konnte seinen Finanzrat und Kanzleidirektor, Monsignore Terence Malone, förmlich stöhnen hören. Er wußte, daß er diesen jungen Priestern gegenüber zu großzügig war. Aber es hob seine Stimmung – was dieser Tage nicht vielem gelang. Peter Foley, Kaplan des Staatsgefängnisses, berichtete von einem seiner Musterschützlinge, der knapp vor der Entlassung stand, nachdem er zehn Jahre wegen bewaffneten Raubüberfalls abgesessen hatte. Würde der Erzbischof ihm helfen, Arbeit zu finden? „Schreiben Sie an Mike Furia. Er schafft es immer wieder, diese armen Teufel in seinen Firmen in Übersee unterzubringen." Matthew Mahan drehte an seinem Bischofsring, eine Gewohnheit, von der Dennis bereits wußte, daß sie ein Zeichen dafür war, daß er sich unbehaglich fühlte. „Ich wollte, ich könnte Foley von diesem Gefängnis loseisen. Er ist der einzige aus meiner Seminarklasse, den ich nicht in einer guten Pfarre untergebracht habe. Aber er beteuert, er sei gern da. Was haben wir noch?"

Ein Pfarrer fragte um Rat, was er mit seinem Pfarrkirchenrat tun sollte, der so konservativ war, daß er den Gebrauch der englischen Sprache in der Messe beanstandete. Eine Mutter beklagte sich darüber, daß in der Pfarrschule nicht genügend geheizt sei. Eine Frau beschuldigte einen Priester, sich ihr unsittlich genähert zu haben. Ein Soziologe wollte wissen, wie viele Priester die Diözese in den letzten fünf Jahren verloren habe, und bitte mit einem kurzen Protokoll über den einzelnen Fall.

Plötzlich ertappte sich Matthew Mahan dabei, wie er wünschte, die rasende tägliche Tretmühle aufhalten zu können, in die Dennis und er eingespannt waren. Wenn sie irgendwie, irgendwo Zeit fänden, sich hinzusetzen und in Ruhe von Mann zu Mann miteinander zu sprechen, würden sie, davon war er überzeugt, etwas Verbindendes finden. Es würde Dennis überraschen, daß der Erzbischof in seiner Jugend so etwas wie ein Rebell gewesen war, daß er versuchte, die Ungeduld der jungen Priester und Laien zu verstehen. Vielleicht könnten sie sogar gemeinsam über ein paar Dinge lachen. Aber es schien keine Möglichkeit zu geben, der Tretmühle zu entrinnen. Am Ende hatte Dennis mindestens ein Pfund Papier auf dem Schoß. „Damit wäre das erledigt", sagte der Erzbischof.

Dennis lag es auf der Zunge, ihn daran zu erinnern, daß stundenlange Arbeit notwendig sein würde, bevor „das" erledigt war. Aber er fand es befriedigender, nichts zu sagen und seine Bitterkeit für sich zu behalten.

DIE DÄMMERUNG machte jetzt die Konturen der Landschaft zu beiden Seiten der Autobahn weicher, so daß die Fabriken, die Öltanks und Umspannanlagen trotz ihrer Häßlichkeit nicht störten. Sie waren unwandelbar Teil seiner Stadt.

Da lag sie vor ihnen auf dem langgezogenen, schmalen Hügelrücken, der allmählich aus dem Dunst auftauchte. Während Matthew Mahan gedankenversunken das vertraute Bild betrachtete, flackerte wieder drohend der Schmerz in ihm auf. Es fiel ihm plötzlich ein, daß er ihn zum erstenmal gestern abend auf dem Rückflug von Washington überfallen hatte, wo er vergeblich bemüht gewesen war, die Hilfe des Apostolischen Nuntius zu erlangen, um seine rebellischen Nonnen zur Räson zu bringen.

Als das Flugzeug landete, hatte er sich, auf die Stadt niederblickend, murmeln hören: „Ich wollte, du könntest erkennen, was deinem Frieden zuträglich wäre."

Nur jetzt nicht schlappmachen. Es wartete eine Menge Arbeit. „Haben Sie bei der Telephonzentrale nachgefragt, welche Anrufe für uns gekommen sind?"

„Nein." Dennis zuckte zusammen. Daß er mit seiner Vergeßlichkeit dazu neigte, Anrufe nicht zu erledigen, beziehungsweise nicht zu notieren, war seine größte Schwäche. Typisch intellektuell, immer in höheren Sphären, war Matthew Mahans manchmal recht gereizter Kommentar. Er beobachtete Dennis, wie dieser den weißen Telephonhörer von der Gabel in der Armstütze nahm und schnell eine Reihe von Namen hinkritzelte, die ihm die Telephonistin des Ordinariats durchgab. Dennis las die Liste vor: Mike Furia, Vorsitzender des Finanzkomitees des Erzbischofs; Herb Winstock, stellvertretender Vorsitzender; Mrs. O'Connor, Gattin des Bürgermeisters und weitere einflußreiche Stütze, was die Beschaffung von Geld betraf. „Und ein gewisser Fogarty."

„Bill Fogarty?"

„Ich glaube, es heißt Bill. Er ist im Garden Square Hotel."

„Eddie", sagte Matthew Mahan, „zum Garden Square Hotel, rasch." Er erklärte Dennis diesen überraschenden Entschluß. „Bill und ich waren zusammen im Seminar. Wir haben ihn vor etwa fünfzehn Jahren verloren. Eine Weibergeschichte. Vor kurzem hörte ich,

die beiden hätten sich getrennt und er sei unentwegt auf Sauftour. Ich schrieb ihm und fragte, ob ich ihm helfen könne."

Am Empfang des Hotels fuhr ein langhaariger Portier mit dem Finger eine Seite des Gästebuches entlang und sagte, ein Herr namens Fogarty habe Zimmer Nr. 1515.

„Geben Sie mir den Schlüssel", verlangte Matthew Mahan.

Der Portier glotzte erstaunt.

„Ich bin Erzbischof Mahan, und dieser Mann ist Priester. Er ist krank. Geben Sie mir den Schlüssel."

Gleich darauf eilten der Erzbischof und sein Sekretär durch den Korridor im oberen Stockwerk. Matthew Mahan klopfte an die Tür von 1515, doch dahinter blieb alles still. Er sperrte auf und trat ein. Die Warmluftheizung hatte den Raum in eine Sauna verwandelt. Die Vorhänge waren zugezogen. Matthew Mahan tastete nach dem Lichtschalter. Bill Fogarty lag ausgestreckt auf dem Bett. Ein zwei Tage alter grauer Stoppelbart bedeckte sein Gesicht. Der Erzbischof holte tief Atem und dachte an die Zeit im Seminar. Er hörte Bill Fogarty wieder seine abscheuliche Parodie auf ein irisches Marienlied singen. Aber nein, es war doch ein Duett gewesen, du und Bill, ihr habt es im Duett gesungen. Ich danke Dir Gott, daß Du mich vor einem solchen Schicksal bewahrt hast.

Was für ein prächtiger, typisch irischer, schwarzhaariger Bursche ist das gewesen, dachte Matthew Mahan traurig, während er auf das menschliche Wrack auf dem Bett niederblickte. Was bewirkte eine solche Zerstörung – solchen geistigen Verfall? Matthew Mahan wußte nur, daß es etwas mit Stolz zu tun hatte und der Art, wie Stolz langsam zu Hochmut wird und allzuoft in Verzweiflung endet. Keiner war stolzer gewesen als Bill Fogarty, stolzer, Priester zu sein, stolzer auf seine außergewöhnliche Fähigkeit, seine Zuhörer in den Griff zu bekommen, sie lachen und weinen zu machen.

Seinen Freunden und Bewunderern in Rosewoods Jahrgang 1939 war dieser Stolz recht unschuldig, ja sogar gerechtfertigt erschienen. Man hatte es durchaus verständlich gefunden, daß Bill der Liebling der ersten katholischen Familien wurde, den man dauernd zu Partys und Ausflügen an Floridas eleganteste Badestrände einlud. Und was war schon dabei, bei solchen Gelegenheiten mit einer höchst attraktiven, geschiedenen Frau zu fahren?

Leider fand Erzbischof Hogan eine ganze Menge dabei. Bill sah sich über Nacht verbannt – in eine trostlose Gegend, wo sich die Füchse gute Nacht sagten und die Katholiken nur eine furchtsame,

ärmliche Minderheit bildeten. Als Bill gegen Hogans Entscheidung aufbegehrte, wurde er öffentlich als eine Schande für die Priesterschaft angeprangert. Schließlich hatte er sich gefügt und völlig entmutigt die Arbeit in der ihm zugeteilten Pfarre angetreten. Seine geschiedene Freundin war entsetzt darüber, was sie da unbeabsichtigt angerichtet hatte, und floß über vor Mitgefühl. Die Folge: eine heimliche Romanze. Bill suchte um Laisierung an. Er wartete zwei Jahre vergeblich auf die Genehmigung, dann legte er das Priestergewand ab und heiratete die Dame.

Wie die Ehen so vieler ehemaliger Priester, war auch Bills Ehe von Anfang an zum Scheitern verurteilt. Es gelang ihm nie, seine innere Zerrissenheit – den Konflikt zwischen der Frau und seiner Priesterschaft zu überwinden. Er liebte beide. Nun würde er beide wahrscheinlich bis an sein Lebensende hassen.

Matthew Mahan schüttelte ihn sanft. „Bill. Bill."

Fogarty erwachte und starrte mit leerem Blick zu ihm auf. Tränen rollten ihm über die unrasierten Wangen. „O Jesus", sagte er. „O Jesus, Maria und Josef, was soll nur aus mir werden? Sally hat mich verlassen, Matt, einfach im Stich gelassen."

„Ich weiß, Bill."

„Matt, ich bin fertig." Fogarty schluchzte.

„Bill. Möchtest du wieder Priester sein?"

„Ziehst du – diese Möglichkeit überhaupt in Betracht?" Die Stimme klang erstickt.

„Ja, Bill. Aber zuerst mußt du auf den Damm kommen. Erst eine Entziehungskur, dann eine Weile in ein Kloster unten in Kentucky. Sobald du dich erholt hast, reden wir weiter."

„Ich verdiene es nicht, Matt." Aber das Angebot bewirkte doch, daß er die Beine über die Bettkante schwang und sich aufsetzte. „Du verschwendest dein Geld, Matt."

„Es ist mein Geld. Wenn ich Lust habe, es zu verschwenden, so ist das meine Sache."

Nein. Das ist einfach zu arrogant, dachte Dennis McLaughlin, als er sah, wie Fogarty bei diesen Worten zusammenzuckte. Erzbischof Matthew Mahan bemerkte es jedoch nicht, oder wenn er es bemerkt hatte, dann kümmerte es ihn nicht.

„Dennis, sehen Sie doch bitte nach, ob Sie was zum Anziehen für ihn finden."

Die Suche förderte nur leere Whiskyflaschen und einen Gestank im Wandschrank zutage, bei dem Dennis nach Atem rang. Besorgt

fragte er sich, ob er einen Anfall von Klaustrophobie bekommen würde, die daran schuld war, daß er in den letzten zwei Jahren oft fluchtartig einen Lift verlassen und es vermieden hatte, Flugzeuge zu benützen. Gemeinsam mit seinem Asthma konnte ein solcher Anfall ihn beinah umbringen. „Kann ich draußen warten?" fragte er. „Mir – mir ist nicht besonders gut."

Matthew Mahan bedeutete ihm mit einem kurzen, ärgerlichen Wink, er solle verschwinden. Vom Gang aus hörte Dennis ihn mit der Hotelleitung telephonieren und alles Nötige regeln. Dieser energische, sachliche Ton – die perfekte geistliche Exekutive, dachte er bitter.

Ein paar Minuten später schaute ein Hotelpage neugierig zu, wie zwei Geistliche einen Mann durch die Hintertür hinaus in die Nacht führten. Eddie wartete im Wagen. Er hatte den Motor laufen lassen, und in Sekundenschnelle befanden sie sich auf dem Weg zum St.-Peters-Hospital.

Matthew Mahan benützte sein Autotelephon, um Schwester Margaret Canavan anzurufen, die Oberin des Hospitals. Sie war wenig erbaut darüber, so knapp verständigt zu werden, versprach jedoch, ein Einzelzimmer herrichten und einen Psychotherapeuten holen zu lassen, der Bill Fogarty über die Nacht hinweghalf.

„Es wird hart sein, Bill", sagte Matthew Mahan. „Aber vertrau ihnen. Sie meinen es gut mit dir." Nach zehn Minuten beruhigendem Zureden ließen sie ihn in der Obhut einer Krankenschwester, der er seine Personalien angab, zurück.

„Es sieht aus, als hätten Sie Übung in solchen Dingen", sagte Dennis.

„Gewissermaßen. Meistens sind es Priester von überdurchschnittlicher Begabung, die dem Alkohol verfallen." Er seufzte und zündete sich eine Zigarette an. „Sie können sich nicht vorstellen, was für ein phantastischer Priester Bill einmal war. Er hatte diese Art heilige Macht über die Menschen. Ich besaß diese Gabe nie. Mich hat es immer viel Schweiß gekostet, etwas zu erreichen."

„Ich bin erstaunt, daß gerade Sie das sagen."

„Warum?"

„Weil Sie anscheinend so – mühelos mit den Leuten umgehen."

„Ah", sagte Matthew Mahan, erfreut über das Kompliment, „das ist reine Routine. Und dieser Bischofsring", fügte er hinzu.

„Was war eigentlich mit der Frau, die Fogarty geheiratet hat?"

„Die alte Geschichte. Ihr Mann trank, sie erlitt einen Nerven-

zusammenbruch. Sie trennten sich, und wir sagen, sie darf nicht wieder heiraten. Resultat: Wir haben eine Tragödie hervorgerufen, die höchstwahrscheinlich noch ein halbes Dutzend Opfer fordern wird, bevor sie vorbei ist. Es kostet ungeheure Anstrengung, diese Frauen in der Kirche zu halten, ohne daß sie sich selbst zerstören – und andere. Ich weiß das aus Erfahrung." Als er das sagte, flogen seine Gedanken wieder zu jener Penthauswohnung in Rom. Er stand dort am Fenster und blickte zum Petersdom hinüber. Dann wandte er sich zu einer herzzerreißend schönen Frau um und fragte: „Alles in Ordnung, Mary?"

„Tun denn die Pfarrer nichts für diese Frauen?" fragte Dennis.

„Die Pfarrer?" Matthew Mahan zwang sich, wieder in die Wirklichkeit zurückzukehren. „Die meisten haben eine Todesangst vor geschiedenen Frauen. Sie fürchten, auf den gleichen Weg wie Fogarty zu geraten."

„Was halten Sie von der ‚Scheidung mit gutem Gewissen', wie sie die Bischöfe in Louisiana und Oregon propagieren?"

„Man sollte sie aus gutem Grund sehr skeptisch betrachten. Wenn man den Leuten erzählt, sie müßten nur selbst davon überzeugt sein, daß der Bruch unvermeidbar war, um die Sakramente wieder empfangen zu dürfen, beschwört man einen Alptraum für jeden Kirchenrechtler herauf."

„Vielleicht wäre es besser, wenn wir alle den gleichen Weg wie Fogarty einschlagen würden", sagte Dennis und fügte hastig hinzu: „Ich meine, heiraten."

„Manchmal habe ich das Gefühl, an etwas anderes können Burschen in Ihrem Alter nicht denken."

„Es ist ziemlich schwer, nicht daran zu denken."

„Ich weiß, ich weiß. Es hat Nächte gegeben . . ."

Und Tage, Tage unter knospenden Zweigen. Sonnenlicht auf schimmerndem, schwarzem Haar. Grüne Augen, die offen seinem forschenden Blick begegneten. Und das Gesicht, das zu vollkommen war, um auch nur einen Hauch von Trauer darauf ertragen zu können. *Alles in Ordnung, Mary?*

Dennis grübelte über die Unmöglichkeit nach, mit Priestern über vierzig den Zölibat zu diskutieren. Da saß Seine Exzellenz und erstickte förmlich vor Verlegenheit, weil er zugegeben hatte, daß er zu seiner Zeit frustriert gewesen war. Die bischöfliche Würde war kompromittiert worden. Schnell das Thema wechseln. „Kümmern Sie sich immer persönlich um – trinkende Priester?"

„Ich versuche es, aus verschiedenen Gründen", erwiderte Matthew Mahan. „Mein Bruder war Alkoholiker. Ich wollte ihm helfen, habe es aber total verpfuscht. Und es ist eine der wenigen Gelegenheiten, wo ich wirklich seelsorgerisch tätig sein kann. Wie wir beim Zweiten Vatikanischen Konzil festhielten – es gehört zu den Aufgaben eines Bischofs, seinen Priestern ein Vater zu sein. Das klingt wunderbar, aber Priester sind erwachsene Männer. Die meisten wollen keinen Vater..."

Dennis nickte. „Wie die Laien – sie wollen keine Hirten mehr. Sie sind keine Schafe."

Was diese Bemerkung in sich barg, ließ Matthew Mahan zusammenfahren. „Die Menschen brauchen nach wie vor Fürsorge, Hilfe. Ich bin nicht so ohne weiteres gewillt, diese Vorstellung aufzugeben."

„Die meisten in meinem Alter haben sie aufgegeben."

Die kalte Arroganz störte Matthew Mahan zutiefst. Aber zum erstenmal fand er einen Anhaltspunkt dafür, was ihm an Dennis' Generation solches Unbehagen bereitete. Aus ihrer Verachtung für Menschen *seiner* Generation, die Schwächen duldete, erwuchs schließlich Verachtung für die ganze Idee der Toleranz. „Ich frage mich, ob Sie in zwanzig Jahren noch die gleiche Meinung vertreten werden", sagte er.

„Wer weiß, wo ich in zwanzig Jahren bin."

Wieder war der Ton eisig. Matthew Mahan schwankte zwischen Ärger und Niedergeschlagenheit. Die vergangenen zwei Tage zogen in unzusammenhängenden Bildern an ihm vorbei – die verbindliche Höflichkeit des Apostolischen Nuntius, der gewandt seine leidenschaftliche Bitte um Hilfe mit leeren Versprechungen zurückwies; Monsignore Paul O'Reillys kalter Haß; die reinen Gesichter der Firmlinge; Bill Fogartys entstelltes Antlitz und nun diese verstockte Ablehnung durch den dreißigjährigen Dennis McLaughlin.

Die Beherrschung zu verlieren würde die Kluft nur vergrößern, sagte sich Matthew Mahan mit einem gewissen Bedauern. Er verdrängte seinen Ärger und gab einer matten, dumpfen Schwermut nach. Ob es ihm jemals gelingen würde, diesem ständigen Gefühl der Verwirrung und des Versagens zu entrinnen? Es schien die Grundfesten seines Glaubens zu erschüttern und allen Anstrengungen und jedem Gebet zu trotzen.

„Das Gefährliche an dieser Einstellung, Dennis", sagte er, „ist, daß Ihnen die Menschen eines Tages vielleicht vollkommen gleichgültig sein werden. Wie diesem jungen Priester in Pittsburgh – Ross,

oder wie er heißt –, der kürzlich erklärte, der wahre Grund, warum es so wenige Priester gibt, seien die Laien. Sie seien es nicht wert, sich mit ihnen abzugeben. Das hat er tatsächlich gesagt."

„Ja", bestätigte Dennis.

Die Antwort hätte nicht desinteressierter sein können.

Der Wagen hielt. Matthew Mahan blickte auf die Kathedrale im hellen Glanz des Flutlichts, ein Luxus, der jedes Jahr das Gehalt eines Volksschullehrers verschlang. Das Werk seines Vorgängers, das riesige weiße Gebäude im neuromanischen Stil, war einzigartig – einzigartig kostspielig. Das Sandstrahlen, um zu verhindern, daß die verschmutzte Stadtluft die Kalksteinfassade grau färbte, machte so viel aus wie die Gehälter von fünf Volksschullehrern. Erzbischof Hogan hatte auch das steinerne Doppelgebäude, stilecht mit Türmchen und Brüstung, errichten lassen, in dem sich die Residenz des Erzbischofs und die Amtsräume des Ordinariats befanden. Belustigt erinnerte sich Matthew Mahan, daß der Pfarrer, bei dem er seinen ersten Kaplansposten antrat, die Kathedrale den weißen Elefanten zu nennen pflegte und den Amtssitz des Bischofs die Wucherburg. Welche Spitznamen waren wohl heute in Mode?

In der Eingangshalle der Residenz kam ihnen die Haushälterin, Mrs. Norton, entgegen, die seit zwei Stunden das Abendessen für sie warm hielt. An der langen Tafel aß Matthew Mahan hastig ein einziges Stück von dem übergaren Braten. Sein Magen vertrug nicht mehr. Dennis McLaughlin aß schweigend wie immer. Der Erzbischof griff zum beliebtesten Rettungsanker, um eine Konversation in Schwung zu bringen, und fragte Dennis, welchen Sport er am College am liebsten betrieben habe. Laufen. Auf der Bahn und im Gelände. Es lag auf der Hand. Der drahtige, beinah skeletthafte Körperbau.

„Woran denken Sie beim Laufen?"

„An nichts. Das gefällt mir ja so daran."

Ein weiteres Rätsel. Matthew Mahan wünschte gute Nacht und stieg müde die Treppe zu seinem Schlafzimmer hinauf. Er hatte kaum den Rock ausgezogen, als das rote Licht an seinem Telephon aufleuchtete. Er hob ab.

„Exzellenz?" Es war der Nuntius in Washington. „Ich rufe Sie wegen einer Nachricht an, die ich vor einer knappen Stunde aus Rom erhielt. Ich möchte nicht, daß Sie glauben, ich hätte Ihnen wegen der heiklen Natur unseres gestrigen Gesprächs eine solche Freudenbotschaft vorenthalten."

„Keine Sorge. Ich verstehe Ihre Lage."

„Ja, aber jetzt darf ich Ihnen sagen, was Sie morgen offiziell durch ein Telegramm erfahren werden: Der Heilige Vater hat beschlossen, Ihren Namen denen der Ehrwürdigen Väter des Kardinalskollegiums hinzuzufügen. Meinen aufrichtigen Glückwunsch."

„Sind Sie sicher?" fragte Matthew Mahan benommen.

„Ein Irrtum ist ausgeschlossen. Es gibt noch vier andere – die Erzbischöfe Cooke, Dearden, Carberry und Bischof Wright. Darf ich, was die ersten drei betrifft, bemerken, daß diese Ehre vielleicht auf einem Privileg ihres Bistums beruht, während bei Ihnen – ich glaube nicht, daß Ihr Bistum je einen Kardinal hatte. Daher ist es ein außergewöhnliches Zeichen der Zuneigung, die Ihnen der Heilige Vater entgegenbringt."

„Ich – ich kann es kaum glauben. Ich meine, ich kann kaum glauben – ich kann nicht glauben, daß ich dessen würdig bin."

„Natürlich, natürlich", sagte die Stimme mit dem unverkennbar italienischen Akzent. „Um auf das Problem zurückzukommen, über das wir gestern sprachen, so können Sie sicher sein, daß ich mein Möglichstes tun werde, um Ihre Ansichten den geeigneten Personen in Rom vorzutragen.

Kardinal Antoniutti, einer meiner liebsten Freunde, ist jetzt Präfekt der Religiosenkongregation. Ich verstehe nicht, warum mir das nicht eher eingefallen ist."

Als Matthew Mahan sich vom Nuntius verabschiedet hatte, fiel sein Blick zufällig auf sein Bild im Spiegel über der Kommode. Dieser alte Griesgram mit dem kantigen Boxerkinn, über dem der dunkle Bartschatten lag, dieser dickwanstige Fünfundfünfziger, der sich, während er die Treppe heraufgestiegen war, gefragt hatte, ob er ein wandelnder Irrtum sei – das sollte ein Kardinal sein? Ein Kirchenfürst?

Matthew Mahan sank auf die Knie und schaute zum Kruzifix auf: Du bist nicht würdig, sagte er sich. Es gibt keinen Vergleich zwischen deinen Zweifeln und Schwierigkeiten und Enttäuschungen und dieser Leidensgestalt, die die unendliche Last der Schmerzen der ganzen Welt auf sich genommen hat.

Worte aus der Messe kamen ihm über die Lippen, Worte, die immer zutiefst bedeutungsvoll für ihn waren, obwohl er nie ganz verstand, warum: „O Herr, ich bin nicht würdig, daß Du eingehst unter mein Dach, aber sprich nur ein Wort, und meine Seele wird gesund."

In seinem Zimmer oben im dritten Stock schrieb Dennis Mc-Laughlin nach Rom.

Lieber Gog,

ich freue mich, daß Dein Entschluß, meine Seele zu retten, nicht mit dem Großteil Deiner Gottesgelehrtheit in der Versenkung verschwunden ist. Aber vielleicht ist es schon zu spät. Statt von einem flotten Nönnchen konfisziert zu werden, hat mich ein Erzbischof geschnappt, und zwar insofern, als ich vor vierzehn Tagen Sekretär von Erzbischof Matthew Mahan geworden bin. Ja, ich, der Verächter jeglicher Autorität, wurde in die höchsten Gremien des Establishments katapultiert. Schon in wenigen Monden werde ich genau wissen, wo ich mein intellektuelles Dynamit anbringen muß, um uns den ganzen Machtkomplex um die Ohren fliegen zu lassen.

Soviel zur Rhetorik. Nun zur Realität. Ich bin so müde, daß ich nach neun Uhr abends kaum noch die Augen offenhalten kann. Für diesen Mann zu arbeiten ist ungefähr so, als wollte man einen Wettlauf mit einem Expreßzug versuchen.

1. Ich verfasse die Reden Seiner Exzellenz. 2. Ich filze Zeitungen und Magazine nach Artikeln durch, um ihn in bezug auf Theologie, moderne Moral, Studentenverhalten, ökumenischen Dialog und zeitgenössische Politik auf dem laufenden zu halten; 3. erledige ich seine gesamte Korrespondenz – vom Manager unseres ruhmlosen Baseballteams bis zum päpstlichen Nuntius; 4. begleite ich ihn auf Schritt und Tritt, um Protokoll darüber zu führen, was gesagt und entschieden wird. Er hat nämlich panische Angst davor, falsch zitiert zu werden; 5. schlage ich mich mit den Pressegeiern herum, die dauernd versuchen, ihn dazu zu bringen, irgend etwas für oder gegen Empfängnisverhütung, Abtreibung, Scheidung, den Krieg, das Ausscheiden aus dem Priesteramt, Präsident Nixon oder Papst Paul zu sagen.

Klingt beunruhigend: Das Niederschmetterndste kommt erst, alter Freund. *Es scheint mir zu gefallen.* Was das über meinen Charakter respektive den Mangel eines solchen enthüllt, kannst Du Dir vorstellen, nachdem Du Deine Jugend damit verbracht hast, andächtig meiner Selbstanalyse zu lauschen. Was ich über Seine Exzellenz denke? Keine Ahnung. Manches von dem, was er tut und sagt, schockiert mich, anderes verwirrt mich wieder, und ein paar Dinge finde ich seltsam rührend. Aber eines kann ich ihm nicht verzeihen: sein kolossales Selbstbewußtsein. Er zeigt nie auch nur die leiseste Spur von Unsicherheit, während er reibungslos von einer Situation in die andere gleitet, und das stets guter Laune und mit einer Fülle von Sentenzen.

Mittlerweile hat es in der Stadt vor den Toren der bischöflichen Residenz zu gären begonnen, und unsere einst so lammfrommen

Katholiken sind ein ebenso hochexplosiver Gefahrenherd geworden wie die übrige Bevölkerung. Die Schwarzen drohen uns mit einem heißen Sommer. Die Studenten sind erbost über den Krieg, und Papa Paolos Entscheidung in bezug auf die Geburtenkontrolle hat drei Viertel aller Frauen in Aufruhr gebracht. Ich bezweifle, ob es einen Priester unseres Alters gibt, der *Il Papas* Logik folgen oder seine Beschlüsse akzeptieren kann. Falls Seine Exzellenz auf stur schaltet und Konformität mit der Humanae Vitae bei der Beichte anordnet, dürften uns viele Suspendierungen ins Haus stehen.

Ich will versuchen, Dir Seine Exz. zu beschreiben. Er ist ungefähr 1,86 groß, bullig, mit langen Armen und großen Händen. Er hat ein interessantes Gesicht – kantiges Kinn, hohe Backenknochen, überaus ausdrucksvoller Mund, der sich leicht zu einem typisch irischen Lächeln verzieht und im nächsten Moment eine harte, strenge Linie bildet. Nur bei der Nase haben die italienischen Vorfahren seiner Mutter ihren Beitrag geleistet – kein Ire trug jemals ein solches Prachtexemplar im Gesicht. Sie muß direkt von irgendeinem altrömischen Senator stammen, der so arrogant über das Forum schritt wie Cäsar.

Ich bin fasziniert davon, wie Seine Exz. es versteht, anscheinend ohne Druck Autorität auszuüben. Ich hatte mir den Gebrauch von Macht bisher immer ebenso ungeschminkt wie grausam vorgestellt. Aber wenn ich ihn in Aktion sehe, erkenne ich, wie wunderbar er die erste Garnitur auf diesem Gebiet beherrscht, Grausamkeit zu bemänteln und den nach unten gekehrten Daumen zu tarnen.

Ich glaube, selbst wenn er wütend wird, ist es teilweise Berechnung. Der große Kopf senkt sich, und die Augen beginnen zu rollen wie bei einem angriffslustigen Stier. Eine meiner niedrigeren Pflichten besteht darin, dafür zu sorgen, daß die sechs Füllfedern auf seinem Schreibtisch stets voll sind. Nichts macht ihn so rasend wie eine leere Füllfeder. Er ist auch sauer, wenn ich vergesse, ihm etwas auszurichten oder einen Termin zu streichen beziehungsweise zu ändern. Die meiste Zeit über bemüht er sich jedoch, höflich zu mir zu sein. Er hat gemerkt, daß er auf der falschen Seite der Kluft zwischen den Generationen steht und benützt mich sozusagen als Versuchskaninchen. Du kannst Dir vorstellen, wie kooperativ ich bin. Trotz all seiner Bemühungen, republikanisch zu sein, hat er etwas unvermeidlich Monarchistisches an sich.

Die bischöfliche Residenz ist von außen nichts als eine pseudo-mittelalterliche Mischkulanz. Aber innen würde Dir als Kunstkenner das Wasser im Mund zusammenrinnen. Sogar ich bin wider Willen beeindruckt. Hogan, der frühere Erzbischof, hatte anscheinend kostspielige Neigungen.

Fangen wir mit der Kapelle an. Sie ist in einem kleinen Flügel untergebracht, der das Wohnhaus mit dem Ordinariat verbindet. Sie

ist ein barockes Juwel, in toto aus einem französischen Schloß importiert.

Wenden wir uns nun den Privatgemächern des Erzbischofs zu. Solche Schätze hast Du noch nie gesehen: Sèvresporzellan, Beauvaiswandteppiche, Gemälde von Zurbarán, Coreggio, Pisanello, alle ein Vermögen wert. Seine Exz. schläft in einem Chippendalehimmelbett. In seinem Büro, in das er von seinem Schlafzimmer aus gelangt, sitzt er an einem hinreißenden Louis-seize-Tisch. Links und rechts von der Tür stehen zwei spanische Mahagoniklappulte aus dem siebzehnten Jahrhundert. Sie sind mit Samt ausgeschlagen, und Seine Exz. benützt sie, um seine Muschel- und Schneckenhaussammlung, offenbar eine der besten weit und breit, darin aufzubewahren und teilweise auch zur Schau zu stellen. Davon abgesehen ist alles andere, was er der Innenausstattung dieser beiden prachtvollen Räume hinzugefügt hat, indiskutabel. Hinter dem bezaubernden Tisch hat er einen großen ledernen Drehstuhl geknallt und die Wände mit Bildern und Plaketten von der Art behängt, wie lokale Politiker sie zusammentragen. Und neben dem schönen Bett steht ein Fernsehstuhl. Aber Seine Exz. scheint von dem teuren Zeug überhaupt nichts zu sehen. Bis jetzt hat er weder ein Möbelstück noch ein Bild eines Kommentars gewürdigt. Ich bin zufällig in den Akten auf ein Verzeichnis mit Angaben über die einzelnen Gegenstände sowie die Versicherungssumme gestoßen. Der Laden ist Millionen wert, wenn er in Rauch aufgeht.

Nicht schlecht für den Sohn eines irischen Kneipenwirts, oder was er sonst war. Die Frage ist nur, wie lange kann er noch behaglich inmitten all dieser Herrlichkeiten hocken bleiben, während die Erzdiözese rund um ihn gärt? Inwiefern gärt? Nun, nehmen wir mal die Herz-Jesu-Schwestern, die das St.-Monica-College und ein paar Mittelschulen führen. Diesen Mädchen ist wirklich der Kragen geplatzt. Sie haben unsere Pfarrschulen für Weiße sausen lassen und die Hälfte ihrer Nonnen in die Slums geschickt. Der Erzbischof hat sich darüber so aufgeregt, daß er sich gestern höchstpersönlich nach Washington begab, um zu sehen, was für einen Hokuspokus er gemeinsam mit dem Nuntius aushecken kann. Die Nonnen unterstehen nicht der Jurisdiktion der Diözese, was es schwierig macht, sie unter Kontrolle zu halten. Der Art nach zu schließen, wie er sich benimmt, seit er aus dem Flugzeug gestiegen ist, hat der Nuntius ihm nicht viel Hilfe angedeihen lassen.

Gleichzeitig versucht er ein Feuer einzudämmen, das in der Brust eines gewissen Pfarrer Vincent Disalvo glüht, der versucht, die Studenten und die Schwarzen in seiner Pfarre in der Innenstadt zu verbünden, um das Rassenschranke sowohl in der Stadt selbst als auch in dem total weißen Nirwana, das man allgemein Villenvorstadt nennt, niederzureißen. Die große Sorge Seiner Exz. ist, daß Disalvo etliche der finanzkräftigen Gönner der Diözese vergrämen

wird. Angenommen, er treibt nicht genug Geld auf, um die Schulen offenzuhalten? Wäre es nicht schrecklich, wenn das Pfarrschulsystem zerfiele und die Katholiken sich den Vereinigten Staaten von Amerika anschließen müßten? Mahan ist so etwas wie eine symbolische Figur in dieser ganzen Angelegenheit der Konfessionsschulen. Er hat praktisch allein die -zig Millionen Dollar organisiert, mit denen eine Menge Schulen gebaut wurden, die nun pleite gehen. Ich glaube, er ist auch für die Schwarzen irgendwie symbolisch. Während der fünfziger Jahre war er hier in der Stadt ihr größter Fürsprecher. Nun fangen sie an, ihm die gleichen Kopfschmerzen zu bereiten, wie allen anderen. Wenn ich auch nur einen Funken menschlichen Mitgefühls in meiner Krämerseele hätte, würde er mir leid tun. Aber wir

Hier mußte ich aufhören, um einem Ruf aus den unteren Regionen zu folgen. Der Erzbischof erwartete mich im Kreise seiner Lieben, die ihn gerade mit einem Glas in der Hand hochleben ließen. Es war alles versammelt: der hochwürdigste Monsignore Terence Malone, unser eiserner Kanzler, Monsignore George Petrie, unser weltgewandter pseudoliberaler Generalvikar, plus verschiedene andere Ordinariatsbonzen. Sogar unsere Haushälterin, Mrs. Norton, hat gesüffelt. Der Grund für dieses Gelage: Unser erlauchter Herr und Meister hat einen roten Hut gekriegt. Er stand da und verströmte mit glückstrahlendem Gesicht seine ganze uramerikanische Vitalität. Hiermit beauftrage ich Dich als meinen Agenten in der Kaiserstadt herauszufinden, warum und wie dies geschah.

Es war eine schrecklich reizende kleine Party, und ich war geschmeichelt, bei dem großen Ereignis dabeisein zu dürfen. Siehst Du, wie ich der Lockung von Macht und Einfluß erliege? Du wirst mich wohl wieder einmal auf den Weg der Gerechtigkeit führen müssen. Ich weiß nicht, ob ich zum Konsistorium nach Rom komme oder hier zum Telephondienst abkommandiert werde. Aber ich würde sagen, die Chancen für ein Wiedersehen auf der alten Via Aurelia stehen gar nicht so schlecht.   Wie immer, Dein Mag

IV

MATTHEW MAHAN erwachte, als die Glocke der Kathedrale melodiös fünf Uhr schlug. Er seufzte und versuchte, wieder einzuschlafen. Unmöglich. Worte und Bilder wirbelten ihm durch den Kopf. Seine Eminenz. Ein Kirchenfürst. Nicht mehr einer von zweitausendfünfhundert Bischöfen, sondern einer von etwa hundertunddreißig auserwählten Kardinälen. Warum er, der gegen den vatikanischen Strom schwamm? Was wollte man von ihm?

Dann setzte langsam der Schmerz ein und steigerte sich unbarmherzig, bis es ihm wie mit Messern durch den Magen und den ganzen Körper schnitt. War es Krebs? Matthew Mahan dachte an seinen Vater, wie er im Krankenhaus sich mit zusammengebissenen Zähnen, die Kinnmuskeln verkrampft, bemüht hatte, unter den brutalen Scheren, die in ihm wühlten, nicht laut aufzuschreien. Bei Krebs gab es keine so heftigen und dann wieder abklingenden Anfälle. Oder doch? Von medizinischen Dingen verstand er herzlich wenig. Bald war der Schmerz etwas, was eigentlich gar nicht zu seinem Körper gehörte, etwas Fremdes mit eigenem Leben, ein kleines grausames Tier. Gegen sechs, als sein Wecker läutete, war die Pein fast unerträglich. Aber irgendwie gelang es ihm, sich zu rasieren, anzukleiden und hinunter in die Kapelle zu gehen. Er nickte Dennis McLaughlin zu, der eben seine Morgenandacht beendete, und kniete vor dem Altar nieder. Eindringlich blickte er zu dem leidenden Gekreuzigten auf. Barocke Ekstase, Qual und Schönheit in vollendeter Harmonie.

Dennis half ihm, die Gewänder anzulegen, und las dann die Messe für ihn. Hostie und Wein, die in Christi Fleisch und Blut verwandelt wurden, schienen eine lindernde Wirkung zu haben. Das Frühstück erwies sich als noch hilfreicher, und als er damit fertig war, hatten sich auch die Schmerzen gelegt. Beim Kaffee knüpfte er ein unergiebiges Gespräch mit Dennis an und sagte dann brüsk: „Sie sollten Monsignore Cohane lieber persönlich in der Redaktion anrufen und ihm die Neuigkeit mitteilen. Er soll eine Pressekonferenz organisieren. Und sehen Sie nach, wie viele Ausgaben meiner Standardbiographie wir noch haben. Ein paar Dutzend Photos brauchen wir auch."

Dennis nickte und erinnerte ihn: „Man erwartet uns um zehn Uhr fünfundvierzig in St. Monica."

„Ich weiß", sagte der designierte Kardinal und zog sich in sein Zimmer zurück, um auf dem Fernsehstuhl ausgestreckt sein Brevier zu lesen. Nachdem er mit der Hälfte seines täglichen Pensums fertig war, stand er auf und ging in sein Arbeitszimmer hinüber. Auf dem Schreibtisch standen drei Photographien in schmalen Goldrahmen. Die rechte zeigte seinen Vater am Strand. Ein fast unmerkliches Lächeln lag auf dem energischen, gutgeschnittenen Gesicht. In der Mitte stand ein Bild seiner Mutter in viel jüngeren Jahren, aufgenommen in einem Park. Eine hübsche, lächelnde junge Frau, der dichtes dunkles Haar bis auf die Schultern fiel. Links war ein mittlerweile vier Jahre altes Porträt seines Bruders Charlie mitsamt Frau

und sieben Kindern. Sie sahen alle so unwahrscheinlich glücklich aus, als wären sie eben zur Katholischen Familie des Jahres gewählt worden.

An den Wänden des Büros hingen noch viele andere Bilder, die fast ausschließlich an sportliche Ereignisse erinnerten.

Über der Tür hing das Wappen des Erzbischofs. Auf der rechten Seite eines grünen Schildes stand, hoch aufgerichtet, ein goldener Greif mit einer goldenen Hellebarde, Symbol des Märtyrertums des heiligen Matthäus. Links befand sich das Wappen der Erzdiözese, ein Lamm, das vor einem Kirchturm weidete. Darunter stand Matthew Mahans Wahlspruch, *Dominus in corde* – möge der Herr in meinem Herzen sein. Über dem Schild hing ein Malteserkreuz und darüber ein grüner, breitkrempiger Bischofshut.

Inzwischen war es acht Uhr geworden. Matthew Mahan verbrachte die nächste Stunde damit, die von den Ausschüssen der Nationalen Bischofskonferenz vorgelegten Berichte zu lesen. Davon war jener, der sich mit dem Finanzgebaren der Diözesen befaßte, der wichtigste, zugleich aber auch der unklarste. Jedes Dekanat der einzelnen Diözesen schien ein anderes Buchführungssystem zu verwenden, um festzuhalten, wohin seine Gelder flossen, und was dabei herauskam, war ein Durcheinander, das einen kaufmännisch Gebildeten zur Raserei trieb. Zum Glück hatte er einen Kanzler wie Terence Malone, den man allgemein für ein Finanzgenie hielt.

Malone war einer der wenigen Ordinariatsbeamten, die er aus Hogans Regime übernommen hatte, und seine konservative Politik schuf Probleme. Das Bauamt, das ganz unter seinem Einfluß stand, empfahl die Errichtung von drei neuen Kirchen und Schulen in den sich rasch ausbreitenden Außenbezirken der Stadt. Heftige Proteste der nationalen Laienkongregation, daß die Erzdiözese die Bedürfnisse der immer mehr verfallenden inneren Stadt nicht beachte, wurden von Kanzler Malone ignoriert.

„Eminenz", sagte Dennis von der Schwelle aus, „der Wagen wartet. Monsignore Cohane möchte wissen, ob es Ihnen recht ist, wenn er die Pressekonferenz für zwei Uhr ansetzt."

„Ausgezeichnet", antwortet Matthew Mahan. „Holen Sie Ihren Hut und Mantel. Sie kommen mit und nehmen zu Protokoll, was in St. Monica tatsächlich gesagt wird. Manchmal hören die Nonnen nur, was sie hören wollen."

Der Samstagvormittagverkehr am Kennedy Parkway war nicht besonders arg. Ganz unvermittelt setzte der Schmerz in Matthew Mahans

Magen wieder ein, doch er bemühte sich, nicht darauf zu achten. Er griff nach dem Telephonhörer neben sich und nannte der Vermittlung eine Nummer. Sekunden später krächzte Mike Furias rauhe Stimme: „Padre. Wie geht's?"

„Gut. Hör mal, Mike, ich rufe vom Auto aus an. Ich will dich lieber selbst informieren, ehe du es via Bildschirm erfährst."

„Was ist los? Hat Pfarrer Disalvo sich entschlossen, die Liturgie zu verbessern, indem er nackt die Messe liest?"

Matthew Mahan lachte. „Nein. Irgend jemand in Rom hat den Verstand verloren. Sie ernennen mich zum Kardinal."

„Na, da soll mich doch gleich", röhrte Furia, daß Matthew Mahan fast das Trommelfell platzte. „Als ich damals den deutschen Panzer sechs Meter vor deinem Schützenloch geknackt hab, hätt ich mir nicht träumen lassen, daß ich einem Kirchenfürsten das Leben rette. Ist das so 'ne Sache, wo du nach Rom fahren und dich *Il Papa* vor die Füße werfen mußt?"

„So ungefähr."

„Ah, da werden wir eine Maschine chartern und dich begleiten. Den Platz verkaufen wir für tausend Dollar."

„Mike – gehst du nicht ein bißchen zu scharf ins Zeug –"

„Wenn es so läuft, wie ich glaube, brauchen wir zwei Maschinen. Es ist Zeit, daß man endlich vom besten Erzbischof in diesem Land Notiz nimmt."

Matthew legte auf und warf einen etwas unbehaglichen Blick auf Dennis. Warum, fragte er sich gereizt, machte er sich eigentlich Sorgen darüber, was Dennis von Furias Plan halten würde? Eine Reisegesellschaft, die einen neuen Kardinal nach Europa begleitete, war nichts Ungewöhnliches. Der Nachwuchs hatte einfach die Tatsache zu akzeptieren, daß in der modernen Kirche Geld und das Sakrale – so er da kein zu hochtrabendes Wort für seine Beförderung gebrauchte – untrennbar miteinander verbunden waren.

„Mike will eine Maschine chartern und eine Jubelclique für unsere Europareise organisieren. Er behauptet, er kann tausend Dollar pro Platz bekommen." Sein Blick ruhte auf dem dunkelroten Haar, das widerspenstig unter Dennis' rundem Kragen verschwand. „Mike ist großartig, aber ein wenig zu enthusiastisch. Ich muß ihn immer bremsen. Er hat Schwierigkeiten mit seinem Sohn Tony. Mike und seine Frau leben getrennt, worin wahrscheinlich die Wurzel des Übels liegt. Tony hat sein Studium aufgegeben, und Mike hat ihn in einer Kommune aufgestöbert." Matthew Mahan spielte mit seinem

Bischofsring. „Nun", sagte er, „Sie sind jetzt zwei Wochen bei mir. Wie gefällt Ihnen die Arbeit?"

„Wesentlich besser, als ich erwartet hab", sagte Dennis mit einem etwas gezwungenen Lächeln.

„Gut. Ich dachte, es wäre Ihnen angenehm zu wissen, daß ich zufrieden bin."

McLaughlins Miene verriet kein Zeichen der Freude oder Zuneigung.

Er fuhr sich mit den Fingern durch sein strubbeliges Haar und nickte. „Fein. Das – das beruhigt mich."

„Na also", sagte Matthew Mahan. „Wen wollte ich sonst noch anrufen?"

Dennis zog eine Liste zu Rate. „Ihre Schwägerin, Bischof Cronin im Seminar, den Bürgermeister, den Vorsitzenden des Stadtrates."

„Die beiden letzten übernehmen Sie", sagte Matthew Mahan, indem er bereits wieder nach dem Hörer griff.

Eine mürrische Stimme meldete sich. „Rosewood?" Es mußte Mary Malones fünfzigstes Jahr in der Telephonzentrale des Seminars sein.

„Hier ist Erzbischof Mahan, Mary. Geben Sie mir doch bitte Bischof Cronin. Wenn er in seinem Zimmer nicht zu erreichen ist, seien Sie so gut, und versuchen Sie es in der Bibliothek."

Er hörte Dennis am zweiten Apparat sprechen: „Ja, Euer Ehren. Seine Eminenz dachte – nein –, er dachte nur, eine Erklärung ..."

„Hier Cronin", schnarrte eine heisere Stimme.

„Mahan. Ich dachte, Sie würden vielleicht gern eine interessante Nachricht erfahren, die mir der Apostolische Nuntius eben mitgeteilt hat."

„Na, was soll das wohl sein?" fragte Weihbischof Cronin im breitesten irischen Dialekt. „Bringt er gar seine Schwester und ihre zwanzig Bengel herüber und verlangt, du sollst der ganzen Bande Arbeit in der Stadt verschaffen?"

„Nein, nichts dergleichen." Matthew Mahan sah flüchtig sein eigenes lächelndes Gesicht im Rückspiegel. „Von jetzt an trage ich einen neuen Titel, doch ich werde Ihnen nicht erlauben, mich damit anzureden."

„*Eminenz?* Bei Gott, das ist die beste Nachricht, die ich seit dem Zweiten Vatikanischen Konzil gehört habe."

„Es wäre mir eine große Freude, wenn Sie mich nach Rom zum Konsistorium begleiten würden."

„Unmöglich, Matthew. Abgesehen von der Tatsache, daß ein Mann von einundachtzig keine Zeit zu vergeuden hat, glaube ich diesem Großmarkt der Eitelkeit nicht gewachsen zu sein."

„Unsinn. Zwingen Sie mich nicht, den Vorgesetzten herauszukehren."

„Untersteh dich", sagte Cronin, der sich das Lachen nicht mehr verbeißen konnte. „Jedenfalls ist das eine wunderbare Nachricht, Junge. Ich schließe dich immer in meine Gebete mit ein. Das zeigt, welche Protektion ich an allerhöchster Stelle genieße."

„Lassen Sie bitte um meinetwillen die Verbindung nicht abreißen."

„Keine Sorge. Also dann – Gott sei mit dir."

Matthew Mahan legte den Hörer auf die Gabel zurück und begann an ihr Ziel, das College von St. Monica zu denken. „Ich versuche, bei dieser Angelegenheit meinen guten Willen zu beweisen", sagte er zu Dennis McLaughlin. „Aber wenn ich heute nicht mehr erreiche als bei meiner letzten Unterredung mit Schwester Agnes Marie – Ehrlich gestanden", fügte er mit einem plötzlichen Grinsen hinzu, „die gute Agnes ist mir noch immer nicht ganz geheuer. Ich habe ein Jahr lang in der Schule neben ihr gesessen, und dabei hat sie mir einen unheilbaren Minderwertigkeitskomplex eingeimpft."

EDDIE lenkte den Wagen zwischen den Flügeln eines eisernen Tores hindurch. Eine auf dem Torbogen befestigte Tafel trug die Aufschrift:

COLLEGE ST. MONICA
GEGRÜNDET 1910
FRAUEN VOM HEILIGSTEN HERZEN JESU

Eine gewundene Auffahrt führte etwa eine halbe Meile durch lichtes Gehölz bis zu einer weiten Rasenfläche. Das sechsstöckige Hauptgebäude von Sacré Cœur erinnerte mit seinen drei eigenartigen Kuppeln ein wenig an ein Zuckerbäckerschloß.

Als Eddie den Cadillac sanft ausrollen ließ, begann die Glocke in der Kapelle heftig zu läuten. Sofort stürzte eine Schar junger Frauen aus dem Haus und drängte sich um den Wagen. Viele trugen Hemdchen und Blue jeans. Etliche hatten Miniröcke an, die Dennis McLaughlin ein wohlgefälliges „Wau!" entlockten. Nun strömte eine weitere Schar aus dem Portal des Hauptgebäudes, angeführt von der rundlichen, mildgesichtigen Schwester Agnes Marie. Die meisten – Schwester Agnes Marie eingeschlossen – trugen Schneiderkostüme.

Matthew Mahan war perplex. „Was zum Kuckuck –"

„Vielleicht wollen sie uns bei lebendigem Leib verbrennen", sagte Dennis.

Der Schmerz grub sich wie eine gierige Klaue in Matthew Mahans Magen. Indem er sich mit seiner ganzen Willenskraft zur Ruhe zwang, sagte er: „Vermutlich hat man es in den Elfuhrnachrichten gebracht." Er stieg aus und rang sich dabei sogar ein Lächeln ab.

Schwester Agnes Marie hob die Hand, und fünfhundert Frauenstimmen riefen im Chor: „Wir gratulieren, Eure Eminenz!"

„Aber ich bitte Sie", wehrte er ab. „Sie dürfen mich nicht so nennen, ehe ich vor dem Heiligen Vater niedergekniet bin."

„Wir sind der Kirche gern ein paar Schritte voraus", erwiderte Schwester Agnes Marie. „Wollen Sie jetzt so gütig sein und eine kurze Ansprache halten, Eminenz?"

Es gab kein Entrinnen. Matthew Mahan schritt die Stufen hinauf und wandte sich zu dem Halbkreis lächelnder junger Gesichter. Aus irgendeinem Grund konnte er die Unschuld, die er bisher bei seinen Besuchen auf ihnen gesehen hatte, nicht mehr erkennen. Wie sollte er Menschen mit so verstohlen wissenden Gesichtern sein Verlangen begreiflich machen, mit der heilenden Kraft der Gnade an ihr Herz zu rühren?

„Das ist – eine reizende Überraschung", begann er. „Ich glaube nicht, daß die Ehre, die der Heilige Vater mir zuteil werden ließ, ein persönlicher Tribut ist. Sie ist vielmehr eine Anerkennung des ständigen Wachstums dieser Erzdiözese in Treue zur Kirche und dem Wort Gottes, das sie verkündet. Und das hat etwas unendlich Ermutigendes für mich. Ohne die Unterstützung junger katholischer Frauen wie Sie würden alle Titel der Welt weder mir noch der Kirche etwas einbringen. Ohne Sie bin ich nichts."

Man applaudierte. Nicht sehr begeistert, stellte er fest. Zwei Mädchen mit Gitarren traten vor. Sie schlugen ein paar Takte an und begannen dann ein modernes Kirchenlied über christliche Einheit und Liebe zu singen. Die Stimmen hoben und senkten sich in einer Melodie, die zugleich traurig und freudvoll schien. Matthew Mahan fühlte sich allmählich besser. Als das Lied zu Ende war, sagte er: „Ich danke Ihnen von ganzem Herzen. Ich werde diesen Tag nie vergessen. Nun möchte ich Ihnen meinen Segen spenden."

Zwei Mädchen in der vordersten Reihe knieten nieder, aber die meisten senkten nicht einmal den Kopf, als er die Hand hob, um das Kreuzzeichen zu machen. „Die Gnade des allmächtigen Gottes, des

Vaters, des Sohnes und des Heiligen Geistes komme über euch herab und bleibe mit euch."

Er wandte sich an Schwester Agnes Marie. „Das war sehr nett von Ihnen, Mutter Agnes – pardon, Schwester Agnes."

Warum konnte er sie nicht einfach Agnes nennen? Damals, als sie nebeneinander auf der Schulbank saßen, hatte er Aggie zu ihr gesagt und manchmal, in Gegenwart jener, die sie wegen ihrer phänomenalen Noten haßten, sogar Streber-Aggie. Er entschied, daß er sich wohler – oder sicherer? – fühlte, wenn er einen Titel gebrauchte, auch wenn es ihn verwirrte, daß sie sich nicht mit dem traditionellen „Mutter", das ihrem Rang zukam, anreden lassen wollte.

„Ein Einfall der Mädchen", sagte sie bescheiden. „Sie fanden, ein fürstlicher Willkomm stünde Ihnen zu."

„Er war fürstlich. Überaus fürstlich sogar." Dann stellte er ihr Dennis McLaughlin vor, und gemeinsam gingen sie an der sich rasch zerstreuenden Versammlung vorbei in die imposante, von einer Kuppel gekrönte Rotunde. Zwanglos nahm Schwester Agnes Marie eine junge Frau am Arm, deren dunkles Haar lose auf die Schultern fiel. Auch sie trug ein Kostüm, nur war ihr Rock um Zentimeter kürzer als der von Schwester Agnes Marie. Sie hatte unbestreitbar hübsche Beine, und ebenso unbestreitbar nahm Dennis McLaughlin dies wahr.

„Schwester Helen", sagte Schwester Agnes Marie, „würden Sie uns in mein Arbeitszimmer begleiten, um Protokoll zu führen? Das", fuhr sie an Matthew Mahan gewandt fort, „ist Schwester Helen Reed."

„Reed", sagte Matthew Mahan. „Sind Sie Dr. Bill Reeds Tochter?"

„Ja."

„Ist denn das möglich! Ich habe Sie, seit Sie ins Noviziat eingetreten sind, nicht mehr gesehen –"

„Das war vor fünf Jahren."

„Na, dann müßten wir mit vereinten Kräften Ihren Vater inzwischen wohl bekehrt haben."

„Man kann einen Stein nicht bekehren."

Matthew Mahan fiel ein, wie aufgebracht Bill Reed anläßlich seiner letzten jährlichen Kontrolluntersuchung darüber gewesen war, daß „progressive" Katholiken seine Tochter zu einer Radikalen machten.

Schwester Agnes Maries Arbeitszimmer war von ihr in ein lichterfülltes Modell moderner Innenarchitektur verwandelt worden. Die Stühle, von denen Matthew Mahan nun einen auswählte, um sich

darauf niederzulassen, waren leicht, attraktiv und schlicht, aber eindeutig ungeeignet für einen Erzbischof, der hundertfünfundneunzig Pfund wog. Sogar Dennis schien sich mit besonderer Vorsicht zu setzen. Schwester Helen Reed saß völlig entspannt und bequem auf ihrem Stuhl und schlug die Beine übereinander, ohne darauf zu achten, daß ihr der Rock hinaufrutschte.

Schwester Agnes Marie hatte hinter ihrem Schreibtisch Platz genommen und drückte auf einen Summer, um Kaffee zu bestellen. „Also", begann sie, „was haben Sie von unserem hochverehrten Nuntius gehört?"

Der Tonfall ihrer Frage war ausgesprochen mild. Sanftmut war jetzt Schwester Agnes Maries Stil, aber ihre Worte ließen, trotz ihrer Aura von Demut, oft das Gegenteil dieser Tugend ahnen.

„Mutter – Verzeihung, Schwester Agnes", erwiderte er, „ich habe nicht die Absicht, diese Angelegenheit ausschließlich auf der Basis der höheren Autorität zu entscheiden. Ich hoffe doch, eine Einigung mit Ihnen zu erzielen, die den Frieden in der Erzdiözese erhalten und Ihnen dennoch die individuelle Freiheit einräumen würde, die Sie wünschen – zumindest in einem gewissen Rahmen."

„Vielleicht könnten Sie uns zuerst einmal eine ungefähre Vorstellung davon geben, was Sie unter dieser individuellen Freiheit verstehen?"

Bedeutete ihr vages Lächeln, daß sie durchschaut hatte, wie er einer Antwort auf ihre Frage nach dem Nuntius ausgewichen war?

Noch mehr Versteckspiel? „Ich habe Ihren Entschluß, die Ordenstracht abzulegen, gebilligt. Ich habe mich nach besten Kräften bemüht, einen Kaplan für Sie zu finden, mit dem Sie einverstanden sind. Ich habe Ihnen nie untersagt, sich an Bürgerrechts- oder Antikriegsdemonstrationen zu beteiligen."

Ihre Miene schien zu besagen, daß dies in ihren Augen kaum liberale Gesten waren. Mit wachsender Gereiztheit verzichtete Matthew Mahan darauf, es weiter im guten zu versuchen. „Nun will ich Ihnen klipp und klar sagen, was ich *nicht* dulden werde. Und zwar keinen Tag länger. Ich werde es nicht dulden, daß Schwestern unangekündigt in eine Gemeinde ziehen und dort einen Guerillakrieg gegen den Pfarrer beginnen. So wie Sie es in St. Thomas tun."

„Wir haben dem Pfarrer geschrieben, daß wir beabsichtigen, eine Klinik in seinem Bezirk zu eröffnen. Er hat nie etwas von sich hören lassen."

„Natürlich nicht. Er hat mir den Brief übergeben, und ich habe

den Generalvikar der Diözese gebeten, die entsprechenden Untersuchungen anzustellen."

„Wir erhielten von ihm ein sehr verletzendes Schreiben", erwiderte Schwester Agnes Marie. „Und zwar so verletzend, daß wir fanden, wir könnten es nicht im Geiste der Freiheit zur Kenntnis nehmen. Daher haben wir – habe ich beschlossen, es zu ignorieren."

„Und das ist der Grund, warum vorige Woche hundertfünfzig Leute vor dem Pfarrhaus von St. Thomas aufmarschiert sind, um freien Zutritt zu den pfarreigenen Kegelbahnen, dem Gesellschaftsraum und der Sporthalle zu verlangen?"

„Der wahre Grund für diese Protestaktion waren die Zustände in Farrelleys Pfarre. Wie lange muß man eigentlich warten, bis Pfarrer wie er das Zeitliche segnen?"

Matthew Mahan wurde wütend. Wütend über soviel Unverblümtheit, und weil er im Begriff war, etwas Ungerechtfertigtes zu rechtfertigen. Jack Farrelley führte seine Pfarre tatsächlich ganz nach eigenem Gutdünken, verbrachte jeden Sommer einen Monat in Europa, jeden Winter einen Monat in Florida. In den Pfarren der Innenstadt gab es ein halbes Dutzend Leute seinesgleichen, die alle zu dem üppigen Lebensstil des früheren Erzbischofs neigten. „Er ist jetzt seit fünfunddreißig Jahren im Amt –"

„Etwa dreißig Jahre zu lang, würde ich sagen", warf Schwester Agnes Marie ein.

„Und es hat nie irgendwelche Klagen über ihn gegeben, nicht einmal, als die Pfarre überwiegend italienisch wurde."

„Jetzt ist sie überwiegend portorikanisch."

„Das ist uns absolut nichts Neues. Wir haben schließlich demographische Unterlagen."

„Nur schade, daß Sie diese Ihrem Pfarrer nicht zukommen lassen, Eminenz. Bitte, fassen Sie meine Worte nicht als Impertinenz oder gar als Ungehorsam auf. Wir folgen nur dem Ruf des Evangeliums, indem wir, nach dem Vorbild unseres Herrn, unsere Aufmerksamkeit dem verlorenen Schaf zuwenden –"

„Lassen Sie mich ausreden, Schwester Agnes", unterbrach Matthew Mahan sie. „Mindestens eine Ihrer Kliniken bemüht sich um finanzielle Unterstützung durch Pfarrmitglieder und wohlhabende Leute auch außerhalb der Gemeinde. Der Durchschnittsbürger hat bald genug von einer Kirche, die ihn an dreihundertfünfundsechzig Tagen im Jahr mit Bittgesuchen bombardiert. Als ich Bischofskoadjutor wurde, gab es Dutzende katholischer Organisationen, die unabhängig von-

einander versuchten, zu Geld zu kommen. Ich brachte Ordnung in das Chaos, indem ich darauf bestand, daß alle Bittgesuche vom Ordinariat genehmigt werden müßten. Wir erkannten bald, daß wir die meisten in unsere jährliche große Sammelaktion einschließen konnten."

„Wir baten um eine Subvention von der Caritas. Monsignore O'Callahan hat unsere Bitte abgelehnt."

„Ich kenne Ihr Gesuch. Ihr Programm wirkte vage, und die Ziele waren nicht genau erläutert. Es entsprach nicht den Kriterien professioneller Sozialhilfe."

„Aber wir leisten keine Sozialarbeit. Wir sehen unsere Aufgabe darin, das Evangelium in die Tat umzusetzen, den Gedanken der Menschwerdung wieder lebendig werden zu lassen."

„Ist das nicht ohnehin das, was die Kirche seit der Erneuerung getan hat und noch immer tut?" fuhr Matthew Mahan sie an. Er senkte den Kopf und begann mit den Augen zu rollen. Dennis machte sich auf die Explosion gefaßt. „Schwester Agnes. Ich erteile Ihnen hiermit einen Befehl. Sie werden ohne meine Erlaubnis keinen einzigen Cent mehr annehmen. Haben Sie verstanden?"

Ihre Miene war ausdruckslos. „Ja, Eminenz. Aber ich behalte mir das Recht vor, gegen Ihre Entscheidung in Rom Berufung einzulegen."

„Dieses Recht steht Ihnen zu. Ich beabsichtigte, dort mit Kardinal Antoniutti von der Religiosenkongregation zu sprechen." Vielleicht ist der rote Hut doch zu etwas nütze, dachte er grimmig.

„Ich fürchte, wir haben keine Hoffnung, uns gegen Ihre Meinung durchzusetzen, Eminenz, aber wir fühlen uns verpflichtet, es wenigstens zu versuchen."

Matthew Mahan erkannte klar, daß Schwester Agnes Marie ihm um einen Punkt voraus war, aber er hatte keine Zeit, psychologischen Krieg zu führen. „Was nun das St.-Clare-Hospital betrifft . . ." Es war über hundert Jahre alt. Die Patienten waren fast ausnahmslos schwarz und nicht katholisch. Nach langem Gewissenserforschen hatte Matthew Mahan entschieden, es zu schließen. „Sie wissen ja, wie viele Tausende Dollar wir dort verlieren. Trotzdem erlaubten Sie Ihren Nonnen, an einer Demonstration gegen die Schließung teilzunehmen."

„Ich habe die Demonstration geführt, Eminenz", sagte Schwester Helen. „Diese Menschen wissen nicht, wohin. Wie Sie sich vielleicht erinnern, bin ich gelernte Krankenschwester, und ich habe gesehen, wer in dieser Klinik Hilfe sucht."

„Ich weiß, ich weiß. Ich habe die Studien darüber gelesen", antwortete Matthew Mahan ärgerlich. „Aber wo sollen wir das Geld hernehmen, Schwester? Wenn Sie es beschaffen können, bitte – soll das Spital offenbleiben."

„Wenn Sie das Geld nicht beschaffen können, wie dürfen wir hoffen, daß es uns gelingt, Eminenz?" fragte Schwester Agnes Marie.

„Ich habe der Caritas einen schriftlichen Vorschlag unterbreitet", sagte Schwester Helen, „das ganze Spital in eine Ambulanz zu verwandeln. Ich habe bis jetzt keine Antwort."

„Dann ist es bestimmt praktisch undurchführbar, sonst hätte ich davon erfahren."

„Sind Sie sicher, daß Sie nicht nur deshalb nichts davon erfahren haben, weil Monsignore O'Callahan es mißbilligt, daß wir den Frauen raten, die Pille zu nehmen?"

„Darüber ist mir auch nichts bekannt", knurrte Matthew Mahan. „Aber sollte das wirklich sein Beweggrund gewesen sein, so würde ich Monsignore O'Callahan tausendprozentig unterstützen. Sehen Sie denn nicht, Schwester, daß ich keine andere Wahl habe?"

„Als Frauen haben leider *wir* keine andere Wahl, Eminenz", gab Schwester Helen zurück. „Wir finden die Haltung des Papstes unannehmbar." Ich auch, wollte er sagen. Aber das konnte er unmöglich aussprechen. Und schon gar nicht jemand gegenüber, der so rebellisch war wie die kleine Reed.

„Ich muß Ihnen wohl noch eine weitere Anweisung geben. Sie werden es von nun an unterlassen, einen solchen Rat zu erteilen. Äußerstenfalls ist es Ihnen erlaubt, einer Frau zu sagen – vorausgesetzt, *sie* schneidet das Thema an –, daß man dieses Problem von zwei Seiten betrachten kann. In dieser Angelegenheit bedarf es großen Fingerspitzengefühls. Ich muß es vermeiden, die Diözese in eine Kontroverse hineinzuziehen."

Schwester Agnes Maries Gesicht verriet keine Spur von Sympathie. Schwester Helen zeigte offene Feindseligkeit. Er blickte auf seine Uhr. „Schwester Agnes. Auf Grund der Neuigkeit aus Rom werde ich die nächsten ein bis zwei Monate ziemlich ausgelastet sein. Vielleicht wäre es das beste, wenn Sie einen Leitfaden für die Eheberatung ausarbeiten würden und Ihren Entwurf dann mit Dennis McLaughlin diskutieren. Er hat in den Stadtpfarren gearbeitet. Und bitte denken Sie daran: Ich möchte nicht, daß irgend etwas geschieht, was ich nicht im voraus gebilligt hätte."

Schwester Agnes Marie nickte. Hieß das ja, oder lediglich, daß sie

ihn gehört hatte? „Meine Zeit wird leider ebenfalls begrenzt sein. Schwester Helen hier kann mich vertreten. Sie ist meine Vikarin für unsere Missionarinnen in der Innenstadt."

Das Wort Missionarinnen brachte Matthew Mahan an den Rand eines Wutausbruchs. Nur unter Aufbietung großer Willenskraft gelang es ihm, das Arbeitszimmer zu verlassen, ohne daß es zum Schluß noch zu einem Austausch von Beleidigungen kam.

„Haben Sie gehört, was sie gesagt hat?" fragte er Dennis, als sie wieder im Wagen saßen. „Sie entsendet *Missionarinnen?* In meine Diözese?"

Dennis McLaughlin machte den etwas unglücklichen Versuch, das ganze ins Lächerliche zu ziehen. „Wer weiß? Vielleicht haben sie Erfolg."

Der Kardinal konnte diesem Scherz absolut nichts abgewinnen. „Ich habe Ihnen gerade eine ernste Verantwortung übertragen. Wenn mit diesen exzentrischen Weibern noch was schiefgeht, werden Sie es auf Ihre Kappe nehmen müssen. Ist das klar?"

„Ja." Danach wechselten der Kardinal und sein Sekretär auf der Rückfahrt in die Stadt kein einziges Wort mehr.

V

ICH TRÄUME, sagte sich Dennis McLaughlin. Wie er da mitten in Matthew Mahans Arbeitszimmer stand und in das grellweiße Licht der Fernsehscheinwerfer blickte, hatte er das Gefühl, als müßten seine Augen jeden Moment verschrumpeln und aus ihren Höhlen fallen wie Rosinen. Er konnte hören, wie der designierte Kardinal draußen in der Halle die Fragen der Journalisten beantwortete. Die Ehre gebühre nicht ihm, sondern dem Volk, erklärte er eben.

Eine vollbusige Blondine in einem Hosenanzug stürzte auf Dennis zu. „Haben Sie noch eine Bio?" fragte sie mit einer Stimme, die ihm maßlos erotisch vorkam. Auf den zweiten Blick entschied er allerdings, daß ihm das bloß wieder einmal seine sinnliche Phantasie vorgaukelte. Er gab ihr eine Broschüre über Matthew Mahan, die ein ehemaliger Sekretär zusammengestellt hatte. Ein großartiges Werk war es nicht, aber es stand mehr darin, als er selber gewußt hatte, als er gestern seinen Brief an Gog schrieb.

Ältester Sohn gläubiger Katholiken, Vater Profibaseballspieler, dann Schiedsrichter in der Unterliga. Steckt seine Ersparnisse in ein

Lokal, das jedoch den Börsenkrach nicht überlebt. Danach Beamter des städtischen Gartenamtes. Matt 1939 in Rosewood zum Priester geweiht, einer der ersten, die sich 1940, als der Krieg droht, freiwillig als Militärpfarrer melden, lokaler Held bei Kriegsende, zahlreiche Zuschriften an die Zeitungen, in denen „Pfarrer Matts" Mut und Mitgefühl gepriesen werden.

Wieder daheim, beweist Pfarrer Matt sehr bald, daß er auch die nötigen Voraussetzungen besitzt, um als Zivilist Erfolg zu haben. Formt die katholische Jugendorganisation zu einem sozialen Dynamo um. Sportzentren schießen wie durch Zauberkraft in der ganzen Diözese aus dem Boden. Als für das diözesane Bildungswesen zuständiger Monsignore setzt er diese Aufbauarbeit fort und gründet neue Pfarrschulen. Bekannt als Kämpfer für die Rechte der Arbeiter und Minderheiten, besonders der Schwarzen. Unbesonnene Äußerungen auf diesem Gebiet lassen ihn beim damaligen Erzbischof in Ungnade fallen. Aber dank der Qualitäten, die er darin entwickelt, Geld zu beschaffen, erhebt der alternde Erzbischof Hogan keine Einwände, als Johannes XXIII. seinen Freund Mahan (sie hatten sich in Frankreich während des Zweiten Weltkrieges kennengelernt) zum Bischofskoadjutor ernennt und ihn 1960 zum Nachfolger des Erzbischofs macht.

Nun erschien der Kardinal auf der Schwelle. Dennis merkte plötzlich, daß er wünschte, er könne Matthew Mahan weniger überdeutlich sehen und dafür mehr darüber nachdenken, was mit ihm selbst geschah. Woran lag es nur, daß dieser Mann ihn so verwirrte? Wie gewöhnlich blieb ihm gerade genug Zeit, die Frage in seinem Gehirn zu registrieren, um dann stumpfsinnig lächelnd zuzuschauen, wie der designierte Kardinal mit raschen, sicheren Schritten in den Mittelpunkt des Scheinwerferlichtes trat. Die Art, wie er sich bewegte und sprach, spielte mit dabei – dieses enorme Selbstvertrauen, die Vitalität, das Charisma (brrr), das um jeden in seiner Nähe einen Zauberbann wob. War es einfach Neid, der Neid eines Mannes, der weder Volumen noch Charisma besaß?

„Sind wir soweit, Dennis?" fragte Matthew Mahan leise. „Allzulange halte ich das nicht mehr aus." Er war ungewöhnlich blaß.

„Sie sind fertig, aber ich konnte sie nicht überreden, sich auf ein Interview zu beschränken", antwortete Dennis und haßte sich dafür, daß seine Stimme so schuldbewußt klang.

Matthew Mahan seufzte. „Also gut. Weitere fünf Minuten werden mich wohl nicht umbringen."

„Hallo, Eminenz." Ein Mann des KTGM-Nachrichtenteams schoß mit einem Satz vor, um sich über den Bischofsring zu beugen. Sein Fuß verfing sich in einem Fernsehkabel, und er mußte sich an der Hand des Kardinals festhalten, um nicht der Länge nach hinzufallen. Schallendes Gelächter von den Technikern.

„Ich bitte Sie, Jack", sagte Matthew Mahan. „Das ist doch nicht notwendig."

„Ich tu's gern", sagte Jack Murphy. „Es gibt mir das Gefühl, daß alles irgendwie am rechten Platz ist."

Sobald sie von St. Monica zurückgekehrt waren, hatte Matthew Mahan Dennis McLaughlin befohlen, ihm eine Mappe mit der Aufschrift „Journalisten" zu bringen, und sich hervorstechende Fakten über all die Männer eingeprägt, mit denen er um zwei Uhr zusammentreffen sollte. Daher war es ihm nun ein leichtes, Jack Murphys angeschlagenes Selbstbewußtsein wiederaufzurichten. „Wie geht's Jack junior in letzter Zeit? Hat er eine gute Saison? Ich habe neuerdings wenig Gelegenheit, mich im Sport auf dem laufenden zu halten."

„Danke, gut." Dennis hätte schwören mögen, daß er sah, wie Murphy ein paar Zentimeter wuchs. Es war bewundernswert, dachte Dennis reumütig. In Jack Murphy glühte eine Dankbarkeit, die garantierte, daß er Seiner Eminenz nicht im Traum eine einzige hochnotpeinliche Frage stellen würde.

„Ich dachte, ich könnte Sie ein paar aktuelle Dinge über Papst Paul fragen", meinte Jack. „Gibt es irgend etwas, worüber Sie gern sprechen würden?"

„Nun", sagte Matthew Mahan, „es könnte nicht schaden, die jährliche große Sammelaktion zu erwähnen. Sie könnten mich zum Beispiel fragen, wie wir die Extramillion verwenden wollen, die wir hoffen zusammenzukriegen. Wir wollen unsere psychiatrischen Beratungsstellen erweitern, die Altersheime, die Eheberatung ..."

„Phantastisch, Eminenz", sagte Murphy, während er Notizen kritzelte.

„Es wäre auch nett, wenn Sie mir Gelegenheit gäben, kurz darüber zu sprechen, was wir im Sinne von Papst Johannes' *aggiornamento* getan haben – Sie wissen ja, die Modernisierung der Kirche. Wir haben jetzt hier in der Diözese eine rührige Priestersynode, und mit der neuen Liturgie werden in der Kathedrale Wunder bewirkt. Es ist nicht damit getan, die Messe auf englisch zu lesen, sondern es geht darum, die Leute dazu zu bringen, aktiv am Gottesdienst

mitzuwirken und sie auch in die Leitung der Kirche mit einzubeziehen. Wir haben zehn Laien, je fünf Männer und Frauen, in unserem Ausschuß für Bildungswesen. Partizipation, Jack, das Gefühl, Teil einer echten brüderlichen Gemeinschaft zu sein."

Ein Techniker drückte Jack Murphy ein Mikrophon in die Hand, und jemand schrie: „Absolute Ruhe, bitte!" Das rote Licht an der TV-Kamera zeigte an, daß ihr allgewaltiges Auge nun offen war.

„Zuerst, Eure Eminenz, erlauben Sie mir, Ihnen zu sagen, daß dies die beste Nachricht ist, die die Stadt seit langem gehört hat..."

Eine Hand ergriff Dennis McLaughlin am Arm. Er wandte sich um und blickte in ein Gesicht, das genauso aussah wie sein eigenes – sommersprossig, knochig und umrahmt von widerspenstigem, rotem Haar. Der einzige Unterschied bestand darin, daß sich dieses andere Gesicht ungefähr zwanzig Zentimeter über dem seinen befand. „Hallo, großer Bruder", sagte der Neuankömmling, wobei sein Grinsen deutlich verriet, daß er die Ironie genoß.

„Wo warst du denn?" fauchte Dennis ihn an. „Die Pressekonferenz ist schon vorbei. Jetzt ist das Fernsehen dran –"

Leo McLaughlin stöhnte. „Heiliger Strohsack, meine Uhr ist stehengeblieben!"

Drei Jahre jünger als Dennis, war er leitender Redakteur des Diözesanblattes *Leitstern*. Wie lange er das allerdings noch sein würde, stand in Frage. Seiner Aussage gemäß war er Tag und Nacht in einen ideologischen Kampf mit dem Chefredakteur, Monsignore Joseph Cohane, verstrickt. Die meisten seiner Versuche, über die liturgischen Experimente junger Priester, die innere Unruhe an den katholischen Colleges oder den Vietnamkrieg zu berichten, wanderten in Cohanes Papierkorb.

„Wie rede ich mich nur am besten heraus, warum ich das versäumt habe?" fragte Leo. „Genausogut hätte ich Gottes Geburtstag versäumen können."

„Reg dich wieder ab. Ich gebe dir die offizielle Presseaussendung. Vielleicht kannst du auch was von den Monitoren aufschnappen."

Sie gingen zur Tür des Fernsehraumes. Der Kardinal gängelte eben einen nichtkatholischen Reporter, der für explosive Fragen berüchtigt war, ebenso mühelos wie vorhin Jack Murphy. „Billigen Sie die Idee einer verheirateten Priesterschaft?" fragte der Reporter gerade.

„Für einen alten Mann wie mich ist diese Frage belanglos. Wenn verheiratete Priester die Wirkungskraft der Kirche erhöhen können,

so bin ich dafür. Aber ich würde gern handfeste Beweise sehen, bevor ich mir dieses Urteil bilde. Die Tradition eines unverheirateten Klerus ist tausend Jahre alt. So etwas wirft man nicht einfach weg, wie einen Fetzen Papier."

„Ja, ich verstehe, was Sie meinen", sagte der Reporter kleinlaut. Leo ließ sich in einen Stuhl neben Dennis' Schreibtisch fallen. Er wedelte seinem Bruder mit einer Ausgabe der *Schlechten Nachrichten* vor der Nase herum. „Das da – dafür sollte ich schreiben. Sie wollen noch mehr von mir." Unter dem durchsichtigen Pseudonym Leo der Große hatte Leo eine Anzahl von Artikeln für die *Nachrichten* verfaßt, Schmähreden auf die Unfähigkeit der Kirche, den Krieg zu verdammen und sich der Revolution anzuschließen. Genau die Art journalistischen Schunds, der nach Dennis' Meinung die Untergrundpresse ruinierte.

„Ich hoffe, du wartest bei deinem nächsten Geschreibsel zur Abwechslung einmal mit ein paar Fakten auf", sagte er.

„Und ich dachte, du wolltest es aufgeben, den großen Bruder Dr. phil. plus Jesuit und Jesus junior zu spielen", sagte Leo.

Im vergangenen Jahr hatten sie einen heftigen Streit über Dennis' Vorliebe gehabt, Leo mit unerwünschten Ratschlägen zu überhäufen. Leos Angriffslust gegenüber dem älteren Bruder machte es Dennis nicht leicht, auf die altgewohnte Rolle zu verzichten, aber er versuchte es und sagte daher auch jetzt: „Tut mir leid."

Leo lachte. „Armes Bruderherz. Da trittst du bei den Jesuiten aus, kehrst all dem intellektuellen Prestige den Rücken, um Priester des Volkes zu werden, und zwei Monate später verteilst du bischöfliche Presseerklärungen. Die Tragödie eines verhinderten Heiligen. Es ist immer das gleiche: da geht einer ganz scharf ran und ist entschlossen, die Organisation mit dem eisernen Besen umzukrempeln, und im Handumdrehen haben sie ihn so weit, daß er den Laden schmeißt. Adieu, Idealismus!"

„Mich interessiert es, herauszufinden, wo der Idealismus aufhört und der Realismus beginnt. Vielleicht solltest du allmählich auch dein Augenmerk darauf richten."

„Sei friedlich, Großer." Leo zog einen Notizblock heraus. „Ich werde dich interviewen. Ein inoffizielles Gespräch mit einem Vertrauten des Kardinals. Was hat er gerade getan, als er die Neuigkeit erfuhr?"

„Er war im Begriff, sich einen Scotch mit Soda als Schlummertrunk zu genehmigen und zu Bett zu gehen", sagte Matthew Mahan von

der Schwelle her. Sein Lächeln wirkte nicht ganz glaubhaft. „Da läutete das Telephon. Es war der Apostolische Nuntius. Er klang ebenso überrascht, wie ich es war."

Dennis, der sich furchtbar albern vorkam, würgte irgendwie hervor: „Eminenz, das ist mein Bruder Leo."

„Ich kenne ihn, ihn kenne ich", antwortete Matthew Mahan. „Und mir gefällt meistens auch, was er im *Leitstern* schreibt."

„Ich habe Ihre Pressekonferenz verpaßt, Eminenz", sagte Leo, „und dachte, ich könnte mich auf den Nepotismus verlassen, um ein paar persönliche Einzelheiten zu ergattern."

„Also, dann wollen wir mal sehen", sagte Matthew Mahan mit gespieltem Ernst. „Ich trank meinen Whisky und beabsichtigte dabei noch, die Neuigkeit bis zum Morgen für mich zu behalten. Um etwa zehn Uhr überlegte ich es mir dann und beschloß, mit den Getreuen zu feiern, die tagtäglich für mich schuften. Deshalb bat ich Kanzleidirektor Malone, Generalvikar Petrie und die übrigen Ordinariatsangestellten zu mir, und wir haben ein paar gezwitschert." Er drohte Leo mit dem Finger. „Das ist inoffiziell, verstanden? Sind Sie so gut", fuhr er an Dennis gewandt fort, „und rufen Sie Dr. Reed an? Sagen Sie ihm, ich würde heute abend gern in seine Ordination kommen. Ich lege mich jetzt hin. Mir ist nicht besonders wohl."

„Oh, das tut mir leid, wirklich. Können wir – kann ich irgend etwas für Sie tun?"

„Nein. Sagen Sie Bill lediglich, ich habe Magenschmerzen."

Dennis sah dem designierten Kardinal nach, wie er sich mit dem schleppenden Schritt eines sehr müden Mannes entfernte. Warum nahm er dauernd Nebensächlichkeiten wahr, die Mitgefühl aus den Tiefen seines Herzens zu locken schienen, auch wenn er sich noch so zwang, unbeteiligt zu bleiben?

In Leos Augen war lediglich Belustigung zu lesen, als er denselben Abgang verfolgte. „Fünf Uhr. Samstag", sagte er. „Komm, gehen wir auf ein Bier."

„Ich muß erst aus der Uniform raus. In zehn Minuten?"

Dennis rief Dr. Reed an und sauste dann in den dritten Stock hinauf, wo er rasch in einen blauen Rollkragenpullover, Gabardinehosen und eine Tweedjacke fuhr. Wenn es nur ebenso leicht gewesen wäre, das Innere wie das Äußere deiner Person zu verwandeln, Dennis McLaughlin.

„TUT das weh?"

Bill Reed preßte seinen Wurstfinger in Matthew Mahans Leib. Sofort zuckte erbost der Schmerz auf.

Es schien überall weh zu tun, wo Dr. Reed drückte. Während er auf dem Untersuchungstisch lag, dachte Matthew Mahan, daß Gott ihn durch diesen Schmerz vielleicht vor der augenfälligsten Sünde warnen wollte, für die wohl gerade jetzt die Versuchung groß war – Hochmut und Selbstzufriedenheit. Aber hatte er die Warnung nötig? Jeder Tag seines Lebens schien ihm diese Botschaft zu vermitteln.

„Okay, setz dich auf", sagte Bill. „Was quält dich?"

Aus dem Munde dieses mürrischen Mannes mit dem blassen Gesicht wirkte die Frage beinah anklagend. Aber Kardinal Mahan und Dr. Reed verband zu vieles, als daß sie darauf geachtet hätten. Elf Monate lang – vom 6. Juni 1944 bis zum 8. Mai 1945 – hatten sie eine ganz besondere Pein gemeinsam ertragen. Der junge Dr. Reed hatte das Frontlazarett des 409. Regiments geleitet. Wenn Matthew Mahan nicht in den vorderen Linien war, verbrachte er seine meiste Zeit bei ihm. Wie viele schreckliche Tage und Nächte lang hatte er Dr. Reeds Gesicht beobachtet, während dieser systematisch die Verwundeten trennte, um zuerst die leichteren Fälle zu versorgen und sich schließlich, wenn ihm Zeit blieb, mit den Männern zu befassen, die kaum Überlebenschancen hatten.

Mit seiner Vorliebe für zynische Bemerkungen hatte Bill die tödlich Verwundeten Matthew Mahans Patienten genannt. „Da draußen sind noch drei für dich, Padre", pflegte er zu sagen, und Pfarrer Mahan stolperte hinaus, um neben den Sterbenden niederzuknien, ihnen seinen Segen zu spenden und, wenn sie Katholiken waren, die Absolution zu erteilen.

Dr. Reed nannte sich selbst „einen wilden Atheisten", aber Matt und der protestantische Pfarrer, Steve Murchison, entgegneten darauf stets, man brauche ihn nur mit den Verwundeten sprechen zu sehen, um zu wissen, daß er kein Atheist sei.

Matthew Mahan hatte nach dem Krieg Dr. Reed gedrängt, seinen Geburtsort zu verlassen und sich in der Stadt niederzulassen. Er hatte eine gute Katholikin geheiratet, die ihr einziges Kind, Helen, so erzogen hatte, als ob der Atheismus des Vaters dem Kind die Seele nähme. Ansonsten war es eine ungewöhnlich glückliche Ehe gewesen. Vor vier Jahren war Shelagh an Krebs gestorben. Für Bill war das eine fortdauernde Katastrophe, und von Mal zu Mal schien er noch verfallener zu sein, wenn Matthew Mahan ihn sah.

„Hast du Hemmungen, dich mir anzuvertrauen?" fragte Bill jetzt.

„Wie wär's, wenn du mir zuerst eine Diagnose stellst?"

„Du hast ein Magengeschwür, das kann ich mit Sicherheit sagen. Montag gehst du ins Spital – zu einer gastrointestinalen Untersuchung und zum Röntgen."

„Ich kann nicht, Bill. Da fängt gerade die Karwoche an. Und in zwei Wochen beginnt die große Sammelaktion. Ich habe jede Menge Reden zu halten, oft drei und vier pro Tag."

„Wann hast du das letzte Mal Urlaub gemacht?"

„Voriges Jahr war ich in Brasilien, um unsere Missionsstationen zu besuchen. Und 1967 war ich in Rom. Ungefähr alle fünf Jahre muß ein Bischof über seine Diözese Bericht erstatten."

„Also in beiden Fällen kein richtiger Urlaub."

„In Rom habe ich es nicht so genau genommen. Hab mich durch sämtliche erstklassigen Lokale geschlemmt."

„Und hast zwischendurch wie auf Nadeln gesessen, was der Papst zu deinem Bericht sagen wird."

Nein, dachte Matthew Mahan, das hat mich nicht beunruhigt. Beunruhigt hat mich der Gedanke an eine Frau. Eine Frau mit gequälten Augen, die tapfer, unverändert tapfer auf meine sinnlose Frage antworteten: *Alles in Ordnung, Mary?*

Bill Reed seufzte. „Ein schwachköpfiger Atheist wie ich kann gegen dich natürlich keine Debatte gewinnen. Aber eines kann ich dir sagen: Du hast dir das Geschwür wahrscheinlich geholt, weil du zuviel arbeitest. Um ehrlich zu sein, Padre, wenn ich eine Krankheit für dich aussuchen müßte, würde ich diese wählen. Sie ist bei weitem nicht so gefährlich wie eine Koronarthrombose." Dann erklärte er ihm, wie es zu einem solchen Geschwür kam. Der neue Kardinal hörte jedoch nur mit halbem Ohr zu. Sein Blick ruhte auf Bill Reeds durchfurchtem, hagerem Gesicht. Der Mann sah aus, als litte er an einer geheimnisvollen, unheilbaren Krankheit, die langsam Fleisch und Geist auszehrte.

„Titrilac gibt es als Tropfen und in Tablettenform", sagte Bill. „Halt die Tabletten stets griffbereit, und nimm eine, wenn du's nötig hast. Die Tropfen nimmst du eine halbe Stunde vorm Essen. Das zweite Rezept hier" – er stellte es aus, während er sprach – „ist für ein Medikament, das den Magensäuregehalt reduziert." Als nächstes reichte er Matthew Mahan zwei Listen mit Nahrungsmitteln, die er nicht mehr essen, und Vorschlägen für Speisen, die er noch genießen durfte – sofern dieses Wort überhaupt noch zutraf, nachdem alle seine

Lieblingsgerichte auf der falschen Liste standen. „Mit dem Alkohol ist Schluß und mit dem Rauchen auch", sagte Bill.

„Rauchen", sagte Matthew Mahan. „Ach, komm schon, Bill. Du weißt doch, wie's mir gegangen ist, als ich versucht habe, es aufzugeben. Einen Monat lang konnte ich nicht schlafen."

„Wie viele rauchst du jetzt?"

„Oh, etwa eine Schachtel pro Tag."

„Schränk dich diese Woche auf die Hälfte ein und nächste Woche noch einmal."

„Wenn dem Verurteilten eine Bemerkung gestattet ist, dann finde ich, daß es dir entschieden zuviel Vergnügen bereitet, diese Anordnungen zu erteilen."

Bill glückte beinah ein Lächeln. „Wie oft hat einer schon Gelegenheit, einen Kardinal herumzukommandieren?"

Bill versucht, mich aufzuheitern, dachte Matthew Mahan. Und es war auch ein Trost, zu wissen, wie viele Männer wie Bill, Männer aller oder gar keiner Bekenntnisse, seine Freunde waren – auf Grund einer tiefen, unerschütterlichen Verbundenheit, die vor einem Vierteljahrhundert aus jenem Inferno geboren worden war, das sie alle in Europa durchgestanden hatten.

„Wie geht's übrigens dir, Bill? Du siehst müde aus."

„Willst du mir etwa ins Handwerk pfuschen?"

„Also, wann hast du das letzte Mal Urlaub genommen?"

„Oh, ich fahre manchmal am Wochenende zu meiner Hütte hinauf und werkle dort herum."

„Allein?"

Bill hob den Blick nicht von einer Feder, die er zwischen den Fingern drehte. „Ja. Da hab ich wenigstens meine Ruhe."

„Unter Menschen gehst du wohl überhaupt nicht mehr – seit Shelags Tod."

Ein Nerv zuckte auf Bill Reeds eingefallener Wange. „Ich weiß, Matt. Ich hab einfach nicht das Herz auszugehen."

Matthew Mahan nahm einen neuen Anlauf. „Ich habe heute deine Tochter gesehen. Schwester Helen."

Ein Fehler. Bills Gesicht verwandelte sich blitzschnell in eine wutverzerrte Maske. Die katholische Kirche habe seine Tochter um den Verstand gebracht, sagte er zornig. Sie lebte nun in einem rattenverseuchten Slum und wollte weder von ihrem erzkonservativen Vater noch von den Annehmlichkeiten, die sie in ihrer Mädchenzeit genossen hatte, etwas wissen – dem vornehmen Haus am Parkway, dem

Strandbungalow, den Sportwagen und schicken Kleidern, die Daddy großzügig gekauft hatte. Er war gekränkt, verwirrt, empört.

„Bill. Wenn es dir ein Trost ist, ich kann sie auch nicht verstehen. Die heutige Jugend. Ich habe einen Sekretär, einen sehr intelligenten Burschen. Mindestens viermal am Tag sagt er Dinge, die mir völlig unbegreiflich sind. Unser angeblicher Kontakt zur nächsten Generation ist jedenfalls unterbrochen."

Schroff wechselte Bill das Thema und verlangte eine fixe Zusage für die Magen-Darm-Untersuchung. Matthew Mahan erklärte, er würde seinen Terminkalender zu Rate ziehen, schüttelte ihm die Hand und ging. Auf dem Rückweg zu seiner Residenz verfolgte ihn hartnäckig das Gefühl, eine persönliche Niederlage erlitten zu haben. Er konnte nichts unternehmen, um sein Problem zu lösen, als die Tabletten zu schlucken und Diät zu halten. Darüber hinaus schien es das beste zu sein, nichts zu unternehmen, nicht so hart zu arbeiten, sich nicht so viele Sorgen zu machen. Herr Jesus Christus. Dein Wille geschehe, betete er. Aber warum das, warum jetzt? Wo er doch seine ganze Kraft brauchte, um sich gegen die drohende Flut des Chaos zu stemmen?

Sekunden nachdem das große eiserne Eingangstor klirrend ins Schloß fiel, erschien Mrs. Norton in der Halle. Er gab ihr die Diättabellen. „Das wird leider schrecklich mühsam für Sie sein."

„Ach du meine Güte", seufzte sie. „Mir ist erst neulich aufgefallen, daß Sie gar nicht gut aussehen, auch wenn Sie nicht gerade unterernährt wirken. Nein, das macht mir nichts aus, wirklich."

Er rief Dennis McLaughlin über das Haustelephon an und bat ihn, herunterzukommen und die Rezepte in der Apotheke einzulösen. Als sein Sekretär erschien, trug er noch Rollkragenpulli und Tweedsakko. Matthew Mahan gab ihm die Rezepte und sagte: „Anscheinend habe ich ein Magengeschwür. Wenigstens behauptet das der Arzt."

„Oh. Oh, das – das tut mir leid."

„Mir auch. Ich fürchte, das bedeutet für Sie im gleichen Maß mehr Arbeit wie für mich weniger."

Dennis nickte und war schon auf dem Weg zur Tür, als sich Matthew Mahan plötzlich zu einer Bemerkung über seinen Aufzug gezwungen fühlte. „Dennis, würden Sie mir einen persönlichen Gefallen tun und diese Kleidung nur tragen, wenn Sie nicht im Dienst sind? Darum habe ich bisher alle unsere Priester gebeten."

Dennis wirkte über die Rüge eher beschämt als ärgerlich. „Ich war mit meinem Bruder auf ein Bier. Soll ich mich gleich umziehen?"

„Aber nein, nein."

„Oh, das hätte ich beinah vergessen. Schon wieder." Dennis lächelte schuldbewußt. „Pater Reagan hat angerufen. Er möchte mit Ihnen über die Demonstration sprechen, die Pfarrer Disalvo morgen vor St. Francis plant."

„Gut. Ich rufe ihn zurück. Sobald ich den Milchpapp als Abendessen, zu dem ich verurteilt bin, hinuntergewürgt habe." Falsch. Du mußt mit dieser Krankheit fertigwerden, ohne um Mitleid zu heischen.

In seinem Schlafzimmer stellte er den Fernsehapparat an, um die Nachrichten anzuschauen. „Laut einer Meldung vom vergangenen Sonntag sind in Vietnam bisher 33 063 amerikanische Soldaten gefallen..." Dann begannen die Lokalnachrichten. Er sah sich gerade zu, wie er Jack Murphys nette, harmlose Fragen beantwortete, als das Telephon läutete. Es war wieder der Rektor der St.-Francis-Xavier-Universität. Matthew Mahan drehte den Ton ab und machte es sich für eine lange Sitzung in seinem Fernsehstuhl bequem.

„Erlauben Sie mir, Ihnen zuerst meine persönlichen Glückwünsche sowie die aller Mitglieder unseres Lehrkörpers auszusprechen", begann Pater Reagan.

Philip Reagan war einer jener beinah zu spektakulären Wunderknaben gewesen, die während Matthew Mahans zweijähriger Studienzeit an der St. Francis zu den Spezialitäten der Jesuiten zu gehören schienen. Reagan hatte ihm im ersten Semester Lateinstunden gegeben. Er hatte damals den Ruf genossen, ein brillanter Humanist zu sein, hatte aber die Erwartungen, die man in ihn setzte, nie erfüllt.

„Danke", sagte Matthew Mahan. „Wie ich hörte, haben Sie etwas auf dem Herzen?"

„Es geht um diese Massenversammlung", sagte Pater Reagan. „Den ‚Tag der Solidarität'", wie sie es nennen. Pfarrer Disalvo hat die Absicht, zehntausend Schwarze hier zu uns herauszuführen, und seiner Schätzung nach werden sich etwa fünftausend Studenten einfinden, um sich ihnen anzuschließen. Die Sicherheitsvorschriften reichen für solche Massen nicht."

„Aber Pfarrer Disalvo hat versprochen, mich von sämtlichen Demonstrationen vorher in Kenntnis zu setzen. Ich habe bisher kein Wort von dieser Sache gehört."

„Ich weiß nur, was meine Verantwortlichen mir berichtet haben."

„Ist Ihnen denn nicht bekannt, daß Polizisten und Juristen stets das Schlimmste annehmen? Man müßte eigentlich noch Bürgermeister

und Rektoren ergänzen." Bürgermeister O'Connors Stattlichkeit erfüllte in diesem Moment den stummen Bildschirm. Zweifellos erging er sich in heuchlerischen Lobeshymnen über Kardinal Mahan. „Und was erwarten Sie nun, daß ich in bezug auf diese Demonstration unternehme, vorausgesetzt, Ihre Informationen stimmen?"

„Ich hoffte, Sie – Sie würden sie verbieten. Oder zumindest Pfarrer Disalvo verbieten, daran teilzunehmen."

„Damit ihr unabhängigen Jesuiten weiter so tun könnt, als wärt ihr für Rede- und Versammlungsfreiheit, während arme Kerle wie ich in jedem Untergrundblatt angeprangert werden?"

„Ich glaube nicht, daß wir je ..."

Auf dem Bildschirm hatte inzwischen Pater Reagan selbst den Bürgermeister abgelöst. Matthew Mahan spürte leise Gewissensbisse. „Nur Ruhe, Phil", sagte er. „Ich knöpfe mir Disalvo noch heute abend vor."

Dankbares Gemurmel des Rektors. Matthew Mahan legte auf und drehte den Ton gerade rechtzeitig wieder an, um seinen alten Freund Steve Murchison, den Methodistenbischof der Stadt, erklären zu hören, wie erfreut die Protestanten über Papst Pauls Entscheidung seien. „Seine Eminenz und ich waren zusammen Militärpfarrer beim 409. Regiment. Er hat mir das Leben gerettet. Ich habe Pfarrer Mahan Dinge unter feindlichem Geschützfeuer tun sehen, die nur ein Mann in –"

Ohne den Rest abzuwarten, drehte Matthew Mahan den Ton wieder ab und wählte Steves Nummer. „Was fällt dir denn ein?" fragte er. „Wenn ich das nächste Mal im Fernsehen bin, werd ich mal ein paar von deinen Großtaten erzählen –"

Murchison kicherte. „Wie fühlst du dich, Matt?"

„Könnte besser sein ..."

„Weißt du noch, was ich immer über euch Katholiken gesagt habe? Daß ihr mit euren Schulen und Universitäten, und was ihr sonst noch alles habt, viel zu sichtbar seid. Ihr macht euch damit zur Zielscheibe für Angriffe aller Art. Du mußt lernen, mit leichtem Gepäck zu reisen, Matt."

„Schon möglich, Steve. Aber wie dem auch sei, ich danke dir jedenfalls für alles, was du eben im TV gesagt hast, auch wenn es nicht stimmt."

„Ich brauche keine Absolution, du Schwindler."

„Gute Nacht, Steve. Gott segne dich."

Matthew Mahan wählte als nächstes den Privatanschluß des Bür-

germeisters. „Jake", sagte er, „ich wollte dir nur rasch für die netten Worte danken, die du im Fernsehen für mich gefunden hast. Hoffentlich hast du sie auch ernst gemeint."

„Nun ja, wir Politiker müssen zusammenhalten."

„Du könntest mir das beweisen, wenn es darum geht, dieses Gesetz über die konfessionellen Schulen durchzubringen."

„Ich habe es dir schon mal gesagt, Matt. Deine Schulen haben das öffentliche Schulsystem dieser Stadt zugrunde gerichtet. Wären die Schwarzen imstande, über die bestehende Rassentrennung zu meutern, wenn wir deine Schützlinge in den öffentlichen Schulen hätten? Warum machst du dich nicht zu einem wahren Helden, Matt, und läßt die Finger vom Erziehungswesen, bevor du die Stadt und den Staat in zwei Lager spaltest?"

Matthew Mahan spürte, wie seine Gereiztheit sich blitzartig dem Siedepunkt näherte. Offiziell gab sich der Bürgermeister als Musterkatholik. Unter vier Augen redete er mit seinem Erzbischof, als ob dieser ein aufsässiger Wahlhelfer wäre. „Jake", sagte er, „ich rufe an, weil ich erfahren möchte, was du über eine Demonstration weißt, die Pfarrer Disalvo angeblich für morgen plant. Vom Stadtzentrum hinaus zur Universität."

Dem Bürgermeister war nichts bekannt. „Das klingt mir ganz nach einer herrlichen Gelegenheit, die halbe Stadt niederzubrennen. Ich werde den Polizeipräsidenten verständigen."

„Reg dich nicht auf, Jake. Ich habe Disalvo fest an der Leine."

„Am liebsten wär's mir, du würdest ihm den Mund stopfen. Wenn du's nicht tust, so läßt sich das meinerseits leicht mit ein paar Gummiknüppeln arrangieren."

„Na, na, Jake, nur kein Rückfall in den alten Stil."

„Wenn es um Disalvo geht, dann solltest *du* rückfällig werden."

Kardinal Mahan legte schäumend vor Wut den Hörer auf. Im gleichen Augenblick erschien sein Sekretär mit den Medikamenten. „Kennen Sie Pfarrer Vincent Disalvo, Dennis?"

„Ich habe natürlich von ihm gehört, ihn aber persönlich noch nicht kennengelernt."

„Dazu werden Sie bald Gelegenheit finden. Ziehen Sie Ihren schwarzen Rock an, und fahren Sie sofort in die Pfarre St. Sebastian. Bringen Sie ihn her – egal, was er gerade macht. Wenn Sie sich wundern, warum ich nicht anrufe – er ist nie im Pfarrhaus, und er ruft nie zurück."

Als Dennis die Tür hinter sich schloß, läutete wieder das Telephon.

Eine unangenehme Ahnung sagte Matthew Mahan, wer da anrief. „Matt?" fragte die vertraute müde Stimme. „Ich wollte diesen Tag nicht vergehen lassen, ohne dich wenigstens anzurufen –"

„Ich hatte ohnehin vor, mich bei dir zu melden, Eileen", unterbrach Matthew Mahan sie schuldbewußt. „Aber die vielen Interviews haben mich derart in Atem gehalten –"

„Natürlich. Ich muß dauernd daran denken, wie stolz Charlie wäre."

Wäre er das wirklich? Matthew Mahan erinnerte sich lediglich an haßerfüllte Tiraden, die ihm sein Bruder um drei Uhr morgens durchs Telephon an den Kopf geschleudert hatte. Die zerstörte politische Karriere: Mich haben sie nicht beachtet, nur meinen großen Bruder, den Bischof. Ich habe nie einen wirklichen Freund gehabt. Alle waren immer nur deine Freunde. „Ich wünschte, er wäre bei uns, Eileen. Wie geht es dir?"

„Oh, ganz gut. Der Job ist langweilig, aber da kann man nichts machen." Dank ihrem Schwager und Mike Furia war sie Empfangsdame in der Baugesellschaft der Gebrüder Furia.

„Und wie geht's Timmy?"

„Matt, ich möchte dir nicht deinen großen Tag verderben. Aber –"

„Sei nicht albern. Raus damit."

„Ach, Matt. Er will nicht mit mir sprechen. Er scheint in einer anderen Welt zu leben. Ich habe Tabletten gefunden ..."

„Was macht sein Studium?" Timmy war ein guter Schüler gewesen, und Matthew Mahan hatte einige Hebel bei den Jesuiten in Bewegung gesetzt, um ihm ein Stipendium an der St.-Francis-Xavier-Universität zu verschaffen.

„Ich weiß es nicht. Ich sehe ihn nie lernen. Er ist auch nie daheim. Manchmal bin ich so fertig, daß ich – daß ich einfach nur dasitzen und heulen kann."

Matthew Mahan rief sich das Bild seines Neffen vor Augen, wie er ihn das letzte Mal vor sechs Monaten gesehen hatte. Das Lausejungengesicht mit dem halb wissenden, halb spöttischen Lächeln – demselben Lächeln wie das der Mädchen in St. Monica.

„Wir werden bald einmal in Ruhe miteinander reden können. Bitte deinen Chef um Urlaub für eine Romreise."

„Für eine Rom–? Du meinst, zu deinem –"

„Na, sicher. Ich hätte gern, daß ihr beide, du und Timmy, mit dabei seid. Wir werden schon jemand finden, der inzwischen auf die Kleinen aufpaßt."

„Oh, Matt, ich freue mich ja so! Ich kann's gar nicht erwarten
– er wird ganz weg sein –"

„Gute Nacht, Eileen. Ich werde für Timmy beten."

Wenn sie dich hassen würde, dachte er, während er auflegte, wäre
es besser. Liebe konnte Haß überwinden, aber was konnte Liebe mit
einer zertretenen Qualle anfangen? Nein, das war zu hart. Eileen tat
ihr Bestes, um eine Bürde zu tragen, für die sie zu schwach war.

Er ging in sein Schlafzimmer, um sein tägliches Pensum fertig zu
lesen, und schlug die letzte Seite auf.

> „Kommt, laßt uns zum Herrn zurückkehren.
> Er hat uns gezüchtigt, Er wird uns auch heilen.
> Er hat uns geschlagen, Er wird uns auch pflegen."

Sekundenlang verschwammen die Zeilen vor Matthew Mahans
Augen. Er wischte die Tränen fort und las das Schlußgebet.

> „Hilf uns stark genug sein, Vater,
> Dich über alles zu lieben
> und unsere Brüder und Schwestern um Deinetwillen."

DENNIS MCLAUGHLIN rief Eddie Johnson an und ersuchte ihn, den
Wagen zu holen. Eddie war im Begriff gewesen, zu Bett zu gehen.
„Unser Boß kann wohl Tag und Nacht nicht voneinander unterschei-
den."

„Ich könnte ein Taxi nehmen."

„O nein. Wenn er sagt, der Wagen muß her, dann muß er eben
her."

Wenigstens, dachte Dennis, werde ich nun endlich Vincent Disalvo
kennenlernen. Er hatte an einigen von diesem radikalen Priester an-
geführten Protestmärschen teilgenommen, war aber nie Mitglied seiner Liga für Frieden und Freiheit geworden. Eigentlich, gestand sich
Dennis düster ein, war meine Laufbahn als Aktivist vorüber, seit ich
letztes Jahr aus Yale in die Stadt zurückgekehrt bin. Vergeblich sagte
er sich, daß ihn gute und ausreichende Gründe dazu bewogen hatten,
diese ungestüme Art Leben aufzugeben: Er war dreißig Jahre alt,
und der Egoismus, das oberflächliche Denken, der neurotische Haß
so vieler Radikaler hatten seine Begeisterung gedämpft.

Daß er sich jetzt pflichtschuldig daran erinnerte, half nicht. In Yale
war er der Geistliche in Zivil gewesen, der die Möglichkeit genoß,
den weißen Protestanten und den Juden zu zeigen, daß ein katholischer Priester nicht nur denken, sondern auch fühlen konnte. Nun

waren Denken und Fühlen verboten, ausgenommen auf Anordnung des designierten Kardinals Mahan. Er mußte ebenso wie Pfarrer Vincent Disalvo, die Kapläne Novak und Cannon und all die übrigen „geringeren Hirten" Gehorsam leisten. Hör auf, befahl sich Dennis, hör auf. So schlecht ist es auch wieder nicht. Sein Bruder Leo hatte ihn eingeholt. Er machte jetzt die Jahre wett, in denen Dennis Mutters Liebling gewesen war, das Vorbild, dem es nachzueifern galt. Nun war Leo der Mann der Tat, der Unbequeme, während der gute alte große Bruder als der bemitleidenswerte Gefangene des Establishments festsaß. Leos Herablassung schrie zum Himmel. Aber die Tücke, die Dennis ihm am schwersten zu verzeihen fand, war die Probe der Enthaltsamkeit. Im vergangenen Jahr hatte er in einem schwachen Augenblick seine Leiden eingestanden. Und Leo sorgte dafür, daß er das nie vergaß. Er machte es sich zum Prinzip, sich mit gewissen Mädchen mehr als nur beiläufig zu befassen, um dann vorzuschlagen, daß sie auf sein Ersuchen hin jederzeit bereit wären, Dennis' Problem zu lösen. Und alles, was Dennis tun konnte, war, gequält zu lächeln. Nein danke, ich ziehe es vor – was?

„St. Sebastian", verkündete Eddie Johnson.

Es hatte zu regnen begonnen. Dennis betätigte die Türglocke des Pfarrhauses. Ein kleiner Priester mit einem dicken Bauch öffnete. Dennis stellte sich vor, fragte nach Pfarrer Disalvo und erfuhr, daß dieser bei einer Versammlung drüben in der Schule war.

Die St.-Sebastian-Schule war von Kirche und Pfarrhaus durch einen großen Schulhof getrennt. Das Gebäude lag nun im Dunkeln bis auf die hellerleuchteten Fenster im obersten Stock. Dennis stieg schwerfällig sechs Treppenabsätze hinauf. Am letzten angelangt, hörte er Stimmen heftig diskutieren.

Disalvo saß auf einem Pult. Einige seiner Gehilfen lehnten, die Beine auf dem Tisch, seitlich von ihm in ihren Stühlen. Hinter ihm, von Schwarzen umgeben, Schwester Helen Reed. Sie starrte Dennis mit tiefer Abneigung an – denselben Ausdruck hatte er am Vormittag in St. Monica auf ihrem Gesicht gesehen.

„Was können wir für dich tun, Freund?" fragte Disalvo. Seine Fistelstimme brachte einen aus der Fassung. Er hatte gewelltes schwarzes Haar, ein rundes Gesicht und trug ein blaues Arbeitshemd und schmutzige Drillichhosen.

„Mein Name ist Dennis McLaughlin, ich bin der Sekretär des Kardinals. Seine Eminenz möchte Sie sofort sprechen. Der Wagen wartet draußen."

Disalvos Miene verfinsterte sich. „Weshalb möchte er mich sprechen? Ich würde vorher gern diese Versammlung beenden."

„Seine Eminenz fühlt sich nicht wohl. Er möchte früh zu Bett gehen."

„Mensch, was er nicht sagt!" spottete ein großer, dünner Farbiger.

„Na gut", sagte Disalvo, „wenn es euch Typen nichts ausmacht zu warten? Es wird wahrscheinlich nicht länger als eine halbe, äußerstenfalls eine Stunde dauern."

Man war offensichtlich nicht begeistert, murmelte aber, daß man warten wolle. Auf der Stiege sagte Disalvo: „Ich fahre wohl besser schnell in meine Priesterkluft."

„Keine schlechte Idee", meinte Dennis.

„Wo drückt den Herrn und Meister denn der Schuh?"

„Soviel ich weiß, handelt es sich um Ihren Protestmarsch."

„Es ist kein Marsch", sagte Disalvo. „Man könnte es eher eine Erkundung nennen. Ich frage mich wirklich, wie lange ich mir das noch gefallen lasse. In den Palast geschafft zu werden wie ein Tribun auf Befehl des Kaisers."

„Sie finden es wohl an der Zeit, ein Volkstribun zu werden?"

„Ganz recht. Allerhöchste Zeit sogar."

Der Kardinal erwartete sie in seinem Arbeitszimmer, die Beine bequem auf den Louis-seize-Tisch gelegt. „Hallo, Vinny", rief er mit einer Herzlichkeit, die in Dennis' Ohren stark geheuchelt klang. *„Buona sera, caro."*

Trotz und Wildheit waren wie weggeblasen. „Hallo, Eminenz", sagte Disalvo und streckte die Hand aus. „Meinen Glückwunsch."

Matthew Mahan ergriff sie, ohne sich die Mühe zu machen, die Beine vom Tisch zu nehmen. „Setzen Sie sich, Vinny. Möchten Sie etwas trinken?"

„Nein, danke", antwortete Disalvo, dessen Blick nervös umherschweifte.

„Hoffentlich habe ich Sie nicht aus dem Bett geholt."

„Nein, nein. Um die Wahrheit zu sagen, ich hielt gerade eine Versammlung ab. Die Liga für Frieden und Freiheit."

„Oh, es tut mir leid, daß ich Sie dabei gestört habe, aber vielleicht erklären Sie mir, worum es ging, und sparen sich auf diese Weise einen Bericht."

„Nun ja, wir diskutierten über den Ausflug, den wir morgen zur Universität unternehmen wollen, und darüber, wie wir die Studenten aus ihrer Gleichgültigkeit aufrütteln können."

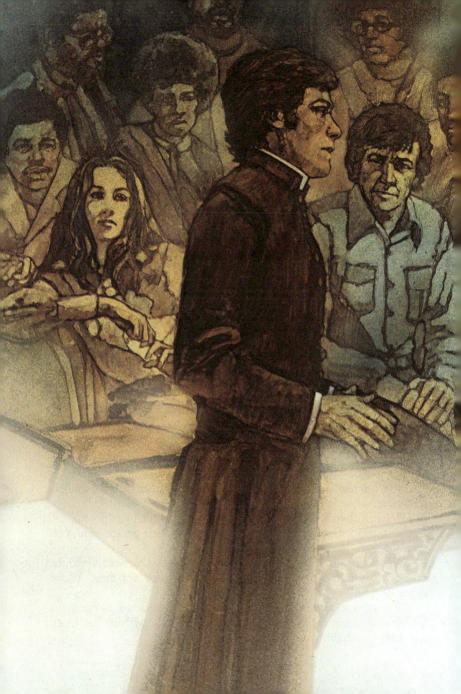

„Ausflug?" fragte Matthew Mahan. „Fahrt ihr mit dem Bus?"
„Nein, wir haben vor, zu Fuß zu gehen."

„Ein Marsch?" Der Tonfall war noch immer herzlich, aber es
schwang eine leise Drohung mit. „Denken Sie daran, was ich Ihnen
darüber gesagt habe, Vinny."

„Wir betrachten es mehr als – als eine Erkundung, Eminenz. Nur
ein paar Dutzend Leute. Man braucht keine Genehmigung, wenn
nicht mehr als fünfzig Personen daran teilnehmen."

„Werdet ihr Spruchbänder tragen?"

„Doch, ja, ein oder zwei vielleicht."

„Nein. Kommt nicht in Frage. Wie viele Studenten erwarten Sie?"

„Keine Ahnung", sagte Disalvo, „vielleicht zweihundert."

Matthew Mahan brach in ehrliches Gelächter aus. Dennis war
empört. Er hegte keine große Sympathie für rhetorische Terroristen
von der Sorte Disalvos, aber der Mann meinte es aufrichtig. Es war
schon schlimm genug, ihn einzuschüchtern, aber ihn auszulachen, war
ekelhaft.

„Vinny, ich lache keineswegs über *Sie*", sagte Matthew Mahan.
„Ich denke nur an unser altes Gackerhuhn, wie wir den guten Reagan
hier nennen, weil er immer in heller Aufregung über irgend etwas
ist. Er hat mir erzählt, Sie kämen mit zehntausend kreischenden
Schwarzen, um sich fünftausend aufgebrachten Studenten anzuschließen. Verstehen Sie nun, womit ich fertigwerden muß?" Der Kardinal
nahm einen tiefen Zug aus seiner Zigarette und blickte sie dann reue-
voll an.

„Ich darf eigentlich nicht mehr rauchen." Er drückte sie aus. „So.
Wir regeln die Angelegenheit am besten gleich. Konkret: Was soll
sich morgen abspielen?"

„Ich möchte eine Abordnung der Liga für Frieden und Freiheit
anführen. Zwanzig Farbige und sechzehn Weiße. Von St. Sebastian
zum Universitätsgelände, wo ich um drei Uhr eine Rede halten soll."

„Fahren Sie mit dem Bus zur Universität hinaus. Kein Marsch."

„Eminenz", sagte Disalvo verzweifelt, „ich kann diesen Vorschlag
nicht zurückziehen. Ich würde jeglichen Einfluß verlieren. Die Schwarzen werden von Tag zu Tag militanter."

„Sie wissen, wie sehr mir die Leute am Herzen liegen, Vinny. Ich
habe mich für sie eingesetzt, als es nicht einmal ein halbes Dutzend
Katholiken in diesem Land gab, die den Mund aufgemacht hätten.
Ich bin einer der Gründer der katholischen Rassenintegrations-
bewegung."

„Ja, Eminenz. Aber die Situation hat sich geändert –"

„Ich weiß, und Sie sehen die neuen Verhältnisse realistisch. Deshalb habe ich Ihnen auch jede Freiheit erlaubt, die Sie meiner Ansicht nach verkraften können, aber viele meinen, daß ich zu großzügig gewesen bin. Sie haben keine Vorstellung davon, wieviel Zeit ich darauf verwende, Sie zu verteidigen. Ich bin auf *Ihrer* Seite, Vinny. Aber vergessen Sie nie, was ich Ihnen über den Kragen, den Sie tragen, gesagt habe. Sollte ich je gezwungen sein, Ihnen den abzunehmen, kräht in zwei Wochen kein Hahn mehr nach Ihnen. Man schenkt Ihnen Aufmerksamkeit, weil Sie Priester sind. Und *weil* Sie Priester sind, müssen Sie Verantwortungsbewußtsein zeigen. Schauen Sie mir in die Augen, und sagen Sie mir, ob Sie wirklich glauben, daß Ihr Ansehen darunter leiden würde, wenn Sie diese Erkundung absagen." Die Art, wie er das aussprach, würdigte den bloßen Gedanken daran zur Idiotie herab.

„Doch, Eminenz, ich schwöre es."

„Dann lassen wir es meinetwegen dabei. Aber begrenzen Sie die Zahl auf zwanzig."

„Gut, Eminenz."

„Dennis, verbinden Sie mich mit Pater Reagan."

Dennis wählte die Nummer der Universität. „Phil", dröhnte Matthew Mahan ins Telephon. „Pfarrer Disalvo ist eben hier. Er wird Sie morgen besuchen. Wissen Sie, wie viele Leute er mitbringt? Zwanzig! Ja, Sie haben richtig gehört. Ursprünglich waren es sechsunddreißig, doch als er erfuhr, wie nervös Sie sind, hat er sich mit zwanzig begnügt – als Geste der christlichen Nächstenliebe. Er sagt auch, er erwartet nur an die zweihundert Studenten. Beruhigt, Phil? Also schlafen Sie gut. Niemand wird morgen Ihr Büro stürmen." Seufzend legte Matthew Mahan auf. „Nun, Vinny, worüber werden Sie morgen sprechen?"

„In erster Linie werde ich Nixon attackieren. Und den Krieg. Ich will versuchen, mehr Studenten von der Verbindung zwischen dem Krieg und der Armut der farbigen Bevölkerung zu überzeugen."

„Dem kann ich zwar nicht beistimmen, aber – sei's drum. Und denken Sie daran: Kein Wort über Gewalttätigkeit, nicht die leiseste Andeutung, daß es in dieser Stadt zu Krawallen kommen könnte."

„Das habe ich schon letztes Mal verstanden, Eminenz."

„Ich möchte nur sichergehen, daß Sie es nicht vergessen haben." Er streckte die Hand aus. „Danke, daß Sie gekommen sind, *amico mio*."

Als Pfarrer Disalvo zum wartenden Wagen hinausging, blickte

Dennis auf die Uhr. Es war halb zwölf. Disalvos Anhänger, einschließlich Schwester Helen Reed, hatten also, wenn überhaupt, eineinhalb Stunden gewartet. Nicht gerade ein seinem Charisma förderliches Erlebnis. War Seine Eminenz sich darüber im klaren? Wandte er die negativen Spielarten der Macht auf so subtile Weise an?

„Sagen Sie mir offen, Dennis, was glauben Sie, wie ihm nach diesem Handel eben zumute ist?"

Dennis überraschte die Frage zu sehr, als daß er Zeit gefunden hätte, nach einer diplomatischen Antwort zu suchen. „Ich glaube, er hat eine Stinkwut", sagte er.

„Wirklich?" Zu Dennis' Erstaunen malte sich Bestürzung, echte Bestürzung, auf Kardinal Mahans Gesicht.

VI

UND GELD – ihr könnt euch einfach nicht vorstellen, wie er mit Geld umgeht. Er ist eine Einmanngesellschaft, mit anderen Worten, es gehört ihm buchstäblich alles. Die Erzdiözese besteuert jede Pfarrgemeinde mit fünf Prozent. Das summiert sich zu runden vier Millionen Dollar – die jährliche Sammelaktion nicht gerechnet."

„Das ist ja hochinteressant", sagte Leo McLaughlin, indem er seinem Bruder noch einen Whisky in die Hand drückte.

Du redest zuviel, flüsterte eine schläfrige Stimme in Dennis' Schädel. Aber er kümmerte sich nicht darum. Er sprach nicht zu Leo und dessen Frau Grace, die mit offenem Mund auf dem Sofa saß. Nein. Sein Publikum war eine junge Frau in einem blaßrosa Kostüm mit einem Rock, der gute zwei Handbreit über den Knien endete. Er sprach zu dem dunklen Haar, das in einer schimmernden Flut über ihren Rücken floß, zu den Rundungen der nylonbestrumpften Beine, zu den Brüsten, die eine liebliche Mulde bildeten, in der ein Goldkreuz ruhte. Falls Schwester Helen Reed von seinen Offenbarungen beeindruckt war, so zeigte sie es nicht. Ein kleines Mona-Lisa-Lächeln war alles, was sie Dennis schenkte.

„Er hat den Stil eines Renaissancefürsten. Vermutlich eine Reaktion auf die Weltwirtschaftskrise, in der sein Vater seine gesamten Ersparnisse verloren hat. Er zahlt mir sechshundert Dollar im Monat. Ich konnte es zuerst kaum glauben. Dreimal soviel wie ein Kaplan kriegt. Aber er lachte nur und sagte, ich müßte ja auch dreimal soviel arbeiten."

„Wird er einen Finanzbericht veröffentlichen?" fragte Helen.

„Nicht, wenn er es umgehen kann. Der Kanzler, Terry Malone, ist dagegen, und Matt geht mit ihm konform. Ich habe Zahlen in dem Entwurf des Berichtes gesehen, die er sicher nicht veröffentlichen möchte. Die Betriebskosten für die erzbischöfliche Residenz zum Beispiel: 32 567,80 Dollar. Und ein Posten, der unter Reisespesen läuft: 26 896,50 Dollar."

„Und uns will er nicht einmal fünfundzwanzigtausend für unser Innenstadtprojekt geben", sagte Helen Reed.

„Vorsicht", warnte Dennis. „Keine revolutionären Äußerungen, bitte. Habe ich Ihnen nicht gesagt, daß ich meinen Kopf aufs Schafott legen muß, wenn ihr Mädchen versucht, zu irgendwelchen drastischen Maßnahmen zu greifen? Laßt lieber Disalvo den Radikalen vom Dienst spielen."

„Der ist ein Hampelmann", sagte Schwester Helen.

Das klang befriedigend. Dennis hatte angenommen, daß Schwester Helen für Disalvo, den streitbarsten Pfarrer der Stadt, schwärmte. Ihre Haltung stachelte ihn zu weiteren Enthüllungen an. Er begann mit der Schilderung, wie der Kardinal Disalvo eingewickelt hatte. Dann folgten die Sorgen über die Sammelaktion, die nicht nach Wunsch zu verlaufen schien, und danach, daß nicht einmal ein Bericht des Unterausschusses über den Gesetzentwurf für die Subventionierung der Pfarrschulen vorlag. Dennis sprach und sprach, während Leo ihm den nächsten Whisky in die Hand drückte. Schwester Helen lächelte mittlerweile, ja sie lachte sogar über McLaughlins herabsetzende Sticheleien, als er den Niedergang des Jesuitenordens beschrieb.

Sie saßen nun bei Tisch und aßen *vitella parmigiana,* wie nur Grace, geborene Conti, es zubereiten konnte. Der Wein floß in Strömen. „Leo", sagte Dennis und erhob sein Glas, „laß mich auf deine diplomatischen Fähigkeiten einen Toast ausbringen." Dieser „Österliche Waffenstillstand", wie er es nannte, zwischen Dennis und Schwester Helen war Leos Idee gewesen. Dennis hatte sie am Anfang des Monats zu einer Besprechung in sein Büro gebeten, doch sie hatte ihm eisig erklärt, daß sie zu beschäftigt sei. Als er dies bei einem Telephongespräch mit Leo erwähnte, erfuhr er, daß Helen und Grace alte Schulfreundinnen aus St. Monica waren. Für Leo war es ein leichtes, herauszufinden, daß Helen wegen ihrer Fehde mit ihrem reaktionären Vater für den Ostersonntag nichts Besonderes vorhatte. So wurde das Festessen arrangiert.

Aber Dennis war auf das schicke, schöne Mädchen, das ihn im

Wohnzimmer seines Bruders begrüßte, nicht vorbereitet. Er murmelte sinnloses Zeug und gewann erst nach dem ersten Drink Bruchteile seiner gewohnten Gewandtheit zurück. Als er Leo jetzt durch den Alkoholschleier anlächelte, fühlte er sich großartig.

„Was wollen wir in Sachen Kirche unternehmen?" fragte Leo in ernstem Ton, als er Dennis sein Glas entgegenhob.

„Kleiner Bruder, du sprichst mit einem Intellektuellen. Wir unternehmen gar nichts. Wir reden nur darüber."

„Vielleicht wäre es an der Zeit für Sie, den Auftakt zu machen", warf Schwester Helen mit verführerischer Stimme ein.

„Ist dir denn nicht klar", sagte Leo, „daß du in der Lage bist, die ganze lausige Schau hochgehen zu lassen? Du sitzt an einer wichtigen Stelle in einer der bedeutendsten Erzdiözesen der Vereinigten Staaten. Bekommst du sein Scheckbuch zu sehen?"

„Ich stelle die Schecks aus."

„Phantastisch. Du siehst ihn also in Aktion. Da verfügt er uneingeschränkt über zehn Millionen Dollar im Jahr und braucht niemand Rechenschaft abzulegen. Hat er etwas davon für – fragwürdige Zwecke verwendet?"

Ein Achselzucken von seiten des erstarrten Sekretärs. „Alle Rechnungen seiner Schwägerin kommen zu uns. Sie ist Witwe."

Leo begann Fragen zu stellen wie die Karikatur eines CIA-Beamten. Ob es eine Kopiermaschine im Büro gäbe? Ob er Zugang zu Mahans gesamter Korrespondenz habe? Wie weit er sie zurückverfolgen könne? Wie wäre es damit, das Telephon anzuzapfen? Aber nein, das ist ganz einfach. Wenn er dich erwischt, kann er dich nicht mal ins Gefängnis bringen. Das würde sein erzbischöfliches Ansehen ruinieren.

„Sie wären wieder im Slum und könnten mit Leuten arbeiten, die Ihnen wirklich etwas bedeuten", sagte Schwester Helen.

Irgendwie kam, durch den Alkoholnebel hindurch, beinah ein Schrei über Dennis' Lippen: mein Priestertum, mein Priestertum, versteht denn das keiner von euch? Aber offenbar tat das niemand.

So blieb Dennis' Einwand unausgesprochen, und bei einem Glas Portwein hörten sie Leo zu, wie er seine „Theologie der Tat" entwickelte. Der Weg, die Wahrheit und das Leben sind alles eines, nämlich die Tat, und ohne sie gibt es nichts.

Es ist zum Kotzen, dachte Dennis und umklammerte sein bereits wieder gefülltes Glas, als könnte er sich daran aufrecht halten. Er lauschte denselben revolutionären Ideen, die er selbst vor zwei Jahren

verkündet und seither abgelegt hatte. Aber plötzlich schwamm Leo in einem neuen, aufregenden Fahrwasser. Die katholische Kirche in diesem Land ist eine der wenigen Institutionen, in denen die Erwartungen der Menschen schneller stiegen, als das Establishment sie erfüllen kann. Das ist der Augenblick, wo Revolutionäre zuschlagen müssen. Die Sentimentalen werden schreien, laßt ihnen Zeit, sie tun ihr Bestes. Unsinn, kein Establishment trennt sich je freiwillig von seiner Macht. Schwester Helen wandte sich mit einem bewundernden Lächeln an Dennis. „Das klingt alles so plausibel."

Ihm machte sie ein Kompliment, ihn betrachtete sie als Quelle dieser Weisheit! Mit einemmal verschmolzen die verschiedenen Aspekte der Situation vor Dennis' ohnehin getrübtem Blick. Sich im Glanz von Schwester Helens Lächeln sonnend, erklärte er sich kühl bereit, Leo aus Matthew Mahans Akten mit genügend Material für ein Buch zu versorgen, das die Erzdiözese, ja vielleicht sogar die ganze katholische Kirche in Amerika, erschüttern würde. Nicht, daß Leo dieses Buch je schreiben würde oder Dennis es für wert hielt, geschrieben zu werden. Leo war ein viel zu großer Schussel, und Matthew Mahans Tagesablauf bot im Grunde keinen Anhaltspunkt für einen Angriff. Nein, Dennis McLaughlin hatte ein anderes Motiv. Bei dem Gedanken an seine wenig angenehme Unterhaltung mit dem Kardinal über den Zölibat sah er plötzlich, wie er diese Frage lösen konnte.

Der Abend endete mit einer langen, kalten Taxifahrt zurück in die Stadt. Dennis hatte forsch darauf bestanden, Helen heimzubegleiten, und riß nun seine Witze, als sie über einen Waffenstillstand zwischen Kardinal Mahan und Schwester Agnes Marie verhandelten. Dann, im Halbdunkel des Hausflurs vor ihrer Tür, spürte er ihren Blick auf sich ruhen, bevor sie den Schlüssel herausnahm und ihn ins Schloß steckte. Sie wandte sich ihm zu, und er fragte: „Wären Sie schockiert, wenn ich Sie küßte?"

„Ein Friedenskuß?"

„Man könnte es so nennen."

Er küßte sie fest auf die Lippen. Unbeschreibliche Empfindungen rannen durch seinen Körper. Wann hast du das letzte Mal eine Frau geküßt? Mit siebzehn, in der Nacht des Abschlußballs, die Tanzpartnerin, die dir deine Mutter ausgesucht hatte. Sei ehrlich: Du bist beim Abschied unerklärlicherweise geküßt *worden*. Die Antwort auf deine Frage lautet also: niemals. Diese Erkenntnis brachte Dennis McLaughlin den Tränen nahe.

AM SELBEN Ostersonntag abend saß Matthew Mahan allein in seinem Arbeitszimmer und schrieb einen Brief.

Liebe Mary,
vielen Dank für Dein Telegramm und den darauffolgenden Brief. Das alles ist für mich noch wie ein Traum. Ich kann es fast nicht glauben, daß ich in drei Wochen in Rom vor dem Papst knien werde.
Wie üblich war dies die schrecklichste Woche im Jahr für mich. Ich versuche, alle Feierlichkeiten, die während der Karwoche in der Kathedrale stattfinden, selbst zu zelebrieren und nebenbei mein normales Arbeitspensum zu erledigen. Das hat mich und meinen Sekretär zermürbt.
Er ist neu hier. Habe ich Dir schon gesagt, wie er heißt – Dennis McLaughlin? Ich kann mich nicht erinnern, wann ich Dir das letzte Mal geschrieben habe. Er ist bei den Jesuiten ausgerissen, weil er offenbar das intellektuelle Pingpong satt hatte und erkunden will, wie es in der rauhen Wirklichkeit zugeht. Ich habe ihn aus einer unserer Stadtpfarren geholt, und ich bin nicht sicher, ob ich ihn halten kann. Wie so viele junge Leute ist er wie vor den Kopf geschlagen, wenn er mit jemand meines Alters sprechen soll. Aber er ist genau die Hilfe, die ich brauche – er hat Kontakt mit der Jugend und arbeitet hart.
Wir werden vom 27. April bis 6. Mai in Rom sein. Demnach müßten wir eigentlich mehr als genug Zeit finden, dem Tre Scalini einige Besuche abzustatten. Ich könnte Dir als Antwort auf so vieles, was Du kürzlich über die Vorgänge in der Kirche gesagt hast, eine ganze Predigt zum Thema Geduld schreiben. Aber es wird uns viel mehr Spaß machen, Auge in Auge darüber zu diskutieren.   In tiefer Zuneigung, wie immer, Matt

Der Kardinal adressierte und frankierte den Brief und stand dann seufzend auf. Es war an der Zeit, sich auf den Weg in die Stadt zu machen, wo er die Familie seines Bruders zu einem Osteressen in den *Athletic Club* eingeladen hatte. Er blickte sehnsüchtig auf seine Muschelsammlung. Er hatte einige weitere tausend sorgfältig katalogisierte Exemplare im Keller gelagert und pflegte mindestens einen erholsamen Abend im Monat damit zu verbringen, seine „Ausstellungskollektion" zu wechseln, Neuerwerbungen zu katalogisieren und zu entscheiden, welche Stücke zum Tausch geeignet waren. Aber jetzt konnte er schon seit Ewigkeiten keinen einzigen Abend mehr erübrigen.

Eileen und die sieben Kinder warteten im Foyer. Alle außer Timmy hatten neue Kleider an, die auf Matthew Mahans Kosten gingen. Der Kardinal führte nicht Buch darüber, wieviel er Eileen gab; es schien

jedoch nie genug zu sein. Sie konnte nicht gut mit Geld umgehen. Aber das war nicht der Augenblick für kritische Gedanken. Er beeilte sich, die Kinder zu begrüßen.

„Timmy, wie geht es dir?" Timmy, langhaarig und in einer Army-Drillichjacke mit etwa einem Dutzend Plaketten, die für Frieden und mehr Macht für das Volk warben, antwortete nur mit einem schlaffen Händedruck.

Er wandte sich den fünf Mädchen zu, begrüßte jedes mit Namen und sagte ihnen, wie hübsch sie alle aussähen. Leider stimmte das nicht – sie hatten ausnahmslos die vorstehenden Zähne und das spitze Kinn ihrer Mutter geerbt. Dann beugte er sich zu seinem Liebling, dem kleinen Matt, nieder, einem schönen Kind mit dem pechschwarzen Haar des Vaters. Er ergriff die kleine, ausgestreckte Hand.

„Und wie geht's dir, junger Mann?"

„Gut, Eure Eminent."

„Eure was?"

Die Mädchen begannen zu kichern, und sogar Timmy lächelte.

„Eure Eminenz", verbesserte ihn seine Mutter.

„Eure Eminent", wiederholte Matt unbeirrt.

„Jetzt hör mal zu", sagte Matthew Mahan. „Niemand in der Familie soll mich so nennen. Ich bin Vater Matt, wie immer. Du nennst einen Baseballspieler ja auch nicht bei einem anderen Namen, wenn er zu einem anderen Team kommt, nicht wahr? Nun, ich bin eben zu den Kardinälen gekommen."

Matt II. grinste. „Wo wirst du denn spielen?"

„Wo sollte ich denn deiner Meinung nach spielen?"

„Im Mittelfeld. Wo die harten Schläger stehen." Alle lachten.

Trotz dieses unterhaltsamen Beginns fand Matthew Mahan das Essen deprimierend. Die Mädchen kicherten und zankten. Mit Eileen eine Unterhaltung in Gang zu bringen war eine mühselige Angelegenheit. Mit Timmy war überhaupt nichts anzufangen. Er hatte immer gehofft, daß Timmy Priester werden würde. Aber mit siebzehn hatte der Junge eine Wandlung vom überzeugten Gläubigen zum trotzigen Zyniker durchgemacht. Nun reagierte er auf die Einladung seines Onkels, ihn nach Rom zu begleiten, mit einem mürrischen Achselzucken.

Matthew Mahan war froh, als der Kellner mit der Rechnung kam. Noch fünf Minuten, dann beförderte er seine Nichten und Neffen in ein Taxi. Er schob Eileen zwei Fünfzigdollarscheine in die Hand. „Für den Fall, daß du etwas für die Reise kaufen möchtest."

Niedergeschlagenheit wand sich erstickend an Matthew Mahan hoch wie ein großes Reptil. Während er sich von einem Taxi heimbringen ließ, quälte ihn wieder dieses neue Gefühl der Hilflosigkeit, als er daran dachte, wie wenig er eigentlich für seine Schwägerin und die Kinder tat. Wenn nur Charlie noch am Leben wäre . . .

Aber wenn er noch am Leben wäre, wäre er auch nach wie vor ein Trinker, und Trinker sind keine guten Väter. Du weißt auch, daß es diese sieben Kinder waren, die sein Leben zerstörten. Vor allem die fünf Mädchen. Seine letzten zwei Jahre waren ein einziger Alptraum gewesen. Wieder und wieder hatte er Matthew seine Demütigung und seinen Selbsthaß am Telephon ins Ohr geschrien: Wie denkst du über die Geburtenkontrolle, Bischof? Nach Nummer sieben hat meine Frau nämlich gesagt, basta. Mein ach so gutes römisch-katholisches Eheweib, Eileen. Und was hat sie getan, um sicherzugehen? Sie hat mich einfach aus dem Bett rausgeschmissen. Du und ich, lieber Bruder, pardon, verehrter Bischof, führen nun beide ein Leben in Keuschheit. Wie gefällt dir das?

Bitte, Charlie, sei ruhig, flehte er. Wenn es darum ging, seinen älteren Bruder zu peinigen, hätte Charlie Mahan ebensogut neben ihm im Taxi sitzen können, anstatt stumm unter einem Grabstein zu liegen. Aber es ist verständlich, sagte sich Matthew Mahan, während er sich bemühte, seine Gedanken wieder unter Kontrolle zu bringen. Da vorne an der nächsten Ecke ist die Kit-Kat-Bar. Vor vier Jahren war Charlie um drei Uhr morgens betrunken aus dieser Bar und direkt in einen Autobus gestolpert.

„Macht dreizwanzig, Eminenz", sagte der Taxifahrer.

Als Matthew Mahan die Residenz betrat, stand er ganz unter dem Bann grenzenloser Schwermut. Da vernahm er plötzlich ein seltsames Geräusch. Gelächter, das gedämpft durch die geschlossenen Türen des Wohnzimmers drang. Gab Dennis eine Party? War die Revolution schon bis hierher vorgedrungen? Dann hörte er eine Stimme mit unverkennbarer irischer Klangfärbung: „Er wird uns mit einer Flut von Verwünschungen an die Luft setzen."

Matthew Mahan öffnete die Tür und erblickte einen betagten Geistlichen mit einer langen, schnabelgleich vorspringenden Nase, der frohgemut den erzbischöflichen Vorrat an irischem Whisky plünderte. Neben ihm saß ein vierschrötiger, dunkelhaariger Mann mit schief hängender Krawatte. „Keine Angst, ich stelle ihm einen Scheck aus", krächzte er vergnügt.

„Was heißt hier Verwünschungen – ich hole einfach die Polizei."

„Matthew, mein Junge!" rief Weihbischof David Cronin, indem
er zur Begrüßung sein Glas hoch erhob.

„Padre", sagte Mike Furia, stand von seinem Stuhl auf und
streckte ihm eine riesige Pranke entgegen.

„Ich habe ihm erklärt, Eminenz", sagte Bischof Cronin, „daß ein
Mann, der mit dem Papst auf du und du steht, sicher keine Zeit für
unseresgleichen mehr hat."

„Ich hab beschlossen, den Bischof zu einem Osterschmaus einzuladen und ihm noch einmal Gelegenheit zu geben, ein ‚Itaker' zu
werden", sagte Mike Furia. „Es ist seine einzige Chance, vor dem
heiligen Petrus Gnade zu finden."

Matthew Mahan nahm all diese versteckten Anspielungen lächelnd
in sich auf. Die drei hatten so manchen erquicklichen Sonntag abend
miteinander verbracht, die Beine bequem auf Hogans antike Prunk-
stücke gelegt, sich gegenseitig beschimpft und die Probleme der Erzdiözese gelöst. Aber in letzter Zeit hatten diese Zusammenkünfte
allmählich aufgehört. Der radikale Zorn des alten Davey Cronin über
die Art und Weise, wie man die Dinge in der Kirche handhabe, war
sogar privat zu einem Ärgernis geworden. Seit vergangenem Juli,
als Papst Paul die Humanae Vitae erlassen hatte, gebärdete sich
Davey wie der personifizierte Widerspruchsgeist. Mike Furia wußte,
wie sehr Matthew Mahans Ausweichtaktik Cronin verletzte, die alte
Kameradschaft wiederherzustellen. Zum Glück waren sie gerade in
einem Augenblick gekommen, als der Kardinal es bitter nötig hatte,
sich an bessere, unbeschwertere Tage zu erinnern. Dieses Bedürfnis
entging den scharfen Augen des Bischofs natürlich nicht.

„Meiner Seel, wenn der nicht Trübsal bläst! Hat dir Rom etwa
den roten Hut wieder entzogen? Mit der Behauptung, daß alles nur
ein Irrtum war? Da könntest du aber schlechtere Nachrichten erhalten, mein Junge! Je mehr ich darüber nachdenke, desto mehr erschreckt mich die Vorstellung, daß du dich so eng an den gegenwärtigen Inhaber des Heiligen Stuhls anschließen sollst."

„In dieser Hinsicht kann ich Ihnen nicht beipflichten. Er tut sein
Bestes."

„Sein Bestes inwiefern? Indem er ein Durcheinander in eine Katastrophe verwandelt? Der Mann versteht von Führung nicht mehr als
ich von Atomphysik. Wenn es mir auch gewaltig gegen den Strich
ging, wofür der alte Pius Pacelli eintrat, nämlich: sollen sie ruhig
die Juden verbrennen, wir machen weiter wie gehabt, so muß man
ihm doch eines lassen: er hatte Format. Er wußte, daß man nicht

sechs Schritte vorwärtsstolzieren kann und fünf auf Zehenspitzen zurückschleichen. Er ging direkt auf sein Ziel los und riß die ganze Kirche mit."

Der alte Davey war unermüdlich in seinem Bestreben, Matthew Mahan zum tonangebenden liberalen katholischen Wortführer der Nation zu machen. Es betrübte den Kardinal, daß seine Weigerung eine Gefahr für ihre Freundschaft geworden war. In diesem Moment fiel das Haustor zu, was ihm half, die unangenehme Pause zu überbrücken. Er spähte in die Halle hinaus. Es war Dennis. "Schon zurück? Ich dachte, Sie würden sich die ganze Nacht um die Ohren schlagen! Leisten Sie uns auf einen Drink Gesellschaft?"

"Ich – ich glaube, ich habe für heute wirklich genug, Eminenz."

"Sie können gern auch starken Kaffee und ein Sandwich haben. Ich brauche jemand, der diesem schrecklichen alten Ketzer die richtigen Antworten gibt." Dennis trat so vorsichtig ein, als ginge er auf Watte. "Hiermit werfe ich euch einen abtrünnigen Jesuiten zum Fraß vor", sagte der Kardinal, als er ihn vorstellte.

"Oh?" sagte Davey. "Jemand mit genügend Verstand, diese intellektuellen Egoisten zu verlassen, dürfte genau der Mann sein, den du hier brauchst."

"Nehmen Sie Platz", sagte Matthew Mahan. "Ich werde den Kühlschrank plündern." Mrs. Norton hatte belegte Brote gemacht, die Kaffeemaschine war gefüllt und brauchte nur eingeschaltet zu werden. Er stellte alles auf ein Tablett und trug es ins Wohnzimmer.

Davey krähte vor Entzücken. "Matthew", sagte er, "du hast mir nichts davon erzählt, daß dein Sekretär ein Historiker ist. Er schmäht mein letztes großes Vorhaben auf Erden."

"Und was wäre das?" fragte Dennis mit einem so entspannten Lächeln, wie Matthew Mahan es an ihm nicht kannte.

"Die ganze verdammte Doktrin von der Unfehlbarkeit niederzureißen und in den Schmutz zu treten, wo sie hingehört."

"Sehen Sie", sagte Matthew Mahan, "er kommt, trinkt meinen Whisky, beleidigt mich, weil ich nicht nach seiner Pfeife tanze, und dann will er den Grundstein der Kirche in die Luft sprengen."

"Den Grundstein, daß ich nicht lache", sagte Cronin. "Den Mühlstein um deinen Hals, Eminenz. Seit dem 18. Juli 1870, dem Tag, an dem dieser Obergimpel, Pio Nono, Seine Heiligkeit Pius IX., diese unerträgliche Lehre proklamiert hat, ist die Kirche auf den Untergang zugesteuert wie einer, der dem Absinth verfallen ist. Die Unfehlbarkeit hat jede Faser des mystischen Körpers Christi ver-

seucht wie ein bösartiges Geschwür, das überall, wo es sich ausbreitet, die Freiheit vernichtet."

„Wie erklären Sie sich dann einen Papst wie Johannes?" fragte Dennis.

„Selbst die hoffnungslosesten Trinker haben lichte Momente. Ihre Freunde sind dann hochbeglückt, die Familienmitglieder jubeln und preisen Gott. Aber wenn man nicht die Destillation, wo dieses verderbliche Zeug gebraut wird, in die Luft jagt, verfällt er bald wieder dem Säuferwahn. Glauben Sie etwa, der nächste Papst wird ein Jota besser sein als der jetzige? Seien Sie nicht dumm. Sie werden diese Macht nicht aus der Hand geben. Man muß sie ihnen entreißen."

„Wie denn?" fragte Dennis interessiert, aber verwundert.

„Durch die Niederschrift der wahren Geschichte des Ersten Vatikanischen Konzils. Durch den Beweis, daß es im Jahre 1870 im Petersdom nicht mehr Freiheit gab als jemals im Kreml. Daß Pio Nono alles anwandte, von der Bestechung bis zur physischen Gewalt, um eine Mehrheit aus den armen Schweinen herauszuschinden, die dort in der Falle saßen. Ein Konzil ohne heilige Freiheit, manipuliert von einem Mann, der durch den Beschluß Einfluß gewinnen wollte.

„Und Sie glauben, Sie können das beweisen?"

„Ich weiß, daß ich es kann. Zumindest werde ich genug Lärm schlagen, um denen dort drüben die Spaghetti zu versalzen und vielleicht einen wirklichen Historiker, wie Sie einer sind, dafür zu interessieren. Verstehen Sie Deutsch? In Deutschland ist nämlich das Gold zu finden. Die besten Deutschen verließen das Erste Vatikanum und schlossen sich zur altkatholischen Kirche zusammen. Sie sagten, die von Pio Nono gegründete Neue Kirche sei eine Ungeheuerlichkeit. Gib diesem Jungen einen Tag frei", wandte sich Cronin an den Kardinal, „damit er ins Seminar hinauskommen und sich mal ansehen kann, was ich geschrieben habe."

„Erwarten Sie etwa, daß ich dieses Buch approbiere?"

„Wenn ich aufrichtig sein soll, nein. Aber wenn du mir aus alter Freundschaft deinen Segen erteilen willst, werde ich nicht ablehnen."

„Wie können Sie mit einem Fuß im Grab so unverschämt sein?"

„Das ist es ja, was mich so unverschämt macht, Matthew, mein Junge. Ich wünschte, ich hätte vor zwanzig Jahren den Mut aufgebracht, als ich noch etwas zu verlieren hatte. Das wäre die wahre Prüfung gewesen, aber ich hab mich gedrückt."

„Soviel will ich gelten lassen", sagte Mahan, „daß das, was Sie da behaupten, erklärt, was beim Zweiten Vatikanum geschah."

„Was meinen Sie?" fragte Dennis.

„Die Deutschen betrieben das Zweite Vatikanum. Sie brachten ganz Europa hinter sich, mit Ausnahme von Spanien. Und dann beförderten sie den Einfluß der Kurie auf das Konzil mit einem Fußtritt ins Meer. Ich wage kaum, daran zu denken, welche Beschlüsse das Konzil gefaßt hätte, wäre Johannes nicht mitten in den Beratungen gestorben. Es wäre durchaus imstande gewesen, der Unfehlbarkeit einen noch größeren Tritt zu versetzen als der Kurie. Aber Montini wurde rechtzeitig Papst, um dem einen Riegel vorzuschieben, und die Deutschen mußten sich mit dem zufriedengeben, was man ihnen zugestand."

„Und das war nicht genug", sagte Bischof Cronin. „Sie hätten dem Heiligen Stuhl eine jährlich gewählte Bischofsversammlung aufzwingen müssen.

„Jetzt machen Sie sich lächerlich", erwiderte Matthew Mahan. „Wenn all das, was Sie über die Kurie sagen, stimmt, warum sind wir dann dabei, uns auf den Weg nach Rom zu machen, um mich in meiner Cappa Magna herumstolpern zu sehen?"

Die alten irischen Augen sahen ihn durchdringend an. *„Romanità"*, sagte Cronin.

„Ich hasse es, wie ein Esel dazustehen, aber was ist das?"

Romanità ist die Art, wie man in Rom gewisse Dinge erledigt. Nehmt nur diesen Menschen hier, der sich auf halbem Weg zwischen Exzellenz und Eminenz befindet – er wird von den Knaben der Kurie als unzuverlässig bezeichnet."

„Ich glaube kein Wort", sagte Matthew Mahan. „Sie alter Revolutionär möchten mich wohl als Kirchenstürmer hinstellen, weil ich einen sehr entschiedenen Standpunkt in der Frage der Geburtenkontrolle vertreten habe. Ich habe eine Menge Material hier in der Diözese gesammelt."

„Dazu gehörte auch dein eigener Bruder", warf Mike Furia ein.

„Ja, auch mein eigener Bruder – Fälle jedenfalls, bei denen die Bemühungen, die Lehre der Kirche von gezielter oder genereller Enthaltsamkeit zu befolgen, zu einer Tragödie führten. Trunksucht, Geisteskrankheit, Zerfall ganzer Familien. Ich habe meine Unterlagen an die Päpstliche Kommission für Geburtenkontrolle geschickt, zusammen mit dem schärfsten Brief, den ich verfassen konnte, in dem ich erklärte, die Kirche müsse meiner Meinung nach ihre Einstellung ändern. Ich hab eigene Umfragen durchführen lassen, um die Ergebnisse der nationalen Meinungsforschung zu untermauern. Ich dachte,

diese Stadt sei besonders repräsentativ, weil man nicht sagen kann, daß wir der herrschenden Verweltlichung unterliegen, wenn zwei Drittel unserer Bevölkerung aus Katholiken bestehen. Und unsere Erhebungen zeigten hier einen größeren Stimmenprozentsatz *für* die Geburtenkontrolle, als im Land allgemein."

Cronin kicherte. Der Blick, mit dem er Matthew Mahan betrachtete, erschien Dennis überraschend liebevoll. Es war das erste Mal, daß er überhaupt daran dachte, jemand könne für Kardinal Mahan Zuneigung empfinden, und er begann zu bedauern, daß er so betrunken war.

„*Romanità* gab es in diesen Erhebungen bestimmt nicht", sagte Matthew Mahan.

„Richtig. Aber *Romanità* hat dich geleitet, als achtundsiebzig amerikanische Theologen eine Schrift veröffentlichten, in der sie den Papst als einen Narren bezeichneten. Stell dir vor, was es ihnen bedeutet hätte, einen Bischof, ja einen Erzbischof auf ihrer Seite zu haben! Aber du hast die Klappe nicht aufgemacht, und dafür kriegst du jetzt deine Belohnung. Das ist *Romanità*."

Matthew Mahan nippte an seiner Milch und zuckte die Achseln. „Möglich. Das ist die einleuchtendste Erklärung, die ich bisher gehört habe."

„*Romanità*", sagte Bischof Cronin, indem er sich an Dennis wandte, „hat eigentlich nur ein Prinzip." Er strich mit der Hand über die Goldumrandung des alten Tisches. „Ruhig, immer alles schön ruhig. Nur ja kein Lärm und kein Geschrei, es läuft trotzdem alles wie geschmiert."

„Das ist zufällig eine Einstellung, die ich teile", sagte Matthew Mahan.

„Dann wundere dich nicht, wieso du den Kardinalshut bekommst. Er bedeutet nichts anderes als ‚Willkommen in unserem Verein'."

Matthew Mahan fand das gar nicht komisch, doch Cronin sprach bereits weiter: „Wenn du nur auf meinen Rat hören wolltest, Matt, könntest du wirklich bahnbrechend wirken. Da hast du einen jungen Mann mit einem klugen Kopf, und wenn er so irisch ist, wie er redet und aussieht, dann führt er zweifellos auch gut die Feder. Laß ihn ein Buch für dich schreiben. In der amerikanischen Kirche besteht im Moment ein intellektuelles Vakuum. Fülle es beherzt mit kühnen Worten."

„Nein. Ich habe Ihnen schon oft genug gesagt, das ist nicht mein Stil. Und vielleicht geht es ein für allemal in Ihren Dickschädel rein,

daß ich Priester bin und kein Intellektueller. Ich werde die in der Diözese ohnehin schon glosende Unruhe nicht noch schüren."

Cronin war nun ernst, zu ernst. „Matt, wann wird es endlich in deinen Dickschädel reingehen, daß du nicht der Priester sein kannst, von dem du träumst, solange du dich nicht gegen diese Bürokraten in Rom stellst? Lassen sie dich sagen, woran du wirklich glaubst, was die Menschen sehnsüchtig erhoffen? Kannst du mit deinen jungen Priestern offen über den Zölibat sprechen? Kannst du den Geschiedenen und getrennt Lebenden helfen? Selbst wenn es dein guter Freund Mike hier neben dir ist?"

Matthew Mahan begann drohend die Augen zu rollen. Dennis machte sich auf einen Wutausbruch gefaßt, aber Bischof Cronin war nicht zu bremsen. „Ah, wenn es darum geht, einen guten Rat anzunehmen, gibt's nichts Schlimmeres als einen Erzbischof. Herz aus Stein und Kopf aus Holz."

Mike Furia brüllte vor Lachen, und Dennis sah ehrlich erstaunt, daß der Kardinal lächelte. Ein etwas verkrampftes Lächeln zwar, aber ein Lächeln. Matthew Mahan, der in Dennis' Gesicht las, dachte: Vielleicht wird dich das überzeugen, daß ich ein Mensch bin.

„Nun", sagte Bischof Cronin, „mag sein, daß wir in Rom einen Weg aus unserem Dilemma finden – oder daß unser Weg in ein neues Dilemma führt."

VII

VON SEINEM Fensterplatz schaute Matthew Mahan hinaus auf die Lichter des Flughafens, die im Dunkel flimmerten. Mit ihm im Flugzeug befanden sich hundertdreißig seiner Gefolgschaft. Als Joe Cohane die Pilgerfahrt im *Leitstern* in Schlagzeilen brachte, hatte die Großartigkeit der Angelegenheit Matthew Mahan etwas beunruhigt. Nun stand hinter ihnen auf der Rollbahn eine zweite, ebenfalls mit Pilgern besetzte Boeing 707. Er sah dem größten Augenblick seines Lebens und einer Woche voller Feierlichkeiten entgegen. Warum also diese leblose, lustlose Traurigkeit?

Der Kardinal seufzte. Er kannte einen Teil der Antwort. Wie Mike Furia, der neben ihm saß. Als Vorsitzender des Finanzkomitees hatte Mike die schlechten Nachrichten überbringen müssen. Die großen Spenden blieben einfach aus. Die Börse war gegenwärtig ein Katastrophengebiet. Wie viele, die sich normalerweise großzügig zeigten,

hatten in den letzten Tagen gesagt: „Wenn die Kurse nur um zwanzig
Punkte steigen, schwöre ich . . ." Die neunmalklugen Computerjun-
gen in der Marketing-Abteilung der Gebrüder-Furia-Baugesellschaft
sagten fünfzig Prozent geringere Zuwendungen voraus.

Krawalle am Jahrestag des Mordes an Martin Luther King und
neuerliche Studentenunruhen verstärkten das allgemeine Unbehagen
und ließen, wie Mike mürrisch erklärte, viele denken „jeder ist sich
selbst der Nächste". Er behauptete auch, Papst Paul VI. hätte sich
nicht eben hilfreich erwiesen, als er am Gründonnerstag sagte, die
Kirche befände sich in einem „Konflikt, der praktisch schon ein
Schisma genannt werden könne". War auch die Kirche im Begriff
auseinanderzubrechen? „Die Leute setzen ihr Geld nicht gern auf
einen Verlierer", hatte Mike gebrummt.

Hör auf, hör auf nachzugrübeln, befahl sich Matthew Mahan. Denk
an Rom, von dem dich jetzt nur noch Stunden trennen, eine Stadt,
in der du dein inneres Gleichgewicht wiederfinden wirst, wenn du die
Kirchen besuchst, die noch von Papst Johannes' rauchiger Stimme
widerhallen. Du wirst wieder seine schweren Bauernhände spüren,
mit denen er dich zum Bischof weihte, die heitere Ruhe in seinen
dunkelbraunen Augen sehen, die Worte hören: „Um dir zu helfen,
an der Hoffnung und dem Glauben festzuhalten, die ich in deinem
Gesicht sehe, Matthew, will ich dir ein Versprechen geben. Ich werde
lange vor dir im Paradiese sein. Sei dir dessen eingedenk, daß ich in
Freundschaft auf dich herabblicke. Wenn du schließlich zu uns berufen
wirst, werde ich der erste sein, dich zu begrüßen."

Wie wenig hatte er in den letzten Jahren an Papst Johannes gedacht. Matthew Mahan, kein Gelehrter, der gewandte Diplomat, der
unübertreffliche Organisator, der irische Charmeur, war zu beschäftigt gewesen, um Zeit zur Besinnung zu finden.

Und Mary. Mary Shea erwartete ihn in Rom.

Er begann sich besser zu fühlen und Mike Furia aufzuziehen, der
vergnügt zollfreien Bourbon in eines der flachen Silberfläschchen goß,
die er in seinem Fünfhundert-Dollar-Diplomatenkoffer mit sich führte.
Mike füllte immer seine Flaschen, wenn er mit dem Flugzeug nach
Europa reiste. Die Preise der Fluggesellschaften verleiteten ihn, sie
seinerseits auszubeuten. „Einmal ein Mafioso, immer ein Mafioso",
sagte der Kardinal.

„Rühre nur nicht daran, dir liegt's auch im Blut", antwortete
Mike. „Der Pastoralassistent hält es für eine gute Idee."

Der rothaarige Jim McAvoy, noch genauso schlank wie damals im

Krieg, als er ein Jahr lang Mahans Assistent gewesen war, folgte seinem Beispiel mit dem Scotch. Neben Jim saß seine schicke blonde Frau Madeline, hinter deren toller Erscheinung sich eine bemerkenswerte Persönlichkeit verbarg. Sie hielt ihre sechs Kinder und bis zu einem gewissen Grad auch ihren Gatten auf Trab und war gleichzeitig eine der aktivsten und bekanntesten Katholikinnen der Stadt. Jetzt, wo sich so viele katholische Ehepaare scheiden ließen, fand Matthew Mahan es immer beruhigend, Jim und Madeline zusammen zu sehen.

„Ich habe gehofft, Sie würden den beiden mal ordentlich die Leviten lesen, Eminenz", sagte Madeline. „Sie benehmen sich wie Rotznasen. Vielleicht liegt es daran, daß sie mit Ihnen nach Europa zurückkommen. Sie bilden sich ein, sie wären wieder beim Militär, und haben vor, mächtig auf die Pauke zu hauen."

„Dafür war ich zuständig", sagte Mike Furia. „Jim mußte sich benehmen. Er war das Aushängeschild für die Predigten des Padre."

In der ersten Reihe der zweiten Abteilung versuchte Dennis McLaughlin zu schlafen. In der vergangenen Woche hatte er jede Nacht bis drei Uhr früh gearbeitet. Aber was ihn wirklich zermürbte, war die wühlende Angst in seinem Körper. Es war sein erster Flug über den Atlantik, und der Gedanke, über diese Wasserwüste hinwegzubrausen, ließ ihn schaudern. Würde die Klaustrophobie noch ärger werden? Was war sie denn anderes als die Angst vor einem plötzlichen Tod, dem Ausgelöschtwerden, bevor er noch an das Leben, die Liebe gerührt hatte? Jetzt, dachte Dennis, hast du einen zweifachen Grund zur Panik. Der Tod kann Verdammnis bedeuten.

Selbstquälerisch ließ er in seiner Phantasie die Szene in Matthew Mahans Arbeitszimmer an sich vorüberziehen, als Seine Eminenz einen Bericht darüber verlangt hatte, wie die Beziehung zwischen Dennis und Schwester Helen Reed gedieh. Befändest du dich in diesem Flugzeug, Dennis, wenn du mit der Wahrheit herausgerückt wärst? Nein. Und diesen engen, weißen, runden Kragen würdest du auch nicht mehr tragen.

Was hast du ihr in jener ersten Nacht gesagt, als du dir das Kollar abgerissen und vom Bett geschleudert hast? Weißt du, was ich immer denke, wenn ich einen Priester mit diesem Kragen sehe? Daß es sich dabei um eine Art geistigen Keuschheitsgürtel handelt, der den Kopf vom Körper trennt. Deshalb redet er auch nur theoretisches Gefasel. Nichts Gehaltvolles, nichts, was von Herzen kommt. Nichts wirklich Menschliches.

Ich möchte dich lieben, hatte sie gesagt. Liebst du mich?

Natürlich. Laß mich dich ansehen. Und anrühren.

Wer bist du, Dennis, jetzt, nachdem sie dir erlaubt hat, ihren Körper zu erforschen, verborgener Lust nachzuspüren?

Du hast im Lehnstuhl gesessen, sie auf dem Sofa. Grüne Augen, schimmernd vor Erwartung. Sie wußte es. Sie war bereit, glühend vor rebellischer Liebe. Und was geschah dann? Angst – die Angst, den Zölibat zu brechen, entmannende Angst. Einen Moment lang war die Scham unerträglich.

Dann das Wunder. Ihr Verständnis. Vielleicht war sie besser für sie beide, diese nur fast erfüllte Liebe; vielleicht gestand Gott ihnen mehr nicht zu. Drei Wochen lang hatten sie sich nur berührt. Aber wie lange konnte der Held seine Demütigung verhehlen?

Die Triebwerke heulten auf, und er wurde durch die Beschleunigung gegen seinen Sitz gepreßt. Sein Puls hämmerte, sein schuldbeladenes Gehirn schien sich in loderndes Feuer aufzulösen. Tod und Verdammnis warteten am Ende der Rollbahn... Da hob die Maschine ab, stöhnte wie ein riesiges Tier, als sie immer mehr Höhe verschlang. Langsam entspannte sich sein verkrampfter Körper. Gleich darauf war der Gang voll von Leuten, die Gläser in den Händen hielten. Erleichtert ließ er sich von einer gurrenden Stewardeß ebenfalls einen Drink reichen. „He, Ihr Kardinal ist ja ein Schatz", sagte sie und rollte mit den Augen. „Wie konnten die Mädchen den bloß entwischen lassen?"

War er entkommen oder nur ungestraft davongekommen, überlegte Dennis, als er an die hellblauen Briefe aus Rom dachte und die an eine Mrs. Mary Shea, Via Margutta 41, adressierten Antworten. Die Enthüllung, daß der Kardinal eine Geliebte in Rom hatte – das würde ihm Leos ewige Bewunderung eintragen.

Es erschreckte ihn, wie kalt er sich die wahren Motive eingestand, die ihn bewogen, bei dem dummen Spionagespiel seines Bruders mitzumachen. Es bereitete ihm ein morbides Vergnügen, den Windungen und Krümmungen seines Gewissens zu folgen. Seit der Osternacht, als seine Eminenz Dennis eingeladen hatte, sich der kleinen Gesellschaft im Wohnzimmer anzuschließen, als er sich als „Mann unter Männern" fühlte, hatte er sich gewisse Richtlinien zurechtgelegt, nach denen er entschied, welche Geheimnisse er aus Matthew Mahans Amtstätigkeit verraten würde. Nur Beschlüsse, Gewohnheiten, Schachzüge, mit denen er in seiner intellektuellen Erhabenheit nicht einverstanden war, wurden Leo mitgeteilt.

Du hast Leo eine Photokopie des vorläufigen Finanzberichtes der Erzdiözese gegeben, den Seine Eminenz dieses Jahr nicht zu veröffentlichen gedachte. Das bedeutete fünfunddreißig Seiten mühsame Lektüre. Es war fast boshaft, Leo mit so etwas zu plagen, aber sein Extremismus verdiente nichts Besseres. Da waren die beiden aufwendigen Posten, die unter der Bezeichnung Haushaltskosten und Reisespesen des Kardinals liefen, aber Matthew Mahan hatte alle Fragen, die sich daraus hätten ergeben können, von vornherein entkräftet, indem er in einer beigeschlossenen Aktennotiz erklärte, in den Haushaltskosten seien Geschenke an Priester, die aus dem einen oder anderen Grund Geld brauchten, enthalten sowie die Löhne der Haushälterin und der Hausgehilfin und Zuwendungen an die Familie seines verstorbenen Bruders. Die andere Position beinhaltete die Reisekosten zu Bischofskonferenzen, Konferenzen in Washington und einen Besuch der südamerikanischen Missionen. Das ergab nicht genug Munition.

Wie dem auch sei, Dennis' einziger Zweck, sich an der „Verschwörung" zu beteiligen, war, sich unbegrenzte Möglichkeiten mit Schwester Helen zu verschaffen. Es war erstaunlich, um wieviel leichter er bei dem Gedanken an sie die barschen Befehle, die unverschämt lange Arbeitszeit ertrug. Er hatte einen Trost, und der machte ihn Seiner Eminenz gegenüber gleichgültig, machte ihn unzugänglich, ja Seiner Eminenz sogar überlegen.

Wie mutig du bist, Dennis McLaughlin, beglückwünschte er sich spöttisch. Nun, da wir in zehntausend Meter Höhe ruhig dahinfliegen und der Alkohol in Strömen fließt, kannst du dich wohl fühlen und die freundlichen Grüße der Oberbonzen der Stadt entgegennehmen. Da kam gerade Mike Furia, um ihm auf die Schulter zu klopfen. „Na, Dennis, wie geht's?" Der Mann strahlte eine Wärme aus, der man schwer widerstehen konnte. Und es war irgendwie schmeichelhaft, von ihm als seinesgleichen behandelt zu werden. Als Mann unter Männern. Mike war ein kluger und erfahrener Mensch. Das Unternehmen der Gebrüder Furia gehörte zu den großen Baukonzernen der Welt. Begonnen hatten sie, durch Monsignore Matthew Mahans Protektion, mit dem Bau von Pfarrschulen. Jetzt bauten sie Dämme, Wolkenkratzer, Flugplätze und Einkaufszentren von Vietnam bis London, von Rio bis Rom. Mike hatte während der Jahre, die es dauerte, dieses Imperium zu schaffen, die meiste Zeit im Flugzeug verbracht. Seine Frau hatte krankhafte Angst vor dem Fliegen und begleitete ihn nie. Als die Ehe zerbrach, hatte Mike auf Matthew

Mahans Drängen auf eine Scheidung verzichtet und sich mit einer Trennung begnügt.

„Freuen Sie sich schon darauf, *Il Papas* Ring zu küssen?" fragte Furia.

„Nicht besonders."

Mike wechselte humorvolle Anzüglichkeiten mit Herb Winstock; plauderte mit Kenneth Banks vom Stadtrat und dem Ausschuß zur Förderung rassischer Minderheiten; grüßte Mrs. Dwight Slocum, die Gattin des reichsten Protestanten der Stadt. Alle diese Menschen, ob gläubiger Jude, Negerbaptist oder idealistischer weißer Protestant – alle arbeiteten im Verwaltungsrat des Finanzkomitees mit. Ökumenisch? Und ob! Es gibt nichts Ökumenischeres als Geld. Das war das (unausgesprochene) Motto Seiner Eminenz. Und es gab noch etwas anderes als Reichtum, das fast alle Männer an Bord gemein hatten: Sie hatten mit Matthew Mahan im 409. Regiment gedient.

Kein Wunder, dachte Dennis, daß der Kardinal beim jährlichen Divisionstreffen im Hinblick auf die alte G.I.-Herrlichkeit sentimental wurde und es ablehnte, sich gegen den Vietnamkrieg auszusprechen.

„Spricht Ihr Boß je mit Ihnen über den Krieg?" fragte Mike. Dennis schüttelte den Kopf.

„Er hat eine solche Angst, als Prahlhans dazustehen, daß er dieses Thema nie erwähnt. Sie sollten ein Buch über ihn schreiben, Dennis. Ja, im Ernst. Über all das, was wir ihn tun sahen. Zum Beispiel im Hürtgenwald. Die Deutschen hatten sich überall drei Meter tief eingegraben. Wir kommen die Senke runter, da ballern sie mit ihren Maschinengewehren los ..."

In der Tonart wird es die ganze Nacht weitergehen, dachte Dennis. Schau also gefälligst interessiert drein.

„Teufel", sagte Herb Winstock. „Er ist direkt ins Feuer marschiert, um zu unseren sterbenden Jungs zu kommen. Dabei trug er sein Meßgewand und ging so langsam, als wäre er in der Kirche. Er hätte fast jeden Tag, an dem wir im Einsatz waren, das Kriegsverdienstkreuz verdient."

„Er hatte einfach vor nichts Angst", meldete sich Jim McAvoy. „An seiner Seite bin ich ein Mann geworden. Ich meine, ich war der typische Grünschnabel. Ich war sicher, daß ich im Ernstfall ausreißen würde. Aber sobald ich ihn einmal zehn Minuten im Gefecht gesehen hatte, dachte ich überhaupt nicht mehr daran."

Die Geschichten mehrten sich und liefen darauf hinaus, Matthew

Mahan als eine Mischung zwischen Heiligem und Supermann darzustellen.

Dennis war froh, als das Licht abgedreht wurde. Er sehnte sich
nach Schlaf, aber sein Körper weigerte sich. Zuerst tat ihm der Rük-
ken weh, dann schmerzten ihn die Augen und der Nacken. Seine
Gedanken flogen zurück zu dem Tag, als er auf Davey Cronins durch-
hängendem Sofa im Seminar saß und das Manuskript des Bischofs
las. Die immense Mühe, die dieser alte Mann auf sich nahm, verblüffte ihn. Der Text war zu emotionsgeladen für ein geschichtliches
Werk und zu sehr mit schwerverständlichen Argumenten vollgestopft,
um beim Leser anzukommen. Cronin schien seine Gedanken zu erra-
ten. „Ich weiß, ich werde es nie vollenden", sagte er. „Ich hoffe nur,
genug zu Papier zu bringen, um einen intellektuellen jungen Hund
wie Sie auf die Spur zu locken."

Und dann Dennis' plötzlicher Ausbruch. „Leider haben Sie den
falschen Hund erwischt. Ich glaube nicht, daß dieser fanatische jüdische Revisionist aus dem ersten Jahrhundert mit Namen Jesus Gottes Sohn ist. Ich sage das wohl besser Kardinal Mahan und mache
mich aus dem Staub."

Darauf sprach der alte Mann mit sehr ernstem Gesicht über seinen
eigenen Glauben. „Und ich glaube – glaube fest – an die Menschwerdung Gottes. Was man darunter genau versteht, maße ich mir
nicht an zu wissen. Aber es hat den Lauf der Menschheitsgeschichte
verändert, und man kann die Geschichte nicht einfach ignorieren ...
Daraus entstand die Kirche, und trotz all ihrer furchtbaren Fehler ist
etwas Großes um sie, so wie sie die Geschichte überdauert hat. Sie
allein ist es, die Poesie in den Mund des Volkes legt, mein Junge, und
ihm Trost und Hoffnung anbietet. Nur die Kirche kann das Herz des
Menschen verändern. Aber die Wahrheit ist – und das muß von
jemand gesagt werden –, daß sie durch ihre Machtgier irregeleitet
wurde.

Aber hören Sie zu. Was mich am meisten an dem dummen Gerede,
das Sie gerade von sich gegeben haben, stört, ist Ihre Absicht, mit
Mahan darüber zu sprechen. Tun Sie das nicht. Jemand wie Matt ist
nicht dazu geschaffen, sich mit Problemen zu befassen, die Leute wie
Sie und mich quälen. Er ist dazu geboren, die Menschen zu leiten,
ihre Herzen mit jenem Maß an Hoffnung und Glauben zu erfüllen,
das sie brauchen, um überhaupt leben zu können. Wenn er auch
durch seinen Gehorsam gegenüber Rom und das kanonische Recht
behindert wird, so führt er sie als der treue Hirte, der er im Grunde

seines Wesens ist, doch zur Freiheit. Sein Herz ist zu voll, zu gut, als daß er sich selbst von diesen Fesseln befreien könnte. Doch so Gott will, werden Ihres- und meinesgleichen sie eines Tages zerreißen."

Noch immer kein Schlaf. Der Nachtflug nach Europa, dachte Dennis, ist eine der ausgeklügeltsten Folterqualen, die je Menschen ersonnen haben. Noch zwei Stunden, und ich gestehe jede Sünde.

Vorne schwelgten Matthew Mahan und Mike Furia in Erinnerungen an ihre erste Fahrt nach Europa. Mike schlürfte Bourbon und sinnierte vor sich hin. „Also sind wir doch nicht draufgegangen, wie wir damals angenommen haben. Da sitzen wir jetzt, fünfundzwanzig Jahre später, und wenn ich mich frage, wo da der Unterschied liegt, weiß ich keine Antwort."

„Du hast ein großes Unternehmen auf die Beine gestellt, Mike. Du gibst Tausenden Arbeit. Gute Arbeit, und du behandelst sie gerecht und anständig."

„Ein dreifaches Hoch!" sagte Mike. „Ich fand zufällig heraus, daß es im Geschäftsleben so am besten geht. Aber davon rede ich jetzt nicht. Ich rede von den Leuten, die einem Bauern wie mir etwas bedeuten. Ein Mann ohne Ehefrau, ein Vater ohne Sohn. Was zum Teufel ist der? In zehn, zwanzig Jahren werde ich tot sein. Und der Rest meiner Familie, lauter Clowns, wird entweder alles verkaufen oder total abwirtschaften."

„Mike, gibt es denn keine Hoffnung, daß Betty sich beruhigt und dir und Tony helfen wird, daß ihr wieder zueinanderfindet?"

Die Verachtung auf dem Gesicht seines Freundes ließ Matthew Mahan sich fragen, ob er die Furias wirklich so gut kannte.

„Ihre Rache besteht darin, dafür zu sorgen, daß mein Sohn seinen alten Herrn aus tiefster Seele haßt. Er ist ein Mensch ohne Halt, der in einer Kommune Zuflucht sucht, wo sie diesen radikalen *Schlechte-Nachrichten*-Schmus verzapfen."

„Du kannst nur beten, Mike. Nichts als beten."

„Padre, du hast eben viel mehr Glauben als ich."

„Du hast schon genug Glauben abgekriegt. Das Beten besorge ich. Nach ein paar Stunden Schlaf sieht alles anders aus, Mike. Schau, die Sonne geht schon auf."

Sie rasten mit tausend Kilometern in der Stunde der Morgendämmerung entgegen und flogen bald durch den Glanz des jungen Tages. Ein leichtes Frühstück, dann sagte der Pilot bereits: „In wenigen Minuten landen wir auf dem römischen Flughafen Fiumicino. Die

Temperatur beträgt fünfzehn Grad. Leichter Regen und etwas Nebel. Ich bedaure, Ihnen mitteilen zu müssen, daß das Ladepersonal in einen wilden Streik getreten ist. Es könnte daher zu Verzögerungen kommen . . .“

Wie recht er hatte. Sie saßen in bleierner Benommenheit in dem dreistöckigen Flughafen-Glaspalast und warteten darauf, daß die Maschine entladen wurde; inzwischen hielt Mike Furia einen Vortrag über die Entstehung des Flughafens, der für Matthew Mahan sehr unerquicklich war.

„Einundzwanzig Millionen Dollar haben sie für diesen Riesensumpf bezahlt, von dem sie genau wußten, daß er die halbe Zeit über im Nebel liegt. Warum? Er gehörte der Familie Torlonia, die im Vatikan allerhand zu reden hat. Die Rollfelder wurden von der Firma Manfredi gebaut, die Hangars von der Firma Castelli. Dreimal dürfen Sie raten, wem diese beiden Unternehmen gehören. Dem Vatikan. Eine andere dem Vatikan verbundene Firma errichtete diese Mißgeburt von einem Gebäude. Wir haben gegen sie geboten. Ihre niedrige Offerte mußte ein Schwindel sein. Ein Jahr später gingen sie auf ihre ursprünglichen Preise zurück, um die Arbeit beenden zu können. Und was haben sie davon? Einen Flughafen, der auf Treibsand gebaut ist, und ein Abfertigungsgebäude, das wegen dieses idiotischen Gummibodenbelags im wahrsten Sinne des Wortes stinkt.“

Die Minuten verflossen, und der Kardinal beschloß, die Sache in die Hand zu nehmen. „Holen wir unser Gepäck doch selber.“

„Ich bin dabei“, sagte Mike.

„Stellen Sie einen Trupp zusammen, Sergeant.“ Mike hatte bald ein Dutzend Freiwillige.

Es war ein Uhr mittags, als sie beim Hotel Hassler ankamen. Erschöpft wie Matthew Mahan war, überraschte es ihn nicht, alarmierende Magenschmerzen zu spüren. Aber er wartete in der Hotelhalle, bis alle ihre Zimmer hatten. Obwohl Dennis und Mike Furia dabei halfen, dauerte es noch eine weitere Stunde. Endlich war alles erledigt, und sie schleppten sich zum Lift und den Korridor entlang zu ihren Zimmern im fünften Stock. „Sie teilen Ihr Zimmer mit Bischof Cronin, Dennis“, sagte Matthew Mahan.

„Was steht jetzt auf dem Programm, Matt?“ fragte Mike Furia. „Drei Stunden Schlaf und dann an den Futternapf?“

„Klingt vernünftig. Aber ich kann mich leider nicht anschließen. Ich habe eine Verabredung mit einer Dame. Mary Shea. Erinnerst du dich an sie?“

„Natürlich. Ich dachte, sie lebt in Venedig."

„Tat sie auch. Aber jetzt lebt sie schon seit Jahren hier. Ich habe ihr versprochen, an meinem ersten Abend mit ihr essen zu gehen ..." Er hatte geglaubt, wenn er ganz offen wäre, würde das keine Verlegenheit aufkommen lassen. Aber irgendwie war er nun doch peinlich berührt. Oder waren es Dennis McLaughlin und Mike Furia?

„Sie sieht in mir offenbar noch immer den Ratgeber für ihr Seelenheil", fuhr er fort, „obwohl ich nicht glaube, daß ich ihr je einen guten Rat gegeben habe."

Mike Furia nickte. „Ich werde mich mit Dennis und dem alten Davey und vielleicht auch Bill Reed zusammentun."

Als Mike die Tür hinter sich geschlossen hatte, gingen Matthew Mahan und Dennis hinüber zur Suite des Kardinals. Er blieb vor der Tür stehen. „Mal sehen – aha, Sie sind gleich nebenan, Dennis."

„Ich fürchte, der Träger hat mein Gepäck mit Ihrem heraufgebracht."

„Oh. Dann kommen Sie herein." Er ging voraus, und Dennis folgte ihm. Auf einem Tisch stand ein großer Strauß roter Rosen mit einem weißen Kuvert. Mahan riß es auf und las: „Dem besten Kardinal, den sie je gefunden haben. Alles Liebe, Mary."

Dennis warf einen neugierigen Blick auf die Rosen. „Von Mary Shea", sagte Matthew Mahan. „Das sieht verdächtig aus, nicht wahr?" Aber sein Versuch, humorvoll zu wirken, machte keinen Eindruck. „Eines Tages werde ich Ihnen mehr über sie erzählen. Es ist eine seltsame Geschichte. Aber jetzt wollen wir uns ein wenig Schlaf gönnen ... Wenn Sie heute abend ausgehen, Dennis, dann bemühen Sie sich doch so gut es geht, den alten Davey zu bremsen. Sein Herz ist nicht das beste, aber er will es nicht wahrhaben."

Dennis McLaughlin nickte, schleppte seine Koffer auf den Gang hinaus und schloß die Tür. Matthew Mahan schluckte eine Handvoll Titrilactabletten, um seinen schmerzenden Magen zu beruhigen, und zog sich aus. Die nächsten zehn Minuten lag er, einen Waschlappen über dem Gesicht, im heißesten Badewasser, das er aushalten konnte. Rasiert und in einem frischen Pyjama, fühlte er sich fast wieder wie ein Mensch. Er legte sich aufs Bett und dachte nach über sich, seine Mutter, Rom.

Er erinnerte sich, wie er das erste Mal hergekommen war – 1950, anläßlich des Heiligen Jahres, als er eine Pilgergruppe führte. Er war voll Ehrfucht gewesen, voll gespannter Erregung. Er besuchte die Heimatstadt seiner Mutter, den Ort, wo sein Priestertum geboren

worden war. Es war seine Mutter gewesen, die seine Berufung geweckt, ihn aber nie dazu gedrängt hatte, und die ihm auf ihrem Totenbett sagte: „Eines Tages wirst du als Bischof nach Rom kommen. Dann denke an mich, und bete für mich in San Pietro in Vincoli. Es war unsere Familienkirche. Dort ... habe ich meine erste Kommunion empfangen." Er hatte die Kirche damals besucht. Und als er das zweite Mal nach Rom reiste wieder – ein Erlebnis, das ihm noch immer halb Traum, halb Wunder erschien.

Während seiner zehn Jahre als Bischof hatte er sich, das erkannte er nun, langsam von seiner Mutter entfernt. Immer mehr wandte er sich diesem stoisch ruhigen, stillen Mann zu, seinem Vater, der niemals ein Wort der Billigung – oder Mißbilligung – über sein Priestertum äußerte. Diesem Mann, der gelassen an Magenkrebs gestorben war, ohne je ein Zeichen der Angst oder des Glaubens zu verraten. Nein, Bart Mahan hatte gleichgültig die Hostie empfangen, die ihm sein Sohn auf die Zunge legte, und nichts ließ darauf schließen, daß er betete. Schweigen, nur dann und wann unterbrochen durch eine beiläufige Bemerkung über Baseball, Kommunalpolitik.

Was an seinem Vater war es, das sein Herz, seinen Verstand *jetzt* so zu ihm hinzog? Die ruhige, beinah teilnahmslose Art, wie er Enttäuschungen hinnahm, zum Beispiel den Verlust seiner gesamten Ersparnisse? Du könntest einiges von dieser Ruhe brauchen. In deinem Inneren hat immer zuviel von der Gefühlsbetontheit deiner Mutter getobt – Stürme, die du nur mit enormer Anstrengung und, um Bill Reed zu zitieren, auf Kosten deines Magens unter Kontrolle halten konntest.

Matthew Mahan wälzte sich rastlos in dem fremden Bett. Es war mehr als nur die Ruhe und Festigkeit, die ihn an seinen Vater denken ließen. Es war – es mußte – seine Unabhängigkeit sein. Nichts, das stolz zur Schau getragen oder streitlustig verkündet wurde, sondern eine stille, unumstößliche Tatsache. Bart Mahan war immer sein eigener Herr gewesen. Und ein Bischof: Sollte ein Bischof nicht auch sein eigener Herr sein, ausgenommen ... er war dem Papst untertan?

Leises, sanftes Schnarchen erfüllte den Raum. Der designierte Kardinal Matthew Mahan war eingeschlafen.

Als er erwachte, stand die Sonne schon tief. Das Telephon läutete. Eine Frauenstimme. „Zeit zum Abendessen, Eminenz."

„Mary", sagte er und richtete sich auf. „Wie geht es dir?"

„Ich bin zwar fast am Verhungern, aber ich dachte, du würdest

zuerst gern einen Besuch machen. Ich gehe abends ziemlich oft hin.
Für tausend Lire läßt der Mesner die Kirche eine halbe Stunde länger
offen. Als ich ihm erzählte, ich käme mit einem *neo porporato*...
Ich hole dich ab. Es liegt auf dem Weg."

„Nein, ich hole dich ab."

Eine winzige Pause folgte, und er wußte, daß sie genau verstand,
warum er das sagte. „Gut", antwortete sie mit einer Stimme, die zu
angespannt klang, um natürlich zu wirken. „Nehmen wir zuerst hier
bei mir einen Drink."

Die Wohnung war nur fünf Minuten vom Hassler entfernt. Sie
begrüßte ihn an der Tür in einem dunkelroten Leinenkostüm. Er war
von ihr darauf vorbereitet, daß ihr Haar mittlerweile ergraut war,
und voller Überraschung stellte er fest, daß es sie noch schöner
machte. In ihrem Gesicht gab es kaum eine Falte. Sie hatte noch dieselbe schlanke Figur wie damals, als er sie 1949 das erste Mal sah.
Da war sie sechsundzwanzig gewesen. Er ergriff ihre Hände, und
einen Augenblick lang standen Mary Shea und Matthew Mahan einfach nur da und schauten sich an. „Das ist schon der richtige Ort
für unser Wiedersehen", sagte sie. „Ich hätte wissen müssen, daß
ich dich küssen und damit einen Skandal heraufbeschwören würde."
Sie berührte seine Wange mit den Lippen und trat einen Schritt
zurück, ohne ihre Hände aus den seinen zu lösen.

„Du siehst so wunderbar aus wie eh und je, Mary."

„Hör auf, du hochwürdiger Schmeichler."

„Menschen, die mir etwas bedeuten, schmeichle ich nie."

„Du siehst müde aus. Und du hast zugenommen."

„Guter Gott, du redest genau wie mein Arzt", sagte er grinsend,
ließ ihre Hände los und tätschelte sich den Bauch. „Nur zehn Pfund
in drei Jahren. Das ist keine Todsünde."

Sie betrachtete ihn noch einmal prüfend und warf dann mit einer
vertrauten, sehr weiblichen Bewegung den Kopf zurück, daß ihr Haar
mit einem Schwung in den Nacken flog. Vor zwanzig Jahren hatte
ihn der Anblick ihres fließenden schwarzen Haares fast um den Verstand gebracht. Er wünschte sich sehnlich, ihr erzählen zu können,
was ihn bewegte, so wie er es früher getan hatte. Ihr zu gestehen,
wie ihn sein Magengeschwür plagte, ihr von seinen Sorgen zu berichten und von der Müdigkeit, unter der er litt. Aber ihre letzten Briefe,
in denen sie sich über die mangelnde Erneuerung innerhalb der Kirche
und den Verrat an Papst Johannes' geistigem Vermächtnis beklagte,
zwangen ihn, eine andere Rolle zu übernehmen. Er mußte nun den

Tröster spielen. Vielleicht war er sogar schon der Verteidiger des bestehenden Systems.

„Was du mir über dein Haar gesagt hast, das klang ja, als sähest du wie eine Großmutter aus."

Sie lächelte sichtlich erfreut. „Eigentlich gebührt das Kompliment meinem Friseur. Die Silbertönung war seine Idee."

„Was hast du gemacht, außer mir diese – diese geschwätzigen Briefe zu schreiben?"

Die kleine Pause verriet ihn, und wieder einmal wußte er, daß sie genau *die* Bedeutung seiner Frage erfaßte, die er hatte vermeiden wollen. „Oh, ich male noch immer. Und ich habe wieder eine Übersetzung gemacht – ein wundervoller junger Dichter."

„Du solltest deine eigenen Gedichte veröffentlichen, Mary."

„Ach, hör schon auf, mir zu schmeicheln, Schafskopf. Ich hab dir doch gesagt, daß es bereits zu viele Dichterlinge gibt."

Matthew Mahan seufzte. „Ich geb's auf. Erzähl mir den neuesten Klatsch!"

„Sie geben Wright die Kongregation für den Klerus."

„Gut. Er ist ein tüchtiger Mann."

„Wie ihr zusammenhaltet! Ihr seid noch ärger als die Politiker. Er ist ein glatter Konservativer mit liberalem Anstrich."

„Dasselbe behauptet man von mir, Mary."

„Ich weiß. Aber ich weiß auch, daß du das Herz am rechten Fleck hast."

Matthew Mahan schlenderte zum Fenster und betrachtete den vom Flutlicht angestrahlten Petersdom. „Es ist herrlich, daß ausgerechnet du das sagen kannst, Mary. Aber erwarte nicht zu viel. Die Situation ist – heikel. Überaus heikel sogar."

„Ich höre förmlich Papst Paul. Mach mir einen Drink."

„Das Übliche?"

„Natürlich."

Er fand die volle Cinzano-bianco-Flasche neben einem silbernen Eiskübel. Cinzano stand sicherlich auf Bill Reeds schwarzer Liste, aber Matthew Mahan scheute sich davor, etwas abzulehnen, was schon fast zu einem Ritual geworden war. Bei ihrem ersten gemeinsamen Abendessen in Rom hatte Mary für sie beide Cinzano bestellt. Auch diese Situation war heikel.

Im nächsten Augenblick stießen sie mit ihren Gläsern an und tranken in nachdenklichem Schweigen. Dann unternahm Mary mit sichtbarer Anstrengung den Versuch, die Stimmung zu heben. „Warte

mal. Was habe ich sonst noch gehört? Oh, man wird von dir verlangen, einen Eid nach schönster CIA-Manier zu leisten."

„Das Gelöbnis, das wir ablegen, hat nichts vom CIA an sich."

„Hier geht es um ein neues – du mußt unter Androhung der Exkommunikation *Il Papa* schwören, nie ein Sterbenswörtchen von dem, was er dir sagt oder schreibt, zu verraten."

„Das – das ist unglaublich."

„Ich weiß. Es ist bezeichnend für die herrschende Stimmung. Sie tun, als wären sie eine belagerte Festung."

„Gott steh uns bei."

Zu freimütig, viel zu freimütig, warnte sich Matthew Mahan. Du bist hier, um dieser Frau zu helfen, um ihr die Hoffnung, den Glauben und die Liebe zu geben, die sie braucht, um weiterleben zu können. „Ich habe übrigens deinen alten Freund Cronin mitgebracht, aber ich bin nicht sicher, ob es gut ist, wenn du ihn in deiner momentanen Verfassung siehst. Euch beiden wäre glatt zuzutrauen, daß ihr versucht, den armen Paul durch einen Staatsstreich zu entthronen."

„Durchaus denkbar. Ich habe Cronin eine Menge Material für sein Buch geschickt."

„Du?" Matthew ließ sich nicht gern überrumpeln. Was in drei Teufels Namen dachte Mary sich dabei, dem Alten hinter seinem Rücken in die Hände zu spielen? Die Feststellung, daß er ihr diese Frage beinah gestellt hätte, erschreckte ihn. Er verbarg seine Unsicherheit, indem er hastig sein Glas leerte. „Wann sollen wir im Tre Scalini sein?"

„Um halb neun. Wenn wir noch unseren Besuch machen wollen, müssen wir jetzt gehen. Ich möchte den Mesner nicht warten lassen."

In einen winzigen Fiat gezwängt, fuhren sie zur Via Cavour, gingen unter dem Gewölbe hindurch, über dem sich das Haus der Borgias erhebt, und stiegen die breite Treppe zum Vorplatz der Kirche San Pietro in Vincoli hinauf.

Matthew Mahan blieb stehen und schaute zu dem Gebäude hinüber, in dem seine Mutter geboren worden war. Es war ein warmer Aprilabend. Die Fenster standen offen. Stimmen und Musik wehten zu ihnen her. Ein Mann im Unterhemd mit einem Glas Wein in der Hand trat in ein erleuchtetes Fensterviereck und lachte aus vollem Hals. Ein kleines Mädchen lief zu ihm und schlang die Arme um seine Mitte ... Der Anblick schnürte Matthew Mahan die Kehle zusammen. Leben und Liebe waren wahrhaft unzerstörbar, ein Kommen und Gehen, Entstehen und Verwehen, Jahr um Jahr ...

„Weißt du noch, wie wir das erste Mal hier waren?" fragte Mary sanft.

„Könnte ich das je vergessen?"

Zu dieser Kirche, sagte der alte Mann mit der großen Nase und den Hängebacken, müßt ihr in der Dämmerung gehen. Um diese Zeit besuche ich sie am liebsten. Ich wünschte, ich könnte euch begleiten, aber glaubt mir, ich werde in Gedanken bei euch sein. Ihr müßt zweierlei tun. Als erstes bleibt vor der Statue des Moses stehen und stellt sie euch auf einem riesigen Grabmal mit neununddreißig anderen Skulpturen von gleicher Großartigkeit vor. Seht sie als das, was sie ursprünglich verkörpern sollte, das Wesen des Alten Testamentes, all das, was das Christentum sich nie zu eigen machen darf, die ganze Grausamkeit, Ohnmacht und Unerbittlichkeit der alten Gesetze. Ich habe stets in Moses' in unendliche Fernen gerichtetem Blick etwas wie Trauer gesehen, wie Sehnsucht sogar, aber ich glaube, das rührt nur daher, weil er sich mit uns auf gleicher Höhe befindet. Hätte man ihn, wie einst beabsichtigt, auf das Grabmal Julius' II. erhoben, so würde er wahrscheinlich gebieterisch wirken. Denkt daran, wie Gott sogar Päpsten eine Lehre erteilt. Dieser Julius war ein Tyrann. Er starb als meistgehaßter Mann Italiens, und sein Nachfolger ließ sofort Michelangelos Arbeit an seinem Grabmal einstellen. Schließlich schaufelten sie Julius' Gebeine in das Grab seines Onkels. Und Michelangelos Moses steht in dieser schlichten Kirche.

Nun geht zu dem Bronzetabernakel unter dem Hochaltar, und seht euch die Ketten an, mit denen der heilige Petrus angeblich gefesselt war. Ich dachte mir immer, leider liegt St. Peter noch immer in Ketten, und machte mir gleichzeitig Vorwürfe über diesen Gedanken. Ich fragte mich oft, ob ich insgeheim ein Ketzer sei. Jetzt weiß ich, daß ich mir nur die Wahrheit eingestand.

Nun geht, und wenn wir uns wiedersehen, wollen wir über meine Vorstellungen sprechen, wie man St. Peter ein für allemal von diesen Ketten befreien könnte...

All das sagte er in einer wundersamen Mischung von Traurigkeit und innerem Feuer. Von Rührung überwältigt, waren sie, ohne die Einwände des alten Mannes zu beachten, auf die Knie gefallen und hatten seinen Ring geküßt. Als sie gingen, blickte ihnen Papst Johannes XXIII. lächelnd nach; ein häßlicher und zugleich schöner Greis, ein Bauer, fast unförmig in seiner weißen Soutane. Sie waren sofort zu dieser fünfzehnhundert Jahre alten Kirche gefahren, schritten in das dämmrige Innere und traten vor die herrliche Statue des Moses.

Zuerst, erinnerte sich Matthew Mahan, war er von einer entsetzlichen Beklommenheit erfaßt worden. Er verstand nichts von Kunst. Was versuchte ihm dieser erstaunliche Alte im Vatikan zu sagen? Warum konnte er es nicht aussprechen, statt ihn auf diesen seltsamen Weg zu schicken? Dann sah er sich in der Kirche um und dachte daran, daß seine Mutter hier als Mädchen gekniet hatte. Und er dachte auch an den unbegreiflichen Zufall, der nicht ein- sondern zweimal Johannes' Aufmerksamkeit auf ihn gelenkt und ihn zum Erzbischof einer der größten Diözesen in Amerika gemacht hatte. Eine eigenartige Ruhe war über ihn gekommen, und er hatte sich ganz der Statue gewidmet, sich in jede Windung und Wölbung der Muskeln versenkt, die Stränge der Adern, den wuchtigen Realismus von Schultern und Brust. Als letztes das Antlitz, entrückt, ernst. Es lag kein Zeichen triumphierender Macht darin, keine Andeutung, daß der Prophet sich überhaupt bewußt war, daß er unter dem Arm die Gesetzestafeln hielt. Dann sah Matthew Mahan plötzlich die unermeßliche Traurigkeit auf dem Gesicht. Ist das alles, ist das alles, was ich den Menschen zu geben habe? schien er zu fragen. Gibt es keine andere Wahl, als ihnen diese Last aufzuerlegen? Und während er sann, lauschte er, vielleicht mit einem stummen Gebet, auf eine Stimme, die da sagen würde: *Mein Joch ist süß ... und meine Bürde leicht.*

War das wirklich alles in der Statue, fragte sich Matthew Mahan benommen, oder hatte es ihm dieser außergewöhnliche alte Mann im Vatikan eingeflößt? Neben sich hörte er Mary Shea leise sagen: „Kommt zu mir alle, die ihr elend und beladen seid, und ich werde euch erquicken. Nehmt mein Joch auf euch und lernt an mir, wie ich von Herzen sanft und voll Demut bin, so werdet ihr Ruhe finden für eure Seelen; denn mein Joch ist süß und meine Bürde leicht."

Er hatte ihr einen Blick voll Verwunderung zugeworfen. Sie schaute lächelnd zu ihm auf. „Das ist Don Angelos Lieblingsstelle aus dem Evangelium. Er sagte mir, daß er ihre Bedeutung erst begriff, als er hier an dieser Stelle stand."

All das hatte sich vor zehn Jahren ereignet. Er konnte es kaum fassen, daß es tatsächlich schon zehn Jahre her war, seit er das erste Mal Papst Johannes' rätselhafte Worte von Hoffnung und kompromißlosem Glauben gehört hatte. Nun verschmolzen die Jahre ineinander, und es war wie gestern: St. Peter liegt noch in Ketten.

„Weißt du noch, wie ich mir keinen Reim darauf machen konnte, als er sagte, St. Peter liege noch in Ketten?"

Mary nickte. „Und in den nächsten zwei, drei Jahren erfuhr die ganze Welt, was damit gemeint war." Sie seufzte. „Wenn er doch nicht so früh gestorben wäre."

„Ich sehe es nicht so, Mary. Erinnerst du dich, was er dem Mann auf den Vorschlag antwortete, er solle das Kardinalskollegium abschaffen und die Kurie zum Teufel jagen?"

„Ja. ‚Es ist nicht meine Aufgabe, alles zu tun.'"

„Was er getan haben wollte", sagte Matthew Mahan langsam, denn er spann den Gedanken weiter, während er sprach, „bezog uns alle mit ein. Es war ein Teil seines Vorhabens – uns alle mit einzubeziehen."

„Ja", sagte Mary wieder. „Aber wäre er noch unter uns, gäbe es diese andauernde Obstruktion nicht."

Matthew Mahan zuckte zusammen, als hätte sie ihm etwas ins Gesicht geworfen. Es war eine fast körperliche Empfindung, und unwillkürlich schüttelte er wie abwehrend den Kopf. „Gehen wir hinein."

Mary wechselte ein *buona sera* mit dem Mesner, und sie gingen durch das Portal, um vor die Statue des Moses zu treten. Würde es ihm gelingen, wieder das zu fühlen, was Don Angelo hier für ihn geschaffen hatte? Eine Welle der Erregung – Reue, vielleicht Angst – durchflutete ihn.

Dann begann etwas Unerklärliches mit ihm vorzugehen. Er fühlte sich *innerhalb* der Statue: Er spürte die Falten von Moses' Gewand um seine Beine, das Gewicht der Steintafeln unter seinem rechten, die fast unerträgliche Spannung im linken Arm. Er betrachtete nicht einen Propheten, der in ferne Geschichte schaute: Er selbst war es, der sich nach dem Klang der Stimme sehnte, die er vor zehn Jahren gehört hatte. Frieden, das brauchte sein erschöpfter Körper – Frieden, wie ihn der Gesetzgeber in seinem immerwährenden Kampf mit der rebellischen Menschheit niemals kennen konnte. Die Erkenntnis, daß er dieser Gesetzgeber geworden war, die Verkörperung der Autorität, obwohl er sich im Innersten doch so sehr wünschte, dieser Rolle zu entgehen, traf ihn mit solcher Wucht, als schmetterte ihn eine der riesigen marmornen Hände zu Boden.

Seine Augen füllten sich mit Tränen. Es war nur natürlich: Ein Mann an der Spitze – ein Bischof – mußte befehlen; er mußte dafür sorgen, daß diese Befehle auch ausgeführt wurden. Und er mußte Gehorsam für Gesetze erzwingen, die er nicht gemacht hatte. „Vater, vergib uns", flüsterte er, „denn wir wissen nicht, was wir tun."

„Jedesmal, wenn ich hier stehe", sagte Mary, „spüre ich, daß er oder du – oder ihr beide – hier bei mir seid."

„Ja", murmelte Matthew Mahan. „Ja." Wie konnte er ihr erklären, wie ihm zumute war, nachdem er wußte, daß er seinen Frieden verloren hatte? Für Mary bedeutete diese Kirche Erfüllung, Glück. Sein Herz schlug schwer, als er sich abwandte. Er fand keinen Sinn mehr in dieser Kirche, der Kirche seiner Mutter. Er war ganz allein, unfähig, seinen Schmerz mit jemand zu teilen. Er konnte nur nach dem entschwundenen Bild des alten Mannes im Vatikan tasten und mit der leidenschaftlichen Hoffnung, daß er es hörte, sagen: Jetzt verstehe ich wirklich.

Mary ging voraus zum Reliquienschrein. „Die alte Kette ist noch da, Matt, und drüben im Vatikan schmieden sie die wenigen Glieder wieder zusammen, die Don Angelo zerbrechen konnte. Warum begreifen sie nicht, daß sie sich selbst zerstören?"

„Ich weiß es nicht", sagte er. „Ich weiß es nicht."

Die Flämmchen der unzähligen Votivkerzen vor dem Altar warfen einen geisterhaften Schein auf den bronzenen Tabernakel. Matthew Mahan blickte starr auf die Ketten und dachte: es sind nicht nur die des heiligen Petrus, sondern auch deine. Schließlich berührte Mary seinen Arm. „Matt, es ist Zeit."

„Oh", sagte er. „Ja, ja, natürlich."

Draußen war es mittlerweile ganz dunkel geworden. Er fühlte sich unbeschreiblich müde. Vielleicht war das ganze Erlebnis nur auf seine Erschöpfung zurückzuführen. Aber er wußte, daß dies eine Ausrede war, daß es sich um keine Sinnestäuschung handelte, sondern um die Wahrheit, die er, ohne sein Seelenheil aufs Spiel zu setzen, nie würde leugnen können. Sie waren inzwischen weitergeschlendert und kamen nun zu einem Straßencafé. „Was hältst du von einem Aperitif?" fragte er. „Bis zur Piazza Navona ist es noch ein ganz schönes Stück."

Entgegenkommend wie immer, nahm Mary mit ihm an einem der grünen und gelben Tische Platz. Während sie auf ihre Cinzanos warteten, fiel zu ihrer Linken ein eigenartiges Leuchten auf eine freie Fläche, der Abglanz von Scheinwerferlicht, das über einen massiven Felsblock spielte. „Was ist das?" fragte er, denn er wußte, daß Marys Kenntnisse über die Stadt schon fast enzyklopädisch waren.

„Wahrscheinlich ein Teil der Trajans-Thermen. Übrigens die ersten, zu denen auch Frauen Zutritt hatten."

„Und gleich danach", sagte er, „begann der Niedergang Roms?"

„Sei doch kein so ein Chauvinist, wenn es um euch Männer geht."
Sie begann ihn nach gemeinsamen Bekannten zu fragen. Er gab ihr
die wenigen Informationen, die er hatte, hauptsächlich eine Liste von
Scheidungen – Scheidungen, bei denen in den meisten Fällen die Genehmigung der Kirche nicht eingeholt worden war. Mary war erstaunt. „Ich kann es nicht glauben", sagte sie. „Ich dachte, ich wäre
noch immer ein Paria, wenn ich heimkäme. Jetzt wird mir klar, daß
man von mir überhaupt keine Notiz nehmen würde. Wie ist das zu
erklären, Matt?"

„Ich weiß es nicht. Ich habe mich immer davor gehütet, persönliche Entscheidungen – wie eine Scheidung – einer Art Nationalmode
zuzuschreiben, aber so viele Menschen mittleren Alters lassen sich
scheiden, Menschen aller Konfessionen. Ich glaube, sie werden von
diesem Mythos ‚Erfahrung macht reich' verführt. Aber was einem
das Herz bricht, ist der Gedanke an ihre Kinder ... Da wir gerade
von Kindern sprechen, wie geht es Jimmy?"

„Oh, großartig, soweit ich das aus der Ferne beurteilen kann",
sagte Mary und spielte mit dem Stiel ihres Glases. „Ich habe mich
sehr bemüht, deinen Rat zu befolgen und ihn nicht mit Liebe zu
ersticken. Seine Arbeit gefällt ihm. All die Sprachen, die er während
seiner Sommeraufenthalte hier bei mir erlernt hat, machen sich nun
bezahlt. Kein anderer junger Redakteur hat so gute Kontakte zu
europäischen Verlagen wie er. Aber ich fürchte, sein Leben läßt in
moralischer Hinsicht einiges zu wünschen übrig."

Matthew Mahan seufzte. „Daran kannst du wohl kaum etwas
ändern, geschweige denn ich. Seit er sein Studium beendet hat, sind
seine Briefe ziemlich oberflächlich geworden. Es ist ganz klar, daß er
für seinen Geschmack genug geistlichen Rat erhalten hatte."

Sie berührte seinen Handrücken leicht mit den Fingerspitzen. „Was
du ihm gegeben hast, Matt, was wir beide versucht haben, ihm zu
geben, wird schließlich doch noch Früchte tragen, da bin ich ganz
sicher."

„Ich auch", erwiderte er und bemühte sich, überzeugt zu klingen.
„Wie geht es unserem Freund Monsignore den Doolard?"

„Er ist heimgefahren. In Rom gibt es für ihn derzeit nichts zu tun."

Den Doolard war ein hervorragender holländischer Theologe, einer
der am härtesten arbeitenden *periti* – Sachverständigen – beim Zweiten Vatikanum, ein stets gut gelaunter, durch nichts zu entmutigender
Mann.

„Hat er um eine Versetzung angesucht?"

Mary nickte. „Es ist schon gut so. Vielleicht wäre es ihm sonst wie Kaplan Giulio ergangen."

„Was ist mit ihm los?" Giulio Mirante war auch ein *perito* gewesen. Papst Johannes hatte ihn selbst dazu ernannt. Er arbeitete für die Jesuiten – ohne jedoch ein Ordensangehöriger zu sein – als Kaplan eines Waisenhauses, das Matthew Mahan freigebig unterstützte.

Mary schaute auf ihre Uhr. „Das soll er dir lieber selbst erzählen. Wenn ich es tue, verderbe ich uns womöglich den Abend, und wir kommen außerdem zu spät zum Essen."

In beklommenem Schweigen schlenderten sie durch den Trajanischen Park zu der Treppe, die zum Kolosseum hinunterführte. In der Via dei Fori Imperiali fanden sie einen Taxistand, und ein Wagen flitzte mit ihnen bis knapp vor die Piazza Navona, denn auf der Piazza selbst war Fahrverbot. Mary legte die Hand leicht auf seinen Arm, und so gingen sie in ihre bevorzugte römische Enklave. Die Palazzos, die Kirchen und die anderen Gebäude ringsum vereinten Architektur und Raum in vollkommener Harmonie. Drei Brunnen in der Mitte des Platzes bildeten in ihrer Art einen reizvollen Kontrast. Zu dieser Abendstunde waren viele Spaziergänger unterwegs; die sehr alten humpelten am Stock, die sehr jungen wurden im Kinderwagen geschoben.

Als Matthew Mahan und Mary ihre Runde um den schönen Platz beendet hatten, gingen sie dorthin zurück, wo die Restaurants wie lichterfunkelnde Bienenstöcke zwischen den dunklen Fassaden der Kirchen und Palazzos lagen, und bald saßen sie im Tre Scalini an einem sorgfältig ausgewählten Fenstertisch. Das Essen war wie immer vorzüglich, und Mary unterhielt ihn eine Weile mit lustigen Geschichten über ihre Hauswirtin. „Sie sagt mir immer wieder, ich soll heiraten. Es ist nie zu spät, behauptet sie."

Sie tranken eine Flasche Valpolicella zu ihrem Hauptgericht, und Matthew Mahan schluckte verstohlen zwei oder drei Titrilactabletten, um sein Magengeschwür zu beruhigen. „Warum nehmen wir Kaffee und *gelato* nicht auf der Terrasse?" fragte er, und sie gingen nach draußen. Der Platz leerte sich allmählich.

„Was für ein wunderbares Wiedersehen, Mary", sagte er. „Ich kann dir gar nicht sagen, was es mir bedeutet, daß du mir so gesund und schön gegenüber sitzt ... Ich möchte dir ein Geständnis machen und hoffe, es wird dich nicht aufregen. Seit Jahren will ich dir etwas sagen, etwas, worin ich nicht ganz aufrichtig war, und das mich bedrückt hat. Anfang der fünfziger Jahre, als übereifriger, junger Mon-

signore, der bereit war, alles zu tun, was sein Bischof ihm auftrug, da war ich – noch viel zu unfertig für dich, Mary, für eine Frau von solcher Gefühlstiefe, solcher Herzensgüte, für einen Menschen, der mir in so vielem geistig überlegen war. Ich dachte, es ginge nur darum, dir den üblichen Trost zu spenden. Aber die ganze Zeit sagte mir dabei eine innere Stimme: ‚Für *sie* ist das nicht genug. Sie ist nicht dazu geboren, ein verkrüppeltes Leben zu führen, nur weil sie das Pech hatte, einen Trinker zu heiraten.‘ Je mehr ich dich sah, Mary, desto größer wurde meine Angst. Ich ließ mir nichts anmerken, ich spielte Komödie und versuchte mit all meiner Kraft, dich glücklich zu machen – und zu vermeiden, dir die Wahrheit zu sagen. Ich wußte, es bestand keine Hoffnung, daß man deine Ehe annullieren würde, aber ich riet dir, nach Rom zu fahren, denn wärst du in der Stadt geblieben, hätte ich nicht gewußt, wie es mit mir hätte weitergehen sollen.“

Das *gelato,* das beste Eis Roms, stand unberührt vor ihnen. Während er sprach, hatte Mary sich langsam in ihrem Stuhl zurückgelehnt, so als rückte sie ein wenig von ihm ab, um sein Bild in der richtigen Perspektive zu sehen.

„Ich rechnete niemals damit, daß du hier bleiben würdest“, fuhr er fort. „Ich dachte, ein Jahr, vielleicht zwei, würden mir helfen, mich wieder in den Griff zu bekommen.“

Ein leises Lächeln spielte um Marys Lippen. Nun beugte sie sich mit der gleichen Bedächtigkeit vor und nahm seine rechte Hand, die zur Faust geballt auf dem Tisch lag, in ihre beiden Hände. „Oh, Matt, Matt. Wie konnte ich nur zulassen, daß du dich deshalb quälst.“

„*Zulassen?*“

„Ja glaubst du denn, ich habe es nicht gewußt? Es gibt wohl kaum eine Frau, die nicht merkt, wenn ein Mann in sie verliebt ist.“ Langsam löste sie seine verkrampften Finger. „Oder wenn sie in einen Mann verliebt ist. Matt, ich war es, die die Entscheidung traf, hierherzufahren, obwohl ich wußte, daß es keine Hoffnung auf eine Annullierung meiner Ehe gab. Ich entschloß mich dazu, weil ich erkannte, daß dein Priestertum für dich den Sinn deines Lebens bedeutet. Ich wollte das nicht zerstören. Als ich nach Europa kam, wußte ich, daß ich lange bleiben würde.“

Ein Wirbel von Freude und Trauer erfaßte ihn. „Mein Gott, was bin ich doch für ein egoistischer Esel.“

Mary warf den Kopf zurück und lachte herzlich, wie es ihm so ver-

traut an ihr war. „Nein", sagte sie, „du bist eben ein Mann. Und wie alle Männer nimmst du ganz selbstverständlich an, daß du alles bestimmst."

Nun kam eine Frage, vor der er sich stets gefürchtet hatte, über seine Lippen: „Wie ist es wirklich gewesen, Mary? Die ganzen Jahre, in denen ich dich gefragt habe, ob alles in Ordnung ist, hab ich die Antwort, die du mir gabst, zu leichtfertig hingenommen. Sie war das, was ich hören wollte."

„Ich weiß, Matt, darum habe ich sie dir gegeben."

Sie strich mit dem Finger um den Rand ihres Weinglases. „Zuerst war es furchtbar. Ich – ich trank – und – ich hatte Männer. Ich war verbittert. Leer. Dich aufzugeben hieß, alles verlieren, was ich noch besaß. Italien ist nicht das richtige Land für eine Frau in dieser Gemütsverfassung. Man wird so leicht ausgenützt, und die Italiener sind Künstler darin. Deshalb zog ich nach Venedig – mit einem Geschäftsmann, den ich in Rom kennengelernt hatte. Ich wollte auch irgendwo leben, wo ich sicher sein konnte, daß du mich nicht besuchst. In Rom bestand viel zu große Gefahr, daß du plötzlich auftauchen würdest. Nun, die Sache ging schief, und zwar aus äußerst banalen Gründen. Aber *er* war in Venedig. Ich traf ihn. Und von da an wurde alles anders."

„Roncalli?"

Mary nickte. „Don Angelo sagte mir, wir müßten alle eine Zeit in der Wüste verbringen, vierzig Tage, vierzig Monate, in seinem Fall dreißig Jahre. Ihm habe ich es zu danken, daß ich imstande war, nach Rom – und zu dir – zurückzukehren, ohne daß mich die alte Angst verfolgte."

Sie begannen ihr *gelato* zu essen. Schweigend genossen sie die dunkle Süße der Schokolade. Auf der nächtlichen Piazza plätscherten die Brunnen. Matthew Mahan saß hier mit der Frau, die er liebte, und allmählich begann ihm zu dämmern, daß es noch eine offene Frage gab.

„Und jetzt, Mary. Wie geht es dir jetzt?"

Zum erstenmal vermied sie es, ihm in die Augen zu schauen. „Nicht gut, Matt. Oh, ich weiß, du wirst mir das gleiche sagen wie mein Psychologe: Ich soll mich nicht so sehr mit der Kirche beschäftigen und die Kleriker ihr Spiel spielen lassen."

„Leg mir nichts in den Mund, Mary. Was höre ich da von einem Psychologen?"

„Depressionen, Matt. Seit etwa einem Jahr. Schlaflosigkeit.

Schreckliche Gedanken. Sogar meine Verdauung war gestört. Ich hab
wie ein Patient gelebt, der an einem Magengeschwür leidet."
„Und dein Psychologe macht die Kirche dafür verantwortlich?"
„Nein. Mein krankhaftes Interesse an der Kirche. Wo das alles
hinführt – oder nicht hinführt. Ich habe wirklich etwas verloren,
Matt. Das Gefühl, Don Angelo endgültig verloren zu haben. Jeden
Tag scheinen sie etwas anderes zu tun, das seinen Geist aus der
Kirche treibt."
Etwas wie Entsetzen kam über ihn. Wirkte er mit an diesem
Verrat? War das nicht der Schluß, der aus dem gezogen werden
mußte, was er gerade in San Pietro in Vincoli erlebt hatte? Aber
das auszusprechen würde diese gequälte Frau vernichten.
„Mary, versuch doch ein wenig Verständnis aufzubringen. Für
Paul. Für den Kreis um ihn. Vielleicht wäre es gut, wenn ich vor-
schlage, auch für mich. Wir sind alle Opfer der gleichen unglaublichen
Flut von Problemen. Und wir sind nur Menschen. Keine Heiligen
oder Genies wie Johannes. Man tut sein Bestes. Aber es ist einfach
zu viel, was auf einen einstürmt."
„Aber Barmherzigkeit, Matt. Barmherzigkeit und Liebe. Ich bin
sicher, sie sind deine vornehmsten Prinzipien. Und Freiheit in ver-
nünftigen Grenzen. Du schüchterst deine Priester nicht mit dieser
entsetzlichen Enzyklika über die Geburtenkontrolle ein. Du hast dagegen gekämpft."
„Ich versuche, das ganze auf eine andere Weise zu handhaben."
Eine Welle der Müdigkeit erfaßte ihn. „Mary, Päpste machen Fehler,
so wie jeder andere auch. Aber nichts sollte unser Vertrauen in die
Kirche erschüttern. Christus selbst hat uns gesagt, daß die Pforten
der Hölle nicht siegen werden."
„Und die Pforten des Himmels? Warum blicken wir nicht in diese
Richtung? Matt, die Hoffnung wird zerstört, und Hoffnung ist es,
was die Menschen wollen und brauchen. Ich kann dir gar nicht sagen,
wieviel es mir in dieser Hinsicht bedeutet, daß du nun Kardinal wirst.
Jetzt kommst du in eine Position, in der du dir Gehör verschaffen
kannst. Du darfst nicht schweigen, Matt. Jemand muß die Stimme
erheben."
Er saß da wie gelähmt. Auch Mary? Worauf gründeten sie alle
– Cronin, Mike Furia, Dennis McLaughlin – diese unglaublichen Er-
wartungen? „Mary, ich bin nicht so bedeutend, als daß ich mich zum
Wegweiser für die ganze Kirche aufschwingen könnte."
„Einer von elf amerikanischen Kardinälen, von hundertdreißig

in der ganzen Welt? Wenn du es mit Nachdruck zur Sprache bringst, müssen sie dich anhören."

„Aber das liegt mir nicht. Ich versuche, die Wogen zu glätten und nicht in Aufruhr zu bringen."

„Du hast gegen den alten Hogan gekämpft. Du bist für die Rechte der Farbigen eingetreten. Für die Liturgiereform. Für katholische Beratungsstellen. Saubere Gewerkschaften."

Die Probleme der fünfziger Jahre. Wie einfach sie sich anhörten. Wie konnte er ihr begreiflich machen, wie bedroht ihm die Kirche nun schien, warum er sie eher verteidigen, beschützen mußte, als versuchen, sie zu verändern. Die Qual, die ihr Gesicht widerspiegelte, zeigte ihm, daß es keinen Weg gab, ihr das auseinanderzusetzen. Und dann sah er etwas, was er nie ertragen hatte können: Tränen.

Einen Augenblick lang war er verwirrt und nahe daran, ein Machtwort zu sprechen. Nein. Irgendwie, egal was es ihn kostete, egal wie weich, wie verwundbar es ihn machte, er wollte ein Mensch der Liebe sein. Er nahm Marys Hand zwischen seine beiden großen Hände: „Nicht weinen, Mary, nicht weinen", murmelte er. „Wir werden es schon schaffen. Wir werden einen Weg finden."

VIII

A M NÄCHSTEN Morgen in aller Frühe schrieb Dennis an seinen Bruder und berichtete ihm von den Höhepunkten und Entdeckungen dieser Reise.

Lieber Leo,
heute beginnt unser erster voller Tag in Rom, und ich bin so müde, daß ich alles doppelt sehe. Der Flug war einfach barbarisch. Wir sind samt und sonders gestern nachmittag ins Bett gefallen und haben vor dem Abendessen ein paar Stunden geschlafen. Der Kardinal ging mit der mysteriösen Mary Shea aus. Ich hab sie heute kennengelernt, und ich muß sagen, ich beglückwünsche Seine Eminenz zu seinem guten Geschmack. Sie ist eine Schönheit, schlank, sexy und reif. Ich speiste mit unserem millionenschweren Patenonkel, Mike Furia, und Bischof Cronin zu Abend. Eine höchst ungewöhnliche Kombination – aber es war interessant. Mike F. sagte, er wäre heute wahrscheinlich ein Obermacher (sein Ausdruck) in der Mafia, wenn er im 2. Weltkrieg Padre Matt nicht über den Weg gelaufen wäre. Nebenbei bemerkt, wenn Du glaubst, daß

Du in bezug auf die Kirche ein Zyniker bist, dann solltest Du Dich einmal mit Furia unterhalten. Was der alles über die Geschäftspraktiken des Vatikans weiß!

Furia und Cronin kamen darauf zu sprechen, unter welch merkwürdigen Umständen Mahan überhaupt Bischof wurde. Er hat es einer Reihe von Zufällen zu verdanken, die mit Papst Johannes XXIII. zusammenhängen. Es scheint sich so abgespielt zu haben, daß Roncalli, der im 1. Weltkrieg Militärpfarrer bei der italienischen Armee war, 1945, nach dem Ende des 2. Weltkrieges, beschloß, ein Essen für die amerikanischen Militärpfarrer zu geben. Er war damals päpstlicher Nuntius in Frankreich. Da Roncalli nicht sehr gut Englisch sprach, wurde Hauptmann Matt mit seinen Orden und den von seiner Mutter stammenden guten Italienischkenntnissen gebeten, den Dolmetsch zu machen; die beiden verstanden sich wie Vater und Sohn. Matthew schlug vor, nicht nur Katholiken, sondern auch protestantische und jüdische Feldgeistliche zu dem Essen einzuladen. Roncalli war von der Idee begeistert, und es wurde ein großer Erfolg. Danach behielt er Matt praktisch die ganze Zeit bei seinem Stab, bis die Division in die Heimat zurückverlegt wurde.

Wieder in den Staaten, blieb Matt der Große in sporadischem Briefwechsel mit ihm. Dann trat Mary Shea auf den Plan. Sie ist die schwerreiche angeheiratete Nichte des Altbürgermeisters unserer Stadt, und Matt erhielt den Auftrag, ihr seelisch beizustehen, als ihre Ehe in Brüche ging. Da Geld keine Rolle spielte, empfahl er ihr eine persönliche Vorsprache in Rom als die beste Chance für eine Annullierung ihrer Ehe. Es hat nicht geklappt. Aber Mary entschloß sich, in Europa zu bleiben, und ließ sich in Venedig nieder. Und rate mal, wer Patriarch von Venedig war? Natürlich lernte Roncalli die reiche Amerikanerin kennen. In dieser Beziehung war der gute Papst J. wohl keine Ausnahme unter den Prälaten. Bald war sie zum Essen in seinen Palazzo eingeladen, und was glaubst Du, auf wen sie die Rede brachte? Auf wen sonst als diesen wunderbaren Monsignore, der sich unserer Erzdiözese annahm, der zu Dutzenden Schulen und Sportplätze bauen ließ und tonnenweise Geld beschaffte. Der gute alte Matt. Stell Dir ihre Überraschung vor, als Roncalli plötzlich auflebte und in ihre Lobgesänge mit einstimmte.

Als 1958 das Wunder geschah und der alte Mann Papst wurde, war er über unsere Erzdiözese besser unterrichtet als über jede andere in den Vereinigten Staaten. Er machte Matt prompt zum Weihbischof des alten Hogan und bald danach zum Koadjutor mit der Zusicherung auf Nachfolge im Amt. Du siehst also, selbstlose Güte, auch gegen eine Strohwitwe, zahlt sich aus.

Natürlich gibt es noch einige Ungereimtheiten. Hätte Mary Shea, da Matts Rat ihr nicht die gewünschte Annullierung einbrachte,

nicht einen gewissen Groll gegen ihn hegen müssen? Was war der
Grund für ihre unveränderte Ergebenheit? Die Möglichkeit einer
Renaissance sind offensichtlich. Sollte das zutreffen, so ist er ein
ganz ausgekochter Betrüger und verdient das volle Maß an Schimpf
und Schande, mit dem Du ihn zu überhäufen gedenkst. Aber hüte
Dich, Deine diabolische Feder zu zücken, ehe wir herausgefunden
haben, wo der Hase im Pfeffer liegt. Ich weiß, Ihr Liberalen seid
an der Wahrheit heutzutage nicht sehr interessiert, aber ich bin so
altmodisch, zu glauben, daß sie wichtig ist.   Gruß, Dennis

Er hatte gerade das Kuvert adressiert, als es klopfte. Herein kam
Andy Goggin, begleitet von Bischof Cronin, der eine runde Schotten-
mütze auf dem Kopf trug. „Ich habe diesen Einfaltspinsel in der
Halle aufgelesen", sagte er und stupste Goggin mit seinem Schleh-
dornstock, „und hielt ihn zuerst für einen Schnorrer in Soutane. Aber
er gab mir das Losungswort McLaughlin, worauf ich mich bereit
erklärte, ihn vor Ihrer Tür abzuliefern."

Goggin war hagerer denn je, was den Bischof zu einer entsprechenden Bemerkung veranlaßte. „Ich hab ihn gefragt, ob sie hier die
Streckfolter anwenden, denn ich konnte mir nicht vorstellen, wie er
sich sonst zu einer solchen Länge ausgedehnt hat."

„Er behauptet, du schreibst gemeinsam mit ihm die Geschichte
des Ersten Vatikanums", sagte Goggin.

„Bei ihm mußt du damit rechnen, daß er das Blaue vom Himmel
herunterlügt", antwortete Dennis.

„Wir sind unter uns, Jungs", sagte Bischof Cronin. „Seine Eminenz
macht mit seinen Millionären eine Stadtrundfahrt. Ich trug ihm an,
seine Erläuterungen zu ergänzen, aber er hat mich beleidigt und
gesagt, er könne es sich nicht leisten, seine Geldgeber zu schockieren."

„Ich vertraue mich hiermit zwei Experten an", lächelte Dennis,
„und bevor der Tag zu Ende ist, erwarte ich, das wesentliche Rom
kennengelernt zu haben."

In diesem Moment klopfte es wieder, und Jim McAvoy trat ein.
„Wir haben den Bus versäumt. Dürfen wir uns euch heute vormittag
anschließen? Wir können den Kardinal und seine Schützlinge dann
im Cavaliere Hilton zum Lunch treffen."

Bischof Cronin schaute verärgert drein. Aber Dennis sah keine
Möglichkeit, einen der größten Gönner der Diözese abzuweisen. Er
stellte Goggin vor, und sie gingen in die Halle hinunter. Madeline
McAvoy war über die Entwicklung der Dinge sichtlich erfreut. „Eine
Besichtigungstour mit drei Geistlichen dürfte lehrreicher sein", sagte

sie zu Dennis, „denn der Kardinal wird seinen Standardvortrag halten, und den kennen wir schon."

Sie nahmen ein großes Taxi, überquerten den Tiber auf der Ponte Cavour und fuhren in Richtung Vatikanstadt die Via della Conciliazione entlang, die, wie ihnen Cronin erzählte, Mussolini erbauen ließ, wobei der Borgo, einer der bezauberndsten Stadtteile des alten Rom, zerstört wurde. Als nächstes zeigte er ihnen die altehrwürdige Engelsburg, das Mausoleum Kaiser Hadrians, und den Ponte Sant'Angelo. „Ich benütze diese Brücke nie", sagte er. „Ich traue dem verdammten Ding nicht. Im Jahr 1450 stürzte sie ein, und hundertzweiundsiebzig Weihnachtspilger ertranken."

Bald traten sie auf den Petersplatz hinaus und blieben eine kleine Weile stehen, überwältigt von dem Gefühl ihrer Winzigkeit angesichts der beiden gewaltigen Kolonnaden, die den Platz halbkreisförmig umschlossen. „Als ich das letzte Mal hier war", sagte Mrs. McAvoy, „erzählte uns ein Fremdenführer, diese Säulengänge symbolisierten die Arme des Heiligen Vaters, die er nach der ganzen Menschheit ausstreckt."

„Da ist was dran", sagte Cronin mit einem boshaften Seitenblick auf Dennis und Goggin. „Die Kolonnaden stammen von Bernini, der bei den Jesuiten erzogen wurde, den Schöpfern der Doktrin, daß man das Heil nur im blinden Gehorsam gegenüber dem Papst finden könne."

„Fürwahr, fürwahr", sagte Goggin. „Wie der Gründer unseres Ordens, der heilige Ignatius, schrieb: ‚Wenn wir sicher sein wollen, den rechten Weg zu gehen, so sollten wir uns an folgenden Grundsatz halten: Wenn ich glaube, daß etwas weiß ist, aber die Kirche sagt, es ist schwarz, dann glaube ich, daß es schwarz ist.'"

Sie schlenderten auf die Basilika zu, bis sie den Obelisken in der Mitte des Platzes erreichten. „Nun bleiben Sie einen Augenblick stehen, bitte", sagte Cronin, „und versetzen Sie sich weit in die Vergangenheit zurück, in eine Zeit, lange bevor dieser Platz gebaut wurde. Irgendwo auf dem Weg, den wir gerade gekommen sind, ist der heilige Petrus in oder in der Nähe des Circus Gai gekreuzigt worden. Niemand weiß, wo man ihn begraben hat, obwohl die Päpste nur zu gerne glauben würden, daß er unter dieser Steinmasse liegt, vor der wir hier stehen. Aber der beste Beweis lehrt uns, daß es eher in einem kleinen Grabmal war, das hier auf dem Vatikanhügel stand. Dieses Grabmal befand sich in der Ecke eines Friedhofes und war eigentlich nicht mehr als zwei Nischen, die man in

den Hang geschlagen hatte. Davor war ein kleiner Altartisch und darunter eine bewegliche Steinplatte, unter der die Gebeine des alten Menschenfischers eine Zeitlang geruht haben mögen. Das Ganze war nicht größer als eine gewöhnliche Haustür.

So jedenfalls fand es dieser Pseudorömer, Kaiser Konstantin, vor – dieses Musterbeispiel des Christentums, das seine Gemahlin in ein Dampfbad gesteckt und bei lebendigem Leib gesotten hat. Nachdem er alle seine Feinde abgeschlachtet hatte und Oberboß geworden war, beschloß er, um das einfache Grabmal eine Kirche bauen zu lassen, die groß genug für eine Armee war. Denn der alte Konstantin dachte an Armeen und nicht an die Religion, darauf können Sie sich verlassen. Er war der erste Imperialist, der entdeckte, daß Christen gute Soldaten abgeben.“

Madeline McAvoy gefiel augenscheinlich die unorthodoxe Einstellung des Bischofs zur Kirchengeschichte, aber Jim war auf der Hut. „Wäre Konstantin nicht gewesen“, sagte er, „so hätten die Römer die Christen weiter verfolgt, und sie wären eine Minderheit geblieben.“

„Was Besseres hätte gar nicht passieren können“, antwortete Cronin. Er führte sie über den Platz. Ungefähr hundert Meter vom Portikus entfernt, hob er die Hand wie ein Verkehrspolizist, deutete auf die Fassade und las in rasendem Tempo die Inschriften – die Titel des Papstes in Latein. „Pontifex Maximus, das ist das Schlüsselwort, Kinder. Es wurde direkt aus dem römischen Reich entliehen und ist einer der vielen Titel des Kaisers. Sie sehen also“, sagte er, an Dennis gewandt, „diese Ehe zwischen Kirche und Staat ist kein Witz, Junge.“

„Wo hast du *den* bloß aufgegabelt?“ flüsterte Goggin Dennis ins Ohr.

„Hier“, fuhr Cronin fort, als sie den Dom betraten, „sehen wir nun den Beginn der großen Verschwörung...“ Damit stürzte er sich in eine Führung, in der Geschichte und Theologie so eng miteinander verflochten waren, daß den McAvoys der Kopf brummte. Ihre Verwirrung wurde in keiner Weise durch die beiden ehemaligen Jesuitenzöglinge gemildert, die sich voller Enthusiasmus in eine lebhafte Diskussion über die Geschichte der päpstlichen Macht und das wackelige Fundament der Doktrin über die Unfehlbarkeit des Papstes versenkten.

Cronin führte sie durch das Mittelschiff. „So großartig dieser Altar und der Baldachin über dem Grabmal des heiligen Petrus auch sind, der Blick des Betrachters wird doch davon“ – er deutete zur Apsis –

„mehr angezogen. Dorthin wollte Bernini, der bevorzugte Architekt der Jesuiten, das Auge lenken. Zum Stuhl Petri. Es heißt, der Apostel habe darauf gesessen, als er sich im Haus des Pudens ausruhte, eines guten Christen, der ihn bei sich aufnahm. Aber erst im Jahre 1217 wird dieser heilige Stuhl erstmals schriftlich erwähnt. Es war ein ganz gewöhnlicher Holzstuhl, mit dem sich sogar Konstantin nicht abgeben wollte. Er stand in der Taufkapelle der alten Kathedrale. Nun seht mal, was der Jesuitenknabe daraus gemacht hat."

Sie blickten hinauf zu der barocken, von schwarzgoldener Bronze umgebenen Pracht, die vier große Statuen trugen. „Hier, meine Kinder", erklärte Cronin, „hier seht ihr, wonach die Päpste strebten, weil sie gar so viel Marmor und Bronze und Gold aufhäuften. Nach einem Thron. Ein einfacher Stuhl, auf dem einst ein Fischer saß, wurde zum Symbol für den Hochmut der Kirche."

Jetzt wirkte Jim McAvoy ernstlich verärgert. „Wollen Sie uns weismachen, daß wir zu Unrecht glauben, die Päpste seien die Nachfolger des heiligen Petrus? Daß es eine Lüge ist?"

„Sagen wir eine Übertreibung. Eine Übertreibung, die zuerst zu einer Entstellung führte und dann zu einer Katastrophe." Ohne ein weiteres Wort drehte er sich um und führte sie zurück durch das Mittelschiff zur *Cappella della Presentazione.* „Deshalb bin ich heute morgen hergekommen." Er zeigte auf das große Bronzerelief von Papst Johannes XXIII. an der Wand der Kapelle. Es stellte den Papst in Tiara und Ornat dar, wie er eine Menschenmenge segnete, die ihm, von Gittern zurückgehalten, die Hände entgegenstreckte, während vom Himmel eine Engelsschar herabschwebte. Zu Dennis' Überraschung kniete Bischof Cronin nieder. Er blickte über die Schulter zurück und sagte: „Kommt, sprecht hier gemeinsam mit mir ein Gebet." Sie knieten neben ihm nieder. Dennis machte keine Anstalten zu beten. Er war hier Zuschauer, nichts als ein Zuschauer.

„Es ist gut", sagte Cronin. „Sehr gut und sehr passend. Wie Sie wissen, hat er gleich im ersten Jahr, das er Papst war, das Gefängnis hier in Rom besucht. Er ist geradewegs in die Schwerverbrecherabteilung gegangen, mitten unter Räuber und Mörder. Ein Mörder fiel vor ihm auf die Knie und fragte, ob auch er auf Vergebung hoffen dürfe. Der alte Mann hob ihn einfach auf und umarmte ihn."

Dennis fühlte sich entsetzlich müde. Er hatte letzte Nacht nicht viel besser geschlafen als im Flugzeug. Zugleich mit der Erschöpfung spürte er eine unerträgliche Beklemmung in der Brust. Nach seinem letzten Asthmaanfall hatte der Arzt sorgfältig die psychologischen Zu-

sammenhänge erklärt und darauf hingewiesen, wie oft diese Attacken gerade dann auftraten, wenn er seine Mutter besuchte. Aber was hatte Mutterliebe mit dem zu tun, was der alte Davey über diese gigantische Parade von Marmor, Bronze und Gold Schreckliches sagte?

Der Arzt hatte ihn auch davor gewarnt, sich zu überanstrengen, erinnerte sich Dennis vage, als Cronin sie schnellen Schrittes aus der Kirche führte, um ein großes bronzenes Tor zu besichtigen. „Das", sagte Bischof Cronin, „ist ‚Die Pforte des Todes'. Ein gemeinsamer Freund brachte den Schöpfer dieses Werkes, einen Mann namens Manzù, zu Johannes, und von dem alten Mann strahlte etwas aus, das den Künstler tief bewegte. Er schloß sich tage- und nächtelang in seinem Atelier ein, und das war das Ergebnis, ein Protest gegen den Tod in all seinen Gestalten und Formen."

Dennis hörte Goggin etwas darüber sagen, wie universal dies alles sei. Das Atmen fiel ihm immer schwerer. Er entfernte sich von den anderen und merkte, wie er auf das Wappen Johannes' XXIII. starrte, das im Pflaster des Portikus eingelassen war. Es schien plötzlich ungeheure Größe anzunehmen. Dennis fühlte, daß er fiel.

Einige Stunden später erwachte er in seinem Hotelzimmer. Bischof Cronin saß mit besorgter Miene an seinem Bett. Hinter ihm stand Matthew Mahan und schaute noch betroffener drein. „Wie fühlen Sie sich, Junge?" fragte Cronin.

„Nicht gut", krächzte Dennis. „Tut mir leid, daß ich Ihnen den Tag verdorben habe."

„Zum Teufel mit dem Tag."

„Ich habe einen Asthmaanfall."

„Das wissen wir. Bill Reed hat nach Ihnen gesehen. Wir haben Ihnen Sauerstoff gegeben."

„Seit zwei Jahren habe ich keinen Anfall mehr gehabt", keuchte Dennis.

„Nicht sprechen", befahl Matthew Mahan. „Ich erforsche gerade mein Gewissen. Ich habe Sie wie einen Galeerensträfling schuften lassen."

„Das hat mir nichts ausgemacht bis auf die letzte Woche."

„Warum haben Sie mir nichts gesagt?"

„Wer kann dir schon was sagen?" fragte der alte Davey.

„Warum gehen Sie nicht hinunter und bestellen sich etwas zu essen?" sagte der Kardinal. „Ich löse Sie ab."

Cronin zwinkerte Dennis zum Abschied zu. Matthew Mahan setzte

sich ans Bett. „Wie war's bei Ihrer..." begann Dennis, aber die Luft ging ihm aus.

Matthew Mahan gab ihm ein Fläschchen. „Bill Reed hat diese Antihistamintabletten für Sie dagelassen."

Dennis schluckte eine Tablette und sank wieder in die Kissen zurück. „Es tut mir wirklich leid", setzte er an.

„Ich habe Ihnen doch befohlen, den Mund zu halten", schnitt ihm Matthew Mahan das Wort ab.

Dennis lächelte, unfähig zu widersprechen.

„Ich sollte mich am Nachmittag eigentlich in den Vatikan begeben, um mit Kardinal Antoniutti über unsere Nonnen zu reden", sagte Matthew Mahan. „Aber während ich heute morgen die Messe las, beschloß ich, es bleibenzulassen."

Dennis war unverkennbar überrascht, blieb jedoch stumm.

„Wenn wir dieses Problem nicht selbst lösen können, verdiene ich den Kardinalshut nicht. Das Ganze läuft darauf hinaus, daß ich mir mehr Mühe geben muß, mich den Damen verständlich zu machen, statt wie bisher die Autorität herauszukehren. Es ist meine Schuld, wenn ich ihnen nicht gezeigt habe, daß ich für die armen Teufel in der Stadt das gleiche will wie sie."

Dennis war froh, daß er nicht sprechen durfte. Was konnte er anderes tun, als zustimmen? Er merkte, wie sich der Kardinal den Magen rieb. „Ich sollte auch meine Tabletten nehmen", sagte Matthew Mahan. „Sie geben heute abend in der Botschaft einen Empfang für uns. Die vier anderen neuen amerikanischen Kardinäle sind auch schon angekommen. Außer Cook haben alle promoviert, und ihn hat auch nur der Krieg daran gehindert." Er lächelte schief. „Einer der vielen Klubs, dem ich nicht angehöre. Persönlich bin ich der Meinung, mehr Ausbildung in Amerika und weniger in Rom würde auf lange Sicht bessere Bischöfe hervorbringen."

Dennis hatte wieder Schwierigkeiten mit dem Atmen. Matthew Mahan sprach weiter. „Dem Papst auf geistiger Ebene Loyalität zu bewahren ist eine Sache, die Kurie die amerikanische Kirche leiten zu lassen eine andere. Diesbezüglich stimme ich mit dem alten Davey überein. Aber ich finde nicht, daß wir das Papsttum abschaffen müssen, um unsere Freiheit zu erlangen." Er tätschelte Dennis den Arm. „Und jetzt schlafen Sie!"

Dennis schlief sofort ein. Er hatte merkwürdige Träume. In fast allen kam Helen Reed vor — immer gerade außer Reichweite seiner Hände und seiner Lippen. Er erwachte und spürte die Sauerstoff-

maske auf Nase und Mund. Matthew Mahans Gesicht war dem seinen so nahe, daß es wie ein visueller Zusammenprall auf ihn wirkte. Die ruhigen blauen Augen des Kardinals schienen ihm auf den Grund seiner Seele zu schauen.

„Es ist gut, Dennis, es ist gut", sagte er sanft. „Es wird Ihnen bald bessergehen. Sie haben jetzt ein paar Stunden lang keine Schwierigkeiten gehabt. Haben Sie geträumt?"

Dennis nickte, während der Sauerstoff kühl durch seine Kehle zischte.

Matthew Mahan blickte auf die Uhr. „So, zwei Minuten." Er nahm die Maske ab und hängte sie über den Bettpfosten.

„Waren Sie noch gar nicht beim Abendessen?" fragte Dennis. Es überraschte ihn angenehm, seine Stimme so klar zu hören.

„Vor Stunden schon. Ich habe auch den ältesten Ketzer der Welt ins Bett befördert. Ich möchte nicht, daß er mir mitten in Rom tot zusammenklappt. Wie könnten wir je den Geruch der Heiligkeit erklären, der von Leuten wie ihm aufsteigt?"

Verwirrt schaute Dennis auf das leere Bett neben sich.

„Ich habe ihn in meinem Zimmer untergebracht."

„Wirklich, *Sie* sollten sich nicht um Ihren Schlaf bringen."

„Ich kann es mir viel eher leisten, ein bißchen Schlaf als einen guten Sekretär zu verlieren."

Wenn Gemütsbewegungen der wahre Grund für meine Asthmaanfälle sind, dachte Dennis düster, dann müßte ich jetzt ersticken. Was antwortete man darauf als Lump, der seinen Wohltäter verriet?

„Es geht mir gut", sagte er verzweifelt. „Warum versuchen Sie nicht, ein wenig zu schlafen?"

„Ich mache später dann ein Nickerchen. Halb sechs – Zeit für die Frühmesse." Er nahm die Sauerstoffmaske. „Noch ein paar Züge, bevor ich gehe?"

Dennis schüttelte den Kopf. „Eminenz", sagte er, als der große Mann zur Tür schritt. „Danke, daß Sie bei mir geblieben sind."

Matthew Mahans Lippen verzogen sich zu dem verschmitzten irischen Grinsen. „Das war wohl das mindeste, was ich tun konnte, nachdem ich Sie fast umgebracht habe."

Fünf Minuten später war Bischof Cronin im Zimmer und bestellte telephonisch das Frühstück für zwei Personen. „Bei Gott", sagte er, „Sie sind wieder gesund. Es ist ein Wunder. Ich glaube, das verdanken wir dem alten Papst Johannes. Sie sind auf die Schnauze

gefallen – direkt auf sein Wappen, eine typisch italienische Geste der Verehrung, um es milde auszudrücken."

Das Frühstück kam, und Dennis merkte, daß er hungrig war. Er bestrich ein frisches Brötchen mit Butter und Marmelade. „Ich kann mich über die Krankenpflege, die mir zuteil wurde, nicht beruhigen", sagte er. „Daß der Kardinal die ganze Nacht bei mir geblieben ist –"

„Ich habe zwei Herzanfälle gehabt, wo ich um ein Haar schon dem heiligen Petrus die Hand geschüttelt hätte. Und wen sehe ich jedesmal um drei oder vier Uhr früh an meinem Bett sitzen? Ihn. Was bleibt einem übrig, als diesen Mann zu lieben?"

Ja, dachte Dennis. Was?

MATTHEW MAHAN duschte rasch und rasierte sich. Erfrischt, wenn auch etwas benommen, ging er zum Lift. Er wollte in San Pietro in Vincoli die Messe lesen. In Verbindung mit dem, was er dort vor zwei Tagen erlebt hatte, brachte ihm dies vielleicht eine stärkere, klarere Einsicht.

Er war noch keine zehn Schritte weit gekommen, als eine Frau in der Halle erschien. Sie hatte einen sinnlichen, arroganten Mund und schwarzes, kunstvoll frisiertes Haar. Sie trug ein Cape und darunter ein weißes Abendkleid, das bis zu den Silbersandalen reichte. Sie maß ihn mit einem kühlen Blick, wobei ein spöttisches Lächeln um ihre Lippen spielte, und ging zum Lift voraus. Sie war aus Mike Furias Zimmer gekommen. Matthew Mahan war erschüttert. Konnte er überhaupt jemandem trauen? Furchtbare Einsamkeit überfiel ihn, ein Gefühl schmerzlicher Verlassenheit, wie Jesus es empfunden haben mußte.

Nach der Messe sah er Moses' schwermütigen Blick mit neuem Verständnis. Er sprach ein stilles Gebet für Papst Johannes und flehte, er möge ihn leiten. Langsam kam er zu der Überzeugung, daß er etwas unternehmen mußte.

Mike Furia war mehr als eine Seele, zu deren Hirten er bestimmt war. Mike war ein persönlicher Freund, ein Mann, mit dem er sein Leben geteilt hatte. Nun zu schweigen würde einem Verrat an Mikes Seele gleichkommen.

Als er das Hassler wieder betrat, war es acht Uhr. Mit nichts, worauf er sich stützen konnte, außer seiner grimmigen Entschlossenheit, war er daran, Freundschaft, bischöfliche Würde und sogar seine Selbstachtung zu riskieren.

„Nur herein", sagte Mike, als er ihm die Tür öffnete. „Ich habe

mir gerade das Frühstück bringen lassen. Willst du mir Gesellschaft leisten? Dann bestelle ich gleich noch eines."

„Nein, danke, Mike. Aber ich trinke gern ein Glas Milch, wenn du welche übrig hast."

„Gut", sagte Mike und ging zurück zum Tisch, wo der Kaffee in seiner Tasse dampfte. Matthew Mahan holte aus dem Badezimmer ein Glas und goß etwas warme Milch hinein.

„Was gibt's?" fragte Mike. „Wie geht es Dennis?"

„Besser, Gott sei Dank. Hör zu Mike, was ich dir jetzt zu sagen habe, wird dir nicht gefallen, aber ich muß es sagen. Ich könnte mir selbst nicht mehr in die Augen schauen oder mich als Priester fühlen, wenn ich es nicht täte."

Mike Furia starrte ihn verblüfft an. Er zog seine breiten Schultern hoch und lehnte sich im Sessel vor. „Ich lausche."

„Als ich zur Frühmesse das Hotel verließ, bin ich beinah mit einer Frau zusammengestoßen, die – offensichtlich die Nacht in diesem Zimmer verbracht hat."

„Verdammt noch mal!" Mike sprang auf. „Das geht dich einen Dreck an, Matt."

„Mike – was für ein Freund – oder Priester wäre ich, wenn ich ohne ein Wort zusehen würde, wie du dein Seelenheil verlierst?"

Der Ausdruck in Mikes Augen hätte nicht verächtlicher sein können.

„Was kann dir eine solche Frau bedeuten? Was kann sie für einen Wert für dich haben? Weißt du überhaupt, wie sie heißt?"

„Natürlich weiß ich, wie sie heißt. Sie ist Modezeichnerin. Eine der besten in Rom. Sie lebt getrennt, genau wie ich, und kann nicht wieder heiraten, weil es die Gesetze verbieten."

„Es tut mir leid", sagte Matthew Mahan beschämt. „Ich dachte – sie machte auf mich ein wenig den Eindruck eines Callgirls."

„Matt, ich habe kein Keuschheitsgelübde abgelegt. Ich habe angenommen, du würdest das verstehen."

„Aber du hast eine Frau und einen Sohn. Innerlich entfernst du dich noch weiter von ihnen."

„Soll ich dir sagen, wann ich das letzte Mal mit meiner Frau im Bett war? Ich bin mit ihr immer nur ins Bett gegangen. Es war eine rein sexuelle Angelegenheit. Liebe war nie dabei, zumindest nicht seit Tonys Geburt. Wenn du's genau wissen willst, vor zehn Jahren. Wir führten schon lange keine Ehe mehr, bevor wir uns offiziell trennten."

„Mike", sagte Matthew Mahan, „wie konnten wir so lange eng befreundet sein, ohne daß du mir davon erzählt hast?"

„Ich habe es oft genug angedeutet. Aber worüber sprachen wir denn im allgemeinen? Über den Bau einer Sporthalle, wie wir eine Million beschaffen sollten. Mein Privatleben hat dich nicht interessiert. Zum Teufel, du bist ja schließlich auch kein gewöhnlicher Pfarrer."

Nichts hätte ihn mehr verletzen können als diese Worte. „Ich war in erster Linie Priester, und das bin ich noch immer."

„Falls du jetzt erwartest, daß ich dich oder Gott kniefällig um Verzeihung bitte, dann irrst du dich."

„Das erwarte ich keineswegs. Ich bin – wie kann ich dir helfen?"

Mike stand in der Mitte des Zimmers. Er schien zu zögern, dann drehte er sich jäh um und setzte sich. „Ich glaube, es ist Zeit, daß wir reinen Tisch machen, Matt. Ich glaube nichts von dem ganzen Schmus."

„Du meinst die Kirche – Katholik zu sein?"

„Du hast's erfaßt."

„Und geht das schon lange so?"

„Verdammt lang sogar."

„Aber wie ist das damit zu vereinbaren, daß du mir so geholfen hast? Du hast Millionen für die Kirche aufgebracht."

„Ich habe Millionen für *dich* aufgebracht. Für unsere Freundschaft. Denn daran glaube ich, auch wenn sie jetzt der Vergangenheit angehört."

„Warum glaubst du daran?"

„Weil du mir das Leben gerettet hast. Du hast was bei mir gut, wie man in meiner Familie zu sagen pflegte. Und das gilt solange du lebst, ob es mir paßt oder nicht."

Und die ganze Zeit hast du gedacht, es wäre ein Triumph deines Priestertums. Statt dessen war es das Gesetz der Mafiosi. Schluck die Demütigung hinunter, hier ist eine Seele in Not.

„Mike", sagte Matthew Mahan. „Es stimmt, daß ich deine Karriere mit tiefer Befriedigung verfolgt habe. Du warst eine meiner geretteten Seelen. Die Tatsache, daß du mein guter Freund warst, nun, das hielt ich für ein anerkennendes Schulterklopfen des Allmächtigen. Aber jetzt sehe ich, wie ich mich durch meine Selbstzufriedenheit habe täuschen lassen. Das ist mein schlimmster Fehler. Es tut mir leid, Mike."

„Was tut dir leid?"

„Daß ich bei dir versagt habe – als Priester."

„Das hast du nicht. Ich habe dir nie eine Möglichkeit gegeben."

„Ich habe sie aber auch nie gesucht."

Er stand auf und ging mit schleppenden Schritten zur Tür.

AM GLEICHEN Abend, nach dem Empfang für die amerikanischen Kardinäle in der Botschaft, gab Matthew Mahan ein privates Abendessen im engsten Kreis: die Monsignori Petrie und Malone, Davey Cronin und Dennis McLaughlin; Mary Shea, Mike Furia, die McAvoys und Bill Reed. Es wurde viel über Bill Reeds hartnäckige Weigerung, irgendeiner Kirche anzugehören, gewitzelt. Bischof Cronin behauptete zu Terry Malones Empörung, dies beweise nur, daß Bill gescheiter sei als alle anderen an diesem Tisch. Um die Verwirrung endgültig zu machen, verteidigte sich Cronin, indem er Papst Johannes zitierte: „Ich fürchte nicht die Sitten, die politische Anschauung oder die Religion eines Menschen... solange er in Ehrfurcht vor Gott lebt." Bill Reed erklärte sich bereit, diesen Glaubensartikel zu unterschreiben. Ohne dies, sagte er, würde jeder Arzt bald den Verstand verlieren.

George Petrie und Terry Malone verabschiedeten sich früh. Das beunruhigte Matthew Mahan ein wenig, aber nicht so sehr wie Mikes feindselige Haltung. Während des Essens hatte er nur mit Dennis und Mary Shea gesprochen, und soviel Matthew Mahan hören konnte, handelte es sich dabei hauptsächlich um eine zynische Schmährede auf die Kirche in Italien. Es war ihm eine Qual zu sehen, wie Dennis und Mary zustimmend lächelten.

Matthew Mahan bestellte eine Runde Asti Spumante. Er wich Bill Reeds strafendem Blick aus, als er einen Schluck nahm, und fragte Mike lächelnd: „Was hast du da eben über die Kirche gesagt?"

Mike beachtete ihn überhaupt nicht. „Haben Sie je von der Società Generale Immobiliare gehört?" Er wandte sich dabei direkt an Mary. „Das ist die größte italienische Immobilien- und Baugesellschaft. Sogar eine der größten der Welt. Der Vatikan besitzt fünfundzwanzig Prozent der Aktien und stellt etwa achtundneunzig Prozent des Aufsichtsrates. Ich habe mit der SGI bei einem Dutzend Aufträgen zusammengearbeitet. Siebzig Prozent der Normalaktien und fünfzig Prozent der Vorzugsaktien sind in Händen der Immobiliare. Dann gibt es die Immobiliare Kanada. Ihr gehört der Börsenturm in Montreal. Wenn man mit diesen Leuten ins Geschäft kommt, braucht man die besten Rechtsanwälte der Welt hinter sich."

„Sie meinen, es sind Betrüger?"

„Das nicht. Sie holen nur aus ihren Verträgen das allerletzte heraus. Sie arbeiten für den Papst. Es ist ihre Pflicht, soviel wie möglich aus jedem Geschäft herauszuschlagen und noch ein bißchen mehr." Mike Furia grinste. „Wir würden bis zum Morgengrauen hier sitzen, wenn ich aufzählen wollte, was die SGI seit dem Krieg gebaut hat. 1967 wies sie einen Gewinn von 6,2 Millionen aus. Nicht schlecht, wenn man bedenkt, daß es 1949 nur eineinhalb Millionen gekostet hat, sich die Kontrolle über die Firma zu verschaffen. Der Kirche gehört auch die größte Zement- und Baumaterialienfirma in Italien. Und Pantanella nicht zu vergessen, die größte Teigwarenfabrik –"

„Und die Banken. Was ist mit den Banken?" fragte Cronin.

„Nun, eine gehört ihr zur Gänze, die Banco Santo Spirito, und an drei anderen ist sie beteiligt. Diese vier führen ungefähr fünfzig Prozent aller Außenhandelstransaktionen durch. Dann gibt es noch einige tausend kleine Banken in ganz Italien, die sich ausschließlich im Besitz des Vatikans oder der jeweiligen Pfarre befinden."

„Und sie alle verlangen Zinsen, nicht wahr?" fragte Cronin. „Was alle Kirchenväter, zahlreiche Konzile und ein halbes Dutzend Päpste als Wucher und hiemit als schwere Sünde gebrandmarkt haben. Alle zitierten die Heilige Schrift. Aber als es sich herausstellte, daß Europa ihre Erklärungen nicht zur Kenntnis nahm, sind sie selber ins Geschäft eingestiegen. Einige – ich meine Pius XI. und XII. – zählen zu den Helden, die nicht erlauben wollten, daß ein katholisches Ehepaar mit elf Kindern ein Verhütungsmittel anrührt, obwohl es keine Zeile in der Heiligen Schrift gibt, auf die sie sich hätten stützen können, und nur zwei vage Erklärungen von früheren Päpsten vor 1930."

Aller Augen richteten sich auf Matthew Mahan. Sekundenlang fühlte er nur Erbitterung. Warum erwarteten sie jedesmal von ihm eine Antwort, wenn jemand eine Beschuldigung gegen die Kirche vorbrachte? Aber dann seufzte er, als er noch etwas anderes in Mary Sheas Miene las. Die Annahme, daß es keine befriedigende Antwort gab.

„Bevor wir den Petersdom niederbrennen", sagte er, „wollen wir daran denken, daß die Kirche mehr ist als eine Investmentgesellschaft oder eine Gegnerin der Empfängnisverhütung. Gleichgültig, wie sehr sie auch in manchen Dingen irrt, sie bringt doch jeden Tag eine Fülle von Gottes Gnade über die Welt."

„Aber wenn das Gefäß, in das die Gnade strömt, verseucht ist, so nützt vielleicht die ganze Gnade nichts", erwiderte Cronin.

„Das klingt fast so, als hätten Sie den Glauben verloren, Davey."

„Nenn es, wie du willst", sagte der alte Mann.

„Meinen Sie das ernst, oder ist es der Asti Spumante, der aus Ihnen spricht? Ich kann mir nicht vorstellen, daß wir uns je in diesem Punkt uneinig sein könnten."

„Nein, nein, natürlich nicht, Matt."

Diese mechanische Beteuerung war noch verletzender als ein Widerspruch. Sagte er damit nicht, es ist sinnlos, mit dir darüber zu diskutieren?

„Dennis, ich glaube Bischof Cronin ist übermüdet. Wäre es nicht besser –"

„Ich bin nicht im geringsten übermüdet. Aber finde es dennoch an der Zeit, den Mund zu halten und ins Bett zu gehen."

Er stand auf und verließ den Raum.

Bill Reed meinte, es sei auch für ihn Zeit, sich aufs Ohr zu legen.

„Ich für meine Person lasse einen guten Tropfen nicht stehen", sagte Mike Furia und hob sein Glas, damit der Kellner nachschenken konnte.

„Ich auch nicht", sagte Mary mit betonter Fröhlichkeit. Matthew Mahan überlegte, ob er versuchen sollte zu erklären, was gerade zwischen ihm und Davey Cronin vorgefallen war. Er beschloß, es zu probieren. „Er ist ein wenig wie ein Vater, der nicht begreifen will, daß sein Sohn mittlerweile erwachsen ist. Aber ich kann ihm nicht mehr in allem automatisch zustimmen."

Jim McAvoy sagte: „Er ist praktisch ein Protestant."

„Nein, Jim. Hinter dieser ätzenden Kritik verbirgt sich ein enormer Glaube, eine unendliche Liebe zur Kirche."

„Das spüre ich", sagte Madeline McAvoy. „Sogar sehr."

Matthew Mahan fühlte eine Welle der Zuneigung für die McAvoys. Diese Art Menschen versuchte er vor dem drohenden Chaos zu retten. Er wandte sich mit neuer Entschlossenheit an Mike Furia. „Dieses Gerede über die Geschäfte der Kirche, Mike. Der Etat des Vatikans beläuft sich auf zwanzig Millionen Dollar im Jahr. Da braucht man noch andere Einnahmequellen. Mit Spenden allein kommt man nicht durch."

„Vielleicht käme man mit weniger aus", sagte Mary, „wenn man darauf verzichten würde, in der ganzen Welt diplomatische Vertretungen zu unterhalten – und die Kurie mit ihrer ständig wachsenden Bürokratie."

„Oder Radio Vatikan", ergänzte Mike Furia. „Oder eine eigene

Zeitung. Der *Osservatore Romano* bringt jährlich ein Defizit von zwei Millionen."

Zwanzig Minuten lang versuchte er zu erklären, warum der Vatikan sich mit der Geschäftswelt befaßte, aber seine Zuhörerschaft blieb unbeeindruckt. Die Gesellschaft ging nach einem reichlich steifen Abschied auseinander, und so endete ein Abend, der eigentlich erfreulich hätte verlaufen sollen, mit einem Mißton. Mary Shea fühlte, wie ihm zumute war, und sagte sanft: „Nimm es dir nicht so zu Herzen, Matt. Du kannst die Tatsachen nicht ändern."

Allein in seinem Zimmer, schluckte Matthew Mahan ein paar Titrilactabletten, um seinen Magen zu beruhigen, und fand, daß Mary ihm einen guten Rat gegeben hatte. Morgen war Sonntag. Er hatte ihn sich gottlob freigehalten, um sich zu entspannen, innere Einkehr zu halten und zu beten. Exerzitien im kleinen, die, wie er hoffte, die Erinnerung an seine fünf Tage dauernden Exerzitien vor seiner Bischofsweihe wachrufen würden. Papst Johannes hatte ihm seinen eigenen Beichtvater, Monsignore Alfred Cavagna, geschickt, der ihn jeden Tag aufsuchte, um ihm Themen zur Meditation zu geben. Matthew Mahan hatte um Rat gebeten, wie er seinen größten Fehler bekämpfen könnte – daß er nicht frei von Hochmut war. Mit ergreifender Einfachheit hatte der alte Priester zu ihm über die Notwendigkeit gesprochen, jeden Wunsch, jedes persönliche Verlangen aufzugeben; alles in Gottes Hand zu legen, so daß die Erfüllung eines Wunsches stets ein Geschenk des Allmächtigen war. Wenn aber die Erfüllung versagt blieb, so sollte man darin eine Möglichkeit sehen, Gottes wahre Absicht durch das Leid zu erkennen. Wie schwer war es gewesen, sich dieser Weisheit immer bewußt zu sein, während er auf seinem erzbischöflichen Pulverfaß saß.

Glücklicherweise hatte Matthew Mahan Papst Johannes' *Geistliches Tagebuch* nach Rom mitgenommen; darin fand er nun Trost. Viele Sätze waren unterstrichen. Er schlug eine Eintragung auf, die vom 24. Januar 1904 stammte. Sie ermutigte ihn ein wenig. „Besonders die Eigenliebe hat mir viel zu schaffen gemacht ... In der Übung wahrer Demut und Selbstverachtung bin ich noch ein Anfänger. Es ist ein ständiges Hin und Her in Richtung nach ich weiß nicht was, es ist wie das Füllen eines Sackes ohne Grund."

Plötzlich erinnerte er sich daran, wie er in der päpstlichen Bibliothek gesessen und zugehört hatte, wie der beleibte alte Mann seine Lieblingsstelle aus dem Ritus der Bischofsweihe rezitierte. Er dachte an den Humor, der in Johannes' braunen Augen aufblitzte, als er

zum letzten Satz kam: Er sei verpflichtet, den Weisen und Unweisen, damit er Frucht ernte vom Fortschritt aller. „Das ist vielleicht das Wichtigste", hatte er gesagt, „wenn man die Aufgabe übertragen erhält, eine Diözese zu leiten."

Matthew Mahan blätterte weiter. Zwei Maximen bereiteten ihm plötzlich Qual.

> Immer in meinem göttlichen Berufe ganz aufgehen und mich freihalten von irdischen Geschäften und von schädlichem Gewinn.
>
> Demut und Geduld in mir selbst bewahren und andere so lehren.

Wie oft hatte er es unterlassen, nach diesen Idealen zu leben. Wo, wie hatte er die Beziehung zu ihnen verloren? Sanftmut und Demut gehören nicht zu meinen hervorstechenden Charaktereigenschaften, dachte er niedergeschlagen. Nicht ohne Grund war sein Spitzname in der Mittelschule „die große Klappe" gewesen. Er hatte immer die erste Geige gespielt und es geliebt, im Mittelpunkt zu stehen. Aber jetzt war es höchste Zeit, endlich zu einem neuen Selbst zu finden.

Es war auch höchste Zeit, ein für allemal die Träume von Ruhm zu begraben, in denen er während der ersten Jahre nach seiner Bischofsweihe geschwelgt hatte. Er hatte sich schon als Nachfolger Kardinal Spellmans als Wortführer der amerikanischen Kirche gesehen. Der Tod Johannes' XXIII. hatte diese Luftschlösser in Rauch aufgehen lassen und ihn von seinem hohen Roß heruntergeholt, so wie er es verdiente. Fünf Monate nachdem Johannes an Krebs gestorben war, wurde John Kennedy ermordet, und Amerika kam vom Kurs ab wie ein Schiff ohne Steuermann. Es war schwer zu sagen, ob die Kirche dem Wahnsinn nur nachgegeben oder dazu beigetragen hatte. Morgen –

Das Telephon läutete. „Ein Telegramm, Eure Eminenz..." Fünf Minuten später brachte es ihm ein Page. Er las es und steckte es in seine Brieftasche. Dann blätterte er wehmütig im *Geistlichen Tagebuch*. Morgen würde er nun doch nicht dazu kommen, darin zu lesen. Das Telegramm bot ihm eine der seltenen Gelegenheiten, als Priester einem Mitbruder beizustehen. Er konnte dies nicht um seiner eigenen geistigen Erbauung willen versäumen. Johannes würde es verstehen. *Santo Padre,* betete er, steh mir bei, jetzt und in der Zeit, die noch vor mir liegt.

A M NÄCHSTEN Vormittag um zehn Uhr fuhren Dennis McLaughlin und Matthew Mahan mit einem Picknickkorb im Kofferraum des Mercedes und einem gesprächigen jungen Mann namens
Tullio als Chauffeur aus Rom hinaus. Dennis war überrascht und zugleich erfreut, daß Matthew Mahan offensichtlich so sehr um seine
Gesundheit besorgt war, daß er ihm eine kleine Erholungspause
gönnte.

Bald kamen die weißen Häuser von Nettuno, einem der beliebtesten
Badeorte der Römer, in Sicht, und Matthew Mahan hielt Ausschau,
bis er eine Tafel mit der Aufschrift erspähte: SICILY ROME AME-
RICAN CEMETRY. „Dorthin möchten wir", sagte er zu Tullio.

Der Friedhof erstreckte sich über einen Hügelhang, der in sanfter
Neigung vom Ufer eines kleinen Sees anstieg. Sie stiegen aus dem
Auto und gingen auf einem breiten, grasbewachsenen Weg zu einem
von weißen Säulen getragenen Monument. Tausende Kreuze standen
in schnurgeraden Reihen zu beiden Seiten des Weges unter römischen
Pinien. Es war ein strahlend sonniger Tag, und die Kreuze leuchteten
hell unter den dunkel brütenden Bäumen. Auf der einen Seite des
Monuments stand eine Kapelle, auf der anderen befand sich ein kleines Museum, in dem Pläne der militärischen Operationen der Amerikaner in Italien ausgestellt waren.

Ein untersetzter, grauhaariger Mann kam aus dem Museum und
stellte sich vor. „Möchten Sie jetzt das Grab sehen, Eure Eminenz?
Ich führe Sie gerne."

„Danke", sagte Matthew Mahan. „Wir finden schon allein hin,
wenn Sie nichts dagegen haben. Geben Sie uns nur einen Lageplan."

Der Mann gab ihnen eine mit roten Markierungen versehene Karte.
Auf halber Höhe des breiten Mittelweges bogen sie in einen schatti-
gen Seitenweg ein, der zwischen den weißen Kreuzen hindurchführte.
Dennis wirkte gelangweilt. Er hielt dies offenbar für eine geistige
Verirrung, bedingt durch eine Kriegsneurose. Matthew Mahan zählte
die Reihen. Bei der dreizehnten blieb er stehen, und Dennis erstarrte
vor Überraschung. Auf dem waagrechten Balken des Grabkreuzes
vor ihm stand:

RICHARD MCLAUGHLIN
LIEUTENANT, USAAF

„Hier liegt er", flüsterte er. „Hier?"

„Ja", sagte Matthew Mahan. „Ich habe mich mit der Amerikanischen Kriegsgräberkommission in Washington in Verbindung gesetzt. Als wir von zu Hause abreisten, hatte ich noch nichts gehört. Das Telegramm kam erst gestern abend."

Dennis nickte automatisch. Nun befand *er* sich im leeren Raum und fiel ins Nichts, wie die Figur auf der Todespforte am Petersdom. „Ich habe ihn nicht gekannt", hörte er sich sagen.

„Ja, das haben Sie mir erzählt. Aber ich dachte – Sie sollten zumindest wissen, wo er gefallen ist. Er war Kopilot auf einer B 26. Die Maschine wurde von der deutschen Flak abgeschossen, nur ein paar Meilen von hier. Der Pilot kam ums Leben. Ihr Vater wurde schwer verwundet, aber er hielt die Maschine noch so lange in der Luft, daß die restliche Besatzung aussteigen konnte. Er bekam dafür das Fliegerverdienstkreuz."

„Ich habe ihn nicht gekannt. Und meine Mutter haßte ihn. Sie konnte ihm seinen Tod nicht verzeihen."

Er kämpfte mit den Tränen. Plötzlich packte ihn eine große Hand am Arm und zog ihn wie einen Ertrinkenden hoch zum Sonnenlicht, zur Luft. „Es ist schon gut, Dennis", sagte Kardinal Mahan mit einer ganz neuen Stimme. „Weinen Sie ruhig. Kein Mensch sollte sich der Tränen schämen, die er um seine Toten vergießt. Ich habe im Krieg beinah jeden Tag geweint. Und nicht nur ich allein, sondern auch so harte Burschen wie Mike Furia."

Dennis breitete die Arme aus – ja, er, der Zyniker, der der Welt sonst nur mit wie zu einem Schutzschild über der Brust verschränkten Armen gegenüberstand –, er breitete sie aus und schlang sie um den massigen Leib, der wie eine unerschütterliche schwarze Säule vor ihm aufragte. Er weinte und trotzdem atmete er, atmete wie durch ein Wunder. „Ich hab ihn nicht gekannt", wiederholte er. „Manchmal möchte ich so sein wie er. Aber man kann nicht – etwas sein, was man nicht kennt."

„Nun wissen Sie, wo er ist, Dennis. Bei seinen Freunden." Sanft tätschelte die große Hand seinen Rücken. Er wurde gehalten, gestreichelt wie ein Kind, doch es machte ihm nichts aus. „Je älter ich werde, desto weniger schmerzt mich der Tod jener, die im Kampf gefallen sind. Ein Dichter hat einmal gesagt, sie besäßen die ewige Jugend. Das ist wahr, vor allem, wenn sie geliebt wurden, bevor sie starben. Sie haben ihn geliebt, Dennis. Eines Tages werden Sie ihm im Himmel begegnen und ihn noch mehr lieben."

Aber woher wissen wir, daß er nicht mit einer Todsünde gestorben ist? Wenn ich in den Himmel komme und herausfinde, daß er in der Hölle ist, was sage ich dann zu Gott? Ich weiche von meinem Weg ab und gehe mit meinem Vater in die Hölle. Das war die Lieblingsvorstellung des jungen Dennis McLaughlin gewesen. Unter Tränen und mit bitterem Lachen versuchte er, dies Matthew Mahan zu erzählen. Wurde er am Ende hysterisch?

„Es ist gefährlich für einen Bischof so etwas auszusprechen, Dennis, aber ich glaube, daß jeder Mann, der im Kampf für eine gute Sache fällt, in den Himmel kommt. Die Mohammedaner glauben daran. Mut ist eine bessere Absolution, als sie je ein Priester geben kann."

Noch vor zehn Minuten hätte Dennis diesen Gedanken mit einem Lachen abgetan. Jetzt akzeptierte er ihn schweigend.

„Ich möchte ein Gebet für Ihren Vater sprechen, Dennis." Der Kardinal kniete nieder.

Dennis folgte seinem Beispiel. Sein Gehirn war wie ausgebrannt. Er blickte über das Meer von Kreuzen hin und versuchte die unermeßliche Ernte zu fassen, die der Tod hier gehalten hatte. „Ich kann nicht beten", flüsterte er.

„Ist es Ihnen recht, wenn ich für uns beide bete, Dennis?"

Er nickte.

Matthew Mahan fühlte sich in die vom Krieg verwüstete Landschaft zurückversetzt, als er für Männer betete, mit denen er noch Stunden zuvor gescherzt hatte. Er machte seinen Geist frei von allem, genau wie in jenen schrecklichen Tagen. Die Worte der herkömmlichen Gebete reichten im Leid nicht aus. „O Gott", sagte er schließlich, „wir knien hier auf der Suche nach Nähe. Zwei einsame Männer, die ihr Leben dem Dienst an Dir geweiht haben, suchen die Nähe dieses tapferen Mannes, Richard McLaughlin, und seiner Freunde. Hilf uns, sie so zu sehen, wie sie waren, bevor sie starben, Herr, jung und voll Fröhlichkeit. Hilf uns, uns ihres Mutes eingedenk zu sein. Wir wissen, daß sie nicht vierundzwanzig Stunden am Tag Helden waren. Manchmal waren sie voller Angst und riefen nach Dir. Und Du kamst, vor allem zu jenen, die starben, weil sie ihren Freunden helfen wollten. Eine größere Liebe als diese gibt es nicht, Herr. Niemand weiß das besser als Du."

Eine volle Minute lang herrschte Schweigen. Aber das Gebet war noch nicht zu Ende. „O Herr, wir glauben, daß kein Opfer umsonst ist. Erfülle unser Herz, besonders das Herz von Richards Sohn, mit der Gnade, die er braucht, so wie wir alle sie brauchen, um sich

selbst, seine Mitbrüder und sein Priestertum zu lieben. Wir danken
Dir, o Herr, daß Du uns diesen Tag geschenkt hast. Deine Wege
liegen für uns im Dunkel, aber wir werden immer an Deine Gerechtigkeit und Deine Liebe glauben."

Wieder folgte Schweigen. Das Gebet war beendet. Dennis hob den
Kopf und lächelte mühsam. „Danke. Ich danke Ihnen."

Der Verwalter erwartete sie im Museum mit Photographien des
Friedhofs und des Grabes von Richard McLaughlin. Er gab sie Dennis
und begann sich über die Generäle auszulassen, die am Scheitern der
Landeoperation bei Anzio schuld gewesen waren. Dennis McLaughlin
hörte zu und ließ sich von diesem ernsten Mann wieder in die Wirklichkeit zurückbringen, in eine Welt, auf die Gewalttätigkeit eine so
verrückte Faszination ausübte.

Etwas war mit ihm geschehen, als er vor dem Grabkreuz kniete.
Er verstand es nicht, konnte nicht begreifen, warum die überwälti-
genden Empfindungen nicht seine Brust gesprengt, ihm den Atem
geraubt hatten. Was fühlst du, Dennis? Du fühlst dich freier, wirk-
lichkeitsnaher.

Matthew Mahan beauftragte Tullio, sie an einen schönen Strand
zu fahren. „Wir werden dort zu Mittag essen und einen Spaziergang
machen." Als sie an den Villen, Hotels, Restaurants (die meisten
öffneten erst Ende Mai) vorbeifuhren, konnte Dennis sich kaum vorstellen, daß entlang dieser Straßen Tausende Soldaten gefallen waren.
Er begann Matthew Mahan über seine Erfahrungen als Militärpfarrer
auszufragen. „Vor unserem Flug wußte ich nicht, was für ein Held
Sie waren", sagte er halb im Scherz.

„Ach, diese Geschichten. Im Grund genommen kann fast jeder
ein Held sein, wenn ihn der Tod nicht kümmert." Aber er sprach
darüber, was jene Erfahrungen für ihn als Priester bedeuteten, wie
er seit fünfundzwanzig Jahren zu keinem mehr gesprochen hatte.
Nie zuvor hatte er seine Zweifel an seinem Glauben mit jemandem
geteilt. „Das Schreckliche daran war die Unabänderlichkeit, mit der
es geschah. Immer wieder dachte man, diesmal wird Gott mich erhören, diesmal werden meine Gebete etwas helfen. Aber am Ende
jedes Tages gab es einen neuen Berg von Toten. Nach einer Weile
bekam ich einen Tick. Es genügte nicht, daß es einem egal war, ob
man lebte oder starb. Ich begann den Tod zu suchen. Ich betete zu
Gott: Nimm mich, und verschone die anderen. Wenn ich jetzt noch
am Leben bin, so habe ich es dem protestantischen Pfarrer Steve
Murchison zu verdanken. Eines Tages nahm er mich zur Seite. Wir

waren den ganzen Tag unter schwerem Beschuß gestanden und hatten schreckliche Verluste erlitten.

Ich war im ärgsten Artilleriefeuer herumgegangen und hatte nicht einmal einen Kratzer abbekommen. ‚Matt‘, sagte Murchison, ‚Sie sind nicht Jesus.‘“

Matthew Mahan lehnte sich zurück und starrte zum grauen Dach des Wageninneren auf. Er war wieder im Trümmerhaufen dieser französischen Stadt, starrte in Steve Murchisons hageres Yankeegesicht und hörte seine Stimme: „Ich hab Sie heute mitten im schönsten Schrapnellhagel herumspazieren sehen. Und ich hab mir gedacht, der Kerl möchte draufgehen... Überlegen Sie doch mal, Matt. Was geben Sie den Männern zu verstehen, wenn Sie draußen herumschlendern wie ein Schiedsrichter auf einem Baseballfeld? Doch nichts anderes als: Wenn ihr so heilig und so tapfer wärt wie ich, tätet ihr das auch. Sie sind schuld, wenn sie sich vorkommen wie Dreck, weil sie in ihren Gräben hocken und die Köpfe einziehen und Gott bitten, daß er ihnen Mut gibt. Und wenn sie sich aus ihrem Loch rauswagen, um einem Kameraden zu helfen, dann kriechen sie auf dem Bauch wie Schlangen, und wenn sie dabei zufällig aufschauen, was sehen sie? Den allmächtigen Pfarrer Mahan, wie er in seiner ganzen Länge auf sie zuschreitet und dabei mit seinem irischen Grinsen sagt: *O ihr Kleingläubigen.*“

Es war zur Zeit der Dämmerung. Die Bestattungskommandos luden die zugedeckten Leichen auf Lastwagen, während Steve sprach. Von drüben eröffneten die Deutschen wieder das Feuer, und die Granaten machten ein knirschendes Geräusch wie brechende Knochen. Noch vor Sekunden hätte Matthew diesen Mann am liebsten an der Uniformjacke gepackt und ihn zornig angeschrien. Aber jetzt blieb er stumm. Er fühlte nichts als Leere.

„Glauben Sie vielleicht, das bricht nicht jedem das Herz, Matt? Tag für Tag?“ Steve zeigte mit zitternder Hand auf die Toten. „Wenn Sie sich umbringen lassen, hilft das verdammt wenig, und es hat nicht das geringste mit Glauben zu tun. Glaube heißt weitermachen, egal, wie schlimm es auch wird, und immer versuchen zu dienen. Tote Priester dienen nicht, Matt.“ Er trat zurück. „Sie werden mich wahrscheinlich hassen, weil ich das sage, aber so wahr mir Gott helfe, ich hab es aus Liebe gesagt.“

„Das war die furchtbarste Nacht meines Lebens“, gestand Matthew Mahan seinem Sekretär. „Die furchtbarste. Ich mußte mit der Tatsache fertigwerden, daß Steve mit jedem Wort recht hatte. Woher

kam ihm die Gnade, so viel über den Glauben zu wissen? Warum wußte ich so wenig?"

„Das ist der Unterschied zwischen protestantischem und katholischem Glauben", sagte Dennis. „Der eine wagt. Der andere versucht, eine Reihe von Glaubensformeln anzuwenden, und wenn sie nicht helfen, bricht die Hysterie aus."

„Ganz so einfach ist es nicht, Dennis. Es ist der Unterschied zwischen dem wahren und dem falschen Glauben, zwischen Engagement und Effekthascherei. Es gibt genug Formalisten in beiden Kirchen."

Schweigen. Er hatte keinen Vorwurf in die Antwort legen wollen. Aber es war beunruhigend, wie Dennis und seine Generation aus den gleichen Erfahrungen so unterschiedliche Schlüsse ziehen konnten. „Jedenfalls", sagte er, um ihre Stimmung zu heben, „bin ich für den Rest des Krieges nur mehr auf dem Bauch herumgekrochen, und es fiel mir leichter, das Sterben ringsum zu ertragen. Steve und ich ziehen uns manchmal deshalb auf. Er sagt, er hat mich einmal bei den Schultern gepackt, und das sei wie eine Handauflegung gewesen, die mir die Tröstung des Heiligen Geistes schenkte. Ich habe diese Geschichte Papst Johannes erzählt. Würden Sie es für möglich halten, daß er sie ernst genommen hat?"

„Warum nicht?" sagte Dennis McLaughlin.

Vor ihnen glitzerte das Tyrrhenische Meer im Sonnenlicht. An einem weiten Streifen weißen Sandstrands hielt Tullio den Wagen an. Er nahm eine Decke aus dem Kofferraum und breitete sie aus. Dennis schleppte den Picknickkorb heran. Darin war eine in Trockeneis gepackte Flasche Soave Bolla, ein Hühnchen, Oliven, Sellerie. Sie tranken den kühlen Wein, der herrlich zu dem Hühnchen paßte. Die Luft war heiß und still.

„Viel zu heiß für unseren Habit", sagte Matthew Mahan. Er nahm Kollar und Rabat ab. Zu Dennis' Überraschung zog er auch Schuhe und Socken aus und rollte die Hosenbeine hoch. „Wenn ich an einem Strand bin, kann ich's einfach nicht lassen, Muscheln zu sammeln. Wollen Sie mitmachen?"

„Wie sind Sie eigentlich zu diesem Steckenpferd gekommen?" fragte Dennis, als kleine, eisige Wellen über ihre bloßen Füße spülten.

„Ungefähr seit meinem zehnten Lebensjahr haben wir den Sommer immer am Meer verbracht. Wenn mein Vater frei hatte und uns besuchte, standen wir beide früh auf und gingen den Strand ab. Ich liebte diese Spaziergänge." Wie sehr, wie sehr. Matthew Mahan war überrascht, daß ihm plötzlich die Augen naß wurden. „Mein Vater

sprach nie viel. Wir wanderten nur einfach dahin. Dann und wann hoben wir eine Muschel oder Schnecke auf. Wenn wir eine fanden, die besonders interessant war, sagte er: ‚Behalte sie', und so war ich im Handumdrehen ein Sammler."

„Was ist das für eine?" Dennis bückte sich nach einem winzigen, braun, weiß und goldgelb gefärbten Gehäuse, das sich von einem schmalen Stiel zu einer Wölbung in der Mitte verbreiterte und dann an der Spitze wieder verengte.

„Das ist ein *Fusinus syracusanus*. Ein kleines architektonisches Meisterwerk, nicht wahr? Sehen Sie diese hier." Der Kardinal zeigte ihm ein braun-weiß gesprenkeltes Gehäuse. Es war fast rund, mit einer Öffnung an einem und einem winzigen Knoten am anderen Ende, von dem eine spiralenförmige Linie ausging. „Das ist eine mediterrane Art, die mit der der Neuengland-Mondschnecke verwandt ist. Sie können an ihr sehen, was ich an Schnecken so faszinierend finde. Sie veranschaulichen ein Prinzip des Wachstums, das nicht viele Menschen verstehen – die dynamische Spirale. Damit eine Spirale entsteht, sind drei Voraussetzungen notwendig. Das Wachstum muß in einer ständigen Vorwärtsbewegung erfolgen. Die Spirale muß sich frei entwickeln können – ohne störende Beeinträchtigung. Und die Verbindung mit dem Anfang des Gewindes darf nie unterbrochen werden – mit diesem kleinen Knoten hier. Dieser Teil erhärtet, wissen Sie, ist also praktisch tot. Aber die Lippe – diese Verdickung hier am Unterrand – bleibt am Leben und wächst weiter. Ein anderes Beispiel dafür sind die Nautilusarten mit ihrem Kammersystem."

„Ein Prinzip des Wachstums", sagte Dennis und starrte auf das Gehäuse. Die Idee löste eine unbestimmte Erregung in ihm aus. „Kann ich sie behalten?"

„Natürlich. Ich habe ein interessantes Exemplar aus Mauritius – nahezu die ganze Schnecke besteht aus der Windung. Das Wachstum der Spirale muß nicht in einem gleichmäßigen Rhythmus erfolgen. Es gibt große Wachstumssprünge."

„Sind alle in derselben Richtung gewunden?"

„Die meisten, aber es gibt auch Ausnahmen wie zum Beispiel die linksgedrehte Wellhornschnecke."

Dennis fühlte sich seltsam angeregt. Der Kardinal kam auf die Bedeutung der Meeresschnecken in den verschiedenen Teilen der Welt zu sprechen – als Farbstoff, als Schmuckgegenstand, als Währung. In Japan rufen die Shintopriester mit dem Tritonshorn zum Gebet. In Indien sind linksgedrehte Schnecken heilig. Auf den Fi-

dschiinseln wird die gelbe Kaurischnecke von den Häuptlingen als Zeichen ihrer Würde getragen.

„Besitzen Sie eine?" fragte Dennis.

„Aber sicher. Sie hat mich ein Vermögen gekostet. Finden Sie, ich sollte sie tragen, wenn ich zum Kampf gegen Schwester Agnes Marie antrete?" Er grinste.

Der Kardinal unterhielt sich blendend. Dennis hatte ihn seit der Firmung in *Holy Angels* nicht so gelöst gesehen, und wieder erfüllte ihn die Ausstrahlungskraft dieses Mannes mit Ehrfurcht. Nur empfand er diesmal keinen Neid. Vielleicht deshalb, weil dieser persönliche Zauber ihm heute ganz allein geschenkt wurde? Nein, sagte sich Dennis. Akzeptiere die menschliche Realität, das Glück, das dieser Mann mit dir teilt – und noch etwas Tieferes, das du verstandesmäßig nicht erfassen kannst. Er spielte mit der Mondschnecke in seiner Tasche.

Eine Stunde lang gingen sie, über Erinnerungen plaudernd, umher. Matthew Mahan erzählte ihm die Geschichte von Mary Shea, die ganze Geschichte, auch das, was sie einander vor drei Tagen im Tre Scalini gesagt hatten. Dennis wand sich innerlich bei dem Gedanken an die schmutzige Andeutung in seinem Brief an Leo. Aber er würde dafür büßen, schwor er sich. Er würde Leo zum Schweigen verpflichten, ihn zwingen, alle Unterlagen zurückzugeben und ihn zu einem Anhänger Matthew Mahans bekehren.

Der Kardinal sprach auch des längeren über seine Jugend und den Tag am Ende seines ersten Studienjahres, als er endgültig wußte, daß er Priester werden würde.

„Ich bin sofort nach dem Abitur zu den Jesuiten gegangen", sagte Dennis. „Ich hätte mit dieser Entscheidung warten und zuerst so wie Sie das College beenden sollen. Vielleicht hätte ich dann die Möglichkeit gehabt, ein paar intelligente Frauen kennenzulernen. Ich meine damit nicht, daß ich geheiratet hätte", fügte er hastig hinzu, als er den Ausdruck auf dem Gesicht des Kardinals sah. Er erläuterte seine Ansicht, daß sexuelle Enthaltsamkeit nicht der Kernpunkt des Problems sei: Es sei vielmehr so, daß fast kein Priester Gelegenheit habe, in einer Frau ein reifes, und vor allem menschliches Wesen sehen zu lernen. „Ich meine, sie wirklich anzuerkennen und sie nicht nur als Verführerin zu betrachten."

„Ich weiß, ich weiß", sagte Matthew Mahan. „Aber bei mir war es nicht viel anders. Ich habe mit Ach und Weh Partnerinnen für Abschlußbälle und ähnliche Veranstaltungen organisiert und so wei-

ter. Aber meist war ich mit gleichaltrigen Jungen zusammen. Es war die Zeit der Weltwirtschaftskrise, wissen Sie. Jeder scheute sich davor, sich mit einem Mädchen auf etwas Ernstes einzulassen. Es gab nicht viel Hoffnung, eine Arbeit zu finden, mit der man eine Familie ernähren konnte. Ich war kaum darauf vorbereitet, mich wie ein ernsthafter, erwachsener Mann mit Frauen zu beschäftigen." Überhaupt nicht, korrigierte ihn eine innere Stimme. „Als ich Mary Shea kennenlernte, konnte ich zuerst gar nicht glauben, daß sie kein Traum war."

Sie waren mittlerweile zum Wagen zurückgekehrt und rasten bald auf Rom zu. Matthew Mahan unterhielt sich mit Tullio über die sozialen Unruhen, die Italien erschütterten. Kaum ein Tag verging ohne Streik. Tullio gab zu, ein Kommunist zu sein und fest daran zu glauben, daß die Zeit gekommen war, das kapitalistische System abzuschaffen. Und die Kirche auch? O nein, die Kirche nicht. Er sei ein guter Katholik. Er halte das nicht für unvereinbar – nur müsse sich dann auch der Vatikan von seinen kapitalistischen Vorstellungen lösen.

Dennis schwieg. Er starrte aus dem Fenster, bis der Petersdom schemengleich über der Stadt aufragte. Dann sagte er: „Der alte Davey behauptet, Rom wird nie imstande sein, sich aufzurichten, solange wir es nicht von diesem Ding befreien."

Matthew Mahan seufzte. Sie waren wieder in der Wirklichkeit. Während sie durch die sonntäglich leeren Straßen fuhren, berichtete Dennis von Cronins Führung durch den Petersdom und tat sein Bestes, den Kardinal mit den unerhörten Äußerungen des einundachtzigjährigen Ketzers zu schockieren. Aber bevor sie sich im Hassler voneinander verabschiedeten, wurde Dennis ernst. „Das war ein Tag. Ich weiß nicht, wofür ich dankbarer bin – für das, was am Grab geschah, oder den Spaziergang."

„Es hat auch mir gutgetan, Dennis", antwortete Matthew Mahan. Und in seinem Zimmer kniete er nieder und dankte Gott, daß er ihn geleitet und ihm die Worte gegeben hatte, die vielleicht die Kraft besaßen zu heilen. Wie seltsam das Leben aus dem Geiste doch war. Wenn man die althergebrachten Schranken überwand, sie niederriß und sich ängstlich allein vorwagte, entdeckte man, daß sich neue Wege auftaten.

Mein Joch ist süß und meine Bürde leicht.

AM NÄCHSTEN Morgen schloß sich Dennis McLaughlin Bischof Cronin, den Monsignori Malone und Petrie, Matthew Mahans Schwägerin und Neffen, Eileen und Timmy, und den Pilgern an, die in zwei Autobussen gekommen waren, um dabeizusein, wie die Priester mit ihrem zukünftigen Kardinal in der Kirche San Pietro in Vincoli die Messe feierten. Dann kehrten sie ins Hotel zurück, frühstückten, und anschließend half Dennis Matthew Mahan sein rotes Kardinalsgewand anlegen. Auf Grund einer Verfügung von Papst Paul war die Kleidung jetzt einfacher als früher. Matthew Mahan war hoch erfreut gewesen, auf einen Großteil des alten Prunks verzichten zu können. Aber der Verlust des *galèro* – des flachen Hutes mit den dreißig Quasten – schmerzte ihn doch ein wenig. Er erinnerte sich an seinen ersten Besuch der St.-Patricks-Kathedrale in New York, wie er zur Decke über dem Hochaltar aufgeblickt hatte, wo die *galèri* verstorbener Kardinäle hingen. Und der Gedanke, daß sein Hut als erster in seiner Kathedrale hängen würde, war ihm angenehm gewesen. Aber *Roma locuta est; causa finita est.* Rom hat gesprochen; der Fall ist erledigt.

Ernst half Dennis ihm in seinen roten *Rabat* – ein ärmel- und rückenloses, unter der roten Wollsoutane getragenes Stück –, dann in die Soutane selbst, mit Borten, Futter und Knöpfen aus roter Seide; schließlich kam die *mozzetta,* der kleine Schulterumhang. Um seine Mitte wurde die an beiden Enden mit Seidenfransen besetzte Schärpe aus rotem Seidenmoiré gelegt. Auf den Kopf setzte er das *zucchetto* – das Käppchen, ebenfalls aus rotem Seidenmoiré. „Nun, das wär's. Wie sehe ich aus?" fragte er.

„Gut", sagte Dennis. „Haben Sie Ihre roten Strümpfe an?"

Das hatte der Kardinal vergessen. Schnell wechselte er sie, schlüpfte in die Schuhe und betrachtete sich prüfend im großen Spiegel.

„So", sagte er. „Nun bin ich fertig. Ich wäre gern noch fünf Minuten allein, um zu beten, Dennis. Wir treffen uns dann unten."

Die Halle war gestopft voll mit Pilgern, die alle ihren Kardinal zum erstenmal in seinem roten Gewand sehen wollten. Als er aus dem Lift trat, jubelten sie ihm zu wie Teenager ihrem Rock-Idol. Es blieb ihm gerade noch Zeit, ihnen zuzuwinken, denn der Vertreter des Vatikans, Monsignore Tonti, trieb ihn zur Eile. „Wir haben nur mehr fünf Minuten."

„Unsinn", sagte Matthew Mahan, als er, Dennis und Bischof Cronin in die Limousine stiegen. „Beim Vatikan ist es genau wie beim

Militär, zuerst hetzen und dann warten. Ich wette, wir stehen mindestens eine halbe Stunde herum."

„Und ich wette", sagte Cronin, „daß wir diesen Tag noch ver-
wünschen werden. Warte nur, bis du den Eid hörst, den du leisten
mußt, Matt. Sie haben ihm ein Schweigegelöbnis hinzugefügt, das fast
dem eines Kartäusermönchs gleichkommt."

Nach einigen Umwegen, zu denen sie der Verkehr auf der Piazza
Campo dei Fiori zwang, kamen sie bei der Apostolischen Kanzlei oder
Cancelleria am Corso Vittorio Emanuele an. Ringsum im Hof erhoben sich vierundzwanzig herrliche, angeblich von den Ruinen von
Pompeji stammende Granitsäulen. Die Fassade des Gebäudes, das
eine ganze Seite der Piazza einnahm, war von unglaublicher Schönheit.

„Hier befindet sich das Ordinariat für die Diözese Rom. Und die
Römische Rota", erklärte Monsignore Tonti.

Matthew Mahan unterdrückte den Gedanken, daß er offiziell in
dem Gebäude zum Kardinal ernannt werden sollte, wo Mary Shea
vergeblich um die Annullierung ihrer Ehe angesucht hatte.

Drinnen wurden sie in einen großen, überfüllten Saal geführt, der
als Riarisaal bekannt war. Es gab Zurufe und Applaus von einigen
ihrer Pilger, als sie sich durch die Menge nach vorne drängten, wo
die anderen neuen Kardinäle warteten. Matthew Mahan schüttelte
seinen vier amerikanischen Kollegen die Hand – Cooke aus New
York, Dearden aus Detroit, Carberry aus St. Louis und Wright aus
Pittsburgh. Ein paar Meter entfernt standen designierte Kardinäle
aus anderen Teilen der Welt. Cronin nannte Dennis einige Namen.
Ein eindrucksvoll aussehender Farbiger war Erzbischof von Tanana-
rive, der Hauptstadt von Madagaskar. „Und das ist Kardinal Derrieux, ein jesuitischer Theologe. Schauen Sie, der Boß spricht gerade
mit ihm. Der gute Matt hat ihn ja sehr ins Herz geschlossen. Während des Konzils hat er ein solches Getue um ihn gemacht, als ob er
der Heilige Geist in Person wäre. Sie kennen sich aus dem Krieg."

„Spricht vielleicht ein bißchen Eifersucht aus Ihnen?"

„Nein, nein. Ich anerkenne seine Überlegenheit. In seinem Schädel
steckt ein Geist aus reinem Kristall im Vergleich zu meinem irischen
Torf. Aber er ist zu kalt für meinen Geschmack."

Dennis studierte Derrieux' Gesicht – die tiefliegenden Augen, die
dünnen, blutlosen Lippen, das kraftlose Kinn, die scharfe Nase. Jetzt
lächelte er eben Matthew Mahan zu. Wie herzlich Mahans Grinsen
dagegen wirkte. Der Name Derrieux kam Dennis irgendwie bekannt

vor. Richtig – Derrieux hatte zu den einsamen intellektuellen Helden der fünfziger Jahre gehört, die immer wieder mehr Freiheit in der Kirche forderten.

Bischof Cronin erzählte ihm nun, wie seine Abneigung gegen Derrieux in den Tagen des Zweiten Vatikanums entstanden war, aber Dennis' Aufmerksamkeit ließ nach. Ein beklemmendes Gefühl in seiner Brust nahm zu, als immer mehr Menschen in den Saal drängten. Er wünschte sehnlich die Ankunft des päpstlichen Kuriers herbei. In der Sixtinischen Kapelle hielt Papst Paul ein geheimes Konsistorium mit den gegenwärtigen Kardinälen. Um sich von seinen Atembeschwerden abzulenken, fragte Dennis Bischof Cronin, was dabei eigentlich geschah.

„Nichts Weltbewegendes", erwiderte Cronin. „Der Erhabene sitzt auf seinem Thron und verliest die Namen der neuen Vereinsmitglieder. Die versammelten Jasager in Rot lüften ihre *zucchetti* und geben mit einem leichten Kopfnicken ihrer Zustimmung Ausdruck. *Il Papa* benützt die Gelegenheit auch oft dazu, einige Neuernennungen bekanntzugeben. Ich hab was von einem neuen Staatssekretär läuten hören."

„Wer soll das sein?"

„Jean Villot, heißt es. Noch ein richtiges Bürschchen mit seinen dreiundsechzig Lenzen."

Aber Dennis hörte nicht mehr zu. Plötzlich bildete er sich ein, ein Gesicht zu sehen, das gar nicht da sein konnte. Eine Halluzination. Doch da war es wieder. Körperlos spähte es über die Schultern kleiner Monsignori: Helen, Schwester Helen Reed. Sie hatte diesen ernsten Ausdruck, der ihm schon bei ihrer ersten Begegnung durch und durch gegangen war. Aber hier? Nein. Sie war viertausend Meilen entfernt in den schäbigen Straßen der Pfarre St. Sebastian. Dann trafen sich ihre Blicke, und ihr Mund öffnete sich zu einem strahlenden Lächeln. Sie war Wirklichkeit. Er zwängte sich durch die Menge, und sein letzter Zweifel verschwand, als er ihre Hand ergriff.

„Was machst du denn hier?"

„Ich habe Schwester Agnes Marie dazu überredet. Irgend jemand muß ja unsere Position gegen deinen Freund mit dem roten Hut verteidigen."

Dennis lachte. „Da hast du einen weiten Weg ganz umsonst gemacht. Ich weiß nicht, was mit ihm los ist, aber er sagte mir, er hätte die Idee fallengelassen. Er hat sich tatsächlich um ein Mittagessen mit Kardinal Antoniutti gedrückt."

Helen war erstaunt, daß der große intellektuelle Revolutionär so naiv sein konnte. „Bist du sicher, daß er nicht lügt? Vielleicht ist er auf deine – Abmachung mit Leo draufgekommen."

Dennis blickte sich nervös um. Matthew Mahan stand im Halbkreis der übrigen Kardinäle und unterhielt sich angeregt mit John Dearden. „Das glaube ich nicht." Zusammengepfercht wie in der U-Bahn während der Hauptverkehrszeit, spürte Dennis Helens Brust an seinem Arm. Die Temperatur im Saal stieg, die Luft wurde immer verbrauchter. Wut packte ihn. Dauernd wurde er herumgestoßen und zu Empfindungen gezwungen, wenn er gar nichts empfinden wollte. Sein ganzes Leben war eine Scharade.

„Ich wohne in der Pension Christina. Da gibt es eine schöne Terrasse mit Blick auf den Tiber", sagte Helen.

Die Wahl, die sein Vater getroffen hatte – ein schlichter Akt der Tapferkeit, ein Leben wie die Flugbahn eines Pfeils von trautem Heim und Eheglück hinab ins Heldengrab. In das Schweigen unter dem weißen Kreuz. War das nicht besser als das tägliche Possenspiel?

„Ich habe heute nachmittag eine Verabredung bei der Religiosenkongregation", sagte Helen.

Keiner dieser gelassenen Männer, dieser Kirchenfürsten, zeigte das geringste Anzeichen innerer Bewegung. Was war deren Geheimnis? Mußte man bloß zum richtigen Zeitpunkt geboren sein? War es so einfach?

Eine Stimme, die laut etwas auf italienisch rief, riß ihn aus seinen Gedanken. Da sich nur sehr wenige Italiener im Saal befanden, erfolgte keine Reaktion darauf. Dann brüllte eine andere Stimme auf englisch: „Platz, machen Sie Platz. Bitte treten Sie doch zur Seite." Ein kleiner Mann mit ernstem Gesicht erschien. Er trug das rote Kardinalsgewand und hatte pergamentartige Papiere in der Hand – die *biglietti*. Die offiziellen Briefe des Papstes, mit denen er sie zu Kardinälen ernannte. In der Mitte des Halbkreises stehend, verlas der Kardinal die päpstliche Mitteilung und rief jeden einzeln auf, sein *biglietto* in Empfang zu nehmen.

Kardinal Derrieux trat vor, um dem Kurier des Vatikans im Namen aller designierten Kardinäle – auf lateinisch – zu antworten. Dennis konnte genug von den blumenreichen Phrasen verstehen, die dem spröden Mund entströmten, um bei sich festzustellen, daß er Cronins Abneigung bis zu einem gewissen Grad teilte.

„Was sagt er?" fragte Madeline McAvoy, die sich zu ihnen gesellt hatte und in ihrem blauen Kostüm sehr elegant aussah.

„Daß alle katholischen Mütter mit sechs oder mehr Kindern hand-
geschriebene Kopien der Humanae Vitae bekommen sollen."

„Sie sind schrecklich", sagte Mrs. McAvoy. Aber es gefiel ihr.

Derrieux beendete seine Rede und trat wieder in den Halbkreis
der Kardinäle zurück. Nun stürmten die Photographen vor, und danach waren die Rundfunkreporter mit ihren Tonbandgeräten an der
Reihe. Man hatte den Eindruck, als stießen sie einigen der neuen
Kardinäle das Mikrophon förmlich ins Gesicht, während sie andere
ignorierten. Nur einer wandte sich an Matthew Mahan.

„Ist es schon vorbei?" fragte Mrs. McAvoy bestürzt.

„Nein", sagte Dennis. „Heute nachmittag kommen sie zurück, um
den Besuch anderer Kardinäle und Beamter zu empfangen. Am Mittwoch überreicht ihnen dann der Papst im Petersdom feierlich ihre
roten Biretts, und am Donnerstag zelebrieren sie gemeinsam die
Messe und erhalten ihre Ringe."

Die Menge strömte zum Ausgang. Wie Dennis dem Stimmengewirr ringsum entnahm, war Madeline McAvoy nicht die einzige,
die über die völlig undramatische Zeremonie verblüfft und enttäuscht
war. Er ergriff Helens Hand und zog sie langsam in den Menschen-
strom, in dem plötzlich Andy Goggin neben ihnen auftauchte. Dennis
stellte ihn Schwester Helen vor, die für seinen Geschmack eine etwas
übertriebene Begeisterung an den Tag legte. „Endlich lerne ich den
großen Bibelgelehrten kennen. Ich habe von Dennis schon so viel
über Sie gehört." Dennis zuckte verärgert die Achseln.

„Wenn ich daran denke, was als nächstes auf dem Programm steht,
vergeht mir der Appetit", sagte Goggin. Es war ein Mittagessen im
Nordamerikanischen Colleg für die fünf amerikanischen Kardinäle,
bei dem möglicherweise der Rektor und die Kardinäle selbst offizielle
Reden hielten.

Schwester Helen schlug vor, statt dessen in ihrer Pension für das
leibliche Wohl zu sorgen, und Goggin sagte sofort zu, ohne Dennis
lang zu fragen. Eine halbe Stunde später saßen sie beim Aperitif auf
der Terrasse über dem Tiber.

Als Dennis über den Fluß zum Petersdom hinüberschaute, war er
in Gedanken plötzlich wieder am Strand von Nettuno. Unwillkürlich
tastete er nach der Mondschnecke in seiner Tasche. Sagte eine Kuppel
dasselbe wie eine Spirale? Eine Kuppel erhob Anspruch auf Unendlichkeit, erreichte jedoch nur Unermeßlichkeit. Es war kein natür-
liches, es war sogar ein unnatürliches Symbol.

Während er sinnierte, fragte Helen Goggin aus. Er beantwortete

ihre Fragen über seine Bibelstudien und die Arbeit bei Radio Vatikan gewandt und voller Ironie. Ein wenig verwirrt, fragte sie ihn, ob er mit der von Dennis McLaughlin geschilderten revolutionären Vision der früheren und künftigen Kirche einverstanden sei.

„Ich habe vor ungefähr einem Jahr mit diesem Zeug Schluß gemacht", sagte Goggin. „Und ich dachte, er auch." Er warf Dennis einen Blick zu.

Mit demütigender, beinah mütterlicher Anerkennung begann Helen ihm zu erzählen, was Dennis tat, um Matthew Mahans Regime von innen her zu unterhöhlen. Ihr Essen kam, aber Dennis hatte keinen Appetit mehr. Das ganze klang so unvorstellbar kindisch, verglichen mit dem wirklichen Matthew Mahan, den Erinnerungen, die nun unauslöschlich waren. Der müde Wächter am Krankenbett um fünf Uhr morgens, mit der Sauerstoffmaske in der Hand, der Tröster am Friedhof bei Nettuno.

Mit geradezu teuflischer Direktheit stach Goggin in diesen exponierten Nerv. „Diese Zerstörung, von der Ihr Freund Dennis spricht – glauben Sie nicht, daß sie gegen das erste Gebot der christlichen Religion verstößt –, nämlich, *liebet einander?*"

„Ich glaube –" Helen schaute Dennis hilfesuchend an, aber vergebens. „Uns liegt daran, mit falschen Titeln und mißbrauchter Macht aufzuräumen."

„Und was ist, wenn man eine Idee nicht zerstören kann, ohne den Menschen zu zerstören, der an sie glaubt? Oder Titel und Macht, ohne die Menschen, die sie besitzen?"

„Gewisse Opfer sind unvermeidlich." Schwester Helen blickte auf ihre Armbanduhr. „Es ist Zeit für meine Verabredung im Vatikan." Sie sprang auf. „Dennis, versuch bitte alles, um den großen Mann umzustimmen." Damit schritt sie davon, und der Anblick dieser hinreißenden Beine war Dennis eine Qual.

Goggin fragte: „Nimmst du sie ernst?"

„Ebensogut könntest du von mir verlangen, daß ich einen einstündigen Vortrag über das Wesen der Liebe halte."

„Ich hatte nicht vor, ernüchternd zu wirken. Ich wollte mich nur selber reden hören." Goggin lachte gezwungen.

„Du kannst verdammt grausam sein, weißt du das? Wir haben beide ein Talent dafür. Nur haben wir es uns bisher gegenseitig noch nicht spüren lassen."

Goggin beugte sich vor. „Muß ich dir meine geheimsten Gedanken verraten? Soll ich dir vielleicht sagen, daß ich dich liebe, aber

nicht leiblich, sondern geistig? Ich liebe dich als Priester, und ich liebe in dir die Wirklichkeit der Kirche. Bisher dachte ich, daß du diese Liebe teilst."

Er ging und ließ Dennis allein auf der Terrasse zurück, wo er noch lange sitzen blieb und auf den schmutzigen Tiber starrte. Er war ockergelb, ein Fluß, in dem sich verpesteter Schlamm wälzte. Dennis seufzte, trank seinen Kaffee aus und bat die Kellnerin um die Rechnung. Sie lächelte höflich und erwiderte, die amerikanische Schwester habe bereits bezahlt.

X

EMINENZEN – wenn Sie sich nur einen Moment hierher bemühen wollen, damit wir Sie vor dem Hintergrund des Petersdoms aufnehmen können." Die neuen amerikanischen Kardinäle waren im Garten des Nordamerikanischen Collegs versammelt. Das Mittagessen und die Ansprachen waren vorüber.

Kardinal Carberry aus St. Louis, der älteste der fünf – er war vierundsechzig – murmelte, als sie sich für die unersättlichen Photographen nebeneinander aufstellten, er käme sich allmählich vor wie das Opfer eines Exekutionskommandos, das nicht imstande sei, ordentlich zu schießen.

Als Matthew Mahan Kardinal Krol aus Philadelphia beobachtete, der wahrscheinlich der nächste Präsident der Amerikanischen Bischofskonferenz sein würde, beschlich ihn leises Unbehagen. Krol war ein Erzkonservativer, der die Enzyklika über die Geburtenkontrolle mit wahren Fanfarenstößen über die Heiligkeit des menschlichen Lebens begrüßte. Gleichzeitig war er jedoch ein gütiger Mensch und überaus sympathisch. Schwenkte die Paulinische Politik auf eine publikumswirksame Linie ein, um ihre Entscheidung und ihre theologischen Grundsätze besser zu verkaufen? Halt, Matthew. Das war fast schon ketzerisch.

Auf dem Rückweg zur Kanzlei zu den Nachmittagsempfängen kaufte er einige Zeitungen, darunter auch das kommunistische Blatt *L'Unità*. Die Presse berichtete ausführlich über das päpstliche Konsistorium und brachte Kurzbiographien der neuen Kardinäle sowie reichlich viele Mutmaßungen über die Ernennung des französischen Kardinals Jean Villot, eines gemäßigten Progressiven, zum Kardinalstaatssekretär – eine Schlüsselposition. *L'Unità* zog das Resümee,

die Ernennung Villots sei nichts als ein Akt vatikanischer Schönfärberei, ein Stück Zucker für die Liberalen.

Der Nachmittag verstrich wie ein verschwommener Traum – ein Meer von Gesichtern und unzähligen Händen, die Matthew Mahan schütteln mußte.

Die Begegnung mit Kardinal Villot war die einzige, bei der sich eine gewisse Spannung Matthew Mahans bemächtigte. Villot sollte bald das zweithöchste Amt im Vatikan bekleiden. Wenn Davey Cronin recht hatte und seine, Mahans, Ernennung zum Kardinal auf *Romanità* zurückzuführen war, so stand er jetzt dem Mann gegenüber, der es vielleicht durchblicken ließ. Aber Villot erwähnte eine solche Möglichkeit mit keinem Wort. Sein hageres Gesicht schien von nichts anderem beseelt als guter Laune. Aber *Romanità* schloß ja auch die Kunst mit ein, für eine Bemerkung genau den richtigen Moment abzuwarten.

Vielleicht war es einfach noch nicht soweit.

Matthew Mahan fuhr durch die Abenddämmerung zu seinem Hotel zurück. In der Halle sah er Bill Reed in einem Sessel sitzen und war versucht, sich an ihm vorbeizuschleichen. Aber er sah so verlassen aus, daß es eine Sünde gegen die Nächstenliebe gewesen wäre.

„Hallo, Bill", begrüßte er ihn. „Gönnst du deinen Füßen eine kleine Ruhepause?"

„So ungefähr", sagte der Doktor, und seine Miene heiterte sich auf. „Glaubst du, daß die Gehwerkzeuge eines Atheisten vielleicht schneller müde werden als die eines Christen, wenn man all diese Kirchen abgrast?"

Bevor Matthew Mahan antworten konnte, berührte ihn ein Rezeptionsangestellter am Arm. „Eminenz, dieses Telegramm ist vor einer Stunde angekommen."

Matthew Mahan dankte mit einem Nicken und riß es auf: WIR HABEN SCHWESTER HELEN REED NACH ROM GESCHICKT UM UNSEREN STANDPUNKT BEI RELIGIOSENKONGREGATION ZU VERTEIDIGEN. SIE WOHNT PENSION CHRISTINA. SCHWESTER AGNES MARIE. „Schau dir das an", sagte er und reichte Reed das Telegramm. „Deine kratzbürstige Tochter ist hier."

„Wirklich?" fragte Bill müde. „Nun, ich bin wohl der letzte, dem sie über den Weg laufen will."

„Aber das ist doch völlig absurd", sagte Matthew Mahan. „Wir werden jetzt sofort ein Taxi nehmen und sie besuchen."

„Nein, Matt. Ich will deine Zeit nicht vergeuden. Und als dein Arzt rate ich dir, zu Bett zu gehen. Du siehst erschöpft aus."

„Quatsch", schnaubte der Kardinal. „Ich lebe von der heiligenden Gnade."

„Ruhe, und nicht Gnade, wird dein Magengeschwür heilen." Er schüttelte den Kopf, als der Kardinal seine Überredungskünste aufbot. „Ich würde Helen gerne sehen – aber ich weiß, was ich zu hören kriege, und ich bin nicht in der Stimmung dafür. Shelagh und ich haben unsere Flitterwochen in Rom verbracht – das ist wohl der Grund für mein gegenwärtiges Tief."

„Um so mehr solltest du Helen sehen. Du hast immer gesagt, sie ist ein Abbild ihrer Mutter. Na, komm schon. Lassen wir's drauf ankommen." Was konnte denn ein Mädchen, und besonders eines, das Nonne war, seinem Vater schon so Schreckliches sagen?

Bill ließ sich aus seinem Sessel hochziehen und zu einem Taxi führen. Die freundliche Dame an der Rezeption der Pension Christina versicherte ihnen, die amerikanische Schwester sei in ihrem Zimmer im zweiten Stock.

„Wer ist da?" fragte eine jugendliche Stimme auf ihr Klopfen.

„Eine Überraschung", sagte Matthew Mahan.

Schwester Helen öffnete die Tür. Sie trug einen dunkelblauen Bademantel und hatte ein Handtuch um den Kopf geschlungen. Ihr Gesicht wirkte hart in der düsteren Beleuchtung. „Ich dachte, Sie möchten vielleicht mit mir und diesem alten Knaben zu Abend essen", sagte Matthew Mahan rasch.

„Tut mir leid", antwortete sie. „Ich habe eine Verabredung."

„Bleibt Ihnen noch Zeit für einen Aperitif?"

„An sich nicht. Wie Sie sehen, bin ich dabei, mich anzuziehen. Ich habe ihm nichts zu sagen", fügte sie hinzu und blickte ihren Vater dabei starr an.

„Schwester, Ihr Privatleben geht mich nichts an. Aber normale Höflichkeit, ganz zu schweigen von christlicher Nächstenliebe –"

„Haben nichts damit zu tun. Sie glauben offenbar, mit einem Wink Ihrer bischöflichen Hand Wunder wirken zu können. Zwischen ihm und mir gibt es einen grundlegenden Unterschied. Er geht auf das Evangelium zurück. Hat Christus nicht gesagt, Er werde den Sohn mit seinem Vater entzweien und die Tochter mit ihrer Mutter und so weiter? Das ist hier verwirklicht." Sie knallte die Tür zu.

Bill Reed holte tief Atem. Als er ausatmete, klang es fast wie ein Stöhnen. „Ich hab's dir ja gesagt, Matt. Ich hab's dir gleich gesagt."

Im Taxi sprach er weiter: „Sie kommt mir immer mit dem Evangelium, Matt. Ich kann das nicht verstehen. Ich dachte immer, wenn ich meine Tochter in der Obhut der katholischen Kirche aufwachsen ließe, könne nichts passieren."

„Es ist nicht mehr dieselbe katholische Kirche... Sag mal, Bill. Warum hast du nicht wieder geheiratet? Mit einer Frau –"

„Ja, sie könnte mir dann nicht so weh tun. Ich weiß." Er seufzte und schaute aus dem Fenster. „Es war eine so besondere Niederlage für mich, daß meine Frau an Krebs starb, weil ich Arzt bin. Daß ich mir sagen muß, du hast die Symptome ständig beim Frühstück gehört – und ihnen keine Beachtung geschenkt."

„Bill, das kann jedem passieren. Jedem Arzt."

„Sicher. Was aber nicht bedeutet, daß ich es mir verzeihen kann."

„Gott verzeiht dir, Bill."

„Schön, aber ich kann ja nicht mit ihm sprechen, und so muß ich selber damit fertigwerden. Wir Atheisten – oder wie du uns nennst – müssen eine Doppelrolle spielen, Sünder und Richter zugleich. Und wir sind ziemlich hart gegen uns selbst."

„Willst du nicht einem Freund erlauben, sich einzuschalten?" fragte Matthew Mahan behutsam. „Wir gehen hinauf in mein Zimmer und setzen uns bei einem Bier gemütlich zusammen, so wie wir es am Verbandsplatz immer getan haben. Und wenn du mir dann solche unanständigen Geschichten erzählst, mit denen du mich so gern schockiert hast, werde ich meine Hand auf deinen Arm legen..." Er streckte die Hand aus, während er sprach.

„Danke, Matt", sagte Bill Reed mit erstickter Stimme. „Aber es würde gar nichts helfen. Ich habe nicht den Mut, vielleicht noch mehr Schmerz auf mich zu nehmen."

„Meinem Magen würde es gleich bessergehen, Bill, wenn ich dich bekehren könnte – weniger zum Katholizismus, als zu – zur Gegenwart Gottes."

„Matt, es genügt mir zu wissen, daß du dir solche Sorgen um mich machst", sagte Bill. Sie waren beim Hotel angelangt. Matthew Mahan bezahlte den Taxifahrer, und sie gingen zusammen in die Halle.

In seinem Zimmer setzte sich Matthew Mahan hin und schrieb einen Brief.

> Liebe Schwester Agnes Marie,
> mir ist gerade etwas in religiöser Hinsicht so Trauriges widerfahren, daß ich mit Ihnen darüber sprechen muß. Ich weiß nicht, ob Ihnen bewußt ist, daß Schwester Helen Reed ihrem Vater ent-

setzlich entfremdet ist. Er ist ein einsamer Mensch, den der Tod seiner Frau zutiefst getroffen hat. Heute abend dachte ich mit meiner üblichen Vermessenheit, ich könne ein Werkzeug der Versöhnung sein. Aber wie sich herausstellte, war ich nichts als ein Narr. Ich hörte sie Dinge zu ihrem Vater sagen, die seine Einsamkeit nur noch verschlimmerten.

Ich weiß nicht, wohin diese Revolution, die die Kirche martert, uns noch führen wird, aber ich erinnere mich an einen Ausspruch, der Daniel O'Connell, dem Befreier Irlands, zugeschrieben wird, daß keine politische Revolution den Verlust eines einzigen Lebens wert sei. Ich glaube, keine Revolution in der Kirche ist den Verlust einer einzigen Seele wert. Heute abend habe ich eine Seele in Not gesehen, die in ernster Gefahr ist verlorenzugehen. Dr. Reed ist kein Katholik. Aber ich habe auch andere Schafe, die nicht aus dieser Herde sind.   Ihr in Christus ergebener Matthew Mahan

PS: Ich habe beschlossen, Kardinal Antoniutti nicht aufzusuchen. Wenn Sie und ich unsere Meinungsverschiedenheiten nicht selber regeln können, verdienen wir es nicht, uns Christen zu nennen. Im Budget für das nächste Jahr werden Ihre Schwestern 25 000 Dollar von der Erzdiözese als Hilfe für ihre Ausgaben in der Stadt erhalten. Ich will auch versuchen, das St.-Clare-Hospital offenzuhalten.

Mit dem Brief in der Hand klopfte Matthew Mahan an Dennis' Tür. Er traf ihn mit seinem Jesuitenfreund Andy Goggin und Davey Cronin an. Die drei studierten gerade eifrig eine Straßenkarte. Sie wollten am nächsten Tag nach Florenz fahren, um den Vorort Isolotto zu besuchen, der anscheinend in einen unangenehmen Konflikt mit dem Vatikan verwickelt war. Matthew Mahan schüttelte den Kopf. „Hören Sie denn niemals auf, sich nach Munition umzusehen?"

„Aber, Matt, du kannst doch nicht leugnen, daß dies eine einmalige Sache ist", sagte Cronin. „Revolution, praktisch in *Il Papas* Hinterhof. Vielleicht bist du noch froh, ein bißchen was darüber zu wissen, wenn dir das nächste Mal ein Kardinal der Kurie ‚das Ganze kehrt' befiehlt. Dann kannst du mit einem Kommentar über den Balken in seinem eigenen Auge zurückschießen."

Matthew Mahan gähnte und gab Dennis den Brief zum Aufgeben. „Falls irgend jemand nach mir fragt, ich bin zu Bett gegangen."

„Oh! Ein Priester namens Mirante war hier."

„Das ist ein alter Freund. Ich wollte Ihnen schon sagen, daß ich ihn sehen möchte."

„Er hat seine Telephonnummer hinterlassen. Es schien ihm sehr viel daran zu liegen, sich so bald wie möglich mit Ihnen zu treffen."

Matthew Mahan seufzte. Er wollte nichts als schlafen. Aber eine halbe Stunde später schlürfte Kaplan Mirante mit ihm in seinem Appartement Cinzano und sprach über ihre gemeinsame Freundin Mary Shea.

„Sie leidet an Depressionen", sagte Mirante. „Ich habe sie zum besten Psychotherapeuten ,von Rom geschickt. Zu einem, der religiöse Probleme ernst nimmt. So wie er die Situation erklärt, ist alles ganz einfach. Sie hat ihr Gefühlskapital in – nun sagen wir, vatikanische Aktien gesteckt. Und jetzt sieht sie, wie sie fallen."

„Steht es um die Kirche denn wirklich so schlecht, Giulio?"

Mirante zog die Mundwinkel herab. „Sie fragen einen voreingenommenen Beobachter."

„Sie haben Schwierigkeiten. Mary hat es mir gesagt. Warum?"

„Haben Sie vielleicht von Isolotto gehört?"

„Der Pfarre, die mit dem Bischof auf Kriegsfuß steht? Mein Sekretär und mein Weihbischof wollen hinfahren, um sich ein Bild von der Lage zu machen."

„Eminenz", sagte Mirante, „halten Sie das für klug? Dieser Konflikt ist zu einer Probe römischer Autorität geworden. Das ist auch der Grund, warum ich den Jesuiten nicht mehr angehöre." Schnell skizzierte er den Fall. Einige Streitbare hatten die Kathedrale von Parma besetzt, um gegen die Verbindung zwischen Diözesanbehörden und lokalen Banken zu protestieren. Die Mitglieder der Pfarrgemeinde von Isolotto verfaßten einen Brief, in dem sie die Protestaktion unterstützten. Ihr Pfarrer, Don Inzo Mazzi, unterschrieb ebenfalls. Der Kardinal-Erzbischof von Florenz enthob daraufhin den Priester seines Amtes und ließ die Kirche schließen. Monatelanger Guerillakrieg folgte. Als ein Priester einer benachbarten Pfarre sein Mitgefühl für Don Mazzi zum Ausdruck brachte, wurde auch seine Kirche geschlossen. Zur Zeit hielten etwa dreihundert Leute jeden Sonntag eine Bibellesung vor der Kirche von Isolotto.

„Ich wurde als Vermittler hingeschickt", fuhr Mirante fort. „Aber bald stand ich ganz auf der Seite der Pfarrmitglieder. Die Leute sind gute Katholiken, die nichts anderes wollen als die heilige Freiheit, die Johannes für die Kirche verkündet hat. Ich fand, daß sie nicht Bestrafung, sondern Unterstützung brauchen und gab eine Erklärung zu ihren Gunsten ab. Ich wurde sofort nach Rom zurückbeordert und erhielt unter Androhung der Exkommunikation den Befehl, ab sofort über den Fall zu schweigen. Eine Woche später wurde ich aus dem Jesuitenorden entlassen. Man konfiszierte meine Papiere und Bücher,

nahm mir mein Waisenhaus weg und sagte mir, ich solle mich beim
Erzbischof von Reggio di Calabria melden, wenn ich den Wunsch
hätte, Gott weiterhin als Priester zu dienen. Im Augenblick wohne
ich bei Freunden in Rom."

„Ich bin entsetzt", sagte Matthew Mahan. „Mir fehlen einfach die
Worte. Was – was kann ich denn sonst sagen – oder tun?"

„Ich werde aus Ihrem Beispiel lernen. Ich kann nie vergessen,
daß Sie –"

Gepreßt beendete Matthew Mahan den Satz. „Von Johannes zum
Bischof geweiht wurden. Ja. Aber erwarten Sie nicht, einen Heiligen
wie ihn vor sich zu sehen."

„Ich weiß, ich weiß", sagte Mirante. „Und morgen werden Sie
dem neuen Papst ein Treuegelöbnis leisten."

Was sollte er mit diesem unglücklichen Mann nur tun, fragte sich
Matthew Mahan. Er nahm sein Scheckbuch heraus. „Sie werden Geld
brauchen. Hier sind fünfhundert Dollar. Vielleicht können Sie damit
einen Monat Leib und Seele zusammenhalten, bis Sie einen endgültigen Entschluß gefaßt haben."

„Lassen Sie mich Ihnen versichern, Eminenz, daß die Treue des
Bettlers dem Mann gilt, der ihn aus der Gosse zieht. So wird es auch
in diesem Fall sein."

„Davon bin ich überzeugt. Aber sehen Sie in mir nur nicht einen
zweiten Johannes. Mir ist diese Art von Heiligkeit nicht gegeben.
Ein Bischof muß bei der Leitung seiner Diözese das im Auge haben,
was der Mehrzahl seiner Schafe zum größeren Wohl gereicht." Er
hielt inne, erschüttert über die tiefere Bedeutung dessen, was er eben
gesagt hatte. Aber stimmte es denn nicht? Wurde im kalten Licht
dieser Voraussetzung nicht alles sinnlos, was er in den letzten zwei
Tagen gefühlt hatte?

Nein, er mußte an beiden Wahrheiten festhalten. Er stand auf. „Ich
fürchte, ich bin müde, Giulio."

Mirante kniete nieder und versuchte, Matthew Mahans Ring zu
küssen.

„O nein, bitte, Giulio..." Er half dem gebrechlichen Mann auf
und schlang den rechten Arm um ihn. Wo hast du jemand das tun
sehen? Als er die Tür schloß, fiel es ihm ein. Es war Johannes gewesen. Bei seinem ersten Besuch im Vatikan hatte Johannes ihn so
begrüßt.

Sie fuhren durch die schon dämmerigen Straßen Roms. Bischof Cronin, der neben Dennis saß, war merkwürdig still. Hinter dem Bischof sah man Matthew Mahans düsteres Profil. Man könnte meinen, wir fahren zu einem Begräbnis, dachte Dennis. Aber ein Kardinal ist ein Mann des Papstes, und der alte Davey wollte Matthew Mahan eben nicht als irgendeinen Gefolgsmann sehen. Warum? Es gab etwas Geheimnisvolles zwischen diesen beiden, ein Einvernehmen, das auf einem Verständnis der Kirche beruhte.

Es hatte sich am Vorabend gezeigt, als der Kardinal in ihr Zimmer kam und ihnen sagte, sie sollten ihren Plan, nach Isolotto zu fahren, aufgeben. Dennis und Goggin waren empört gewesen, aber Cronin reagierte erstaunlich sanft. Ich stimme dir voll und ganz bei, Matt, hatte er gesagt. Sie hatten kurz miteinander gesprochen. Dann hatte Matthew Mahan Dennis gedrängt, Schwester Helen Reed aufzusuchen. „Sprechen Sie mit ihr über ihren Vater. Ich habe noch nie etwas so Grausames erlebt..." Er erzählte ihnen von dem Besuch.

Gehen Sie zu Schwester Helen Reed. Ein bischöflicher Befehl. Warum hatte er versucht, Ausflüchte zu machen, während Goggin ihn scharf beobachtete? Hatte er Angst vor dem gehabt, was passieren könnte? Aber in der Kirche von morgen, wo man jede Liebestat gleich bewerten würde, ergab sich daraus ja kein Konflikt. Dennis wand sich auf seinem Sitz. Er glaubte es nicht. Sein Verstand strafte die Hoffnung Lügen.

Aber er hatte Schwester Helen besucht, und wieder aßen sie auf der Terrasse zu Mittag. Helen war wütend. Kardinal Antoniutti hatte sie überhaupt nicht zu Gesicht bekommen. Man versicherte ihr zwar, man würde die Angelegenheit Seiner Eminenz unterbreiten. Eine Antwort vor ihrer Abreise aus Rom? Unmöglich... Die Pflichten Seiner Eminenz, liebe Schwester...

Dennis ließ seinen Witz sprühen, um sie in bessere Stimmung zu bringen, erzählte, warum Matthew Mahan ihn zu ihr geschickt hatte. Mit genug Geld für das Beste auf der Speisekarte. Sie würden mit Champagner anfangen und dann über ihre familiären Probleme diskutieren. Seine Mutter, ihr Vater. Aber im Ernst, dein Vater ist doch ein reizender Mensch. Also?

Ja, sie ist da – die priesterliche Anteilnahme. Und was ist das genau? Vielleicht war er im Begriff, etwas Wesentliches zu entdecken: Du bist der Feind von Grausamkeit und Haß, der Apostel von Mitleid und Vergebung. Wunderbar. Das ist auch Mutter Kirche. Und *Il Papa*. Und wenn weiter nichts dahintersteckt?

Und dann ihre Hände. Sie führten ihn die Treppe hinauf. Was würde es heute sein? Keusche Liebkosungen? Nein, nein, nein. Heute war es Liebe zwischen Mann und Weib. Sonnenlicht und Dunkel. Plötzlich eine weinende Frau in seinen Armen: Halt mich, halt mich, halt mich, bitte halt mich. Dennis, können wir uns wirklich lieben?

„Gibt es einen Empfang danach?" fragte Matthew Mahan, als sie zum Petersdom fuhren.

„Einen kurzen, sagt unser Monsignore. Keine Drinks."

„Gut. Mein Magen bringt mich ohnehin fast um. Sind Sie mit Schwester Helen zu einem Ergebnis gekommen?"

Sekundenlang dachte Dennis, er müsse ersticken. „Nein. Sie ist – überzeugt, daß ihr Vater der typische rassistische Reaktionär ist."

„Was für ein Unsinn. Wo nehmen Leute ihres Alters nur diese Ideen her?"

Eine halbe Stunde später saß Matthew Mahan in der Benediktionsaula direkt über dem Eingang in den Petersdom. Es waren ungefähr zweitausend Menschen in dem riesigen Raum versammelt. Die vierunddreißig neuen Kardinäle saßen rechts, die etwa hundert alten Kardinäle links, alle in das zeremonielle Rot mit den weißen Spitzenrochetts gekleidet. Vor ihnen, auf einem Podium, saß Paul VI., ganz in Weiß, mit der roten, hermelinverbrämten Cappa.

Der riesige Thron, auf dem Paul saß, ließ ihn beinah lächerlich klein erscheinen. Er sprach auf lateinisch über die Bedeutung der Kardinäle in der Struktur der Kirche. Ihre Aufgabe, sagte er, sei es, die Kirche zu bauen. Er forderte sie auf, der Wahrheit zu dienen, für sie auszusagen und ihr Opfer zu bringen. Er hoffe, er würde immer sagen können: „Ihr seid mir in all meinen Prüfungen zur Seite gestanden."

Wie schon im vorigen Konsistorium im Jahr 1967 betonte Paul, das Kardinalskollegium stelle keinen Anachronismus dar, wie viele führende Geistliche behauptet hatten. Kardinal Suenens von Belgien hatte erst kürzlich vorgeschlagen, daß eine Bischofssynode die Kardinäle als Wähler des Papstes ersetzen solle.

Papst Paul ließ wieder keinen Zweifel darüber offen, daß der Heilige Stuhl nicht die Absicht hatte, seinen Anspruch auf absolute Autorität über die gesamte Kirche aufzugeben. Ist das nicht der einzige Ton, den er anschlagen kann? Die Verantwortung für den Verzicht auf Autorität kann unter Umständen quälender sein als die Auswirkungen angewandter Macht. Gibt es Raum zwischen diesen beiden

Alternativen? Ist der sehnsüchtige Blick von Michelangelos *Moses* dorthin gerichtet? Ist es dort, wo Johannes XXIII. lebt? O Herr, sag uns, was wir falsch machen, betete Matthew Mahan.

Nun bat der Papst jeden von ihnen, sein Gelöbnis abzulegen. Es sei, so erklärte er, ein kurzer Zusatz hinzugekommen, der ihm die Unterstützung aller Kardinäle sichern sollte.

Der Priester, der rechts vom päpstlichen Thron stand, begann das Gelübde vorzulesen, und die Kardinäle sprachen es ihm nach, wobei jeder im ersten Satz seinen Namen einfügte:

> „Ich, Matthew Mahan, Kardinal der heiligen Römischen Kirche, verspreche und schwöre, daß ich von dieser Stunde an, solange ich lebe, Christus und Seinem Evangelium unverbrüchlich treu sein werde und gehorsam dem heiligen Petrus, der heiligen Apostolischen Römischen Kirche und ihrem Oberhirten, Papst Paul VI., sowie seinen nach dem Kirchenrecht legitim gewählten Nachfolgern; weiters, daß ich niemals die mir von ihnen, sei es direkt oder indirekt, anvertrauten Beschlüsse enthülle, sofern sie ihnen zu Schaden oder Schande gereichen, es sei denn, der Apostolische Stuhl stimmt mir zu.
>
> So wahr mir der allmächtige Gott helfe."

Während er diese Worte wiederholte, ruhte Matthew Mahans Blick unverwandt auf dem Antlitz des Papstes. Er hatte das heftige Verlangen, diesem Mann einen Platz in seiner Seele zuzuweisen. Er gelobte ihm persönliche Treue, persönlichen Gehorsam – ein riesiger Schritt über die Treue und den Gehorsam hinaus, den er ihm als Oberhaupt der Kirche schuldete, und er war bereit, wirklich bereit, diese Worte zu sagen. Aber nicht den letzten Passus. Mit dem Gelübde des Stillschweigens schlich sich ein häßliches Mißtrauen ein. Das Kennzeichen eines autoritären Systems, würde Cronin es nennen. Es geht immer zu weit, denn es denkt in erster Linie an die Macht und erst in zweiter an die Menschen.

Aber das sah er nicht in Pauls Antlitz. Er sah Traurigkeit. War es die Traurigkeit des Besiegten oder die des unendlich Einsamen?

Nun wurde ein Kardinal nach dem anderen namentlich aufgerufen, um auf das Podium zu steigen und vor Papst Paul niederzuknien, während dieser ihm feierlich das rote Birett auf den Kopf setzte und auf lateinisch die alte Ermahnung wiederholte, „furchtlos zu sein, bis einschließlich zum Blutvergießen, für die Verherrlichung des heiligen Glaubens, für den sicheren Frieden der Christenheit und für die Freiheit und die Ausbreitung der heiligen Römischen Kirche."

Endlich hörte Matthew Mahan seinen eigenen Namen. Als er vor dem Papst kniete, trafen sich ihre Blicke. Der Hauch eines Lächelns erschien auf Pauls Lippen. *„Frater noster taciturnus"*, flüsterte er, als er das rote Birett auf Matthew Mahans Kopf drückte.

Unser schweigsamer Bruder. Als er wieder auf seinem Platz saß, sann Matthew Mahan über die Worte nach. *Frater noster taciturnus,* unser schweigsamer Bruder. Der alte Davey hatte recht. Sie waren sich seines Stillschweigens über die Enzyklika Humanae Vitae bewußt, das große Werk von Pauls Pontifikat. Die Worte waren kein Vorwurf, sondern eine Bitte, eine ernste, herzzerreißende Bitte.

Dann tauchte jäh das heimtückische Wort *Romanità* in seinen Überlegungen auf. Man hatte wohl den grausamsten Moment gewählt, um ihm das zu sagen, worauf es ankam: Die Ehre, die wir dir erweisen, Kardinal Mahan, hat nicht das geringste mit deiner drei Jahrzehnte langen Arbeit für die Kirche zu tun und noch viel weniger mit irgendwelchen geistlichen Absichten. Man hat dich gekauft, Kardinal Mahan, als Teil einer weltweiten politischen Kampagne. Als wir den Köder auslegten, hast du danach geschnappt, und nun holen wir die Leine ein.

Nein, sagte er sich verzweifelt. Es war ganz natürlich, daß Paul in ihm den schweigsamen Bruder sah. Konnte es nicht sein, daß er den roten Hut auf den Kopf ebendieses Bruders gesetzt hatte, als Beweis dafür, daß er gewillt war, kritische Solidarität und eine Freiheit, die loyal blieb, innerhalb der Kirche zu dulden? Ja, ja. Matthew Mahan konnte die zynische Erklärung nicht akzeptieren. *Romanità.* Das Wort verursachte ihm das gleiche körperliche Unbehagen, als kratze jemand mit den Fingernägeln über eine Wandtafel.

Kardinal Yu Pin, der Erzbischof von Nanking, antwortete im Namen der neuen Kardinäle. Papst Paul gab bekannt, daß Kardinal Jean Villot tatsächlich sein Staatssekretär werden sollte. Und dann war das Konsistorium vorüber. Paul verließ die Benediktionsaula, und Laien und Geistliche drängten sich um ihre Kardinäle. Matthew Mahan lächelte, nickte und schüttelte Hände, während die Worte in seinem Geist widerhallten: *Frater noster taciturnus.*

Sie fuhren direkt zum Hotel Excelsior, wo alle Mahaniten, wie Dennis sie nannte, ein Festessen für ihren Helden gaben. Ein Redner nach dem anderen überhäufte ihn mit Lob, bis er sich zu fragen begann, ob sie nicht von jemand anderem sprachen. Schließlich erhob er sich, um dem lautstark bekundeten Verlangen nach einer Ansprache zu genügen, und stellte launig alles in Abrede. Zwanglos schweifte er

dann von allgemeinen Reminiszenzen zu humorvollen Anekdoten, wobei er einzelne der Tischrunde persönlich ansprach.

Dennis saß weit hinten im Saal und lauschte dem gleisnerischen Gelächter. Warum lachst du nicht auch, fragte er sich. Waren es die leidenschaftlichen Zärtlichkeiten von heute nachmittag in der Pensione Christina, die es ihm unmöglich machten, Mahans Sentimentalität zu ertragen? Er stand auf. Der Kardinal sprach noch immer. Er machte nur eine winzige Pause, als ihre Blicke sich trafen. „Ich will nicht *Kardinal* Mahan für euch sein, sondern hoffe, für jeden von euch immer Pfarrer Mahan zu bleiben. Es gibt nur eine Art, auf die ich Kardinal sein will. Die lateinische Wurzel dieses Wortes bedeutet Angel. Ich möchte ein Mann sein, der Türen öffnet, Türen zur Hoffnung, zum Vertrauen auf Gott; Türen zur Liebe für jeden einzelnen in der Stadt."

Ungeheurer Beifall. Dennis kehrte diesen edlen Worten den Rücken und stürzte zum Ausgang. Draußen auf dem Gang empfand er den Schmerz in seiner Brust wie einen Dolchstoß. Er kämpfte, um frei zu bleiben, frei von diesem so vielschichtigen Mann, der Zorn und Sanftmut, Macht und List, Furcht und Liebe in sich vereinte. Man konnte es in einem unerträglichen Wort zusammenfassen: Vater.

MATTHEW MAHANS Mitra drückte schmerzhaft auf seine pochenden Schläfen, als der feierliche Zug der in Weiß und Gold gekleideten Kardinäle die Kapelle der Pietà verließ und den langen Weg zum Hauptaltar des Petersdoms antrat. Durch die offenen Portale hörte man die entfernten Klänge von Musikkapellen und das Geschrei jubelnder Menschenmengen. Es war der 1. Mai, und Roms Kommunisten zogen mit viel Spektakel durch die Straßen der Stadt. Dort draußen, würden vielleicht einige sagen, erklang die Stimme der Zukunft. Hier war man dabei, eine zweitausend Jahre alte Zeremonie zu wiederholen.

Die Straßen Roms hatten vom Schritt vieler Legionen widergehallt. Es war leicht gesagt, daß die Kommunisten eine weitere falsche Antwort auf die ewige Suche des Menschen nach irdischem Glück darstellten und daß hier, in diesen heiligen Mauern, die wahre Antwort lag. Aber die Feindseligkeit der Jugend hatte Matthew Mahans Blick für Mißverhältnisse geschärft. Vor ihm gingen dreiunddreißig Männer, Kirchenfürsten wie er, in Weiß und Gold. Sollte eine Kirche, die von einem Mann gegründet worden war, von dem der Ausspruch stammte: *Selig die Armen im Geiste,* überhaupt Fürsten haben? Er

betrachtete die Denkmäler früherer Päpste, selbstgefälliger Renaissancefürsten. Was hatten sie mit den einfachen Menschen in staubbedeckten Gewändern zu tun, die einst mühsam über die Straßen
von Palästina wanderten? *Die Füchse haben Höhlen, die Vögel des
Himmels Nester, der Menschensohn jedoch hat keine Stätte, wohin
er sein Haupt legen könnte.*

Wer flößte ihm diese Gedanken ein? War es die Stimme Johannes XXIII.? Er dachte an den vergangenen Abend. Die Party hatte
ihren Abschluß in seinem Appartement gefunden, wo er mit ein paar
engen Freunden etliche Flaschen Champagner leerte, was er heute mit
Kopfschmerzen und Magenkrämpfen büßen mußte. Sie hatten diskutiert, und er war selbst überrascht gewesen, wie energisch er Paul
verteidigte: Die Kirche in eine neue Richtung zu lenken bedeute eine
ungeheure Verantwortung; man müsse dabei langsam vorgehen. Und
doch hatte er mehr über Johannes gesprochen...

Johannes liebte es spazierenzugehen. Bei unserer ersten Begegnung
in Paris hab ich mir mit ihm die Füße abgelaufen. Und ich war
Militärgeistlicher bei einem Infanterieregiment. So war er, stellt euch
das mal vor. Ich konnte nie verstehen, was wir gemeinsam hatten.
Er war eigentlich ein Intellektueller, wißt ihr. Er nannte mich immer
seine „amerikanische Erziehung". An diesem ersten Tag hat er mir
wohl ein paar hundert Fragen über Amerika gestellt. Wir seien die
Zukunft, sagte er. Später nannte er mich seinen amerikanischen Sohn.
Auf italienisch klingt es besser, spielerischer. *Mio figlio Americano...*

Tosender Beifall erfüllte die Kirche. Die Menge begrüßte Papst
Paul. Er schritt zum Hochaltar, um dort mit den vierunddreißig
neuen Kardinälen die Messe zu zelebrieren.

Matthew Mahan hob den Blick über den Lichterglanz. Seine Augen
suchten das Antlitz Papst Pauls, der mit ausgestreckten Händen auf
lateinisch die Gebete der Messe las. Das Evangelium war das des
heiligen Matthäus und erzählte die Geschichte vom Scheitern Jesu in
der Synagoge seiner Vaterstadt Nazareth. *„Voll Staunen fragte man:
Ist er nicht der Sohn des Zimmermanns? Doch Jesus sprach zu ihnen:
Ein Prophet gilt nirgends weniger als in seiner Vaterstadt und in
seinem Vaterhaus."*

Matthew Mahan dachte an Papst Johannes. Für diese Römer war
er der Bauer aus Bergamo gewesen, und sie taten ihr Bestes, ihn im
Grab ruhen zu lassen, indem sie ihn den guten Papst Johannes nannten, den Papst des Volkes. Gut für ein Heiligenbild, aber es würde
hundert Jahre dauern, den der Kirche zugefügten Schaden wiedergut

zumachen. So sprach der Realist, der Herrscher. War das die Stimme, die Matthew Mahan gestern die drei Worte zugeflüstert hatte? Die Stimme des modernen Sachwalters der Macht, der kaltblütig das verlorene Schaf zur Herde trieb, indem er ihn mit rotem und goldenem Tand lockte? Nein, er weigerte sich noch immer, es zu glauben. Die Traurigkeit Pauls zeugte von seiner Unschuld.

Nach der Predigt stieg der Papst zu einem schlichten Stuhl am Fuß des Altars herunter. Wieder wurden die Namen der neuen Kardinäle verlesen, und jeder trat vor, um niederzuknien, während der Papst ihm einen einfachen goldenen Reif über den Ringfinger der rechten Hand streifte. „Empfange den Ring aus der Hand Petri, und möge die Liebe des Apostelfürsten deine Liebe zur Kirche stärken."

Auch diesmal wurde Matthew Mahan als einer der letzten aufgerufen. Als er vor dem Papst kniete und sie sich in die Augen sahen, forschte er verzweifelt nach der Wahrheit, die er in Pauls Zügen zu lesen suchte. Er sah Sorge und Traurigkeit, Güte und Resignation. Der Gegensatz zwischen der zarten, fast zerbrechlichen Persönlichkeit dieses Mannes und der erdhaften Robustheit Johannes' überwältigte ihn so sehr, daß er diesem sichtlich leidenden Menschen beinah Johannes' unvergeßliche Begrüßungsworte anläßlich der Eröffnungssitzung des Zweiten Vatikanischen Konzils zitiert hätte: *Ich bin Joseph, euer Bruder.* Wie lautete das vollständige Zitat? ... *den ihr nach Ägypten verkauft habt. Nun aber grämt euch nicht, daß ihr mich hierher verkauft habt, denn zur Erhaltung eures Lebens hat mich Gott euch vorausgesandt.* Ja, diese Worte würden seine brüderliche Verbundenheit kundtun. Sie würden auch erklären, daß er einem, der ihn in die Knechtschaft verkauft hatte, verzieh. Als der Papst ihm den Ring an den Finger steckte, ertappte sich Matthew Mahan dabei, wie er die Lippen zusammenpreßte, als fürchtete er, dies tatsächlich zu sagen.

Er begab sich zu seinem Platz zurück, und ein Stimmengewirr tobte in ihm. Wer glaubst du denn, wer du bist, Mahan? Jemand, der zufällig Erzbischof wurde und nun den Nachfolger des heiligen Petrus belehren will? Du bist ein Narr. Er wußte nicht, wo er war. Kardinal Dearden ergriff ihn am Arm und geleitete ihn sanft zu seinem Stuhl. Als er sich setzte, durchfuhr seinen Körper plötzlich ein rasender Schmerz. Den Rest der Messe erlebte er wie in Trance. Der Weg durch das Mittelschiff – lächelnd und nickend, während sein Kopf auf einem Gummihals zu schwimmen schien. Wenn Dennis nicht schon draußen gewartet hätte – er hätte nie zum Wagen gefunden. Als sie

vor dem Hassler ankamen, entbot ihm der Fahrer einen überschwenglichen Abschiedsgruß. Matthew Mahan lehnte sich an die Limousine und zog einen Tausendlireschein aus der Tasche. „Geben Sie ihm das", sagte er zu Dennis. Langsam, vorsichtig, ging er in die Halle, ohne irgendwelche Aufmerksamkeit auf sich zu ziehen.

„Was steht heute sonst noch auf dem Programm?" fragte er Dennis.

„Mittagessen hier im Hause mit Ihrem Seminarjahrgang."

„Ach ja. Ja. Ich sollte gehen, aber –" Ein Krampf schüttelte ihn, der ärgste bisher. Er taumelte aus dem Lift. „Herr Jesus – Dennis, helfen Sie mir." Auf seinen Sekretär gestützt, schleppte er sich zu seinem Zimmer. „Ich fürchte – mein Magengeschwür spielt verrückt." Er würgte, und plötzlich war sein Mund voller Blut. Er stolperte ins Badezimmer. Als er zurückkam, sagte er: „Sie werden mich bei ihnen entschuldigen müssen, Dennis. Sagen Sie, ich hätte eine Infektion erwischt."

Dennis nickte und verschwand. Matthew Mahan lag im Bett, zitternd, wenn ein neuer Krampf sich ankündigte, und versucht, vor Schmerz laut aufzuschreien, wenn der Anfall ihn packte. Da hast du den wahren Lehrmeister der Demut, mein lieber Kirchenfürst. Sollte er Bill Reed rufen? Nein, er wußte, was los war. Seine Schuld, daß er die Diätvorschriften nicht beachtet hatte. Er verspürte keine Lust, sich wie ein unfolgsamer Junge die Leviten lesen zu lassen.

Unten hörte Dennis McLaughlin während eines langen Mittagessens dem Jahrgang 1939 zu, der in Erinnerungen an alte Seminarzeiten schwelgte. Wenn man ihren Schilderungen glauben wollte, waren sie ein Haufen Flegel gewesen. Da war Eddie („der Clown") McGuire; neben ihm George Petrie mit der kultivierten Stimme und der gepflegten Ausdrucksweise; dann der nervöse, schweigsame Gefängnisgeistliche Peter Foley, der einzige, der keine eigene Pfarre hatte. Insgesamt fünfzehn von ihnen saßen da und huldigten dem Mann, der „vom ersten Tag an innerhalb der Mauern" ihr Führer gewesen war, wie Eddie der Clown es ausdrückte. „Wißt ihr noch, wie Matt den Alten nachgemacht hat?"

Gleichsam auf Stichwort dröhnte von der Tür her eine Stimme: „Ich möchte, daß euch jungen Männern bewußt ist, was für ein Glück ihr habt, hier in Rosewood sein zu dürfen."

Ohrenbetäubendes Hurra.

Matthew Mahan stand lächelnd da. Er sah furchtbar aus. Sein Gesicht war leichenblaß. Trotz seiner Proteste bot Dennis ihm seinen

Platz am Tisch an und setzte sich auf einen Stuhl weiter hinten an der
Wand. Ein Kellner eilte herbei, und Matthew Mahan bat um ein
Glas Milch.

Sie sind wieder Jungen, dachte Dennis, als er ihrem Gewieher
lauschte und beobachtete, wie sie im Zuge der allgemeinen Heiterkeit
mit den Fäusten auf den Tisch hieben. Vielleicht sind sie immer Jungen, auf ewig dazu verdammt, auf dem Kinderspielplatz hinter dem
Stacheldrahtzaun der Keuschheit ihre Kapriolen zu schlagen.

Ist das wahr? Gibt es einen Unterschied zwischen ihrem Verhalten
und dem irgendeiner anderen Gruppe von ehemaligen Studenten, die
nach dreißig Jahren wieder zusammentreffen? Wahrscheinlich nicht.
Egal, wie sehr er sich durch die Kluft zwischen ihren Generationen
auch ausgeschlossen fühlte, es gab doch ein Bindeglied zwischen ihm
und diesen Männern. Nein. Dieses Wort schmeckte nach Ketten. Was
ihn an sie band, war etwas Lebendiges, das Gefühl, daß sie etwas
gemeinsam hatten. Sie hatten ihn aufgezogen, weil er ein abtrünniger
Jesuit war, und wissen wollen, wie er es schaffte, die Peitsche des
„erhabenen Sklaventreibers" zu spüren und dabei zu überleben. Es
war ein seltsames, amüsantes Erlebnis gewesen, und der große,
lächelnde Mann, der auf dem Ehrenplatz saß – das war im Grunde
ihre Gemeinsamkeit.

Die Milch hatte Matthew Mahan gutgetan. Eddie McGuire hielt
eine Rede. Er beteuerte, sie hätten wochenlang überlegt, was sie
ihrem Kardinal zur Erinnerung an die Verleihung seiner neuen Würde
schenken sollten. Da er nicht den Eindruck machte, als ob er irgend
etwas brauche, waren sie zu dem Schluß gekommen, es solle etwas
Persönliches sein. Eine Urkunde, die seine Erhebung zu diesem hohen
Amt bestätigte, verfaßt von George Petrie, dem besten Lateiner ihrer
Klasse, und umrahmt von ihren Bildern, als Beweis, daß es sich bei
ihnen nicht um fiktive Zeugen handelte. „Aber als wir hierherkamen",
fuhr Eddie fort, „sind wir leicht übergeschnappt. Wir haben beschlossen, ein wirkliches Geschenk für dich zu besorgen." Während er
sprach, beugte er sich nieder und fischte ein elegantes Kofferradio in
einer Kassette aus Walnußholz hervor. „Der Knabe, bei dem wir es
erstanden, hat uns garantiert, du kriegst auch Radio Vatikan herein.
Wir fanden alle, es gäbe eigentlich nichts, was für einen Kardinal
heutzutage wichtiger wäre."

Einen schrecklichen Moment lang wußte Matthew Mahan nicht,
ob er lachen oder weinen – oder wütend werden sollte. *Ich bin
Joseph, euer Bruder.* Die unendliche Traurigkeit in Pauls Augen.

Wußten sie denn, was seine Beförderung wirklich bedeutete? Verhöhnten auch sie ihn, dieser kleine Kreis seiner alten Getreuen? Die Wahrheit, wie oft wurde sie einem unvermutet ins Gesicht geschleudert, wie jetzt, als sie dem armen, alten Eddie McGuire, dem Klassenspaßvogel, über die Lippen sprudelte? Es war zuviel, zuviel, um es zu ertragen.

Was konnte er seinen alten Freunden sagen, ohne das unbeschwerte Glück ihres Beisammenseins zu trüben? Waren sie nicht ein Spiegelbild dessen, was fehlgeschlagen war? Hatten sie sich nicht für etwas Sicheres entschieden – einfach einen Job? Nein, das war unfair. Du darfst nicht zulassen, sagte sich der neue Kardinal, daß dein Gefühl persönlichen Versagens deine Achtung vor diesen braven Männern schmälert.

Aber zu viele seiner Priester gaben sich damit zufrieden, einfach „einen Job zu haben". Und er war schuldiger als sie alle, denn er war zu beschäftigt gewesen, *seinen* Beruf auszuüben, um ihnen den richtigen Weg zu weisen.

„Matt – geht's dir auch gut?"

Eddie McGuires vertraute Krächzstimme brachte ihn in die Wirklichkeit zurück. „Wie? Natürlich... natürlich geht's mir gut, Eddie." Er stand auf. „Ich bin nur ein bißchen bestürzt. Ich mußte gerade daran denken, daß sich kein einziger in diesem Raum befindet, der nicht treu seine Pflicht erfüllt. Dabei schließe ich mich mit ein. Aber sollen wir uns damit zufriedengeben?" Konnte er eine bessere Gelegenheit für den Versuch finden, sie aus ihrer selbstgefälligen Mittelmäßigkeit zu reißen? Das letzte, wonach sie verlangten, war, daß ihnen einer ins Gewissen redete. Doch er wollte ihnen gar nicht „ins Gewissen" reden. Er wollte Worte aus dem Grund seiner Seele in ihre Seelen legen. Wie konnte er sie dazu bringen, das zu verstehen? Doch nur, indem er sie an seinem Versagen teilhaben ließ.

„Neulich abend traf ich hier in Rom eine Frau, eine Frau aus unserer Diözese. Ich habe sie vor fünfzehn Jahren hierhergeschickt, um eine Annullierung ihrer Ehe zu erreichen. Aber das war nicht der wahre Grund, weshalb ich ihr empfahl, nach Rom zu gehen. Ich empfahl es ihr, weil ich nicht die seelische Kraft besaß, ihre Qual mit anzusehen. Ihrem Ansuchen wurde nie stattgegeben, und sie hat auch nie mit einem Erfolg gerechnet. Sie blieb hier, um mich zu schonen. Ja sogar, um mich vor meiner Schuld, meinem Versagen zu bewahren. Wir alle tun unsere Pflicht. Aber diese Pflicht schließt anscheinend nicht mit ein, hinzugehen und nach diesen Menschen zu

suchen. Den verlorenen Schafen. Und doch wissen wir, welche Bedeutung unser Herr ihnen beigemessen hat. Wenn ich heimkomme,
werde ich mich, und wenn möglich unsere Erzdiözese, ganz dieser
Aufgabe weihen. Ich verlasse mich auf eure Hilfe."

Ihr Lächeln war nun allgemeiner Verwirrung gewichen. Sie wußten nicht einmal, wovon er sprach.

Tränen stiegen ihm in die Augen. Er nahm sein Radio und ging
benommen, mit gesenktem Kopf hinaus. In die Stille, die er zurückließ, hörte er Peter Foley leise sagen: „Gott segne dich, Matt."

Matthew Mahan blieb einen Moment auf der Schwelle stehen.
Dann ging er mit unsicheren Schritten zum Lift. Er merkte nicht,
daß Dennis McLaughlin neben ihm war, bis er ihn besorgt murmeln
hörte: „Ist alles in Ordnung, Eminenz?"

Er nickte. „Sie hatten keine Ahnung, worüber ich sprach."

„Einige vielleicht doch. Ich jedenfalls habe Sie verstanden." Dennis' Stimme zitterte unmerklich, und plötzlich fühlte sich Matthew
Mahan frei, frei vom Schmerz an Körper und Seele. Also hatte es
doch einen Anfang, einen neuen Anfang gegeben.

KARDINAL Mahan saß mit Mary Shea auf der Terrasse ihres Penthauses und nippte an süßem Lacrimae Christi. Mondlicht schimmerte
auf ihrem silbernen Haar. „Ich bin so froh, daß du mir diesen letzten
Abend schenken kannst, Matt."

„Ich hatte ihn dir auf jeden Fall reserviert. Und ich bin froh, daß
ich dir – den Rest sagen konnte, Mary. Worüber wir gesprochen
haben."

„Worüber du gesprochen hast."

Sie hatten in ihrem Appartement gegessen. Köstliche *fettuccine,*
pikant gewürzten Lammbraten, kühlen roten Valpolicella, Endiviensalat. Das meiste verstieß gegen seine Diät, aber nachdem er sich zwei
Tage von Brei ernährt hatte, schien sein Magen sich beruhigt zu
haben. Jedenfalls war es nicht sein Magen, der ihm Sorgen bereitete;
es war sein Geist, und auf irgendeine unerklärliche, geheimnisvolle
Weise war er mit dem Geist dieser Frau verbunden. Wenn er sich
selbst heilen wollte, mußte er erst sie heilen.

So hatte er den Versuch gewagt und unbeholfen alles gestanden.
Er begann mit seinem physischen Gebrechen, dem Magengeschwür;
ging dazu über, was ihn in San Pietro in Vincoli so erschüttert hatte.
Er hatte nichts verschwiegen, nicht einmal die quälenden Worte des
Papstes, *Frater noster taciturnus.* Pauls Traurigkeit, und die unsin-

nige Versuchung, ihn zu beruhigen; aber vor allem das furchtbare Schuldgefühl, die Reue, die sie, die Kirche und sein Priesteramt betraf.

Mary hatte ihm tief gerührt gelauscht. Als er ihr von seiner verworrenen Rede an seine ehemaligen Seminarkameraden erzählte, unterbrach sie ihn unwillkürlich: „O Matt, sei doch nicht so hart gegen dich!" Aber auf einen Wink seiner Hand hin war sie verstummt.

Waren sie beide im Geiste eins, wirklich eins? Andernfalls würde sie das, was er eben im Begriff war zu sagen, mit Verachtung, Wut oder vielleicht mit Verzweiflung zurückweisen. „Weißt du, was mich am meisten bekümmert, Mary? Ich hatte Angst, es dir zu sagen, Angst aus – all den Gründen, die du dir vorstellen kannst. Ich finde, du solltest wieder heiraten. Ja, du hättest schon vor vier oder fünf Jahren wieder heiraten sollen.

„Warum, Matt?"

„Weil du ein Mensch voller Liebe bist."

„Ich habe meinen Sohn. Dich. Die Kirche –"

„Dein Sohn braucht deine Liebe nicht mehr. Ich kann deine Liebe nicht auf die Art erwidern – die einzige Art –, auf die sie verdient, erwidert zu werden. Und die Kirche – du kannst sie nicht lieben, Mary, so wie du es versuchst, ohne dadurch zu leiden."

„Sprichst du aus Erfahrung?"

„Ich glaube schon. Aber ich kann es ertragen – denn ich habe schließlich meine Wahl getroffen."

„Ich habe vor fünfzehn Jahren auch meine Wahl getroffen, Matt."

„Du kannst jemand anderen lieben, wenn du dein Herz öffnest."

„Sagst du mir, ich soll der Kirche den Rücken kehren?"

„Nein. Ich versichere dir, daß ich dich, wenn du heiraten und nach Hause kommen willst, mit meinem Segen in die Gemeinschaft der Kirche aufnehmen werde. Mary, ich beabsichtige, in meiner Diözese ein Programm ins Leben zu rufen, das für Menschen gedacht ist, die sich guten Gewissens scheiden ließen und wieder geheiratet haben. Das steht in meiner Macht als Bischof, und manche Bischöfe arbeiten bereits damit. Ich hatte bisher nicht den Mut dazu. Ich fürchtete die Konservativen; und ich dachte an Menschen wie dich, die fünfzehn, zwanzig trostlose Jahre hinter sich haben. Ich wußte nicht, wie ich dir dann noch unter die Augen hätte treten sollen. Aber jetzt – tue ich es."

„Ich weiß nicht, ob ich jemals einen anderen lieben kann als dich,

Matt. Und nach dem heutigen Abend scheint mir diese Möglichkeit sogar noch unwahrscheinlicher."

„Das macht mich sehr traurig, Mary. Versprich mir wenigstens, daß du es versuchen, daß du Anträge in Betracht ziehen wirst."

„Jetzt redest du wie ein Heiratsvermittler. Was hast du vor – mich an den Meistbietenden zu versteigern?"

„Wenn ich das könnte, wäre ich mit einem Schlag meine finanziellen Probleme los."

„Bitte, Matt. Ich möchte darüber nicht scherzen."

„Warum nicht? Wir im Zölibat führen ein paradoxes Leben. Wir lachen und weinen in einem Atemzug."

Mary blickte hinüber zum Petersdom, der auf der strahlenden Helle des Flutlichts zu schweben schien. „Hat man dieses Programm genehmigt, Matt?"

„Nein. Das ist ein weiterer Grund für mein Zögern."

„Und wenn es abgelehnt wird?"

Zum erstenmal an diesem Abend krampfte sich sein Magen zusammen. „Laß uns den Tatsachen ins Auge schauen, wenn dieser Fall eintritt, sofern es überhaupt so weit kommt."

„Ich mache mir um mich keine Sorgen, Matt. Ich sorge mich um dich."

„Ich weiß."

XI

DER Düsenriese wartete am Ende der Rollbahn wie ein Sprinter, der auf den Startschuß lauert. Es ging los. Sechzig oder siebzig Sekunden lang rasten sie auf dem Betonband dahin, dann hob die Maschine ab und stieg in steilem Winkel auf, bis sie eine Höhe von tausend Metern erreichte. Matthew Mahan löste seinen Gurt, streckte die Beine aus und dachte über die vergangenen drei Tage nach. Die Vorfreude auf den Abend mit Mary hatte in ihm ein sonderbares Gefühl der Freiheit geweckt, eine Hochstimmung, die ihn während der ganzen Abschlußzeremonien begleitet hatte. Am Tag nach der Messe im Petersdom hatte Papst Paul die Freunde und Familien der neuen Kardinäle in einer Sonderaudienz empfangen.

Das war erfreulich, aber doch eine Routineangelegenheit gewesen. Der Papst hatte für jeden neuen Kardinal freundliche Worte gefunden, die er sich offensichtlich schon vorher zurechtgelegt hatte. Er

nannte Matthew Mahan den „großen Baumeister", und in einem Anflug von Respektlosigkeit hätte er beinah geantwortet, ja, man bezeichnet mich für gewöhnlich als den Schutzheiligen der Unternehmer. Statt dessen wies er dieses Lob zurück und erklärte mit einem Blick auf Mike Furia und die übrigen aus seinem finanzkräftigen Kreis, daß es diese aufopfernden Menschen wären, denen der Aufschwung beim Bau von Pfarrgebäuden zu verdanken sei.

Am folgenden Tag hatte Kardinal Mahan seine Titelkirche in Besitz genommen – eine moderne Kirche in einem der neuen Arbeiterbezirke Roms, die von einem vermögenden Italo-Amerikaner gestiftet worden war und den Namen von Amerikas erster Heiliger, Mutter Cabrini, trug. Es machte ihm nichts aus, daß er diese und nicht eine der historischen Kirchen Roms erhalten hatte wie SS. Giovanni e Paolo, bei der Kardinal Cooke die Nachfolge des verstorbenen Kardinals Spellman antrat. Er rief sich in Erinnerung, daß Spellman seinerzeit eine Million in SS. Giovanni e Paolo gesteckt hatte, und bemerkte zu Terry Malone, daß sie vielleicht ohne einen Cent davonkamen. Diese Hoffnung war jedoch schnell geschwunden, und ehe er sich versah, hatte er schon die Bewilligung für einen Neubau unterschrieben, der sie zweihunderttausend Dollar kosten konnte. Amerikanische Kardinäle wurden für reich gehalten. Wie konnte er da seine neuen Pfarrkinder enttäuschen? Die Strafpredigt, die Terry Malone sicherlich auf ihn loslassen würde, wenn er nach ihrer Rückkehr mit finster vorgerecktem Kinn das Defizit der Diözese feststellte, stand ihm allerdings noch bevor.

Je mehr Matthew Mahan an die Heimkehr dachte, desto unbehaglicher fühlte er sich. Seine alten Lebensgewohnheiten wiederaufzunehmen und weiter auf der sanften Welle zu schwimmen kam nicht in Frage. Aber welche Alternative bot sich ihm? Das blieb ihm ein Rätsel. Wenn die Erlangung der Kardinalswürde den Höhepunkt seiner klerikalen Laufbahn bedeutete, dann war ihm jetzt weniger nach Höhepunkt als nach Zusammenbruch zumute.

Mike Furia saß neben ihm und studierte die *Business Week*. Seit ihrer unangenehmen Auseinandersetzung hatten sie einander kaum etwas zu sagen gehabt. „Sind wir noch Freunde?" fragte Matthew Mahan.

„Das hoffe ich", antwortete Mike und streckte ihm die Hand hin.

Ein schmerzhafter Händedruck reinigte die Atmosphäre. Aber Matthew Mahan wußte, daß ihre Kameraderie nie wieder so sein würde wie früher. Sie begannen über das Defizit zu diskutieren.

„Hast du jemals an die nächstliegende Lösung gedacht?" fragte Mike. „Daß du dir die Pfarrschulen vom Hals schaffst?"

„Das hat unser Freund, Bürgermeister O'Connor, ja oft genug vorgeschlagen."

Mike ließ sich nicht abschrecken. „Ich konnte mich bisher nicht überwinden, dir das zu sagen, Matt. Aber du verblutest dich, wie ein Unternehmen, das zu viele verschiedene Produkte erzeugt. Wenn eine Firma das merkt, kürzt sie ihr Programm und konzentriert sich auf das, was ihr am meisten liegt. Selbst auf die Gefahr hin, daß du jetzt explodierst – aber das Schulwesen ist nicht eben deine Stärke. Und trotzdem stopfst du neunzig Prozent der Einnahmen hinein. Das ist doch sinnlos."

Matthew Mahan schüttelte halsstarrig den Kopf. Da saß Mike und verlangte von ihm, sich von Matthew, dem „großen Baumeister" zu trennen, jenem ureigensten Teil seiner selbst, den der Papst lobend erwähnt hatte. Das waren *seine* Schulen. „Das träfe zu viele Menschen. Menschen, die Opfer gebracht haben –"

„Natürlich kannst du nicht alles über Nacht zum alten Eisen werfen. Damit würdest du die Stadt in ein Chaos stürzen. Aber fang an, langsam abzubauen . . ."

Wieder ein Kopfschütteln als Antwort. „Mike", brach Matthew Mahan nach einigen Minuten das Schweigen, „könntest du dich aufraffen, einen Rat von mir anzunehmen, auch wenn ich auf deinen nicht höre?"

„Versuch's."

„Laß dich scheiden. Und heirate wieder."

„Nachdem du mich derart bearbeitet hast, es bei der Trennung bewenden zu lassen?"

„Wir haben beide eigennützig gedacht. Ich wollte dich als Geldorganisator behalten, und du wolltest weiter für mich Schulen und Spitäler bauen." Mike nickte. Er wußte, daß dies der Wahrheit entsprach. „Wenn wir daheim sind, Mike, starte ich ein neues Programm – ich will geschiedene Katholiken wieder in den Schoß der Kirche aufnehmen, wenn sie die Scheidung vor ihrem Gewissen verantworten konnten."

Mike blickte starr auf seine Hände. „Komisch, daß du mir das erzählst. Ich war – ich dachte nämlich schon daran, mich wieder zu verheiraten –, erst neulich abend. Die Katastrophe mit Betty – es hat mich mehr getroffen, als ich zugegeben habe."

„Um dir zu beweisen, daß ich diesen Vorschlag einzig und allein

in deinem Interesse mache, nehme ich deinen Rücktritt als Vorsitzender meines Finanzkomitees an."

„Der Teufel soll dich holen", knurrte Mike. „Das könnte dir so passen."

„Ich möchte aber, daß du abdankst."

Mike rang sich ein Lächeln ab. „Das letzte Mal, als du mir einen Rat erteilt hast, Eminenz, hätte ich dir um ein Haar eins auf die Klappe gegeben."

Matthew Mahan erwiderte das Lächeln. „Das ist ein Risiko, das wir hirnlosen Kleriker sehr oft eingehen müssen."

Er überließ Mike seinen Gedanken und spazierte den Mittelgang hinauf. Viele Pilger dösten. Dennis McLaughlin und Davey Cronin schlummerten Seite an Seite. Er spürte plötzlich eine tiefe Zuneigung zu diesen beiden.

„Es sieht so aus, als würde für den Rest der Reise alles glatt verlaufen", sagte er über den Gang hinweg zu Bill Reed.

Davey öffnete ein Auge und brummte: „Bilde dir das nicht ein. Ich habe gerade geträumt, daß du zum Papst gekrönt worden bist."

„Das ist kein Traum, sondern ein Alptraum."

„Ah!" machte Cronin, indem er sich aufsetzte. „Papst der reformierten Kirche natürlich. Rom wurde nämlich zerstört, unter Tonnen von Spaghetti begraben –"

„Noch ein Wort und Sie sind mit dem Bann belegt."

„Das bin ich schon seit Jahren. Ein großartiges Gefühl, Matt."

Nachdem Matthew Mahan wieder an seinen Platz zurückgekehrt war, entnahm er seiner Aktenmappe die letzte Erklärung des Papstes zur Liturgiereform. Sofort stieß er auf einen Passus, der ihn mit den Zähnen knirschen ließ: „Wir wollen allem, was wir bis jetzt über die neue römische Messe verlautbart haben, Gesetzeskraft verleihen." Was für eine abscheuliche Phrase, „Gesetzeskraft", für etwas, das mit Beten zusammenhing, einem Erlebnis, das nur dann Wert hatte, wenn es ohne Zwang vor sich ging. Er rief sich sein Treue- und Gehorsamsgelöbnis in Erinnerung. Der Papst hoffte, daß diese neue Meßform das Ende des Experimentierens bedeutete.

Römisches Recht, römische Paragraphenreiterei; sah Paul denn nicht, welcher Schaden bereits daraus entstanden war? Begriff er nicht, daß er auf diese Weise eine Kirche nicht leiten konnte, die erst ein paar Jahre zuvor ihre Bischöfe aus allen Ecken und Enden der Welt zusammengerufen hatte, damit sie sich für die heilige Freiheit aussprachen? Cronin hatte recht. Stein um Stein fügte die Kurie zu

dem traditionellen Gebäude, unter dem sie das Zweite Vatikanum begrub, um weiter auf den alten Pfaden zu wandeln.

Matthew Mahan ließ seine Aktentasche zuschnappen. Vergiß es, vergiß es, sagte er sich. Solche Gedanken haben keinen Sinn.

Weiter rückwärts sahen Dennis McLaughlin und Bischof Cronin ein Tagebuch durch, das ihr nunmehr gemeinsamer Freund Goggin aus der Vatikanischen Bibliothek geschmuggelt und für sie photokopiert hatte. Es handelte sich dabei um die privaten Aufzeichnungen, die Kardinal Antonelli, Staatssekretär in der Zeit des Ersten Vatikanischen Konzils, für das Jahr 1870 gemacht hatte. Er hatte dem Konzil und der Idee der Unfehlbarkeit ablehnend gegenübergestanden, hatte seine Einwände jedoch hinunterschlucken müssen. Aus Rache führte er daraufhin genau Protokoll über die unablässigen Anstrengungen des Papstes, das Konzil unter seinen Einfluß zu bringen. Cronin war furchtbar aufgeregt. Aber je weiter Dennis las, desto unbehaglicher wurde ihm zumute.

Bewies dieses Material, was Cronin zu beweisen hoffte? Nur weil Pio Nono seinen Willen durchsetzen wollte – Unfehlbarkeit um jeden Preis –, nahm dies dem Ersten Vatikanischen Konzil wirklich seine Gültigkeit? Gut – Freiheit in wünschenswertem Maß hatte es nicht gegeben. Aber die Gegner der Unfehlbarkeit hatten dennoch erbittert gekämpft. Zumindest schien Redefreiheit geherrscht zu haben. Wenn die Unfehlbarkeit aus wissenschaftlichen Gründen bestritten werden mußte, dann mußte die Anfechtung auch über die Geschichte des Ersten Vatikanums hinausgehen – man mußte der oft vernachlässigten Tatsache Rechnung tragen, daß der Ausbruch des deutsch-französischen Kriegs das Konzil vorzeitig beendet hatte. Es hatte nie richtig die Möglichkeit gehabt, sich der Frage der Beziehungen zwischen den Bischöfen und dem unfehlbaren Papst zu widmen. Und die Versuche des Zweiten Vatikanums, dieses grundlegende Problem anzupacken, waren, wie Matthew Mahan ihm erst kürzlich erzählt hatte, wiederholt durch Manöver der Kurie vereitelt worden. Vielleicht hatten die Väter des Ersten Vatikanums nie beabsichtigt, durch die Doktrin von der Unfehlbarkeit die Macht des Papstes im administrativen und gesetzgebenden Bereich zu vergrößern? Und es war gerade die Machtfülle in diesen Bereichen, gegen die sich die Väter des Zweiten Vatikanums so eindeutig ausgesprochen hatten.

Dennis wandte sich an Cronin, um mit ihm über dieses Thema zu sprechen. Dem alten Mann war der Kopf auf die Brust gesunken. Rom hatte Davey erschöpft. Einen Augenblick lang war Dennis belu-

stigt. Dann wurde er unruhig, als er sah, wie seltsam der eine Mund-winkel herabhing. „Alles in Ordnung, Bischof?"

Cronin gab keine Antwort. Er fiel vornüber und wäre von seinem Sitz geglitten, wenn Dennis ihn nicht aufgefangen hätte. Er war bestürzt, wie leicht der alte Mann war. „Dr. Reed –" Aber er konnte Bill Reed nirgends entdecken.

Außer sich stürzte Dennis nach vorne und fand den Doktor im Gespräch mit Matthew Mahan. „Bischof Cronin – er ist ohnmächtig geworden", flüsterte er. Die beiden Männer eilten durch den Gang zurück. Dennis hastete hinterher. Cronin rang schwer nach Atem, während Jim und Madeline McAvoy sich angstvoll über ihn beugten.

Cronin keuchte, als Reed ihm den Kragen aufriß. „Mir scheint – es schlechter zu gehen als Ihnen, Dennis. Vielleicht brauche ich eine von Ihren Pillen."

„Ganz ruhig, ganz ruhig, es ist nicht so schlimm", sagte Bill Reed, der den Puls fühlte, mit einer Stimme, die Dennis überraschend sanft vorkam.

„Wenn's nicht so schlimm wäre, käme es mich nicht so hart an." Cronins Kopf fiel zur Seite, und seine Augen verdrehten sich.

„Eine Stewardeß, rasch", befahl Bill Reed, „und klappt die Arm-lehnen zurück." Die Stewardeß war schon da. Schnell verwandelte sie drei Sitze in ein schmales Bett. Bill kniete neben dem alten Mann nieder, ohne dessen Handgelenk loszulassen.

„Kannst du was tun, Bill?" fragte Matthew Mahan mit erstickter Stimme.

Reed schüttelte den Kopf. „Bete lieber."

Matthew Mahan stand in der Tür zwischen den beiden Abteilun-gen. „Unser lieber alter Freund, Bischof Cronin, ist schwer erkrankt. Wir wollen für ihn beten." Dennis starrte auf den Rosenkranz des Kardinals. „Vater unser . . ." begann Matthew Mahan.

„Unser tägliches Brot gib uns . . ." antworteten die Pilger, darunter auch Dennis, im Chor.

„Gegrüßet seist du, Maria . . ." betete der Kardinal.

Mehr als hundert Stimmen fielen mit ein. „Heilige Maria, Mutter Gottes, bitte für uns arme Sünder, jetzt und in der Stunde unseres Todes. Amen."

„Gegrüßet seist du, Maria, voll der Gnade . . ." begann Matthew Mahan von neuem.

In der winzigen Pause, bevor der Chor einsetzte, hörte Dennis Cronins rasselndes, mühsames Atmen.

Fünfmal wurde das „Gegrüßet seist du, Maria", noch gebetet. Bill Reed erhob sich. „Du solltest ihn mit den Sterbesakramenten versehen, Matt."

„Holen Sie meine Aktentasche, Dennis."

Wie betäubt kam er der Aufforderung nach. Bis er damit zurückkehrte, hatten die anderen ein weiteres „Gegrüßet seist du, Maria", gebetet. Matthew Mahan gab ihm den Rosenkranz. „Dennis McLaughlin wird fortfahren", sagte er. „Ich will Bischof Cronin die Letzte Ölung geben."

In der nun folgenden Stille, die, erfüllt vom Pochen der Düsenaggregate, eigentlich gar keine richtige Stille war, streifte Matthew Mahan langsam Cronins Schuhe und Socken ab. An der Sohle des rechten Sockens war ein Loch. Dennis stiegen Tränen in die Augen, als er es sah. Verwirrt fingerte er an seinem Rosenkranz, dann drückte er rasch Daumen und Zeigefinger auf die neunte Perle und begann: „Gegrüßet seist du, Maria . . ."

Matthew Mahan hielt jetzt das heilige Öl bereit. Feierlich salbte er Bischof Cronins Augen, Ohren, Nase, Mund, Hände und Füße, und sooft er mit dem Daumen den Körper des alten Mannes berührte, sprach er: „Durch diese heilige Salbung und Seine Barmherzigkeit, verzeihe dir Gott, was du gefehlt hast . . ." Dennis konnte ihn nicht hören. Er sah ihn nur die Lippen bewegen.

Als der Kardinal die Füße gesalbt hatte, sah Dennis, daß Cronins Augenlider flatterten. Die Pilger beteten das zehnte und letzte „Gegrüßet seist du, Maria", der Dekade. Dennis hielt inne und hörte Cronin heiser flüstern: „Die Kirche, Matt. Meine arme, geliebte, schwergeprüfte Kirche. Du darfst nicht schweigen – rette sie vor diesen –"

Matthew Mahans Antwort war so außergewöhnlich, daß Dennis das „Vater unser" auf den Lippen erstarrte, als er die zweite Dekade des Rosenkranzes begann. Der große Mann beugte sich tief hinunter und hob den kleinen, gebrechlichen Greis in seine Arme. Dennis hatte keine Ahnung, wie lange er ihn so hielt. Die Zeit schien stillzustehen. Als der Kardinal seinen Freund langsam auf das Notbett zurücklegte, gelang es Dennis, fortzufahren: „Vater unser, der Du bist im Himmel, geheiligt werde Dein Name . . ."

Matthew Mahan fragte Bill Reed etwas. Der Arzt schüttelte den Kopf. Cronin sah es und verstand. Er hielt ein Kreuz – das Brustkreuz des Kardinals. Cronin hob es mit beiden Händen an die Lippen und legte es sich dann auf die Brust.

Eine ganze Stunde betete Dennis den Rosenkranz, während Matthew Mahan neben seinem alten Freund kniete. Die Schatten wurden dunkler, als die Sonne hinter dem westlichen Horizont versank. Eine Zeitlang schienen Tod und Dunkelheit ein und dasselbe. Nur das Flugzeug, dieses metallene Ding, das nichts fühlte, schien zu leben. Der Kardinal hielt nun Cronins rechte Hand. Mit der anderen umklammerte der Bischof noch immer das goldene Kreuz. Als Dennis beim letzten „Gegrüßet seist du, Maria", der fünften Dekade angelangt war, stand der Kardinal auf und bedeutete ihm zu schweigen. Er wandte sich an Bill Reed. „Ich glaube, er ist tot."

Dr. Reed drückte mit den Fingerspitzen auf Cronins Kehle und nickte. Als er das Antlitz des Toten bedecken wollte, hielt ihn Matthew Mahan zurück.

„Nein, deck ihn bitte nicht zu, Bill. Das läßt den Tod irgendwie anstößig erscheinen –"

„Ich muß aus Rücksicht auf die anderen Passagiere aber leider darauf bestehen. Es könnte sonst eine Hysterie ausbrechen."

Es war die Stewardeß, doch der Kardinal explodierte nicht, wie Dennis befürchtete. „Natürlich, natürlich", sagte er und klopfte ihr auf die Schulter. „Aber vorher möchten wir gern noch für ihn beten. Das verstößt wohl nicht gegen die Vorschriften, nicht wahr?"

„Nein – selbstverständlich nicht, Eminenz. Ich glaube, für mich war es der größte Schock. Ich – ich habe noch nie jemand sterben gesehen."

Matthew Mahan nahm ihre Hände in seine. „Kommen Sie, setzen Sie sich, und lassen Sie mich ein paar Worte sagen."

Er trat noch einmal in die Türöffnung zwischen den beiden Abteilen. „Eine für uns alle so erfreuliche Zeit ist nun von Trauer überschattet, und niemand trifft dies härter als mich. Ich habe einen meiner besten und ältesten Freunde verloren. Aber selbst in diesem Leid hoffe ich, daß Sie gleich mir eine andere Art der Freude finden können. David Cronin lebte und starb als Priester. Er dachte immer nur an andere und bot ihnen Rat, Hilfe und Liebe. Dieselbe selbstlose Liebe brachte er auch der Kirche entgegen. Er hat nie aufgehört, darüber nachzudenken, wie man sie heiliger und den Nöten und Hoffnungen der Menschen auf der ganzen Welt aufgeschlossener machen könnte. Möge Gott uns allen die Gnade gewähren, seinem Beispiel zu folgen.

Bitte, kommen Sie einzeln oder zu zweit zu mir, um bei ihm zu knien und ein persönliches Gebet zu sprechen."

Einer nach dem anderen kam, und viele weinten. Als dann der letzte – Mike Furia – neben dem Kardinal kniete und flüsterte: „Ich weiß, wie dir zumute ist, Matt", war es draußen völlig finster. Matthew Mahan erhob sich nicht. Er blickte unverwandt auf das stille, entrückte Antlitz, bis der Pilot über den Lautsprecher ankündigte, daß sie zur Landung ansetzten.

Die Maschine setzte weich auf. Als sie mit einem Zubringerbus zum Flughafengebäude fuhren, sah Dennis das kreisende Blaulicht eines Krankenwagens. Bill Reed begleitete zwei Flughafenpolizisten, die Bischof Cronins Leichnam aus der Maschine trugen.

Im Flughafengebäude umringten die Pilger Matthew Mahan, um bedrückt von ihm Abschied zu nehmen. Photographen und Reporter strömten herein. Jack Murphy bat den Kardinal in einen VIP-Aufenthaltsraum, wo bereits die Fernsehkameras warteten. Reporter bombardierten ihn auf dem Weg dorthin mit Fragen. Was hatte er mit dem Papst besprochen? Die Lage der Kirche? Übte der Papst Kritik an Amerikas Rolle im Vietnamkrieg? Gab es irgendeinen Hinweis, daß Rom den Zölibat aufheben wollte? Der Kardinal parierte alle diese Fragen elegant. Dann meldete sich Tom Sweeney vom *Journal*: „Was ist Ihr Kommentar zu den jüngsten Enthüllungen über Ihre Finanzen und Ihr Privatleben?"

„Was sagen Sie da?"

„In der letzten Woche war in den *Schlechten Nachrichten* – dem Untergrundblatt – eine Serie mit massenhaft vertraulichen Informationen, die angeblich aus dem Ordinariat stammen."

Dennis, noch fassungslos über Bischof Cronins Tod, war wie gelähmt. Leo, sein eigener Bruder, hatte nicht gewartet, bis sie die Wahrheit herausfanden. Im VIP-Raum sah er Leo hinter dem grellen Lichtkreis der Scheinwerfer in einem Stuhl lümmeln. Es lag etwas Unangenehmes in seinem Lächeln – ein völlig idiotischer Spott. Fast augenblicklich sah Dennis sich auf eine neue, ernsthaftere Weise mit Leo argumentieren. In Rom war etwas sehr Wichtiges mit ihm geschehen.

Unbekannte Reporter schrien Fragen durcheinander. Es machte ihnen offensichtlich ein sadistisches Vergnügen, über einen erschöpften, innerlich erschütterten Mann herzufallen.

Vor einer Batterie von Mikrophonen erzählte Kardinal Mahan von Bischof Cronins Tod und von seiner eigenen Absicht, sich den Menschen in seiner Diözese noch mehr zu widmen. Nun war Bürger-

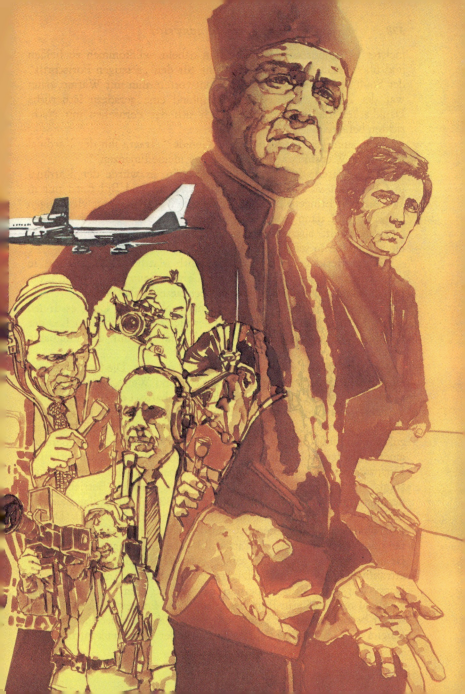

meister O'Connor an der Reihe, ihn daheim willkommen zu heißen
und überschwenglich seine Bedeutung für den „geistigen Fortschritt"
der Stadt zu preisen. Der Kardinal antwortete ihm mit Wärme, dann
war der Zauber vorbei. Dennis empfand eine geradezu lächerliche
Dankbarkeit dafür, wie oberflächlich sich das Fernsehen mit Nachrichten befaßte.

„Was zum Teufel soll denn das Gerede?" fragte ihn der Kardinal
im Auto. „Was sind das für Artikel über meine Finanzen?"

Jetzt beichten? fragte sich Dennis. Nein, es würde den Kardinal
in Gegenwart von Mike Furia, den McAvoys und Bill Reed nur in
Verlegenheit bringen. Er konnte ihm die Wahrheit unter vier Augen
gestehen und dann unauffällig verschwinden. Es bestand keinerlei
Notwendigkeit, auszuposaunen, daß seine Eminenz nichts ahnend
einen Verräter in seiner nächsten Nähe beschäftigte.

Bei der Residenz angelangt, begab sich Matthew Mahan sofort in
sein Arbeitszimmer. „Rufen Sie Joe Cohane beim *Leitstern* an", befahl er, „und fragen Sie ihn, was er über diese Artikel weiß."

„Das ist nicht nötig", sagte Dennis tonlos. „Ich kann es Ihnen
sagen. Mein Bruder hat sie verfaßt – unter dem Pseudonym Leo der
Große. Hier sind die Ausschnitte. Er hat sie mir am Flughafen
gegeben."

Matthew Mahan setzte sich und begann zu lesen. Die Spalten waren
ein einziger zynischer Angriff auf die Art und Weise, wie er die Erzdiözese leitete. Wenn es um Geld gehe, hatte Leo der Große geschrieben, benehme sich Kardinal Mahan „wie ein Renaissance-
Papst". Leo nannte die „unerhörten Summen", die er „Günstlingen"
zukommen ließ, die als Missionare – in Wirklichkeit Wegbereiter
amerikanischer Kolonialmacht – in Brasilien arbeiteten. Die privaten
Finanzen Seiner Eminenz seien „ein Geheimnis, das zum Himmel
stank". Es wurde nie über sie Buch geführt. Aber die Betriebskosten
der Residenz hätten sich im Vorjahr auf 32 567,80 Dollar belaufen
und die „Reisespesen" Seiner Eminenz auf 26 896,50 Dollar.
„Schwindelerregende Summen" wurden offenbar seinen sieben Nichten und Neffen zugeschanzt. Tatsächlich gaben die langen und häufigen
Besuche des Kardinals bei seiner verwitweten Schwägerin, „einer
attraktiven Dame in den Vierzigern", im Ordinariat Anlaß zu Gerede.
Dann war da die bezaubernde geschiedene Mary Shea, die der
Kardinal regelmäßig in Rom besuchte. Was Matthew Mahan als Seelsorger betraf, so war er „ein gewissenloser Karrieremacher", der insgeheim die Haltung des Papstes bezüglich der Geburtenkontrolle miß-

billigte, seine Überzeugungen jedoch aus Ehrgeiz um den Preis des roten Hutes verkaufte.

In Matthew Mahans Gedanken erfüllte ein Teil des Menschen, der er gewesen war, ehe er vor zehn Tagen nach Rom reiste, den Raum mit unbeherrschter Wut. Dann trat ein anderes Selbst, eine noch verschwommene Vision, Leo mit Tränen auf den Wangen gegenüber und fragte, warum er diese Wunden schlug. Nein, dazu war er nie fähig. Er hob den Blick zu Dennis' verzweifeltem Gesicht. „Dennis, wissen viele Leute, wer sich hinter Leo dem Großen verbirgt?"

Dennis nickte. „Darf ich mich setzen?" Er ließ sich in einen Sessel fallen. „Ich möchte etwas gestehen, das – wahrscheinlich unserer Beziehung ein Ende bereiten wird. Ich bin schuld an diesen Artikeln. Ich kannte seine Einstellung zu Ihnen. Ich – habe ihn darin bestärkt. Ich meine – ich bin der ältere Bruder. Ich war es, der ihn so gegen die Kirche erbittert hat."

Matthew Mahan sah Schmerz, wirklichen Schmerz, in Dennis' Gesicht. „Vielleicht war ich im Begriff, mich zu ändern, als ich hierherkam. Oder es hat hier begonnen. Ich weiß es nicht. Aber ich habe nicht begriffen, was in mir vorging. Ich hab nicht gewußt, wie ich zu Ihnen stand, bis – bis Rom. Ich hab mir diese Szene – wie Sie mich hinauswerfen – schon oft vorgestellt. Wir sind mit einem Riesenkrach geschieden. Und jetzt..." Seine Augen waren feucht. „Ich kann nicht mehr sagen, als – es tut mir leid."

„Sie hinauswerfen! Ich habe nicht die Absicht." Matthew Mahans Stimme war ruhig. Vielleicht konnte dieser hitzige, tobende Urbestandteil seines Ichs doch noch bezwungen werden. „Sie und Ihr Bruder sind nicht dieselbe Person, Dennis, egal, wie sehr Sie sich ihm auch verbunden fühlen. Ein Mensch wird nicht dafür verurteilt, was sein Bruder tut. Und er sollte auch sich selbst nicht dafür verurteilen."

Die Wahrheit, nun ist der Moment für die ganze Wahrheit gekommen, raunte Dennis sich zu. Auch dann, wenn du dich damit um die Gelegenheit bringst, zu beweisen, daß du diesen Mann liebst. „Es ist noch schlimmer", sagte er. „Ich hab Informationen durchsickern lassen. Aus Ihren Akten. Ich habe Dinge angedeutet..."

Zu spät, dachte Matthew Mahan, zu spät. Du hast eine Kluft zwischen ihm und dir gespürt. Aber war es denn wirklich zu spät? Er dachte an das, was auf dem Friedhof geschehen war. An den Moment im Lift nach dem Essen mit seinen Studienkameraden; seine alten Freunde hatten ihn nicht verstanden, Dennis dagegen schon.

Matthew Mahan zündete sich eine Zigarette an. Das Streichholz zitterte ein wenig. Dennis McLaughlin fand es leichter, die bebende Flamme zu beobachten, als dem Kardinal in die Augen zu schauen. „Geben Sie mir zehn Minuten. Ich muß nachdenken", sagte Matthew Mahan. Dennis nickte und ging still hinaus. Matthew Mahan starrte auf die brennende Zigarette, die er zwischen den Fingern hielt. Er wollte sie ausdrücken, doch dann zermalmte er sie plötzlich zu einem kleinen Haufen von Tabak und Papier. Wut schoß in ihm auf, fuhr in seine Arme und Hände. Er hob die großen, geballten Fäuste und schlug mit voller Wucht auf seinen Schreibtisch.

Ruf ihn zurück, zieh ihm bei lebendigem Leib die Haut ab, flüsterte eine Stimme. Er betete verzweifelt. Herr, schenke mir Weisheit, schenke mir deine Gnade. Er ging im Arbeitszimmer auf und ab und rang nach Beherrschung. Langsam ließ die in ihm aufgestaute Wut nach. Er setzte sich und rief seinen Sekretär.

„Was mich am meisten verletzt", sagte er, indem er das Bündel mit den Zeitungsausschnitten hochhob und es wie eine tote Schlange auf den Schreibtisch zurückfallen ließ, „ist der Strick, den man mir daraus zu drehen versucht, daß ich meiner Schwägerin Geld gebe. Es kann sich kaum um mehr als drei- oder viertausend Dollar im Jahr handeln. Der alte Hogan zum Beispiel hatte nur eine Verwandte, eine unverheiratete Nichte, die noch dazu sehr gut verdiente. Zu Weihnachten schenkte er ihr einmal einen Nerzmantel, der allein schon runde zehntausend wert war. Jahrein, jahraus gab er mindestens dreißigtausend für sie aus. Und sie hat es nicht einmal gebraucht!" Matthew Mahan seufzte. Was er da sagte, klang schrecklich albern, aber er war zu gekränkt und zu müde, um richtig zu denken. „Ich glaube, es ist die alte Geschichte. Man bildet sich ein, daß man es besser macht als sein Vorgänger, und nimmt sich nie die Zeit zu überlegen, wie einen die nächste Generation sieht!" Er versuchte zu lächeln, doch es mißlang ihm. „Cohane wird Leo natürlich rausschmeißen."

„Er hat bereits gekündigt. Ich bin froh, daß er mit dieser Arbeit aufhört. Sein Interesse an der Kirche ist schon fast krankhaft."

„Für einen Laien, meinen Sie", sagte Matthew Mahan mit einem müden Lächeln. „Seltsam, daß ein Apostel der jüngeren Generation wie Sie zu diesem Schluß kommt. Wir bitten immer Laien, sich intensiver zu beteiligen. Aber ich fürchte, es gibt eine Grenze. Sie hat wohl etwas mit dem Priestertum zu tun. Ein Laie kann diesen Begriff in seiner ganzen tiefen Bedeutung nicht wirklich verstehen. Auch

wenn wir Priester noch so sehr versuchen, mit dem zwanzigsten Jahrhundert Schritt zu halten, wir bleiben doch Außenseiter. Diese Wahrheit umschließt furchtbare Einsamkeit, Dennis, aber auch ein wenig Stolz. Unsere Art Stolz ... Wie fühlen Sie sich?"

„Elend."

„Ich meine physisch. Warum arbeiten wir nicht noch ein bißchen, bevor wir zu Bett gehen? Wir könnten zumindest ein gewisses System in diese Unordnung bringen. Katastrophen, an denen sich nichts ändern läßt, legen wir hierhin." Er zeigte nach rechts. „Die Bagatellen ans andere Ende. Und die Krisenfälle in die Mitte."

Einen Augenblick fürchtete Dennis, er werde in Tränen ausbrechen. Matthew Mahan verzieh ihm und ersparte ihm sogar die Demütigung, dies ausdrücklich zu hören. „Ich stehe Ihnen jederzeit zur Verfügung", antwortete er.

OBWOHL es Matthew Mahan gelungen war, seinen Ärger über Leo McLaughlins bösartigen Angriff in Schranken zu halten, fiel es ihm schwer, mit den Auswirkungen fertigzuwerden. Wo er auch hinsah, alles schien von Leos Gift durchtränkt. In *Holy Angels* verkündete Kaplan Novak von der Kanzel herab, daß er das Priesteramt aufgeben werde. Er prangerte reaktionäre Pfarrer und bis in die Knochen konservative Erzbischöfe an, die das Spiel des Vatikans mitmachten und dafür mit dem roten Hut belohnt wurden. Sogar Monsignore O'Reilly nahm auf die Artikel Leos des Großen Bezug, als er seinen Pfarrmitgliedern sagte, welch ein Glück es für sie sei, Kaplan Novak los zu sein. Pfarrer Disalvo verlangte hunderttausend Dollar im Namen der schwarzen Gemeinde für sein Komitee für Frieden und Freiheit. „Schwarze", sagte er, „sind mindestens ebenso wichtig wie Kardinal Mahans Verwandte, seine Günstlinge und dicken Freunde, denen, wie verlautet, jedes Jahr das Doppelte dieser Summe in den Rachen gestopft wird."

Auch im Ordinariat selbst tat die Verleumdung ihre verheerende Wirkung. Kanzleidirektor Terry Malone bat um „eine vertrauliche Unterredung – ich meine, ohne des Herrn Sekretärs Beisein". Das klang so penetrant nach Verschwörung, daß Matthew Mahan beinah laut aufgelacht hätte. „Ich komme in Begleitung des Generalvikars", fügte Malone hinzu.

Der bärbeißige Kanzler und der glatte Generalvikar erschienen mit so feierlicher Miene, als seien sie auf dem Weg zu einem Leichenbegängnis. Es wurde bald klar, daß sie tatsächlich hofften, ein Grab

zu schaufeln. „Eminenz", sagte Malone, „selbst auf die Gefahr hin, Sie aufzuregen, ist es unser wohlüberlegter Rat, daß Sie auf die Dienste McLaughlins verzichten sollten."

„Warum?"

„Haben Sie die Absicht, die von seinem Bruder verfaßten Artikel zu dementieren? Jeder Priester in der Erzdiözese hat sie gelesen. Joe Cohane sagt, Sie könnten auf Verleumdung klagen und Leo den Großen mitsamt der ganzen Hippiebande aus dem Staat jagen."

„Ich weiß. Aber ich ziehe es vor, zu schweigen, Terry. Schweigen ist die beste Antwort."

„Dann müssen Sie McLaughlin entlassen."

„Warum?"

„Wir haben den starken Verdacht, daß sein Bruder einen Großteil dieser Informationen von ihm bezogen hat. Eine gründliche, von mir persönlich durchgeführte Untersuchung entlastet das Ordinariat. Wo könnte sonst die undichte Stelle sein?"

Ruhe, befahl sich Matthew Mahan. Du hast es hier nicht mit Dummköpfen zu tun. „Aber Terry", sagte er, „diese Artikel sind doch nichts als ein Wust von wilden Übertreibungen, Gerüchten und unsinnigen Beschuldigungen. Der Kerl hat für das Diözesanblatt gearbeitet. Er könnte mit Leichtigkeit die meisten seiner Ideen einfach im Gespräch mit Priestern aufgeschnappt haben, die keine besondere Vorliebe für mich hegen."

„Er wartet mit Fakten auf, die nur aus unseren Akten stammen können. Fakten finanzieller Natur, über die viele jüngere Priester außer sich sein werden. Zum Wohl der Erzdiözese sollten Sie diese Entlassung vornehmen."

„Ich bin von Dennis McLaughlins Loyalität mir gegenüber absolut überzeugt", sagte Matthew Mahan. „Was meinen Sie, George?"

„Ich möchte es so sagen, Matt", erwiderte Generalvikar Petrie höflich. „Auch wenn er unschuldig ist – was ich fast bezweifle –, so finde ich doch eine ostentative Säuberungsaktion angebracht. Als Geste der Autorität. Diese Artikel zielen geschickt darauf ab, Sie nicht nur korrupt, sondern auch lächerlich erscheinen zu lassen. Wenn Sie den Bruder des Autors in Ihrem Mitarbeiterstab behalten – noch dazu in einer so vertraulichen Position – würde es darauf schließen lassen, daß Sie vielleicht wirklich so dumm sind, wie man versucht hat, Sie hinzustellen. Ich kann mir nichts Besseres denken, Ihre Autorität zu untergraben."

Der Generalvikar hatte in niederschmetternder Weise recht, und

riet ihm genau das, was er selbst in dieser Situation geraten hätte, wenn er nie in San Pietro in Vincoli gewesen wäre, nie auf einem Friedhof in Nettuno, nie an jenem Strand, wo er mit einem jungen Priester über Mondschnecken, Spiralen und Johannes XXIII. gesprochen hatte . . .

Terry Malone räusperte sich. Er wußte stets, wann er in die Kerbe schlagen mußte. „George meint, welchen Einfluß das auf Ihre Priester haben wird. Wenn Sie McLaughlin hier bei sich behalten, wird es sich auf die Laien sogar noch schlechter auswirken. Unsere finanzkräftigen Gönner. Sie wissen doch, wie konservativ die sind."

Ja, ich weiß. Verkaufe ich ihnen nicht seit zwanzig Jahren sorgfältig bemessene Teile meiner Seele? „Ja", murmelte er, „das ist ein vernünftiger Rat. Aber es spielen auch andere – geistliche – Überlegungen mit." Ihr verständnisloser Gesichtsausdruck ließ ihn verstummen. Wie konnte er es ihnen erklären? In all den Jahren ihrer Zusammenarbeit war es ja nie zu einem persönlichen Gespräch gekommen. „Er – er ringt um seine Berufung. Ich glaube, ich kann ihm – helfen."

Es war hoffnungslos. Er widersprach dem Argument, das er selbst gebraucht hatte, um die Einigkeit der Diözese zu wahren: Das Wohl der Mehrheit sei über die Sorgen des einzelnen zu stellen. Irgendwie gelang es ihm, die beiden mit dem Versprechen, er wolle die Angelegenheit noch einmal sorgfältig überdenken, hinauszukomplimentieren.

Einige Tage danach rief er Terry Malone zu sich, um ihm zu eröffnen, er brauche eine Million Dollar, um das St.-Clare-Hospital weiterzuführen, und noch fünfundzwanzigtausend zur Finanzierung von Projekten der Herz-Jesu-Schwestern in der Innenstadt. Geschlagene fünfundvierzig Minuten lang hörte er sich Einwände dagegen an. Dann verließ ihn der Kanzler mit der Versicherung, daß Monsignore O'Callahan, der Direktor der Caritas, über diese Beschlüsse noch bestürzter sein würde als er.

Mit O'Callahan wollte er sich später befassen. Im Moment war die Konferenz mit dem hageren, empfindsamen Monsignore Tom Barker, dem Offizial des erzbischöflichen Diözesangerichts, wichtiger. Barker, der ein römisches Doktorat in kanonischem Recht besaß, war entsetzt über die Idee, Katholiken, die ihre Scheidung vor dem eigenen Gewissen verantworten konnten, wieder in die Kirche aufzunehmen. Jede damit befaßte Stelle im Vatikan würde diesen Plan zweifellos mißbilligen. Matthew Mahan versprach Barker, er wolle die

volle Verantwortung dafür übernehmen. Erst daraufhin erklärte sich der besorgte Kanonist bereit, an die Diözesangerichte zu schreiben, in deren Bereich ähnliche Programme bereits liefen. Nachdem Barker mit langem Gesicht abgezogen war, diktierte Matthew Mahan ein Rundschreiben an alle seine Seelsorger, in dem er sie aufforderte, geschiedene Katholiken aufzusuchen und ihnen zu raten, sich an das Ehegericht zu wenden.

Am nächsten Tag brachte Generalvikar Petrie die Nachricht, daß der Priesterrat der Erzdiözese beabsichtige, um einen vollständigen Bericht über die Finanzlage der Diözese anzusuchen. Einige militante Mitglieder planten einen Antrag mit der Forderung, der Kardinal möge persönlich seine Richtlinien darlegen. Mit anderen Worten, er sollte sich gegen die Beschuldigungen Leos des Großen verteidigen. Früher hätte ein gereizter Matthew Mahan einfach von George Petrie verlangt, er solle verhindern, daß ein solcher Antrag eingebracht wurde.

Aber der Kardinal spürte in der Hilflosigkeit des Generalvikars eine gewisse Befriedigung von der Art „Ich hab's ja gesagt".

Er entschied, daß die beste Antwort die sofortige Veröffentlichung eines vollständigen Berichtes sei, gleichgültig, ob der Priesterrat einen Antrag stellte oder nicht. „Wann kann ich ihn haben, Terry?" fragte er.

Kanzler Malone war entsetzt. „Keine Ahnung. So etwas können wir nicht übers Knie brechen. Ich werde mit unseren Buchhaltern darüber sprechen und feststellen, wie lang es dauern wird, einen hieb- und stichfesten Bericht auszuarbeiten." Nach einem einstündigen Vortrag über zweiunddreißig verschiedene „allgemein anerkannte Grundsätze der Buchführung" sah Matthew Mahan ein, daß er sich glücklich schätzen mußte, wenn er im September einen ersten Entwurf zu sehen bekam.

Der folgende Tag brachte die Botschaft, Monsignore O'Reilly organisiere in den Vorstädten Priester, die an den Kardinal die Bitte herantragen sollten, er möge Leos Behauptungen mit einem eindeutigen Bekenntnis zur *Humanae Vitae* entgegentreten. Und dann kamen Mike Furia und Kanzler Malone, um Totenklage über die jährliche Sammelaktion zu halten, die ihrer Meinung nach zweieinhalb Millionen Dollar unter dem erwarteten Betrag bleiben würde. Besonders enttäuschend war die Tatsache, daß die Spenden gerade in der letzten Woche zurückgegangen waren, obwohl die Presse groß über die Triumphe Seiner Eminenz in Rom berichtet hatte.

„Vielleicht ist das ein psychologisches Problem", überlegte Matthew Mahan. „Was denkt wohl der Durchschnittsmensch, wenn er Aufnahmen seines Erzbischofs sieht, wie dieser in den besten römischen Hotels speist oder in goldenen Gewändern herumspaziert? Vielleicht denkt er an seine Hypothek und sagt sich, daß man auf seine Spende verzichten kann."

Terry Malone brummte, daß es nun wenigstens keine Diskussion über den Neubau von Kirchen und Schulen in den Vororten geben werde.

„Tun Sie mir einen Gefallen, Terry?" fragte Matthew Mahan. „Machen Sie mir eine Studie darüber, wieviel uns die Pfarrschulen bis 1976 kosten werden?"

„Ich wette, das haut dich um", warf Mike Furia ein.

Nachdem Terry Malone gegangen war, blieb Mike Furia noch, um Matthew Mahan mitzuteilen, daß er längere Zeit abwesend sein werde, um seine Unternehmen in Übersee zu überprüfen. Mike hatte nicht um seinen Rücktritt als Vorsitzender des Finanzkomitees angesucht, aber diese Reise kam dem fast gleich. Obwohl Matthew Mahan ihn um diesen Rücktritt gebeten hatte, kam es ihm jetzt so vor, als lasse ihn sein alter Freund im Stich. Gewöhn dich an diesen Gedanken, flüsterte eine Stimme.

Mike war ganz mit seinen eigenen Problemen beschäftigt. „Ich dachte, es wird dich interessieren, daß ich mich scheiden lasse. Meine Frau kann es nicht glauben. Die Natur hat sich doch noch auf die Hinterbeine gestellt und wehrt sich."

Die Bitterkeit, mit der er das sagte, tat Matthew Mahan weh. „Mike, versuch ein wenig Nächstenliebe aufzubringen –"

„Genau das tu ich ja, mit fünf Millionen Dollar im Rücken."

„Ich meine Nächstenliebe, die von Herzen kommt, Mike."

„Die hab ich nicht. Nicht für sie."

„Schon gut, schon gut. Wenigstens sinnst du nicht auf Rache. Ich hoffe, du wirst wieder heiraten – bald."

„Aufrichtig gesagt, ich denke schon an jemand Bestimmten. Aber ich habe sie noch nicht gefragt, und deshalb will ich dir ihren Namen auch nicht sagen. Wahrscheinlich ist es sowieso ein Hirngespinst."

„Ich werde für dich beten, Mike, ob es dir paßt oder nicht."

Ein flüchtiges Lächeln war Mikes einzige Antwort.

Der Tag hielt noch weitere Schicksalsschläge bereit. Pater Reagan rief von der Universität aus an und teilte ihm mit, daß man das Stipendium seines Neffen Timmy nicht verlängert habe. Anscheinend

forderten die Studenten Aufklärung darüber, warum ein Junge, dessen Noten immer schlechter wurden und der die halbe Zeit über unter Drogen stand, ein Stipendium beziehen sollte. Pater Reagan war um eine zufriedenstellende Erklärung verlegen gewesen.

„Wer hat denn eigentlich die Zügel in der Hand?" fragte Matthew Mahan scharf. „Allmählich gewinne ich den Eindruck, daß die Studenten euch am Gängelband führen."

„Wir tun unser Bestes." Pater Reagan schluckte. „Ich glaube, Sie sollten wissen, Eminenz, daß Timmy nicht eben zu Ihren Bewunderern zählt. Er hat eine Menge Material für diese schändlichen Artikel geliefert."

„Ich hoffe, Sie können diese Behauptung beweisen."

„Wir haben ein ziemlich gut funktionierendes Nachrichtensystem, Eminenz. Sie können gern mit dem leitenden Priester sprechen."

„Nein. Ich zweifle nicht an Ihrer Behauptung", sagte Matthew Mahan.

Er rief seine Schwägerin an, um ihr die schlechten Neuigkeiten zu überbringen und ihr zu eröffnen, daß er gezwungen sei, ihre Einkaufskonten zu schließen. Hatte sie vielleicht schon gehört, was man ihm in den Zeitungsartikeln vorwarf? Nein, sie wußte von nichts. Er beschwor sie, sich nicht zu ängstigen. Er würde Mike Furia bitten, ihr Gehalt zu erhöhen. Aber das Geld dürfe ihr von nun an nicht mehr so leicht aus den Fingern gleiten.

„Ich werde mich bemühen, Matt", versprach sie. „Aber ich finde es einfach scheußlich, daß man dich so angreift..."

Er pflichtete ihr bei. Zweifellos war es scheußlich, daß man einen solchen Ausbund an Heiligkeit wie Matthew Mahan angriff. Als er den Hörer auflegte, blickte er aus dem Fenster. Die Sonne ging schon unter. Abgesehen von zwanzig Minuten, die er sich fürs Essen Zeit genommen hatte, war er den ganzen Tag am Schreibtisch gewesen. Dennis McLaughlin erschien in der Tür. „Wollen Sie vor dem Abendessen nicht noch ein wenig ruhen, Eminenz?"

„Habe ich Ihnen nicht gesagt, Sie sollen mich mit Pfarrer ansprechen?"

„Es tut mir leid – aber alle anderen –"

„Was die anderen betrifft, dagegen kann ich nichts tun. Aber Sie habe ich direkt unter meiner Fuchtel. Es heißt Pfarrer oder –"

„Oder Sie halten kein Nickerchen?" Dennis lächelte.

Einen Augenblick lang fühlte sich Matthew Mahan beinah wohl. Noch vor einem Monat hätte Dennis sich bei diesem scheinbaren Ver-

weis in sein Schneckenhaus zurückgezogen. Daß er es nicht tat – bedeutete das etwas? War es das wert, den Verlust an Achtung und Treue, den es ihn in seiner Ordinariatskanzlei kosten mochte – oder bereits kostete –, möglicherweise seine bischöfliche Autorität? Ja, dachte er. Laß die neunundneunzig auf den Bergen.

„Also gut. Ich halte ein Schläfchen. Für einen Mann, den man für einen Diktator hält, lasse ich mich hier ganz schön herumkommandieren."

XII

D ENNIS McLAUGHLIN starrte düster auf den Brief, den er von Monsignore Barker vom Ehegericht erhalten hatte. Es war das vierzigste oder fünfzigste verdatterte Schreiben in drei Monaten. Wieder klagte er über das unter der Bezeichnung „Scheidung mit gutem Gewissen" geplante Programm des Kardinals. Diesmal wollte er ihm mitteilen, daß in einer Regionalkonferenz alle Kirchenrechtler einstimmig festgestellt hatten, Matthew Mahan breche zu abrupt mit der Tradition. „Man vertrat die Ansicht, daß die Entscheidung über die Einführung dieser Praxis ein Anliegen der gesamten Kirche und nicht das eines einzelnen Bischofs oder einer Gruppe von Bischöfen sein sollte."

Dennis haßte es, diesen Brief dem müden Mann im angrenzenden Zimmer zu überbringen. Dieses Stück Papier bedeutete eine weitere Stunde an Zeit und Energie, die er darauf verwenden mußte, Monsignore Barker so weit zu beschwatzen, daß dieser statt offener Feindseligkeit wieder mürrische Fügsamkeit zeigte. In diesen Tagen schien der Kardinal nichts unternehmen zu können, ohne daß sich ein Berg von Hindernissen vor ihm auftürmte. Sogar sein Entschluß, das St.-Clare-Hospital als Klinik zur ambulanten Behandlung von Patienten weiterzuführen, hatte ihm nichts als Kritik eingetragen. Das würde sie eine Million Dollar kosten. Zuviel, meinte Terry Malone. Zuwenig, erklärte Pfarrer Disalvo. Mit der Ankündigung des Kardinals, die Klinik werde von einem der besten Ärzte der Stadt – Dr. William Reed – kostenlos organisiert und geführt werden, ging es nicht besser. Völlig unannehmbar, sagte Disalvo. Reed sei ein Arzt der Reichen und außerdem ein Weißer. Der Leiter des Spitals sollte ein Farbiger sein.

Dennis' Telephon läutete. „Hallo", sagte Helen Reed. „Bist du beschäftigt?" Das war etwas, wo Matthew Mahan Erfolg gehabt

hatte, sagte sich Dennis. Durch St. Clare hatte er eine Versöhnung
zwischen Helen und ihrem Vater bewirkt. Sie war mittlerweile wieder nach Hause gezogen.

„Nicht mehr als gewöhnlich", antwortete er.

„Warum kommst du dann nicht zum Dinner? Dad hat eine Sitzung
mit dem Spitalskuratorium. Ich esse allein."

Allein. Das Wort hallte wie eine unheilvolle Glocke in Dennis'
Gehirn. „Ich würde – sehr gerne kommen. Aber der Kardinal braucht
mich vielleicht. Er hat wieder eine schlechte Nacht gehabt."

„Wenn er sich an die Anweisungen seines Arztes hielte –"

„Ich weiß, ich weiß. Hör mal, ich rufe dich später zurück."

„Aber bis spätestens fünf, damit ich etwas Anständiges kochen
kann."

Dennis saß lange Zeit da und dachte trübsinnig über sein chaoti-
sches Leben nach. Ein wenig Therapie war vonnöten. Ein Brief an
Goggin.

Lieber Gog,

in meiner hochsommerlichen Beichte habe ich Dir von der entsetzlichen Wirkung der Artikel, die mein Bruder mit meiner un-
heiligen Hilfe schrieb, auf den Kardinal erzählt. Der explosions-
artige Ausbruch von Unzufriedenheit reicht bis hinauf zum Kanzler
und zum Generalvikar. Du kannst Dir die unglaublichen Szenen
bei den Dekanatssitzungen nicht vorstellen, bei denen der Generalvikar (nun auch unser hochwürdigster Weihbischof) jeden Angriff
sowohl von seiten der Konservativen als auch der Liberalen durchgehen ließ, und sie praktisch dadurch ermunterte, sich gegenseitig
und Matthew Mahan in Stücke zu reißen. Obwohl der Kardinal die
Ursache des Durcheinanders nicht Leos Artikeln zuschreibt, weiß ich
doch, daß sie seine Autorität beinah vernichtet haben, und das besonders unter den jungen Priestern. Ihr Respekt vor dem Großen
Mann ist auf ewig dahin, verkündet Leo stolz.

Die Reaktion des Kardinals treibt mich zum Wahnsinn. Er lehnt
es strikt ab, sich zu wehren. Vor einem halben Jahr hätte er es noch
mit allen diesen Hohlköpfen aufgenommen und sie mit Haut und
Haaren verspeist. Ein paar Wutausbrüche, da und dort ein Hebel
in Bewegung gesetzt, vielleicht auch ein paarmal diskret das Scheckbuch gezückt, und der Friede wäre wiederhergestellt gewesen. Aber
nun versucht er, ein Bischof von anderer Art zu sein – einer, der
wahrhaftig Papst Johannes' heilige Freiheit praktiziert. Die Tragödie dabei ist, daß Leos Verleumdungen diese Bemühung in eine
Giftwolke von Niedertracht und Argwohn gehüllt haben.

Seine Em. hat die ganzen schönen Antiquitäten unserer Residenz

verkauft und sie durch Ramsch ersetzt. Sogar die Einrichtung unserer Kapelle ist zum Auktionator und das Geld dafür in die Erzdiözese gewandert. Er hat seinen Cadillac gegen einen Ford eingetauscht. Er hat seine Muschel- und Schneckensammlung für einhundertfünfzigtausend Dollar verkauft. Und das alles, ohne es an die große Glocke zu hängen, so daß seine Feinde nicht sehen können, was vorgeht.

Dieser Einsatz persönlicher Mittel steht in Verbindung mit den Gegebenheiten der Finanzstruktur der Diözese, was vielleicht zu den Dingen gehört, von denen ihr weltfremden Gelehrten keine Ahnung habt. Im Gegensatz zu den protestantischen Kirchen, bei denen die Laien die rechtmäßigen Eigentümer sind, ist ein röm.-katholischer Bischof Herr über alles. Bei uns gibt es keinen Laienausschuß, dem er jedes Jahr einen geprüften Rechnungsbericht vorlegen muß. Ein röm.-katholischer Bischof besitzt die absolute Kontrolle über Geld und Vermögen der Diözese. Wenn Dir alles gehört, dann ist es nebensächlich, ob Du Dir selber ein Gehalt bezahlst. Wenn Mahan ein seiner Verantwortung angemessenes Gehalt bezöge, könnte er es sich leisten, seiner Schwägerin doppelt soviel zukommen zu lassen wie bisher. Lächerlicherweise ist er ein Opfer des Systems. Dennoch würde der Kardinal niemals versuchen, diese Zusammenhänge aufzudecken, weil er damit nur seine Schwägerin in Verlegenheit brächte.

Was für Auswirkungen das auf mich hat? Meine Arbeitszeit ist angenehmer geworden. Der Kardinal zerreißt sich nicht mehr für die Diözese, er ist fast zum Einsiedler geworden. Deshalb fand ich auch Zeit, den größten Teil von Cronins Material gegen das Erste Vatikanum durchzuackern. Ich fürchte, die „Beweise" des alten Knaben für mangelnde Freiheit werden die Beschlüsse des Konzils nicht anfechtbar machen, aber ich habe Lust bekommen, eine ernstgemeinte Geschichte der Kirche aus einem völlig anderen Blickwinkel zu schreiben.

Zum Teufel mit meinem intellektuellen Gefasel. Ich mache mir Sorgen über den Zustand meiner Seele — der hundsmiserabel ist. Es verlangt mich nach einer Geißelung. In gewisser Weise erleide ich sie auch. Du weißt, was zwischen mir und Helen vorgefallen ist. Nach meiner Rückkehr aus Rom war es damit vorbei. Ich bin mir klar, daß es mit dem Kardinal zusammenhing — mit meiner neuerworbenen Hochachtung vor ihm. Das bedeutet jedoch nicht, daß ich Helen nicht mehr liebe. Ich kann offen bekennen, daß es in den vergangenen drei Monaten keinen Tag und keine Nacht gab, wo ich mich nicht danach gesehnt hätte, sie in meinen Armen zu haben. Um meine Folter noch vollkommener zu machen, sehe ich sie ständig.

Der Kardinal hat Bill Reed gebeten, die Ambulanz im St.-Clare-Hospital zu reorganisieren und auszubauen. Er warnte ihn, daß

diese Aufgabe die Zusammenarbeit mit seiner schwierigen Tochter mit sich brächte, die von ihrer Mutter Oberin, Sr. Agnes Marie, dort zur Oberschwester ernannt worden ist. Reed ist den Überredungskünsten Seiner Eminenz erlegen. Ich wurde beauftragt, auf Helen einzuwirken, sich mit ihrem Vater zu versöhnen. Du magst Dich wundern, aber ich war als Priester ehrlich um sie besorgt. Und als Liebender wußte ich, wie sehr sie im Grunde danach verlangte, ihren Vater zu lieben. Die Aussöhnung ist zum größten Teil Dr. Reeds Verdienst. Er stürzte sich am St. Clare in die Arbeit, und als Helen ihn im Umgang mit Patienten und Personal erlebte, sah sie, daß er weder ein protestantisches Scheusal noch der Reaktionär war, als den ihn ihre Freunde der Neuen Linken schilderten. Innerhalb eines Monats schwenkte sie zu reuiger Bewunderung um. Bald sprach sie davon, das Kloster zu verlassen, um Ärztin zu werden. Zur Zeit ist sie vom Orden beurlaubt, und ihr begeisterter Vater überschwemmt sie mit Biologie- und Chemiebüchern.

Für uns beide hat Helen auch schon eine Zukunft entworfen. Sie macht ihren Doktor, und ich kriege eine ruhige Landpfarre von meinem Freund, dem Kardinal. Bis dahin werden Priester das Recht haben zu heiraten. Ich werde für meine Gemeinde sorgen und schreiben, während sie als Ärztin tätig ist. Ein wunderschöner Traum, bei dem ich logischerweise auf einen schwachen Punkt hinweise. Die Chance, daß ich einer der ersten verheirateten Priester in tausend Jahren werde, ist sehr gering. Wenn Du irgend etwas im Vatikan flüstern hörst, was diese düstere Prophezeiung ändern würde, so teile es mir auf schnellstem Wege mit. Denn ich glaube, wenn der Kardinal nicht wäre, hätte ich mit dem Priesteramt schon Schluß gemacht. Aber jetzt könnte ich ihm das nicht antun.

Gruß, Mag

Dennis adressierte den Brief und ging ihn aufgeben. In der Ferne hörte man Donnergrollen. Plötzlich war er wieder in der Pension Christina und spürte Helens zitternden Körper in seinen Armen. Halt mich, halt mich, bitte halt mich, hatte sie gesagt. Und er? Ja, hatte er gesagt, wir können uns wirklich lieben. Aber hier daheim stand nun diese andere – irgendwie realere und sicherlich schrecklichere – Liebe zwischen ihnen, seine Liebe zu diesem großen Mann, dessen Aufgabe die Orchestrierung der Liebe war – sie über das Persönliche hinauszuführen und fruchtbar zu machen für alle.

Als er vom Postkasten an der Ecke zurück ins Haus ging, fielen schon die ersten schweren Tropfen. Im zweiten Stock hörte er das Kreischen und Knattern atmosphärischer Störungen. Der Kardinal hatte schon wieder sein Kurzwellenradio aufgedreht. Das war zu einer Manie geworden. Dennis steckte den Kopf zur Tür herein, und er

blickte mit einem müden Lächeln auf. „Ich habe gerade einen Anruf von Kaplan – vielmehr Exkaplan Novak – bekommen. Er wollte wissen, ob Aussicht besteht, daß er von Rom die Erlaubnis erhält, zu uns zurückzukehren."

„Und was haben Sie ihm gesagt?"

„Was konnte ich ihm denn sagen? Nein."

„Sie sehen nicht den leisesten Hoffnungsschimmer?"

Matthew Mahan schaute ihn neugierig an. „Warum dieses Interesse?"

„Ich glaube, jeder in meinem Alter lebt von der Hoffnung", sagte er ausweichend.

„Ich weiß. Ich habe eben vertrauliches Material aus Washington bekommen. Man hat eine geheime Umfrage gemacht, die zeigt, daß etwa fünfundsiebzig Prozent der Geistlichen bis fünfunddreißig gern das Recht hätten zu heiraten. Niemand in der Hierarchie scheint das zu bemerken. Wir sitzen auf einer Landmine."

Konnte er sagen, was er Goggin vorhin geschrieben hatte? Nein, er konnte ihm nicht noch eine Last aufbürden. Der Kardinal sah entsetzlich krank aus – die Wangen hohl, die Augen wie erloschen. Andererseits aber hatte er die Verpflichtung, diesem Mann gegenüber ehrlich zu sein. Es war Zeit, mit der Wahrheit herauszurücken.

„Können Sie noch fünf Minuten für mich erübrigen?"

„Den Rest des Nachmittags, wenn Sie wollen."

Dennis setzte sich in einen der Ledersessel, die nun die französischen Kostbarkeiten ersetzten. „Ich finde, Sie sollten den wahren Grund erfahren, warum ich mich so lebhaft für unsere Hoffnungen und Rechte interessiere. Ich liebe Helen Reed. Ich möchte sie heiraten. Aber ich will mein Priesteramt nicht niederlegen. Ich kann Helen nicht weiter in dem Glauben lassen – es wird für uns beide nur schwerer. Halten Sie es für möglich, daß es je einen verheirateten Klerus geben wird? In, sagen wir, fünf Jahren?"

Matthew Mahan saß wie erstarrt hinter seinem Schreibtisch. Ein Standbild, aber nicht aus Marmor, sondern aus Wachs. Wieder eine Demütigung. Er hörte sich zu Terry Malone und George Petrie sagen, daß er bereit sei, Ansehen und Autorität für diesen Priester zu opfern. Für dieses eine verlorene Schaf. Laß die neunundneunzig auf den Bergen.

Aber halt. Was sagte er wirklich? Will er dir nicht zu verstehen geben, wieviel ihm an seinem Priesteramt liegt? Denk an den jungen Mann, an die kalte Stimme, die dir noch vor wenigen Monaten hin-

warf: Wer weiß, wo ich in zwanzig Jahren bin? Wie anders war
dagegen dieses offene, bekümmerte Gesicht.

„Dennis, Sie haben die Studien des Komitees gelesen. Sie kennen
ja die Tendenz."

„Aber wenn fünfundsiebzig Prozent der Priester unter fünfunddreißig eine Änderung erwarten – wenn Sie sich zu Wort melden
würden, könnte das der Anfang einer Entwicklung sein –"

„Dennis, finden Sie nicht, daß ich schon genug Schwierigkeiten
habe?"

„Ich wollte Sie nicht drängen. Ich mußte – es Ihnen nur sagen.
Helen hat mich zum Abendessen eingeladen. Brauchen Sie mich?"

„Nein. Nein, natürlich nicht."

In seinem eigenen Büro merkte Dennis, daß seine Hand zitterte,
als er Helens Nummer wählte. „Gegen halb sieben", sagte sie vergnügt. „Könntest du eine Flasche Wein mitbringen?"

Er legte auf und dachte dabei: Heute wirst du deinem Gelübde
treu bleiben. Diesem Mann da drinnen zuliebe.

Dennis McLaughlin hatte sich monatelang nur zur Morgenandacht
in die Kapelle begeben. Als er den nun so kahlen Raum betrat,
brannte nur eine einzige Votivkerze vor dem Tabernakel, das jetzt
auf einem einfachen Eichentisch stand, statt auf dem prächtigen geschnitzten Altar. Er kniete nieder, um zu beten: Herr, ich bin seiner
nicht würdig. Aber sprich nur ein Wort, und meine Seele ist gesund.

Bam, bam, bam. Drei Uhr morgens. Der Schmerz nagte in Kardinal Mahans Magen. Jetzt fand er sicher keinen Schlaf mehr. Seufzend schwang er die Beine über die Bettkante. Ein kalter Luftzug
drang durch seinen schweißnassen Pyjama, aber sein Körper brannte
wie im Fieber. Das innere Fieber der Einsamkeit.

Er schleppte sich in die Kapelle hinunter. Obwohl man hätte
meinen können, daß er die unschätzbaren Werke, die ihn früher um-
gaben, nicht beachtet hatte, vermißte er besonders den schmerzens-
reichen Barockchristus und das purpurne Glühen der bemalten Glasfenster. Der Verkauf der gesamten Schätze des alten Hogan hatte
fast eine Million Dollar eingebracht. Und das Geld, wo ist das Geld,
fragte Matthew Mahan die Gestalt auf dem billigen Goldkreuz, als
er auf dem Betschemel niederkniete. Verbraucht, Kardinal Mahan,
wie du selbst. Das Ergebnis der Sammelaktion war katastrophal gewesen. Zum erstenmal hatte er sich gezwungen gesehen, einen Bank-
kredit aufzunehmen.

Zum tausendstenmal betete Matthew Mahan, sich in diese Demütigung fügen zu können. Er mußte beinah lachen. Es gab so viele Demütigungen. Es war unglaublich, wie schlecht er mit Krisen fertigwurde, die er früher mit Liebenswürdigkeit, Drohungen oder ungeniertem Dreinfahren überwunden hatte. Er hatte noch immer eine Schwäche für die Schmeichelei, die Ehrerbietung und die kleinen persönlichen Vorrechte, die Macht mit sich bringt. Wenn er versuchte, dem auszuweichen, war das Ergebnis Verwirrung. Noch furchtbarer war die andere Antwort − daß seine Beförderung zum Kardinal eine Farce war. Er war gekauft, eine Figur auf dem Schachbrett der internationalen Macht. Und das zu wissen, bewirkte diese innere Lähmung. Seinen Gebeten fehlte die Inbrunst. Jetzt kannst du nicht einmal den schlichtesten Schrei sich emporheben lassen: Herr Jesus, Gnade. Da sinkt er, wirbelt, fällt wie ein toter Käfer. Gebete ohne Flügel. Eine apokalyptische Prüfung wie die des Hiob war nötig.

So wie er die Kraft zu beten verloren hatte, hatte er auch vieles andere verloren. Er leierte seine Reden herunter wie ein Automat. Die Fähigkeit, einen einzelnen oder einen kleinen Kreis von Menschen im persönlichen Gespräch ganz in seinen Bann zu ziehen war erloschen. Zwischen ihm und anderen gähnte ein Abgrund. Alte Freunde fanden keine Brücke mehr zu ihm.

Sie sollten sich von alldem lösen, hatte Dennis, jung und ernst, ihn gestern flehentlich gebeten.

Sich lösen war für den Kardinal in der Tat lebenswichtig, aber nur von Mahan, und das war leichter gesagt als getan. Aber die Liebe in Dennis' Gesicht. Kann ich sie denn nicht annehmen, Herr? Nein. Denn Dennis' Liebe gilt etwas, das nicht existiert, dem Kardinal mit Heiligenschein, der Phantasiegestalt, die dem Vatikan Trotz bietet. Am ersten Juli war ein Brief von Kardinal Confalonieri gekommen, dem Präfekten der Kongregation für die Bischöfe. Am 29. Juli 1969 würde sich die Publikation der Enzyklika *Humanae Vitae* zum erstenmal jähren. Nichts würde den Heiligen Vater glücklicher machen, als an diesem Tag eine Erklärung von Matthew Mahan zu hören, daß er den päpstlichen Standpunkt bezüglich der Geburtenkontrolle teilte. Natürlich war dies nur eine Bestätigung dessen, was er verstanden hatte, als Paul ihn *Frater noster taciturnus* nannte.

Am nächsten Tag hatte Dennis einen Zeitungsausschnitt auf seinen Schreibtisch gelegt. Ein Interview mit Kardinal Suenens, dem Primas von Belgien, über das Mißlingen der Reformbewegung in der Kirche. „Erforderlich ist", hatte Suenens gesagt, „jeden, sogar den Heiligen

Vater selbst, von dem System zu befreien, das uns in seinem Griff hat ... Denn die Kurie bleibt, mögen auch die Päpste kommen und gehen." Er verlangte die Papstwahl durch „Vertreter der gesamten Kirche", einschließlich Laien.

„Genauso sollte es sein", hatte Matthew Mahan zu Dennis gesagt. „Gott sei Dank sagt das ein wichtiger Mann. Das könnte von Bedeutung sein."

„Warum pflichten Sie ihm dann nicht öffentlich bei?"

Er hatte zu erklären versucht, wie er über das persönliche Treuegelöbnis dachte, das er Papst Paul geleistet hatte.

„Sind denn Ihre Überzeugungen nicht wichtiger als dieses verfluchte rote Birett?"

Der Geist des alten Davey beherrschte offenbar noch die Seele des jungen Mannes. Mahan wäre beinahe explodiert. „Dennis", hatte er statt dessen erwidert, „*ich* bin nicht wichtig genug. Und auf meine Überzeugungen kommt es nicht an. Die Frage ist die, soll ich vier Monate, nachdem ich dieses Gelübde abgelegt habe, den Mann angreifen, der mich zum Kardinal gemacht hat?"

„Sie würden ihn nicht angreifen", stieß Dennis entrüstet hervor. „Der rote Hut gehört zu der sorgfältig ausgeklügelten Methode Zuckerbrot und Peitsche. Die Ehre, die man Ihnen erwies, wird nun als Waffe gegen Sie verwendet."

„Seien Sie nicht kindisch", hatte er gesagt und gesehen, wie sich die Hoffnung auf dem jungen Gesicht in Qual verwandelte.

Matthew Mahan seufzte und erhob sich vom Betschemel. In seinem Zimmer begann er an dem Kurzwellenradio herumzudrehen. Vor Morgengrauen konnte man den Vatikansender mit bemerkenswerter Klarheit empfangen. Eine Stimme begann auf italienisch zu sprechen. Zufall. Ein Angriff auf Kardinal Suenens von Jean Derrieux, Matthew Mahans altem Freund, der Suenens beschuldigte, das Papsttum untergraben zu wollen. Die Taktik war brillant – Liberaler attackiert Liberalen. Mahan drehte mitten im Satz ab. Alles, was er von da hörte, deprimierte ihn.

Gab es überhaupt einen Trost? Aus ein paar Briefen von geschiedenen Ehepaaren, welche die Diözesan-Rota als Fälle erachtete, auf die der „Gewissensgrundsatz" zutraf, zog er einen heraus. Eine gewisse Irene Tracy schrieb darin, sie und ihr Gatte dankten ihm aus übervollem Herzen für den Weg, den er ihnen eröffnet habe. Sie berichtete ausführlich über ihre erste unglückliche Ehe, die große Belastung für ihre Kinder und die Liebe zu ihrem zweiten Mann.

„Und jetzt fühle ich mich so sehr im Frieden – mit Gott, mit der Kirche und meinem Mann."

Die Rota der Diözese hat nahezu hundert Fälle verhandelt, aber du hast nur ein Dutzend Briefe wie diesen erhalten. Es ist sinnlos, über Mißerfolge nachzugrübeln. Denk lieber an deinen Besuch bei Schwester Agnes Marie. Du hast die Streitigkeiten mit ihr beigelegt, ihre Vorhaben unterstützt, die Beratung in bezug auf die Geburtenkontrolle für finanziell schlecht gestellte Frauen gebilligt. Du hast sie Agnes genannt und sie dich (schüchtern zuerst) Matthew. Du hast ihr von deinen Maßnahmen für die Innenstadt erzählt, wie du den fähigsten farbigen Priester in dieser Gemeinde eingesetzt und pfarreigene Einrichtungen der ganzen Umgebung zugänglich gemacht hast.

„Das sollte Pfarrer Disalvo den Wind aus den Segeln nehmen", hatte sie gesagt.

Er war verletzt. „Deshalb habe ich es nicht getan."

„Ich weiß ... Matthew. Ich verstehe, was Sie durchmachen. Vor vielen Jahren bin auch ich diesen Weg gegangen."

„Sie?" fragte er ungläubig.

„Gott hat Sie nicht verlassen, Matthew. Es ist Seine Art, uns zu läutern. Wenn Sie einmal das Wagnis eingegangen sind, auf niemand anderen vertrauen als auf Ihn, so muß Er uns Seiner wirklich würdig machen, bevor Er unser Herz erfüllt."

„Glauben Sie, daß dies mit mir geschieht? Ich habe nicht darum gebeten."

Schwester Agnes lachte kurz auf. „Wer tut das schon? Aber irgendwann haben Sie die grundlegende Entscheidung getroffen, über sich selbst hinauszuwachsen. Die meisten Menschen bleiben auf einer sicheren Stufe stehen. Es gibt so viele Stufen: Prediger, Politiker oder ein in allen Sätteln Gerechter. Sie waren ein sehr guter Bischof für die Kirche, die nun allmählich untergeht."

Er zwang sich zu einem Lächeln, um ihre Gefühle nicht zu verletzen. Vielleicht hatte er eine Entscheidung getroffen. Aber den Verlust an Macht und Ansehen, den sie einschloß, konnte er nicht verwinden. Wenn Gott sein Antlitz abwandte, dann weil er, Matthew Mahan, als Geistlicher versagt hatte.

„Ich kann Ihnen nur versprechen, was ich selbst weiß", sagte sie. „Eines Tages wird das alles vorbei sein. Dann beginnt die Freude. Ein Glück, für das es keine Worte, keinen Vergleich gibt. Vielleicht schreiten Sie dann weiter, durch tiefschwarze Nacht, aber nicht zur Freude, sondern zum Licht. Zu reinem Licht."

Er ergriff ihre Hand und war überrascht, wie warm sie war. Ihre so unendliche Gelassenheit entsprang nicht dem Mangel an innerem Feuer. „Ich danke Ihnen, Agnes."

„Vielleicht hilft es" – ihre Stimme hob sich unmerklich –, „vielleicht hilft es Ihnen, zu wissen, daß Sie ein Teil meiner Freude sind."

Das Klopfen an der Tür riß ihn aus seinen Erinnerungen. Dennis spähte besorgt herein. „Ich sah noch Licht und dachte – Sie wären vielleicht krank."

„Nur die übliche Schlaflosigkeit."

Dennis deutete auf das Radio. „Irgend etwas Neues?"

Er berichtete kurz, was vorhin über Kardinal Suenens gesagt worden war.

„Das ist doch die Höhe! Wenn man den Mund aufmacht, ist man gleich ein Ketzer – respektlos und ein Gegner der Unfehlbarkeit."

„Dennis..." Matthew Mahan fühlte, daß er auf ihn einwirken mußte, zum Heil seiner eigenen wie von Dennis' Seele. „Ich habe über Sie und Helen Reed nachgedacht. Und auch für Sie gebetet. Ich bin entschlossen, zur Erklärung über den Zölibat Stellung zu nehmen. Nicht in der Öffentlichkeit. Aber bei der Bischofskonferenz in Washington im kommenden Januar."

Dennis nickte verdrossen. Die alte Unzufriedenheit zeigte sich wieder auf seinem Gesicht. Hast du nicht gehört, was ich gesagt habe, hätte Matthew Mahan beinah geschrien.

„Ich wünschte, ich könnte verstehen, was Sie wirklich tun wollen."

Nun war der Augenblick für die erhabene Eröffnung gekommen: Ich versuche, meine Seele zu retten und die Seele dieser Erzdiözese. Er konnte seinen Vater förmlich brummen hören: Keine großen Sprüche in dieser Familie. „Ich tue – mein Bestes, Dennis."

Als Dennis McLaughlin die Treppe herunterkam, um seine Arbeit zu beginnen, spürte er noch den langen Abschiedskuß auf seinen Lippen, den Helen Reed ihm letzte Nacht gegeben hatte. Nicht einmal Brot und Wein der Morgenmesse hatten die Traurigkeit, die Qual dieses Kusses gemildert (nein, sie hatten sie eher noch verstärkt). Eine Sünde mehr, die er in das Ohr des Beichtvaters hatte flüstern müssen. Der Monsignore war Helens wegen erstaunlich verständnisvoll gewesen. „Sie sind weder der erste Priester, der dieses Problem hat, noch werden Sie der letzte sein", hatte er gesagt. Aber Dennis konnte sich selbst nicht vergeben.

Er ertappte sich dabei, wie er mit der Mondschnecke spielte, der

Erinnerung an den Spaziergang am Strand von Nettuno. Wie jedesmal, wenn er die Schnecke in der Hand hielt, fühlte er etwas greifbar
nah und doch unerreichbar – eine Idee, eine Erkenntnis, vielleicht
eine Wirklichkeit, die sich in den zarten braunen Windungen verbarg. Er legte das Gehäuse nieder. Es klopfte – eine der Sekretärinnen brachte die Post. Rasch sah Dennis sie durch und öffnete den
Brief, der eindeutig am meisten Aufmerksamkeit verdiente. Das
päpstliche Siegel und der Poststempel Washington kündigten ein
Schreiben des Apostolischen Nuntius an. Während er las, begann er
leise zu fluchen.

Eure Eminenz:
    Es schmerzt mich sehr, mich genötigt zu sehen, Sie von folgen-
dem in Kenntnis zu setzen. Seine Heiligkeit war äußerst bekümmert, als er von den Programmen erfuhr, die Sie und einige andere
im Hinblick auf geschiedene Personen, die eine zweite, kanonisch
ungültige Ehe eingegangen sind, ins Leben gerufen haben. Ich bin
beauftragt, Sie zu ersuchen, dieses Unternehmen sofort einzustellen.
Der Wert (oder Unwert – hier äußere ich meine persönliche Meinung) eines solchen Vorhabens soll von den zuständigen Stellen in
Rom geprüft und eine Entscheidung, die für die gesamte Kirche
bindend sein wird, getroffen werden. Bitte lassen Sie mich Ihr Ein-
verständnis wissen.   In Christus, Ihr...

Dennis McLaughlin ging ins Arbeitszimmer des Kardinals. „Verzeihung, aber ich dachte, Sie sollten das sofort sehen."
    Etwas vom alten Matthew Mahan kam kurz zum Vorschein, als
er den Brief des Nuntius las. Einen Augenblick lang erwartete Dennis
den Wutausbruch, den er begrüßt hätte. Doch er blieb aus. Das
Gesicht des Kardinals schien zu verfallen.
    Er befand sich im Geist nicht mehr in diesem Raum. Er war in
Rom und stand der gequälten Frau gegenüber, deren Seele zu retten
er so zuversichtlich versprochen hatte, und gestand ihr diese endgültige Erniedrigung ein. Was würde sie nun tun? Was würde er den
anderen sagen, die noch warteten? Vertraut auf Gott, aber nicht auf
die Kirche? Nein, undenkbar, unaussprechlich. Wenn die Kirche nicht
Gottes Stimme ist, dann ist mein ganzes Leben ein Betrug, nicht nur
meine Erhebung zum Kardinal.
    „Warum, Dennis, *warum?*" murmelte er.
    „Wollen Sie – darauf antworten?"
    „Schreiben Sie, wir stellen das Programm ein. Schicken Sie eine
Kopie an Barker vom Diözesangericht. Er soll alle anhängigen Fälle

zum Abschluß bringen, aber keine neuen mehr annehmen. Bevor er einen abschlägigen Bescheid erteilt, soll er sich mit mir beraten. Rufen Sie Cohane an. Er muß einen Bericht darüber bringen. Erzählen Sie etwas über meine Genugtuung darüber, daß Rom diese Angelegenheit ernsthaft erwägen will. Weisen Sie aber nachdrücklich darauf hin, daß es mein Fehler war, in so vielen Ehepaaren falsche Hoffnungen zu erwecken."

„Das schreibe ich nicht", schrie Dennis. „Warum wollen Sie nicht kämpfen?"

„Dennis – die Kirche bedeutet mir mehr als Ihre gute Meinung von mir, auch wenn die mir sehr lieb und wichtig ist." Der Schatten eines Lächelns spielte um seine Lippen. „Gott will mir offenbar alles nehmen, was mir etwas bedeutet."

Wütend kehrte Dennis an seinen Schreibtisch zurück, und plötzlich traf ihn mit der Wucht eines körperlichen Schlages die Erkenntnis, wie vollkommen er sich vom Leben aus dem Geiste getrennt hatte. Unsinn, Unsinn! O ihr Kleingläubigen. Er nahm die Mondschnecke und starrte auf die Linien, die sich immer weiter hinaufschraubten. Die dynamische Spirale – das Abbild des Wachsens der Kirche. Die heilige Spirale, die nicht zu deuten war; die sich zur Unendlichkeit empordrehte – jede Windung ein neuer Anfang und zugleich Kontinuität der Vergangenheit. Dieser Mann, dieser leidgeprüfte Kardinal nebenan, der vergeblich versuchte, Gehorsam und Seelenfrieden zu vereinen, mußte zum Sprecher einer Kirche werden, die einen neuen Beginn verkündete. Die Stimme Papst Johannes', die in ihm weiterlebte, in ihm, den Johannes selbst zum Bischof geweiht hatte –

Das Telephon läutete. Dennis angelte nach dem Hörer und vernahm Mike Furias energiegeladene Stimme. „Ist der Boß da?"

Die Kinder dieser Welt hören nie auf, die Kinder des Lichts zu drangsalieren, dachte Dennis, während er zum Kardinal durchstellte.

Als Matthew Mahan den Hörer abhob, hatte er plötzlich ein unangenehmes Vorgefühl. „Hallo Kumpel, wie ist es dir in der Welt ergangen?"

„In Australien ziemlich gut. In Japan lausig. In Italien hervorragend. Der Rest Europas stinko. Ich bin seit vorvorgestern zurück. Unser Sammelteller hat sich inzwischen wohl kaum gefüllt? Hast du schon den Bericht über die Schulkosten bekommen?"

„Letzte Woche. Demnach werden wir 1976 mit über zehn Millionen Dollar in den roten Zahlen sein. Ich werde deinen Rat befolgen

und ein Rundschreiben aussenden, in dem ich allen Pfarrern mitteile, daß sie sich mit der Notwendigkeit vertraut machen müssen, die kirchlichen Mittelschulen abzuschreiben."

„Respekt, Matt. Übrigens, ich möchte mit dir über etwas sprechen. Beim Mittagessen? Um zwölf im Athletik-Club?"

In der Halle des Athletik-Clubs schüttelte ihm Mike die Hand und hielt sie dann fest. „He, was ist mit dir los? Du siehst furchtbar aus."

„Ich schlafe in letzter Zeit schlecht. Dafür siehst du prächtig aus, Mike." Mike hatte zehn oder fünfzehn Pfund abgenommen. Er war braun gebrannt und strotzte vor Vitalität. Oder war er nur nervös? Er war schon beim zweiten Scotch, als Matthew Mahan den zweiten Schluck Milch nahm.

„Was hast du auf dem Herzen?" fragte Matthew Mahan schließlich.

Mike zögerte, das Glas halb erhoben. „Die letzten drei Wochen meiner Reise habe ich damit verbracht, jemand zu überreden, mich zu heiraten."

„Großartig. Wer ist die Glückliche?"

Langsam stellte Mike das Glas auf den Tisch, ohne den Blick von Matthew Mahan zu wenden. „Mary Shea", sagte er.

Dem Kardinal wurde schwarz vor den Augen. Er glaubte, er müsse in Ohnmacht fallen. Dann tauchte Mikes ängstliches Gesicht verschwommen wieder vor ihm auf.

„Das ist – das ist eine wunderbare Neuigkeit, Mike."

„Wirklich?" Mike fürchtete offenkundig, daß der Kardinal log. „Sie hat mir alles erzählt. Ich weiß, was sie dir bedeutet hat, und ich bin nicht sicher, ob du sie mit so einem Kerl wie mir verheiratet sehen willst."

„Mach dich nicht lächerlich." Mit übermenschlicher Anstrengung unterdrückte Matthew Mahan das Verlangen zu weinen. „Erzähl mir die Geschichte."

Mike lächelte. „Es begann im vergangenen Mai, in der Woche, in der du zum Kardinal ernannt worden bist. Damals hab ich mich gefragt, warum ich nie genug Verstand oder Glück gehabt hatte, jemand wie sie zu finden. Als ich wieder daheim war, habe ich sie jeden zweiten Tag angerufen."

„Wo ist sie, wo ist Mary jetzt?"

„Hier, in der Stadt."

„Warum hast du sie nicht mitgebracht?"

„Die Frage, wie du darüber denken wirst, macht sie genauso nervös wie mich."

„Nein", sagte Matthew Mahan. „Nein, Mike. Ich bin derjenige, der Grund zur Nervosität hat, denn *ich* muß dir etwas – Beschämendes sagen."

„Was?" Mike war völlig durcheinander.

„Du möchtest, daß ich dich und Mary mit der Kirche versöhne."

„Mehr als das. Mary möchte, daß du uns traust."

„Ich kann weder das eine noch das andere für euch tun, Mike." Er erzählte ihm vom Brief des Apostolischen Nuntius.

Mikes Gesicht nahm einen schwer deutbaren Ausdruck an. Man konnte nicht sagen, ob sich Verachtung oder Zorn darin widerspiegelte. „Matt, du weißt – ich hab mein eigenes Übereinkommen mit dem wie auch immer gearteten höheren Wesen getroffen, das diese verrückte Welt regiert. Aber wie es Mary aufnehmen wird, ist mir noch nicht klar."

„Mir auch nicht. Aber wir müssen es ihr sagen. Und das Beste hoffen."

Es war ein unerfreuliches Essen. Mike war schlechter Laune. „Dieser Exjesuit, Kaplan Mirante, hat uns aufgespürt und uns was vorgeredet. Er sagte, die holländischen Bischöfe würden *Il Papa* in der Frage des Zölibats in die Enge treiben. Wie stellst du dich dazu, Matt?"

„Diese Frage sollte man in der Kirche offen diskutieren. Ich selbst meine, daß der heiraten soll, der heiraten will."

„Gut. Laut Bill Reed werden ja bald in deiner Residenz die Hochzeitsglocken läuten. Der Doktor sagt, seine Tochter und dein Sekretär könnten die Finger nicht voneinander lassen."

Matthew Mahan nickte, obwohl diese Worte eine weitaus unerfreulichere Wirklichkeit darlegten, als Dennis zugegeben hatte. Mike, der nur oberflächlich interessiert war, trat mit Genuß jeden bösartigen Klatsch breit, den er über den Vatikan gehört hatte. Matthew Mahan litt bei dem Gedanken, daß dieser Mann dasselbe auch Mary erzählte und damit ihren Glauben erbarmungslos zerstörte – Tag für Tag.

Im Ford des Kardinals fuhren sie stadtauswärts. Mit ihrem herzlichsten Lächeln begrüßte Mary sie an der Tür von Mikes Apartment, machte aber keinen Hehl daraus, daß sie Matthew Mahan erwartet hatte. Er beobachtete sie, wie sie Mike küßte und ihre Finger in seine große, gebräunte Hand schob. Tat ihm das weh? Nein, die alten Wun-

den waren vernarbt. Im Gegenteil, zum erstenmal seit Monaten regte sich in seinem Herzen ein Funken Hoffnung. Die beiden waren verliebt.

„Laß dir von Matt über sein Geschiedenenprogramm berichten", sagte Mike. Er tat es und versuchte, hinter sachlichen Worten demütig eine Verzeihung zu erflehen, die er weder verdiente noch erhalten konnte.

Mary lauschte ihm in seltsam reglosem Schweigen. „Oh, Matt", sagte sie dann. „Ich bin so traurig – deinetwegen. Aber es ist nicht so schlimm, wie du glaubst, vorausgesetzt, man ist so verliebt wie ich." Sie schlang ihren Arm um Mike. „Jetzt finde ich mein Gleichgewicht wieder. Ich habe jemand gebraucht, Matt, und mich dir aufgebürdet. Das war sehr unfair. Dann, als ich mich ganz der Kirche zuwandte, war es, als wollte ich einen Nebel umarmen. Ich brauchte einen Menschen aus Fleisch und Blut, und den habe ich jetzt gefunden."

Matthew Mahan vernahm einen Unterton, der ihm nicht gefiel. Obwohl jedes Wort stimmte, sprach sie zu erregt. „Es hätte alles vollkommen gemacht, wenn du uns getraut hättest, Matt. Und es wäre noch schöner, wenn ich mit der Kirche im Frieden wäre. Aber wir können nicht alles haben –"

„Du bist im Frieden mit der Kirche, Mary. Solange du in deinem Herzen weißt, daß du das Richtige tust. Ich bin überzeugt davon, daß Gott euch zusammengeführt hat."

„Ich auch, Matt. Darüber macht sich dieser Pseudo-Gottlose natürlich lustig. Aber ich gebe es ihm schon zurück." Sie zielte mit ihrer kleinen Faust auf Mikes mächtiges Kinn.

Wieder spürte der Kardinal einen falschen Ton, einen Konflikt, der sich hinter gespielter Fröhlichkeit verbarg. Doch er versuchte, darüber hinwegzusehen. „Nun", sagte er und stand auf, „wenn ich schon auf legalem Weg nichts für euch tun kann, so wird mich nichts davon abhalten, euch meinen Segen zu geben, was er auch wert ist."

„Mir ist er sehr viel wert."

„Und mir auch", sagte Mike Furia. Rasch schlug Matthew Mahan mit der rechten Hand das vertraute Kreuzzeichen über sie und murmelte den Segen.

Mary blickte ernst zu ihm auf. Dann betrachtete sie ihn besorgt. „Matt, du siehst so abgespannt aus. Was hast du?"

„Oh – Ärger, Arbeit, und man wird schließlich nicht jünger. Und Probleme, nichts als Probleme." Du hast dich doch immer auf Pro-

bleme und Arbeit gestürzt? Wie konnte er ihr dieses niederschmetternde Gefühl, versagt zu haben, erklären?

„Bill Reed meint, du solltest Urlaub machen", sagte Mike.

„Ich weiß. Ich weiß. Vielleicht nach Weihnachten."

„Ich hoffte, du könntest uns kurz vor Weihnachten trauen." Er hörte einen bedenklichen Ton in Marys Stimme. „Wir wollten unsere Flitterwochen auf Hawaii verbringen. Mike sagt, es sei wunderbar –"

„Das tun wir trotzdem", sagte Mike. „Nur weil *Il Papa* diesem Burschen die Hände gebunden hat..."

Falsch, dachte Matthew Mahan. Zu abgedroschen, Mike.

„Wenn wir zurückkommen", sagte Mary, ohne Mike zu beachten, „werde ich dafür sorgen, daß du Urlaub nimmst."

Auf der Heimfahrt erinnerte sich Matthew Mahan plötzlich an Dennis McLaughlins Gesichtsausdruck, als er ihm erklärte, er solle jede Hoffnung auf die Aufhebung des Zölibates fallenlassen. Der Ausdruck hatte in beunruhigender Weise der Trauer in Marys Gesicht geähnelt, als er sie segnete.

XIII

A M 21. DEZEMBER las Matthew Mahan in der Abendzeitung, daß Michael J. Furia und Mary Shea im Bürgermeisteramt getraut worden waren. Es war keine Überraschung... Er hatte vor einer Woche mit ihnen zu Abend gegessen. Mary war betont fröhlich und Mike strahlender Laune gewesen. Aber wieder hatte er eine gewisse Spannung gespürt.

Als Mike nach dem Essen den Likör einschenkte, beobachtete der Kardinal, daß Mary ihn bedrückt ansah, so als wollte sie etwas sagen, dürfe es aber nicht. Er konnte nur hoffen und beten, daß dies vorübergehen und ihr Mikes Liebe Kraft geben würde. Die Gefahr, die er witterte, lag darin, daß Mike dazu neigte, den Mann als den in jeder Hinsicht tonangebenden Herrn und Gebieter der Familie zu sehen. Er glaubte offenbar, daß Mary mit ihm einer Meinung war, wenn er über die Geschäfte der vatikanischen Kapitalisten seine Witze riß. Im Mai hatte sich diese Haltung mit ihrer eigenen Verbitterung gedeckt. Aber Mike schien sich nicht darüber im klaren, daß die Institution, über die er sprach, auch die Kirche Johannes' des XXIII. war, die in ihrem Herzen wieder neue Hoffnung geweckt hatte.

Der Kardinal hatte Mike am nächsten Tag angerufen und versucht,

ihm das zu erklären. „Hör zu, Padre", sagte Mike. „Du bist jetzt nicht mehr für sie zuständig. Ich glaube, es ist das beste, wenn du sie in Ruhe läßt. Offen gestanden, du tust ihr nicht gut. Heute morgen war sie ganz deprimiert."

„Schön, Mike. Ich halte mich heraus. Verlaß dich darauf."

Matthew Mahan hörte anschließend nichts mehr von den Furias und war mit seinen Weihnachtsvorbereitungen voll und ganz beschäftigt. In seiner knapp bemessenen Freizeit arbeitete er an den Entwürfen der Erklärung der amerikanischen Bischöfe über den Zölibat, die ihm als Mitglied des Komitees zugesandt wurden. Er sprach sich dringend für eine undogmatische Erörterung aus.

Aber der endgültige Entwurf der Erklärung, den man ihm zusandte, war eine uneingeschränkte Verteidigung des Zölibates, eine beharrliche Bestätigung der geltenden Vorschrift.

Zehn Tage danach begleitete Dennis den Kardinal, der zur halbjährlichen Konferenz der amerikanischen Bischöfe nach Washington reiste, zum Flughafen. Matthew Mahan erwähnte mit keinem Wort sein Versprechen, bei dieser Zusammenkunft zum Zölibat Stellung zu nehmen. Hatte es überhaupt noch Sinn? Noch nie war er sich seiner Außenseiterrolle in der amerikanischen Hierarchie so bewußt gewesen.

Im Flugzeug öffnete er den Aktenkoffer, in dem sich ein Stapel von Unterlagen befand. Zuoberst lag die Erklärung über den Zölibat. Er blätterte sie lustlos durch, bis er auf der letzten Seite zu einer Notiz kam, die Dennis hingekritzelt hatte.

„Je mehr ich darüber nachdenke, desto mehr betrachte ich die Politik der Kirche als Eingriff in die höchste menschliche Freiheit – die Freiheit zu lieben. *Humanae Vitae* bedroht diese Freiheit selbst innerhalb der Ehe. Ein archaisches kanonisches Recht steht jenen im Wege, die versuchen, eine fehlgeschlagene Ehe zu überwinden. Ein sinnloser Zölibat hindert Priester – also Männer, die sich der Liebe geweiht haben – daran, sie im tiefsten Grunde ihres Lebens zu erfahren."

Die Leidenschaft, die aus diesen Worten sprach, ließ Matthew Mahan zusammenzucken.

AM NÄCHSTEN Morgen versammelten sich dreihundert Männer in feierlichem Schwarz im Tagungssaal des Statler Hilton. Der Präsident, Kardinal Dearden, begann mit einem begeisterten Bericht über die vor kurzem in Rom abgehaltene Bischofssynode. Er zitierte den Papst, wobei er besonderen Nachdruck auf „die Liebe, welche die Bischöfe

untereinander hegen müssen" legte und schloß mit einem Aufruf an seine Mitbrüder im bischöflichen Amte, an der Lösung der religiösen und sozialen Probleme mitzuwirken. Der Applaus war herzlich. Es war schwer, gegen eine Rede solchen Inhalts Einwände zu erheben. Sie schritten zur Tagesordnung. Die Gründung eines nationalen Büros für farbige Katholiken wurde mit überwältigender Mehrheit beschlossen. Ebenso wurden die Übersetzungen der neuen Meßliturgie ins Englische gebilligt. Dann begann nach den Berichten der verschiedenen Komitees schließlich die Diskussion über die Erklärung zum Zölibat. Matthew Mahan betonte, daß er diese Unterlagen als umfassende Studie schätze, es jedoch für unnötig erachte, sich zu diesem Zeitpunkt zu deklarieren. Dem Vernehmen nach wollten die holländischen Bischöfe in Kürze den Vorschlag unterbreiten, die gesamte Kirche solle diese Frage diskutieren. Warum nicht die Reaktion abwarten, bevor man sich definitiv festlegte?

Ein Bischof fragte mit dick aufgetragenem Sarkasmus, ob Kardinal Mahan damit andeuten wolle, daß die Mehrheit über diesen Punkt entscheiden solle.

„Natürlich nicht. Ich will nur sagen, daß durch Bischöfe anderer Länder vielleicht ein neues Licht auf diese Frage geworfen wird."

„Sie sagten gerade, dies sei eine umfassende Studie. Sie selbst waren Mitglied des Komitees, das sie erstellt hat. Falls irgendein Aspekt nicht berücksichtigt wurde, warum klären Sie uns dann nicht jetzt darüber auf?"

Bischof Cassidy aus Kalifornien erhob sich. „Mir scheint, Eminenz, daß Sie den Kernpunkt nicht begreifen. Wir kennen den Standpunkt des Heiligen Vaters. Er hat uns um Unterstützung gebeten."

„Ich bin eher der Ansicht, er bat uns um Rat."

Ein Murmeln entrüsteter Mißbilligung ging durch den Raum. „Ich glaube, es steht eindeutig fest, daß er in dieser Sache keinen Rat wünscht."

„Er könnte ihn brauchen, ob er ihn wünscht oder nicht."

Cassidy blickte ihn finster an. „Als Sie vor ihm knieten, dachten Sie da auch, er sei ein Mann, der Rat braucht?"

Die Traurigkeit in den Augen Papst Pauls brannte sich wieder in Matthew Mahans Seele, als sie ihn zu diesen anmaßenden Äußerungen zwangen. „Ich hatte das Gefühl, daß er ein Mensch ist, den schwere Sorgen quälen." Noch mehr Entrüstung und Entsetzen. „Meine Herren, bitte – was ich hier sage würde ich nicht einmal im Traum in der Öffentlichkeit wiederholen. Es geht hier nicht um meine

oder Ihre Ansicht. Ich schlage ja nicht vor, von dieser Erklärung Abstand zu nehmen, sondern nur, damit noch zu warten. Die Hast, mit der wir dazu drängen, unseren Standpunkt offiziell darzulegen, werden viele junge Priester entmutigend finden. Wir scheinen mehr daran interessiert zu sein, den Papst zu unterstützen – der letztlich keiner Unterstützung bedarf –, als wir um ihr Priestertum besorgt sind."

Der Bischof von – war es Wilmington? – meldete sich zu Wort: Was der jüngere Klerus brauche, sei Führung. Das war es, was Papst Paul zu geben versuchte. „Nachgiebigkeit in dieser Frage", sagte der Sprecher mit vor Zorn bebender Stimme, „würde bewirken, daß die Priester sich zusammenschließen und ihren Bischöfen sagen, was diese zu tun haben."

Matthew Mahan blickte sich im Saal um. Stand jemand auf seiner Seite? *Dein Wille geschehe, Herr.* Kardinal Dearden erteilte einem neuen Mitglied das Wort, einem Mann, der nicht älter war als vierzig. Im nasalen Tonfall des Südwestens erklärte sich dieser völlig einer Meinung mit Matthew Mahan. Ein Bischof aus Minnesota schloß sich dem an und fügte hinzu, in Minnesota würde niemand an einer verheirateten Priesterschaft Anstoß nehmen. Matthew Mahan war versucht, noch ein paar überzeugende Argumente in die Waagschale zu werfen, aber allein der Gedanke, wieder aufstehen zu müssen, ließ ihn vor Erschöpfung resignieren. Der schweigsame Bruder, dachte er voller Selbstironie.

Die Opposition hatte das letzte Wort. Ein Bischof aus New Jersey übte schärfste Kritik an der holländischen Kirche und an Kardinal Mahans Vorschlag, daß die Bischöfe sich mit etwas, das aus Holland kam, auseinandersetzen sollten. Vielleicht sei Kardinal Mahan durch die Schwierigkeiten in seiner eigenen Diözese zu der Vorstellung verleitet, daß es eine ähnliche Revolte gegen die Autorität überall in den Vereinigten Staaten gab?

Wer hätte vor acht Monaten gedacht, Matthew Mahan, daß man dich vor deinen Brüdern im Bischofsamt der Unfähigkeit, Feigheit und des Verrates beschuldigen würde?

Kardinal Dearden rief zur Abstimmung auf. Waren die Bischöfe mit dem Inhalt des Dokumentes einverstanden? Nur zwei Nein-Stimmen wurden gezählt. Sollte die Erklärung zur Veröffentlichung freigegeben werden? Eine Zweidrittelmehrheit war erforderlich. Zu Matthew Mahans Überraschung stimmten hundertfünfundvierzig für und achtundsechzig gegen die Freigabe. Nur noch ein paar Gegenstimmen,

dachte er, und er hätte die Schlacht gewonnen, die er schon auf so demütigende Weise verloren geglaubt hatte. Verzweifelt fragte er sich, warum er nicht aufgestanden war, um auf die Beschuldigung aus New Jersey zu antworten. Als er sich erhob und spürte, wie ihm die Beine zitterten, wußte er den Grund. Er war einfach zu erschöpft.

Oben in seinem Zimmer warf er sich aufs Bett und weinte. Er weinte um den Verlust seines ehemaligen Ichs, des alten Diplomaten, den er trotz all seiner Versuche, ihn zu vergessen, immer noch liebte. Er weinte um Dennis. Er weinte um die Kirche.

DENNIS holte ihn am Flughafen ab. Die bewußte Erklärung war mittlerweile schon erschienen. „Ich habe versucht, es ihnen auszureden", sagte Matthew Mahan und erzählte ihm von der knappen Abstimmungsniederlage.

„Wenn Sie gewonnen hätten, würde ich anfangen, an Wunder zu glauben."

Um zwei Uhr morgens war Matthew Mahan noch immer wach, hörte Radio Vatikan und quälte sich mit seinen Gedanken, als das Telephon läutete. Es war ein Gespräch mit Voranmeldung von Mike Furia.

„Mike, wo bist du?"

„In San Francisco. Hast du Mary gesehen?"

„Nein. Warum sollte ich? Ist sie nicht bei dir?"

„Ich dachte, sie würde dich – sie hat mich verlassen, Matt. Um nach Rom zurückzukehren." Seine Stimme klang gepreßt. „Wir hatten eine Auseinandersetzung über die Kirche, und plötzlich brach sie in Tränen aus. Ich wußte nicht, was los war. Sie hat ein paar Zeilen hinterlassen – sie liebt mich – hat aber nicht die Kraft – meiner würdig zu sein. Sie meiner würdig? Was zum Teufel soll ich machen, Matt?"

„Als erstes schick ein Telegramm an Kaplan Giulio Mirante. Bitte ihn, sie zu suchen. Als zweites . . ." Er zögerte. „Das wird dir weh tun, Mike."

„Sag's mir, verdammt noch mal."

„Ob es deiner Überzeugung entspricht oder nicht, nimm die Kirche endlich ernst. Hör auf so zu reden, als wären der Papst und die Bischöfe nichts weiter als irgendeine Bande von Geschäftsleuten. Unser Geschäft ist die Seelsorge. Jetzt ist es auch deines, wenn es bei dir auch nur um eine Seele geht."

„Ich hab verstanden. Sprichst du ein Gebet für uns?"

„Das tue ich gerade, Mike."

Matthew Mahan kniete den Rest der Nacht über in seiner Kapelle. Als er sie verließ, stieß er fast mit Dennis zusammen.

„Ein Telegramm aus Rom. Eben angekommen."

Er riß den Umschlag auf. Das Telegramm war von Kardinal Confalonieri von der Kongregation für die Bischöfe.

„WIR MÖCHTEN SIE DAVON IN KENNTNIS SETZEN, DASS SEINE HEILIGKEIT DIE ABSICHT HAT, AUF DIE HERAUSFORDERNDE ERKLÄRUNG DER HOLLÄNDISCHEN BISCHÖFE AM ODER UM DEN 1. FEBRUAR ZU ANTWORTEN. WIR ERSUCHEN SIE DRINGEND, ZUR UNTERSTÜTZUNG SEINER HEILIGKEIT IN IHRER DIÖZESE EINE UNMISSVERSTÄNDLICHE STELLUNGNAHME ZUR VERÖFFENTLICHUNG VORZUBEREITEN. DER NACHFOLGER PETRI IST NICHT BEREIT, SICH BEI DIESEM GROSSEN KIRCHLICHEN GRUNDSATZ, DER AUF DEM SPIEL STEHT, AUF KOMPROMISSE EINZULASSEN ..."

Etwas mußte geschehen. Etwas mußte geschehen. Schmerz pochte in Matthew Mahans Körper und Seele. Dennis' trauriges Gesicht. Marys Leiden in Rom. Sie und Dennis mußten wissen, mußten sehen, daß es Liebe für sie gab, eine Liebe bis zu den Grenzen des Möglichen. „Dennis, wir fahren nach Rom. Bereiten Sie alles vor."

GIB mir Kraft, betete Matthew Mahan, als der Düsenriese sich dröhnend in den Himmel erhob. Zu wem sprach er? Er fühlte, daß es Papst Johannes war. Aber würde er diese Reise gutheißen? Er, dessen Wahlspruch „Gehorsam und Friede" gewesen war?

Es war Wahnsinn. War es eine Reaktion auf Davey Cronins Vorträge und die von dem jungen Dennis, Daveys geistigem Erben, monatelang geduldig an ihm vorgenommene Gehirnwäsche? Papst Johannes' demütiger Schüler war entsetzt über das Anmaßende seines Vorhabens. Wessen Banner trug er? Nur das der stimmlosen Generation, Eure Heiligkeit. Der jungen Priester, der Legionen von Geschiedenen, der großen Zahl der unerwünschten, ungeliebten Kinder, deren Mütter und Väter an Körper und Seele gebrochen waren.

Wieder las er den Brief, den er an den Papst geschrieben hatte.

Eure Heiligkeit!

Ein bischöflicher Mitbruder, ein Bruder in Christo, schreibt Ihnen aus der Überfülle eines Herzens, das die Sorge des Hirten um die Herde der Kinder Gottes teilt. Ich muß Ihnen, Heiliger Vater, mit einer Direktheit sagen, die ich gern für einen Wesenszug der Amerikaner halte, daß unsere Kirche in großer Gefahr ist. Nie zuvor

haben wir, die Hirten, uns gegen die große Masse der Gläubigen gestellt. Aber nun, Eure Heiligkeit, stoßen wir diese vielen von uns. Ihre Enzyklika über die Geburtenkontrolle hat die katholischen Frauen zum erstenmal in Gegensatz zu uns gebracht. Das ist wahrhaftig neu. Sogar in Ländern, wo viele Männer aus politischen Gründen der Kirche den Rücken gekehrt haben, blieben die Frauen in den meisten Fällen ihrem Glauben treu. Im tiefsten Grunde ihres Herzens sind die Frauen jedoch nicht mehr überzeugt davon, daß Sie das Recht oder die Macht haben, ihnen vorzuschreiben, wie viele Kinder sie gebären sollen.

Was die Geschiedenen betrifft, so gibt es in Amerika kaum eine Familie, die diese Tragödie nicht erlitten hätte. Warum behandeln wir diese unglücklichen Menschen wie Aussätzige, während andere christliche Kirchen sie mit offenen Armen aufnehmen, wenn sie Vergebung suchen? Vielleicht verlieren Sie nun auch Ihre Priester, wenn Sie darauf bestehen, daß sie an einem Gebot festhalten, das sie nicht mehr verstehen. Man hat sie gelehrt, andere Geistliche als Brüder zu betrachten. Sie sehen, wie deren Leben durch eine glückliche Ehe erleichtert und bereichert wird, wie ihre Pfarrgemeinden durch das Beispiel wahrer Liebe in ihrer Mitte aufblühen. Warum, fragen sie, können wir eine solche Liebe nicht erleben und sie an andere weitergeben?

Gemäß dem Schweigegelöbnis, das ich Eurer Heiligkeit leistete, habe ich zu niemandem über diese Dinge gesprochen. Ich erbitte mir nur die Möglichkeit, mit Ihnen zu sprechen, so wie mir das Privileg zuteil wurde, mit Ihrem geliebten Vorgänger zu sprechen, und Ihnen mein Herz zu öffnen, um Ihnen das zu sagen, was Sie, wie ich glaube, innerhalb der Mauern des Vatikans nicht hören, Sie zu warnen, daß die Kirche, die wir beide lieben, das Schiff, das den Geist Gottes zu den Menschenkindern bringt, in höchster Gefahr ist. Ich bitte Sie, hören Sie mich an, bevor Sie den holländischen Bischöfen antworten.

In Christus, Ihr ergebener Matthew Kardinal Mahan

Der Brief war zu offen. Aber er sagte die Wahrheit, die auszusprechen jetzt sein oberstes Gebot war.

Neben Matthew Mahan versuchte sich Dennis McLaughlin darüber klarzuwerden, ob er sich nun eigentlich freuen oder fürchten sollte. Das war eine offene Herausforderung an die päpstliche Autorität. Wie sollte er da nicht froh sein? Dann nahm die Angst überhand. Angst um Matthew Mahen, den die Qual zu verzehren schien, der über das, was er tat, entsetzt war; der treue Vasall schauderte angesichts der Gefahr, daß er den Papst verraten könnte, der ihn zum Kirchenfürsten gemacht hatte.

Dennis sah, daß Matthew Mahan mit seinem Kardinalsring spielte. Er hätte am liebsten gefragt: Warum nehmen Sie den Ring nicht ab und stecken ihn ein? Statt dessen sagte er: „Warum nehmen Sie nicht eine Tablette und versuchen zu schlafen?"

„Im Flugzeug kann ich leider nie schlafen." Aber fünf Minuten später döste er bereits.

Als er die leichte Decke über Matthew Mahan breitete, ertappte Dennis sich dabei, wie er betete: Lieber Gott, beschütze ihn, bitte. Gib ihm die Kraft, gib ihm die Kraft. Er blickte bedrückt zu den Sternen hinaus. Wie standen ihre Chancen wirklich? Warst du nicht mehr am Versuch selbst als an der Möglichkeit eines Erfolges interessiert? Letzte Nacht hatte er Helen einen Großteil seiner Schuld eingestanden. Gelassen hatte sie ihm gesagt, er möge sie ertragen. Er *sei* schuldig. Die Art, wie Frauen sich mit der Realität abfanden, war bewundernswert. Er war nicht fähig gewesen, ihr noch einen Gedanken, der sein Hirn marterte, zu verraten. Wenn sie versagten und er sich laisieren ließ, um sie zu heiraten, hatte es dann überhaupt einen Sinn, sein Buch zu schreiben? Würde man ihn nicht sofort als abtrünnigen Priester abstempeln, der versuchte, seine Schwäche zu rechtfertigen?

Er schlief ein. Als er erwachte, wurde die Deckenbeleuchtung eingeschaltet. Die Stewardessen servierten Orangensaft und Kaffee. In einer halben Stunde würden sie landen.

Matthew Mahan schüttelte ein paar Tabletten heraus und schluckte sie mit dem Orangensaft.

„He, das steht aber nicht auf Ihrer Diät", sagte Dennis.

„Ich weiß. Aber ich bin durstig." Seine Augen funkelten unternehmungslustig. „Haben Sie Kaplan Mirante telegraphiert, daß er uns in der Pension erwarten soll?"

„Ja. Aber wenn es aufkommt, daß Sie mit ihm sprechen —"

„Wir müssen mit ihm sprechen. Er weiß, wo Mary ist."

Sie fuhren mit dem Taxi zur Pension Christina. Sie war nicht teuer und ganz anonym. Kaplan Mirante wartete in der Halle. Oben im Zimmer zeigte Matthew Mahan ihm seinen Brief an Papst Paul. Mirante las ihn und sagte etwas auf italienisch.

Matthew Mahan lachte. „Er sagt, eine heroische Erleuchtung sei über mich gekommen. Damit bringt er höflich zum Ausdruck, daß ich verrückt bin."

Mirante lächelte nervös. „Aber keineswegs, Eminenz", protestierte er heftig.

„Lassen Sie, lassen Sie nur", sagte Matthew Mahan. „Was sollen wir Ihrer Meinung nach als nächstes tun?"

„Confalonieri anrufen. Haben Sie ihm diesen Brief geschickt?"

„Natürlich. Besteht eine Chance, zu Seiner Heiligkeit vorgelassen zu werden?"

„Diese Chance gibt es immer. Aber was passiert, wenn er Sie empfängt und Ihnen sagt, Sie sollen nach Hause fahren und den Mund halten?"

„Dann werde ich nach Hause fahren und den Mund halten."

„Sind Sie sicher? Oder ist es möglich, daß Ihr junger Freund hier Sie überreden wird, etwas Gewagteres zu unternehmen?"

Plötzlich traute Dennis Kaplan Mirante nicht mehr.

Matthew Mahan fragte, ob er Mary Shea ausfindig gemacht hätte. Mirante nickte. „Sie lebt in einem kleinen Kloster am Stadtrand. Ein Kloster, dem sie sehr viel Geld gespendet hat."

„Bringen Sie mich hin, gleich."

MARY empfing ihn in einem kleinen, kahlen Wohnzimmer. Sie sah schlecht aus. „Ich kann nicht schlafen", sagte sie mit einem matten Lächeln. „Diesmal versuche ich es mit Gebeten. Nicht mit Tabletten."

Er erklärte ihr, warum er hier sei – den offiziellen Grund. „Aber der wahre Grund bist du, Mary. Ich bin hier, um dir etwas zu sagen. Etwas, wovon ich nie geglaubt hätte, es dir sagen zu müssen. Du hast eine Sünde begangen."

Sie schüttelte mit weit aufgerissenen Augen den Kopf. „Wie –"

„Eine Sünde gegen den christlichen Gedanken der Liebe. Du kannst einen Mann nicht erst dazu bringen, daß er sich so in dich verliebt wie Mike, und ihn dann einfach verlassen."

„Ich dachte, besser jetzt als später."

„Das ist eine weitere Sünde, Mary. Eine Sünde gegen den Glauben."

Ihr schönes Gesicht verfiel. „Matt, wenn du uns hättest trauen können. Wenn ich gewußt hätte, daß ich wirklich deinen Segen habe –"

Er packte sie an den Armen und schüttelte sie heftig. „Mary! Du hast ihn. Als Bischof der heiligen römisch-katholischen Kirche spreche ich dich von jedem Makel der Sünde in der Liebe zu diesem Mann frei. Ich erkläre vor Gott, daß es eine echte, gute und heilige Ehe ist."

„Oh, Matt." Er nahm sie in die Arme und betete: Der Heilige

Geist komme über dich. Den Wunsch, sie auf andere Weise zu umarmen, legte er vollkommen und für immer und ewig ab. Plötzlich erfüllte seine Seele eine jauchzende Freude wie lichtfunkelndes Wasser, das sich aus einem Brunnen in ein trockenes Becken ergießt.

„Mary, Mike möchte kommen. Zu dir."

„Ja." Ihre Stimme war ruhig. Aber es lag keine Freude darin. „Ist alles in Ordnung, Mary?" Die alten, vertrauten Worte.

Sie lächelte. „Ja, Matt, es ist alles in Ordnung. Und bei dir?"

„Nur, wenn ich deinetwegen beruhigt sein kann."

Die Klosterglocke läutete und rief die Nonnen zum Gebet in die Kapelle. Herr, sprich nur ein Wort, und ihre Seele ist gesund.

DENNIS MCLAUGHLIN verbrachte den Nachmittag damit, in ganz Rom nach Goggin herumzutelephonieren. Er erreichte ihn schließlich im Büro des Jesuitengenerals. Goggin war natürlich überrascht. „Treffen wir uns am Fuß der Spanischen Treppe." Zwanzig Minuten später tranken sie *caffè doppio* in einem alten Restaurant. Dennis eröffnete ihm, warum sie hier waren.

Goggins Augen weiteten sich. „Alter Knabe, komm mir bloß nicht mit Größenwahn." Und er erzählte Dennis, wie *Paolo* und alle um ihn über die von den Holländern in der Frage des Zölibates ergriffenen Maßnahmen in Rage geraten waren. „Heute früh hab ich etwas übersetzt, das morgen im Radio gesendet wird – wie die Kirche bereit ist, ihre ganze Macht einzusetzen, um die Einheit des Glaubens zu wahren."

„Reizend", sagte Dennis. „Und nun sag mir, was du über euren Exbruder, Kaplan Mirante, weißt. Arbeitet er für den Vatikan?"

„Keine Ahnung", sagte Goggin. „Aber das finde ich schon heraus."

In der Pension traf Dennis seinen Chef beim Telephonieren an. „Kardinal Confalonieri wird in den nächsten beiden Wochen Exerzitien halten? Kann ich mit Monsignore Draghi sprechen? Auch auf Exerzitien? Eigenartig, daß beide zur gleichen Zeit gehen. Nun, ich dürfte noch hier sein, wenn sie zurückkommen. Ich habe vor, so lange zu bleiben, bis mich Seine Heiligkeit empfängt."

Er legte auf und nickte Dennis mit einem grimmigen Lächeln zu. „Die Eiszeit ist ausgebrochen. Niemand ist in der Stadt. Auch der Papst nicht. Ich habe ihn nicht direkt angerufen. Ich hab es bei Vollot versucht. Ich bekam Bellini an den Apparat, den Substituten, der sagte, er sehe innerhalb des nächsten Monats keine Hoffnung auf einen freien Termin im Arbeitsplan Seiner Heiligkeit. Ich bat ihn,

diesbezüglich alle Hebel in Bewegung zu setzen, und darauf wurde er etwas unfreundlich."

Dennis nickte. „Goggin sagt, sie speien alle Feuer."

„Nun, wir mußten ja damit rechnen, daß es unter Umständen verlorene Liebesmüh war. Aber warten wir ein, zwei Tage ab. Mal sehen, was sich tut."

Kaplan Mirante kam nach dem Abendessen wieder. Er hätte keine schlechteren Nachrichten bringen können. Seine Freunde im Vatikan waren über Kardinal Mahans Vorgehen entsetzt. Erzbischof Bellini würde seinen Brief übernehmen.

„Wie können wir ihn umgehen?" fragte Matthew Mahan.

„Es gibt keine Ausweichmöglichkeit. Er schirmt den Vatikan ab. Niemand spricht mit Seiner Heiligkeit ohne Bellinis Erlaubnis."

„Haben Sie Ihren Freunden gesagt, wie ernst es mir ist?"

„Natürlich. Und sie raten Ihnen heimzufahren."

Kurz nachdem Mirante gegangen war, rief Goggin an. „Unser Freund ist vor einem Jahr aufsässig geworden. Als seine Vorgesetzten versuchten, ihn gleichzubiegen, rannte er nach Isolotto. Aber er verkannte den Zug der Zeit. Ich bin überzeugt davon, daß er jetzt bereit ist, jeden Dienst auszuführen."

Dennis erzählte Matthew Mahan, was er eben gehört hatte. „Es ist fast wie im Krieg, nicht wahr?" fragte der Kardinal langsam.

Nachts erwachte Dennis davon, daß Matthew Mahan in der Dunkelheit umherstolperte. Er drehte das Licht an und sah Blut auf dem Teppich. „Fehlt Ihnen etwas?" fragte er.

„Nein, nein. Es tut mir leid – wischen wir die Schweinerei auf." Gemeinsam schrubbten sie mit kaltem Wasser und Handtüchern.

Es mußte schon gegen Morgen gewesen sein, als Dennis endlich einschlief. Er erwachte und sah, wie Matthew Mahan vor der Kommode stand und still die Messe las. Dennis blickte aus dem Fenster auf den ockerfarbenen Tiber. Menschen eilten durch den Nieselregen, die Mantelkragen hochgeschlagen gegen den beißenden Wind. „Sonniges Italien", sagte er.

Nach dem Frühstück machte es sich der Kardinal bequem, um den *Osservatore Romano* zu lesen, und bat Dennis, ihm ein Exemplar von Papst Johannes' *Geistlichem Tagebuch* zu besorgen. Als er zurückkehrte, war Kaplan Mirante eben gekommen.

„Was erwarten Sie sich als Lohn, wenn Sie ihn zur Heimreise überreden?" fragte Dennis. „Eine Professur an der Gregoriana?"

Mirante funkelte ihn an. „Würden Sie mir glauben, wenn ich sage,

daß es zu seinem wie auch meinem Vorteil wäre, wenn er nach Hause fährt? Halten Sie es für unmöglich, daß jemand gleichzeitig in seinem eigenen Interesse und aus Liebe und Sorge an einem Freund handelt?" Die Verzweiflung auf dem bereits alternden Gesicht war einzigartig.

„Allmählich halte ich alles für möglich", sagte Dennis.

„Warum quälen Sie ihn? Sie sind hier wie ein böser Geist."

„Böse?" fragte Dennis. „Wenn ich mich mit Ihnen vergleiche, Kaplan Mirante, bin ich mir nicht so sicher, ob ich die Bedeutung dieses Wortes verstehe."

Schweigend gingen sie nach oben. Dennis gab dem Kardinal das Buch, während Mirante einen aufgeregten Monolog in italienisch vom Stapel ließ. Matthew Mahan hörte düster zu. „Er sagt, sie wollen mich in Ungnade fallenlassen, Dennis, indem sie mich beschuldigen, daß ich die Gelder der Erzdiözese veruntreut habe. Anscheinend sind die Artikel Leos des Großen bis hierher durchgedrungen."

„Das würden sie nicht wagen. Sie würden mehr verlieren als Sie."

„Ja, das glaube ich auch", sagte Matthew Mahan. „Ich hätte damit rechnen sollen. Aber trotzdem schmerzt es."

„Sie können sehr kleinlich, aber auch sehr großzügig sein", sagte Kaplan Mirante. „Eminenz, ich sehe nur die Sinnlosigkeit, die Gefahr für Ihr Ansehen und Ihre Gesundheit."

„Ich weiß, ich weiß, Giulio. Aber wenn man dem Ruf seiner Seele folgen muß ... Es geschieht selten, viel zu selten, daß wir unsere Seele zu Wort kommen lassen. Glauben Sie nicht auch?"

Plötzlich strömten Tränen über Mirantes Gesicht. Er fiel auf die Knie und umklammerte Matthew Mahans Hand. „Verzeihen Sie mir", sagte er. „Ich bin Ihrer Freundschaft nicht würdig."

„Ich weiß nicht, wovon Sie sprechen, Giulio. Aber Gott verzeiht immer, wenn man Ihn darum bittet. Das wissen Sie." Matthew Mahan stand ganz still da, ohne Mirante seine Hand zu entziehen. Dennis dachte: Diesen Augenblick darf ich nie vergessen.

Mirante erhob sich taumelnd. „Ich werde ihnen sagen, daß ich auf Ihrer Seite bin." Die Tür fiel hinter ihm zu.

Beim Mittagessen bemerkte Dennis, daß Matthew Mahan kaum einen Bissen zu sich nahm. „Wollen Sie in Hungerstreik treten?"

„Ehrlich gestanden – mir ist nicht ganz wohl. Vielleicht irgendein Virus?"

Nach dem Abendessen läutete das Telephon. Dennis hob ab. Es war Mirante. „Hier spricht nicht der Verschwörer, sondern der

Freund", sagte er auf englisch. „Heute abend wird Ihnen Kardinal Derrieux einen Besuch abstatten. Wenn es irgendwie geht, dann hindern Sie ihn daran, den Kardinal zu sehen, junger Freund."

„Warum? Sie sind befreundet. Er ist –"

„Er *war* ein großer Liberaler. Jetzt vergeht kaum eine Woche, ohne daß er einen der Feinde des Papstes denunziert. Er sieht Villot auf dem Heiligen Stuhl. Ein französischer Papst. Dafür wird er alles tun."

Dennis legte auf und berichtete von dem Gespräch. „Derrieux? Das kann ich nicht glauben", sagte der Kardinal. „Ich werde mich auf keinen Fall verleugnen lassen. Giulio ist wie ein Pendel. Mir scheint, er fällt von einem Extrem ins andere."

Um halb neun rief Kardinal Derrieux' Sekretär an. Der Kardinal wünsche Seine Eminenz zu sprechen. Ob neun Uhr recht sei?

Punkt neun Uhr klopfte es an der Tür. Dennis öffnete, und Kardinal Jean Derrieux trat ein. Seine hohlen Wangen, der kleine, schmallippige Mund, die beherrschende, stark gekrümmte Nase und die tiefschwarzen Augen trafen wie eine Messerklinge. Er trug sein rotes Gewand, und auf seiner Brust glitzerte ein juwelenbesetztes Kreuz. Den Ring nach oben gekehrt, streckte er die Hand aus. Dennis berührte die dünnen, femininen Finger leicht mit den Lippen und trat dann zurück, um Matthew Mahan, der in einfaches Schwarz gekleidet war, Gelegenheit zu geben, den Besuch zu begrüßen. „Jean", sagte er, als sie sich die Hand schüttelten. „Ich freue mich, dich zu sehen. Wenn sie schon jemand zu mir schicken müssen, dann bin ich froh –"

„Ich wünschte, ich könnte dem beistimmen", erwiderte Derrieux, als sie auf den beiden Ohrensesseln Platz nahmen. „Ich hielte es für angebracht, daß er hinausgeht", sagte er mit einem Seitenblick auf Dennis.

„Dazu sehe ich keinen Anlaß. Mein Sekretär ist genau darüber informiert, warum ich hier bin."

„Zu genau, soviel ich höre. Um auf Einzelheiten einzugehen, ist die Zeit zu kurz. Viele, die dich kennen, behaupten, daß du der Spielball dieses Menschen bist."

„Ich bin niemandes Spielball", sagte Matthew Mahan.

Derrieux griff in sein Gewand und zog ein Stück Papier heraus. „Kardinal Villot hat mir diesen Brief gegeben, den du Seiner Heiligkeit geschrieben hast. Er ist so entsetzt wie ich."

„Hat Seine Heiligkeit ihn gelesen?"

„Seine Heiligkeit ist ein alter Mann. Ein kranker Mann. Es ist unsere Aufgabe, ihn vor dieser Art von Verirrungen zu schützen." Schmerz spiegelte sich in Matthew Mahans Gesicht. Auch Dennis spürte ihn, aber gleichzeitig packte ihn der Zorn: Auf! Auf ihn, weise ihn zurecht!

„Verirrung?" fragte Matthew Mahan. „Das sagst du? Einer der Vorkämpfer für die Freiheit in der Kirche?"

„Das fängst du mit deiner Freiheit an", bellte Derrieux. „Du und deine Freunde in Holland."

„Ich habe keine Freunde in Holland."

„Du bist also ebenso zur Lüge wie zur Drohung bereit?"

„Das ist ein sehr schwerwiegender Vorwurf, den du mir da machst."

„Ich sage es mit dem Beweis dafür in der Hand", fauchte Derrieux und hielt ihm den Brief entgegen. „Hältst du uns für Idioten? Die holländischen Bischöfe verraten den Papst, und schon am nächsten Tag schließt du dich dem Angriff an."

„Es hat keine Absprache gegeben. Das schwöre ich", sagte Matthew Mahan und ergriff sein Brustkreuz, das auf dem Tisch zwischen ihnen lag.

„Du maßt dir an, den Heiligen Vater zu belehren!" schrie Derrieux und fuchtelte wieder mit dem Brief herum.

„Ich maße mir an, ihm zu sagen, was in meinem Herzen und meinem Kopf vorgeht."

„Unsinn, schändlicher Unsinn geht darin vor. Du bist das Opfer dieses jungen Scharlatans und seiner Generation."

„Ich werde nicht zulassen, daß du Dennis McLaughlin beleidigst, einen Bruder im Priesteramt, der sich seiner Aufgabe hingebungsvoll widmet."

„Wir haben Beweise, die für das Gegenteil sprechen. Er unterhält sexuelle Beziehungen zu einer ehemaligen Nonne. Er hat mit seinem Bruder ein Komplott geschmiedet, um deine Diözese zu spalten. Und trotzdem hast du dich geweigert, ihn zu entlassen, als dich dein Kanzler und dein Generalvikar dazu drängten."

„Ist das – ist das wahr?" fragte Dennis Matthew Mahan.

Der Kardinal wich seinem Blick aus. „Derrieux, mein Freund", sagte er mit zitternder Stimme. „Das hat nichts mit meinem Brief zu tun."

„Es hat sehr viel damit zu tun. Was außer dem Einfluß des Bösen konnte diese Ungeheuerlichkeit hervorbringen? Ein Netz von Bösem,

in dem du dich in deiner tragischen Unschuld gefangen hast." Er zeigte auf Dennis. „Ich sehe es in seinen Augen. Er haßt die Kirche, haßt das Priestertum."

Ich hasse *Sie*, Eminenz. Es kostete Dennis gewaltige Anstrengung, das nicht zu sagen. Er hoffte, daß sein Gesicht ausdruckslos war.

„Das ist abscheulich." Matthew Mahan schlug mit der Faust auf den Tisch. „Diskutieren wir über den Inhalt des Briefes. Was in der Kirche vorgeht. Während wir hier sitzen und uns gegenseitig beleidigen, verlieren Menschen ihren Glauben, sind geistig tot. Priester erleben, wie ihre Berufung langsam abstirbt. Dieser junge Mann ist Priester. Priester aus ganzem Herzen. Wenn er abfällt, kann jeder abfallen, wird jeder abfallen."

Nein, nein, ich bin nicht würdig, dachte Dennis. Vergiß mich, vergiß diese absurde Liebe, die zwischen uns entstanden ist.

„Ihre Verblendung durch diesen Ketzer ist wahrhaft erschreckend, Eminenz", sagte Derrieux. „Sie gibt zu beunruhigendsten Gedanken Anlaß." Er stand auf und warf den Brief auf den Tisch. „Die Kirche, die Sie zugrunde gehen sehen, erlebt eine Umwandlung, die sie voller Triumph in eine neue Ära tragen wird." Er nahm das *Geistliche Tagebuch*. „Wir erholen uns von dieser Krankheit. Mir wurde gesagt, Sie seien ein Anhänger Papst Johannes'. Vielleicht erklärt das die Torheit Ihres Vorhabens." Er ließ das Buch auf den Tisch fallen und schritt zur Tür. Dort drehte er sich um, daß sein Gewand majestätisch ausschwang. „Der Kardinalstaatssekretär hat mich beauftragt, Ihnen zu befehlen, nach Hause zu fahren. Schreiben Sie noch einen Brief, und erbitten Sie die Vergebung des Heiligen Vaters. Der Kardinal wird sich bemühen, sie zu erwirken. Versprechen kann er nichts."

Er öffnete die Tür und schritt hinaus, ohne sich die Mühe zu machen, sie hinter sich zu schließen. Dennis stieß sie mit dem Fuß zu und wandte sich rasch zu Matthew Mahan um. Er war nahe daran zu explodieren. Aber die hitzigen Worte blieben ihm in der Kehle stecken. Matthew Mahan saß zurückgelehnt in seinem Stuhl. Er wirkte wie zerschlagen. „Er war mein Freund." Die Traurigkeit in seinen Augen war unerträglich.

„Sie haben sich geweigert, mich zu entlassen?" fragte Dennis und wußte die Antwort im vorhinein. Er nahm einen neuen Anlauf. „Ich – woher konnte er das wissen?"

„Petrie", sagte Matthew Mahan gepreßt. Im Zimmer lastete Niederlage, Katastrophe.

„Sie lassen sich durch diesen Mann nicht entmutigen?"

„Nein. Ich sagte, wir würden so lange bleiben, bis der Papst uns empfängt. An diesem Entschluß halte ich fest."

„Ich bin überzeugt davon, daß der Papst Ihren Brief nicht einmal gesehen hat", sagte Dennis.

„Er hat ihn gesehen. Weshalb würde man mir sonst befehlen, seine Vergebung zu erbitten? Gehen wir jetzt schlafen, Dennis. Ich bin furchtbar müde. Wir können morgen darüber sprechen."

Dennis lag wie erstarrt in seinem Bett. Stundenlang war an Schlaf nicht zu denken. Endlich döste er ein. Wie im Traum hörte er in der Ferne Glocken läuten. Dann eine Stimme: „Dennis..." Schwach, kaum zu erkennen. „Dennis..." Er wurde von dem scharfen, unverkennbaren Geräusch geweckt, wenn ein Mensch nach Luft ringt.

Er drehte das Licht an und schrie vor Entsetzen auf. Matthew Mahan lag gegen den Kopfteil seines Bettes gelehnt. Die Pyjamajacke war mit Blut getränkt. Dennis sprang taumelnd auf.

„Ein Blutsturz", flüsterte Matthew Mahan. „Bill Reed hat mich gewarnt – bringen Sie mich ins Badezimmer."

„Nein. Rühren Sie sich nicht!" schrie Dennis und stürzte zum Telephon. Ein verschlafener Portier meldete sich. In der Pension gab es keinen Arzt.

„*Ambulanza, ambulanza!*" brüllte Dennis. „*Presto! Subito!*"

„Geben Sie mir ein Handtuch. Ich mache alles schmutzig", sagte Matthew Mahan, als Dennis auflegte. In wenigen Minuten war das Handtuch rot. Es klopfte. Der Portier glotzte mit weit aufgerissenen Augen herein.

„*Ambulanza?*" fragte Dennis. Der Mann machte kehrt und rannte die Treppe hinunter. Dennis wurde klar, daß er noch gar nicht telephoniert hatte. Er hatte nur nachsehen wollen, ob diese verrückten Amerikaner betrunken waren oder sonst etwas.

Er reichte Matthew Mahan ein frisches Handtuch, nach dem dieser hastig griff. Dann war der Anfall vorüber. Kein Blut mehr. Vorbei. „Gott sei Dank. Kommen Sie, ich helfe Ihnen." Dennis zog ihm die Pyjamajacke mit zitternden Fingern aus. „Schaffen Sie es bis zu meinem Bett?"

Matthew Mahan nickte. Dennis legte sich einen Arm des Kardinals um die Schultern und richtete ihn so weit auf, bis seine Beine den Boden berührten. Er fühlte sich unbeschreiblich kalt an. Als Dennis aufstand, gaben seine Knie unter der schweren Last beinah nach. Die beiden machten einen Schritt vor und fielen auf das andere Bett. Dennis kam halb unter den schweren Körper zu liegen und verging fast

vor Angst. Mühsam befreite er sich und legte Matthew Mahan unter
Aufbietung seiner ganzen Kraft im Bett zurecht. Behutsam säuberte
er ihm Gesicht und Hände vom Blut. Tränen rannen ihm über die
Wangen. Matthew Mahan lächelte schwach und flüsterte: „Geben Sie
mir die Letzte Ölung, Dennis."

„Was – nein."

„Bitte."

Er nahm die Silberschälchen aus der Tasche, kniete neben dem
Bett nieder und versuchte verzweifelt, seine Fassung nicht zu verlie-
ren. Dann tauchte er den Finger in das Öl und machte das Kreuz-
zeichen auf Matthew Mahans Augen, Ohren, Nase, Mund, Hände und
Füße, wobei er murmelte: „Durch diese heilige Salbung und Seine
Barmherzigkeit, verzeihe dir Gott, was du gefehlt hast . . ."

„Danke. Jetzt möchte ich die Beichte ablegen und die heilige Kommunion empfangen."

Nein. Ich kann Ihnen die Beichte nicht abnehmen. Der Schuldige
kann nicht dem Unschuldigen vergeben. Er unterdrückte diese Worte,
nahm eine Stola aus der Tasche des Kardinals, legte sie sich um den
Hals und kniete wieder neben dem Bett nieder.

„Meine schwerste und häufigste Sünde war der Hochmut", sagte
Matthew Mahan. „Ich kämpfte dagegen. Aber er kommt in tausend
Gestalten. Sowie ich dachte, ich hätte ihn aus meiner Seele vertrieben,
war er in einer neuen Form wieder da. Ich habe auch danach gerun-
gen, meist vergeblich zwar, jenen, die mich verletzt oder angegriffen
haben, zu verzeihen. Ich liebte die Macht und die Vorrechte meines
Amtes zu sehr. Ich danke Gott dafür, daß er mir die Augen geöffnet
hat – wenn auch schon fast zu spät. Ich bitte um Seine Vergebung für
all diese Jahre, in denen ich mir selbst gegenüber zu nachgiebig war."

Als Dennis ihm die Absolution erteilen wollte, brachte er zuerst
keinen Ton hervor. Unterdrücktes Schluchzen schüttelte seinen Körper. Dann hörte er eine Stimme, nicht seine, sondern die des Priesters: „Ich spreche dich von deinen Sünden frei, im Namen des Vaters
und des Sohnes und des Heiligen Geistes."

Aus einer kleinen, uhrförmigen silbernen Pyxis nahm er eine weiße
Hostie. Er füllte ein Glas mit Wasser und stellte es auf das Nacht-
kästchen neben dem Bett. Dann legte er dem Kardinal die Hostie auf
die Zunge. Er konnte sie kaum schlucken, aber das Wasser half ihm.
„Danke, Dennis", flüsterte er. „Nun haben wir nichts mehr zu
fürchten."

„Wo bleibt nur der Krankenwagen?" schrie Dennis.

Der Portier erschien in der offenen Tür und stammelte etwas auf italienisch. „*Sciopero, sciopero, sciopero.*"

„Was heißt das?" fragte Dennis.

„Streik. Die Ambulanzfahrer streiken wahrscheinlich."

„Rufen Sie Pater Goggin an..." Er kritzelte Namen und Telephonnummer auf ein Stück Papier. Der Portier stürzte wieder davon.

„Ich glaube, es hat keinen Sinn mehr, Dennis", sagte Matthew Mahan. „Der Blutverlust ist sogar für einen so starken Menschen wie mich zu groß."

„Nein. Es wird Ihnen bald bessergehen. Das weiß ich."

„Dennis. Wir haben eine weite Reise gemeinsam unternommen. Ich war mir der Gefahr bewußt –"

Das Telephon läutete. Es war Goggin. „Ich rufe ein Taxi", sagte er. „Ich war hier noch nie krank. Aber irgend jemand muß doch einen Arzt kennen..." Die Dämmerung tönte den Himmel mit zaghaftem Grau. In den Straßen erwachte der Verkehr.

„Papst Johannes sagte an dem Tag, als er mich zum Bischof weihte", flüsterte Matthew Mahan, „daß er der erste sein werde, mich im Himmel zu begrüßen. Kann man da nicht beruhigt sein, wenn man solch ein Versprechen besitzt?"

„Die Kirche – die Kirche braucht Sie. Ich brauche Sie."

„Seien Sie nicht zu sehr um die Kirche besorgt, Dennis. Lassen Sie sich Zeit. Wir haben die Verheißung Unseres Herrn. Schreiben Sie die Wahrheit in Ihrem Buch nieder, aber seien Sie geduldig, wenn man nicht auf Sie hören will."

„Zum Teufel mit der Kirche! Nein – das wollte ich nicht sagen." Er rang um Beherrschung. „Haben Sie Schmerzen?"

„Nein. Überhaupt nicht."

Die Worte klangen in Dennis' Ohren wie das Läuten von Totenglocken. Seine Gedanken schweiften hinaus aus diesem Zimmer, wo der Tod seine naive Vorstellung von der Zukunft zunichte machte. Er sah sich Helen sagen, daß er sich für sein Priestertum und nicht für sie entscheiden würde. Er wußte, daß er allein am Leid zu tragen haben würde, daß Helen ihn nicht länger brauchte. Und er wußte auch, daß es sogar ihm, dank diesem Sterbenden, bestimmt war, den inneren Kreis der heilenden Liebe zu erreichen.

Matthew Mahan hatte die Augen geschlossen. In dieser Dunkelheit schien er sich auf einer Reise über ein Meer zu befinden. Es war ein Gefühl des Fließens, als treibe er in einer Strömung, die ihn zu einem verschwommenen Horizont trug. Auf hohen Wellen der Reue wurde

er zu einem ungnädigen Himmel emporgehoben. Alle seine Sünden wogten eine um die andere durch seine Seele. Und er dachte an die Geschiedenen, die Einsamen, die Armen vor Gott – die verlorenen Schafe, die er nicht eifrig genug gesucht hatte. So viele Fehler. Warum erfüllte ihn zur gleichen Zeit ein solcher Friede?

Er öffnete die Augen und sah Dennis McLaughlins tränenüberströmtes Gesicht. Hinter ihm sah er, obwohl er wußte, daß sie nicht anwesend waren, Mary, Mike Furia, Bill Reed und Helen, die beiden letzteren gar nicht traurig, sondern lächelnd, weil sie das Wunder der Liebe, die ihr Ziel bereits erreicht hat, kannten. Nun waren andere Gesichter neben dem Bett. Dennis' Freund Goggin, der erschreckt aussah, und ein dunkelhäutiger Mann mit einer schwarzen Tasche. Er spürte Finger auf seinem Handgelenk, den Druck eines Stethoskops auf seiner Brust.

„Ambulanza. Subito. Subito." Goggin telephonierte.

„Es ist gut, Dennis, es ist gut", flüsterte Matthew Mahan. „Halten Sie nur meine Hand."

Er versuchte, seine Finger zu schließen, aber er hatte keine Kraft mehr. Keine Kraft, keinen Schmerz. Er schloß wieder die Augen und sah einen weiten, weißen Strand. Die Luft schien von Glockenklang erfüllt zu sein, die einen Lobgesang anstimmten. Der Strand verschwand. Geisterhafter Nebel zog auf. Die Luft war noch immer voll Glockenklang. Er hörte die Stimme eines Soldaten: „Padre, he, Padre", und einen unverkennbar irischen Tonfall: „Matthew, mein Junge." Schließlich drang eine Stimme durch den Nebel zu ihm: *„Mio figlio Americano."* Starke Bauernhände ergriffen ihn, kräftige, vertraute Arme drückten ihn an eine unsichtbare Brust. Er war sicher in das Land seiner Väter heimgekehrt.

„ZU SPÄT", sagte der Arzt. Goggin hatte einen privaten Krankenwagen aufgetrieben. Zu spät. Es war sechs Uhr früh, und die Glocken von Rom läuteten. Dennis blickte auf Matthew Mahan nieder. Sie waren besiegt worden. Voll und ganz. Aber seltsam, er fühlte keinen Schmerz darüber.

Er verbrachte den Tag damit, endlos lange Formulare auszufüllen, Telegramme aufzugeben, die Reporter abzuwimmeln und im nächsten Transatlantikflug einen Platz zu buchen, um den Sarg des Kardinals in die Heimat zu überführen.

Die grausamste Aufgabe war es, Mary zu benachrichtigen. „O Gott, es ist meine Schuld, meine Schuld", schluchzte sie.

„Nein, meine", sagte Dennis. Dann sprach er als Priester zu ihr. „Wirklich – es war nicht unsere Schuld. Er wußte es. Er wußte, was er tat."

Es war später Nachmittag, als er und Goggin in die Pension zurückkamen. An der Ecke kauften sie eine Zeitung, die in Schlagzeilen über *Il Papa* berichtete. Goggin übersetzte rasch. Paul hatte sich geweigert, die Kirche über die Frage des Zölibates zu Rate zu ziehen, wie es die holländischen Bischöfe gefordert hatten. „Der Zölibat kann nicht aufgegeben oder zur Diskussion gestellt werden", sagte der Papst.

„Aber in dieser Sache ist das letzte Wort noch nicht gesprochen", sagte Dennis.

Oben kniete Mary Furia neben dem Toten. Der Leichenbestatter hatte ihn in sein rotes Gewand mit dem Schulterumhang gekleidet.

„Ich möchte eine kurze Andacht halten", sagte Goggin. Er nahm ein kleines Buch mit losen Blättern aus seiner Rocktasche und stellte sich ans Fußende des Bettes. Mary Furia stand rechts davon, Dennis links. Leere lag auf Matthew Mahans Gesicht. Der Tod ist in Wahrheit ein Dieb, dachte Dennis.

Goggin begann zu lesen: „,Was sind das für Reden, daß du ein Hirte bist?' fragten die Juden Jesus. ,Wir sind keine Schafe, um nach deinem Willen zur Tränke oder zur Schlachtbank geführt zu werden.'

,Ihr seid Schafe in euren Nöten', erwiderte Jesus. ,Im Hunger eurer Herzen nach meinem Frieden. In eurer blinden Gier nach Lust und Reichtum. Ihr seid Schafe in eurem Haß. Ihr seid Schafe in eurer immerwährenden Furcht davor, was euch der kommende Tag bringen mag. Ihr seid Schafe in eurer Einsamkeit. Darum sage ich euch: Ich bin der Gute Hirte. Und ich gebe mein Leben hin für die Schafe. Weil ich mein Leben hingebe, um es wiederzugewinnen, deshalb liebt mich der Vater. Niemand entreißt es mir, nein, freiwillig gebe ich es hin . . .'

Wiederum entstand ob dieser Reden ein Zwiespalt unter den Juden. Viele von ihnen sagten: ,Er hat einen Dämon und ist von Sinnen; was hört ihr auf ihn?' Andere aber sprachen: ,Das sind nicht Worte eines Besessenen. Kann denn ein Dämon Blinde sehend machen?'"

Dennis blickte aus dem Fenster auf den Petersdom. Mit seinem Zeigefinger strich er über die Spirale der Mondschnecke in seiner Tasche. „Amen", sagte er. „Amen."

Thomas Fleming

Als Thomas Fleming sich entschloß, „Der Kardinal schweigt – Roman der streitenden Kirche" zu schreiben, dachte er, ohne genau zu wissen weshalb, immer wieder an die Statue des Moses von Michelangelo, die er vor zwei Jahren gesehen hatte, als er mit seiner Frau und seinen vier Kindern in Rom war. Er saß in seinem Arbeitszimmer in New York und betrachtete die Photographie der Statue; unzählige Male war er, sein eigenes Ich vergessend, in die Strenge und Traurigkeit, die sie ausstrahlte, versunken gewesen. Plötzlich war er sich über den Kern seines Buches im klaren.

1927 wurde Thomas Fleming als Sohn irischer Katholiken in Amerika geboren. Er wurde im Sinne der Kirche und in ihren Schulen erzogen. Erst 1945, als er die Schule verließ, dängte er aus den schützenden Armen der Kirche und stellte sich in den Dienst der US Navy. Die *USS Topeka* nahm an keinen Kampfhandlungen mehr teil (es war knapp vor Kriegsende), aber durch seine Freundschaft mit einem ungewöhnlichen, protestantischen Pfarrer wurde er mit den unorthodoxen Ideen der Religionsphilosophen konfrontiert. Seine tiefe Anteilnahme an der Kirche, die immer ein wesentlicher Bestandteil seines Lebens bleiben sollte, konnte nie mehr unkritisch sein.

Nach dem Krieg waren es zwei andere außerordentliche Männer, die das Leben und die Ansichten des jungen Tom Fleming beeinflußten. Der eine war ein liberal denkender irischer Jesuit, bei dem er studiert hatte und den er hier im Bischof Cronin so liebevoll porträtiert. Der andere war der Verleger, Schriftsteller und katholische Konvertit Fulton Oursler, der seinen begabten Assistenten Fleming davon überzeugte, daß seine Zukunft in der Schriftstellerei liege. Zuerst konnte Fleming nur in seiner Freizeit schreiben. Aber mit dem Erfolg seines ersten Romans gab er seine Stelle als leitender Redakteur auf und war nie mehr gezwungen, eine neue anzunehmen.

Thomas Fleming ist auch ein hervorragender Historiker. Seine Bücher über Benjamin Franklin und Thomas Jefferson waren große Erfolge.

Das fremde Kind

Eine Kurzfassung des Buches von

Rumer Godden

Ins Deutsche übertragen von Bettina Berger
und Heinz von Sauter

Illustrationen von Alan Lee

Deutsche Buchausgabe: „Das fremde Kind" (The Diddakoi)
Paul Zsolnay Verlag Wien, Hamburg
© 1972 by Rumer Productions Limited

Sie war nur eine Halbzigeunerin, eine Diddakoi, aber
in dem englischen Dorf Amberhurst genügte das, um
Kizzy Lovell zur Außenseiterin abzustempeln.
Schließlich hatte sie doch dunklere Haut, trug goldene
Ringe in den Ohren und lebte in einem Zigeunerwagen,
der in einem Obstgarten abgestellt war. Aber dann
starb ihre Großmutter, und für die kleine Diddakoi
mußte ein neues Zuhause gefunden werden. Kizzy, die
den Dorfbewohnern genauso mißtraute, wie diese ihr,
machte es dabei niemandem leicht. Direkter als jedes
pädagogische oder gesellschaftskritische Buch erzählt
Rumer Godden von den Problemen eines Kindes, das
mühevoll zu sich selbst findet, als es die Freude – aber
auch die Verantwortung – der Liebe kennenlernt.
Als Rumer Godden für dieses Buch ein hoher
Literaturpreis zuerkannt wurde, schrieb die „Times“:
„ ‚Das fremde Kind‘ ... ist eine aufregende, lustige
und rührende moderne Geschichte, die ihre Wurzeln
tief im Bereich des Märchens hat.“

EINS

„DIDDAKOI.“

„Kesselflicker.“

„Dingeldingdong.“

„Zigeuner, Musikant, nimm die Geige zur Hand!“

„Altpapier, Lumpen!“

„Wäscheklammern, wer kauft Wäscheklammern?“

„Blumen, schöne Blumen!“

„Diddakoi.“

„WENN irgendeins von euch“, sagte die Lehrerin Mrs. Blount, und ihr Blick glitt streng über die mit Jungen und Mädchen besetzten Bankreihen, „wenn irgendeins Kizzy Lovell hänselt, bekommt ihr es mit mir zu tun.“

Achtundzwanzig Augenpaare sahen unschuldig zu Mrs. Blount auf. „Als ob wir das je täten“, schienen sie zu sagen. Das neunundzwanzigste blieb gesenkt. Es gehörte Kizzy, die klein und stumm in ihrer Bank saß. Sie wußte, daß die Kinder es wieder tun würden.

„Kizzy muß eine Abkürzung sein“, hatte Mrs. Blount gesagt. „Wie heißt du wirklich, Kind?“

„Kizzy.“

Mrs. Blount hatte einen wunden Punkt berührt; in Kizzys Familie erhält ein Kind wie in jeder Zigeunersippe drei Namen: einen geheimen, den die Mutter im Augenblick der Geburt flüstert, einen „Wagen“-Namen, der nur von seinen Angehörigen gebraucht wird, und einen dritten, unter dem die übrige Welt es kennt. Kizzy schien nur einen einzigen zu haben, weil sie eine „Diddakoi“, keine Vollblutzigeunerin, war. Ihr Vater, ein reinrassiger Zigeuner, hatte eine junge Irin geheiratet. Aber für die Kinder sah Kizzy ganz wie eine Zigeunerin aus, und ihre braune Haut und die goldenen Ringe in ihren Ohren wirkten teils faszinierend, teils abstoßend auf die andern Mädchen, von denen keins Ohrringe trug. Nur einen Jungen mochte Kizzy, den großen Clem Oliver. „Ich dachte, die Zigeuner hätten

schwarze Augen", sagte Clem, „deine sind ganz dunkelbraun. Mir
gefallen sie – und die da find ich hübsch." Er befühlte die goldenen
Ringe, und Kizzy wurde glühend rot. „Meine Großmutter hat zwei
Goldmünzen als Ohrringe", erzählte sie Clem.

„Hab noch nie 'ne goldene Münze gesehen", sagte Clem ehrfürchtig.
In seiner Gegenwart fühlte Kizzy sich stärker, nicht so klein und
ängstlich. Doch Clem war in einer höheren Klasse, sie sah ihn nur in
den Pausen, und die andern hänselten sie. „Mehr als das", erzählte
Mrs. Blount.

„Aber, Mildred", gab Miß Olivia Brooke zu bedenken, „wenn
man Leuten etwas verbietet, reizt sie das dann nicht, es erst recht
zu tun?" Die hübsche Mildred Blount und ihr Mann, der junge Für-
sorgebeamte, der dafür gesorgt hatte, daß Kizzy zur Schule ging,
wohnten im Dorf bei Miß Brooke, bis ihr neues Haus fertig war.

„Es sind doch Kinder."

„Kinder sind auch Leute, Mildred."

„Was hätten denn Sie getan?"

„Vielleicht ihr Interesse an dem kleinen Mädchen geweckt, ein
bißchen das Romantische hervorgekehrt. Zigeuner –"

„Landfahrer, sagt man jetzt", stellte Mrs. Blount richtig.

„Ich mag den alten Namen. Wenn Sie ihnen Geschichten erzählen
würden..." Aber Mrs. Blount hatte es nicht gern, wenn man sie
über Kinder belehrte. Schließlich war sie ja auf dem College gewesen.

„Ich möchte von jedem von euch das Versprechen", sagte sie zu
der Klasse, „daß ihr Kizzy nicht mehr hänselt."

„Ja, Mrs. Blount..., ja, Mrs. Blount", erklang es von allen Seiten,
aber Mrs. Blount wußte nicht, daß die Mädchen es mit gekreuzten
Fingern gesagt hatten. Kizzy sah es von ihrem Platz in der letzten
Bank aus und wußte, daß sie es doch tun würden. „Kesselflicker...
Diddakoi... Dingeldingdong... Wäscheklammern... Altpapier,
Lumpen..."

Kizzy war in neuen Kleidern zur Schule gekommen, oder glaubte
es wenigstens. Im Gegensatz zu den Männern, die sich oft die aus-
gefallensten Anzüge schneidern lassen, tragen Zigeunerfrauen selten
neue gekaufte Kleider; sie nähen sie selbst oder erbetteln sie oder
kaufen sie beim Trödler. Kizzy waren die ihren brandneu erschienen;
sie liebte den karierten Rock, den roten Pullover und den blauen
Schulblazer. Aber die Mädchen hatten gespöttelt: „Sie hat Prudence
Cuthberts Sachen an."

„Das sind meine", hatte Kizzy gesagt.

„Jetzt schon, aber sie haben Prudence gehört." Prudence Cuthbert war die schlimmste von allen, und an diesem Abend stopfte Kizzy die Kleider in die Höhlung eines alten Apfelbaumes im Garten. Ihre Großmutter verdrosch sie, aber das war ihr gleich, und am nächsten Morgen zog sie wieder ihr altes Zeug an. Weder sie noch Großmutter hatten es je seltsam gefunden: ein schlottriges, erdbeerrotes, viel zu langes Baumwollkleid, aus dem oben das Hemd herausschaute, eine braune Strickjacke, die einem viel größeren Jungen gehört hatte, und Gummistiefel an den nackten Beinen. Kizzy hatte zwar die Stiefel – und nicht etwa die Beine – gewaschen, aber sie waren immer noch schmutzig.

„Wo ist dein Mantel?" fragte Mrs. Blount.

„Brauch keinen Mantel", sagte Kizzy mürrisch.

„Das Zeug riecht", sagte Prudence und rümpfte die Nase. Es roch, aber nicht nach Schmutz; Großmutter wusch es oft, während Kizzy, in eine Decke gehüllt, wartete. Es roch nach frischer Luft, nach Holzrauch und nach dem alten Pferd Joe, das sie oft liebkoste.

„Du wohnst in einem Wagen?" fragte Prudence und schien zum erstenmal interessiert.

„In einem Wohnwagen", sagte Kizzy.

„Im Obstgarten von Admiral Twiss. Der ist verrückt."

„Ist er nicht", sagte Kizzy.

„Doch. Alle wissen's. Verrückt. Bekloppt."

Plötzlich krümmte sich Prudence. Kizzys harte kleine Faust hatte sie mitten in den Magen getroffen.

Er hieß Admiral Sir Archibald Cunningham Twiss, aber alle sagten Admiral Twiss; und Kizzy nannte ihn Sir Admiral. Wie alle seine Vorfahren wohnte er im Herrenhaus von Amberhurst. Früher hatte es dort Dienerschaft, Stallburschen und Gärtner gegeben; jetzt gab es nur noch Peters, den ehemaligen Burschen von Admiral Twiss, und Nat, den krummbeinigen Reitknecht. „Kein weibliches Wesen im ganzen Haus", hieß es im Dorf.

„Gott sei Dank", sagte Peters. Weder er noch Nat wollten etwas von Frauen wissen.

Von den Höhen an der Südküste von Sussex aus gesehen lag das Dorf Amberhurst und seine Umgebung wie auf einer Landkarte da. Grün überzogene Kreidehügel erstreckten sich bis zum Horizont, dazwischen öffnete sich ein weites Tal. Das Dorf schmiegte sich nicht in die Talsohle, sondern stand mit seiner einzigen kurzen Straße, die

zu einem von kleinen Häusern gesäumten Dorfanger führte, frei und
offen auf einer Kuppe. Miß Brookes kleines strohgedecktes Häuschen
war das letzte am Dorfanger. Das neue weiße Haus der Cuthberts
am Anfang der Straße stach von den übrigen ab. Dann gab es noch
die billigen Gemeindewohnhäuser und ganz am andern Ende die
Schule, die beinahe an den Park des Herrenhauses mit seinen alten
Kastanienbäumen angrenzte. Das Herrenhaus selbst krönte den
Hügel, und man konnte es von den Höhen aus sehen. Die Stallungen
dahinter hatten auf dem Dach einen kleinen Turm mit einer Uhr und
einem Wetterhahn, der in der Sonne meilenweit glänzte.

Admiral Twiss war groß und hager, mit einem Bart und Augenbrauen, die den Dorfkindern drohend erschienen, aber seine Hände
waren zart und geschickt. Er bastelte Modelle, hauptsächlich von
Schiffen. Er sprach nie mit den Kindern – aber er hatte eine kleine
Kirche gebaut, gerade so groß, daß ein Kind hätte hineinkriechen
können, und stellte sie jedes Jahr zu Weihnachten vor das Einfahrts-
tor. Die Kirche war erleuchtet, so daß die bunten Glasfenster schimmerten; jede Einzelheit war naturgetreu nachgebildet, und aus dem
Innern erklangen Weihnachtslieder – Kizzy stellte sich gern vor, daß
darin winzige Leute sangen, aber Prudence hatte ihr gleich gesagt,
daß es nur ein Tonband war –, und zu Mittag und um Mitternacht
ertönte ein winziges Glockenspiel.

Im Wagen konnte Kizzy es hören und wußte, daß Weihnachten
war. Auch schickte der Admiral Kizzys Großmutter jedesmal als
Weihnachtsgabe ein Hühnchen, einige Orangen und Datteln und
einen Sack Hafer für Joe.

Meist kam der Admiral bei Sonnenuntergang in den Obstgarten.
Dann trabten seine Pferde herbei und bettelten um Zucker, und Kizzy
sah, hinter den Wagenrädern versteckt, zu. Wenn Großmutter sich
zeigte, lüftete der Admiral seinen Tweedhut und sagte: „Guten
Abend, Mrs. Lovell." Er nannte sie nie Großmutter – „Wie manche
andern Leute", sagte Großmutter und spie aus, „er weiß, was sich
gehört."

Er hatte den Obstgarten für die Landfahrer abgeteilt, eine Wasser-
leitung gelegt und einen Trog aufgestellt, obwohl die Leute im Dorf
dagegen waren. „Sie tun niemandem etwas zuleide", sagte Admiral
Twiss, „außerdem mögen sie meine Pferde." Die Koppeln schlossen
an die Rückseite des Obstgartens an, wo früher struppige Zigeuner-
pferde geweidet hatten. Jetzt gab es keine mehr; die Wohnwagen
wurden von Autos gezogen oder waren selbst motorisiert.

Das einzige Pferd dort war Großmutters und Kizzys Joe, das letzte von den vielen, die einst den Wagen mühselig durch ganz England geschleppt hatten. Früher waren die Pferde den Winter über bei den Familien auf irgendwelchen Lagerplätzen wie dem des Admirals geblieben und hatten sich nahe am Feuer, das nach Apfel- oder Kirschästen roch, gehalten, um sich zu wärmen, den Rücken genau wie die Menschen mit einem Sack bedeckt. Joe graste immer noch in der Nähe seines Wagens, der einer der letzten bewohnten Pferdewagen war. Seine Räder waren morsch, seine Achsen rostig, so daß er nicht mehr bewegt werden konnte, aber immer noch glänzten die Messingbeschläge, waren die Spitzenvorhänge steif gestärkt, wirkte er wohnlich mit Großmutters gutem Porzellan und dem Strauß künstlicher Rosen, den Kizzy für sie gekauft hatte, den Tiegeln und der Pfanne.

Kizzy war in diesem Wagen geboren. Ihre beiden Eltern waren tot, und so lebte sie bei ihrer Großmutter.

Kizzys Großmutter war eigentlich ihre Ururgroßmutter. Wenn sie das den Kindern erzählt hätte, wären sie vielleicht beeindruckt gewesen; aber Kizzy erzählte nichts, weder Großmutter etwas über die Schule noch in der Schule etwas über Großmutter. Großmutter, die gegen hundert sein mochte, rauchte eine Tonpfeife, ihr Gesicht war dunkel und runzelig, und man sagte, sie lebe schon seit zwanzig Jahren im Obstgarten von Admiral Twiss.

Großmutters hundert Jahre mußte Kizzy mittragen. Kizzy fuhr mit ihrer schäbigen Tasche im Bus nach Rye, der nächsten Kleinstadt, um einzukaufen. Kizzy ging zu den Getreidehändlern, um das Zusammengekehrte für Joe zu erbetteln. Selbst wenn Großmutter und Kizzy knapp dran waren, hatte das alte Pferd einmal täglich Hafer in seinem Futterbeutel. Im Frühling wärmte Großmutter Bündel von Weidenzweigen am Feuer, damit die Kätzchen aufsprangen, und Kizzy nahm sie nach Rye mit und verkaufte sie dort von Haus zu Haus. Obwohl Großmutters Hände jetzt zittrig waren, flocht sie Körbchen aus biegsamen Weidenzweigen und bepflanzte sie mit Moos und Schlüsselblumen. Kizzy verkaufte auch die, und im Winter verkaufte sie Misteln und Stechpalmen.

Während Kizzys Abwesenheit hütete Großmutter den Wohnwagen und sammelte Holz für das Feuer, das die beiden im Schutz von Wellblechen unterhielten. Niemand konnte ein Feuer so geschickt anlegen wie Großmutter. Sie saß dabei auf einem Brett, das über zwei Ziegelstapel gelegt war. Kizzys Sitz war eine Fischkiste. Sie hatte gerade die

richtige Höhe für Kizzy, und wenn sie vom Feuer warm wurde, strömte sie einen angenehmen harzigen Duft aus. Dort aßen Großmutter und Kizzy ihr Frühstück oder Abendessen, manchmal einen Eintopf, in letzter Zeit häufiger Brot, mit Butter oder vielleicht mit Bratenfett bestrichen. Kizzys Vater und Großvater hatten Kaninchen in Schlingen gefangen oder sogar einen Fasan für den Kochtopf heimgebracht. Jetzt mußten sie ohne solche Bereicherungen auskommen, dafür machten sie manchmal Pfannkuchen in der Bratpfanne. Der schwarze Kessel am Kesseleisen summte, und bald würden sie eine Tasse starken Tee trinken, den Rücken durch Säcke geschützt, während Joe Gras ausraufte und sich so nahe wie möglich hielt.

Kizzy hatte keinerlei Spielzeug. Sie brauchte keins, solange sie Joe hatte. Sie striegelte ihn mit einem alten Striegel und bürstete Mähne und Schweif, sie saß bei ihm im Gras und fütterte ihn mit Butterblumen. Manchmal stieß er sie mit dem Maul an, der Atem kam warm aus seinen Nüstern, und dann und wann leckte er ihr behutsam über das Gesicht. Für Zigeuner ist eine Pferdezunge nicht unappetitlich. „Pferde trinken doch nur sauberes Wasser", sagte Großmutter, „nicht wie die Hunde." Zigeuner halten ihre Hunde abseits. „Die kommen bei uns nicht in den Wagen, so wie ‚die Leute' sie in ihre Wohnungen lassen, wo sie alles mit Haaren übersäen." Für Großmutter waren ‚die Leute' alle Nicht-Zigeuner. Großmutter hatte jetzt keinen Hund mehr, aber Joe stapfte mit seinen breiten Hufen vorsichtig rings um das Lagerfeuer, denn er kam immer nachsehen, was es zum Abendessen gab. Manchmal kletterte Kizzy auf den Zaun, rief Joe und stieg auf seinen Rücken, der so breit war, daß sie sich darauf legen und die Bewegungen seiner Muskeln spüren konnte, wenn Joe weidend durchs Gras ging. Waren die Äpfel reif, stellte sie sich auf seinen Rücken und holte ihm einen herunter. Admiral Twiss hatte nichts dagegen, er hatte selbst immer welche in den Taschen für seine eigenen seidenhäutigen Hengst- und Stutenfohlen. Die waren wunderschön. „Aber ich will nie einen andern haben als dich", flüsterte Kizzy Joe ins Ohr.

Im Februar war Kizzy aus dem Bus gestiegen und hatte noch zwei Bund Weidenkätzchen übrig; das Haus, in dem Prudence Cuthbert wohnte, war gleich bei der Bushaltestelle, und Kizzy hatte an der Hintertüre geklopft. Damals kannte sie Mrs. Cuthbert noch nicht – auch Prudence nicht.

Mrs. Cuthbert war eine geschäftige Dame, eifrig bemüht, Leuten Gutes zu tun, „ob sie es wollen oder nicht", sagte Peters, der Bursche

des Admirals. Sie war im Kirchenvorstand und im Frauenclub und im Gartenbauverein. Sie war auch im Elternbeirat der Schule.

Mrs. Cuthbert hatte die Tür geöffnet, und als Kizzy ihr sauber zurückgebundenes Haar und die blitzblanke Küche hinter ihr sah, hätte sie beinahe Fersengeld gegeben. Nun würde Mrs. Cuthbert wohl, wie so viele Leute, sagen: „Ich kaufe nichts von Zigeunern", aber das war nicht Mrs. Cuthberts Art. Statt dessen fragte sie: „Warum bist du nicht in der Schule?" Kizzy antwortete nicht, sondern bot nur stumm ihre Kätzchen an. Mrs. Cuthbert kaufte keine, aber sie gab Kizzy einen köstlich duftenden heißen Pfefferkuchen. „Wie alt bist du? Du mußt etwa sechs oder sieben sein."

Kizzy wußte es nicht. Großmutter sagte immer: „Du bist so alt, wie du bist", und so gab Kizzy zur Antwort: „Ich bin so alt, wie ich bin."

Zu ihrer Überraschung schwoll Mrs. Cuthbert wie eine Puffotter. „Du unverschämte Göre!" sagte sie giftig und schlug die Tür zu.

Zwei Tage später war Mr. Blount mit einem Schulinspektor in den Obstgarten gekommen und hatte die gleiche Frage gestellt. „Aber ihre Geburt muß doch registriert worden sein", hatte der Inspektor gefragt.

„Wir halten nichts von solchen Sachen", hatte Großmutter geantwortet.

In der Schule wurde Kizzy wieder nach ihrem Geburtstag gefragt. Mrs. Blount trug die Geburtstage der Kinder in einen Kalender ein; ein Junge bekam dann eine Blume ins Knopfloch und ein Mädchen einen Kranz, und die andern bildeten einen Kreis um sie und sangen: „Alles Gute zum Geburtstag". Aber Geburtstage hatten auch eine Seite, von der Mrs. Blount nichts wußte; die Mädchen packten das Geburtstagskind an Armen und Beinen und ließen es auf dem asphaltierten Schulhof aufprallen, einmal für jedes Lebensjahr, und rissen es an den Haaren, „damit es Glück hat". Kizzy wußte nicht, wann ihr Geburtstag war – „Wir werden dir lieber jeden Tag gratulieren, damit wir es nicht versäumen", sagte Prudence, aber die Mädchen wollten Kizzys schmutzige Stiefel nicht anfassen, so rissen sie sie lieber an ihren dichten schwarzen Locken.

„Warum sagst du nicht einfach einen Tag?" fragte Clem Oliver, „du könntest ihnen doch etwas vorschwindeln." Aber Kizzy wußte nicht, wie man schwindelt.

„ADMIRAL TWISS läßt sich empfehlen, und ich soll das kleine Mädchen holen." Alle Köpfe waren hochgefahren, als Peters hereingestampft kam. Es war an einem kalten Märznachmittag mit leichtem Schneegestöber, aber das Klassenzimmer war warm, und die Kinder hatten schläfrig gemalt.

Peters glich einem Faß auf kurzen Beinen und hatte ein rosiges Gesicht mit wasserblauen Augen. Weder er noch Nat, der Jockey gewesen war und wie ein mit Pergament überzogenes Drahtgestell aussah, reichten dem Admiral bis zur Schulter. „Die beiden Gnomen des Admirals", pflegten Dr. Harwell und der Pfarrer sie zu nennen. Peters übergab Mrs. Blount einen Brief. „Mr. Fraser hat mich beauftragt, Ihnen das zu geben, Madam." Mr. Fraser war der Schulleiter. Als Mrs. Blount den Brief gelesen hatte, stand sie auf, ging zu Kizzy Lovell, beugte sich herab und legte ihr den Arm um die Schulter. „Kizzy", sagte sie liebevoll, „du mußt mit Mr. Peters gehen", und als die beiden fort waren, erzählte Mrs. Blount den Kindern, daß Kizzys Großmutter gestorben war.

Admiral Twiss hatte sie am Vormittag unter ihrem Wagen liegend gefunden. Zigeuner sterben nicht gern in geschlossenen Räumen, und Großmutter lag friedlich im gefrorenen Gras, während Joe in aller Ruhe daneben weidete. Der Admiral und Nat hatten sie in den Wagen getragen und sachte auf ihre Schlafstelle gelegt; dann war Nat losgezogen, um die Smith' und Does zu suchen, Zigeuner, von denen der Admiral wußte, daß sie in der Nähe kampierten. Die Does waren Vettern von Großmutter. Admiral Twiss war bei Großmutter geblieben, bis Does Lastauto mit angehängtem Wohnwagen in den Obstgarten gerumpelt kam; die Smith' folgten bald darauf. Sie machten ein Feuer und bereiteten einen starken Tee. Der Admiral trank eine Tasse mit ihnen, dann ging er mit Lumas Doe ins Herrenhaus zurück, um den Arzt anzurufen und den Brief herauszusuchen, den er vor langer Zeit nach Großmutters Diktat geschrieben und seitdem aufgehoben hatte. „Dann werden sie wissen, was zu tun ist", hatte Großmutter gesagt. Er gab Lumas den Brief. Erst jetzt dachten sie an Kizzy.

Als Peters mit ihr die Schule verließ, wartete vor der Tür eine Frau, die Kizzy kannte, Mrs. Doe. Sie nahm Kizzy bei der Hand, und Peters fuhr sie im bejahrten Rolls-Royce des Admirals nach Hause. „Ein Rolls-Royce!" staunte Clem.

„Ein uralter Rolls", sagte Prudence.

ZWEI

„Was soll mit Kizzy geschehen?"

Es war zwei Tage später, am Abend nach Großmutters Begräbnis, und alle saßen nach dem Abendessen im Obstgarten um das Feuer versammelt und tranken ihren Tee. Lumas Doe und seine Frau, ihre vierzehnjährigen Zwillingsmädchen und ihr dicker kindischer Sohn Boyo, die beiden Smith' mit ihrem erwachsenen Sohn, dessen Frau und Baby, der uralte Onkel Jess Smith und Kizzy. Das Feuer brannte hoch, und Funken stoben zum Himmel; Joe war ein dunkler Schatten am andern Ende des Obstgartens.

Kizzy hockte am Boden, das Kinn auf die Knie gestützt, die Strickjacke über die Knie gezogen und die Arme darum geschlungen. Mrs. Smith – sie ließ sich von Kizzy Tante Em nennen – machte für sie auf der Bretterbank Platz, aber Kizzy dachte, wenn sie sich von den andern fernhielt, würden sie sie vergessen. Aber sie redeten weiter über Kizzy, als sei sie gar nicht da.

„Ich wollte, wir könnten sie nehmen", sagte Mrs. Smith.

„Wir könnten, aber . . .", sagte Mrs. Doe.

„Das sollte doch selbstverständlich sein", erklärte Onkel Jess. „Auch wenn sie nur halb aus unserer Familie stammen, bleiben solche Kinder bei uns."

„Du hast leicht reden", protestierten Mrs. Smith und Mrs. Doe gleichzeitig. „Du hast keine Arbeit damit."

Die Lichter der Wohnwagen warfen helle Kreise auf das Gras, hellere als es im Obstgarten seit langem gegeben hatte. Großmutters Petroleumlampe hatte einen alten rosaroten Schirm gehabt, aber jetzt stand ihr Wagen abseits und war dunkel. „Um den Wagen kümmern wir uns um Mitternacht", sagte Mrs. Doe. „Wir brauchen keine Zuschauer."

„Heute nacht wird niemand unterwegs sein", sagte Mrs. Smith. „Es ist viel zu kalt", und tatsächlich fiel immer mehr Schnee. Das Feuer strahlte heiß in Kizzys Gesicht, die Zweige knisterten fröhlich, aber ihr Rücken war kalt, und innerlich fror sie vor Angst. Wenn die andern nur schon fort wären!

Großmutters Wagen war fast leer; Mrs. Doe hatte Kizzys Bettzeug herausgenommen und in eines ihrer Zelte neben das von Boyo gelegt. „Du kannst hier schlafen."

Kizzy hatte laut protestiert. „Ich will in unserm Wagen schlafen."
„Still", sagte Mrs. Smith. „Dort kann niemand schlafen. Deine
Großmutter hat das so angeordnet."
Viele Zigeuner nehmen nichts in Gebrauch, was einem Toten
gehört hat; aber Mrs. Doe redete trotzdem über Großmutters gutes
Porzellan.
„Es ist auch meins", sagte Kizzy, aber niemand hörte darauf.
„Wir müssen es zerschlagen."
„Unsinn, Em. Das ist eine veraltete Anschauung", sagte Mrs. Doe
verächtlich. „Schau, du nimmst die eine Hälfte und ich die andere."
Aber Mrs. Smith wehrte ab. „Nun, ganz wie du willst", und Mrs. Doe
nahm das Porzellan, den Spiegel und sogar die Vase mit den künstlichen Blumen. „Die Bratpfanne ist gut", und sie nahm auch die.
Da kann ich also keine Pfannkuchen machen, dachte Kizzy.
Großmutter hatte in ihrem Brief Kizzy nicht erwähnt. „Natürlich
nicht", sagte Onkel Jess. „Das hielt sie für selbstverständlich." Er
war fast so alt wie Großmutter, hatte keinen eigenen Wagen und
lebte und reiste mit seinen Verwandten. „Wenn ich einen hätte, wäre
manches anders", sagte Onkel Jess.
„Schon gut, Onkel", erwiderte Mrs. Smith. Die Smith' hatten nur
einen Wohnwagen und ein kleines Zelt, die Does hingegen zogen in
eine Gemeindewohnung. „Werden seßhaft", entrüstete sich Onkel
Jess, „in einem gemauerten Haus!"
„Nur wegen der Schule", widersprach Mrs. Doe. „Boyo muß in
die Schule gehen – und die Mädchen natürlich auch. Und was sie da
alles brauchen – Schulkleidung, Schuhe und Schultaschen, Badesachen,
ein Handtuch, und weiß Gott was noch. Ich kann dir sagen, es ist
schwer genug, das für unsere drei zu beschaffen", redete Mrs. Doe
immer weiter. „Ich wollte, wir könnten es uns leisten, Kizzy zu
nehmen, aber wir können es nicht. Die Leute hier werden für sie
einen Pflegeplatz finden."
Immer „die Leute", dachte Kizzy. „Die Leute" waren gegen Zigeuner.
„Keins unserer Kinder", sagte Onkel Jess, „wurde je in Pflege
gegeben."
„Sie gehört nicht zu uns, sie ist eine Diddakoi", sagte Mrs. Doe.
Kizzy war zu müde, noch weiter zuzuhören; sie würde in ihrem
Wagen bleiben und bei Joe. Und bald war sie trotz der Kälte eingeschlafen. Wie im Traum hörte sie ein lautes Knattern und fuhr
aus dem Schlaf hoch. Ein riesiges Feuer brannte; sie taumelte auf die

Füße, und Mrs. Smith hielt sie an den Schultern fest. „Ist schon recht so, Kleine. Bleib hier bei mir", aber Kizzy stand wie erstarrt.

Flammen loderten im Obstgarten empor, so heiß, daß sie Kizzys Gesicht zu versengen schienen. „Das Feuer ist zu hoch", sagte Lumas. „Es wird den Admiral wecken, und irgendwer wird die Polizei oder die Feuerwehr anrufen." Der Admiral war tatsächlich aufgewacht, sagte sich aber, daß sie schon wissen würden, was sie taten, drehte sich um und schlief weiter.

Es roch nach Farbe und heißem Metall; die Männer verbrannten den Wagen. „Aber warum denn?" fragte Kizzy.

Mrs. Smith kniete sich neben sie, und Kizzy roch den tröstlichen Zigeunergeruch nach Holzrauch und alten Kleidern. „Schau her, Liebling, deine Großmutter war eine altmodische Zigeunerin, und wenn die sterben, dann wollen sie, daß ihr Wagen und alle ihre Sachen verbrannt werden. Die meisten von uns tun das heute nicht mehr, aber deine Großmutter wollte es so, Herzchen."

Großmutters Sachen, die Schlafstellen unter dem Fenster, die Spitzenvorhänge, Großmutters Sessel. Dann – kann ich also nicht im Wagen wohnen, dachte Kizzy.

„Mach dir nichts draus", sagte Mrs. Smith. „Du wirst in einem hübschen Haus wohnen, hübsche Kleider haben und in eine gute Schule gehen. Schließlich wirst du noch eine feine Dame", und Mrs. Smith sagte das im schmeichelnden Ton der Zigeuner. Aber Panik hatte Kizzy ergriffen. „Was wird aus Joe?" fragte sie.

Sie fragte es abermals, als die Flammen erloschen waren und wieder Tee getrunken wurde. Sie war in den Obstgarten hinausgegangen und fand dort Joe mit hängendem Kopf stehen; sie schlang ihren Arm um seinen Hals, er war feucht von Schweiß, wie auch sie unter ihren Kleidern, und jetzt, als alle lachend und schwatzend um das Feuer saßen, mußte sie wieder fragen: „Was wird aus Joe?"

„Wir finden schon ein Heim für ihn", sagte Lumas Doe. Er war glänzender Laune. „Bei Gott, das beste . . ."

„Er . . ., wird er auch nicht zuviel arbeiten müssen?"

„Er wird viel Ruhe haben", und Lumas Doe und Mr. Smith begannen zu lachen. Aber später im Zelt sagte Boyo zu ihr: „Weißt du, was sie mit deinem Joe machen werden?"

Kizzy konnte den kalten Boden durch die dünne Strohmatratze fühlen. Sie lag frierend unter ihren fadenscheinigen Decken, obgleich sie alle ihre Kleider anhatte und die Knie unter die Strickjacke heraufzog. „Was werden sie machen?" fragte sie.

Boyo gaffte von seinem Lager zu ihr herüber. „Sie werden ihn an
den Schinder verkaufen, als Pferdefleisch für die Hunde."

„W-wofür?" stammelte Kizzy.

„Zum Fressen, dummes Ding", sagte Boyo. „Die Hunde werden
ihn zerreißen und fressen." Da tat Kizzy mit Boyos Gesicht, was sie
mit Prudence Cuthberts Magen getan hatte, sie hieb ihre Faust hinein.
Boyo brüllte los, und Mrs. Doe kam aus ihrem Wohnwagen gestürzt. „Sie hat mich geschlagen, Mam, sie hat mich geschlagen",
heulte Boyo. Mrs. Doe hatte bereits ein schlechtes Gewissen wegen
Kizzy und ließ es an ihr aus. „Jetzt hab ich aber genug von dir",
schrie sie und gab Kizzy eine heftige Ohrfeige.

Auch Kizzy hatte genug, sie schluchzte kurz auf und verbiß sich
in Mrs. Does Hand.

Mrs. Doe schüttelte sie wie einen kleinen Hund ab. „Wir sollen
diese Diddakoi nehmen?" hörte Kizzy sie schreien. „Das ist doch
eine Wilde."

Kizzy lag zusammengekauert da, ihre Wange brannte, aber das
war nichts gegen den Schmerz im Herzen. Joe den Hunden geben . . .
Ihr war ganz übel. Als die Nacht vorrückte, wußte sie, was sie zu
tun hatte.

Vorsichtig stahl sie sich aus dem Zelt. Boyo schlief auf seinem
Lager. Großmutters Wagen war nur noch ein Haufen rauchender
Asche. Kizzy kauerte eine Weile davor und wimmerte leise vor sich
hin. Joe hörte es, kam herbei, stand hinter ihr und schnaubte sachte,
als er das Feuer roch. Kizzy sprang auf und schlang ihre Arme um
seinen Hals. „Wir dürfen nicht hierbleiben", flüsterte sie und ging
zum Apfelbaum, an dem sein Halfter hing. Gehorsam senkte er den
Kopf und ließ ihn sich überstreifen. Sie führte Joe auf dem grasbewachsenen Wegrand, auf dem seine Hufe kein Geräusch machten,
zur Straße.

Die lag schwarz zwischen hohen Hecken, aber Zigeuneraugen schei-
nen auch im Dunkeln zu sehen. Als sie zu einem Gatter kamen, hielt
Kizzy Joe an, kletterte auf die Latten und von dort auf seinen Rücken.
Dann ritt sie lautlos in die Nacht hinaus.

ADMIRAL TWISS saß beim Frühstück. Im Dorf sagte man, er und
Peters und Nat lebten von Whisky, harten Eiern und Konserven,
alles „in der Pfanne gebraten". Aber die Frauen im Ort „behaup-
teten" das nur. Wissen konnten sie es nicht; sie waren nie eingeladen
worden. Der Pfarrer hätte es ihnen sagen können oder Dr. Harwell;

die beiden speisten oft beim Admiral. Aber sie waren schweigsame Männer und erzählten nichts.

In Wirklichkeit war das Frühstück an diesem Morgen durchaus altmodisch mit Kaffee, Haferbrei, gebratenen Nieren, Toast und Marmelade. Zwar wirkte der Admiral an dem langen Mahagonitisch mit den großen Silberleuchtern ein wenig verlassen, aber das Tischtuch war jeden Morgen frisch, und das zartgemusterte Porzellan schimmerte vor Sauberkeit, wie auch das ganze Zimmer. „Frauen wirbeln den Staub bloß auf", sagte Peters, „ich schaff ihn weg."

Im allgemeinen servierte Peters dem Admiral in kameradschaftlichem Schweigen, aber diesen Morgen schien er erregt. „Sir, das kleine Mädchen ist da."

„Welches kleine Mädchen?"

„Das aus dem Obstgarten. Sie wissen doch, daß die den Wagen heute nacht verbrannt haben?"

„Ja, die alte Frau wollte es so."

„Und wie ich heute früh herunterkomme, da steht Mrs. Lovells alter Gaul in der Auffahrt, und das Kind schläft auf den Stufen – wie ein erfrorener Vogel."

„Mein Gott!" sagte der Admiral, „wie lange schon?"

„Wohl schon seit Stunden, Sir. Die Stufen und ihre Kleider waren verschneit, und der Gaul stand geduldig dabei und ließ den Kopf hängen."

„Warum haben Sie mich nicht gerufen?"

„Sie hatten noch nicht gefrühstückt, Sir. Ich hab mich um die Kleine gekümmert, Sir", sagte Peters mit Würde.

„Was haben Sie denn gemacht?"

„Nat gerufen. Er hat den Gaul abgerieben und ihm Haferschleim mit Bier gegeben und ihn mit ein bißchen Heu in den Hof gestellt."

„Und die Kleine?" fragte der Admiral.

„Hab ich in die Küche zum Herd gesetzt", sagte Peters. „Hab ihr die Stiefel und Kleider ausgezogen, hab sie in diesen alten Kamelhaarschlafrock von Ihnen eingewickelt und ihr heiße Wärmflaschen an die Füße und auf den Bauch getan. Sie hat vor Schmerz gewimmert, wie sie warm wurde. Hat nicht geweint, aber ihre Augen . . .", Peters schluckte, „die guckten groß wie Teetassen aus ihrem kleinen schmutzigen Gesicht. Hab ihr heiße Milch mit einem Ei verquirlt gegeben und viel Zucker drin, wegen dem Schock. Sie war ganz verstört, Sir."

„Sie hat ihr Heim in Flammen aufgehen sehen."

„Anscheinend mehr als das", sagte Peters. „Sie hat dauernd gerufen: ‚Joe, wo ist Joe?' Hab ihr gesagt, daß er bei Nat in Sicherheit ist. Seit es ihr wieder besser geht, bettelt sie andauernd: ‚Bitte kann ich Sir Admiral sprechen?'"

„Bringen Sie sie in die Bibliothek", sagte Admiral Twiss.

„SIR ADMIRAL?"

Der Schlafrock schleifte am Boden hinter Kizzy her; ihre nackten Zehen scheuten vor der Berührung mit dem Teppich zurück – sie war nie in einem Zimmer mit einem Teppich und langen Samtvorhängen und Wänden aus Büchern gewesen. Aber die Bücher konnte sie nicht richtig sehen; sie schienen durch das Zimmer zu tanzen. Kizzy stand der Schweiß auf der Stirn, ihre Wangen glühten, dabei fröstelte sie. Der Admiral saß dicht vor ihr, aber es fiel ihr schwer zu sagen, was sie zu sagen hatte; schließlich brachte sie heraus: „B-bitte, Sir Admiral, l-lassen Sie nicht zu, daß sie Joe mitnehmen."

„Wer will ihn mitnehmen?" Die Stimme des Admirals war ruhig.

„Die D-Does und die S-Smith'." Jetzt zitterte Kizzy am ganzen Körper. „Sie sind wegen Großmutter gekommen . . ."

Der Admiral nickte. „Ich habe sie gerufen. War das falsch?"

Kizzy schüttelte den Kopf. „Es mußte wer kommen – für Großmutter –, aber Joe . . . Sir Admiral, k-könnten Sie ihn nicht hier bei Ihren Pferden b-behalten? Joe ist nicht wie Ihre, aber, Sir", – Kizzy schluchzte kurz auf – „die haben gesagt, die Hunde werden ihn auffressen . . ."

„Und was hast du da getan?" Der Admiral beobachtete sie.

„Sie geschlagen und gebissen", sagte Kizzy. Um die Augen des Admirals zuckte es, aber als er weiter fragte, war er ernst: „Hast du ihnen gesagt, daß du zu mir gehst?"

„Die kennen Sie nicht", sagte sie verächtlich.

„Aber du kennst mich."

„Ich kenne Ihre Weihnachtskirche, und ich hab Sie nach den Pferden schauen sehen!" Sie hob die Augen zum Gesicht des Admirals und sah nicht die buschigen Brauen, nur braune Augen, die freundlich blickten, was Kizzy seltsamerweise dem Weinen nahe brachte. „G-Großmutter hat Sie gekannt. Wenn – wenn Sie mit ihr gesprochen haben, war d-das anders." Eine Träne rollte herab. „Sie h-haben den Hut abgenommen", flüsterte Kizzy.

„Natürlich", sagte der Admiral.

„Und da hab ich gemeint, Sie werden nicht zulassen, daß die mei-

nen Joe zum Schinder bringen." Kizzy sprudelte das rasch heraus, weil sie noch mehr Tränen kommen fühlte.

„Ganz gewiß nicht", sagte Admiral Twiss und nahm Kizzys heiße kleine Hand in seine eigene kühle. Kizzy sah den schweren Ring daran mit einem eingravierten Vogel in einem Wappen und die Adern, die wie Stricke herausstanden, fühlte aber auch, wie zuverlässig diese Hand war. Eine Träne tropfte darauf herab, und der Griff wurde fester.

„Sie sollen Joe nicht bekommen", sagte der Admiral.

In diesem Augenblick hörte man eine Stimme in der Auffahrt, es war Lumas Doe, der Peters anschrie. Der Admiral ließ beide in die Halle kommen.

„Nun, Lumas", sagte er liebenswürdig, „immer noch auf Dinge aus, die Ihnen nicht gehören?" Er kennt Mr. Doe, dachte Kizzy, als sie das hörte.

„Hatten uns doch gedacht, daß sie hier ist." Lumas war streitsüchtig. „Die kleine Kröte! Hat sich fortgeschlichen."

„Warum sollte sie nicht. Es ist ihr Pferd. Was die alte Mrs. Lovell besaß, geht an ihren einzigen direkten Nachkommen. Das ist das Kind, Lumas, und nicht Sie."

„Und was ist mit meinen Auslagen?" sagte Lumas in dem schmeichlerischen Winselton, den jeder Zigeuner beherrscht. „Das Geld für das Begräbnis und alles."

„Mrs. Lovell hat ihr Begräbnis selbst bezahlt", sagte der Admiral kurz angebunden. „Sie hat das Geld bei mir hinterlegt, und ich habe es Onkel Jess Smith ausgehändigt."

„Aber wir sind gleich gekommen", machte Lumas geltend, „Zelt abgebrochen und her. Das kostet was, mit Benzin und allem."

„Nicht die dreißig Pfund, die Sie vom Schinder bekommen hätten. Das hieße, das Kind darum betrügen. Ich gebe Ihnen zwanzig Pfund, und damit können Sie zufrieden sein."

Als Lumas gegangen war, kehrte der Admiral zu Kizzy zurück. „Das wäre erledigt", sagte er. „Wir werden Joe auf die kleine Wiese geben, da wachsen im Sommer Butterblumen, und Nat hat ein Auge auf ihn. Niemand kann ihm dort etwas tun."

„Sir Admir . . .", aber weiter kam Kizzy nicht. Die Bücherreihen an den Wänden, das auf und ab tanzende Feuer, alles verschwamm vor ihren Augen. „Mir ist . . . so . . . schlecht", stöhnte sie.

„Lungenentzündung", sagte Dr. Harwell. „Seltsam, ich habe noch nie gehört, daß ein Zigeunerkind so etwas bekommt."

„Sie war furchtbar erschöpft", sagte Admiral Twiss.

„Ich werde die Ambulanz rufen." Dr. Harwell schloß seine Tasche.

„Für Zigeunerkinder ist ein Krankenhaus schlimmer als für uns", sagte der Admiral zögernd. „Die sind nicht an Zentralheizung und den ganzen modernen Wirbel gewöhnt. Sie...", und Admiral Twiss gab sich einen Ruck, „sie würde besser hierbleiben."

„Dann müßten Sie eine Pflegerin haben."

Der Admiral und Peters wechselten bestürzte Blicke. „Aber das wäre ja eine Frau", sagte Peters.

„Allerdings." Dr. Harwell mußte lächeln.

„Wir brauchen eigentlich keine Pflegerin", sagte der Admiral. „Wenn Sie uns Anweisungen geben, kann ich Mrs. Doe oder Mrs. Smith heraufholen, um nach dem Kind zu sehen."

Aber als der Admiral zum Obstgarten ging, waren die Does und die Smith' fort. Nur leere Büchsen und anderer Abfall lagen bei der rauchenden Asche des Wagens. „Die werden wir wohl nicht wiedersehen", sagte Admiral Twiss.

DREI

In Mrs. Blounts Klassenzimmer blieb Kizzys Platz leer. Kizzy Lovell war im Herrenhaus bei Admiral Twiss. Die Jungen und Mädchen sahen sich an. Bei Admiral Twiss! „Unmöglich", sagte man im Dorf, aber es war nicht unmöglich. Man hatte Nat in Rye gesehen, wie er eine Kinderwärmflasche, Hustensirup und Medikamente kaufte. Kizzy hatte Lungenentzündung.

„Lungenentzündung!" Mrs. Blount schlug das Gewissen. „Ich wußte, daß sie keinen Mantel hat", sagte sie zu Miß Brooke. „Ich wußte es und habe nichts dagegen unternommen."

Eine Weile lang wußte Kizzy nicht, wo sie war. Tagelang rang sie nach Luft; Peters kühlte ihr mit einem Schwamm Gesicht und Hände und gab ihr löffelweise frisches Wasser oder Eiskrem, aber für sie war er nur ein Gesicht, das sich verschwommen näherte und wieder verschwand. In den Nächten schrie sie angstvoll auf, wenn Joe, der brennende Wagen, Mrs. Does Ohrfeige und die Schule in ihren Träumen auftauchten; der Admiral, der abwechselnd mit Peters

und Nat bei ihr wachte, erfuhr eine ganze Menge über die Schule. „Diddakoi", schrie Kizzy, „Zigeuner, Musikant, nimm die Geige zur Hand..." und: „Zieht mich nicht an den Haaren – nein!" Ihre Stimme überschlug sich, und der Admiral mußte sie beruhigen. Es war erstaunlich, wie zart diese männlichen Hände sein konnten, die sie pflegten, aber Kizzy merkte nichts davon, bis sie eines Morgens aufwachte. Draußen lachte die Sonne aus einem Himmel, der so blau war wie ihre Bettdecke. Kizzy lag in einem kleinen Zimmer, in dem ein Feuer brannte und Lichter an den Wänden tanzen ließ. Sie hatte eine gestreifte Jacke und Hose an: Ich bin sauber, dachte sie. Einen Augenblick lang überfiel sie schreckliche Angst, aber dann war Nat mit seinem beruhigenden Pferdegeruch da.

„Joe?" krächzte Kizzy.

„Ist heil und sicher und wartet auf die Butterblumen", sagte Nat.

„WER sorgt für sie?" fragte Mrs. Blount.

„Das tun die schon", sagte Miß Brooke.

„Die drei Männer? Männer können nicht für ein krankes Kind sorgen." Aber der Admiral, Peters und Nat sorgten so gut für Kizzy, daß Dr. Harwell zugeben mußte, eine Pflegerin wäre nicht nötig. Peters wusch sie behutsam jeden Tag im Bett ab, immer nur einen Arm oder ein Bein, während alles übrige warm zugedeckt blieb; Peters hatte auch daran gedacht, Nat um Kamm und Bürste und Pyjamas zu bitten. Nat hatte Jungenpyjamas gekauft, denn in ein Geschäft für Damenwäsche ging er nicht. Peters bereitete ihre Mahlzeiten – Suppe oder Honigmilch in kleinen Tassen, einen oder zwei Löffel Eis.

„Untergewicht", sagte Dr. Harwell, „und unterernährt."

„Ich hätte mich um ihr Essen kümmern müssen." Admiral Twiss ärgerte sich über sich selbst. „Mrs. Lovell war vermutlich schon zu alt, um zu kochen."

„Anscheinend wollte die Kleine auch an der Schulspeisung nicht teilnehmen. Die Lehrerin meint, die andern Kinder hätten gesagt, für sie wäre nicht bezahlt."

„Und außerdem hat sie ihr Fleisch mit den Fingern gegessen, und das haben die andern anstößig gefunden", sagte Mr. Blount, der wegen Kizzy ins Herrenhaus gekommen war.

Jetzt fütterte Peters Kizzy auf. „Trink das aus, Naseweis." Oder: „Davon darf nicht ein Krümel übrigbleiben". Er hielt ihr Zimmer blitzblank, das Feuer brannte Tag und Nacht, und wenn Peters ander-

weit beansprucht war, kam Nat und setzte sich zu ihr. Er erzählte ihr von Pferden, die er betreut hatte, die im Derby gelaufen waren, und vom Lieblingsjagdpferd des Admirals.

Aber Nats Geschichten waren nicht so gut wie die des Admirals, besonders wenn er von Joe sprach. Er erzählte Kizzy, wie Joe geboren wurde – „das muß vor etwa achtundzwanzig Jahren gewesen sein – auf einer Farm in Irland" –, wie er als Jagdpferd zugeritten worden war und zur Sommerschau nach Dublin kam. Wie er dann nach England gebracht wurde und Preise und Auszeichnungen gewann..., bis er eines Tages mit einem Fuß in ein Karnickelloch geriet. „Da konnte er nicht mehr springen", und Kizzys Großvater hatte ihn gekauft. Das war natürlich eine erfundene Geschichte. „Aber so hätte es mit Joe wirklich sein können?" fragte Kizzy. „Freilich", sagte der Admiral.

Jeden Morgen wickelte er sie in den Kamelhaarschlafrock und trug sie zum Fenster, und Nat führte Joe unten auf die Auffahrt. Nachher setzte der Admiral Kizzy in einen kleinen Schaukelstuhl, stopfte eine Decke um sie, und Peters brachte einen Becher Milch für Kizzy und eine Tasse Kaffee für den Admiral. Diese Tage der Genesung waren die glücklichsten, die Kizzy je erlebt hatte. Bei Großmutter war sie zufrieden gewesen, aber jetzt war sie strahlend glücklich – bis die ersten Besucher kamen.

„ICH bin Kizzys Lehrerin, kann ich sie bitte sehen?" Es war Peters' freier Nachmittag, und der Admiral hatte Mrs. Blount selbst die Tür geöffnet.

„Kizzy", sagte der Admiral, als sie in ihr Zimmer traten, „deine Lehrerin..." Aber Kizzy war unter den Bettdecken verschwunden. „Die Schule scheint nicht sehr beliebt zu sein", meinte der Admiral.

Mrs. Blount war betrübt. „Ich habe mich wirklich bemüht, aber Kinder können so grausam sein. Vielleicht, wenn ich Miß Brookes Rat gefolgt wäre und Kizzy als interessant und romantisch hingestellt hätte – ich hielt das damals für einen ziemlichen Unsinn."

„Klingt eigentlich eher sinnvoll. Ist das die Miß Brooke", fragte der Admiral, „die kürzlich zum Friedensrichter ernannt wurde?"

Miß Brooke war ohne weitere Erklärung aufgetaucht und hatte das Häuschen am Dorfanger gekauft; sie schien so mit ihrem neuen Garten beschäftigt, daß sie wenig Zeit zum Reden hatte, und obwohl Olivia, wie man sie bald nannte, durchaus freundlich war, erfuhr selbst Mrs. Cuthbert mit all ihrem Bohren kaum mehr.

Miß Brooke war klein, hatte ein blasses Gesicht und mausgraues, zu einem Knoten geschlungenes Haar, aber ihre haselnußbraunen Augen waren bemerkenswert. Mrs. Cuthbert wußte, daß Olivia Brooke seltsame Gewohnheiten hatte – Mildred Blount hatte ihr erzählt, wie das Geschirr vom Abendessen häufig ungewaschen stehenblieb, weil Miß Brooke Musik hören wollte. „Manchmal tut sie im Haus überhaupt nichts, außer daß sie ihr Bett macht", berichtete Mrs. Blount, „sondern geht schnurstracks in den Garten."

Mr. Blount war ein stiller Bewunderer Miß Brookes. „Großartig, wie sie Mildred und mich aufgenommen hat, bis unser Haus fertig war. Die Güte in Person."

„Ja-a", sagte Mrs. Cuthbert. Sie wußte sich Miß Brookes Verhalten nicht zu erklären. Sie schien nicht viel Geld zu haben – das Cottage war einfach und spärlich eingerichtet. „Und sie bäckt ihr Brot selber."

Miß Brooke übernahm bei den dörflichen Zusammenkünften die niedrigsten Arbeiten und wusch nachher offenbar lieber Geschirr ab, als sich mit Leuten zu unterhalten. So war es ein Schock für das Dorf, als sie zum Friedensrichter ernannt wurde. „Da muß etwas sein, was wir nicht wissen", stellte Mrs. Blount fest.

„Und doch, ich verstehe es nicht", sagte Mrs. Cuthbert, die selber allzu gerne Friedensrichterin gewesen wäre. „Sie ist so scheu und still. Wenn Sie mich fragen, sie spricht lieber mit ihren Blumen als mit Menschen."

Der Admiral hätte das verstanden, er sprach auch lieber mit Pferden, aber jetzt sagte er zu Mrs. Blount: „Sie scheint eine kluge Person zu sein."

Mrs. Blount errötete und wandte sich an den kleinen Buckel im Bett. „Kizzy, komm heraus", schmeichelte sie, „ich habe etwas für dich."

Admiral Twiss schlug die Decke zurück, nahm Kizzy und setzte sie auf. „Gib deiner Lehrerin die Hand, und sag ihr guten Tag", befahl er streng. „So benimmt man sich nicht in Amberhurst."

Widerstrebend hielt Kizzy ihre Hand hin; Mrs. Blount nahm sie, schüttelte sie höflich und legte sie auf die Decke. Dann stellte sie eine Papiertüte frisch aus einem Geschäft auf das Bett. „Da ist ein warmer Mantel für dich drin", erklärte sie Kizzy. „Er hat noch niemandem gehört, er ist ganz neu. Willst du ihn nicht auspacken?"

„Pack ihn aus", befahl der Admiral knapp.

Es war ein Dufflecoat aus weicher brauner Wolle, mit einer Kapuze und einem rot und blau karierten Futter. „Den haben Sie wohl

von Ihrem eigenen Geld gekauft?" fragte der Admiral, und Mrs. Blount nickte. Er zog die Augenbrauen hoch. „Soviel ich weiß, haben Sie eben erst geheiratet, Mrs. Blount, und ein neues Haus gebaut. Sicher brauchen Sie jeden Penny. Das war sehr lieb von Ihnen."

Mrs. Blount errötete abermals und beobachtete Kizzy in der Hoffnung, sie werde Überraschung und Freude zeigen. Aber Kizzy hielt den Mund fest geschlossen und rührte den Mantel nicht an.

„Bedanke dich", sagte der Admiral zu Kizzy.

„Danke", erklang es gleichgültig.

„Du kannst ihn tragen, wenn du wieder in die Schule gehst", sagte Mrs. Blount. Kizzy erstarrte zu Stein, und als der Admiral Mrs. Blount verabschiedet hatte, nahm sie den Dufflecoat und warf ihn aus dem Fenster.

Peters fand ihn auf der Auffahrt und bekam vom Admiral den Auftrag, ihn zu säubern und aufzuhängen. „Sie wird ihn mit der Zeit schon tragen."

„Sie kann jetzt aufstehen und sich anziehen", sagte Dr. Harwell – aber das konnte Kizzy nicht; sie hatte nichts zum Anziehen. Peters hatte ihre Kleider verbrannt. „Ich fürchte, wir müssen ihr welche kaufen, Sir."

„Dann fahren doch Sie oder Nat nach Rye."

Nach einem betretenen Schweigen: „Wären wohl nicht sehr gut in Mädchengeschäften, Nat und ich." Peters war deutlich ablehnend. „Wenn Sie nach London fahren, Sir, dort bekommen Sie alles, was sie braucht, in einem großen Laden, und niemand erfährt was." Trotzdem runzelte Admiral Twiss, der zweimal torpediert worden war und die Tapferkeitsmedaille erhalten hatte, bedenklich die Stirn. „Besorgen Sie nur Wolljacken und Röcke, Sir. Ich geb Ihnen die Maße", aber den Admiral graute es immer noch davor. „Peters", flüsterte er, „was . . ., was tragen sie darunter?"

Peters zeichnete auf ein Blatt eine Papierpuppe mit allen Maßen Kizzys wie bei einem Entwurf für ein Schiff – Höhe, Breite, Tiefe –, und Admiral Twiss fuhr nach London und ging ratlos beim Anblick all der Schaufenster voller Mädchensachen die Oxford Street entlang.

Obwohl er keinen Haarschnitt nötig hatte, flüchtete er sich zu seinem Friseur. „John", fragte er ihn, „haben Sie Kinder?"

„Drei, Sir."

„Wo kaufen Sie die Kleider für sie?"

„Bei Marks & Spencer in der Oxford Street."

Das Geschäft war groß und voller Leute, und der Trubel und Lärm dort erschienen dem Admiral wie ein Alptraum. Er gab es auf und ging in seinen Club. Dort bestellte er: „Lunch und einen Whisky pur", und nahm den nächsten Zug nach Hause.

„Na ja", sagte Peters, „da werden wir Mrs. Blount bitten müssen."

„Und Ärger mit Kizzy haben? Außerdem wird Mrs. Blount sicher darüber reden." Der Admiral dachte nach. „Es gibt nur eine Frau, die nicht schwatzt", sagte er. „Ich werde zu Miß Brooke gehen."

„DREI Stück von jedem?" fragte Miß Brooke sachlich.

„Ich kaufe meine Hemden und Socken im Dutzend", meinte Admiral Twiss.

„Das ist doch für ein Kind, und die wachsen", widersprach Miß Brooke, „ein Stück an, eins im Schrank und eins in der Wäsche. Drei ist genug."

„Sie werden ihr doch – eh – alles besorgen?" erkundigte sich der Admiral.

„Natürlich. Ich fahre morgen nach London und lasse die Sachen schicken." Als er ihr daraufhin zehn Noten zu zehn Pfund gab, protestierte sie: „Mein lieber Admiral, so viel brauche ich nicht. Ich stecke mir für alle Fälle vierzig Pfund ein." Sie nahm vier Scheine und gab ihm die übrigen zurück. „Danke."

Die Sachen kamen in Schachteln aus London und waren so hübsch, daß Kizzy die damit näherrückende Schule vergaß. Da gab es drei Garnituren Unterwäsche, mit winzigen Blümchen bedruckt, zwei Röcke, einen karierten und einen kirschroten, Pullover, eine warme Strickjacke, ein Paar Straßenschuhe und rote Pantoffeln fürs Haus – Kizzy hatte noch nie Schuhe an den Füßen gehabt, nur Stiefel. Sie ging zum Admiral. „Sie haben nur schöne Sachen ausgesucht. Danke."

„Ich habe sie nicht ausgesucht."

Kizzys Kopf fuhr mit einem Ruck hoch. „Wer denn?"

„Miß Brooke, eine nette Dame."

Kizzys Blick verdüsterte sich. „Ich mag nette Damen nicht."

Als sie angezogen war und sich im großen Spiegel betrachtete, erkannte sie sich nur an den Locken und den goldenen Ringen in den Ohren. Sie war größer und schmäler geworden – und blasser, dachte sie, vielleicht deshalb, weil man sie so viel gewaschen hatte? Sie roch an ihren Händen – Seife. Ein Verlangen überkam sie nach dem vertrauten Geruch des Holzfeuers, nach frischer Luft und nach Joe. Kizzy war dem Weinen nahe. Da bekam sie zum zweitenmal Besuch.

„Ich geh ins Herrenhaus", hatte Clem Oliver seiner Mutter erklärt.

„Meinst du, daß du das kannst?" Mrs. Oliver hatte Bedenken.

„Ich bin ein Junge ... Admiral Twiss wird nichts dagegen haben, und Kizzy ist meine Freundin." Und tatsächlich erschien eines ihrer seltenen Lächeln auf Kizzys Gesicht, als Peters Clem hereinführte. „Clem! Daß du mich besuchen kommst!" Sie war starr vor Staunen.

„Na klar", sagte Clem, und: „Das ist aber ein Haus!"

„So?" Kizzy hatte sich keine Gedanken darüber gemacht. „Es ist hübsch und alt."

Sie fand, daß das Herrenhaus behaglich schäbig war. Auf Clem dagegen, der aus einem überfüllten Farmhaus kam, wirkte es riesig und leer. Admiral Twiss muß recht einsam sein, dachte er.

Sie tranken Tee in der Küche mit Nat und Peters. „Mr. Peters hat uns Würstchen und Pommes frites und Rosinenbrötchen gemacht. Er kann ebenso gut kochen wie du, Mam", erklärte Clem seiner Mutter. Nach dem Tee zeigte ihm der Admiral seine Rennpokale, seine Angelruten und die Werkstatt, in der er seine Modelle baute. „Mensch, das war 'ne Wucht!" berichtete Clem zu Hause. „Er macht gerade einen Schlepper, der mit richtigem Dampf fährt."

Kizzy war erfreut – und geschmeichelt – über Clems Besuch. „Er ist einer der stärksten Jungen in der Schule, aber mich hat er besucht", prahlte sie.

„Ein netter Junge", sagte Peters. Und der Admiral meinte, Clem könne jederzeit kommen, wenn er Lust habe. Aber nun meldete sich auch die übrige Welt wieder.

„Wenn Clem sie besucht, warum ich nicht auch", sagte Prudence Cuthbert.

„Kizzy kann jetzt nach draußen", sagte Dr. Harwell zu Peters. „Sie haben sie großartig auf die Beine gebracht."

„Du kannst mit mir zu Joe kommen", sagte der Admiral zu Kizzy. Ihr Gesicht strahlte. „Aber zieh deinen Mantel an."

Der freudige Ausdruck verschwand. „Ich hab keinen Mantel", murmelte sie.

„Doch, du hast einen. Den Mantel, den dir Mrs. Blount gebracht hat."

„Den!"

„Ja, den! Oder du kannst nicht mitkommen." Der Admiral wandte sich zum Gehen. Zögernd holte Kizzy den Mantel.

Als sie von Joe zurückkamen – der Admiral hatte sie auf Joes Rücken gesetzt, sie hatte den großen alten Hals des Pferdes gestreichelt und ihm Äpfel gegeben –, sagte der Admiral: „Siehst du, Kiz, wir können nicht immer tun, was wir möchten."

„Nur Kinder nicht", stieß Kizzy hervor.

„Leider gilt das nicht nur für Kinder", es klang bedauernd. Er hatte ihr den Mantel zugeknöpft und die Kapuze hochgeschlagen. „So ein Mantel ist nicht das einzige, womit wir uns abfinden müssen, du und ich."

„Ich will zu Kizzy Lovell."

Peters war sonst mit Kindern nicht mürrisch, aber etwas in Prudences Gesicht und ihre anmaßende Stimme erregten sein Mißfallen. „Aber will sie dich auch sehen?" Peters' vierschrötige Gestalt versperrte die Hintertür.

„Ich komme sie doch besuchen." Prudence war überrascht.

„Du wartest hier, junge Dame, ich geh sie fragen." Aber es war nicht so leicht, Prudence zurückzuhalten. Sie schlüpfte hinter Peters in die Küche und stand plötzlich Kizzy gegenüber.

Kizzy war wie angewurzelt am Küchentisch stehengeblieben, sobald sie Prudences Stimme hörte. Auch Prudence erstarrte, als sie Kizzy sah, und beide blickten sich an „wie zwei Katzen mit gesträubtem Fell", berichtete Peters dem Admiral hinterher. Dann sagte Kizzy: „Verschwinde!"

„Das ist ja hübsch", sagte Prudence. „Wo ich doch den ganzen Weg hergekommen bin, um dich zu besuchen." Kizzy wußte, daß Prudence nur gekommen war, um das Herrenhaus zu sehen.

Prudence glättete ihr Fell. „Du wirst bald wieder in die Schule kommen, da dachte ich, wir könnten Freundinnen sein." Aber Kizzy wußte, daß Prudence nicht daran dachte. „Verschwinde!"

„Du brauchst gar nicht so herablassend zu tun. Sobald du gesund bist, mußt du das Herrenhaus verlassen, sagte meine Mutter. Nächste Woche werden sie über dich beraten, wahrscheinlich stecken sie dich in ein Heim."

„Ich will nicht in ein Heim", sagte Kizzy, „ich will allein leben."

„Du spinnst wohl, dein Wohnwagen ist doch verbrannt."

„Sir Admiral baut mir einen eigenen Wagen."

„Das glaub ich nicht."

„Er tut es, er tut es!" Admiral Twiss hörte sie bis in sein Arbeitszimmer schreien.

„Dann spinnt er." Der Admiral kam gerade zurecht, wie die beiden Mädchen fauchend mit Händen und Füßen aufeinander losgingen, bis Peters sie trennen konnte.

SPÄTER kam Mrs. Cuthbert sich beklagen: „So eine Wilde. Prudence kam grün und blau nach Hause, mit einem großen Kratzer auf der Wange."

„Sie sollten erst den Kratzer in Kizzys Gesicht sehen", sagte der Admiral.

Peters war strenger. „Wenn du aus dem Herrenhaus kommst", mahnte er Kizzy, „mußt du dich besser benehmen, sonst machst du uns bei der Beratung Schande."

Also wurde wirklich über sie beraten. Kizzy fröstelte.

Admiral Twiss war in seiner Werkstatt und legte letzte Hand an den kleinen Schlepper, die *Elsie May,* als Kizzy erschien. Sie sah zu, wie seine langen Finger ein Messinggitter über der Steuerbordseitenlampe befestigten. „Nur für den Fall, daß sie mit etwas zusammenstößt", erklärte er. „Als ich sie auf dem See ausprobiert habe, ist ein Schwan auf sie losgegangen. Das Suchlicht kann ich allerdings nicht schützen, das muß sich drehen, wenn sie einen Bogen steuert." Niemand außer dem Admiral, dachte Kizzy, konnte ein so winziges Suchlicht bauen, das sich auch noch drehte. Sie holte tief Atem. „Werden Sie mir einen Wagen bauen?"

Der Admiral warf ihr unter seinen Augenbrauen hervor einen prüfenden Blick zu, dann sagte er: „Ich baue nur Modelle."

„Werden Sie mir einen Wagen – kaufen?"

„Wenn du achtzehn bist. Früher werden sie dich nicht darin wohnen lassen. Dann können sie es dir nicht mehr verbieten."

„Kann ich nicht bei Ihnen wohnen?"

Er schüttelte den Kopf. „Das wird niemand erlauben, Kiz. Es ist keine Frau im Haus."

„Wozu brauchen Sie eine Frau, wenn Sie mich haben? Ich habe für Großmutter gesorgt. Ich kann Blumen verkaufen und Wäscheklammern, wenn Sie mir welche machen; damit verdiene ich meinen Unterhalt, wenn Sie nicht genug Geld haben."

Der Admiral hörte mit der Arbeit an dem Messinggitter auf, nahm Kizzy bei der Hand und führte sie in die Bibliothek; dort setzte er sich auf seinen Sessel und zog sie an seine Knie heran. „Bei dieser Beratung, Kiz, werden sie beschließen, daß das Herrenhaus nicht der geeignete Ort für ein kleines Mädchen ist."

„Hier hat doch mal ein kleines Mädchen gelebt. Clem sagt das."
Als Clem in Kizzys Schlafzimmer kam, hatte er festgestellt: „Das
ist ein Mädchenzimmer." Und mit dem weißlackierten Bett, dem
kleinen Frisiertisch, dem weißen Kinderschaukelstuhl und der rosaroten Tapete sah es auch wirklich so aus.

„Vor langer, langer Zeit", sagte der Admiral jetzt und setzte
hinzu: „Im Salon hängt ein Bild von ihr."

Gemeinsam gingen sie in den großen, jetzt unbenutzten Raum mit
der blaßgrünen Wandbespannung und den steifen Brokatvorhängen;
die Sessel und Sofas waren mit Schonbezügen bedeckt. Über dem
Kamin hing das lebensgroße Bild eines kleinen Mädchens etwa in
Kizzys Alter, mit einem schmalen, feingeschnittenen Gesicht und
Augen, die so braun waren wie die des Admirals. Das Mädchen hatte
braune Locken und trug ein kastanienfarbenes Tuchkleid mit weiten,
weißen Musselinärmeln. Das Mieder war mit blauer Spitze eingefaßt,
der Rock mit einem breiten blauen Samtband besetzt. In den Händen
hielt sie einen Rosenzweig. „Vermutlich hätte sie lieber Zügel gehalten", sagte der Admiral, „sie wurde eine sehr gute Reiterin."

„Wer war sie?" fragte Kizzy.

„Meine Großmutter."

„Ihre Großmutter . . ., aber das ist doch ein kleines Mädchen."

„Mädchen wachsen heran", sagte der Admiral. „Sie hieß Kezia
Cunningham und heiratete meinen Großvater, auch einen Admiral
Twiss. Aber weil das Herrenhaus von Amberhurst und das Land
ringsum ihr gehörten, nannten sie sich Cunningham Twiss. Ihr ältester
Sohn war mein Vater, und da meine Mutter kurz nach meiner Geburt
starb, gab es hier nur männliche Wesen, siehst du." Kizzy betrachtete das Bild genau. Obwohl sie sonst Mädchen nicht mochte, dieses
gefiel ihr, die braunen Augen blickten freundlich.

„Hat sie in meinem Zimmer geschlafen?" fragte sie.

„Ja, als Kind. Dabei fällt mir ein, Kiz, vielleicht bist du nach ihr
genannt. Kizzy könnte von Kezia kommen. Sie kannte deine Großmutter, die beiden waren Freundinnen."

Kizzy sah wieder zu ihr hinauf. Es machte sie glücklich, daß sie den
gleichen Namen hatten. „Wann hatte Kezia Geburtstag?" fragte sie.

„Da muß ich nachsehen", sagte Admiral Twiss, und als sie wieder
in der Bibliothek waren, schlug er die große Bibel auf, die auf einem
eigenen Pult lag. „Hier steht es: Kezia Cunningham, geboren am
9. Dezember 1858."

„Den nehme ich auch als meinen Geburtstag."

„Alle aus unserer Familie stehen hier drin", sagte der Admiral.

„Ich wünschte, ich auch", seufzte Kizzy. „Kezia hätte gewollt, daß ich hierbleibe, besonders wenn ich nach ihr heiße."

Der Admiral antwortete nicht.

„Niemand kommt ins Herrenhaus", wandte Kizzy ein, „außer Clem, und der wird's nicht verraten. Vielleicht könnten Sie sagen, daß Mrs. Doe mich mitgenommen hat, und dann bleibe ich im Zimmer von Ihrer Großmutter, bis ich achtzehn bin?"

Der Admiral strich mit der Hand über Kizzys Locken. „Das ist eine hübsche Idee, Kiz, aber es wird nicht gehen."

Kizzy verzog den Mund.

VIER

DIE Jugendfürsorge hatte beschlossen, Kizzys Fall vor Gericht zu bringen. „Weil wir ratlos sind", sagte Mr. Blount.

Der große Saal eines Rathauses, selbst einer so kleinen Stadt wie Rye, schien ein reichlich imposanter Rahmen zur Beratung über das Schicksal einer kleinen Diddakoi. Der Raum hatte enorme Ausmaße und sehr hohe Fenster. Am einen Ende war ein Podium, davor ein großer Tisch. Um von der Tür zu diesem Tisch zu gelangen, mußte man viele Schritte gehen, besonders wenn es Kinderschritte waren.

Über dem Podium waren das königlich-englische Wappen, der Löwe und das Einhorn in Gold und Blau, darunter das Wappenschild von Rye, drei steigende Löwen auf drei weißen Schiffsbugen. Von der Decke hingen schwere vergoldete Kronleuchter herab.

Jetzt war der Tisch mit Papieren bedeckt. Mehrere Leute saßen an drei Seiten des Tisches, der Vorsitzende in der Mitte auf seinem hochlehnigen Stuhl, zu seinen beiden Seiten weibliche Friedensrichter – zu seiner Rechten Miß Brooke. Auch Mr. Blount als Fürsorgebeamter war anwesend, dazu Dr. Harwell, und zum allgemeinen Ärger auch Mrs. Cuthbert. „Natürlich muß ich dabei sein", hatte sie gesagt, „ich habe Kizzy entdeckt, und ich bin im Elternbeirat."

Mr. Blount hatte einen so kurz wie möglich gefaßten Bericht über Kizzy geschrieben, ferner brachte er einen Brief des Admirals über sie mit. „Bitte lesen Sie beides dem Gericht vor", sagte der Vorsitzende, und als das geschehen war: „Ihre Vorschläge, Mr. Blount."

„Nun ja, Admiral Sir Archibald Cunningham Twiss hat sich Kizzys freundlicherweise angenommen, als sie krank war, aber jetzt

ist sie wieder gesund, und wir halten es nicht für angebracht, daß sie weiter im Herrenhaus bleibt."

„Nicht bei drei alten Männern", sagte Mrs. Cuthbert.

Unwillig bat Dr. Harwell den Vorsitzenden mit einem Blick ums Wort: „Ich glaube, Admiral Twiss ist sechzig, sein Bursche Peters in den Fünfzigern und Nat etwa fünfundvierzig. Das kann man nicht alt nennen, aber trotzdem wäre es nicht fair, Admiral Twiss zu bitten, das Kind zu behalten."

Der Vorsitzende fragte Mr. Blount: „Haben Sie es bei allen Pflegeeltern auf ihren Listen versucht?"

„Ja, Sir, aber ein Zigeunerkind ist schwer unterzubringen." Mr. Blount sah bekümmert drein. „Alle scheinen... sich vor ihr zu fürchten."

„Wundert Sie das?" fiel ihm Mrs. Cuthbert ins Wort. „Das ist eine kleine Wildkatze. Sie sollten nur den Kratzer sehen, den sie meiner Tochter beigebracht hat. Und wie man hört, hat sie auch nicht die geringste Spur von Tischmanieren."

„Mrs. Cuthbert, darf ich Sie erinnern, daß wir hier bei Gericht sind, wo man nicht unaufgefordert spricht."

Mrs. Cuthbert schloß ihre Handtasche mit einem ärgerlichen Schnappen, als sich der Vorsitzende an Miß Brooke wandte: „Was wollten Sie dazu sagen?"

„Nur, daß man von jemandem, der keinen Tisch hat, keine Tischmanieren erwarten kann. Manche Zigeunerkinder essen mit den Fingern und wischen sie nachher am Haar ab."

„Ekelhaft!" sagte Mrs. Cuthbert.

„Für sie ist es nicht ekelhaft. Sie glauben, daß es das Haar weich und glänzend macht – und wissen Sie, in mancher Hinsicht halten sie uns für schmutzig. Ein Zigeuner kann sich weigern, mit Ihnen Tee zu trinken, weil er nicht sicher ist, wie Sie Ihr Geschirr waschen. Sie könnten das gleiche Gefäß ja auch zum Kleiderwaschen verwenden. Die Zigeuner benutzen verschiedene. Wir müssen immer berücksichtigen", sagte Miß Brooke zu den Anwesenden, „daß wir es mit einer ganz andern Lebensweise zu tun haben, und Anderssein bedeutet nicht schon schlecht."

„Eine weise Mahnung", sagte der Vorsitzende. „Ich glaube, Mr. Blount, Sie sollten jetzt das Kind vorführen."

Mr. Blount holte Kizzy, die im Vorzimmer mit Peters wartete; sie kam herein – mit blitzblanken Schuhen, gebürstetem Mantel, das Haar schimmernd vor Sauberkeit – „und einem Ausdruck im Gesicht

wie der Teufel selbst", sagte Peters, der, nachdem er sie abgeliefert hatte, ans Fenster ging, hinausstarrte und sich mit dem Handrücken die Augen rieb.

Mr. Blount führte Kizzy den weiten Weg bis zum Tisch. Der Vorsitzende beugte sich vor. „Kizzy, du kennst einige von uns, Dr. Harwell, Mr. Blount – und Mrs. Cuthbert." Bei diesem Namen wurde der düstere Blick noch düsterer. „Aber wir alle wollen versuchen, dir zu helfen."

Keine Antwort, nur ein finsterer Blick unter Locken hervor.

„Willst du uns nun sagen, Kizzy, ob es irgendwo jemanden gibt, bei dem du leben möchtest?"

„Wozu soll ich's sagen, wenn Sie mich doch nicht lassen?" kam die ruppige Antwort.

„Woher willst du das wissen? Versuch's mal", redete ihr der Vorsitzende gut zu. „Gibt es jemanden?"

„Ich."

„Du? Aber, Kizzy, kleine Mädchen von sieben Jahren können nicht ganz allein leben."

„Na also", sagte Kizzy verächtlich. „Ich hab's ja gewußt, daß Sie das sagen werden." Sie merkte, daß Mr. Blount sie noch bei der Hand hielt. „Lassen Sie mich", schrie sie heftig und riß sich von ihm los. „Ich will fort." Ihr schrilles Schreien brachte die Fenster zum Klirren. Sie versuchte zu entwischen, aber Mr. Blount fing sie wieder ein und führte sie zum Tisch zurück. Ihr Atem kam stoßweise.

„Ist schon gut, Mr. Blount." Der Vorsitzende winkte ihm ab. „Nun, Kizzy, bleib mal stehen, und sieh mich an. Mr. Blount wird dich nicht festhalten, niemand wird dich anrühren, wenn du mit uns anständig redest." Kizzy blieb stumm, atmete nur noch heftig. „Leider können wir dir nicht erlauben, ganz allein zu leben, Kizzy", sagte der Vorsitzende, „und obwohl sicherlich Admiral Twiss immer dein Freund bleiben wird, können wir dich nicht im Herrenhaus wohnen lassen – aus verschiedenen Gründen. Das heißt, wir müssen ein anderes Zuhause für dich finden, das siehst du doch ein?"

Keine Antwort, nur finstere Blicke, keuchender Atem.

„Versuchen Sie's einmal", sagte der Vorsitzende zur Friedensrichterin an seiner linken Seite. Die beugte sich vor.

„Kizzy", fragte sie mit sanfter schmeichelnder Stimme, „möchtest du nicht irgendwohin, wo andere Kinder sind? Dann hättest du jemanden zum Spielen. Wäre es nicht nett, eine Schwester zu haben?"

Ein verzweifelter Ausdruck kam in Kizzys Augen – als säße sie in

einer Falle, dachte Miß Brooke. Dann spuckte Kizzy. Der Speichel landete pitsch! auf dem Tisch, und während alle schweigend auf die kleine nasse Injurie starrten, rannte Kizzy los. Peters erwischte sie draußen vor der Tür.

Nachdem der Gerichtsdiener den Speichelfleck beseitigt hatte, sagte der Vorsitzende halb lachend, halb betrübt: „Zigeuner sollten zweifellos bei ihresgleichen bleiben."

„Das tun sie auch meistens", sagte Mr. Blount. „Es ist der erste Fall dieser Art, der mir je untergekommen ist."

„Mir gefällt Kizzys Temperament", sagte der Vorsitzende. „Aber die Frage ist, was tun wir mit ihr? Ja, Dr. Harwell?"

„Da ist immer noch St. Agatha. Die Schwestern würden sich niemals weigern . . ." Allgemeines Schweigen.

„St. Agatha ist ein ausgezeichnetes Kinderheim", sagte der Vorsitzende, „aber es ist groß, es hat seine festen Regeln. Was meinen Sie, Mr. Blount?"

„Ich glaube, das Kind würde es dort schwer haben."

„Und die Schwestern auch", sagte Mrs. Cuthbert.

„Wenn wir nur etwas Individuelleres finden könnten, Sir." Dabei warf Mr. Blount Mrs. Cuthbert einen, wie er hoffte, herzbewegenden Blick zu.

Wieder schwiegen alle, dann wandte sich Miß Brooke an den Vorsitzenden und sagte: „Ich weiß, daß als Pflegestelle eigentlich eine Familie wünschenswert wäre, aber da Kizzy weder Vater noch Mutter gekannt hat, ist es mit ihr vielleicht anders. Da die Blounts jetzt in ihr eigenes Haus gezogen sind, habe ich ein Zimmer frei. Ich könnte Kizzy nehmen."

„Nachdem sie sich so aufgeführt hat?" fragte Mrs. Cuthbert ungläubig.

„Gerade deshalb." Miß Brookes Wangen überzogen sich mit einer leichten Röte. „Zigeuner haben mich schon immer interessiert, und es hat sich auch mehrmals ergeben, daß ich mit ihnen zu tun hatte. Ich war eine Reihe von Jahren Friedensrichter in Berkshire, und wir hatten zwei Fälle mit Zigeunern – mit Kindern, die nicht zur Schule gingen. Als ich noch Anwalt war –"

„Sie waren Anwalt, Miß Brooke?"

„Ja. Ich habe das aufgegeben, um meinen Vater zu betreuen. Einmal verteidigte ich vor Gericht eine Zigeunerfamilie, und ich glaube zu verstehen, was es heißt, heimatlos zu sein. Einer der Stallburschen meines Vaters war auch ein Zigeuner."

„Sie hatten damals Ställe?" Als Miß Brooke auf ihre Vergangenheit zu sprechen kam, spitzte Mrs. Cuthbert immer mehr die Ohren. „Wir freundeten uns mit ihm an." Miß Brooke fuhr fort, als hätte Mrs. Cuthbert nichts gesagt. „Ich erfuhr von ihm einiges über sein Volk. Bei Kizzy werde ich vielleicht keinen Erfolg haben, aber ich könnte es versuchen, obwohl ich fürchte, daß ihr mein Cottage sehr eng erscheinen wird."

„Ein Haus hat doch mehr Platz als ein Wohnwagen", sagte der Vorsitzende.

„Ja, und da mein Cottage unmittelbar an den Dorfanger grenzt, wird sich Kizzy vielleicht nicht eingesperrt fühlen. Dennoch sind wir uns wohl mittlerweile alle klar darüber, daß sie eine Zeitlang unglücklich oder sogar feindselig sein wird."

„Sie sind wirklich bereit, dieses – feindselige – Kind zu sich zu nehmen?"

„Wie würden wir an seiner Stelle sein?" fragte Miß Brooke schlicht. „Ja, ich wäre bereit, es zu versuchen."

„Mr. Blount?" wandte sich der Vorsitzende an den Beamten, aber Mrs. Cuthbert platzte dazwischen.

„Verzeihen Sie, Olivia, wenn ich persönlich werde, aber ich fühle mich verpflichtet zu fragen." Sie sah den Vorsitzenden an. „Miß Brooke mag ja gewisse Erfahrungen in Rechtsangelegenheiten haben, aber halten Sie es für richtig, daß eine alleinstehende Frau ein Kind in ihr Heim aufnimmt?"

„Danke, Mrs. Cuthbert, aber Miß Brooke ist weder eine gewöhnliche alleinstehende Frau, noch handelt es sich um ein gewöhnliches Kind. Aber dürfen wir jetzt erfahren", sagte er mit einem strengen Blick auf Mrs. Cuthbert, „was Mr. Blount davon hält?"

„Daß es eine ausgezeichnete Idee ist", sagte Mr. Blount, und somit beschloß das Gericht, daß Kizzy bei Miß Brooke leben sollte.

„Nun ist es soweit", sagte Admiral Twiss. Er hatte Kizzy nach dem Frühstück holen lassen. „Peters bringt dich zur Schule. Dann schafft er deine Sachen zu Miß Brooke, und die holt dich nach der Schule ab."

Miß Brooke hatte nicht gesprochen, solange Kizzy im Gerichtssaal war, und daher hatte Kizzy sie kaum bemerkt. Aber bald darauf war sie ins Herrenhaus gekommen, „um Kizzy richtig kennenzulernen."

Admiral Twiss machte die beiden in der Bibliothek miteinander bekannt, und Kizzy sagte kein Wort. Miß Brooke drängte sie auch

nicht dazu, nach einem „Guten Tag, Kizzy" unterhielt sie sich nur mit dem Admiral. Zuerst ging es etwas mühsam – der Admiral war geradezu fürchterlich gehemmt –, dann zeigte sie Interesse für seine Silberpokale, und er erklärte sie ihr.

„Das sind die von Rainbird, und die hier sind von Royal", und bald redete er von Pferden so unbefangen, als wäre sie Nat. „Bis sie mich plötzlich verblüffte", erzählte der Admiral Nat hinterher. „Ja, das war ein schöner Tag", hatte er bei der Schilderung eines bestimmten Rennens gesagt, „ich erinnere mich, daß Chinacourt den großen Preis von London gewann –"

„Nicht Chinacourt – Mirzador", sagte Miß Brooke und, als der Admiral sie anstarrte, „ich weiß es, weil mein Vater ihn trainiert hatte."

„Ihr Vater? Gerald Brooke!" Der Admiral wandte sich an Kizzy. „Hörst du, Miß Brookes Vater war ein berühmter Rennpferdtrainer, also liebt sie Pferde bestimmt ebenso wie wir."

Kizzy schaute nur finster drein.

Der Admiral hätte gern gewußt, warum Miß Brooke gerade nach Amberhurst gezogen war. Undeutlich erinnerte er sich, gehört zu haben, daß Gerald Brooke bei seinem Tod nahezu nichts hinterlassen hatte, aber Miß Brooke sprach weiter nur von Pferden und von Amberhurst.

Er merkte, daß er sie mehr ansah als ihr zuhörte, und als sie aufstand, um sich zu verabschieden, unterdrückte er nur mit Mühe die Bemerkung: „Sie lächeln mit den Augen."

Jetzt stand er vom Frühstückstisch auf und schneuzte sich; seine Augenbrauen arbeiteten, als er Kizzy in die Bibliothek führte, sich setzte und sie zu sich heranzog. Sie stand steif wie ein Holzklotz da. „Da hilft nun alles nichts, Kiz", sagte er. „Wir müssen das durchstehen, aber du sollst wissen, daß du immer mein kleines Mädchen bleiben wirst, und das von Peters und Nat, und ich möchte mit dir einen Pakt schließen."

„Was für einen?" flüsterte Kizzy. Sie blickte auf den Ring mit dem Vogel im Wappen und erinnerte sich, wie sie ihn zum erstenmal gesehen hatte; jetzt brannten auch ihre Augen vor Tränen.

„Ich verspreche dir, an deiner Statt für Joe zu sorgen, und jeden Samstag kommst du und verbringst den Tag bei uns; Miß Brooke sagt, das kannst du – und auch den Sonntag, wenn du möchtest –, dafür mußt du versprechen, alles zu tun, was Miß Brooke sagt."

„Und wenn ich es nicht tue?" brachte Kizzy mühsam heraus.

„Dann wird man dir den Besuch nicht erlauben, was für uns beide traurig wäre. Versprich mir zu tun, was Miß Brooke sagt."

„Ich verspreche es."

„Zigeuner halten ihr Wort", sagte der Admiral.

Kizzy nickte – aber Zigeuner haben ihre eigene Art, sich um etwas Versprochenes herumzudrücken, wie der Admiral eigentlich hätte wissen müssen.

„Ich will Ihr Essen nicht, ich will Ihren Tee nicht, und ich rede nicht mit Ihnen", sagte Kizzy, als sie sich zu Tisch setzten.

„Das wird für uns beide nicht sehr unterhaltsam sein", antwortete Miß Brooke mit ruhiger Stimme.

Der Tisch stand vor dem Fenster, auf dem Töpfe mit Hyazinthen aufgereiht waren. Miß Brooke hatte Käsetoasts auf einer heißen Platte angerichtet, es gab selbstgemachte Himbeermarmelade, und der Tee dampfte in einer braunen Kanne, aber Kizzy zog eine der beiden vom Frühstück aufgesparten Stücke Brotrinde aus der Tasche. Miß Brooke aß und trank, und als Kizzy fertig war, räumte sie ruhig ab. Kizzy hörte sie beim Abwaschen vor sich hin summen. Es ist ihr egal, dachte Kizzy, und ihr sank der Mut. Es schien für sie nichts zu tun zu geben, und so setzte sie sich auf den Kaminvorleger und streichelte Miß Brookes Tigerkätzchen.

„Es heißt Chuff", rief Miß Brooke aus der Küche. Kizzy zog ihre Hand zurück.

Dann kam Miß Brooke wieder herein, setzte sich, nahm ein Buch und begann, sorgfältig jeden Blick auf Kizzy vermeidend, laut vorzulesen:

„Es war einmal ein Prinz, der war arm, aber er hatte ein Königreich, das war zwar nur klein, aber zum Heiraten war es groß genug, und das wollte er ..."

Aus dem Augenwinkel konnte Miß Brooke sehen, daß Kizzys Aufmerksamkeit erregt war, vielleicht weil ihr noch nie jemand etwas vorgelesen hatte. „Aber es war doch recht keck von ihm, des Kaisers Tochter einfach zu fragen: ,Willst du mich haben?', und tatsächlich antwortete sie ..." Miß Brookes Stimme war bezaubernd, und während sie las, schien das Zimmer erfüllt von Märchengestalten. Kizzy auf ihrem Kaminvorleger rührte sich nicht, und Miß Brooke legte noch mehr Ausdruck in ihre Stimme; erst nach einer ganzen Weile merkte sie, daß Kizzy sich die Ohren zuhielt.

Im Wagen war Kizzy schlafen gegangen, wenn Großmutter es tat, aber in den Häusern der andern Leute gab es anscheinend Schlafenszeiten für Kinder; im Herrenhaus hatte Peters Kizzy um sieben Uhr ins Bett gepackt. Sie hätte gern gewußt, ob das hier auch so war, aber da sie Miß Brooke verkündet hatte, sie werde nicht mit ihr sprechen, konnte sie nicht fragen. Dann schlug die Uhr in der kleinen Diele sieben, und Miß Brooke sagte: „Zeit zum Schlafengehen."

Als sie Kizzy ihr Zimmer gezeigt hatte, war es als Überraschung gedacht gewesen; das Zimmer war klein und lag direkt unterm Dach, so daß es schräge Wände hatte. Wenn das Fenster nachts offen war, schaute man direkt zu den Sternen hinauf, und die Einrichtung bestand aus Kezia Cunninghams Möbeln.

„Admiral Twiss dachte, du würdest dich darin heimischer fühlen." Aber Kizzy sagte nichts. Wenn Miß Brooke enttäuscht war, hatte sie es sich nicht anmerken lassen, und jetzt führte sie Kizzy hinauf.

„Braucht eine Frau zur Betreuung!" hatte Peters gegrinst. „Sie soll erst mal versuchen, Kizzy zu baden."

„Wehrt sie sich?" fragte der Admiral.

„Wie eine Verrückte. Ich hab sie mit der einen Hand festhalten und mit der andern schrubben müssen", sagte Peters.

Miß Brooke zeigte Kizzy das Badezimmer. „Vielleicht willst du nicht baden, aber du kannst in der Wanne stehen und dich damit waschen." Sie zeigte ihr in der Erwartung, daß Kizzy davon fasziniert sein werde, wie die Handbrause funktionierte. Miß Brooke hatte sich nicht getäuscht. Kizzys Augen begannen zu leuchten, und sie ließ sich verleiten zu antworten: „Wie eine kleine Gießkanne."

„Mit der kannst du dich selbst begießen – aber es ist heiß." Miß Brooke zeigte ihr, wie man die Temperatur mit den Hähnen regelte. „Gieß die Wände nicht an."

Es war bedauerlich, daß sie das sagte, denn genau das hatte Kizzy vorgehabt. Aber sie hatte versprochen, alles zu tun oder nicht zu tun, was Miß Brooke sagte. So spritzte sie den Fußboden voll.

Das Badezimmer war bald überschwemmt, und Wasser begann die Treppe hinunterzufließen. Kizzy drehte die Brause ab und wartete, bis Miß Brooke heraufkam. „Sie haben mir nicht gesagt, daß ich das nicht soll." Kizzy stand im Pyjama auf einer Insel aus Badematte und Handtüchern und zog in der Erwartung, daß Miß Brooke sie schlagen werde, den Kopf ein, aber Miß Brooke tat es nicht. Nur einen kurzen Moment blitzten ihre braunen Augen, dann sagte sie: „Du hast Lungenentzündung gehabt, also kann ich dich nicht bitten,

mir beim Aufwischen zu helfen." Sie hob Kizzy von dem Handtuch-
berg herunter und befühlte sie: „Deine Füße sind ganz eisig. Ich hole
dir eine Wärmflasche."

Sie brachte Kizzy ins Bett, und einige Minuten später legte sie ihr
die in einen Schal gewickelte Wärmflasche an die Füße; sie bürstete
ihr die Locken so sacht, daß es nicht ziepte, nicht so grob wie Peters,
und sagte dann: „Wenn du schläfrig bist, mach das Licht aus. Hättest
du gern etwas zum Lesen?"

Kizzy schüttelte den Kopf. Bald war sie köstlich durchwärmt, aber
durch die offene Tür konnte sie Miß Brooke sehen, wie sie mit gebeugtem Kopf und gebeugtem Rücken am Boden kniete. Ihre Hände
waren vom Auswringen des Bodentuches rot, und sie sah müde aus.
Kizzy schaute sich in dem hübschen Zimmer um, sie fühlte die heiße
Wärmflasche an ihren Füßen, sie dachte an die Käsetoasts, das Mär-
chen am Kaminfeuer und die freundliche Art, in der Miß Brooke zu
ihr gesprochen hatte – selbst nach der Wassergeschichte.

„Was würde Sir Admiral von dir denken?" fragte eine unbequeme
innere Stimme; dabei schienen Augen auf Kizzy gerichtet, nicht seine,
sondern die der kleinen Kezia Cunningham auf dem Bild, vielleicht,
weil Kizzy ihre Möbel hatte. Und die Stimme fügte hinzu: „Sie hätte
so etwas Häßliches nicht getan." Beinahe wäre Kizzy aufgestanden
und hätte beim Aufwischen geholfen – aber nur beinahe.

Sie vergrub sich in die Kissen, um Miß Brooke nicht mehr zu
sehen. Dann spitzte sie die Ohren. Jemand hatte die Haustüre geöffnet, und Kizzy lag ganz still, als sie Mrs. Cuthberts Stimme hörte.
„Ich bin nur rasch vorbeigekommen, um zu sehen, wie es geht."

Kizzy hielt den Atem an. Würde Miß Brooke es erzählen? Vielleicht... Dann sagte Miß Brooke: „Danke, so gut man es erwarten
konnte."

Bald darauf hörte Kizzy sie die Treppe heraufkommen und in ihr
Zimmer treten. Wieder hielt Kizzy den Atem an, aber: „Gute Nacht,
Kizzy, hoffentlich bist du jetzt warm. Schlaf gut", und Miß Brooke
beugte sich herab und küßte sie. Als sie gegangen war, brach Kizzy
in Tränen aus.

Zu Mrs. Cuthbert hatte Miß Brooke nichts gesagt, aber sie fand
nichts dagegen einzuwenden, dem Admiral davon zu berichten, als
er anrief, sogar von den Tränen.

„Sind Sie zu ihr hineingegangen?"

„Ich hielt sie für gute Tränen", sagte Miß Brooke, „so ließ ich
den Dingen ihren Lauf."

„Wenn man's bedenkt", sagte Peters, als der Admiral es ihm erzählte, „gibt es sehr wenige Frauen, die den Dingen ihren Lauf lassen." Peters hatte Miß Brooke „ein wenig", wie er gesagt haben würde, kennengelernt. Als er und Nat die Möbel in ihr Haus brachten, hatte er gefragt: „Wer wird das Bett aufstellen?"

„Das mach ich schon nach und nach", hatte Miß Brooke geantwortet.

Peters hatte ihre schmale Gestalt gemustert: „Wir machen das für Sie. Glaub kaum, daß Sie mit einem Schraubenschlüssel sehr gut umgehen können!"

„Sie würden sich wundern", hatte Miß Brooke gesagt, „aber ich wäre Ihnen trotzdem dankbar dafür." Sie lächelte mit den Augen, wie es schon der Admiral bemerkt hatte.

NICHT nur Zigeuner haben ihre Schliche, auch Miß Brooke war nicht darum verlegen.

Zum Frühstück am nächsten Morgen gab es Rühreier, aber Kizzy kaute an ihrer zweiten Brotrinde. Da sagte Miß Brooke: „Ich habe Clem Oliver zum Tee eingeladen." Kizzy wußte, was sie damit bezweckte. Wenn Clem kam, konnte Kizzy ihn nicht allein essen lassen. Sie schaute Miß Brooke halb wütend, halb bewundernd an.

Miß Brooke machte kleine Rosinenpfannkuchen, tat sie den Kindern heiß auf die Teller und goß goldfarbenen Sirup darüber. „Donnerschlag!" sagte Clem. Nachher gab es Pfefferkuchen und Schinkenbrötchen, und Kizzy mußte zugeben, daß es die Tees bei Peters noch übertraf – auch zugeben, daß sie Clem dankbar war, denn sie hatte wirklich Hunger. Aber am nächsten Tag waren die trockenen Brotrinden wieder da.

Sie hatten wieder dazusein. Denn Kizzy wußte, daß alles noch schwieriger sein würde, wenn sie Miß Brooke liebgewann. Dann könnte ich nicht mehr häßlich zu ihr sein, dachte sie.

Unbeabsichtigt sorgte Mrs. Cuthbert für einen Wandel. Den Samstag und den Sonntag hatte Kizzy im Herrenhaus verbracht. „Gott sei Dank wird sie dort essen", sagte Miß Brooke. Kizzy schwamm in Wonne. Sie trug anstelle der Schulkleidung und des verhaßten Mantels Jeans, dazu einen Pullover, eine rote Windjacke und Gummistiefel – alles von Miß Brooke besorgt. Aber das Wochenende war bald vorüber, und am Montag zog Kizzy wieder ihre Brotrinde heraus.

Miß Brooke sagte nichts, aber sie sah so traurig aus, daß Kizzy

sie gar nicht anschauen konnte. Miß Brooke hatte sich gerade einen heißen, mit Petersilie gewürzten Kartoffelpuffer auf den Teller getan, als an die Tür geklopft wurde. Mrs. Cuthbert kam herein – und bemerkte sofort das trockene Brot.

„Na hören Sie mal, Olivia, das geben Sie dem armen Kind?"

„Sie mag es lieber." Miß Brookes Stimme klang gleichgültig. „Wollen Sie eine Tasse Tee, Edna?" Aber Mrs. Cuthbert war entrüstet. „Sie lassen sie das essen, und Sie selbst schlemmen daneben? Das hätte ich von Ihnen nicht gedacht, Olivia. Kizzy, du kommst jetzt zu uns und trinkst mit Prudence und mir Tee."

Niemals, niemals, niemals, sagten Kizzys Augen. „Ich kann doch trockenes Brot essen, wenn ich will, nicht wahr, Miß Brooke?" fragte sie.

„Warum schließlich nicht", sagte Miß Brooke.

„Sie läßt mich essen, was ich will", prahlte Kizzy, ihre Augen funkelten Mrs. Cuthbert an, dann griff sie nach einem Korinthenbrötchen und gab tüchtig Marmelade darauf. „Marmelade und Korinthenbrötchen und trockenes Brot."

„Und Kartoffelpuffer", sagte Miß Brooke und legte zwei auf Kizzys Teller. „Sie sehen, Edna, so schlimm ist es gar nicht."

„Das ganze Dorf wird erfahren, daß ich Kizzy habe hungern lassen", sagte Miß Brooke abends am Telephon zum Admiral. „Aber das macht nichts, wenigstens ißt sie jetzt", die Freude war jedoch von kurzer Dauer. Das war am Montag gewesen; am Dienstag lief Kizzy davon.

Sie lief direkt von der Schule zum Herrenhaus – und Admiral Twiss schickte sie mit Peters sogleich zu Miß Brooke zurück. „Aber sie hat mir nicht gesagt, daß ich nicht davonlaufen soll", protestierte Kizzy.

„Du weißt, daß du das nicht sollst", sagte der Admiral.

Kizzy wußte es, aber am nächsten Tag tat sie es wieder. „Was ist in dich gefahren?" fragte Peters. „Du warst doch sonst ganz vernünftig."

Admiral Twiss mußte etwas unternehmen, aber er tat es vorsichtig. „Wenn du so weitermachst, Kiz, werden sie uns unsere Samstage verderben."

„Verderben?"

„Du wirst nicht kommen dürfen", sagte der Admiral, „und auch an den Sonntagen nicht." Bestürzt sah er den verzweifelten Ausdruck in Kizzys Gesicht.

Auch im Dorf hatte man natürlich gesehen, wie Peters Kizzy zurückbrachte. „Haben Sie sie bestraft?" fragte Mrs. Cuthbert.

Miß Brooke schüttelte den Kopf. „Sie muß einen Grund gehabt haben."

„Papperlapapp", sagte Mrs. Cuthbert, „die Kleine braucht einen Pflegevater, der ihr Disziplin beibringt. Außerdem braucht sie Kinder um sich."

„Kinder?" sagte Miß Brooke nachdenklich, „da bin ich nicht so sicher."

AM DONNERSTAG rief Miß Brooke um fünf Uhr im Herrenhaus an. „Kizzy ist nicht nach Hause gekommen, und es wird schon spät. Ist sie bei Ihnen?"

„Hier ist sie nicht aufgetaucht", sagte Admiral Twiss.

„Wo kann sie nur stecken?" Miß Brooke machte sich Sorgen.

„Warten Sie", sagte der Admiral plötzlich. „Ich rufe Sie zurück. Ich habe eine Idee, wo wir sie vielleicht finden."

Er verließ das Haus und ging durch die Koppeln, bis er zur Wiese kam. Da stand Joe, mit dem Schweif schlagend, im hohen Gras, und auf seinem Rücken lag zusammengekauert eine kleine Gestalt in einem braunen Dufflecoat.

Kizzy fühlte sich so kalt an, daß alle fürchteten, sie könne sich wieder eine Lungenentzündung geholt haben. „Peters wärmt sie und gibt ihr heißen Tee", berichtete der Admiral am Telephon. Später brachte er Kizzy selbst zu Miß Brooke, „und blieb zwei Stunden da", ereiferte sich Mrs. Cuthbert.

„Kizzy, du machst mich sehr traurig", hatte er unterwegs im Wagen gesagt. Kizzy hatte steif dagesessen und finster in den Scheinwerferkegel gestarrt. „Ich bin noch viel trauriger", hatte sie geantwortet.

Miß Brooke bat Admiral Twiss zu warten, während sie Kizzy heiß duschte und ins Bett brachte. Er fühlte sich sehr behaglich an ihrem Kaminfeuer und schlürfte den Whisky, den sie ihm hingestellt hatte. Als sie ihm dann im Licht der Flammen gegenübersaß, studierte er ihr Gesicht. Es gefiel ihm, die gutgeformten Backenknochen, das feste kleine Kinn, ihre schönen, ruhigen, haselnußbraunen Augen. „Was kann nur der Grund sein?" fragte er.

„Teilweise ist wohl, wie ich fürchtete, mein Cottage zu klein für sie", erwiderte Miß Brooke, „und teilweise..., ich frage mich, ob ich richtig vermute."

„Kizzy", sagte sie am nächsten Morgen, „du mußt bitte von der Schule direkt hierher kommen." Sie vermied es, „nach Hause" zu sagen. Kizzy hörte zu essen auf.

„Wäre es besser, wenn ich dich abholen käme?"

Einen Augenblick lang leuchtete Kizzys Gesicht auf, als hätte sich eine Jalousie geöffnet, dann wurde es wieder verschlossen: „Die würden denken, ich wäre ein Baby", sagte sie.

Am Nachmittag wartete Miß Brooke so lange, daß sie schon glaubte, Kizzy sei wieder zum Herrenhaus gelaufen; dann sah sie sie zur Gartentüre hereinkommen. Ihr Gang wirkte so müde und hoffnungslos, daß Miß Brooke zur Tür eilte: „Was ist, Kizzy?"

Am Mantel fehlten die Knöpfe, die Kapuze hing halb abgerissen herab, ihr Haar war voll Schmutz, und an der Wange hatte sie eine Abschürfung. „Sie haben mich erwischt", mehr wollte sie nicht sagen.

„Aber ich habe die in der Schule doch gewarnt", sagte Admiral Twiss am Telephon, als Kizzy im Bett war. „Während ihrer Krankheit hat Kizzy alles ausgeplaudert. Ich habe es der Schule berichtet, und mir wurde versichert, man werde aufpassen."

„Ja, in der Schule", sagte Miß Brooke. „Aber nicht außerhalb der Schule. Deshalb ist sie immer zum Herrenhaus gelaufen. In diese Richtung gehen keine Kinder, und Kizzy wußte, einer von Ihnen dreien würde sie sicher nach Hause bringen. Es sind die Mädchen. Mit den Jungen würde Clem Oliver fertig. Ich bin überzeugt, es sind die Mädchen."

„Aber kleine Mädchen –"

„Sind weitaus die schlimmsten", sagte Miß Brooke.

DER nächste Weg von der Schule zum Dorf war ein schmaler, von Ulmen gesäumter Pfad. Freitag nachmittag um Viertel vor drei postierte sich Miß Brooke auf einem Feld hinter einer Hecke, von wo aus sie durch eine Lücke hindurch den Pfad bis zur Schule überblicken konnte.

Sie hörte die Schulglocke; im nächsten Augenblick kam eine kleine Gestalt herausgestürzt, hinter ihr ein Dutzend oder mehr Mädchen. Kizzy rannte den Pfad entlang, dicht an der Stelle vorbei, wo Miß Brooke hinter der Hecke stand. „Einmal haben wir ihr die Mantelärmel zugenäht, so daß sie nicht hineinkam", erzählte Elisabeth Oliver nachher, „und während sie sich abmühte, haben wir sie erwischt." Heute hatten Prudence und Mary Jo ein Seil über den Weg gespannt, so niedrig, daß Kizzy es nicht sehen konnte. Wumms! lag sie der

Länge nach da, und im selben Augenblick fielen sie über sie her.

Durch die Zweige sah Miß Brooke, wie sich Kizzy mit blutenden Knien aufraffte, eingeschlossen von den andern. „Geht nicht zu nah hin, sie stinkt." – „Jetzt nicht mehr, der verrückte Admiral hat ihr neue Kleider gekauft." – „Deshalb ist sie so hochnäsig. Piekfeine Diddakoi, fährt nur noch im Rolls-Royce."

„Laßt mich heimgehen", sagte Kizzy mit zusammengepreßten Lippen.

„Geh doch – niemand hindert dich", aber eins der Mädchen hatte ihr geschickt ein Springseil um die Knöchel geschlungen, und als sie fortwollte, zogen sie daran, und krach! fiel Kizzy wieder zu Boden.

„Geh doch. Geh heim. Lauf. Landstreicherin, lauf." Sie zogen Kizzy an den Armen hoch. „Wir werden dir das Laufen beibringen." Eine große Ulme stand am Wegrand, und Kizzy bei den Armen haltend, schmetterten zwei der größeren Mädchen sie gegen den Stamm.

In der Hecke war ein Gatter, und Miß Brooke hastete darauf zu. Als die Mädchen Kizzy zum zweitenmal gegen den Stamm schlugen, schwang sich Miß Brooke über die oberste Latte des Gatters und landete geräuschvoll auf dem Weg; die Mädchen machten aber viel zuviel Lärm, um sie zu hören.

Miß Brooke trat zwischen die Kinder, und ohne ein Wort zu sagen, versetzte sie den beiden, die Kizzy hielten, schallende Ohrfeigen. Sie ließen Kizzy los, die zu Boden fiel und regungslos liegen blieb. Die Mädchen schüttelten sich, als hätten die Ohrfeigen sie aus einem Traum erweckt. Die übrigen standen vor Schreck erstarrt da.

Stumm sahen sie zu, wie Miß Brooke niederkniete und Kizzy vorsichtig auf den Rücken drehte. Ihre Augen waren geschlossen, der Kopf fiel kraftlos zur Seite. „Sie haben ihr das Genick gebrochen", flüsterten einige entsetzt.

Miß Brooke untersuchte Kizzys Kopf; in den Locken war Blut, und auf der Stirn schwoll eine feuerrote Beule. Als Miß Brooke Kizzys Lider hochzog, konnte man das Weiße ihrer Augen sehen, und zwei Mädchen begannen zu schluchzen. „Ist sie . . . tot?"

Miß Brooke stand auf. „Sie ist nur bewußtlos, aber ihr hättet sie umbringen können." Sie musterte die Mädchen der Reihe nach und zählte sie. „Vierzehn gegen eine. Ihr niederträchtigen kleinen Feiglinge!"

Von der Schule kam ein Wagen den Weg entlang, und den Mädchen stockte der Atem. Es war der Schulleiter Mr. Fraser.

FÜNF

VIERZEHN Augenpaare sahen Mr. Frasers Wagen nach, als er mit Kizzy und Miß Brooke davonfuhr. Abends, zu Hause, bekam jede der vierzehn Herzklopfen, sobald das Telephon läutete oder jemand an die Türe klopfte. Sie hatten gesehen, wie Dr. Harwells Wagen vor Miß Brookes Cottage hielt; später kam Admiral Twiss. „Wird sie sterben?" Sie trafen sich in kleinen Gruppen – und warteten.

„Es waren Prudence und Mary Jo", flüsterte Susan, die wirklich feige war. „Wenn meine Mammi es erfährt, werde ich sagen, daß sie es waren..."

„Wir waren es alle." Elisabeth Oliver war ehrlicher, und die ängstliche Frage ging um: „Was werden die mit uns machen?"

Zunächst schien es, als werde nichts geschehen; das Schweigen erfüllte selbst Prudence mit Unbehagen. „Wißt ihr noch", sagte sie, „wie damals Geld gestohlen wurde, ließ Mr. Fraser die Eltern kommen."

„Fehlt Kizzy etwas?" fragte Mrs. Cuthbert.

„Ich lasse sie nur für ein, zwei Tage im Bett", sagte Miß Brooke ausweichend. Wollte sie nichts verraten?

Im Dorf wurde natürlich geredet. „Was ist mit der kleinen Lovell passiert?"

„Sie ist vom Baum gefallen."

„Man hat sie durchleuchtet." Den Mädchen war nicht wohl dabei.

Als Kizzy die Augen öffnete und sich schon wieder im Bett fand, diesmal mit schmerzendem Kopf, stahlen sich unter ihren Lidern zwei Tränen hervor, aber nur zwei.

„Weine, Kizzy", sagte Miß Brooke, „es wird dir guttun."

„Ich will nicht weinen wegen... denen", wimmerte Kizzy.

„Sie hat einen harten kleinen Schädel", sagte Dr. Harwell. „Glücklicherweise – auch für die andern. Ich hätte Lust, sie alle zusammen zu verdreschen."

„Ich auch", sagte Miß Brooke. „Aber Kizzy würde es nicht helfen."

„Das sind doch sonst so nette Kinder", wunderte sich Mr. Fraser.

„Solange sie keine Bande bilden", sagte Miß Brooke.

„Ja", seufzte Mr. Fraser. „Wenn man etwas unterdrückt, wie Mrs. Blount es getan hat, geht es nur unterirdisch weiter, und das ist noch schlimmer. Was kann dagegen geschehen?"

„Ich glaube, dagegen ist schon etwas geschehen", sagte Miß Brooke. „Die Mädchen haben einen Augenblick lang gedacht, sie hätten Kizzy umgebracht. Das werden sie nicht vergessen, und Kizzy ist auch nicht ganz unschuldig. Sie hat gebissen und gekratzt und gespuckt. Das ist ein Krieg zwischen Kindern. Lassen Sie die Kinder selbst ihn austragen."

„Aber ... wenn noch mal so was passiert?"

„Es wird nicht wieder passieren", sagte Miß Brooke. Clem war, nachdem seine Schwester ihm alles erzählt hatte, sogleich ins Cottage gekommen. „Es wird nicht wieder passieren. Die Jungen wissen Bescheid."

„WARUM geht ihr nicht auf eine Gleichgroße los?" rief Clem. „Ihr dreckigen Feiglinge." Von ihrer Seite des Schulhofs schrien es die Jungen hinüber: „Jammerlappen, erbärmliche. Vierzehn gegen eine!"

„Kizzy Lovell ist mir vollkommen piepe", sagte Prudence hochnäsig.

„Sie wird dir bald nicht mehr piepe sein", sagte Clem, „wenn ich dich noch mal bei so was erwische."

Kizzys leerer Platz war wie eine offene Wunde im Klassenzimmer. „Ich wollte, Mr. Fraser würde uns holen lassen und uns die Meinung sagen."

Mary Jo drückte damit aus, was alle dachten. „Dann wären wir quitt."

Kizzy hatte beschlossen, nicht mehr in die Schule zu gehen. Sie dachte, im Herrenhaus können sie mich nicht behalten, also werde ich, sobald ich auf bin, Joe holen und mich fortmachen. Sie begann in einen Beutel Essensreste zu sammeln, und sie hatte das Taschengeld, das Miß Brooke ihr gab. „Kann ich am Samstag zum Herrenhaus gehen?" fragte sie, als ihr Kopf besser wurde.

„Ich nehme an – wenn du dich ruhig verhältst", sagte Miß Brooke.

„Ich bin bei Joe immer ruhig."

„Dr. Harwell meint, du könntest am Montag wieder in die Schule gehen."

Zu Miß Brookes Überraschung nickte Kizzy nur, als wäre nichts dabei. Sie musterte Kizzys Gesicht, es schien – zufrieden. Wie konnte dieses unergründliche Kind zufrieden sein? Aber Kizzy war weit fort über die Hügel, auf Joes Rücken. Sie würden nachts wandern – wenn niemand sie sah – und in Wäldern oder Obstgärten lagern, ein Feuer

machen. Eine alte Pfanne brauche ich, dachte Kizzy – da war eine, in
der Miß Brooke Futter für die Hühner machte –, und Zündhölzer
muß ich mitnehmen, eine Decke, ein paar Säcke, ein Netz voll Heu
für Joe. Zwiebeln und Kartoffeln kann ich in Gärten ausgraben – sie
war klein genug, um durch Hecken zu schlüpfen –, vielleicht erwische
ich auch mal ein Ei. Dann, wenn sie weit genug fort wären, würde
Kizzy aus Zweigen eine Hütte bauen oder einen hohlen Baum suchen.

Den Samstag würde sie im Herrenhaus verbringen, viel essen, sich
richtig vollstopfen, dachte Kizzy, so daß es eine Weile vorhielt, ihre
Sachen zusammentragen und verstecken; dann am Sonntag wieder
hingehen und nach dem Mittagessen, wenn der Admiral schlief, alles
auf Joe laden und einfach losziehen. Strahlend lächelte sie Miß Brooke
auf einmal an.

Aber als der Samstag kam, sagte Miß Brooke beim Frühstück:
„Kizzy, gestern abend hat Admiral Twiss angerufen."

Kizzy hörte auf zu essen. „Er hat doch nicht gesagt, daß ich nicht
kommen kann? Aber ich muß hin, ich muß nach Joe schauen."

Miß Brooke gab einen seltsamen Laut wie einen Schluckauf von
sich und stellte ihre Tasse hin. „Sobald du fertig bist, gehen wir."
Kizzy, von ihren Plänen ganz erfüllt, steckte Zündhölzer in die Tasche
und holte den vollen Beutel. „Brocken für Joe", sagte sie. Wieder
gab Miß Brooke einen seltsamen Laut von sich, und seltsam war es
auch, daß sie Kizzy nicht am Tor absetzte, sondern sie bis zum
Herrenhaus fuhr.

„Sag Admiral Twiss, daß ich komme, wenn er mich braucht."

Warum sollte der Admiral sie brauchen? Er, Peters, Nat und
Kizzy brauchten an Samstagen und Sonntagen niemanden; und warum
sah Miß Brooke so ernst aus – als wäre sie bekümmert?

Ein kalter Hauch wehte Kizzy für einen kurzen Augenblick an,
dann strebte sie dem Stall zu.

Das war immer ihr erster Weg, und den Admiral sah sie gewöhnlich erst beim Mittagessen, aber an diesem Morgen war er im Hof.
Er wartet auf mich . . ., und Kizzys Herz setzte einen Schlag aus. Als
sie näher kam, bemerkte sie auf seinem Gesicht den gleichen Ausdruck wie bei Miß Brooke, ernst und kummervoll – ja traurig.

Da erschrak Kizzy sehr. Mit angstgeweiteten Augen blickte sie zum
Admiral auf. „Kiz", sagte der Admiral. „Es ist wegen Joe."

„Joe?" stieß sie atemlos hervor.

Admiral Twiss sagte die Dinge immer geradeheraus: „Joe ist
letzte Nacht gestorben, Kiz."

Tot. Der Boden schien unter Kizzys Füßen zu schwanken. Sie ließ den Beutel mit den Resten fallen. Admiral Twiss legte beruhigend seinen Arm um sie.

„Nat wollte ihm sein Heu geben und hat Joe mit hängendem Kopf gefunden, dösend. Nat hat ihm den Hals geklopft und ihm ein Stück Zucker hingehalten, aber Joe hat es nicht einmal angesehen. Dann ist er in die Knie gegangen. Nat hat noch Bier geholt."

„Joe – mochte – Bier." Die Worte kamen mühsam heraus.

„Aber dann ist er zur Seite ins Gras gesunken, sagte Nat, und war tot."

„War – er – krank?"

„Nein, nur alt – und müde. Joe ist gestorben, als seine Zeit gekommen war, Kiz, – nicht viele Pferde dürfen das – und auf seiner eigenen Wiese."

„Zeigen Sie ihn mir", sagte Kizzy.

Admiral Twiss führte Kizzy zu Joe. Er lag friedlich im Gras. Kizzy hielt die Hand des Admirals fest.

Nat kam herbei, nahm Kizzys andere Hand, und so standen sie alle drei da und betrachteten den großen stillen Körper. Joes Kopf mit der weißen Blesse auf der Nase, seine starken Beine und mächtigen Hufe. Sein rötlichbraunes Fell schimmerte noch. Nat hatte es oft gestriegelt. Joe schien tief zu schlafen.

Kizzy ging näher. „Werden ihn..., werden ihn jetzt die Hunde bekommen?"

„Das können sie nicht", sagte Admiral Twiss, „weil das nicht Joe ist. Er ist nicht mehr da."

Kizzy machte sich von ihm los und hielt die Hand vor Joes Nüstern, ohne ihn zu berühren. „Er schnauft nicht", sagte sie, „und die Wärme ist fort."

„Ja." Admiral Twiss kam näher und strich leicht über Joe. „Das sind nur seine alten Kleider, Kiz. Er braucht sie nicht mehr."

„Wo ist er?"

Mrs. Blount hätte vielleicht gesagt: „Im Pferdehimmel", doch der Admiral war sachlicher. „Wir wissen es nicht, aber ich glaube, wir werden es einmal herausfinden."

„Wenn wir tot sind?"

„Vielleicht. Das erscheint mir doch einleuchtend", sagte der Admiral. „Wenn Joe nicht hier ist, muß er anderswo sein. Komm. Überlassen wir Nat seinen Körper."

„Soll ich heute zum Herrenhaus gehen?" fragte Kizzy Miß Brooke am nächsten Morgen.

„Natürlich. Admiral Twiss und Peters sind da", sagte Miß Brooke, „und Nat, und da sind ja noch andere Pferde."

Das hatte auch Nat gesagt: „Man muß das verdauen. Joe war ein Pferd, und Pferde bleiben einem nicht das ganze Leben lang. Sie kommen und gehen. Hat mir fast das Herz gebrochen, als Royal beim Großen Preis von England draufging. Das war aber auch ein Sprung! Als ob man sechs Meter runterfällt! Er ist im Wasser gelandet, wir mußten ihn mit Stricken rausziehen, aber sein Genick war gebrochen. Hatte ihn eigenhändig aufgezogen. Man muß das verdauen."

Admiral Twiss erzählte ähnliches von einem Pferd seiner Großmutter Kezia: „Sie hatte eine weiße Araberstute namens Silber, die kam immer zu den Eingangsstufen um Zucker betteln und folgte ihr wie ein Hund."

„Was ist mit Silber passiert?"

„Sie hat sich auf einem Jagdritt ein Bein gebrochen und mußte erschossen werden." Der Admiral sagte es schroff, als könne er selbst jetzt noch nicht ertragen, daran zu denken, und Kizzy hielt sich die Ohren zu – aber dann sagte Nat: „Komm mit, und hilf mir bei Mädesüß."

Er zupfte den Schweif der Stute aus – „damit er Form bekommt", sagte Nat –, ein langes Haar nach dem andern. Mädesüß warf den Kopf hoch, tat, als wolle sie beißen – biß aber nicht, selbst als Kizzy mal zupfen durfte. Nachher ließ Nat Mädesüß von Kizzy auf die Koppel zurückführen. „Bleibt einem nichts anderes übrig, als sich ein neues Pferd aussuchen."

„Hatte Kezia auch ein neues nach Silber?" fragte Kizzy den Admiral.

„Du meine Güte, natürlich. Man muß sich ein neues aussuchen." Alle schienen vergessen zu haben, daß es für Kizzy kein neues gab.

„Ich glaube, es wird dich niemand mehr anrühren", sagte Miß Brooke am Montag, als sie Kizzy vor der Schule absetzte.

Alle schauten auf die Narbe an Kizzys Stirn; die war wie ein nicht zu übersehender Vorwurf, aber niemand sprach davon – und niemand sprach mit Kizzy, außer Mrs. Blount und Mr. Fraser.

Um Kizzy schien ein unsichtbarer Kreis gezogen zu sein, den keines der Mädchen überschritt; als sie aus dem Schulhaus kam, warteten zwei Jungen, Stephen und Tommy, um sie nach Hause zu begleiten.

Sie waren kleiner als Clem, aber der hatte erst um halb drei aus. „Ihr braucht nicht", sagte Kizzy.

„Clem hat gesagt, wir sollen", und sie trotteten weiter neben ihr her. Am nächsten Tag waren es Robert und George. Die Mädchen sahen das alles. Sie wurden sich mehr denn je der erbärmlichen Rolle bewußt, die sie gespielt hatten, und hielten sich von Kizzy fern wie diese von ihnen. Beim Mittagessen stand das Schweigen wie ein Eisberg zwischen ihnen. Irgendwie konnten ihn weder Kizzy noch die andern überwinden − außer Clem. Er kam oft zum Tee ins Cottage. „Du solltest Kizzy auch mal einladen", sagte seine Mutter.

„Sie kommt doch nicht."

„Sicherlich wird sie…" Doch Kizzy sagte beharrlich: „Nein, danke." Auch Mrs. Cuthbert lud sie zum Tee mit Prudence ein, aber Kizzy geriet in solche Panik, daß Miß Brooke ihr versichern mußte, sie brauche nicht zu gehen. Und doch fühlte sie sich einsam. Sonderbar: damals im Obstgarten, als sie nur mit Großmutter lebte, hatte sie sich nie einsam gefühlt; jetzt erlebte sie bitter, was Einsamkeit bedeutete. Sie ging allein in die Schule und bald auch wieder allein nach Hause − als Clem überzeugt war, daß ihr nichts mehr geschehen werde.

Das war nicht nur während des Schuljahres so; in den Sommerferien sah Miß Brooke Kizzy häufig zum offenen Fenster hinausstarren und berichtete es dem Admiral. Einmal legte sie ihren Arm um Kizzy und sagte: „Ich wollte, ich könnte dir helfen, Kiz." Kizzy hatte sich an ihre Schulter gelehnt und ihren Lockenkopf daran gerieben. „Das hätte sie noch vor ein paar Wochen nie getan."

„Sie helfen mir ja", hatte Kizzy gesagt, aber mit so müder kleiner Stimme, „daß ich wußte, ich tu's nicht", erzählte Miß Brooke dem Admiral und fügte hinzu: „Irgend etwas muß geschehen, um dem abzuhelfen."

Aber das Einsamfühlen hörte nicht auf; es schloß Kizzy wie eine harte Schale ein.

Mit den Ferien kam auch strahlendes Wetter. An einem drückendheißen Augustmorgen sagte Admiral Twiss: „Peters, in dem strohgedeckten Cottage von Miß Brooke muß es zum Ersticken heiß sein."

Die geräumigen Zimmer des Herrenhauses waren kühl; die Rasenflächen senkten sich einladend zum Park hin, wo die Bäume tiefe Schatten warfen. „Ich überlege, ob ich Kizzy und Miß Brooke zu uns laden soll", er sagte es sehr hastig − „bis diese Hitzeperiode vorüber ist, hätten Sie etwas … einzuwenden?"

„Es steht mir nicht zu, etwas einzuwenden, Sir", sagte Peters,
der sonst so oft etwas einzuwenden hatte.

Der Admiral setzte seinen Panamahut auf und ging zu Miß Brooke.
Zum erstenmal schien sie aus der Fassung gebracht.

„Es wäre reizend", sagte sie, „aber ... Ich wäre Ihnen dankbar,
wenn Sie Kizzy nehmen würden. Sie wäre begeistert, aber ... ich
sollte besser nicht kommen."

„Ich verstehe", sagte der Admiral langsam. „Wegen Mrs. Cuthbert."

„Wegen allen Mrs. Cuthberts", sagte Miß Brooke.

„Kizzy kann nicht zu uns zum Tee kommen", hatte Mrs. Cuthbert
gesagt. „Aber wie ich sehe, kann sie immer ins Herrenhaus gehen."

Einmal war Mrs. Cuthbert aufgefahren: „Olivia, ich hätte Sie nie
für so überheblich gehalten. Meine Prudence soll nicht gut genug
sein für einen Zigeunerbalg."

„Seien Sie nicht albern, Edna", hatte Miß Brooke ruhig geantwortet, „Sie wissen, daß es nicht daran liegt. Kizzy ist andern Kindern gegenüber scheu, und sie ist aus dem Herrenhaus zu mir gekommen, wo alle mehr als gut zu ihr waren. Natürlich liebt sie Admiral
Twiss."

„Und deshalb kommt er sie so oft besuchen – in Ihrem Cottage."

„Man redet über uns, was?" fragte der Admiral jetzt.

„Das ist es eben." Miß Brooke hob ihre klaren braunen Augen.
„Es geht das Gerücht, ich wäre in Sie verliebt – und dem möchten
Sie doch sicher nicht neue Nahrung geben?"

Im September begann der Unterricht wieder, und abermals ver-
kroch sich Kizzy in ihre Schale. Eines Nachmittags kam sie nach
Hause und fand Miß Brooke dabei, Blätter, dürre Zweige und Garten-
abfälle zu verbrennen. „Können wir nicht hier draußen Tee trinken,
Olivia?" bettelte Kizzy.

„Sie lassen sich von ihr Olivia nennen?" hatte Mrs. Cuthbert
gefragt.

„Wie soll sie mich sonst nennen? Miß Brooke erschien mir so
steif."

„Bitte, Olivia", drängte Kizzy.

„Hier im Gemüsegarten?"

„Das Gemüse stört doch nicht. Die Hauptsache ist das Feuer."

Ein kalter Wind wehte, und Miß Brooke zögerte.

„Ich zeige dir, wie man sich warm hält." Kizzy war aufgeregt. Sie

brachte ein Stück Wellblech, das beim Bau des Hühnerstalls übrig-
geblieben war. „Das stellen wir hierher und machen es mit ein paar
Ziegeln fest." Weitere Ziegel, mit einem darübergelegten Bügelbrett,
ergaben eine Bank. „Wenn wir nur Großmutters Kesseleisen hätten", sagte Kizzy.

„Was ist das?"

„Das stellt man übers Feuer und hängt den Kessel daran. Wahrscheinlich ist es noch im Obstgarten. Morgen gehe ich es suchen."
Für heute stellten sie den Teekessel auf Miß Brookes kleinen Pick-
nickkocher und brieten über dem Feuer in einer alten Bratpfanne
– ziemlich angebrannte – Würstchen mit Speck. Auf einem Stein
machte Kizzy Bratäpfel. „Schmeckt gut im Freien", sagte sie, und
Miß Brooke mußte das zugeben. Chuff gesellte sich zu ihnen und
bekam auch seine Untertasse mit Milch. Als es dunkel wurde, holte
Kizzy zwei Säcke, einen für Miß Brooke und einen für sich selbst.
„Die legen wir uns um die Schultern", und so saßen sie im Garten,
ihre Gesichter vom Feuerschein erhellt und über sich die Sterne.
Mit leiser gefühlvoller Stimme begann Kizzy zu singen:

> *Komm doch, kleine Zigeunerin,*
> *Ich bitte dich, komm doch mit mir.*
> *Pferde stehlen wollen wir gehen*
> *Über die Hügel und fern von hier.*

> *Deine Mutter und deine Tante*
> *Will ich bitten auf meinen Knien:*
> *Gebt mir euer kleines Mädchen,*
> *Ich will es hüten wie einen Rubin.*

> *Du solltest lieber Kessel flicken,*
> *Und durch Wahrsagen verdien ich Geld,*
> *Dann können wir sicher und zufrieden*
> *Wohnen in unserm kleinen Zelt.*

> *Gut gesprochen, kleines Mädchen,*
> *So kluge Worte gefallen mir.*
> *Ich flicke Kessel, und du sagst wahr*
> *Über die Hügel und fern von hier.*

„Wer hat dich das gelehrt?"

„Meine Großmutter", sagte Kizzy. „Kann ich hier jeden Tag meinen Tee trinken?"

„Und sie war glücklich", erzählte Miß Brooke Admiral Twiss.

„ABER du hast doch gesagt..." Kizzy stand an der Haustür, vom Laufen und der Enttäuschung gerötet. „Du hast gesagt, wir würden beim Lagerfeuer Tee trinken", aber Miß Brooke hatte den Teetisch im Wohnzimmer am Kamin gedeckt.

Es war einen Monat später. Den ganzen restlichen September und die ersten Oktoberwochen hindurch hatten sie Tee im Freien getrunken. Kizzy hatte das Kesseleisen im Obstgarten gefunden, und Miß Brooke hatte es aufgestellt. Das schützende Eisenblech war festgemacht worden, und eine Planke diente nun als Bank anstelle des Bügelbrettes. Jeden Tag, wenn Kizzy heimkam, sah sie Rauch aufsteigen, und der Kessel war am Kochen. „Ich finde, Tee schmeckt im Freien besser", sagte Miß Brooke.

„Olivia", erklärte Kizzy feierlich, „ich glaube, ich hab dich lieb." Aber jetzt beklagte sie sich vorwurfsvoll: „Du hast doch gesagt, ich könnte im Garten Tee trinken."

„Du sollst deinen Tee auch im Garten trinken", erwiderte Miß Brooke. „Aber heute brauchst du mich nicht. Geh nur und schau."

Kizzy ging in den Garten, vorbei an der vorspringenden Ecke von Miß Brookes Schlafzimmer, dessen Fenster in das Strohdach eingeschnitten war, über die mit Steinplatten belegte Terrasse und den viereckigen Grasplatz mit der hohen Hecke. Aber wo waren Hühnerstall und Gemüsegarten? Es sah wirklich aus, als seien Heinzelmännchen am Werk gewesen. „Komische Sorte von Heinzelmännchen", hatte Nat gegrinst, „ich und der alte Peters und der Admiral – haben geschuftet wie Berserker. Alles mitten in der Nacht hergeschleppt und in der Garage versteckt."

Kizzy erschien es wie ein Wunder. Der kleine Fleck, der als Gemüsegarten gedient hatte, war jetzt mit Rasen belegt und mit kleinen halbstämmigen Apfelbäumen bepflanzt, die nicht viel größer waren als Kizzy und rosige Äpfel trugen. Sie griff nach einem – er war wirklich echt und duftete. Apfelbäume können nicht umgepflanzt werden, wenn sie Früchte tragen, aber Miß Brooke hatte geschickt kleine rote Äpfel mit Fäden an die Bäume gebunden, so daß es aussah, als wären sie auf ihnen gewachsen.

Durch die Bäume konnte Kizzy ein Feuer schimmern sehen – „und noch was andres", flüsterte sie. Staunend schlich sie auf Zehenspitzen zwischen den Apfelbäumen hindurch. Auf einer Lichtung brannte in einer Vertiefung ein richtiges Kochfeuer. Darüber stand ein Kesseleisen, nicht so groß und schwer wie das von Großmutter, sondern „gerade klein genug für mich", und daran hing ein bauchiger kleiner

Wasserkessel, dem ein Dampfstrahl entströmte. Die Schutzwand war nun halb so hoch wie früher, niedriger waren auch die Bank und die kleine Kiste daneben, und dort nahe am Feuer stand ein Wagen, ein richtiger Wagen. Er war neu und blau gestrichen, mit geschnitzten und vergoldeten Verzierungen und eisenbereiften Rädern; von der Tür an der Rückseite war die untere Hälfte geschlossen, die obere stand offen, Trittstufen führten hinauf, alles in der richtigen Größe für Kizzy, ein Wagen für ein Kind.

An den Fenstern hingen innen gefältelte Musselinvorhänge und außen Blumenkästen mit Erde. „Sie sind mit Zwiebeln von Zwergblumen bepflanzt", sagte Miß Brooke, die Kizzy gefolgt war, „winzige Märzbecher und Tulpen. Im Frühling werden sie herauskommen." Eine Trockenleine war zwischen zwei Apfelbäumen gespannt, „wie früher bei uns", und darauf hingen, mit Kinderwäscheklammern festgemacht, Kizzys Jeans und Strümpfe und eine kleine Schürze. Es fehlte nur das Netz mit dem Heu für Joe, das Großmutter immer unter dem Wagen aufgehängt hatte.

Im Wagen brannte Licht, und als Kizzy die Stufen hinaufging, entdeckte sie eine Lampe mit rosarotem Schirm, genau wie die von Großmutter, aber nur fünfzehn Zentimeter hoch. Auch gab es zwei Schlafstellen – „wie für Großmutter und mich" – mit Kissen und Bettüchern und Flickendecken. „Kann..., kann ich hier schlafen?" – „Wenn es wärmer ist", sagte Miß Brooke. Ferner gab es Tisch und Stuhl in Kindergröße, einen postkartengroßen Spiegel und, auf einem Bord, ein Puppenservice aus Porzellan, weiß mit kleinen Röschen. „Es hat der Großmutter des Admirals gehört", sagte Miß Brooke. „Kezia!" flüsterte Kizzy.

Ein Kochtopf und eine Bratpfanne hingen nebeneinander. „Ich kann mir einen Pfannkuchen machen." In einer Ecke stand ein Reisigbesen, daneben ein kleiner Eimer. „Es ist alles da", flüsterte Kizzy mit einem langen glücklichen Seufzer. „Es gehört mir."

SECHS

„WÄRE es nicht nett, Kizzy", sagte Miß Brooke, „wenn du ein paar Mädchen einladen würdest, um ihnen deinen Obstgarten und den Wagen zu zeigen?"

„Das wäre schrecklich."

„Du könntest ihnen Kezias Porzellan zeigen."

„Nein!" – „Und Kizzy wurde furchtbar aufgeregt", erzählte Miß Brooke dem Admiral, „aber ich hatte das Gefühl, ich müsse es versuchen."

„Tun Sie es nicht", sagte Admiral Twiss, „lassen Sie sie ganz in Ruhe."

Clem war erlaubt worden zu kommen. „Wenn du mir versprichst", sagte Kizzy hitzig, „daß du es niemandem erzählst, besonders nicht Elisabeth."

„Ich verspreche es", erwiderte Clem.

Immer, wenn Kizzy von der Schule zurückkam, zündeten sie und Miß Brooke das Feuer an und hängten den Kessel darüber. Manchmal briet sich Kizzy selbst Würstchen mit Speck, und immer trank sie ihren Tee draußen. Nachher saß sie auf der Bank oder ging, wenn es regnete, in den Wagen und zündete die Lampe an. Miß Brooke hörte oft ihren leisen Singsang, wenn sie das Feuer schürte. Manchmal saß sie auch bloß da und träumte, Chuff neben sich, oder sie bürstete ihn, oder sie las ihre großgedruckten Lesebücher, und oft fädelte sie Perlen auf.

Sie hatte die ganze Liebe der Zigeuner für Schmuck und Farben. Miß Brooke hatte ihr eine Schachtel mit alten Glasperlen gegeben, und Kizzy verbrachte Stunden damit, Halsketten und Armbänder daraus zu machen. Sie hätte so gerne einen Ring gehabt – wie den Siegelring des Admirals oder besser noch wie den, den Miß Brooke manchmal trug, mit einem Mondstein und Rubinen.

Und Kizzy sang:

> *Oh, bring mir mein Gold zurück,*
> *Nie bindet mich je das Gold.*
> *Bring mir mein Gold zurück,*
> *Den kleinen Diamantenring.*

Als das Wetter kälter wurde, rief Miß Brooke oft: „Kizzy, bleib nicht so lange draußen."

„Nur noch ein bißchen. Die Sterne sind schon da, ein ganz großer, vielleicht ist es Großmutter" – Kizzy glaubte fest, daß Menschen zu Sternen wurden, wenn sie starben –, „vielleicht auch Joe", sagte Kizzy. Es war ihr ein tröstlicher Gedanke, daß der Stern Joe war. „Ich brauche ein Pony für den Wagen", erzählte sie dem Stern.

Manchmal fand Miß Brooke sie schlafend. Miß Brooke war zwar klein, aber kräftig; sie nahm Kizzy auf die Arme, trug sie ins Haus und legte sie, wie sie war, ins Bett. Einmal kam Mrs. Cuthbert

gerade dazu. „Olivia! Sie sind zu schwach, um die Kleine ins Bett zu tragen."

„Sie ist nicht sehr schwer", sagte Miß Brooke.

„Aber sie mit allen Kleidern ins Bett zu legen!"

„Morgen zieht sie andere an."

Die Kleider rochen nach Holzrauch. „Was hat sie nur angestellt?"

„Sie hat sich amüsiert."

„Eine sonderbare Art, ein Kind zu erziehen."

„Ist es vielleicht wirklich zu sonderbar?" fragte Miß Brooke Admiral Twiss. „Wir ermutigen sie, in einer Scheinwelt zu leben."

„Ja", sagte Admiral Twiss, „aber eine Scheinwelt kann einen Bruch heilen helfen, und für Kizzy ist vieles zusammengebrochen."

DER fünfte November, der Guy-Fawkes-Tag, kam heran. Auf dem Dorfanger war ein riesiger Reisighaufen zusammengetragen worden. Seit Wochen hatten die größeren Jungen und Mädchen ihre Strohpuppen in alten Kinderwagen durch das Dorf gefahren und Geld für Feuerwerk erbettelt. „Einen Penny für den Guy." Jetzt waren alle Kinder in heller Aufregung, nur Kizzy nicht.

„Kommst du, Kizzy?" fragte Clem.

„Nein."

„Es gibt ein Feuerwerk", sagte Clem. „Raketen und Feuerräder und goldene Kaskaden – und Sprühfeuer. Dazu Knallfrösche – wir nennen sie Gruseldinger, sie hopsen hinter einem her."

„Nein. Ihr verbrennt den Guy, das mag ich nicht."

„Sei nicht komisch. Er ist es ja nicht wirklich. Außerdem ist es Wurst wider Wurst. Der Bursche hat versucht, das Parlament in die Luft zu sprengen."

„Wurst wider Wurst." Das gefiel Kizzy. „Eines Tages werde ich die ganze Schule in die Luft sprengen."

„Das wär schuftig", sagte Clem. „Ein Haufen Leute waren nett zu dir, besonders Mrs. Blount – oder stimmt das nicht?"

Kizzy wollte nicht antworten, und zum erstenmal verlor Clem die Geduld. Er packte sie am Arm und drehte ihn herum: „Stimmt das etwa nicht?"

„J-a", sagte Kizzy widerstrebend.

„Und ich und die Jungen?"

„J-a."

„Na also, warum dann?"

„Wegen denen", sagte Kizzy kurz.

„Schau her, Kiz", sagte Clem, „so kannst du nicht ewig weitermachen."

Auch Miß Brooke hatte Kizzy dafür gewinnen wollen, mit ihr zum Feuer zu gehen. Aber als Kizzy nach Hause kam, fand sie Miß Brooke krank und mit dunklen Ringen unter den Augen. „Du bist ganz gelb im Gesicht", sagte Kizzy besorgt.

„Ich habe nur mein übliches schlimmes Kopfweh", brachte Miß Brooke heraus. „Es wird besser werden, wenn ich ins Bett gehe."

Kizzy half ihr die Treppe in ihr Schlafzimmer hinauf, schlug das Bett auf und deckte sie warm zu. Dann machte sie eine Tasse Tee, trug sie vorsichtig hinauf und brachte Miß Brooke ihre Tabletten. „Kizzy, ich wünschte nur, du würdest dir das Feuer ansehen."

„Ich hab lieber mein eigenes Feuer", sagte Kizzy. „Schlaf nur."

„... wenigstens das Feuerwerk ..."

„Ich mach mir nichts draus – wenn es nur deinem armen Kopf nicht weh tut, die dumme Knallerei", sagte Kizzy, und bald war Miß Brooke tief eingeschlafen.

„Die dumme Knallerei." Aber als Kizzy auf ihrer Kiste saß, fühlte sie sich seltsam verlassen, vielleicht wegen der aufgeregten Stimmen, die vom Dorfanger herüberklangen, wegen des Gelächters und der eilenden Schritte. „Raketen, Gruseldinger, goldene Kaskaden", flüsterte sie die magisch klingenden Worte Chuff zu und war halb entschlossen, zur Gartentür zu gehen und zuzusehen.

Als es dunkel zu werden begann, zischte eine Rakete in den Himmel hinauf, und ein Schauer von Sternen fiel herab, die in der Dämmerung rot leuchteten. Sie waren schöner als alles, was Kizzy bisher gesehen hatte – Großmutters Obstgarten war zu weit vom Dorf entfernt gewesen, als daß sie das Feuerwerk hätte sehen können. Eine zweite Rakete schoß empor, blau und grün: „Saphire und Smaragde", flüsterte Kizzy wieder, aber Chuff war ins Haus geflüchtet. Kizzy ging nach vorn zum Gartentor.

Auf dem Dorfanger redete Clem auf seine Schwester ein: „Elisabeth, schau, ob Kizzy nicht kommen will."

„Sie wird nicht wollen."

„Vielleicht doch, wenn du sie bittest."

Elisabeth überlegte: „Das müßte Prudence tun."

„Aber die haßt sie doch am meisten."

„Eben deshalb", sagte Elisabeth immer noch zweifelnd.

„Ich sag dir was", drängte Clem. „Wenn Kizzy kommt, gebe ich dir mein neues Bleistiftetui ... Außerdem, ihr wollt es doch wirklich

wiedergutmachen." Und so zogen schließlich drei kleine Mädchen los
und trafen Kizzy am Gartentor.

Kizzy hielt es fest geschlossen. „Wir sind nicht gekommen, um
zu streiten", sagte Elisabeth.

„Warum seid ihr dann da?" Kizzy schnaubte durch die Nase wie
ein kleiner Drache.

„Pax, Kizzy." Prudence bot Frieden an, und: „Willst du nicht
mit uns zum Feuer kommen?" fragte Mary Jo, und: „Bitte, komm
doch", drängte Elisabeth.

Einen Augenblick lang schlug Kizzys Herz höher, dann schnappte
die Schale wieder zu. „Ich hab mein eigenes Feuer", sagte sie von
oben herab. „Ein schöneres als euers."

„Zeig's uns."

„Darf niemand sehen", sagte Kizzy.

„Dann glauben wir's nicht", sagte Prudence.

Kizzys Augen flammten, und sie stieß das Tor auf.

„OH!" – „OOH!" – „Oooh!" Elisabeth, Mary Jo und Prudence
standen in dem kleinen Obstgarten und bestaunten die Apfelbäume,
das Feuer, über dem der Kessel dampfte, den von Lampenlicht erhellten Wagen.

„Gehört das dir?"

Kizzy nickte. Sie schwoll vor Stolz. „Ihr könnt in den Wagen
gehen, wenn ihr wollt."

„Schau nur die kleinen Flickendecken."

„Warum zwei Schlafstellen?"

„Damit ich eine Freundin für die Nacht einladen kann."

„Ich wollte, ich könnte hier schlafen", sagte Elisabeth.

„Vielleicht lad ich dich mal ein."

„Das Porzellan ist wirklich hübsch", sagte Mary Jo.

„Es ist hundert Jahre alt", erklärte Kizzy. „Es hat Kezia Cunningham im Herrenhaus gehört", und sie prahlte: „Ich heiße nach ihr."

„Dann hat also Admiral Twiss den für dich gebaut?"

„Ja, er ist ein Freund von mir." Kizzy kam sich immer wichtiger
vor.

„Aber du brauchst ein Pony", sagte Prudence.

„Das Pony ist noch nicht gekommen."

„Du kriegst wirklich ein Pony!"

„Ich mach euch Tee, wenn ihr wollt." Kizzy hielt es für besser,
nicht weiter über das Pony zu reden. „Das Wasser kocht." Das lenkte

die Aufmerksamkeit auf das Feuer, und zum erstenmal kritisierte Prudence: „Das ist ein sehr kleines Feuer. Du hast gesagt, es wäre groß."

„Es kann auch groß sein", sagte Kizzy, „so groß wie ich will." Irgendwo in ihrem Innern wußte Kizzy, daß sie immer mehr ins Prahlen geriet, aber sie warf einen Armvoll Holz nach dem andern hinein.

„Jetzt mußt du es aber ausmachen", sagte Prudence.

„Muß ich nicht", und Kizzy ging in die Garage und holte Miß Brookes Petroleumkanne.

„Kizzy, das kannst du nicht draufschütten. Petroleum ist gefährlich."

„Geht weg", sagte Kizzy lediglich.

Sie wollte nur ein paar Tropfen darübersprühen, aber die Kanne war schwer. Petroleum schoß heraus, und „Kizzy!" kreischte Mary Jo, als zischend eine Flamme hochschoß. Kizzy sprang zurück, das Feuer stieg wie eine Wand vor ihr auf, und Funken flogen bis zum Haus hin. Im nächsten Augenblick fing das Stroh am niederen Dachrand an zu brennen, die Flammen breiteten sich rasend schnell aus, und Rauch drang aus den Mansardenfenstern. Chuff kam mit gesträubtem Fell wie ein Blitz aus dem Haus und war mit einem Satz auf der Hecke.

Die Hitze versengte den Mädchen die Gesichter. „Der Wagen! Der kleine Wagen!" kreischte Elisabeth im Prasseln der Flammen, aber „Laß den Wagen!" schrie Kizzy, „Olivia – Miß Brooke, sie schläft da oben!" Bevor sie sie halten konnten, war Kizzy im Haus verschwunden. Mary Jo begann zu schluchzen, aber Prudence war nicht umsonst Mrs. Cuthberts Tochter. „Renn, Elisabeth", befahl sie, „hol Clem, hol Hilfe", und Elisabeth stürzte davon. Prudence war immer noch besonnen und überlegt. „Mary Jo, komm mit, wir müssen sie rausholen."

Als sie ins Haus kamen, hörten sie schwache Rufe. „Wir kommen", schrie Prudence, aber sie hastete nicht wie Kizzy direkt die Treppe hinauf. Sie lief in die Küche, fand zwei Handtücher und hielt sie unter den Wasserhahn. Eines davon gab sie Mary Jo und befahl ihr: „Bind dir das um Mund und Nase, und jetzt komm."

Die Treppe war steil und mündete auf einen schmalen Absatz; jetzt kamen Rauchschwaden herab. „Auf allen vieren", rief Prudence über die Schulter zurück. Sie konnten Kizzy oben husten hören, dann sahen sie, wie sie sich verzweifelt bemühte, Miß Brookes Körper

durch die offene Tür zu zerren. Rauch quoll aus der Öffnung, und als Prudence auf Händen und Füßen zu ihr gelangte, würgte Kizzy und brach zusammen. Mit raschem Griff packte Prudence sie bei ihren Locken und schob sie Mary Jo zu. „Wirf sie die Stiege runter, rasch!" Hinter Miß Brooke sah Prudence brennendes Stroh von der Decke fallen. „Wirf sie, beeil dich!"

Ein Stoß von Mary Jo, und der leichte schlaffe Kinderkörper sauste Hals über Kopf die Treppe hinunter. Aber Miß Brooke war ein schwierigeres Problem, sie war bewußtlos und für zwei kleine Mädchen sehr schwer. „Zieh", keuchte Prudence.

„Kann nicht." Mary Jo hustete, ihre Augen waren rot, tränten und brannten, und sie konnte kaum etwas sehen.

„Du mußt." Prudence biß die Zähne zusammen, und mit aller Kraft zogen und zerrten sie Miß Brooke auf den Treppenabsatz. Das Schlafzimmer stand jetzt in Flammen, aber Prudence kniete am oberen Ende der Treppe nieder und zwängte sich unter Miß Brookes Kopf und Schultern. „Zieh!" Mary Jo packte die Beine, und Miß Brooke begann abwärts zu gleiten.

Prudence fühlte ihr Haar knistern, einen brennenden Schmerz im Nacken, und sah, daß ihre Kleider brannten. Ein letzter verzweifelter Ruck, und Miß Brooke polterte hinunter und riß Mary Jo mit. In diesem Augenblick stürzten Männer herein, einer packte Kizzy, ein zweiter Mary Jo, und Prudence taumelte über Miß Brooke hinweg einem dritten in die Arme. Der griff nach dem Kaminvorleger, wickelte Prudence darin ein und erstickte die Flammen. Zwei andere Männer schafften Miß Brooke hinaus. „Bei Gott, wir haben sie gerade noch rechtzeitig herausgeholt", sagten sie nachher.

„Wir? Es war die kleine Prudence Cuthbert."

DER alte Rolls des Admirals kam durchs Dorf zum Cottage gerast, und kaum hielt er, waren der Admiral, Peters und Nat schon herausgesprungen. Zwei Feuerwehrpumpen standen da, ihre Schläuche warfen immer noch Wasserstrahlen, und ein Rauchpilz stieg zum Himmel. Mindestens das halbe Dorf hatte sich eingefunden. Admiral Twiss bahnte sich einen Weg hindurch wie eine Sichel durch Getreidehalme. „Wo ist sie? Lebt sie? Wo ist sie?"

„Das kleine Mädchen ist in Ordnung, Sir." Der Feuerwehrhauptmann kam auf ihn zu. „Alle kleinen Mädchen. Die Ambulanz hat sie ins Krankenhaus gebracht. Eins hat Verbrennungen, aber nicht schlimm."

Der Admiral schien immer noch wie betäubt, und ein Dutzend Stimmen versicherten ihm: „Kizzy ist in Sicherheit, es fehlt ihr nichts, Sir."

„Nein, nicht Kizzy", sagte der Admiral. „Ich meine – Kizzy, ja, aber . . .", und vor all den Leuten schrie er: „Ist sie verletzt? Olivia? Miß Brooke?"

„Ich hab's ja gewußt, sie wird ihn sich angeln", sagte Mrs. Cuthbert. Das Dorf erinnerte sich nicht, je eine so aufregende Zeit erlebt zu haben. Mary Jo und Kizzy wurden am nächsten Tag aus dem Krankenhaus entlassen, und die Olivers nahmen Kizzy zu sich. Als nächste kam Prudence aus dem Krankenhaus; mit ihren Verbänden um Genick und Hände war sie die Heldin des Dorfes.

Das Cottage war eine geschwärzte Ruine. „Dort können Sie nicht mehr wohnen", sagte Admiral Twiss zu Miß Brooke, die er jeden Tag im Krankenhaus besuchte. „Sie und Kizzy werden zu mir kommen müssen."

„Aber –"

„Ja, die Leute werden reden, aber es gibt einen Weg, das zu beenden – wenn Sie ja sagen, Olivia."

„Um Kizzys willen . . ."

„Nicht nur um Kizzys willen – um Ihret- und meinetwillen. Als ich dachte, Sie wären verbrannt . . ." Die Augenbrauen des Admirals arbeiteten so heftig, daß er zum Fenster gehen mußte. „Es nützt alles nichts, Sie werden ja sagen müssen, Olivia."

„Ja", sagte Miß Brooke, und eine kleine Weile später fragte sie mit dem alten Lächeln in ihren Augen. „Wie wirst du es Nat und Peters beibringen?"

SIEBEN

„Mein Wagen ist verbrannt, genau wie der von Großmutter. Bin ich jetzt tot?" hatte Kizzy gefragt, als sie im Krankenhaus zu sich kam. Aber in gewissem Sinn war die alte Kizzy wirklich tot. „Ich wollte nicht zum Feuer gehen", gestand sie dem Admiral, „und ich habe fürchterlich angegeben und dabei Olivia beinahe umgebracht." Sie seufzte tief. „Wenn Mary Jo und Prudence . . ." Er hatte ihr erzählt, was die beiden getan hatten. „Tapfere kleine Mädchen", hatte er gesagt, „besonders Prudence."

Besonders Prudence. „Ich werde sie bitten, sich neben mich zu setzen", sagte Kizzy und schluckte. „Wenn ..., wenn Clem an meiner andern Seite sitzen will."

PETERS glasierte in der riesigen Küche des Herrenhauses einen weißen, dreistöckigen Kuchen, den er dann noch mit Silberkügelchen und roten Kirschen schmücken, mit acht roten Kerzen bestecken und mit der Schokoladenaufschrift KEZIA ZUM GEBURTSTAG versehen wollte.

„Aber ich dachte, Sie hätten gesagt, Sie wollten nichts damit zu tun haben", sagte Kizzy.

„Das ist doch dein Geburtstagskuchen", erwiderte Peters. „Und du hast noch nie einen gehabt. Wen, meinst du, soll ich ihn machen lassen? Und überhaupt, du hast noch nicht einmal einen Geburtstag gehabt, geschweige denn eine Party."

„Sie haben also nichts gegen die Party?"

„Ob ich was dagegen hab oder nicht, macht keinen Unterschied." Geschickt drehte Peters den Kuchen herum. „Läßt man auch nur eine Frau ein, kann man ebensogut fünfzig einlassen."

LADY Cunningham Twiss. Mrs. Cuthbert brachte es nicht über die Lippen. „Ich finde es wunderbar", sagte Mrs. Blount. „Wenn man denkt, daß das kleine Zigeunermädchen sie zusammengebracht hat. Die beiden werden Kizzy adoptieren. Olivia hat mit Ihnen wohl schon gesprochen?"

„Keineswegs. Sie werden sehen, daß sie für uns keine Verwendung hat."

Das Telephon läutete. „Edna?"

„Olivia ist dran!" flüsterte Mrs. Cuthbert und sagte in die Muschel: „Ja, Olivia?" Ihre Stimme klang zurückhaltend.

„Wir geben am Samstag eine Party, um dem Dorf zu danken, besonders Prudence, und auch um Kizzys Geburtstag zu feiern."

„Ich dachte, den wüßten Sie nicht."

„Wir haben ihr den von einer andern Kezia gegeben – so heißt sie jetzt auch. Wir hoffen, daß alle Kinder dabeisein werden, und vielleicht könnten Sie, Edna, und Mildred kommen und mir helfen."

„Im Herrenhaus?" Mrs. Cuthbert konnte es nicht glauben.

„Ja."

„Nein, so was!" sagte Mrs. Cuthbert, als sie aufgelegt hatte. „Ich frage mich nur, wie sie das Mr. Peters erklären will."

Kizzy war beunruhigt. „Olivia, was geschieht an einem Geburtstag?"

Olivia zog Kizzy an sich. „An Geburtstagen wartet man gewöhnlich ab, was kommt, aber du kannst, wenn du aufwachst, zuerst einmal unter dein Kissen schauen."

Bevor es am Samstag hell wurde, sah Kizzy nach, und da lag geheimnisvollerweise unter dem Kissen eine kleine Reitpeitsche mit einem Silberknauf und einer roten Troddel. Komisch, mir so was zu schenken, dachte Kizzy, aber sie hielt die Peitsche gern in der Hand; so konnte sie sich als Kezia Cunningham fühlen.

Sie frühstückte mit Olivia und dem Admiral, und rings um ihren Platz lagen Pakete: eine gelbe Strickjacke von Olivia, ein Paar Handschuhe von Peters und eine kleine Pferdebürste und ein Striegel von Nat. „Da kann ich ihm bei den Pferden helfen." Vom Admiral war nichts dabei, aber viele viele Karten lagen da. Sie und Olivia stellten sie auf den Kaminsims in der Halle und in Kizzys Zimmer.

Dann kam „der feierliche Augenblick", wie Kizzy sagte.

Admiral Twiss führte sie in die Bibliothek und öffnete die große Bibel. „Das ist jetzt dein Geburtstag, und nun schreibe ich deinen Namen hinein." Kizzy sah zu, wie er mit seiner feinen gestochenen Handschrift eintrug: „Kezia Lovell Cunningham Twiss, 9. Dezember, acht Jahre alt."

„Lovell?" fragte Kizzy.

„Du bist, wer du bist", sagte der Admiral.

„Das hat Großmutter auch immer gesagt."

„Sie hat recht gehabt. Versuche nie, etwas anderes vorzustellen. Du solltest stolz auf den Namen Lovell und auf deine Großmutter sein."

„Das werde ich", sagte Kizzy und hob den Kopf höher. „Ich bin es."

Man hörte Nat auf der Zufahrt pfeifen. „Ich glaube, Nat will was von dir", sagte der Admiral und öffnete die Haustüre.

Es war ein kalter klarer Morgen, und Sonnenlicht strömte herein – Kizzy schien es von diesem Augenblick an, als werde die Sonne nie mehr zu scheinen aufhören; die Luft war frostig und trug Kizzy einen Hauch von etwas Geliebtem, Vertrautem zu, den Geruch nach Pferden und Leder, denn da, auf der Zufahrt, hielt Nat das hübscheste Pony, das Kizzy je gesehen hatte – ein kleines fuchsrotes Pferdchen.

„Ein Meter zwanzig", sagte der Admiral, „oder vielleicht eins fünfundzwanzig." Mit gespitzten Ohren schaute das Pony zu ihnen her-

über, seine dunkle Mähne und der lange Schweif waren tadellos ge-
bürstet. Sein Fell glänzte, ebenso der neue Sattel, das Zaumzeug und
sein silbernes Gebiß, und es scharrte mit den kleinen Hufen im Kies.

„Na komm", sagte Nat.

„Aber ... wem gehört es?" Kizzy war verwirrt.

„Na, mir gehört es nicht", sagte Nat. „Und nicht dem Admiral
und nicht Mylady. Ich glaube, es ist für dich bestimmt."

SPÄTER am Vormittag hatte Kizzy ihre erste Reitstunde. Sie bewegte das Pony nach den Anweisungen des Admirals und versuchte,
die Zügel richtig zu halten und die Beine anzulegen, während Nat
kritisch zuschaute. „Eine halbe Stunde ist genug", sagte Admiral
Twiss, „aber du mußt lernen, für dein Pony zu sorgen. Nimm ihm
Sattel und Zaum ab, gib ihm ein wenig Wasser, führ es in seine
Box, und laß es dort abkühlen, während du dein Zeug säuberst."

Einen Augenblick lang kamen Kizzy Zweifel. „Nat", sagte sie,
während sie den kleinen Sattel abrieb. „Meinen Sie ..., meinen Sie,
daß es Joe etwas ausmacht?"

„Was ausmacht?"

„Daß ich ein anderes habe."

„'türlich nicht", sagte Nat. „Er wäre froh darüber, daß er dir
beigebracht hat, alle Pferde zu lieben; außerdem ist das ja nicht
wieder ein Joe, sondern Joey. Und der alte Joe hat gewußt, daß er zu
groß ist für deinen Wagen. Das Pony paßt besser."

„Aber ich hab ja gar keinen Wagen mehr", sagte Kizzy.

Es WAR fast drei Uhr, Zeit für die Party.

Die Party hatte noch ein anderes Problem gebracht, aber Kizzy
hatte es für sich behalten, bis Olivia fragte. „Was ist los, Kizzy?"

„Olivia", sagte Kizzy, „wenn..., wenn die Mädchen aus der Schule
zu einer Party gehen, tragen sie immer Kleider. Ich habe wunder-
hübsche Pullover und Röcke, aber – ich habe kein Kleid."

„Hast du keins?" sagte Olivia. „Ich würde einmal hinaufgehen
und in deinem Zimmer nachsehen."

Auf dem neuen weißen Bett lag ein Kleid ausgebreitet. Das letzte,
das Kizzy besessen hatte, war das schlottrige erdbeerrote Baumwollkleid gewesen; das hier war aus weichem braunen Tuch mit weißen
Musselinärmeln. Das Mieder war mit blauer Spitze eingefaßt, und
rings um den Rocksaum lief ein blaues Samtband. „Das ist..., das
ist ... Kezias Kleid!" hauchte Kizzy.

„Für diese Kezia hier", sagte Olivia und legte ihr den Arm um die Schulter.

Im Erdgeschoß war der große Salon für die erwachsenen Gäste geöffnet worden; für die Kinder hatte man zwei lange Tafeln ins Eßzimmer gestellt. Peters' Kuchen prangte auf einem eigenen Tisch mit einem Kranz von Stechpalmen herum. Stechpalmenzweige und Knallbonbons lagen auf den Tischen. Nach dem Tee standen Spiele und eine Zaubervorstellung auf dem Programm; dann wollte der Admiral seinen Schlepper, die *Elsie May,* auf dem See schwimmen lassen, sie sollte mit einer Ladung Süßigkeiten für die Kinder – „hoffentlich", sagte der Admiral – ans Ufer kommen.

Aber bei dem Gedanken an die Party wurde Kizzy immer banger zumute. Solche Parties hatte man für Kezia Cunningham Twiss gegeben. Kizzy Lovell hätte vielleicht ein paar Jungen und Mädchen an ihr Feuer im Obstgarten eingeladen – wenn sie ein Feuer und einen Obstgarten gehabt hätte. In alten Zeiten, wenn andere Zigeuner Großmutter besucht hatten, wurde gemeinsam gekocht und gegessen und Kannen voll Tee gemacht; Großmutter hatte wie die Männer ihre Pfeife geraucht, irgendwer hatte eine Mundharmonika oder eine alte Violine zum Vorschein gebracht, und alle hatten mitgesungen. Das war die Art von geselligem Beisammensein, die Kizzy vertraut war, und nun stand sie in ihrem schönen neuen Kleid am Fenster und starrte hinaus.

Ich wollte, ich hätte meinen kleinen Obstgarten und meinen Wagen, dachte Kizzy. Sie war Kezia, hatte ein Pony und ein geräumiges Heim, aber die alte Zigeunersehnsucht steckte noch in ihr.

Sie ging wieder ins Eßzimmer hinunter, wo Olivia mit Mrs. Cuthbert, Mrs. Blount und Mrs. Oliver Brötchen und Gebäck auf die Tische stellte. „Ich wollte, sie kämen nicht", murmelte Kizzy. Ihre harte Schale schloß sich wieder. „Sie kommen nicht meinetwegen, sie kommen wegen dem Herrenhaus."

Von der Turmuhr über den Stallungen schlug es drei. „Es ist soweit", rief Mrs. Blount, und Kizzy floh zu Peters in die Küche.

„He, du solltest doch an der Haustüre sein und deine Gäste begrüßen."

„Ich will sie nicht begrüßen." Kizzy warf sich Peters in die Arme. „Ich will nicht. Ich kann nicht. Sie kommen nur wegen dem Herrenhaus. Sie mögen mich gar nicht."

„Du tust dir wohl selber leid?" sagte Peters. „Gib ihnen eine Chance."

Kizzy schüttelte den Kopf und vergrub ihre Locken in seiner Jacke. „Ich will bei Ihnen in der Küche bleiben."

„Du wirst nichts dergleichen tun."

„Lassen Sie mich, lassen Sie mich." Kizzys Stimme wurde immer schriller, und Peters nahm sie bei den Schultern, schüttelte sie und stellte sie auf ihre Füße.

„Du willst wohl einen Klaps hintendrauf?" Seine blauen Augen funkelten sie streng an. „Glaubst du, ich laß dich den andern alles verderben?"

„Ich – verderben?" Kizzy war so überrascht, daß sie ganz ruhig sprach.

„Ja, du. Du gehst jetzt und benimmst dich, Miß Kezia."

„Ich bin Kizzy."

„Du bist beides. Und deshalb mußt du dich wie eine Große benehmen, so klein du bist", sagte Peters. „Ich habe von keiner der beiden je gehört, daß sie feige wären. Kopf hoch", befahl er, „und jetzt geh zum Admiral und zu Mylady an die Eingangstür, wo du hingehörst. Los, beeil dich."

„Aber sie kommen ja alle auf einmal", sagte Kizzy erstaunt. Und tatsächlich kam ein ganzer Zug die Auffahrt herauf – alle Jungen und Mädchen der Schule von Amberhurst –, und was brachten sie? Wie Kizzy da auf den Stufen stand, begannen ihre Beine so zu zittern, daß sie sich an Olivias Hand festhalten mußte.

Inmitten der Kinder war ihr Wagen – die Jungen zogen ihn an den Deichselstangen –, „nicht verbrannt", flüsterte Kizzy. Weit entfernt, sein blauer Anstrich schimmerte funkelnagelneu, ebenso die Vergoldung, seine Messingbeschläge blitzten, seine Fenster waren sauber und hatten frische weiße Vorhänge. Prudence trug das Kesseleisen, Mary Jo den Kessel; und am tollsten war, daß unter dem Wagen ein Netz mit Heu hing. „F-für Joey?" stammelte Kizzy.

„Siehst du", erklärte Admiral Twiss, „der Wagen hat vom Feuer fast nichts abbekommen. Er war nur rauchgeschwärzt, das war alles. Die Jungen haben ihn in Olivers Scheune versteckt."

„Und wir alle haben daran gearbeitet, ihn wie neu zu machen", sagte Clem.

„Ich habe die künstlichen Blumen von meinem eigenen Taschengeld gekauft", sagte Elisabeth.

„Viele von unsern Müttern haben an den neuen Flickendecken genäht."

„Mama und ich haben das Porzellan mit Sand und kaltem Wasser gewaschen", sagte Prudence. „Das ist das beste nach einem Feuer, und nicht ein Stück ist zerbrochen."

„Clem und die Jungen haben die Farbe abgeschliffen und ihn neu angestrichen."

„Der kleine Spiegel ist von mir!"

„Ich habe den Teppich dazugegeben."

So redeten alle durcheinander, bis Nat Joey im Trab anbrachte. Joey trug ein Geschirr, und was für ein Geschirr! In seine Mähne waren bunte Bänder geflochten, Zügel und Kummet waren aus rotem Leder und schwarz verziert, ebenso der Sattel, der die Zügelführung trug. Das Riemenzeug war mit winzigen Messingherzen und Sternen besetzt. „Flitterkram", sagte Nat, „echt zigeunerhaft!" Als Nat und Admiral Twiss die Stangen senkten, Joey rücklings dazwischenschoben, die Riemen festmachten und die Stränge einhakten, gab es ein gespanntes Schweigen.

Dann atmeten alle erleichtert auf: „Es paßt!"

„Wir haben ein Mädchen", erzählte drei Monate später ein neues Schulkind seiner Mutter, „das ist eine Zigeunerin – wenigstens eine halbe Zigeunerin. Sie hat Ringe in den Ohren, und manchmal kommt sie mit ihrem kleinen Zigeunerwagen zur Schule. Ihr Pony heißt Joey, und sein Geschirr ist rot und schwarz und glitzernd."

„Glitzernd?"

„Da sind kleine Stückchen poliertes Messing drauf. Sie schirrt das Pony ab und führt es auf eine Wiese, solange wir in der Schule sind, und manchmal erlaubt ihr Mrs. Blount, daß sie zwei Jungen oder Mädchen zum Mittagessen in ihren Wagen einlädt – nicht mich, natürlich, nur große Mädchen wie Mary Jo, Elisabeth oder Prudence, aber vielleicht lädt sie mich auch einmal ein. Am Nachmittag spannt sie das Pony wieder an und fährt nach Hause. Ich wollte, ich wäre eine Zigeunerin", und das Kind begann voll Hingabe und Sehnsucht zu singen: „Zigeuner, Musikant, nimm die Geige zur Hand", und „Kesselflicker, Dingeldingdong, Diddakoi."

Rumer Godden

Die Autorin von „Das fremde Kind" lebt in Sussex, in der Nähe der alten Stadt
Rye, wo diese Geschichte spielt. Die Zigeuner kampieren jedes Jahr in dieser
Gegend, um Äpfel und Hopfen ernten zu helfen und ihre Waren – Blumen und
Wäscheklammern – an die Ortsansässigen zu verkaufen. Sie sind immer zu einer
Tasse Tee und einem Schwatz bei Rumer Godden willkommen und finden in ihr
eine interessierte Zuhörerin. Sie erzählen ihr von dem Vorurteil, dem Zigeuner-
kinder überall in britischen Schulen begegnen, und von Fällen, in denen die Für-
sorge einschreiten mußte. Interessanterweise betreffen diese Fälle meist einen
Mischling, weniger einen Vollblutzigeuner.

Rumer Godden (im privaten Leben Mrs. James L. Haynes-Dixon) verbrachte
ihre Kindheit in Indien. Diesem Land verdankt sie unzähliges Material für ihre
Arbeit, und es hat sie oft dahin zurückgezogen. Seit ihrem fünften Lebensjahr hat
sie geschrieben, und ihr erstes Buch hat sie mit achtundzwanzig veröffentlicht, kurz
vor der Geburt ihres ersten Kindes. Ihre Schwester Jon Godden ist ebenfalls
eine erfolgreiche Schriftstellerin.

Durch Bücher wie „Der Kampf um die Villa Fiorita", „In diesem Haus des
Friedens" und „Kleine Jungen brauchen kleine Esel" ist Rumer Godden den
Lesern der Auswahlbücher gut bekannt. Auch „Das fremde Kind" verrät ihr besonderes Talent, sehr junge Menschen darzustellen, und darüber hinaus gehört es
offenbar zu jenen Büchern, um die Kinder kämpfen müssen, weil die Erwachsenen
sie zuerst lesen wollen. Das liegt daran, daß Rumer Godden eine der wenigen
Schriftstellerinnen ist, die Leser jeden Alters ansprechen.

Die ungekürzten deutschen Ausgaben
von „Die Hunde des Krieges" und „Das fremde Kind"
sind im Buchhandel erhältlich,
„Der Kardinal schweigt – Roman der streitenden Kirche"
erscheint demnächst